Esta obra possui diversos materiais digitais que auxiliam no aprendizado.

Foram disponibilizados pelo autor cursos em vídeo que complementam os estudos da obra física. Para acessá-los, utilize os QR Codes abaixo.

Acesse o
Curso de
Direito
Tributário
online
https://uqr.to/1xebu

Acesse o
Curso sobre
a Reforma
Tributária
online
https://uqr.to/1xebk

Além disso, existem quadros sinóticos e questões disponíveis *online* com acesso via QR Code, que estão ao final de cada capítulo.

Bons estudos!

ALEXANDRE MAZZA

Pós-doutor pelas Universidades de Coimbra e Salamanca.
Doutor e Mestre em Direito Administrativo pela Pontifícia Universidade Católica de São Paulo (PUC-SP).
Professor de Direito Administrativo e Direito Tributário na Escola do Mazza.
Autor das obras *Manual de Direito Tributário, Administrativo #naprática, Tributário #naprática* e *Relação Jurídica de Administração Pública*, todas pela Saraiva Jur. Advogado.

Curso de DIREITO TRIBUTÁRIO

11ª edição
2025

saraiva jur

- Direitos exclusivos para a língua portuguesa
  Copyright ©2025 by
  Saraiva Jur, um selo da SRV Editora Ltda.
  Uma editora integrante do GEN | Grupo Editorial Nacional
  Travessa do Ouvidor, 11
  Rio de Janeiro – RJ – 20040-040

- **Atendimento ao cliente: https://www.editoradodireito.com.br/contato**

- Capa: Tiago Fabiano Dela Rosa
  Diagramação: Fabricando Ideias Design Editorial

- **DADOS INTERNACIONAIS DE CATALOGAÇÃO NA PUBLICAÇÃO (CIP)**
  VAGNER RODOLFO DA SILVA – CRB-8/9410

M477c   Mazza, Alexandre
Curso de direito tributário / Alexandre Mazza. – 11. ed. – São Paulo : Saraiva Jur, 2025.
656 p.

ISBN: 978-85-5362-592-5 (impresso)

1. Direito. 2. Direito tributário. I. Título. II. Série.

	CDD 341.39
2024-4132	CDU 34:336.2

Índices para catálogo sistemático:
1. Direito tributário   341.39
2. Direito tributário   34:336.2

Para Tatiana, Duda e Luísa.
Presentes de Deus
na minha vida.

AGRADECIMENTOS

Quero agradecer em primeiro lugar a Deus, que sempre me deu mais do que eu preciso e mereço. Obrigado, Pai.

Impossível não lembrar da minha família. Tatazinha, minha mulher maravilhosa, que aguenta meu mau humor quando estou escrevendo. E nossas filhas amadas, Duda e Lulu, nosso maior projeto de vida.

Agradeço aos meus pais, Lúcio e Isabel, pelo exemplo e apoio que nunca faltaram.

À Saraiva, minha editora querida. Tenho orgulho de ser Saraiva.

Um agradecimento especial aos meus editores, que sempre apostam tudo nos meus projetos, especialmente à querida Flávia Bravin. Obrigado, "Chefes"!

Por fim, e muito especialmente, gostaria de agradecer a todos e a cada um dos meus alunos. Àqueles que sempre me cobraram e incentivaram a fazer um Curso de Tributário "igual ao de Administrativo, Mazza" (risos!).

O livro é de vocês.

OBRIGADO!

Com carinho,

Alexandre Mazza

NOTA DO AUTOR À 11ª EDIÇÃO

Caro leitor, a 11ª edição deste Curso aprimora as novidades trazidas pela edição anterior.

A troca do nome do livro para *Curso de Direito Tributário* provou-se mais coerente com o objetivo de ser essencialmente uma obra de formação de estudantes, e não somente preparatório para Exame da OAB e concursos públicos.

O acréscimo do minucioso índice temático ao final do livro foi um sucesso, tendo recebido diversos *feedbacks* de que tem ocorrido de fato uma consulta rápida sobre o tema desejado.

Desde a 9ª edição, optamos por excluir do livro físico as questões de prova e os quadros sinóticos, mantendo-os no ambiente *online* – utilize os QR Codes inseridos ao final de cada capítulo para acessar esse material. O objetivo da mudança foi assegurar uma maior agilidade na atualização das questões de prova, cujas bancas constantemente mudam o entendimento ao longo do ano.

Por fim, outros dois grandes acertos da edição passada que seguem na 11ª edição são o Curso de Direito Tributário e o Curso sobre a Reforma Tributária, ambos em vídeos. Acesse os QR Codes abaixo e confira:

Acesse o Curso de Direito Tributário *online*
https://uqr.to/1xebu

Acesse o Curso sobre a Reforma Tributária *online*
https://uqr.to/1xebk

A 11ª edição foi devidamente atualizada com as novidades legislativas e jurisprudenciais, com destaque para a Reforma Tributária e a sua recente Regulamentação (Lei Complementar n. 214, de 16 de janeiro de 2025).

Aos leitores, peço ainda que continuem mandando sugestões e críticas para aperfeiçoamento do nosso *Curso*, as quais podem ser encaminhadas em mensagem direta no meu Instagram (@professorMazza).

Sucesso e bons estudos.

Forte abraço e muito obrigado,

Alexandre Mazza
Redes sociais: @professormazza

NOTA DO AUTOR À 1ª EDIÇÃO

"ESTUDANDO O DIREITO TRIBUTÁRIO EM QUATRO PLANOS"

Em 2015 completo dezesseis anos ininterruptos dando aulas de Direito Tributário para turmas de Concursos Públicos, Pós-Graduação e Exame de Ordem, especialmente na Rede de Ensino LFG.

Minha paixão pela matéria despertou na graduação. Tive o privilégio na PUC-SP de ser aluno de ícones como Roque Antonio Carrazza, Paulo de Barros Carvalho e Elizabeth Carrazza. Todos nós da Escola Paulista de Direito somos discípulos do inigualável mestre Geraldo Ataliba.

Fiz o mestrado e doutorado em Direito Administrativo, mas sempre combinando créditos com Tributário. Poucos meses depois de formado, dava aulas de Administrativo e Tributário, sempre das duas disciplinas. E assim tem sido durante esses dezesseis anos.

O contato permanente com o Direito Administrativo favorece uma visão mais completa do Tributário. São ramos coligados. É virtualmente impossível compreender a atividade fiscal sem articular adequadamente inúmeros institutos integrantes do regime jurídico-administrativo. Basta lembrar que o Fisco é parte da Administração Pública. Lançamento tributário é ato administrativo. Ação anulatória visa promover judicialmente a extinção de decisão administrativa inválida. A atividade de cobrar tributos é manifestação da função administrativa. Os recursos contra exigência tributária são recursos administrativos. Taxas são cobradas para remunerar tarefas da Administração, a saber: serviço público ou poder de polícia. Contribuições de melhoria pressupõem a realização de uma obra pública (função administrativa). Entre tantos outros exemplos.

É essa visão integrada dos ramos coirmãos, o Tributário e o Administrativo, que o querido leitor poderá experimentar desde as primeiras linhas do presente livro.

Alguém poderia perguntar: por que lançar mais um livro de Direito Tributário se já existem tantos disponíveis no mercado editorial?

Este é um livro diferente!

A enorme acolhida que meu *Curso de Direito Administrativo* recebeu e, ao mesmo tempo, os incessantes pedidos de leitores para que eu fizesse um livro parecido, mas agora de Direito Tributário, me animaram a ir além!

Durante quatro anos pesquisei a opinião de alunos, seguidores nas redes sociais, leitores, concurseiros e profissionais da área sobre como seria um "livro ideal" em Tributário. E mais: estudei as provas dos concursos públicos mais exigentes do País.

O resultado surpreendeu. O Direito Tributário, ao contrário de outros ramos, é abordado pelas bancas em pelo menos três planos distintos: a) doutrina; b) legislação; c) jurisprudência.

Mas, dependendo da prova que o candidato prestar, é preciso inserir ainda, assim como fiz no meu *Curso de Direito Administrativo*, um quarto plano: a opinião da banca examinadora.

É isso!

O meu *Curso*, por mais trabalho que desse, precisaria apresentar ao leitor o Direito Tributário em quatro planos diferentes:

a) **doutrina**;

b) **legislação**;

c) **jurisprudência**;

d) **visão das bancas**.

É exatamente a proposta do meu livro, querido leitor.

Trata-se de obra com ênfase na preparação para provas e concursos públicos, embora possa perfeitamente ser usada na graduação e pós-graduação, ou mesmo por profissionais do Direito.

O conteúdo integra de forma inovadora doutrina, legislação, jurisprudência e questões de prova.

DOUTRINA: O texto é apresentado em linguagem direta e objetiva, sem rodeios, como sempre fiz em sala de aula. Uso o destaque para salientar as informações mais importantes criando um segundo nível, que facilita o acesso rápido às chaves para assimilação da matéria.

LEGISLAÇÃO: As provas de Tributário, com surpreendente frequência, perguntam a letra da lei. Como se sabe, a legislação tributária no Brasil é caótica e pouco conhecida. Assim, visando facilitar o estudo, utilizo a técnica de transcrever o texto normativo, sem alteração ou comentários. Com isso, evito que o leitor abandone o livro para pesquisar em outra fonte. Bem mais prático e eficiente.

JURISPRUDÊNCIA: Como grande diferencial deste *Curso*, incorporei no texto todos os *informativos* recentes do STF e do STJ sobre tributação. Ao final de muitos temas organizei o "Direito Sumular" transcrevendo as súmulas do STF, STJ e TFR pertinentes. Dificilmente alguma questão de prova versando sobre jurisprudência tributária não estará abordada neste livro.

VISÃO DAS BANCAS: Selecionei uma série de questões com o objetivo de testar o conhecimento e ampliar a visão de como os temas são perguntados pelas diferentes bancas.

Meu querido leitor, gostaria que você soubesse que este livro é "nosso". Foi feito para você!

Sinta-se à vontade para fazer sugestões, críticas, propor mudanças, novos temas. Mas principalmente: se encontrar alguma pergunta de prova que "nosso livro" não ajudou a responder, por favor me avise.

Eu quero, de coração, que este *Curso* atenda ao seu maior objetivo: tratar, com clareza e objetividade, de todas as questões sobre Direito Tributário abordadas nas provas e concursos públicos mais concorridos do Brasil!

E, para isso, conto com a sua ajuda, hein?

Forte abraço e SUCESSO!

Alexandre Mazza
Redes sociais: @professormazza

VISÃO GERAL DA REFORMA TRIBUTÁRIA PROMOVIDA PELA EMENDA CONSTITUCIONAL N. 132/2023

Após mais de 30 anos de tramitação, em 21-12-2023 foi publicada a Emenda Constitucional n. 132, que instituiu a fase constitucional da Reforma Tributária. Nesse primeiro momento, foram criadas e alteradas mais de 100 normas dentro da Constituição Federal. Na etapa de regulamentação da Reforma, 544 artigos reestruturam parte significativa do nosso Direito Tributário.

Os dois objetivos principais da Reforma Tributária são: a) simplificação do Sistema Tributário Nacional por meio, inclusive, da redução da quantidade de tributos; b) diminuição da carga tributária sobre a produção, o consumo e os serviços, procurando tributar mais a renda, os lucros, o ganho de capital e a propriedade. A consequência desejada dessas mudanças seria uma maior justiça fiscal, atendendo ao comando constitucional de diminuir a carga tributária dos setores mais pobres da população, conforme o art. 145, § 1º, da CF/1988, segundo o qual: "§ 1º Sempre que possível, os impostos terão caráter pessoal e serão graduados segundo a capacidade econômica do contribuinte".

A Emenda Constitucional n. 132/2023 está dividida em 23 artigos organizados conforme o prazo de *vacatio legis*, sendo que nem todos os dispositivos foram incorporados ao texto principal da Constituição Federal.

Importante destacar que a Reforma está programada para entrar em vigor em três momentos diferentes, conforme cronograma a seguir:

1) Em **2027**, entrarão em vigor as novas regras sobre os seguintes temas:
    a) normas gerais acerca da administração tributária e seus servidores;
    b) criação e cobrança do Imposto sobre Bens e Serviços (IBS), do Imposto Seletivo e da Contribuição sobre Bens e Serviços (CBS);
    c) manutenção de regime tributário favorecido para biocombustíveis e para o hidrogênio de baixa emissão de carbono;

d) extinção da Cofins, do PIS e da contribuição sobre importação; e

e) alíquota do IBS será de 0,05% para Estados.

2) Em **2023**, ou seja, já estão em vigor as novas regras sobre os seguintes temas:

a) concessão de incentivos regionais deve levar em conta critérios de sustentabilidade ambiental;

b) novos princípios tributários (simplicidade, transparência, justiça tributária, cooperação e defesa do meio ambiente);

c) novas imunidades tributárias;

d) ITCMD progressivo;

e) IPVA com alíquotas diferenciadas em função do tipo, do valor, da utilização e do impacto ambiental;

f) inclusão no IPVA de veículos automotores e aéreos;

g) criação por LC do IBS (estadual e municipal) e seu regime jurídico (IVA dual);

h) criação do Comitê Gestor do IBS;

i) novas regras de distribuição de receitas;

j) manutenção dos benefícios fiscais à Zona Franca de Manaus; e

k) criação da cesta básica nacional.

Uma curiosidade. A regulamentação da Reforma Tributária definiu também normas sobre as Sociedades Anônimas de Futebol (SAFs), determinando que *as operações com bens e com serviços realizadas por Sociedade Anônima do Futebol – SAF ficam sujeitas a regime específico do IBS e da CBS.* E esclarece: "considera-se como SAF a companhia cuja atividade principal consiste na prática do futebol, feminino e masculino, em competição profissional, sujeita às regras previstas na legislação específica".

Uma palavra sobre a minha avaliação pessoal da Reforma.

Podem ser destacados os seguintes pontos positivos:

a) modernização do sistema tributário;

b) redução do número de tributos; e

c) preocupação ambiental.

Quanto aos aspectos negativos da Reforma, consideramos:

a) pouco avanço na justiça fiscal; e

b) grau reduzido de simplificação.

Fato é que somente o tempo e a aplicação do novo sistema permitirão uma avaliação mais completa sobre erros e acertos da Reforma Tributária.

Quanto a este *Curso*, todas as mudanças decorrentes da Reforma, seja em sede constitucional, seja a propósito de sua regulamentação, foram incorporadas ao texto, de modo que as novidades possam ser avaliadas à luz do contexto normativo em que estão inseridas.

SUMÁRIO

1

NOÇÕES GERAIS

1.1 CONCEITO DE DIREITO TRIBUTÁRIO

Convém iniciar o estudo de um ramo jurídico pela análise do seu conceito.

Existe **divergência** na doutrina **quanto ao conceito** de Direito Tributário. Embora haja pontos de contato entre as diversas conceituações, cada autor escolhe certos elementos que considera mais significativos para chegar ao conceito, como se pode notar nos exemplos abaixo:

Segundo a lição clássica de **Rubens Gomes de Souza**, um dos precursores da ciência tributária no Brasil, "Direito Tributário é o ramo do Direito Público que rege as relações jurídicas entre o Estado e os particulares, decorrentes da **atividade financeira** do Estado no que se refere à **obtenção de receitas** que correspondam ao conceito de tributos"[1].

Para **Hugo de Brito Machado**, defensor de uma concepção mais garantista, "é o ramo do Direito que se ocupa das relações entre o Fisco e as pessoas sujeitas a imposições tributárias de qualquer espécie, **limitando o poder de tributar** e **protegendo o cidadão** contra os abusos desse poder"[2].

Ricardo Lobo Torres, por sua vez, adota uma conceituação objetivo-funcional voltada para as atividades estatais que são objeto do ramo. "Direito Tributário é o conjunto de normas e princípios que regulam a atividade financeira relacionada com a **instituição e cobrança de tributos**: impostos, taxas, contribuições e empréstimos compulsórios"[3].

De acordo com **Paulo de Barros Carvalho** "Direito Tributário positivo é o **ramo didaticamente autônomo** do direito, integrado pelo conjunto de proposições jurídico-normativas que correspondam, direta ou indiretamente, à instituição, arrecadação e fiscalização de tributos"[4].

---

1. *Compêndio de Legislação Tributária*, p. 40.
2. *Curso de Direito Tributário*, p. 50.
3. *Curso de Direito Financeiro e Tributário*, p. 13.
4. *Curso de Direito Tributário*, p. 47.

Para finalizar o rol de conceitos que selecionamos, a formulação bastante sintética de **Luciano Amaro**: "o Direito Tributário é a **disciplina jurídica dos tributos**"[5].

1.1.1 Considerações sobre os núcleos conceituais

A análise dos conceitos acima apresentados permite identificar alguns elementos fundamentais, isto é, núcleos conceituais que são úteis para formar uma compreensão mais detalhada do que é o Direito Tributário. Os principais elementos serão individualmente analisados a seguir:

a) "atividade financeira para obtenção de receitas": o Direito Tributário estuda a disciplina normativa de atividades estatais cuja finalidade precípua é a captação de recursos (receita) para custeio do Estado. O Estado poderá levantar recursos por meio de dois tipos de receitas: as originárias e as derivadas. As receitas originárias são aquelas por meio das quais o Estado obtém recursos com a exploração de seu patrimônio, como por exemplo o aluguel de imóveis públicos. Já as receitas derivadas são aquelas em que o Estado adquire recursos ao tributar o patrimônio dos particulares. Para isso, ele se utiliza de suas prerrogativas especiais, dadas por lei para defesa do interesse público, criando normas que obrigam os particulares a entregarem parcela de seus bens ao Poder Público. Nesse momento inicia-se a atuação do Direito Tributário: com a criação de normas instituidoras de tributos, os particulares são compelidos a destacar parcelas de seus bens, receitas e valores e repassá-las ao Estado. Por essa razão, as regras tributárias aproximam-se da fronteira com o Direito Financeiro, ramo do Direito Público voltado à análise do regime jurídico das receitas e despesas do Estado. **Quando o dinheiro do contribuinte ingressa nos cofres públicos, termina o Direito Tributário e começa o Direito Financeiro;**

b) "limitando o poder de tributar e protegendo o cidadão": o papel fundamental desempenhado pelo Direito Tributário é o de regrar as atividades fiscais, estabelecendo restrições ao poder de cobrar tributos como forma de proteger os direitos do contribuinte. Assim, o Direito Tributário apresenta-se ao mesmo tempo como limitador do poder tributante e garantidor dos direitos do contribuinte. O Direito Tributário surge, portanto, como meio de proteção ao contribuinte em face da obtenção de receitas derivadas pelo Estado;

c) "instituição e cobrança de tributos": o objeto do Direito Tributário é a disciplina jurídica de três atividades estatais interligadas, a saber: 1) a instituição de tributos; 2) a cobrança de tributos; e 3) a fiscalização do pagamento de tributos;

d) "ramo didaticamente autônomo": **o Direito** em si, considerado como o conjunto de regras impostas pelo Estado para disciplina coercitiva de condutas sociais, é **uno e indivisível**. Porém, com o objetivo de facilitar seu estudo, o Direito foi pedagogicamente dividido em ramos autônomos. **Não é uma autonomia**

---

5. *Direito Tributário Brasileiro*, p. 2.

científica, mas meramente didática, na medida em que as fronteiras entre o Direito Tributário e os demais ramos são definidas segundo critérios de simples conveniência para melhor compreensão do ordenamento;

e) "disciplina jurídica de tributos": conforme dito, o Direito Tributário constitui um ramo jurídico integralmente construído em torno de um único instituto: o tributo.

1.1.2 Nosso conceito

A partir das considerações feitas no item anterior é possível pensar em um conceito sintético de Direito Tributário apropriado para utilização em provas e concursos públicos: **Direito Tributário é o ramo do Direito Público que estuda**[6] **princípios e regras disciplinadores do exercício das atividades de instituição, cobrança e fiscalização de tributos.**

No conceito apresentado destacam-se três partes fundamentais:

a) "ramo do Direito Público": o Direito Tributário é classificado como ramo do Direito Público[STJ] por estudar atividades estatais;

> STJ: "O Direito Tributário, um dos ramos do Direito Público, tem por finalidade precípua o interesse público, segundo o qual ao Estado é dado o direito-dever de arrecadar tributos, com o objetivo de obter receitas para garantia do bem-estar social" (REsp 1.233.721 PR, j. 1º-3-2011, 2ª T., voto do rel. Min. Humberto Martins).

b) "estuda princípios e regras": significa dizer que existem dois tipos de normas jurídicas pertencentes ao Direito Tributário: 1) princípios: normas gerais que veiculam valores essenciais do sistema jurídico; 2) regras: normas específicas que disciplinam comportamentos determinados;

c) "disciplinadores do exercício das atividades de instituição, cobrança e fiscalização de tributos": essas são as três atividades estatais que compõem campo específico de interesse do Direito Tributário.

1.2 TAXONOMIA OU NATUREZA JURÍDICA

Taxonomia é a definição da natureza jurídica de determinado instituto, ou seja, o processo técnico por meio do qual se investiga o enquadramento do objeto dentro das grandes categorias da ciência do Direito.

Quanto a um ramo jurídico, definir sua taxonomia consiste precisamente em classificá-lo como pertencente ao Direito Privado ou ao Direito Público.

---

6. Conforme tivemos oportunidade de esclarecer no *Curso de Direito Administrativo*, publicado pela Editora Saraiva, ao dizer que o Direito Tributário "estuda os princípios e normas" faz-se uma opção por considerar o direito uma ciência explicativa das regras jurídicas. Outra possibilidade seria tratar do Direito Tributário como o próprio conjunto de princípios e normas, destacando o objeto da ciência. A existência dessas duas alternativas metodológicas revela a dualidade entre o *Direito como ciência* e o *direito como objeto da ciência*.

Os ramos do Direito Privado são aqueles voltados à disciplina jurídica das atividades de particulares, como o Direito Civil e o Direito Empresarial.

Já os ramos de Direito Público dirigem-se à regulação das atuações estatais, como ocorre com o Direito Constitucional, o Direito Administrativo, o Direito Penal, o Direito Processual Civil, entre tantos outros. No Direito Público, o interesse não se encontra adstrito apenas às partes da relação, mas sim ao interesse da coletividade.

Diante dessa dicotomia fundamental é inegável que o Direito Tributário classifica-se como **ramo do Direito Público** na medida em que as três atividades que pertencem ao seu objeto de estudos (criação, cobrança e fiscalização de tributos) são atividades que o ordenamento jurídico brasileiro define como próprias do Estado.

E mais, por estabelecer uma disciplina de natureza substancial, e não adjetiva ou formal, o Direito Tributário é ramo de **direito material**.

Além disso, de acordo com a doutrina de Bernardo Ribeiro de Moraes, o Direito Tributário apresenta-se também como um "ordenamento de **direito obrigacional**"[7], uma vez que se estrutura a partir da ideia de uma relação jurídica obrigacional ligando o Fisco e o **contribuinte**.

Cabe registrar, ao final, que a jurisprudência pátria frequentemente refere-se ao Direito Tributário como um **direito comum** (EI 129.810 TJ/SC), no sentido de ser um ramo aplicável à generalidade das pessoas, e não um ramo especial ou excepcional[8].

Portanto, pode-se falar em uma **quádrupla natureza jurídica** do Direito Tributário: a) direito público; b) direito material; c) direito obrigacional[STF]; d) direito comum.

STF: "Tributo, sabemos todos, encontra definição no art. 3º do CTN, definição que se resume, em termos jurídicos, no constituir ele uma obrigação que a lei impõe às pessoas, de entrega de uma certa importância em dinheiro ao Estado. As obrigações são voluntárias ou legais. As primeiras decorrem da vontade das partes, assim, do contrato; as legais resultam da lei, por isso são denominadas obrigações *ex lege* e podem ser encontradas tanto no Direito Público quanto no Direito Privado. A obrigação tributária, obrigação *ex lege*, a mais importante do Direito Público, 'nasce de um fato qualquer da vida concreta, que antes havia sido qualificado pela lei como apto a determinar o seu nascimento" (ADIn 447, rel. Min. Octavio Gallotti, voto do Min. Carlos Velloso, j. 5-6-1991, Plenário, *DJ* 5-3-1993).

1.3 DENOMINAÇÃO DO RAMO

Na doutrina nacional e estrangeira é possível encontrar diversas nomenclaturas utilizadas para designar o ramo jurídico voltado ao estudo das atividades

7. *Compêndio de Direito Tributário*, passim.
8. Jorge Antônio Bezerra Oliveira, *Direito Tributário*, Editora Librus, passim.

jurídico-tributárias, tais como: "Direito Fiscal", "Legislação Tributária", "Legislação Fiscal", "Direito do Imposto", "Direito Impositivo", "*Tax Law*", "Direito Financeiro" e "Direito Tributário".

Direito Fiscal: sob influência do francês "droit fiscal" e do inglês "fiscal law"[9], a nomenclatura "direito fiscal" já foi utilizada por autores clássicos como sinônimo de Direito Tributário, mas carrega o inconveniente de enfatizar a pessoa do Fisco, isto é, destacando o papel do Estado tributante em desfavor da figura do contribuinte. No Brasil, o simples fato de termos um Código Tributário Nacional justifica a preferência pelo nome Direito Tributário, cuja utilização encontra também ampla acolhida no atual texto constitucional (por exemplo: Art. 24. "Compete à União, aos Estados e ao Distrito Federal legislar concorrentemente sobre: I – Direito Tributário"). É certo, porém, que a denominação "Direito Fiscal" ainda goza de relativo prestígio no Direito estrangeiro.

Legislação tributária: trata-se de expressão de alcance mais reduzido[10], significando o conjunto de regras formais disciplinadoras da atuação do Fisco. Assim, não parece apropriada para designar o ramo jurídico-tributário.

Legislação fiscal: É expressão sinônima de "legislação tributária" e, por isso, igualmente imprópria para denominar o Direito Tributário.

Direito do Imposto (*steuerrecht*): nome comumente utilizado por autores alemães e suíços[11], pressupõe sistemas jurídicos com uma única espécie tributária. Como o ordenamento brasileiro prevê cinco tipos de tributos (impostos, taxas, contribuições de melhoria, empréstimos compulsórios e contribuições especiais), o emprego da terminologia "direito do imposto" seria inapropriado para designar a totalidade das espécies tributárias existentes entre nós.

Direito impositivo: denominação criada pelo espanhol Otero Castello[12], tem o inconveniente de mostrar-se uma expressão redundante, uma vez que todos os ramos do Direito têm caráter impositivo.

***Tax law*:** nome do Direito Tributário na Inglaterra e nos Estados Unidos.

Direito Financeiro: muitos autores clássicos consideravam que a expressão "direito financeiro" poderia ser utilizada como sinônimo de "Direito Tributário". Atualmente, entretanto, trata-se de dois nomes que designam ramos jurídicos inconfundíveis. A própria Constituição Federal de 1988, de forma clara, distingue os referidos ramos, como, por exemplo, no art. 24, I, ao atribuir as competências para legislar sobre Direito Tributário e Direito Financeiro. A diferenciação entre os dois ramos jurídicos será objeto de item específico neste Capítulo 1.

9. Hugo de Brito Machado, *Curso de Direito Tributário*, p. 50.
10. Hugo de Brito Machado, *Curso de Direito Tributário*, p. 50.
11. Eduardo Marcial Ferreira Jardim, *Manual de Direito Tributário e Financeiro*, p. 43.
12. Eduardo Marcial Ferreira Jardim, *Manual de Direito Tributário e Financeiro*, p. 43.

Direito Tributário: é indubitavelmente a nomenclatura preferida entre os doutrinadores pátrios, além de estar difundida por toda nossa jurisprudência e ter sido amplamente adotada pelo legislador em milhares de diplomas normativos nacionais. Como dito anteriormente, o simples fato de termos um "Código Tributário Nacional" é suficiente para explicar a universal aceitação do nome "Direito Tributário" entre nós, legitimada inclusive por seu emprego no texto constitucional.

Portanto, em provas e concursos públicos não tenha dúvida: use somente "Direito Tributário".

1.4 FINALIDADES DO DIREITO TRIBUTÁRIO

Ao contrário do tributo, cuja razão de existir é propiciar a obtenção de recursos financeiros para custeio do Estado, a finalidade do Direito Tributário é **delimitar o poder de tributar** evitando abusos no exercício das atividades do Fisco em prejuízo dos contribuintes[13-14].

1.4.1 Características do sistema tributário e "tributação ótima"

De acordo com as lições de Luís Eduardo Schoueri, além da função imediata arrecadadora, um bom sistema tributário deve ter as seguintes **características**[15]:

a) **eficiência econômica:** não interferência na alocação econômica de recursos;

b) **simplicidade administrativa:** gestão fácil e pouco custosa do sistema;

c) **flexibilidade:** capacidade de reação de modo apropriado a mudanças econômicas;

d) **responsabilidade política:** garantia de transparência;

e) **equidade:** respeito às diferenças individuais.

Nesse sentido, o autor relaciona tais características com a **teoria da tributação ótima**, segundo a qual o sistema tributário deve permitir ao governo arrecadar a receita necessária e, ao mesmo tempo, atingir objetivos distributivos, com a menor perda possível de eficiência econômica[16].

---

13. Hugo de Brito Machado, *Curso de Direito Tributário*, p. 51.
14. Convém esclarecer que, em rigor, "delimitar o poder de tributar" é a finalidade do Direito Tributário positivo, ou seja, do conjunto de princípios e normas disciplinadores do exercício da atividade tributante. Porém, se for utilizado o vocábulo "Direito Tributário" em sua outra acepção, ramo científico voltado para a compreensão do conjunto de regras tributárias, a pergunta sobre sua finalidade deve ser respondida de modo diverso. A finalidade do ramo científico Direito Tributário é permitir o conhecimento do sentido e alcance das regras jurídicas que disciplinam o exercício da atividade tributante. Entretanto, é certo que a clássica indagação sobre a finalidade do Direito Tributário, especialmente no contexto de provas e concursos públicos, pressupõe o emprego da expressão naquele primeiro sentido mencionado, razão pela qual o candidato deve responder "delimitar o poder de tributar".
15. *Direito Tributário*, p. 38.
16. Luis Eduardo Schoueri, *Direito Tributário*, p. 38.

1.5 CONCEITO DE "ESTADO FISCAL"

Na história da formação do Estado moderno, o denominado "Estado Fiscal" ou "Estado Tributário" sucedeu o chamado Estado Patrimonial (século XVI), caracterizado por gerar sua própria riqueza, e posteriormente substituiu também o Estado de Polícia (século XVII), este último marcado pela ação intervencionista sobre a economia[17].

O Estado Fiscal, nascido a partir do século XVIII e cujo modelo hoje evoluiu para o "Estado Social Fiscal", tem como característica fundamental ser **financiado essencialmente por meio de tributos**, ou seja, **os particulares são a fonte originária da riqueza**, e não o próprio Estado[18].

1.6 ATIVIDADE FINANCEIRA DO ESTADO

Para que o Estado Social Fiscal possa cumprir adequadamente todos os deveres impostos pela Constituição e pelas leis, ele necessita de recursos financeiros provenientes de diversas fontes.

Dá-se o nome de **atividade financeira** do Estado ao **conjunto de ações para obtenção de receitas e realização dos gastos** visando atender às necessidades públicas[19]. Direito Financeiro é o ramo do Direito Público que estuda a disciplina jurídica dessa atividade financeira.

Segundo o Direito Financeiro, denomina-se **"entrada"** qualquer disponibilização, mesmo que provisória, de dinheiro nos cofres públicos. É o caso, por exemplo, dos valores obtidos por meio de um empréstimo. Já as **"receitas"** são **ingressos definitivos** de recursos nos cofres públicos. Exemplo: valores arrecadados com a cobrança de impostos.

O tema das entradas e receitas é disciplinado pela Lei n. 4.320/64, que estabelece normas gerais de Direito Financeiro para elaboração e controle dos orçamentos e balanços da União, dos Estados, dos Municípios e do Distrito Federal.

As **receitas públicas** podem ser **de dois tipos**:

a) **receitas originárias:** aquelas que decorrem da exploração do **próprio patrimônio do Estado**, com regime de **Direito Privado**. Exemplo: recursos provenientes de alugueres, depósitos, fianças e cauções;

b) **receitas derivadas:** aquelas **originadas do patrimônio e da riqueza dos particulares**, tendo regime de direito público. Exemplo: arrecadação proveniente do pagamento de multas e tributos.

ATENÇÃO: O enquadramento dos tributos como receita derivada decorre de expressa previsão da Lei n. 4.320/64: "Art. 9º **Tributo é a receita derivada**

---

17. Luis Eduardo Schoueri, *Direito Tributário*, p. 20.
18. Luis Eduardo Schoueri, *Direito Tributário*, p. 21.
19. Ricardo Lobo Torres, *Curso de Direito Financeiro e Tributário*, p. 3.

instituída pelas entidades de direito público, compreendendo os impostos, as taxas e contribuições nos termos da Constituição e das leis vigentes em matéria financeira, **destinando-se o seu produto ao custeio de atividades gerais ou específicas** exercidas por essas entidades".

Importante salientar que o art. 9º da Lei n. 4.320/64 apresenta o conceito de tributo **segundo a ótica do Direito Financeiro**, e não do Direito Tributário. É por essa razão que o referido conceito, se analisado do ponto de vista do Direito Tributário, conteria duas imprecisões: a) admitir instituição de tributo por qualquer entidade de direito público (autarquias, por exemplo), quando na verdade somente pessoas federativas detêm competência para criar tributos; b) fazer referência à destinação como um elemento relevante para a conceituação de tributo, o que colide com a regra o art. 4º do CTN ("A natureza jurídica específica do tributo é determinada pelo fato gerador da respectiva obrigação, sendo irrelevantes para qualificá-la: (...) II – a destinação legal do produto da sua arrecadação).

Vale lembrar que o conceito de tributo, para fins de Direito Tributário, consta do art. 3º do Código Tributário Nacional ("Tributo é toda prestação pecuniária compulsória, em moeda ou cujo valor nela se possa exprimir, que não constitua sanção de ato ilícito, instituída em lei e cobrada mediante atividade administrativa plenamente vinculada").

1.7 DIREITO TRIBUTÁRIO, DIREITO FINANCEIRO E CONCEITOS AFINS

São frequentes as confusões envolvendo os conceitos de Direito Tributário, Direito Financeiro, Direito Econômico, Ciência das Finanças, Política Fiscal e Política Tributária.

Adotando as lições de Hugo de Brito Machado sobre o tema[20], convém apresentar as diferenças entre os referidos conceitos.

Direito Tributário é o ramo do Direito Público, pertencente portanto ao **domínio da deontologia** ou do "dever-ser", que estuda princípios e normas reguladoras das **atividades estatais de instituição, cobrança e fiscalização de tributos**. O objeto do Direito Tributário termina com o ingresso nos cofres públicos do dinheiro pago pelo contribuinte. Assim, o estudo da destinação do dinheiro arrecadado pelo Fisco cabe ao Direito Financeiro.

Direito Financeiro é o ramo do Direito Público (**domínio deontológico**) que tem por objeto a disciplina jurídica das **atividades financeiras do Estado, excetuadas aquelas de natureza tributária**. A ressalva "excetuadas aquelas de natureza tributária" é relevante porque, na verdade, as atividades de criação, cobrança e fiscalização de tributos também são atividades financeiras do Estado,

---

20. *Curso de Direito Tributário*, p. 53-55.

mas por pertencerem ao objeto específico do Direito Tributário foram suprimidas do domínio do Direito Financeiro[21]. De modo mais preciso, pode-se dizer que as atividades financeiras compreendidas no objeto do Direito Financeiro são **despesa pública, receita pública, crédito público e orçamento público**[22].

Direito Econômico é o ramo do Direito Público que estuda a disciplina jurídica da **atividade econômica do Estado e dos particulares**, no que diz respeito à produção, distribuição, circulação e consumo de riquezas[23].

Ciência das Finanças ou Ciência das Finanças Públicas não é um ramo jurídico, mas uma ciência do "mundo do ser" (**domínio da ontologia**) voltada ao **conhecimento dos fatos**, e não das normas, que compõem a atividade financeira do Estado[24]. Enquanto o Direito Financeiro destina-se a disciplinar a atividade financeira do Estado, a Ciência das Finanças preocupa-se em compreender tal atividade.

A **Política Fiscal** são os planejamentos, decisões e medidas do governo a respeito do **conjunto de receitas e gastos públicos**.

Já a **Política Tributária** diz respeito somente aos planejamentos, decisões e medidas do governo **em matéria de tributação**[25].

Por fim, dada a especial importância para as provas e concursos públicos convém apresentar um quadro comparativo apontando semelhanças e diferenças entre o Direito Tributário e o Direito Financeiro.

	Direito Tributário	**Direito Financeiro**
Taxonomia	Ramo de Direito Público (domínio da deontologia)	Ramo de Direito Público (domínio da deontologia)
Objeto	Disciplina normativa das atividades estatais de instituição, cobrança e fiscalização de tributos	Disciplina normativa das atividades financeiras do Estado (despesa pública, receita pública e orçamento público)
Competência legislativa	Concorrente entre União, Estados e Distrito Federal (art. 24, I, da CF)	Concorrente entre União, Estados e Distrito Federal (art. 24, I, da CF)
Disciplina constitucional	arts. 145 a 156 e 195	arts. 163 a 169
Lei fundamental	Lei n. 5.172/66 (Código Tributário Nacional)	Lei n. 4.320/64 (Estabelece normas gerais sobre Direito Financeiro)

---

21. Hugo de Brito Machado, *Curso de Direito Tributário*, p. 54.
22. Eduardo Marcial Ferreira Jardim, *Manual de Direito Financeiro e Tributário*, p. 37.
23. Eduardo Marcial Ferreira Jardim, *Manual de Direito Financeiro e Tributário*, p. 48.
24. Hugo de Brito Machado, *Curso de Direito Tributário*, p. 54.
25. Hugo de Brito Machado, *Curso de Direito Tributário*, p. 55.

Conceito de tributo	"Toda prestação pecuniária compulsória, em moeda ou cujo valor nela se possa exprimir, que não constitua sanção de ato ilícito, instituída em lei e cobrada mediante atividade administrativa plenamente vinculada" (art. 3º do CTN)	"A receita derivada instituída pelas entidades de direito público, compreendendo os impostos, as taxas e contribuições nos termos da Constituição e das leis vigentes em matéria financeira, destinando-se o seu produto ao custeio de atividades gerais ou específicas exercidas por essas entidades" (art. 9º da Lei n. 4.320/64)
Dica especial	Quando o dinheiro do contribuinte ingressa nos cofres públicos termina o campo de interesse do Direito Tributário	Estuda a destinação do dinheiro arrecadado pelo Fisco

1.8 AUTONOMIA DO DIREITO TRIBUTÁRIO

Existe controvérsia doutrinária a respeito da questão que envolve a autonomia do Direito Tributário. O debate parte da constatação inegável de que o **Direito**, entendido como o conjunto de princípios e normas que formam o ordenamento jurídico-positivo, em si **é uno e indivisível**. Seu estudo compartimentado em ramos atende somente a conveniências de ordem didática.

Nesse sentido, para a **corrente majoritária** trata-se de simples **autonomia didática**, e não científica, em relação aos demais ramos jurídicos. É a posição sustentada por Paulo de Barros Carvalho, Hugo de Brito Machado e Alfredo Augusto Becker, entre outros. Esse ponto de vista é referendado por grande parte dos administrativistas, segundo os quais o Direito Tributário seria um mero capítulo do Direito Administrativo voltado a compreender as peculiaridades no exercício da função administrativa sobre as atividades de criação, cobrança e fiscalização de tributos.

Há quem defenda, em **posição minoritária**, a existência, além da autonomia didática, de uma verdadeira **autonomia científica** do Direito Tributário[26]. A adoção desse ponto de vista significa reconhecer institutos, formas, técnicas e conceitos próprios do Direito Tributário.

Geraldo Ataliba, adotando **concepção** hoje **inaceitável**, defendia a tese de que o Direito Tributário seria um **sub-ramo do Direito Administrativo**, sem autonomia científica, apenas didática[27].

Independentemente da posição adotada, algumas considerações servem como premissas inquestionáveis para responder a perguntas sobre o tema em provas e concursos públicos: 1) o Direito Tributário goza de autonomia didática perante os demais ramos jurídicos; 2) a **autonomia do Direito Tributário é sempre relativa**[28], e não absoluta, na medida em que o ramo está interligado com diversas

---

26. Alberto Xavier, *Manual de Direito Fiscal*, p. 24.
27. *Hipótese de Incidência Tributária*, p. 35.
28. Luciano Amaro, *Direito Tributário Brasileiro*, p. 9.

outras disciplinas jurídicas, tais como Direito Constitucional, Administrativo, Financeiro, Penal, Processual, Internacional Público, Civil, dentre outros; 3) o Direito Tributário possui princípios específicos e normas próprias, tornando-o uma **disciplina especializada** em relação a outros ramos jurídicos.

1.9 RELAÇÃO COM OUTROS RAMOS DO DIREITO

O Direito Tributário tem autonomia didática e, para alguns, até autonomia científica em relação aos demais ramos jurídicos, possuindo princípios próprios e técnicas específicas para compreensão de seu objeto. Ocorre que, embora seja autônomo, o Direito Tributário tem diversos pontos de conexão com outras disciplinas jurídicas, conforme será visto a seguir.

Direito Financeiro: o objeto específico do Direito Financeiro é o estudo da normatização das atividades financeiras do Estado[STF].

> STF: "Esta Corte, em oportunidades anteriores, firmou o entendimento de que, embora os Estados-membros sejam incompetentes para fixar índices de correção monetária superiores aos fixados pela União para o mesmo fim, podem defini-los em patamares inferiores – incentivo fiscal. Precedentes. A competência dos Estados-membros para fixar índices de correção monetária de créditos fiscais é tema que também foi examinado por este Tribunal. A União e Estados-membros detêm competência legislativa concorrente para dispor sobre matéria financeira, nos termos do disposto no art. 24, I, da CB/88. A legislação paulista é compatível com a Constituição de 1988, desde que o fator de correção adotado pelo Estado-membro seja igual ou inferior ao utilizado pela União. Pedido julgado parcialmente procedente para conferir interpretação conforme ao art. 113 da Lei n. 6.374/89 do Estado de São Paulo, de modo que o valor da União Fiscal do Estado de São Paulo (UFESP) não exceda o valor do índice de correção dos tributos federais" (ADIn 442, rel. Min. Eros Grau, j. 14-4-2010, Plenário, *DJe* 28-5-2010).

E, conforme visto nos itens anteriores, as atuações do Fisco estão englobadas no conjunto das atividades financeiras desempenhadas pelo Estado. Assim, entende-se que a criação, cobrança e fiscalização de tributos são atividades materialmente financeiras, mas que foram subtraídas do campo de interesse do Direito Financeiro para integrar, pelo processo de especialização, o objeto do Direito Tributário. Por essa razão, é comum até hoje no direito estrangeiro encontrar autores considerando sinônimas as expressões "Direito Tributário" e "Direito Financeiro". Portanto, a conexão entre os dois ramos é bastante profunda. Inicialmente, é preciso lembrar que o tributo constitui a mais importante forma de receita pública, sendo classificado pelo Direito Financeiro como receita derivada. Já os empréstimos compulsórios, uma das espécies tributárias existentes em nosso ordenamento jurídico, são considerados, em termos jusfinanceiros, uma forma de entrada provisória de recursos nos cofres públicos. Cabe ao Direito Financeiro estudar também a destinação do dinheiro arrecadado pelo Fisco, sendo observadas inclusive as regras de repartição de receitas tributárias previstas nos arts. 157 e 158 da Constituição Federal[STF].

> STF: "Lei que institui incentivo fiscal para as empresas que contratarem apenados e egressos. Matéria de índole tributária e não orçamentária" (ADI 3.809, rel. Min. Eros Grau, j. 14-6-2007, Plenário, *DJ* 14-9-2007).

Direito Constitucional: a opção do constituinte de 1988 por dedicar um título (título V) do Texto Maior à "tributação e orçamento" contribuiu decisivamente para aproximar o Direito Tributário e o Direito Constitucional. O capítulo que versa sobre o Sistema Tributário Nacional, abrangendo os arts. 145 a 162, implica a constitucionalização dos seguintes temas tributários: a) espécies de tributo (arts. 145, 148, 149 e 195); b) reserva de lei complementar (art. 146); c) competência tributária (arts. 147, 153, 155 e 156); d) princípios (art. 150); e) imunidades (art. 150, VI); f) tributação de guerra (arts. 148, I, e 154, II); g) regime do Simples Nacional (art. 146, § 1º, renumerado pela Emenda Constitucional n. 132/2023). Além desses temas, o constituinte incluiu no Sistema Tributário Nacional as regras de repartição de receitas tributárias (arts. 157 e 158), tema que na verdade pertence ao objeto específico do Direito Financeiro.

Direito Administrativo: os pontos de contato entre o Direito Tributário e o Direito Administrativo são bastante numerosos. De início convém lembrar que muitos administrativistas consideram que o Direito Tributário seria um simples capítulo do Direito Administrativo, destituído de qualquer autonomia técnica ou científica. Exageros à parte, certo é que o Direito Administrativo empresta ao Direito Tributário uma importante base valorativa e principiológica. Especialmente porque, com exceção da criação do tributo, que é função legislativa, todas as atividades desempenhadas pela Administração Tributária, ou Fisco, são manifestações da função administrativa, regidas portanto pelos princípios e regras do Direito Administrativo[STJ].

> STJ: "Tanto o direito administrativo quanto o direito Tributário, sendo ramos do Direito Público, externam-se por meio de atos administrativos de seus agentes públicos que sempre são pautados pelo Princípio da Legalidade. Em outras palavras, todo ato emanado de autoridade pública – fazendária ou administrativa – decorre de lei" (EDcl no REsp 1.123.995-RS, voto do rel. Min. Mauro Campbell Marques, j. 22-11-2011, 2ª T., *DJe* 1º-12-2011).

É por essa razão que a violação, por parte do Fisco, de princípios administrativos como legalidade, impessoalidade, segurança jurídica, publicidade, entre outros, gera a nulidade do comportamento da autoridade tributante. Importante relembrar que os atos praticados pelo Fisco, como o lançamento tributário por exemplo, são atos administrativos (art. 3º do CTN). Os processos instaurados no âmbito da autoridade tributária são processos administrativos (art. 1º do Decreto n. 70.235/72, que dispõe sobre o processo administrativo fiscal). Além do que, a estrutura organizacional e o quadro de pessoal componentes da Administração Tributária estão subordinados ao regramento do Direito Administrativo.

Interessante também é a utilização de tributação progressiva aliada ao instituto administrativo da desapropriação como mecanismo a serviço da Administração Pública para forçar o cumprimento da função social da propriedade. Isso ocorre na cobrança de ITR progressivo para desestimular latifúndios improdutivos (art. 153, § 4º, da CF) e também na hipótese de IPTU progressivo no tempo, sobre imóveis não edificados, não utilizados ou subutilizados (art. 182, § 4º, da CF).

Desse modo, é possível constatar que nenhum outro ramo guarda tanta relação com o Direito Tributário quanto o Direito Administrativo.

ATENÇÃO: Embora exista essa importante conexão entre as duas disciplinas jurídicas, é equivocado afirmar em provas e concursos que o Direito Tributário é um ramo dependente ou subordinado ao Direito Administrativo.

Direito Civil: a legislação tributária utiliza diversos institutos, conceitos e formas do Direito Civil. Quando, por exemplo, o legislador define como hipótese de incidência do IPTU "ser proprietário de imóvel predial e territorial urbano", os conceitos de "proprietário" e "imóvel" são provenientes do Direito Civil, que foram importados pela legislação tributária. Daí falar-se que o Direito Tributário é um "ramo de sobreposição", porque utiliza conceitos e institutos próprios de outros ramos. Embora o tema seja tratado nos itens seguintes deste capítulo, convém adiantar que, por força de expressa previsão no Código Tributário Nacional, o legislador tributário nunca poderá alterar o significado original de institutos, conceitos e formas importados do direito privado (art. 110 do CTN).

Direito Penal: as relações entre o Direito Penal e o Direito Tributário dizem respeito especialmente à existência dos chamados "crimes contra a ordem tributária", tipificados na Lei n. 8.137/90, que revogou[29] a antiga Lei de Sonegação Fiscal (4.729/65). O crime mais importante definido na Lei n. 8.137/90 é o de "supressão ou redução de tributo" (art. 1º), semelhante ao antigo crime de sonegação.

Predomina o entendimento de que **o pagamento do tributo extingue a punibilidade** nos crimes contra a ordem tributária[30]. Mas esse entendimento não é aplicável ao crime de descaminho, por exemplo.

Direito Processual Penal: os ritos utilizados para apuração e julgamento dos crimes contra a ordem tributária pertencem ao campo específico de interesse do

---

29. Hugo de Brito Machado, *Curso de Direito Tributário*, p. 499.
30. Hugo de Brito Machado, *Curso de Direito Tributário*, p. 511.

Direito Processual Penal, outro ramo do Direito Público com o qual o Direito Tributário tem uma relação de proximidade e colaboração.

Direito Empresarial: o Direito Tributário também possui pontos de conexão com temas afetos ao objeto do Direito Empresarial, especialmente no que diz respeito ao tema da responsabilidade tributária. Nessa seara vale mencionar a disciplina normativa, entre outros, dos seguintes assuntos que interligam os dois ramos jurídicos: a) responsabilidade tributária nas transformações empresariais (art. 132 do CTN); b) responsabilidade tributária no trespasse empresarial (art. 133 do CTN); c) desconsideração da personalidade jurídica para fins tributários (art. 135 do CTN).

Direito Processual Civil: conforme visto nos itens anteriores deste capítulo, o Direito Tributário é ramo de direito material por constituir-se em um regramento de natureza substancial. Cabe ao Direito Processual Civil definir as normas adjetivas (formais) a serem observadas quando a questão tributária material for levada a juízo pelo contribuinte ou pelo Fisco. O Direito Processual Civil estabelece o devido processo legal para a cobrança judicial de tributos, bem como para a propositura de ações em defesa do contribuinte contra exigências tributárias indevidas. O rito ordinário previsto no Código de Processo Civil (arts. 318 a 508) é utilizado para a maioria das ações judiciais em prol do contribuinte, tais como: a) ação declaratória de inexistência de relação jurídico-tributária; b) ação anulatória de débito fiscal; e c) ação de repetição de indébito. Tal rito foi nomeado, pelo CPC de 2015, comum, e está regulado pelos arts. 318 a 508. Os arts. 539 a 549 do CPC disciplinam ainda a ação de consignação em pagamento, bastante usada na defesa contra a bitributação ilegal (art. 164 do CTN). Além dessas ações em prol do contribuinte, vale destacar o importantíssimo mandado de segurança, disciplinado pela Lei n. 12.016/2009.

É o Direito Processual Civil que disciplina também as ações judiciais propostas pela Fazenda Pública contra o contribuinte, especialmente a execução fiscal (Lei n. 6.830/80) e a medida cautelar fiscal (Lei n. 8.397/92). Podemos citar aqui o julgado do STJ, AgInt no AREsp 1.996.760-SP, que trata da ação cautelar: "A decisão a respeito do pedido de caução de crédito tributário ainda não cobrado judicialmente para fins de obtenção de certidão de regularidade fiscal tem natureza jurídica de incidente processual inerente à execução fiscal, não guardando autonomia a ensejar condenação em honorários advocatícios em desfavor de qualquer das partes" (Rel. Min. Herman Benjamin, 2ª T., j. 14-3-2023).

Direito Internacional Público: por fim, o Direito Tributário relaciona-se atualmente também com o Direito Internacional Público, pois é cada vez mais frequente a celebração de tratados e convenções internacionais versando sobre questões tributárias. A participação do Brasil no Mercosul tem criado novos desafios envolvendo tributação internacional, especialmente quanto ao equilíbrio da balança comercial nas importações e exportações.

1.10 OBJETO DO DIREITO TRIBUTÁRIO

Empregando a expressão "Direito Tributário" no sentido de ciência jurídica (direito-ciência), seu objeto é o conjunto de princípios e normas reguladores do exercício da atividade tributária exercida pelo Estado. Já, se utilizarmos o termo "Direito Tributário" na acepção de "direito-ordenamento", isto é, para fazer referência ao próprio conjunto de princípios e normas que disciplinam a atuação do Fisco, tem-se que o objeto do Direito Tributário são as três atividades que compõem o núcleo da função fiscal do Estado: a) instituição do tributo; b) cobrança do tributo; c) fiscalização do pagamento do tributo.

Assim, é possível falar em objeto imediato e objeto mediato do Direito Tributário.

O **objeto imediato** do Direito Tributário é o **conjunto de princípios e normas** que disciplinam a atuação do Fisco.

Enquanto o **objeto mediato** do Direito Tributário são as **atividades de instituição, cobrança e fiscalização de tributos**, a seguir analisadas:

Instituição de tributo: instituir ou criar tributo é atividade exercida em caráter **exclusivo e indelegável pelo Poder Legislativo** consistente na definição, **por meio de lei**, de todos os cinco aspectos da hipótese de incidência tributária, a saber: a) aspecto material (fato gerador); b) aspecto pessoal (credor e devedor); c) aspecto temporal (momento de ocorrência do fato gerador); d) aspecto espacial ou territorial (local da ocorrência do fato gerador); e) aspecto quantitativo (valor devido).

Materialmente, a aptidão para instituir tributo manifesta-se por meio de uma **função legislativa** e recebe o nome de **competência tributária**.

Inclui-se também na noção de "instituição de tributo" a competência para majorar, reduzir e extinguir tributo, a qual em princípio é igualmente exclusiva do Poder Legislativo. Entretanto, é preciso lembrar que o art. 153, § 1º, da Constituição Federal admite a modificação da alíquota de quatro impostos federais por meio de ato do Poder Executivo: a) imposto de importação; b) imposto de exportação; c) imposto sobre operações financeiras; d) imposto sobre produtos industrializados. Além dessas hipóteses, a Constituição de 1988 admite modificação de alíquotas por ato do Executivo também nos casos do ICMS/combustíveis (art. 155, § 4º, IV, *c*) e da Cide/combustíveis (art. 177, § 4º, I, *b*).

Na verdade, como será visto nos capítulos seguintes, essas denominadas "exceções ao princípio da legalidade" não constituem de fato delegação ao Executivo do poder de instituição da alíquota tributária, mas simples atribuição da possibilidade de modificar alíquotas dentro dos limites que o legislador estabelecer.

Tampouco é admitida a delegação entre entidades federativas da competência para criar tributos. **Competência tributária é indelegável.**

Portanto, a instituição de tributo é atividade exclusiva do Poder Legislativo e indelegável a outros poderes estatais ou a entidades federativas diversas ou a particulares.

Cobrança de tributo: é a atividade **materialmente administrativa** exercida no âmbito do **Poder Executivo** ou, na linguagem usada pelo Código Tributário Nacional, da "Administração Tributária", consistente na realização do devido processo legal para a arrecadação de tributos. A competência para criar tributos é indelegável, mas **admite-se delegação, por meio de lei, da capacidade para cobrar tributos.** É a chamada "**parafiscalidade**", disciplinada pelo art. 7º do Código Tributário Nacional e que será abordada no item seguinte.

A delegação da atividade administrativa de cobrar tributos pode favorecer outras pessoas federativas ou até pessoas jurídicas de direito privado. Ao delegar a capacidade de cobrança do tributo, permite-se também a aplicação dos recursos arrecadados nas finalidades institucionais da entidade delegada. A cobrança de tributos constitui **atividade plenamente vinculada** (art. 3º do CTN).

Fiscalização do tributo: constitui outra atividade de **natureza administrativa** exercida pelo **Poder Executivo** (Administração Tributária) e que se manifesta por meio de **atos de polícia** (atos administrativos de fiscalização) tendentes a estimular o contribuinte a pagar o tributo. A fiscalização do tributo, como toda atividade de polícia administrativa, constitui **atividade discricionária**.

ATENÇÃO: O campo de interesse do Direito Tributário termina com a arrecadação do valor do tributo. O estudo da **destinação do dinheiro arrecadado** pelo Fisco **cabe ao Direito Financeiro.**

1.10.1 Parafiscalidade

1.10.1.1 Conceito e fundamento legal

Denomina-se **parafiscalidade** a **delegação legal da capacidade** administrativa **para cobrar e fiscalizar tributos.**

A disciplina normativa do instituto está no art. 7º do Código Tributário Nacional, *in verbis*: "a competência tributária é indelegável, salvo atribuição das funções de arrecadar ou fiscalizar tributos, ou de executar leis, serviços, atos ou decisões administrativas em matéria tributária, conferida por uma pessoa jurídica de direito público a outra".

Desse modo, a competência legislativa para instituir tributos é indelegável, mas a capacidade administrativa para sua arrecadação pode ser delegada[STJ] por meio de **lei.**

STJ: "1. O entendimento sobre a legitimidade da delegação de poderes às autarquias e empresas estatais para o exercício de funções descentralizadas consolidou-se na jurisprudência do extinto TFR e do STJ. 2. Indelegável é o poder de tributar, isto é, de instituir impostos, taxas, contribuições e empréstimos compulsórios, reservado ao Estado pela Constituição (art. 145)". (REsp 7.828/DF, rel. Min. Peçanha Martins, j. 28-3-1996, 2ª T., *DJ* 3-6-1996).

A parafiscalidade consiste na delegação da capacidade tributária ativa. Não devemos confundi-la com o fenômeno da sujeição ativa auxiliar. No caso da sujeição ativa auxiliar o ente delegatário apenas recolhe o tributo e repassa ao ente político competente para instituí-lo. Como exemplo podemos identificar o pagamento de ICMS na conta de energia elétrica. Ao pagarmos a fatura, a concessionária de serviço público de energia elétrica apenas recolhe esses valores de ICMS de seus usuários e repassa ao Estado competente. Cabe trazer aqui o caso de pagamentos de adicional de bandeiras tarifárias. Segundo o STJ, esse adicional deve integrar a base de cálculo do ICMS: "O adicional de bandeiras tarifárias deve integrar a base de cálculo do ICMS, por se correlacionar na definição do 'valor da operação', quando da apuração do consumo da energia elétrica pelos usuários do sistema" (AREsp 1.459.487-RS, Rel. Min. Benedito Gonçalves, 1ª T., j. 6-6-2023).

No caso da parafiscalidade, como na cobrança da anuidade da OAB, os valores arrecadados ficam disponíveis para a própria OAB, a fim de sustentar suas finalidades institucionais. Logo, há essa grande diferença entre os fenômenos e é importante saber distingui-los.

A cobrança de anuidade da OAB foi tema julgado no STJ em 2023. A temática se centrou no caso de cobrança de anuidade das sociedades de advogados. O REsp 2.015.612/SP teve como tese firmada que "Os Conselhos Seccionais da Ordem dos Advogados do Brasil não podem instituir e cobrar anuidade das sociedades de advogados" (STJ, Rel. Min. Gurgel de Faria, j. 25-10-2023, *DJe* 31-10-2023, Tema Repetitivo 1179).

1.10.1.2 Objeto e alcance

O objeto da parafiscalidade são as **atividades** administrativas **de cobrar e fiscalizar** o pagamento de tributos. A delegação dessas atribuições compreende também as garantias e os privilégios processuais que competem à pessoa jurídica de direito público que a conferir (art. 7º, § 1º, do CTN).

O objetivo da parafiscalidade é a arrecadação, assim como na fiscalidade (como veremos a seguir). No entanto, na parafiscalidade, o produto da arrecadação destina-se a ente diverso daquele que instituiu o tributo.

Vamos analisar como exemplo o que dispõe o art. 149, *caput*, da CF. Tal dispositivo prevê que é de competência exclusiva da União instituir contribuições de interesse das categorias profissionais ou econômicas. Logo, é a União quem criará a contribuição, por meio de lei ordinária, em favor das entidades que representam categorias profissionais. No entanto, quando tais entidades realizarem a arrecadação, esses valores ficarão com elas e não irão para os cofres da União, como ocorre, por exemplo, com a arrecadação dos impostos federais, tais como Imposto de Renda e Imposto sobre Importação.

Por óbvio, a parafiscalidade não tem qualquer impacto sobre a competência tributária. Daí o art. 7º, § 3º, do CTN declarar que: "Não constitui delegação de competência o cometimento, a pessoas de direito privado, do encargo ou da função de arrecadar tributos".

Quer dizer: a delegação da capacidade para arrecadar não implica a delegação da competência para instituir o tributo. A competência para criação de tributo é indelegável.

1.10.1.3 Veículo normativo

Veículo da parafiscalidade é o instrumento normativo por meio do qual a delegação da capacidade de cobrar tributos pode ser realizada.

Delegar a cobrança do tributo é uma decisão que, embora possa ser revogada a qualquer tempo pela pessoa jurídica de direito público que lhe tenha conferido (art. 7º, § 2º, do CTN), implica relevantes consequências para a entidade delegante, especialmente pela renúncia do montante a ser arrecadado. Por isso, é inaceitável a parafiscalidade por meio de ato unilateral do Poder Executivo, devendo a questão ser submetida à apreciação do Poder Legislativo da esfera competente para instituir o tributo. Portanto, a parafiscalidade exige **lei ordinária** aprovada pela **entidade federativa competente para a criação do tributo** cuja arrecadação se pretende delegar.

Importante frisar que, como a arrecadação do tributo não tem relação com sua instituição, mesmo nos casos de tributo de instituição submetida a reserva de lei complementar a parafiscalidade depende de simples lei ordinária, e não de lei complementar.

1.10.1.3.1 Parafiscalidade por medida provisória?

Por falta de expressa vedação na Constituição Federal, é possível medida provisória editada com o objetivo de delegar a capacidade de cobrança de tributo, desde que haja comprovação, no caso concreto, do preenchimento dos requisitos constitucionais de "relevância" e "urgência" (art. 62 da CF). Obviamente, medida provisória editada pelo Presidente da República só pode autorizar parafiscalidade relativa a tributo federal, sob pena de violar a autonomia de outras esferas federativas.

1.10.1.4 Sujeito ativo da parafiscalidade

Sujeito ativo da parafiscalidade é **quem delega** a capacidade de cobrar tributos. Por isso, essa sujeição ativa é exclusiva da **entidade federativa** competente para instituição do tributo delegado, devendo efetivar a delegação por meio de **lei específica** aprovada para essa finalidade.

1.10.1.5 Sujeito passivo (entidades parafiscais). Cobrança de seus créditos

Denomina-se sujeito passivo da parafiscalidade o **beneficiário da delegação**, ou seja, a pessoa a quem é legalmente atribuída a capacidade de cobrar tributos. O sujeito passivo da parafiscalidade recebe o nome de **entidade parafiscal**.

A entidade parafiscal passa a ocupar o **polo ativo da relação jurídico-tributária** para todos os fins de direito, inclusive na eventual propositura de ação judicial para discussão do tributo exigido.

No julgamento do REsp 874.065, datado de 22-11-2011, a **4ª Turma do Superior Tribunal de Justiça** admitiu que o **Senai** (Serviço Nacional de Aprendizagem Industrial), uma entidade parafiscal, pode **cobrar judicialmente seus créditos** tributários decorrentes da arrecadação de contribuições parafiscais **optando** entre a utilização do sistema da **Lei de Execuções Fiscais** (6.830/80) ou por meio de **habilitação em falência**[STJ].

> STJ: "1. De acordo com a jurisprudência desta Corte, a possibilidade de cobrança do crédito por meio de execução fiscal não impede a opção do credor pela habilitação do crédito no processo falimentar. 2. É possível ao SENAI habilitar seus créditos parafiscais na falência. 3. REsp conhecido e provido" (REsp 874.065, rel. Min. Antonio Carlos Ferreira, j. 17-11-2011, 4ª T., *DJe* 25-11-2011).

A redação do art. 7º do Código Tributário Nacional induz à conclusão de que a parafiscalidade somente poderia recair sobre pessoas jurídicas de direito público: "a competência tributária é indelegável, salvo atribuição das funções de arrecadar ou fiscalizar tributos, ou de executar leis, serviços, atos ou decisões administrativas em matéria tributária, conferida por uma pessoa jurídica de direito público a outra".

De fato, a parafiscalidade beneficiando **pessoa jurídica de direito público** é bastante comum e tem como importante exemplo a hipótese prevista no art. 153, § 4º, III, da Constituição Federal, que faculta à União delegar aos Municípios a capacidade para fiscalizar e cobrar, na forma da lei, o Imposto Territorial Rural, desde que não implique redução do imposto ou qualquer outra forma de renúncia fiscal.

Entretanto, **doutrina** e **jurisprudência** são unânimes em admitir também parafiscalidade em favor de **pessoas de direito privado**, tanto as pertencentes à Administração indireta (empresas públicas e sociedades de economia mista) quanto aquelas da iniciativa privada, que exerçam **atividades não lucrativas** e de interesse social. É o caso dos serviços sociais (Senai, Sesi, Sebrae, Sesc).

As anuidades cobradas pelos conselhos de classe são contribuições parafiscais.

Certo é que a parafiscalidade em benefício de pessoas jurídicas privadas com finalidade lucrativa, como é o caso de uma empresa comercial, seria inconstitucional por violação do princípio da isonomia (art. 5º, II, da CF).

1.10.1.6 Natureza precária da parafiscalidade

Como a parafiscalidade não transfere a competência para instituição de tributo, mas tão somente delega temporariamente a capacidade para sua arrecadação, ela é sempre **outorgada em caráter transitório**, podendo a delegação ser **revogada a qualquer momento**.

Nesse sentido, o art. 7º, § 2º, do Código Tributário Nacional prescreve: "a atribuição pode ser revogada, a qualquer tempo, **por ato unilateral** da pessoa jurídica de direito público que a tenha conferido".

Não obstante o dispositivo citado, se a parafiscalidade é realizada por meio de lei, aplicando-se o princípio do paralelismo das formas, é forçoso concluir que **a revogação da delegação** também **exige lei específica** aprovada pela entidade competente para a instituição do tributo delegado.

1.10.1.7 Tributos parafiscais

Tributos parafiscais são aqueles arrecadados por meio de parafiscalidade.

Alguns são intrinsecamente parafiscais, como as **anuidades profissionais** pagas aos Conselhos de Classe e as **contribuições sindicais**, na medida em que sua cobrança sempre ocorre por meio de delegação da capacidade tributária ativa.

Outros tributos revelam-se ocasionalmente parafiscais, podendo ou não ser arrecadados por meio da parafiscalidade. É o caso das taxas de fiscalização (ex.: taxas cobradas pelas agências reguladoras) e de alguns impostos (ex.: ITR, na hipótese do art. 153, § 4º, III, da CF).

1.10.1.8 Antigas contribuições "parafiscais"

Alguns doutrinadores denominavam "parafiscais" as contribuições previstas no art. 195 da Constituição Federal. Isso porque o Instituto Nacional do Seguro Social – INSS detinha capacidade tributária ativa para arrecadar algumas dessas contribuições. Sendo o INSS uma autarquia, tratava-se de um caso clássico de parafiscalidade legitimando o uso da nomenclatura "contribuições parafiscais" para fazer referência a tais exações.

Ocorre que, com a criação da "Super Receita", por força da Lei n. 11.457/2007, a Receita Federal do Brasil absorveu as antigas capacidades arrecadatórias do INSS (art. 2º), extinguindo qualquer forma de parafiscalidade na cobrança das contribuições para custeio da Seguridade Social.

Desde então, o uso da expressão "contribuições parafiscais" com o objetivo de designar tais tributos deve ser evitado por constituir erro grosseiro.

1.10.2 Fiscalidade e extrafiscalidade (tributação indutiva)

Não se deve confundir parafiscalidade com extrafiscalidade. Parafiscalidade, como visto nos itens anteriores, é a delegação legal da capacidade para cobrar tributos. **Extrafiscalidade** ou **tributação indutiva** é a **utilização do tributo** para atingir objetivos de ordem social ou política contemplados no ordenamento jurídico, ou seja, **sem finalidade** imediatamente **arrecadatória**. A extrafiscalidade, portanto, é usada como mecanismo regulatório ou indutivo de outras políticas públicas que não sejam as tributárias.

Merece referência o conceito de extrafiscalidade presente na prova Esaf da Procuradoria da Fazenda Nacional/2012: "Alguns tributos possuem, além da função meramente arrecadatória ou fiscal, finalidade outra que se destina a **regular a economia**, criando mecanismos que **induzem, ou incentivam, a conduta do potencial contribuinte** numa ou noutra direção. É o que se viu com a majoração das alíquotas do IPI, incidente sobre a importação de automóveis, já que, no período de janeiro a agosto de 2011, a balança comercial do setor automotivo atingiu um déficit de R$ 3 bilhões".

Outro exemplo de tributação extrafiscal é o caso da cobrança de Imposto Territorial Rural com alíquotas progressivas para desestimular a manutenção de propriedades improdutivas (art. 153, § 4º, I, da CF). Há o caso também da cobrança do Imposto sobre a propriedade predial e territorial urbana (IPTU) com a mesma finalidade não arrecadatória (arts. 170, III e 182, § 4º, II, da CF).

A extrafiscalidade opõe-se à **fiscalidade**, que consiste na cobrança do **tributo com objetivo meramente arrecadatório**. Isso não significa que, como consequência mediata, a extrafiscalidade não gere também arrecadação. Sim, há a arrecadação dos valores por meio dos tributos, entretanto, o objetivo principal é intervir em algum setor da economia, da política, da sociedade.

Vejamos a seguir um exemplo de tributação extrafiscal reconhecido pelo STF:

> STF: "Ao instituir incentivos fiscais a empresas que contratam empregados com mais de quarenta anos, a Assembleia Legislativa Paulista usou o caráter extrafiscal que pode ser conferido aos tributos, para estimular conduta por parte do contribuinte, sem violar os princípios da igualdade e da isonomia. Procede a alegação de inconstitucionalidade do item 1 do § 2º do art. 1º, da Lei n. 9.085, de 17-2-1995, do Estado de São Paulo, por violação ao disposto no art. 155, § 2º, XII, *g*, da Constituição Federal. Em diversas ocasiões, este Supremo Trubunal já se manifestou no sentido de que isenções de ICMS dependem de deliberações dos Estados e do Distrito Federal, não sendo possível a concessão unilateral de benefícios fiscais. Precedentes ADIMC 1.557 (*DJ* 31-8-2001), a ADIMC 2.439 (*DJ* 14-9-2001) e a ADIMC 1.467 (*DJ* 14-3-1997). Ante a declaração de inconstitucionalidade do incentivo dado ao ICMS, o disposto no § 3º do art. 1º desta lei, deverá ter sua aplicação restrita ao IPVA. Procedência, em parte, da ação" (STF – ADI 1.276 SP, rel. Min. Ellen Gracie, j. 29-8-2002, Tribunal Pleno, *DJ* 29-11-2002, p. 17, ement. v. 02093-01, p. 76).

O tema relativo às finalidades da tributação é extrajurídico, sendo afeto mais à política tributária, ciência das finanças e economia, do que propriamente ao

Direito Tributário. Mas as frequentes referências a tributos fiscais ou extrafiscais, em provas e concursos, justificam a preocupação em abordar a matéria entre os temas de interesse para o concursando.

Partindo de um ponto de vista econômico, Luís Eduardo Schoueri[31] menciona, além da função mediata arrecadadora, a existência de **outras três funções imediatas do tributo:**

a) **função distributiva:** relacionada com a distribuição de renda para redução das desigualdades sociais;

b) **função alocativa ou indutora:** vinculada com a indução de comportamentos dos agentes econômicos;

c) **função estabilizadora:** tendo em vista que o sistema tributário deve promover um equilíbrio geral na economia.

Por fim, importante lembrar que os institutos da parafiscalidade e da extrafiscalidade guardam entre si uma relativa conexão. Isso porque sempre haverá uma finalidade social ou política justificadora da delegação da capacidade de cobrar tributos. Assim, **a parafiscalidade é um instrumento a serviço de objetivos extrafiscais.**

Convém registrar a opinião de Hugo de Brito Machado, para quem a parafiscalidade seria uma função dos tributos independente das funções fiscal e extrafiscal. Segundo o autor, além da função fiscal (predominantemente arrecadatória) e da extrafiscal (quando o tributo é utilizado para intervenção estatal no domínio econômico sem fins arrecadatórios imediatos), a **função parafiscal** surge quando o tributo é instituído para **custeio de atividades que não integram as funções próprias do Estado**[32].

1.11 COMPETÊNCIA PARA LEGISLAR SOBRE DIREITO TRIBUTÁRIO

Nos termos do art. 24, I, da Constituição Federal, a competência para criar leis sobre Direito Tributário é **concorrente** entre a União, os Estados e o Distrito Federal.

Os **Municípios** podem legislar sobre Direito Tributário, mas com base em **outro fundamento** constitucional: o **interesse local** (art. 30, I, da CF).

ATENÇÃO: competência para legislar sobre Direito Tributário é **diferente de competência tributária**. A competência tributária é a previsão constitucional de que os entes federativos poderão criar seus tributos respectivos. Ressalta-se o fato de que a competência tributária é imprescritível, ou seja, ainda que a Constituição autorize um ente político a criar determinado tributo, ele não é obrigado a fazê-lo.

---

31. *Direito Tributário*, p. 33.
32. *Curso de Direito Tributário*, p. 68.

A competência para legislar sobre Direito Tributário é mais ampla e envolve a aptidão para disciplinar diversos temas relacionados com a tributação. Já a competência tributária restringe-se à possibilidade de instituição do tributo propriamente dita. Somente pessoas políticas detêm competência tributária.

Assim como ocorre em todos os temas de competência concorrente, **cabe à União** editar as **normas gerais sobre Direito Tributário** cuja observância é obrigatória para todas as demais esferas federativas (art. 24, § 1º, da CF).

Aos Estados e ao Distrito Federal compete suplementar as normas gerais da União mediante leis próprias, conforme art. 24, § 2º, da CF. Caso não existam normas gerais da União, os Estados e Distrito Federal terão a competência legislativa plena em matéria tributária. Isso aconteceu com o IPVA, o qual carecia de uma norma geral editada pela União (IPVA não é sequer mencionado no Código Tributário Nacional) e foi normatizado plenamente pelos Estados. Logo, se esses entes legislarem de forma plena a respeito de determinado tema não regrado pela União e, posteriormente, sobrevier uma lei federal, aplicar-se-á o art. 24, § 4º, da CF, suspendendo a eficácia da lei local no que for contrário à lei federal.

Atualmente, as normas gerais sobre Direito Tributário constam da Lei n. 5.172, de 25 de outubro de 1966 – o Código Tributário Nacional.

1.11.1 Iniciativa de projetos de lei em matéria tributária

O art. 61, § 1º, da Constituição Federal enumera os temas cuja iniciativa, em matéria de processo legislativo, cabe ao Presidente da República. Na alínea *b* do inciso II do referido dispositivo está dito: "organização administrativa e judiciária, matéria tributária e orçamentária, serviços públicos e pessoal da administração dos Territórios".

Desse modo, é de **iniciativa privativa do Presidente da República** a instauração do processo legislativo versando sobre qualquer **tema tributário** de competência dos **territórios federais**.

Quanto às **demais esferas** federativas, o Supremo Tribunal Federal decidiu que a **iniciativa das** leis tributárias é de **competência concorrente**, por vezes chamada de **comum**, entre o Executivo e o Legislativo.

1.12 NATUREZA JURÍDICA DO CÓDIGO TRIBUTÁRIO NACIONAL

No âmbito da competência legislativa concorrente cabe à União editar as normas gerais (art. 24, § 1º, da CF).

Além das regras previstas no próprio texto constitucional, as normas gerais sobre Direito Tributário estão na Lei n. 5.172/66, o Código Tributário Nacional.

Promulgado sob a vigência da Constituição de 1946, o CTN tem forma, aparência e numeração de lei ordinária. Vale dizer, o CTN é **formalmente uma lei ordinária.**

Entretanto, com a entrada em vigor da Constituição Federal de 1988, por força de seu art. 146, III, as normas gerais sobre Direito Tributário passaram a sujeitar-se a uma reserva de lei complementar ("Cabe à lei complementar: III – estabelecer normas gerais em matéria de legislação tributária").

Desse modo, o Código Tributário foi **recepcionado,** pelo Texto de 1988, **como lei complementar.**

Seus temas, assuntos, matérias são reservados à lei complementar. Daí falar--se que o CTN tem uma **natureza dúplice ou híbrida,** na medida em que formalmente é lei ordinária, mas materialmente lei complementar.

LEMBRE-SE: O CTN formalmente é uma lei ordinária e materialmente uma lei complementar.

1.12.1 Taxonomia do CTN: norma federal ou norma nacional?

A doutrina diferencia normas federais e normas nacionais. Os dois tipos de norma emanam do Congresso Nacional, podendo ser veiculadas por leis ordinárias ou leis complementares. A diferença está no âmbito pessoal de abrangência.

Normas federais são aquelas provenientes do Congresso Nacional e obrigatórias somente para o **âmbito da União,** não estendendo seu alcance às demais esferas federativas. Exemplos de normas federais: as destinadas à disciplina do Imposto de Importação.

Normas nacionais também emanam do Congresso Nacional, mas, ao contrário das federais, são **aplicáveis simultaneamente a todas as esferas federativas.** É o caso das normas contidas no Código Tributário Nacional, que são de cumprimento obrigatório pela União, Estados, Distrito Federal e Municípios.

Curioso notar que, quase sempre, normas federais são veiculadas por lei ordinária, ao passo que normas nacionais têm como instrumento normativo uma lei complementar. O que justifica a exigência de um quórum mais rigoroso (maioria absoluta) para aprovação de uma lei complementar: as normas nela contidas alcançam todas as esferas federativas, "atuando entre a rigidez da Constituição e a mutabilidade constante da legislação ordinária".

Portanto, a natureza jurídica (taxonomia) do CTN é: a) formalmente lei ordinária; b) materialmente lei complementar; c) lei veiculadora de normas nacionais.

1.13 DIREITO TRIBUTÁRIO COMO "RAMO DE SOBREPOSIÇÃO"

Reconhecido como disciplina científica há menos de cem anos, o Direito Tributário é um **ramo jurídico recente.** Assim, no período histórico do seu surgimento (primeiras décadas do século XX) já havia um amplo conhecimento em diversas áreas do direito, construído durante cerca de dois mil anos de produção intelectual notadamente na seara jurídico-privada.

Por essa razão o legislador não precisou criar, partindo do zero, os conceitos normativos utilizados nas leis tributárias. Tornou-se comum um **processo de** importação conceitual realizado pelo Direito Tributário, de modo que as leis relativas à tributação passaram a "tomar emprestados" institutos, conceitos e formas próprios do direito privado, especialmente do Direito Civil, para disciplina de temas tributários.

Conceitos de Direito Privado como "serviço", "propriedade móvel", "circulação", "mercadoria", "transmissão do bem" começaram a integrar leis tributárias por meio do referido processo de importação.

Daí dizer-se que **"o Direito Tributário não cria suas próprias realidades"**, mas utiliza institutos, conceitos e formas típicos de outros ramos. Ou então: "o **Direito Tributário é um ramo de sobreposição"** porque seus princípios e normas empregam as mesmas noções existentes no direito privado.

Impondo **limites ao processo de importação conceitual**, existem duas importantes regras no Código Tributário Nacional:

Art. 109: "Os princípios gerais de direito privado utilizam-se para pesquisa da definição, do conteúdo e do alcance de seus institutos, conceitos e formas, mas não para definição dos respectivos efeitos tributários".

Art. 110: "A lei tributária não pode alterar a definição, o conteúdo e o alcance de institutos, conceitos e formas de direito privado, utilizados, expressa ou implicitamente, pela Constituição Federal, pelas Constituições dos Estados, ou pelas Leis Orgânicas do Distrito Federal ou dos Municípios, para definir ou limitar competências tributárias".

1.14 DIREITO TRIBUTÁRIO COMO UM RAMO RECENTE

De acordo com Marco Aurélio Greco, o Direito Tributário é um ramo jurídico com uma **data de nascimento definida**. Isso porque, embora já existissem estudos anteriores sobre o fenômeno econômico da tributação, foi somente com a publicação da **Lei Tributária Alemã de 1919** que o Direito Tributário ganhou um tratamento como ramo científico autônomo[33].

1.15 FONTES DO DIREITO TRIBUTÁRIO

Numa primeira aproximação em relação ao tema lembramos que fonte é local de onde algo emana. Fontes do direito são **centros emanadores de regras jurídicas**.

Lembramos também que regras jurídicas são comandos de conduta, não se confundindo com os instrumentos normativos veiculadores dos referidos comandos. Uma lei ordinária, por exemplo, é um instrumento normativo introdutor de diversas regras jurídicas. **Regra jurídica** é o conteúdo veiculado pelo instrumento normativo. A regra é o conteúdo, a lei é o continente (forma).

---

33. *Contribuições de Intervenção no Domínio Econômico e Figuras Afins*, p. 147.

Nesse sentido, a doutrina diferencia fontes materiais e fontes formais do Direito Tributário.

1.15.1 Fontes materiais, fontes reais e fontes formais (primárias e secundárias)

Fontes materiais são os órgãos habilitados pelo sistema para a produção de normas tributárias, assim como, segundo alguns autores, os **acontecimentos sociais relevantes** para a criação de regras jurídicas[34]. Exemplos: Congresso Nacional, Assembleias Legislativas, Câmaras Municipais, Presidência da República (na edição de medidas provisórias tributárias).

Fontes formais são os **veículos introdutores de normas tributárias**[35], os quais regem o modo de ser de uma determinada relação jurídica, tais como as leis ordinárias, as leis complementares, as medidas provisórias, a Constituição Federal etc. As fontes formais, por sua vez, dividem-se em primárias e secundárias.

a) Fontes formais **primárias, principais ou imediatas** são aquelas que podem criar efetivamente regras jurídicas, inovando em caráter originário na ordem jurídica. Exemplos: leis, medidas provisórias, emendas constitucionais;

b) Fontes formais **secundárias, acessórias ou mediatas**: podem somente detalhar regras introduzidas pelas fontes primárias, não tendo força para inovar originariamente na ordem jurídica. Exemplos: decretos, regulamentos, instruções normativas, portarias ministeriais.

Há autores que mencionam ainda a existência de **fontes reais** do Direito Tributário, significando o conjunto de pressupostos ou suportes fáticos das regras tributárias[36].

Por fim, convém esclarecer que essas fontes materiais e formais acima mencionadas **são fontes do direito positivo**. Não se confundem com as fontes da Ciência do Direito.

1.15.2 Fontes dogmáticas

Fontes da Ciência do Direito ou dogmáticas são tudo aquilo que colabore para "a boa compreensão do fenômeno jurídico"[37]. Nessa categoria incluem-se a doutrina, os costumes e a jurisprudência.

A ideia da jurisprudência como fonte do Direito Tributário foi reforçada com a criação das súmulas vinculantes (art. 103-A da CF, inserido pela EC n. 45/2004), cuja observância é obrigatória tanto pelos órgãos do Poder Judiciário quanto da Administração Pública.

---

34. Paulo de Barros Carvalho, *Curso de Direito Tributário*, p. 79.
35. Luis Eduardo Schoueri, *Direito Tributário*, p. 64.
36. Eduardo Sabbag, *Manual de Direito Tributário*, p. 510.
37. Paulo de Barros Carvalho, *Curso de Direito Tributário*, p. 86.

1.15.3 Fontes formais em espécie

Para encerrar a análise das fontes do Direito Tributário, apresentaremos uma visão panorâmica sobre o papel desempenhado pelos diversos veículos introdutores de regras tributárias (fontes formais) no direito positivo brasileiro. Trata-se de uma primeira aproximação do tema, sendo certo que nos capítulos seguintes deste *Curso* muitos dos temas pertinentes às fontes formais do Direito Tributário serão abordados detalhadamente.

1.15.3.1 Constituição Federal

A Constituição Federal **não cria tributo**, pois essa tarefa cabe exclusivamente ao legislador quando define os cinco aspectos da hipótese de incidência (aspectos pessoal, temporal, territorial, material e quantitativo), mas o Texto de 1988 trata de diversos temas de Direito Tributário, a saber:

1) espécies tributárias (arts. 145, 148, 149 e 195);

2) reserva de lei complementar (art. 146);

3) princípios (art. 150);

4) imunidades (art. 150, VI);

5) competência tributária (arts. 153, 155 e 156);

6) repartição de receitas tributárias (arts. 157 e 158 da CF).

1.15.3.1.1 Constitucionalização e petrificação do Direito Tributário

A constitucionalização é uma **tendência à incorporação de princípios e normas de Direito Tributário** brasileiro **no texto constitucional** de modo a garantir maior estabilidade à matéria, dificultando o processo legislativo para alteração da disciplina normativa da tributação. A inserção de regras tributárias no corpo da Constituição torna seu cumprimento obrigatório para todas as entidades federativas, retirando-lhes a possibilidade de modificar essas regras por meio de leis ordinárias ou complementares.

Dado seu conteúdo valorativo diferenciado, **alguns temas** tributários foram petrificados, compondo **o núcleo imodificável da Constituição de 1988**, vale dizer, fazem parte do rol de **cláusulas pétreas** enumeradas no art. 60, § 4º. Tais matérias não podem ser suprimidas ou ter seu alcance reduzido nem por meio de emenda constitucional. É o caso dos **princípios** e **imunidades tributárias**, pois, tendo natureza de "garantias fundamentais do contribuinte" (art. 150, *caput*, da CF), constituem cláusula pétrea referida no art. 60, § 4º, IV, da CF ("Não será objeto de deliberação a proposta de emenda tendente a abolir: IV – os direitos e garantias individuais).

A jurisprudência do Supremo Tribunal Federal é pacífica quanto à natureza de cláusulas pétreas das limitações constitucionais ao poder de tributar.

1.15.3.2 Emendas à Constituição Federal

As emendas constitucionais podem modificar as regras tributárias contidas no texto constitucional, até mesmo inserindo novos comandos ou suprimindo os já existentes, desde que **sem violar as cláusulas pétreas.**

Como visto no item anterior, não será objeto de deliberação a proposta de emenda constitucional tendente a suprimir ou reduzir princípios e imunidades tributárias (art. 60, § 4º, IV, da CF).

Sucessivas emendas constitucionais já foram promulgadas versando sobre matéria tributária, merecendo destaque:

a) **Emenda Constitucional n. 3/93:** autorizou a União a instituir o Imposto sobre Movimentação ou Transmissão de Valores e de Créditos e Direitos de Natureza Financeira – IPMF (art. 2º da Emenda);

b) **Emenda Constitucional n. 17/97:** alterou regras de distribuição aos Municípios da receita proveniente da arrecadação do Imposto de Renda (art. 3º da Emenda);

c) **Emenda Constitucional n. 20/98:** modificou o regime constitucional das contribuições sociais (art. 195, I, da CF);

d) **Emenda Constitucional n. 32/2001:** alterou o regime das medidas provisórias tributárias (art. 62, § 2º, da CF);

e) **Emenda Constitucional n. 33/2001:** disciplinou a instituição de Cides (art. 149, § 2º) e alterou regras do ICMS (art. 155, § 2º, IX, da CF);

f) **Emenda Constitucional n. 42/2003:** modificou o regime da anterioridade tributária (art. 150, III, *c*, da CF); e

g) **Emenda Constitucional n. 55/2007:** alterou os percentuais de distribuição de receitas do IPI (art. 159, I, *d*, da CF).

h) **Emenda Constitucional n. 105/2019:** acrescenta o art. 166-A à Constituição Federal, para autorizar a transferência de recursos federais a Estados, ao Distrito Federal e a Municípios mediante emendas ao projeto de lei orçamentária anual;

i) **Emenda Constitucional n. 106/2020:** institui regime extraordinário fiscal, financeiro e de contratações para enfrentamento de calamidade pública nacional decorrente de pandemia;

j) **Emenda Constitucional n. 108/2020:** altera a Constituição Federal para estabelecer critérios de distribuição da cota municipal do Imposto sobre Operações Relativas à Circulação de Mercadorias e sobre Prestações de Serviços de Transporte Interestadual e Intermunicipal e de Comunicação (ICMS);

k) **Emenda Constitucional n. 109/2021:** acrescenta à Constituição Federal artigos relacionados a orçamento e institui regras transitórias sobre a redução de benefícios tributários.

l) **Emenda Constitucional n. 116/2022:** acrescenta à Constituição Federal parágrafo ao art. 156 prevendo a não incidência de IPTU sobre templos de qualquer culto, mesmo que as entidades sejam apenas locatárias do imóvel.

m) **Emenda Constitucional n. 132/2023:** instituiu a Reforma Tributária, modificando mais de 100 artigos da Constituição Federal.

Assim como ocorre com o próprio texto constitucional, as emendas constitucionais **não criam tributos,** pois esta tarefa é exclusiva do legislador ao definir legalmente os cinco aspectos da hipótese de incidência tributária (aspectos pessoal, material, territorial, temporal e quantitativo).

1.15.3.3 Leis complementares federais

A Constituição de 1988 selecionou diversos temas de Direito Tributário que somente poderão ser disciplinados por meio de lei complementar. É a chamada **reserva de lei complementar.**

Devido ao fato de sua aprovação exigir **quórum de maioria absoluta** (art. 69 da CF), a obrigatoriedade de utilização da lei complementar para disciplinar de certa matéria pressupõe **maior consenso entre os parlamentares** do que o necessário para aprovação de uma lei ordinária e, por conseguinte, **maior dificuldade na aprovação de novas leis,** conferindo **estabilidade adicional** para os temas reservados à lei complementar. Fala-se também em um **adensamento na disciplina constitucional** do Sistema Tributário realizado por força das leis complementares.

Todavia, tais peculiaridades **não significam uma hierarquia da lei complementar tributária sobre as leis ordinárias.** Leis complementares e leis ordinárias têm no Direito Tributário âmbitos materiais distintos de atuação, mas sem qualquer supremacia de umas em relação às **outras.**

ATENÇÃO: se determinada matéria tributária é disciplinada por uma lei complementar, sem que o tema seja constitucionalmente reservado a tal espécie normativa, poderá uma lei ordinária posterior revogar o conteúdo previsto na lei complementar. É o que entendeu o STF no seguinte julgado, com repercussão geral (Tema 71):

STF: "Contribuição social sobre o faturamento – COFINS (CF, art. 195, I). 2. Revogação pelo art. 56 da Lei n. 9.430/96 da isenção concedida às sociedades civis de profissão regulamentada pelo art. 6º, II, da Lei Complementar 70/91. Legitimidade. 3. Inexistência de relação hierárquica entre lei ordinária e lei complementar. Questão exclusivamente constitucional, relacionada à distribuição material entre as espécies legais. Precedentes. 4. **A LC n. 70/91 é apenas formalmente complementar, mas materialmente ordinária, com relação aos dispositivos concernentes à contribuição social por ela instituída.** ADC 1, rel. Min. Moreira Alves, *RTJ* 156/721. 5. Recurso extraordinário conhecido mas negado provimento" (STF – RE: 377.457 PR, rel. Min. Gilmar Mendes, j. 17-9-2008, Tribunal Pleno, Repercussão Geral – Mérito, *grifo nosso*)

STF: "CONSTITUCIONAL. TRIBUTÁRIO. (...). LEI COMPLEMENTAR DE NORMAS GERAIS QUE AFAS-
TA A TRIBUTAÇÃO. DESCARACTERIZAÇÃO DE ISENÇÃO HETERÔNOMA. CORRETO PAPEL DAS
NORMAS GERAIS EM MATÉRIA TRIBUTÁRIA. (...) 2. A observância de normas gerais em matéria
tributária é imperativo de segurança jurídica, na medida em que é necessário assegurar tratamento centralizado a alguns temas para que seja possível estabilizar legitimamente expectativas.
Neste contexto, 'gerais' não significa 'genéricas', mas sim 'aptas a vincular todos os entes federados e os administrados" (...) (STF – RE 433.352 MG, rel. Min. Joaquim Barbosa, j. 20-4-2010,
2ª T., *DJe*-096 divulg. 27-05-2010 public.28-05-2010 ement. v. 02403-05, p. 01353).

O tema será detalhadamente abordado em capítulo específico deste *Curso*.
Por ora, é oportuno listar as matérias tributárias constitucionalmente **sujeitas à
reserva de lei complementar**:

a) dispor sobre **conflitos de competência**, em matéria tributária, entre a União,
os Estados, o Distrito Federal e os Municípios (art. 146, III, *a*);

b) regular as **limitações constitucionais ao poder de tributar** (art. 146, III, *b*);

c) adequado **tratamento ao ato cooperativo, inclusive os previstos nos arts.
156-A e 195, V** (art. 146, III, *c*, com redação dada pela EC n. 132/2023);

d) estabelecer **normas gerais** em matéria de legislação tributária, especialmente sobre: *1)* definição de tributos e de suas espécies, bem como, em relação
aos impostos discriminados na Constituição, a dos respectivos fatos geradores,
bases de cálculo e contribuintes; *2)* obrigação, lançamento, crédito, prescrição
e decadência tributários; *3)* adequado tratamento tributário ao ato cooperativo praticado pelas sociedades cooperativas; *4)* definição de tratamento diferenciado e favorecido para microempresas e empresas de pequeno porte (art.
146, III, *d*);

e) **regime único de arrecadação** dos impostos e contribuições da União, dos
Estados, do Distrito Federal e dos Municípios (art. 146, § 1º, renumerado pela EC
n. 132/2023);

f) critérios especiais de tributação com o objetivo de prevenir desequilíbrios
da concorrência (art. 146-A);

g) **empréstimos compulsórios** (art. 148);

h) instituição do **imposto sobre grandes fortunas** (art. 153, VII);

i) criação de **impostos residuais** (art. 154, I);

j) aspectos da disciplina do ICMS (art. 155, § 2º, XII);

k) definição do fato gerador do ISS (art. 156, III);

l) novas fontes de custeio da seguridade social (art. 195, § 4º).

ATENÇÃO: Lembre que o art. 62, § 1º, III, da CF proíbe a edição de medidas
provisórias tratando de tema sob reserva de lei complementar.

1.15.3.4 Leis complementares estaduais, distritais e municipais

Existem leis complementares também nos âmbitos estadual, distrital e municipal, sendo que os temas a elas reservados são definidos pelas Constituições Estaduais e pelas Leis Orgânicas.

Por simetria ao modelo da Constituição Federal, é comum as Constituições Estaduais e Leis Orgânicas reservarem à lei complementar a disciplina de **normas gerais e conflitos de competência em matéria de tributação estadual, distrital e municipal.**

1.15.3.5 Leis ordinárias federais

O Direito Tributário, em regra, é disciplinado por lei ordinária. O uso de lei complementar em matéria de tributação constitui exceção. Assim, as leis ordinárias são o **veículo normativo mais importante** para a disciplina dos temas tributários não gerais de competência **federal.**

Em termos práticos, cabe à lei ordinária disciplinar tudo aquilo que não estiver sob reserva de lei complementar. A instituição de **taxas e contribuições de melhoria,** bem como da **maioria dos impostos e contribuições especiais,** é realizada por meio de lei ordinária.

1.15.3.6 Leis ordinárias estaduais, distritais e municipais

Assim como ocorre na esfera federal, a lei ordinária também é a fonte formal mais importante para o Direito Tributário nos âmbitos estadual, distrital e municipal, cabendo-lhe disciplinar todos os temas não reservados à lei complementar.

Compete à lei ordinária, entre outros temas, instituir, majorar, reduzir e extinguir todos os tributos de competência dos Estados, Distrito Federal e **Municípios.**

1.15.3.7 Medidas provisórias federais

A edição de medidas provisórias está regida pelo art. 62 da Constituição Federal: "em caso de relevância e urgência, o Presidente da República poderá adotar medidas provisórias, com força de lei, devendo submetê-las de imediato ao Congresso Nacional".

Atualmente, encontra-se superada a discussão sobre a possibilidade de edição de medidas provisórias tributárias uma vez que o art. 62, § 2º, da Constituição Federal, com redação dada pela Emenda 32/2001, disciplina expressamente as medidas tributárias versando sobre questões tributárias: "**Medida provisória que implique instituição ou majoração de impostos,** exceto os previstos nos arts. 153, I, II, IV, V, e 154, II, **só produzirá efeitos no exercício financeiro seguinte se houver sido convertida em lei até o último dia daquele em que foi editada**".

Assim, admite-se amplamente a medida provisória, pelo Presidente da República, tratando de matéria tributária desde que: a) o tema seja de **competência federal**; b) **não haja reserva de lei complementar.**

Como já visto, o art. 62, § 1º, III, veda a edição de medida provisória tratando de matéria reservada à lei complementar. Assim, **medida provisória só trata de temas próprios de lei ordinária.**

A complicada questão que envolve a aplicação do princípio da anterioridade nos tributos instituídos ou majorados por medida provisória será abordada nos capítulos seguintes deste *Curso*.

1.15.3.8 Medidas provisórias estaduais, distritais e municipais

No julgamento da ADIn 2.391/2006, o Supremo Tribunal Federal admitiu a possibilidade de existirem medidas provisórias estaduais, desde que expressamente previstas na Constituição do respectivo Estado-membro. O entendimento baseou-se na ausência de proibição, na Constituição de 1988, para outras esferas federativas editarem medidas provisórias. Nessa esteira, nada impede que Municípios e o Distrito Federal também façam uso do referido veículo normativo se houver previsão em suas Leis Orgânicas.

Por simetria ao modelo federal, medidas provisórias estaduais, distritais e municipais só podem tratar de **temas próprios de lei ordinária**, vedada sua edição versando sobre assuntos reservados, segundo as Constituições Estaduais e Leis Orgânicas, à lei complementar.

1.15.3.9 Constituições Estaduais

São também fontes formais do Direito Tributário as Constituições Estaduais, cabendo-lhes o papel de ampliar, para o âmbito dos Estados-membros, as limitações ao poder de tributar definidas na Constituição Federal.

A Constituição Estadual **não cria tributos**, mas promove um detalhamento da disciplina normativa aplicável à tributação estadual podendo aumentar o rol de garantias estabelecidas em favor do contribuinte. Infelizmente, o que se observa na maioria das Constituições Estaduais é uma simples repetição das regras tributárias previstas na Constituição Federal. As CEs não podem conceder isenções **fiscais**.

É vedado às Constituições Estaduais suprimir ou reduzir o alcance de qualquer princípio tributário, imunidade ou garantia assegurada ao contribuinte na Constituição Federal.

1.15.3.10 Emendas às Constituições Estaduais

As Constituições Estaduais podem ser alteradas por meio de emendas e, se estas versarem sobre temas tributários, a emenda à Constituição Estadual será fonte formal do Direito Tributário.

1.15.3.11 Leis orgânicas dos Municípios e do Distrito Federal

Assim como os Estados-membros são regidos por Constituições Estaduais, Municípios e o Distrito Federal têm sua estrutura definida em leis orgânicas. As leis orgânicas **não instituem tributos**, mas são fontes formais do Direito Tributário porque preveem regras sobre tributação municipal, quase sempre reproduzindo dispositivos da Constituição Federal.

Princípios tributários, imunidades e garantias do contribuinte, assegurados na Constituição Federal ou nas Constituições Estaduais, não podem ser suprimidos ou reduzidos pela lei orgânica.

1.15.3.12 Emendas às leis orgânicas dos Municípios e do Distrito Federal

As emendas aprovadas para alteração das leis orgânicas dos municípios e do Distrito Federal também são fonte formal do Direito Tributário, pois podem tratar dos temas tributários pertinentes ao âmbito municipal e distrital.

1.15.3.13 Resolução

Resolução é a espécie normativa utilizada para veiculação de **matérias de competência privativa do Senado, da Câmara dos Deputados ou do Congresso Nacional** (arts. 51 e 52 da CF). A promulgação da resolução cabe ao Presidente do Senado (no caso de resolução do Senado ou do Congresso) ou da Câmara (para resolução da Câmara dos Deputados).

No que diz respeito ao Direito Tributário, a Constituição de 1988 prevê a necessidade de **resolução nas seguintes hipóteses:**

a) aprovar delegação ao Presidente da República para editar leis delegadas (resolução do Congresso Nacional, art. 68, § 2º, da CF);

b) estabelecer **alíquotas do ICMS** aplicáveis às **operações e prestações, interestaduais e de exportação**, mediante resolução do Senado, de iniciativa do Presidente da República ou de um terço dos Senadores, aprovada pela maioria de seus membros (art. 155, § 2º, IV, da CF);

c) definir **alíquotas mínima e máxima do ICMS** nas operações internas (resolução do Senado, art. 155, § 2º, V, *a* e *b*, da CF). Convém frisar que a votação da alíquota mínima depende de iniciativa de um terço dos senadores e maioria absoluta para aprovação (art. 155, § 2º, V, *a*). Já no caso da alíquota máxima, a iniciativa exige maioria absoluta e aprovação de dois terços dos senadores (art. 155, § 2º, V, *b*);

d) fixar **alíquota máxima do ITCMD** (resolução do Senado, art. 155, § 1º, IV, da CF). Atualmente há a Resolução n. 9/92 que estabeleceu a alíquota de 8% (oito por cento) como máxima para o ITCMD;

e) estabelecer **alíquota mínima do IPVA** (resolução do Senado, art. 155, § 3º, da CF).

Como o Senado é a casa que representa a vontade dos Estados-membros no bicameralismo federal, as Resoluções do Senado, em síntese, desempenham dupla função:

a) regular o exercício de competência heterônoma e privativa, pelo qual se impõe aos Estados a uniformização de alíquotas na política de exportação;

b) promover a edição de normas gerais de delimitação quantitativa das alíquotas estaduais[38].

1.15.3.14 Decreto legislativo

O decreto legislativo é um instrumento normativo previsto no art. 59, VI, da Constituição Federal, para disciplina de **competências exclusivas do Congresso Nacional,** sendo promulgado pelo Presidente do Senado.

Por meio de decreto legislativo cabe ao Congresso Nacional "resolver definitivamente sobre tratados, acordos ou atos internacionais que acarretem encargos ou compromissos gravosos ao patrimônio nacional" (art. 49, I, da CF). Desse modo, é a espécie normativa por meio da qual os **tratados** e **convenções internacionais** versando sobre matéria tributária **são internalizados no ordenamento jurídico brasileiro.**

Compete esclarecer, por fim, que o decreto legislativo não tem qualquer relação com o ato administrativo "decreto". Assim, não há hipótese em que o decreto legislativo possa instituir ou majorar tributo.

1.15.3.15 Leis delegadas

Previstas no art. 59, IV, da Constituição Federal, as leis delegadas são **elaboradas pelo Presidente da República** após a delegação da competência legislativa ser **aprovada pelo Congresso Nacional,** que definirá os limites da atribuição por meio de resolução (art. 62, § 2º, da CF).

O emprego de leis delegadas no Brasil perdeu razão de existir com a criação do instituto das medidas provisórias. A doutrina majoritária considera **constitucional a instituição de tributos** por meio de lei delegada. É expressamente proibida, todavia, a delegação de temas reservados à lei complementar (art. 68, § 1º, da CF). Desse modo, o tema tributário a ser disciplinado por lei delegada obrigatoriamente deve estar entre os assuntos passíveis de normatização por meio de lei ordinária.

1.15.3.16 Convênios interestaduais

Convênios são **contratos administrativos multilaterais** de cooperação celebrados entre **entidades federativas heterogêneas** (entre o Distrito Federal e Estados-

---

38. Aliomar Baleeiro, *Direito Tributário Brasileiro*, p. 50.

-membros, por exemplo). Diferem, neste último aspecto, dos consórcios públicos, que também são contratos administrativos multilaterais e de cooperação, mas celebrados por entidades federativas homogêneas (exemplo: consórcio entre municípios).

Na Constituição de 1988, os convênios são instrumentos normativos utilizados para **deliberação conjunta** entre os Estados-membros sobre **temas relacionados com** a cobrança de ICMS.

A hipótese mais importante de utilização de convênios tributários vem prevista no art. 155, § 2º, XII, *g*, da CF: "cabe à lei complementar: g) regular a forma como, **mediante deliberação** dos Estados e do Distrito Federal, isenções, incentivos e benefícios fiscais serão concedidos e revogados"[STF].

> STF: "1. A concessão de benefícios fiscais concernentes ao imposto sobre operações relativas à circulação de mercadorias e sobre prestações de serviços de transporte interestadual e intermunicipal e de comunicação – ICMS pressupõe a prévia elaboração de convênio entre os Estados e o Distrito Federal, consoante o disposto no art. 155, § 2º, XII, *g*, da Constituição do Brasil. 2. A elaboração do convênio entre os entes federados deve preceder à edição da lei que conceda os benefícios fiscais, pouco importando em qual momento haverá a produção de efeitos plenos da norma. Isso porque a deliberação prévia dos Estados-membros e do Distrito Federal é requisito constitucional de validade do benefício, cuja inobservância acaba por inquiná-lo desde o nascedouro. 3. Destarte, a discussão sobre o momento a partir do qual a lei editada antes da celebração de convênio produzirá efeitos plenos é irrelevante para aferir a validade jurídico--constitucional do diploma instituidor do benefício fiscal. A formalização do convênio deve preceder a edição da lei" (STF, RE 637.959/DF, rel. Min. Luiz Fux, j. 19-2-2013, 1ª T.).

A celebração desses convênios em matéria de ICMS cabe ao **Confaz** – Conselho Nacional de Política Fazendária, órgão composto por representantes dos Estados, do Distrito Federal e da União. Para regular produção de efeitos, a celebração do convênio **precisa ser ratificada pelo Poder Legislativo** de cada entidade federativa conveniada.

ATENÇÃO: O art. 100, IV, do Código Tributário Nacional trata dos convênios intergovernamentais como **normas complementares à legislação tributária**. O art. 103, III, do CTN prescreve ainda que os convênios **entram em vigor na data neles prevista**.

1.15.3.17 Decretos e regulamentos

Decretos e regulamentos são **atos administrativos** gerais e abstratos, expedidos **privativamente pelos Chefes do Executivo** (Presidente da República, Governadores e Prefeitos), para **dar fiel execução à lei**.

Em rigor, os nomes "decreto" e "regulamento" designam a mesma realidade jurídica, mas decreto é o veículo introdutor do regulamento. Decreto é a forma (continente), regulamento é o conteúdo.

Devido à sua **natureza normativa**, o art. 96 do Código Tributário Nacional afirma que os decretos **fazem parte do conceito de "legislação tributária"**: "a expressão 'legislação tributária'" compreende as leis, os tratados e as convenções internacionais, os decretos e as normas complementares que versem, no todo ou em parte, sobre tributos e relações jurídicas a eles pertinentes".

Embora considerados "legislação" pelo art. 96 do CTN, os decretos são atos administrativos e, como tais, são manifestações com **caráter infralegal** não podendo inovar originariamente na ordem jurídica. Seu papel é meramente secundário no Direito brasileiro, na medida em que existem somente para viabilizar a aplicação nos casos concretos. Decreto só trata de tema anteriormente disciplinado por lei, não podendo contrariar dispositivo legal.

Nesse sentido, prescreve o art. 99 do CTN: "o conteúdo e o alcance dos decretos restringem-se aos das leis em função das quais sejam expedidos, determinados com observância das regras de interpretação estabelecidas nesta Lei".

A função dos decretos em matéria tributária é **limitar a discricionariedade do Fisco**, reduzindo as opções de comportamento dadas por lei à Administração Pública. Por força do art. 5º, II, da Constituição Federal, **decretos não podem criar deveres e proibições** pois essa tarefa cabe exclusivamente à lei formal.

Infelizmente, esse papel secundário e subalterno dos decretos não tem sido observado na prática. Muitos regulamentos são verdadeiras leis, criando inconstitucionalmente deveres e proibições para os contribuintes e agentes públicos. É o caso do Decreto n. 9.580/2018 (RIR – Regulamento do Imposto de Renda) e do Decreto n. 7.212/2010 (RIPI – Regulamento do Imposto sobre Produtos Industrializados).

Na Constituição Federal de 1988 os decretos têm a importante função de, observados os limites legais, **modificar as alíquotas dos tributos** que podem ser alteradas **por ato do Executivo**, como é o caso de alguns tributos:

a) II – imposto de importação;

b) IE – imposto de exportação;

c) IPI – imposto sobre produtos industrializados;

d) IOF – imposto sobre operações financeiras;

e) **Cide/combustíveis.**

Essa competência dada ao Poder Executivo para modificar por decreto as alíquotas dos tributos acima mencionados está prevista nos arts. 153, § 1º, e 177, § 4º, I, *b*, ambos da Constituição Federal. Semelhante possibilidade existe no caso do **ICMS/Combustíveis**, mas a alteração das alíquotas não ocorre por decreto e sim **por meio de convênio** intergovernamental.

O tema da modificação de alíquotas por ato do Executivo será abordado mais detalhadamente nos capítulos seguintes.

1.15.3.18 Instruções

Instruções são **atos administrativos normativos** de competência dos **Ministros de Estado**, expedidos para viabilizar a aplicação da lei e de outros atos normativos.

Devido à sua **natureza infralegal**, não podem criar deveres e proibições, e nem contrariar dispositivos legais. Na prática tributária, o exemplo mais importante de atos desse tipo são as instruções normativas expedidas pela Secretaria da Receita Federal.

Sendo **atos normativos**, o Código Tributário Nacional trata das instruções como **normas complementares** da legislação tributária (art. 100) cuja **entrada em vigor ocorre na data de sua publicação** (art. 103).

1.15.3.19 Portarias ministeriais

Outra fonte formal do Direito Tributário são as portarias, que são **atos administrativos normativos ordinatórios** voltados à disciplina de assuntos internos da Administração.

Importante registrar que **portaria** do Ministro da Fazenda vem sendo utilizada **para modificar as alíquotas do II** (Imposto de Importação) **e do IE** (Imposto de Exportação). Trata-se de uma delegação ao Ministro, da competência atribuída ao Presidente da República para, nos limites da lei, promover a modificação das alíquotas desses dois tributos aduaneiros.

No julgamento do Recurso Extraordinário 413.245/CE, decidido em 25-3-2010, o Supremo Tribunal Federal manifestou-se admitindo o uso de **portaria ministerial** para modificação das alíquotas do IOF – Imposto sobre Operações Financeiras.

1.15.3.20 Outras normas complementares

O art. 100 do CTN afirma serem normas complementares à legislação tributária:

a) **atos normativos** expedidos pelas autoridades administrativas. Exemplo: Ordem de Serviço expedida por Delegado da Receita Federal do Brasil;

b) **decisões de órgãos do Fisco** a que a lei atribua eficácia normativa;

c) práticas reiteradas da autoridade (**costumes**);

d) **convênios**, que entre si celebrem a União, os Estados, o Distrito Federal e os Municípios.

1.15.3.21 Tratados e convenções internacionais

Os tratados e convenções internacionais dos quais o Brasil seja signatário são fontes formais do Direito Tributário, sendo considerados **"legislação tributária"** pelo CTN (art. 96).

Ingressam na ordem jurídica interna, em regra, com *status* de **lei ordinária**. Os tratados e as convenções internacionais revogam ou modificam a legislação tributária interna, e serão observados pela que lhes sobrevenha (art. 98 do CTN).

Segundo o Supremo Tribunal Federal, nada impede que a União celebre tratado internacional concedendo isenção de tributos estaduais e municipais (RE 229.096/RS). Assim, como será visto nos capítulos seguintes, a vedação prevista no art. 151, III, da CF (proibição de isenções heterônomas) não se aplica à União quando atua como sujeito de direito internacional.

1.15.3.22 Conceito de "legislação tributária" no CTN

Nos termos do art. 96 do Código Tributário Nacional: a expressão **legislação tributária** compreende as **leis**, os **tratados** e as **convenções** internacionais, os **decretos** e as **normas complementares** que versem, no todo ou em parte, sobre tributos e relações jurídicas a eles pertinentes.

Nota-se, portanto, que para o CTN o conceito de "legislação" é mais abrangente do que a ideia de "lei", isso porque na definição de legislação estão incluídas diversas fontes formais do Direito Tributário.

1.16 CONCEITO DE SISTEMA TRIBUTÁRIO NACIONAL

Para encerrar o capítulo, convém fazer referência ao conceito de "sistema tributário nacional", cuja utilização nas provas e concursos públicos é bastante frequente.

O art. 2º do CTN menciona o referido conceito ao estabelecer que: "O sistema tributário nacional é regido pelo disposto na Constituição, em leis complementares, em resoluções do Senado Federal e, nos limites das respectivas competências, em leis federais, nas Constituições e em leis estaduais, e em leis municipais"[STF].

> STF: "Os tributos, nas suas diversas espécies, compõem o Sistema Constitucional Tributário brasileiro, que a Constituição inscreve nos seus arts. 145 a 162. Tributo, sabemos todos, encontra definição no art. 3º do CTN, definição que se resume, em termos jurídicos, no constituir ele uma obrigação que a lei impõe às pessoas, de entrega de uma certa importância em dinheiro ao Estado" (ADIn 447, rel. Min. Octavio Gallotti, voto do Min. Carlos Velloso, j. 5-6-1991, Tribunal Pleno, *DJ* 5-3-1993).

Para Kiyoshi Harada: "Sistema Tributário Nacional é o conjunto de normas constitucionais de natureza tributária, inserido no sistema jurídico global, formado por um conjunto unitário e ordenado de normas subordinadas aos princípios fundamentais reciprocamente harmônicos, que organiza os elementos constitutivos do Estado, que outra coisa não é senão a própria Constituição"[39].

A identificação entre o conceito de "Sistema Tributário Nacional" e as normas constitucionais sobre tributação é reforçada pelo fato de o Capítulo I do Título VI da Constituição de 1988 ser denominado "Do Sistema Tributário Nacional".

39. *Direito Financeiro e Tributário*, p. 322.

STJ: "PROCESSUAL CIVIL E TRIBUTÁRIO. CONTRIBUIÇÃO PREVIDENCIÁRIA DO EMPREGADOR SOBRE A RECEITA BRUTA (CPRB). INEXISTÊNCIA DE DIREITO ADQUIRIDO A BENEFÍCIO TRIBUTÁRIO. REVOGAÇÃO NORMATIVA. DISCRICIONARIEDADE TÍPICA DO LEGISLADOR. FUNDAMENTO CONSTITUCIONAL. COMPETÊNCIA DO STF.

1. Na hipótese dos autos, o Tribunal de origem, ao decidir os Embargos de Declaração, consignou: '(...) O entendimento firmado por ocasião do julgamento do recurso de apelação, no sentido de que se a lei impõe uma determinada sistemática de tributação (CPRB) revela-se descabida a concessão do direito de opção por regime diverso (incidência da contribuição sobre a folha de salários), inexistindo afronta aos princípios constitucionais arrolados pelas embargantes, foi claramente posto no voto, parte integrante do julgado recorrido, encontrando-se assim lançado: '(...) Desse modo, respeitada a anterioridade nonagesimal, único requisito estabelecido pela Constituição da República para a modificação das contribuições sociais, não há óbice para que o Estado modifique no meio do exercício a forma de tributação da exação em tela, ainda que não seja a conduta mais apropriada, restando ausente qualquer violação aos princípios aludidos pela impetrante, tutelados pelas limitações constitucionais ao poder de tributar.' Nesse particular, o reconhecimento de suposta inconstitucionalidade de lei ordinária na ponderação com princípios abstratos deve se dar com a máxima atenção, sob pena de se desvirtuar o funcionamento do Sistema Tributário Nacional, desconsiderando as competências constitucionalmente estabelecidas'.

2. Extrai-se do acórdão vergastado e das razões de Recurso Especial que a questão foi decidida sob enfoque estritamente constitucional, razão pela qual descabe ao STJ manifestar-se sobre a *quaestio iuris*, sob pena de invasão da competência do STF.

3. Agravo Interno não provido" (AgInt no AREsp 1.878.041/RJ, Rel. Min. Herman Benzamin, 2ª T. j. 29-11-2021, *DJe* 16-12-2021).

Para provas e concursos públicos é mais apropriada a conceituação de Regina Helena Costa, para quem o Sistema Tributário Nacional é o **complexo normativo** "formado pela **Constituição Federal**, pelas **leis complementares** e pelas **leis de cada pessoa política**"[40].

Por fim, com a inclusão do § 3º ao art. 145 da Constituição Federal, fica estabelecido que o Sistema Tributário Nacional deve observar "os princípios da simplicidade, da transparência, da justiça tributária, da cooperação e da defesa do meio ambiente" (§ 3º incluído pela Emenda Constitucional n. 132/2023).

Acesse
o material
suplementar
https://uqr.to/1xebw

Acesse o QR Code e confira o quadro sinótico e as questões deste capítulo.

---

40. *Código Tributário Nacional Comentado*, p. 17.

2
TRIBUTO

2.1 A IMPORTÂNCIA DO CONCEITO DE TRIBUTO

O Direito Tributário é único ramo jurídico construído em torno de um só instituto: o tributo. Segundo Geraldo Ataliba, tributo é um **conceito primário e fundamental**, tendo a função de "categoria de pensamento" que aglutina todos os demais institutos do Direito Tributário[1]. A exata delimitação do conceito de tributo é fundamental para definir contra quais exigências estatais os indivíduos podem invocar o regime protetivo que o ordenamento garante ao contribuinte.

É cada vez mais comum o legislador maliciosamente mascarar a natureza tributária de determinada exação com o objetivo de afastar a incidência dos princípios e regras do Direito Tributário. "Tarifas", "preços públicos", "pedágios", "contrapartidas ambientais", "patrocínios", "subsídios", **"multas"** e "contribuições" de todo tipo são alguns dos rótulos que recentemente vêm sendo utilizados para burlar as garantias asseguradas pelo Sistema Tributário Nacional.

Além disso, a correta definição de tributo permite também distinguir o instituto de outras obrigações públicas, com regimes jurídicos bastante diversos, que a legislação atribui aos particulares em face do Estado, como as multas, o dever de indenizar, as prestações compulsórias de serviço, as sanções administrativas, entre tantas outras.

2.2 ACEPÇÕES DO VOCÁBULO "TRIBUTO"

O termo "tributo" é plurissignificativo, na medida em que pode ser utilizado em, pelo menos, **cinco acepções** distintas[2]:

a) como o **dever de levar dinheiro** aos cofres públicos;

b) a **quantia em dinheiro** entregue ao Estado no cumprimento desse dever;

c) o comportamento de levar dinheiro **(prestação)**;

---

1. *Hipótese de Incidência Tributária*, p. 35.
2. Geraldo Ataliba, *Hipótese de Incidência Tributária*, p. 21.

d) a lei que prescreve tal dever (**norma jurídica**);

e) a **relação jurídica obrigacional** que tal lei cria;

f) o **direito do sujeito ativo** a receber seu crédito tributário.

Importante destacar que **predomina** doutrinariamente o uso do vocábulo "tributo" **no sentido da relação jurídica obrigacional** que une o Fisco e o contribuinte. É nesse sentido, também, que o art. 3º do CTN emprega o vocábulo.

2.3 CONCEITO LEGISLATIVO (ART. 3º DO CTN)

Com a finalidade de evitar previsíveis divergências doutrinárias na definição do instituto, o próprio Código Tributário Nacional preferiu formular um conceito legislativo de tributo em seu art. 3º.

Estabelece o art. 3º do Código Tributário Nacional: "**Tributo é toda prestação pecuniária compulsória, em moeda ou cujo valor nela se possa exprimir, que não constitua sanção de ato ilícito, instituída em lei e cobrada mediante atividade administrativa plenamente vinculada**".

Passemos à análise detalhada de cada uma das partes que compõem o referido conceito.

2.3.1 Tributo é uma obrigação instituída em lei

O dever de pagar tributos sempre surge da lei. Fala-se que o tributo é uma obrigação "ex lege", e não "ex voluntate"[3]. Em outras palavras: **a lei é a única fonte possível** da obrigação de recolher tributos.

A Teoria Geral das Obrigações enumera diversas fontes das obrigações: a) a lei; b) os contratos; c) os atos ilícitos; d) as declarações unilaterais de vontade. Porém, a obrigação tributária principal (pagar o tributo) só pode ter como fonte a lei, nunca surgindo dos contratos, dos atos ilícitos, das declarações unilaterais de vontade ou de qualquer outra fonte.

É o que estabelece o art. 114 do Código Tributário Nacional: "Fato gerador da obrigação principal é a situação **definida em lei** como necessária e suficiente à sua ocorrência".

O princípio da legalidade tributária exige que todos os aspectos da hipótese de incidência tributária (aspectos pessoal, material, territorial, temporal e quantitativo) estejam definidos em lei. Somente após a definição legal desses cinco aspectos considera-se instituído o tributo.

Note-se que as chamadas obrigações tributárias acessórias, ou deveres instrumentais, podem decorrer da "legislação tributária" (art. 113, § 2º, CTN), mas a obrigação tributária principal surge somente da lei.

IMPORTANTE: O dever de pagar tributo NUNCA nasce de contrato. Nos termos do art. 123 do CTN: "Salvo disposições de lei em contrário, as **convenções**

---

3. Geraldo Ataliba, *Hipótese de Incidência Tributária*, p. 33.

particulares, relativas à responsabilidade pelo pagamento de tributos, **não podem ser opostas à Fazenda Pública**, para modificar a definição legal do sujeito passivo das obrigações tributárias correspondentes".

Assim, por exemplo, se um contrato de locação contém cláusula "transferindo" ao inquilino o dever de pagar, durante a vigência contratual, os tributos referentes ao imóvel, essa disposição não vale perante a Fazenda Pública, ou produz qualquer efeito tributário. Se o IPTU, nesse caso, não for pago, o Fisco Municipal cobrará o proprietário e este, depois da quitação, poderá propor, com base no contrato, ação regressiva contra o locatário. Assim, a referida disposição contratual não produz efeitos tributários, mas somente efeitos civis. Apesar da aparência de que o contrato estaria produzindo o dever de o inquilino pagar tributos, na verdade isso não ocorreu, o que confirma a regra de que o contrato não é fonte do dever de pagar tributo.

É nesse sentido que o STJ editou a Súmula 614: "O locatário não possui legitimidade ativa para discutir a relação jurídico-tributária de IPTU e de taxas referentes ao imóvel alugado nem para repetir indébito desses tributos".

Pela mesma razão, se na venda de um veículo as partes pactuam que o antigo dono assume o dever de, mesmo após a transferência, continuar pagando o IPVA durante os exercícios seguintes como forma de aumentar o interesse do comprador na realização do negócio, mesmo que o acordo seja formalizado em contrato, o dever de pagar o imposto incumbe sempre ao proprietário atual do veículo, de modo que o acordo firmado entre as partes não pode ser oposto perante a Fazenda Pública.

Por fim, cabe destacar que a necessidade de lei "em sentido estrito" para instituição de tributo **não impede a sua criação** também **por medidas provisórias**, já que estas, de acordo com a própria Constituição, são editadas "com força de lei" (art. 62 da CF).

2.3.2 Tributo é toda prestação pecuniária (em moeda)

O art. 3º do Código Tributário Nacional foi redundante ao afirmar que tributo é uma prestação "pecuniária" e "em moeda", na medida em que as duas expressões significam rigorosamente a mesma coisa: o **tributo é sempre uma obrigação de entregar** determinada **quantia em dinheiro ao Estado**.

Isso não significa que o pagamento deva ser feito obrigatoriamente em dinheiro. O art. 3º fala "em moeda ou cujo valor nela se possa exprimir". E o art. 162 do CTN completa:

"O pagamento é efetuado:

I – em **moeda corrente, cheque** ou **vale postal;**

II – nos casos previstos em lei, em **estampilha**, em **papel selado**, ou por **processo mecânico**".

Sobre os referidos meios de pagamento, vale transcrever as regras contidas nos cinco parágrafos do art. 162 do CTN:

"§ 1º A legislação tributária pode determinar as garantias exigidas para o pagamento por cheque ou vale postal, desde que não o torne impossível ou mais oneroso que o pagamento em moeda corrente.

§ 2º O crédito pago por cheque somente se considera extinto com o resgate deste pelo sacado.

§ 3º O crédito pagável em estampilha considera-se extinto com a inutilização regular daquela, ressalvado o disposto no art. 150.

§ 4º A perda ou destruição da estampilha, ou o erro no pagamento por esta modalidade, não dão direito a restituição, salvo nos casos expressamente previstos na legislação tributária, ou naquelas em que o erro seja imputável à autoridade administrativa.

§ 5º O pagamento em papel selado ou por processo mecânico equipara-se ao pagamento em estampilha".

ATENÇÃO: Ao prescrever que o tributo é sempre prestação pecuniária, o art. 3º do CTN excluiu do direito brasileiro as figuras do "tributo *in labore*" (prestações de serviço) e do "tributo *in natura*" (entrega de bens)[4].

Portanto, os conscritos (convocados para o serviço militar obrigatório), mesários e jurados, ao desempenharem as funções para as quais são requisitados pelo Estado, não estão "pagando tributo", na medida em que cumprem obrigações de fazer, enquanto o tributo é sempre uma obrigação de pagar.

Relevante destacar que existem muitas outras prestações pecuniárias previstas em lei, como por exemplo o dever de pagar multas ou a obrigação de ressarcir danos causados a terceiros. Assim, todo tributo é uma prestação pecuniária prevista em lei, mas nem toda prestação pecuniária prevista em lei tem natureza de tributo.

2.3.2.1 Dação em pagamento

A natureza obrigatoriamente pecuniária do tributo não impediu o Código Tributário Nacional de aceitar a dação em pagamento como uma das formas de extinção do crédito tributário (art. 156: "Extinguem o crédito tributário: XI – a dação em pagamento em bens imóveis, na forma e condições estabelecidas em lei").

Como será visto nos capítulos seguintes, a dação em pagamento é **admitida como forma de extinção do crédito tributário** desde que preenchidas **três condições**:

a) existência de **lei específica** autorizando;

b) haja manifesto **interesse do Fisco** no bem;

c) o **bem** oferecido seja **imóvel**.

---

4. Hugo de Brito Machado, *Curso de Direito Tributário*, p. 57.

Se fosse possível a dação de bens móveis, os contribuintes com dívidas fiscais, especialmente as pessoas jurídicas, poderiam repassar ao Estado parte do que produzem, sem realização de concorrência pública, violando o princípio constitucional da isonomia (art. 5º, II, da CF), atendido quando a aquisição de bens é feita por meio de licitação.

A respeito do tema, cabe transcrever decisão do Supremo Tribunal Federal, no julgado abaixo:

> O Tribunal julgou procedente pedido formulado em ação direta ajuizada pelo Governador do Distrito Federal para declarar a inconstitucionalidade da Lei distrital n. 1.624/97, que dispõe sobre o pagamento de débitos das microempresas, das empresas de pequeno porte e das médias empresas, mediante dação em pagamento de materiais destinados a atender a programas de Governo do Distrito Federal. Entendeu-se que a norma impugnada viola o art. 37, XXI, da CF, porquanto afasta a incidência do processo licitatório, por ele exigido, para aquisição de materiais pela Administração Pública, bem como o art. 146, III, da CF, que prevê caber à lei complementar o estabelecimento de normas gerais em matéria de legislação tributária, eis que cria nova causa de extinção de crédito tributário (ADIn 1.917/DF, rel. Min. Ricardo Lewandowski, j. 26-4-2007).

Nota-se, também, que a **aceitação do bem imóvel** ofertado é **ato discricionário** do poder público, de modo que o oferecimento em dação gera para o contribuinte simples **expectativa de direito** e não direito adquirido à **extinção do crédito tributário.**

2.3.2.2 Novos requisitos para a dação em pagamento no âmbito federal

A partir de 16 de março de 2016, com o advento da Lei n. 13.259, a dação em pagamento de tributos federais passou a ter dois requisitos adicionais (art. 4º). É importante destacar que o art. 4º teve sua redação alterada pela MP n. 719/2016, que, posteriormente, foi convertida na Lei n. 13.313/2016:

a) deve ser precedida de avaliação do bem ou dos bens ofertados, que devem estar livres e desembaraçados de quaisquer ônus, nos termos de ato do Ministério da Fazenda; e

b) deve abranger a totalidade do crédito ou créditos que se pretende liquidar com atualização, juros, multa e encargos legais, sem desconto de qualquer natureza, assegurando-se ao devedor a possibilidade de complementação em dinheiro de eventual diferença entre os valores da totalidade da dívida e o valor do bem ou dos bens ofertados em dação.

Desse modo, ao menos em âmbito federal, a dação agora exige cinco requisitos:

a) lei específica autorizando;

b) aceitação discricionária do credor;

c) natureza imóvel do bem;

d) avaliação prévia;

e) abranger a totalidade do crédito com atualização, juros, multa e encargos legais.

Incluído pela Lei n. 14.011, de 2020, o art. 4º-A da Lei n. 13.259 determina que: "sem prejuízo dos requisitos e das condições estabelecidos no art. 4º desta Lei, na hipótese de estado de calamidade pública reconhecido em ato do Poder Executivo federal, o crédito inscrito em dívida ativa da União poderá ser extinto mediante dação em pagamento de bens imóveis que possuam valor histórico, cultural, artístico, turístico ou paisagístico, desde que estejam localizados nas áreas descritas nas informações de desastre natural ou tecnológico e as atividades empresariais do devedor legítimo proprietário do bem imóvel decorram das áreas afetadas pelo desastre".

Vale ressalvar que, a meu ver, a Lei n. 13.259/2016 é inconstitucional, pois disciplina por lei ordinária uma causa de extinção do crédito, matéria constitucionalmente reservada à lei complementar (art. 146, III, *b*, da CF).

2.3.3 Tributo é prestação compulsória

A **compulsoriedade** é a **característica fundamental** do dever de pagar tributos. Não se trata de uma obrigação consensual ou facultativa, mas de uma imposição surgida unilateralmente como decorrência do poder de império atribuído ao Estado.

A compulsoriedade decorre da natureza legal da obrigação tributária.

Entretanto, as atividades administrativas de arrecadar tributos **não são autoexecutáveis**, na medida em que, se o contribuinte deixa de pagar a obrigação tributária, o Fisco é obrigado a **recorrer ao Poder Judiciário** para fazer valer o seu direito de receber o crédito tributário, por meio da ação de execução fiscal (Lei n. 6.830/80).

IMPORTANTE: Com a aprovação da controvertida "Reforma Trabalhista", instituída pela Lei n. 13.467, de 13 de julho de 2017, foram alterados os arts. 545, 578, 579 e 582 da Consolidação das Leis do Trabalho (CLT), tornando facultativo o pagamento, pelos empregados, da contribuição sindical. Assim, ao perder o caráter compulsório, **a contribuição sindical deixou de ser tributo!** Cabe destacar que o Supremo Tribunal Federal, no julgamento da ADI 5.794 e da Ação Declaratória de Constitucionalidade n. 55, realizado em 29 de maio de 2018, declarou constitucional a referida mudança efetivada pela Reforma Trabalhista.

CUIDADO: Não se deve confundir a contribuição sindical, que perdeu natureza tributária, com a contribuição compulsória devida pelo empregador sobre a folha de salários, destinada às entidades privadas de serviço social e de formação profissional vinculadas ao sistema sindical (art. 240 da CF/88)[5]. A **contribuição**

---

5. "Art. 240. Ficam ressalvadas do disposto no art. 195 as atuais contribuições compulsórias dos

patronal prevista no art. 240 da CF permanece com natureza tributária compulsória, sendo seus recursos responsáveis pelo custeio de serviços sociais como o Sesi, Sesc, Senai, Sebrae etc.

2.3.4 Tributo não constitui sanção por ato ilícito

Ao afirmar que o tributo não constitui sanção por ato ilícito o legislador quis afirmar, em síntese, que **tributo não se confunde com multa**. A distinção é importante, pois existem diversas espécies de obrigações pecuniárias vinculando os indivíduos e o Estado, sendo que as multas constituem prestações bastante assemelhadas ao tributo.

A diferença reside na circunstância de que o dever de pagar tributo surge da realização de um ato conforme ao direito (fato gerador), ao passo que a obrigação de pagar uma multa nasce como resposta do ordenamento jurídico à prática de um ato ilícito (infração).

O tributo não pode ser utilizado como punição aplicada ao contribuinte em consequência de alguma conduta contrária ao Direito.

Nesse sentido, o Supremo Tribunal Federal julgou inconstitucional lei municipal que determinou acréscimo de 200% ao IPTU incidente sobre imóveis com construções irregulares (RE 94.001). Considerou-se, ao ensejo da decisão, que a lei utilizava o tributo como instrumento punitivo, consistindo em verdadeira sanção administrativa, o que contraria frontalmente o art. 3º do CTN[STF].

> STF: "(...) o Supremo Tribunal Federal, tendo presentes os postulados constitucionais que asseguram a livre prática de atividades econômicas lícitas (CF, art. 170, parágrafo único), de um lado, e a liberdade de exercício profissional (CF, art. 5º, XIII), de outro – e considerando, ainda, que o Poder Público dispõe de meios legítimos que lhe permitem tornar efetivos os créditos tributários –, firmou orientação jurisprudencial, hoje consubstanciada em enunciados sumulares (Súmulas 70, 323 e 547), no sentido de que a imposição, pela autoridade fiscal, de restrições de índole punitiva, quando motivadas tais limitações pela mera inadimplência do contribuinte, revela-se contrária às liberdades públicas ora referidas. *O Estado não pode valer-se de meios indiretos de coerção, convertendo-os em instrumentos de acertamento da relação tributária, para, em função deles – e mediante interdição ou grave restrição ao exercício da atividade empresarial, econômica ou profissional –, constranger o contribuinte a adimplir obrigações fiscais eventualmente em atraso. Exemplo de sanção tributária claramente desproporcional em sentido estrito é a interdição de estabelecimento comercial ou industrial motivada pela impontualidade do sujeito passivo tributário relativamente ao cumprimento de seus deveres tributários. Embora contumaz devedor tributário, um sujeito passivo jamais pode ver aniquilado completamente o seu direito à livre-iniciativa em razão do descumprimento do dever de recolher os tributos por*

---

empregadores sobre a folha de salários, destinadas às entidades privadas de serviço social e de formação profissional vinculadas ao sistema sindical."

ele devidos aos cofres públicos. O Estado deve responder à impontualidade do sujeito passivo com o lançamento e a execução céleres dos tributos que entende devidos, jamais com o fechamento da unidade econômica" (RE 550.769/RJ, rel. Min. Joaquim Barbosa. Trechos extraídos do voto vencido do Min. Celso de Mello, Plenário, j. 22-5-2013, DJe 3-4-2014).

Importa frisar que, embora não sejam tributo, o CTN trata das multas (penalidades pecuniárias) como obrigações tributárias principais (art. 113, § 1º).

2.3.4.1 Atividades ilícitas e princípio do non olet

Importantíssimo salientar que o art. 3º do CTN **não proíbe que a tributação recaia sobre atividades ilícitas ou sobre os frutos de atos ilícitos**. Isso porque a ocorrência do fato gerador independe da validade jurídica dos atos efetivamente praticados pelo contribuinte (art. 118 do CTN).

Desse modo, por exemplo, **traficantes**, "bicheiros" ou mafiosos também **devem pagar Imposto de Renda**. Pela mesma razão, a venda de madeira de corte proibido e a comercialização de animais silvestres sujeitam-se à incidência do Imposto sobre Circulação de Mercadorias e Serviços.

A respeito da matéria o STF já decidiu caracterizar crime de **sonegação fiscal** a omissão, na declaração de rendimentos, de **lucros oriundos de atividade criminosa** (HC 77.530), conforme ementa abaixo:

Sonegação fiscal de lucro advindo de atividade criminosa: "non olet". Drogas: tráfico de drogas, envolvendo sociedades comerciais organizadas, com lucros vultosos subtraídos à contabilização regular das empresas e subtraídos à declaração de rendimentos: caracterização, em tese, de crime de sonegação fiscal, a acarretar a competência da Justiça Federal e atrair pela conexão, o tráfico de entorpecentes: irrelevância da origem ilícita, mesmo quando criminal, da renda subtraída à tributação. A exoneração tributária dos resultados econômicos de fato criminoso – antes de ser corolário do princípio da moralidade – constitui violação do princípio de isonomia fiscal, de manifesta inspiração ética.

Ainda sobre crimes fiscais, apesar de em segredo de justiça, o STJ julgou uma ação em 2023 não descaracterizando a sua materialidade: "O fato de a referida dívida ativa estar garantida por contrato de seguro no bojo de execução fiscal movida contra o contribuinte não descaracteriza a materialidade dos crimes fiscais" (Processo em segredo de justiça, Rel. Min. Reynaldo Soares da Fonseca, 5ª T., j. 14-2-2023).

Para o Direito Tributário brasileiro a origem remota do dinheiro é irrelevante (princípio do *non olet*, literalmente: "o dinheiro não tem cheiro").

De acordo com muitos juristas, a tributação de atividades ilícitas e a irrelevância da origem do dinheiro ferem o princípio da moralidade (art. 37, *caput*, da

Constituição). Entretanto, o raciocínio não procede. Se a Administração deixasse de arrecadar tributos por desconfiar da origem do dinheiro, ou pela ilicitude da atividade tributada, estaria descumprindo a lei (art. 118 do CTN), de modo a ferir o princípio da legalidade e a desatender o caráter plenamente vinculado da atividade fiscal (art. 3º do CTN).

2.3.4.2 Progressividade sancionatória

É certo que o tributo não constitui sanção por ato ilícito (art. 3º do CTN). Porém, admite-se que o ordenamento jurídico utilize **instrumentos tributários com efeito punitivo** visando estimular ou desestimular determinados comportamentos do contribuinte.

Bastante usual é o emprego da tributação progressiva sancionatória como meio de forçar o cumprimento da função social da propriedade. Trata-se de manifestação da chamada extrafiscalidade.

O art. 153, § 4º, I, da Constituição Federal, por exemplo, afirma que o **imposto territorial rural** será **progressivo** e terá suas alíquotas fixadas de forma a **desestimular a manutenção de propriedades improdutivas.**

Semelhante previsão consta do art. 182, § 4º, II, da CF, que admite cobrança de **IPTU progressivo no tempo** incidente sobre imóveis urbanos não edificados, subutilizados ou não utilizados.

Frise-se que a possibilidade de progressividade sancionatória não representa qualquer afronta ao art. 3º do CTN. O referido dispositivo veda a utilização do tributo em si como sanção pela prática de ato ilícito, mas não exclui a eficácia sancionatória de outros instrumentos tributários.

2.3.5 Tributo é cobrado mediante atividade administrativa plenamente vinculada

Por fim, o art. 3º do CTN afirma que o tributo é "cobrado mediante atividade plenamente vinculada".

Isso significa que, constatando a ocorrência do fato gerador, o Fisco é obrigado a realizar o **lançamento tributário.**

Vale destacar que **lançamento** é o **ato administrativo vinculado e obrigatório**, declaratório do fato gerador e constitutivo do crédito tributário, se não for realizado, importará em responsabilidade funcional do agente público competente (art. 142, parágrafo único, do CTN).

Em síntese, lançamento é ato vinculado, não discricionário.

2.3.6 Princípios constitucionais inerentes ao conceito de tributo

O conceito de tributo previsto no art. 3º do CTN faz implícita referência a, pelo menos, dois princípios tributários contidos no texto constitucional de 1988:

a) Legalidade tributária (art. 150, I, da CF). É o que se depreende da expressão "tributo é uma obrigação instituída em lei";

b) Vedação de tributo com efeito de confisco (art. 150, IV, da CF). Pode-se deduzir a implícita proibição de tributo confiscatório no momento em que o legislador afirma que "tributo não constitui sanção por ato ilícito". Isso porque, no ordenamento jurídico brasileiro, o confisco tem sempre natureza sancionatória[STJ].

STJ: "TRIBUTÁRIO. DESEMBARAÇO ADUANEIRO. MERCADORIA IMPORTADA APREENDIDA EM ZONA SECUNDÁRIA (ART. 33, II, DO DL N. 37/1966), POR ESTAR DESACOMPANHADA DA DOCU-MENTAÇÃO ADUANEIRA (ART. 3º-A DA IN/RFB N. 1.059/2010). PENA DE PERDIMENTO. POSSIBI-LIDADE (ART. 689 DO DECRETO N. 6.759/2009), DESDE QUE PERTINENTE A MERCADORIA QUE ULTRAPASSAR O LIMITE ESTABELECIDO NO ART. 33, III, 'B', DA IN/RFB N. 1.059/2010. INEXISTÊN-CIA DE VIOLAÇÃO DO ART. 535 DO CPC. RECURSO ADESIVO DO PARTICULAR NÃO CONHECIDO. RECURSO ESPECIAL DA FAZENDA NACIONAL PARCIALMENTE CONHECIDO E, NESSA PARTE, NÃO PROVIDO. 1. Recurso especial no qual se discute a possibilidade de liberação de mercadorias importadas, desacompanhadas de documentação aduaneira e que foram apreendidas em via terrestre (zona secundária), bem como a possibilidade de aplicação da pena de perdimento. 2. No caso, o TRF da 4ª Região qualificou a mercadoria como "bagagem acompanhada" e, por isso, en-tendeu que o impetrante teria direito às mercadorias importadas até o limite de US$ 300,00; e concordou, de outro lado, com a pena de perdimento com relação àquelas que ultrapassarem esse limite. 3. Conquanto possível e legal exigir a Declaração de Bagagem Acompanhada – DBA, o art. 3º-A da IN/RFB n. 1.059/2010 dispõe que estão dispensados de apresentá-la a 'os viajantes que não estiverem obrigados a dirigir-se ao canal 'bens a declarar' nos termos do disposto no art. 6º'. 4. Conquanto o fato de a 'bagagem acompanhada' não tornar desnecessário o procedimento de despacho aduaneiro, o fato é que o acórdão recorrido resolveu a controvérsia ao enquadrar a situação Documento: 1337634 – Inteiro Teor do Acórdão – Site certificado – DJe 19-8-2014 Pá-gina 1 de 4 Superior Tribunal de Justiça no inciso VIII do art. 6º da IN/RFB n. 1.059/2010 ('ao in-gressar no País, o viajante procedente do exterior deverá dirigir-se ao canal 'bens a declarar' quando trouxer bens que excederem limite quantitativo para fruição da isenção, de acordo com o disposto no art. 33', decidindo que o impetrante poderia ficar os bens até o limite previsto nesse dispositivo, o qual estabelece, no inciso III, alínea b, que 'o viajante procedente do exterior poderá trazer em sua bagagem acompanhada, com a isenção dos tributos a que se refere o caput do art. 32 outros bens, observado o disposto nos §§ 1 º a 5 º deste artigo, e os limites de valor global de US$ 300.00 (trezentos dólares dos Estados Unidos da América) ou o equivalente em outra moeda, quando o viajante ingressar no País por via terrestre, fluvial ou lacustre'. 5. A pena de perdimen-to, portanto, só é pertinente àqueles produtos que, acima do limite de US$ 300,00 do art. 33 da IN/RFB n. 1.059/2010, venham a configurar dano ao erário, nos termos do art. 689 do Decreto n. 6.759/2009" (2ª T., REsp 1.443.110-PR, rel. Min. Humberto Martins, j. 12-8-2014, DJe 19-8-2014).

2.3.7 Outros elementos conceituais (art. 9º da Lei n. 4.320/64)

Conforme adverte Luís Eduardo Schoueri existem outros elementos da con-ceituação de tributo estabelecida pelo direito positivo brasileiro, além daqueles indicados no art. 3º do CTN. Isso porque o art. 9º da Lei n. 4.320/64 também enuncia um **conceito financeiro de tributo**: "Tributo é a receita derivada instituída pelas entidades de direito público, compreendendo os impostos, as taxas e contribuições nos termos da constituição e das leis vigentes em matéria financeira, destinando-se o seu produto ao custeio de atividades gerais ou específicas exercidas por essas entidades".

Do referido conceito podem ser destacados cinco elementos fundamentais:

a) tributo é receita derivada;

b) instituído pelas entidades de direito público;

c) compreendendo os impostos, as taxas e as contribuições;

d) nos termos da Constituição e das leis vigentes em matéria financeira;

e) destinando-se o seu produto ao custeio de atividades gerais ou específicas exercidas por essas entidades.

Convém analisar cada um desses elementos.

2.3.7.1 Tributo é receita derivada

Como visto no capítulo anterior, dentro do quadro das receitas estatais o tributo é classificado como receita derivada porque tem **origem no patrimônio e na riqueza dos particulares**. Sobre receita derivada, tivemos julgado do STJ, tratando diretamente sobre o tema:

STJ: "TRIBUTÁRIO. PROCESSUAL CIVIL. AGRAVO INTERNO NO RECURSO ESPECIAL. CÓDIGO DE PROCESSO CIVIL DE 2015. APLICABILIDADE. ALEGAÇÃO GENÉRICA DE OFENSA A DISPOSITIVO DE LEI FEDERAL. AUSÊNCIA DE COMANDO NORMATIVO NO DISPOSITIVO LEGAL CAPAZ DE INFIRMAR OS FUNDAMENTOS DO ACÓRDÃO RECORRIDO. DEFICIÊNCIA DE FUNDAMENTAÇÃO. INCIDÊNCIA, POR ANALOGIA, DA SÚMULA N. 284/STF. APLICAÇÃO DE MULTA. ART. 1.021, § 4º, DO CÓDIGO DE PROCESSO CIVIL DE 2015. DESCABIMENTO.

I – Consoante o decidido pelo Plenário desta Corte na sessão realizada em 9-3-2016, o regime recursal será determinado pela data da publicação do provimento jurisdicional impugnado. *In casu*, aplica-se o Código de Processo Civil de 2015.

II – Quando a arguição de ofensa ao dispositivo de lei federal é genérica, sem demonstração efetiva da contrariedade, configura deficiência de fundamentação, circunstância que atrai, por analogia, a aplicação da Súmula n. 284 do Supremo Tribunal Federal.

III – O tribunal de origem decidiu que o fato gerador da contribuição para o PIS/PASEP e da COFINS só se aperfeiçoa no final do mês, quando da apuração do faturamento mensal, época em que já vigorava a MP 609/2013, que reduziu a zero tais alíquotas, a partir de 8-3-2013, razão pela qual é indevido o recolhimento efetuado em relação aos dias 1 a 7 de março de 2013. A Recorrente, por sua vez, sustenta ofensa à Lei de Responsabilidade Fiscal, porquanto os valores correspondentes ao **tributo** devido no período do mês anterior à vigência da Lei que instituiu o benefício fiscal não teriam sido considerados na renúncia de **receita derivada** da concessão do benefício.

IV – Esta Corte tem posicionamento consolidado não admitindo o recurso especial quando os dispositivos de lei federal tidos por violados disciplinam relação jurídica diversa, revelando-se, por conseguinte, incapazes de infirmar os fundamentos do acórdão recorrido.

V – Em regra, descabe a imposição da multa prevista no art. 1.021, § 4º, do Código de Processo Civil de 2015 em razão do mero desprovimento do Agravo Interno em votação unânime, sendo necessária a configuração da manifesta inadmissibilidade ou improcedência do recurso a autorizar sua aplicação, o que não ocorreu no caso.

VI – Agravo Interno improvido" (AgInt no REsp 204.556/SP, Rel. Min. Regina Helena Costa, 1ª T., j. 24-4-2023, *DJe* 26-4-2023).

2.3.7.2 Tributo é instituído pelas entidades de direito público

O art. 9º da Lei n. 4.320/64 afirma também que o tributo é instituído pelas entidades de direito público. Na verdade, nem toda entidade de direito público possui competência para criar tributos (competência tributária), na medida em que esta é uma **competência legislativa** atribuída **exclusivamente às entidades federativas** (União, Estados, Distrito Federal e Municípios). Autarquias e fundações públicas, por exemplo, são entidades de direito público, mas não têm competência para instituir tributo, tampouco as entidades de direito privado, como empresas públicas, sociedades de economia mista ou concessionárias de serviço público.

2.3.7.3 Compreendendo os impostos, as taxas e as contribuições

A **redação** do art. 9º da Lei n. 4.320/64 **está desatualizada** ao fazer referência somente a impostos, taxas e contribuições como espécies de tributo. Ainda que se considere que o termo "contribuições" inclua contribuições de melhoria e as contribuições especiais, o dispositivo **deixou de mencionar os empréstimos compulsórios**, espécie tributária que financeiramente se opõe às demais categorias devido ao caráter provisório da entrada das receitas provenientes de sua arrecadação.

2.3.7.4 Nos termos da Constituição e das leis vigentes em matéria financeira

O regime jurídico aplicável ao tributo, como instituto financeiro, está definido na Constituição e nas leis vigentes de Direito Financeiro. Esse regime jurídico não exclui outras disciplinas normativas conferidas ao instituto por outros ramos, como é o caso do Direito Tributário.

2.3.7.5 Destinando-se o seu produto ao custeio de atividades gerais ou específicas exercidas por essas entidades

Do ponto de vista financeiro, é relevante analisar a destinação das receitas provenientes da arrecadação de tributos. Daí o art. 9º da Lei n. 4.320/64 afirmar que o seu produto se destina "ao custeio de atividades gerais ou específicas exercidas por essas entidades". Na verdade, **nem sempre a receita é empregada para custeio de atividades da mesma entidade que criou o tributo**. Nas hipóteses de repartição de receitas tributárias (arts. 157 e 158 da CF), o tributo é instituído por determinada entidade federativa, mas o produto da arrecadação é distribuído a outras pessoas políticas.

Convém lembrar que, para definir a **natureza específica do tributo**, é irrelevante a destinação do montante arrecadado (art. 4º do CTN).

2.4 TRIBUTO COMO CONCEITO PRESSUPOSTO NO TEXTO CONSTITUCIONAL

Embora a Constituição de 1988 não conceitue expressamente tributo, a doutrina considera que o **conceito está pressuposto no texto constitucional**.

Segundo Geraldo Ataliba, o legislador teria apenas revelado o conceito de tributo já presente na própria Constituição. Para o autor: "o conceito tributo é constitucional. Nenhuma lei pode alargá-lo, reduzi-lo ou modificá-lo"[6].

2.5 INSTITUTOS AFINS

Diversos institutos jurídicos são confundidos, tanto pelo legislador quanto pelos operadores do direito em geral, com exigências de natureza tributária. É o caso das tarifas, pedágios, preços públicos, laudêmios, foros, emolumentos, compensações financeiras, entre tantas outras exações cobradas atualmente pelo Estado.

Convém lembrar que a questão não é simplesmente acadêmica. Só é possível invocar o regime especial de proteção do contribuinte diante de uma exação que se enquadra na definição de tributo.

Por isso, a análise detalhada do conceito de tributo realizada nos itens anteriores permite compreender por que determinado instituto não tem natureza tributária, afastando a incidência dos princípios de normas próprios do Direito Tributário.

2.5.1 Tarifa. Visão jurisprudencial

Tarifa é nome dado pelo Direito Administrativo para a **remuneração paga pelo usuário a concessionários e permissionários** em troca da prestação de serviços públicos delegados. Assim, o art. 175, parágrafo único, III, da Constituição Federal, ao tratar do regime jurídico dos serviços públicos, afirma que: "a lei disporá sobre: III – *política tarifária*". Importante constatar que na Constituição de 1988 a referência à política tarifária não é feita dentro do "Sistema Tributário Nacional" (arts. 145 a 162), mas no capítulo referente aos "Princípios Gerais da Atividade Econômica" (arts. 170 a 181).

------

6. *Hipótese de Incidência Tributária*, p. 31.

A Lei Geral das Concessões, Lei n. 8.987/95, tem todo um capítulo (Capítulo IV) dedicado à "política tarifária", dentro do qual o art. 9º prescreve: "a tarifa do serviço público concedido será fixada pelo preço da proposta vencedora da licitação e preservada pelas regras de revisão previstas nesta Lei, no edital e no contrato".

Nota-se pela simples análise do posicionamento do tema dentro da Constituição Federal e na legislação brasileira que **tarifa não é tributo**, mas uma contraprestação de natureza administrativa utilizada para remunerar serviços públicos delegados por meio de concessão ou permissão.

A compreensão do tema parte da regra contida no art. 175 da Constituição de 1988: "Incumbe ao Poder Público, na forma da lei, diretamente ou sob regime de concessão ou permissão, sempre através de licitação, a prestação de serviços públicos".

Serviços públicos são atividades cujo desempenho a Constituição e a lei definem como deveres do Estado. São exemplos de serviços públicos: a) serviço postal e correio aéreo nacional (art. 21, X, da CF); b) serviços de telecomunicações (art. 21, XI, da CF); c) rádio e televisão (art. 21, XII, *a*, da CF); d) energia elétrica (art. 21, XII, *b*, da CF); e) navegação aérea, aeroespacial e a infraestrutura aeroportuária (art. 21, XII, *c*, da CF).

Cabe ao legislador, atendidas as diretrizes constitucionais, estabelecer a forma como o serviço público será prestado. Quando a prestação é realizada pelo próprio aparelho do Estado, fala-se em prestação direta do serviço público. Em outros casos, abre-se procedimento licitatório para selecionar particulares encarregados de executar a prestação por meio de contratos de concessão e permissão de serviços públicos. Aí, tem-se prestação indireta ou delegada de serviços públicos.

Quando **o serviço público é prestado diretamente pelo Estado**, havendo cobrança de contraprestação junto ao usuário, a **natureza** da exigência será de **taxa**. Porém, na hipótese de **delegação da prestação** do serviço a particulares concessionários ou permissionários, o valor exigido do usuário é **tarifa**.

Assim, por exemplo, se o legislador municipal opta pela prestação direta do serviço público de transporte de passageiros, ou seja, utilizando servidores públicos e a estrutura estatal para realizar a execução, o valor cobrado dos usuários será uma taxa (natureza de tributo). Porém, se a lei municipal preferir o regime de prestação indireta, contratando via licitação uma empresa concessionária para realizar o transporte de passageiros no âmbito do município, o valor da passagem terá natureza de tarifa.

Desse modo, a natureza da remuneração dependerá da forma de prestação do serviço público.

O STF editou a Súmula 545 para evidenciar a diferença entre os dois institutos: "Preços de serviços públicos e taxas não se confundem, porque estas, diferentemente daqueles, são compulsórias e têm sua cobrança condicionada à prévia autorização orçamentária, em relação à lei que as instituiu".

Como **tarifa** não é tributo, sua **majoração** pode ocorrer **por meio de ato administrativo** e com **aplicabilidade imediata**. Em outras palavras, tarifa não se sujeita aos princípios tributários da legalidade e da anterioridade.

Convém lembrar que a garantia constitucional de equilíbrio econômico-financeiro (art. 37, XXI, da CF) pede a necessidade de mudanças imediatas no valor da tarifa, incompatíveis com as exigências impostas pela legalidade e anterioridade tributárias.

Atualmente, essa é a orientação predominante na jurisprudência do Supremo Tribunal Federal: estabelecer a diferença entre taxa e tarifa a partir da forma de prestação do serviço público.

O **Superior Tribunal de Justiça** sempre adotou orientação diversa para diferenciar os institutos. A **taxa** seria cobrada para todo **serviço público de fruição compulsória**, como no caso dos serviços de água e esgoto.

Já nas hipóteses de serviço de **fruição facultativa**, prevaleceria uma **natureza contratual**; sendo viável ao administrado dispensar a prestação, o valor cobrado como remuneração seria uma **tarifa**.

Desde o final de 2009 o Superior Tribunal de Justiça **acompanha a visão do STF** ao considerar que a remuneração cobrada pelos serviços de **água e esgoto** tem **natureza de tarifa**:

ADMINISTRATIVO. RECURSO ESPECIAL. SERVIÇO PÚBLICO DE ÁGUA E ESGOTO. NATUREZA JURÍDICA DE TARIFA OU PREÇO PÚBLICO. PRAZO PRESCRICIONAL. CÓDIGO CIVIL. PRECEDENTE DA PRIMEIRA SEÇÃO DO STJ. DECISÃO MANTIDA POR SEUS PRÓPRIOS FUNDAMENTOS. 1. A controvérsia em exame foi analisada recentemente pela Primeira Seção deste Tribunal, na ocasião do julgamento dos EREsp 690.609/RS, de relatoria da eminente Ministra Eliana Calmon, *DJ* 7-4-2008, que, acompanhando o entendimento do Supremo Tribunal Federal, firmou posicionamento no sentido de que a natureza jurídica das contraprestações cobradas por concessionárias de serviços público de água e esgoto não é de taxa, mas, sim, de tarifa ou preço público, razão por que deve ser aplicada a prescrição vintenária nos termos da legislação de Direito Civil. 2. Recurso especial provido. (STJ; REsp 1.179.478/RS; rel. Min. Mauro Campbell Marques; 2ª T., j. 23-11-2010, *DJe* 2-12-2010).

---

1. Nos condomínios formados por múltiplas unidades de consumo (economias) e um único hidrômetro é lícita a adoção de metodologia de cálculo da tarifa devida pela prestação dos serviços de saneamento por meio da exigência de uma parcela fixa ("tarifa mínima"), concebida sob a forma de franquia de consumo devida por cada uma das unidades consumidoras (economias); bem como por meio de uma segunda parcela, variável e eventual, exigida apenas se o consumo real aferido pelo medidor único do condomínio exceder a franquia de consumo de todas as unidades conjuntamente consideradas.

2. Nos condomínios formados por múltiplas unidades de consumo (economias) e um único hidrômetro é ilegal a adoção de metodologia de cálculo da tarifa devida pela prestação dos serviços de saneamento que, utilizando-se apenas do consumo real global, considere o condomínio como uma única unidade de consumo (uma única economia).

3. Nos condomínios formados por múltiplas unidades de consumo (economias) e um único hidrômetro é ilegal a adoção de metodologia de cálculo da tarifa devida pela prestação dos serviços de saneamento que, a partir de um hibridismo de regras e conceitos, dispense cada unidade de consumo do condomínio da tarifa mínima exigida a título de franquia de consumo (STJ, REsp 1.937.887/RJ, Rel. Min. Paulo Sérgio Domingues, j. 20-6-2024, *DJe* 25-6-2024).

Desse modo, a grande controvérsia que sempre existiu em torno da distinção entre taxa e tarifa perdeu força nos tribunais e na doutrina. Se o serviço público é prestado diretamente pelo Estado, sua remuneração ocorre por meio de taxa. Havendo prestação indireta via concessão ou permissão, o valor cobrado será uma tarifa.

2.5.2 Preço

Preço, ou **preço público**, é a nomenclatura dada pelo **Direito Financeiro** para a remuneração de serviços públicos prestados por concessionários e permissionários, cuja **utilização não é compulsória**, predominando a relação contratual sujeita a um **regime de direito privado** (STF: RE 89.876; e STJ: REsp 167.489).

Pela definição apresentada, fica claro que preço público não é tributo.

Desse modo, as nomenclaturas **preço público** e **tarifa** designam o **mesmo instituto**. Ocorre que "preço" é o nome dado pelo Direito Financeiro, enquanto "tarifa" é a linguagem adotada pelo Direito Administrativo. Preço público ou tarifa são exemplos de receitas originárias.

2.5.3 Pedágio

Segundo o que dispõe o art. 150, V, da CF, pedágio é o valor cobrado do usuário "pela utilização de vias conservadas pelo Poder Público". Pela redação do dispositivo, é possível constatar que o pedágio constitui uma **retribuição pelo uso de vias públicas**.

Quando a via pública for **conservada diretamente pelo Estado**, havendo cobrança pela sua utilização, tal **pedágio** terá natureza tributária de **taxa**. É o que se depreende da expressão "vias conservadas pelo Poder Público", contida no art. 150, V, da CF, regra esta inserida no texto constitucional dentro do "Sistema Tributário Nacional". Quando é o próprio Estado que conserva a via, tem-se o **pedágio-taxa**. Assim, como se trata de um tributo, sua **majoração depende de lei** (art. 150, I, da CF), e somente poderá ser exigida respeitado o intervalo mínimo imposto pelo **princípio da anterioridade** (art. 150, III, *b* e *c*, da CF).

Entretanto, o serviço público de conservação de vias pode ser delegado, mediante licitação prévia, a particulares concessionários, hipótese em que haverá prestação indireta da atividade via **concessão de serviço público**. Nesse caso, o valor cobrado do usuário pela utilização da via irá remunerar diretamente o particular prestador, ou seja, sua natureza jurídica será de tarifa. É o **pedágio-tarifa**, exação **sem natureza tributária**, podendo ser majorada por ato administrativo e sem respeitar o intervalo mínimo exigido pela anterioridade.

Analisando a **visão do Supremo Tribunal Federal** a respeito da matéria é possível constatar que, para nossa Corte Maior, **pedágio não tem natureza tributária**[STF].

> STF: "TRIBUTÁRIO E CONSTITUCIONAL. PEDÁGIO. NATUREZA JURÍDICA DE PREÇO PÚBLICO. DECRETO N. 34.417/92, DO ESTADO DO RIO GRANDE DO SUL. CONSTITUCIONALIDADE. 1. O pedágio cobrado pela efetiva utilização de rodovias conservadas pelo Poder Público, cuja cobrança está autorizada pelo inciso V, parte final, do art. 150 da Constituição de 1988, não tem natureza jurídica de taxa, mas sim de preço público, não estando a sua instituição, consequentemente, sujeita ao princípio da legalidade estrita. 2. Ação direta de inconstitucionalidade julgada improcedente" (ADIn 800/RS, rel. Min. Teori Zavascki, Plenário, j. 11-6-2014, *DJe* 1º-7-2014).

Já no **Superior Tribunal de Justiça** parece predominar a orientação do pedágio com natureza de **preço definido contratualmente** (ARSL 73/2004).

2.5.4 Foro e laudêmio

Foro e laudêmio são valores devidos, no contrato de **enfiteuse**, pelo detentor do domínio útil ao senhorio direto do imóvel. Na enfiteuse ou aforamento, que pode recair sobre **imóveis públicos ou privados**, quem tem o domínio útil denomina-se enfiteuta ou foreiro.

O caso mais comum de enfiteuse ocorre nos chamados **terrenos de marinha** e seus acrescidos (art. 20, VII, da CF), obrigando todos os moradores de áreas litorâneas (enfiteutas) a recolherem foro e laudêmio **para a União** (detentora do senhorio direto).

Nos termos do Decreto-lei n. 9.760/46 consideram-se terrenos de marinha aqueles localizados a uma distância máxima de 33 metros da linha da preamar média. Essa demarcação física, que limita os terrenos de domínio da União e os imóveis de terceiros, com a inclusão do parágrafo único ao art. 9º pela Lei n. 14.474/2022, poderá ser realizada pela União, outros entes públicos e por particulares.

A União Federal também vem cobrando foro, laudêmio e taxa de ocupação em áreas do território nacional consideradas remanescentes de **aldeamentos indígenas**.

Convém realizar uma diferenciação entre as mencionadas exigências.

Foro é o valor **pago anualmente** por quem detém o domínio útil dos terrenos de marinha. Nos termos do art. 101 do Decreto-lei n. 9.760/46: "Os terrenos aforados pela União ficam sujeitos ao foro de **0,6%** (seis décimos por cento) do valor do respectivo domínio pleno, que será anualmente atualizado".

O **laudêmio** é devido, no contrato de enfiteuse, somente na hipótese de **alienação onerosa do imóvel**, sendo pago pelo foreiro ao detentor do senhorio direto (União). Atualmente, sua cobrança está a cargo da Secretaria de Patrimônio da União (SPU), órgão pertencente do Ministério do Planejamento, Orçamento e Gestão. O laudêmio existe como compensação financeira em favor do senhorio direto, sempre que optar por não exercer o direito de preferência na compra do imóvel aforado (STJ, AgRg no REsp 926.956 RS 2007/0035563-5).

O art. 3º do Decreto-lei n. 2.398/87 determina que: "A transferência onerosa, entre vivos, do domínio útil e da inscrição de ocupação de terreno da União ou de cessão de direito a eles relativos dependerá do prévio recolhimento do laudêmio pelo vendedor, em quantia correspondente a 5% (cinco por cento) do valor atualizado do domínio pleno do terreno, excluídas as benfeitorias".

A normatização do laudêmio devido na hipótese de transferência onerosa do imóvel fortaleceu a tese de que a União não poderia exigir seu pagamento pela simples ocupação. Entretanto, no julgamento do REsp 1240709/2010-SC, a 1ª Turma do Superior Tribunal de Justiça firmou o entendimento no sentido de que o laudêmio também pode ser exigido pela mera ocupação:

> "ADMINISTRATIVO. TERRENO DE MARINHA. ENFITEUSE. MERA OCUPAÇÃO. TRANSFERÊNCIA ONEROSA. LAUDÊMIO DEVIDO. DECRETO-LEI N. 2.398/87. PRECE-DENTES DO STJ. RECURSO PROVIDO.
>
> 1. Ao concluir o julgamento do REsp 1.143.801/SC, a Primeira Turma do STJ, por maioria de votos, deu provimento ao recurso especial interposto pela União, determinando a cobrança de laudêmio mesmo na hipótese de mera ocupação. 2. 'Inaplicável o entendimento de que o laudêmio somente pode ser cobrado na transferência do imóvel aforado, nos termos do art. 686 do Código Civil, porque os imóveis localizados em terreno de marinha encontram-se sujeitos ao regime jurídico administrativo, sendo disciplinados por legislação específica, total ou parcialmente derrogatória dos princípios e dos institutos de Direito Privado' (REsp 1.128.333/SC, Rel. Min. Herman Benjamin, 2ª T., *DJe* 30-9-2010). 3. Recurso especial provido" (STJ, REsp 1.240.709, rel. Min. Arnaldo Esteves Lima, 1ª T., j. 5-4-2011, *DJe* 11-4-2011).

Embora sejam ainda comuns equivocadas referências a uma suposta destinação do dinheiro obtido com a enfiteuse dos terrenos de marinha aos descendentes da família real brasileira ou à Marinha, na verdade os **recursos arrecadados** com a cobrança de foro e laudêmio são destinados aos **cofres públicos da União**[7].

---

7. Fonte: <http://www.laudemio.com.br>.

Erroneamente tratado por alguns como "impostos do império", o **foro e o laudêmio não têm natureza tributária**, na medida em que constituem uma contraprestação originada no contrato privado de enfiteuse; ao passo que o tributo necessariamente deve ser uma obrigação legal, conforme exige o art. 3º do Código Tributário Nacional.

O recolhimento de foro e laudêmio não afasta a incidência de tributos sobre o imóvel. Como foro e laudêmio não são tributos, impossível cogitar sua inconstitucionalidade sob o argumento de suposta bitributação, ou *bis in idem*, em relação a tributos como IPTU e ITR[STJ].

> STJ: "PROCESSUAL CIVIL E TRIBUTÁRIO. EMBARGOS DE DECLARAÇÃO TERRENO DE MARINHA. OCUPAÇÃO. LAUDÊMIO. OMISSÃO. NÃO OCORRÊNCIA. 1. Hipótese em que a 2ª Turma aplicou a jurisprudência pacífica no sentido de que cabe cobrança de laudêmio quando o ocupante transfere a terceiros direitos sobre benfeitorias construídas em terreno de marinha, conforme previsto no art. 3º do Decreto- Lei n. 2.398/1987" (EDcl nos EDcl nos EDcl no Ag 1.405.978-SC, rel. Min. Herman Benjamin, j. 18-10-2012, *DJe* 5-11-2012).

Em junho de 2021, o governo federal anunciou a possibilidade de compra do domínio pleno de diversos imóveis em terrenos de marinha e interiores. Assim, adquirindo a totalidade do domínio, o particular ficará livre de pagar o laudêmio no momento da transferência da propriedade e o foro cobrado anualmente. **Essa medida faz parte do Programa SPU+, lançado no final de 2020 e oficializado com a publicação da Portaria n. 2.517/2021**, cuja finalidade consiste em organizar ações voltadas ao fortalecimento da gestão e governança do patrimônio imobiliário da União.

2.5.5 Taxa de ocupação de terrenos da União

O Decreto-lei n. 2.398/87 faz referência, além do foro e laudêmio, à possibilidade de a União cobrar **taxa de ocupação** em decorrência do uso de imóveis de sua propriedade.

Nos casos em que existe um regular contrato de aforamento entre a União e o titular do domínio útil é devido o recolhimento anual do foro. Já na hipótese de moradores que **não são foreiros** regularizados, mas **simples ocupantes da área sem contrato de aforamento**, a União arrecada taxa de ocupação anualmente sobre o valor do terreno.

De acordo com o art. 1º do Decreto-lei n. 2.398/87:

> A taxa de ocupação de terrenos da União será de 2% (dois por cento) do valor do domínio pleno do terreno, excluídas as benfeitorias, anualmente atualizado pela Secretaria do Patrimônio da União.

Embora tenha recebido do legislador o nome de "taxa", a taxa de ocupação também **não tem natureza tributária**, na medida em que constitui uma contrapartida contratual pela utilização de bem público, não se enquadrando em qualquer das espécies tributárias existentes no sistema tributário nacional.

2.5.6 Emolumentos notariais

Emolumentos são os valores pagos pelo usuário como remuneração pelos serviços prestados por registradores e notários, nos cartórios extrajudiciais. Embora o art. 236 da Constituição Federal prescreva que os serviços notariais e de registro "são exercidos em caráter privado", predomina o entendimento doutrinário e jurisprudencial no sentido de que os **emolumentos têm natureza tributária** sendo **taxas de serviço público**.

Desse modo, seu aumento depende de lei (sujeição à legalidade) e submete-se aos intervalos mínimos determinados pelo princípio da anterioridade tributária.

Os emolumentos notariais são tributos de **competência estadual ou distrital**.

O valor fixado para os emolumentos deverá corresponder ao efetivo custo e à adequada e suficiente remuneração dos serviços prestados (art. 1º, parágrafo único, da Lei n. 10.169/2000).

De acordo com o art. 3º da Lei n. 10.169/2000:

> É vedado:
>
> I) fixar emolumentos em percentual incidente sobre o valor do negócio jurídico objeto dos serviços notariais e de registro;
>
> II) cobrar das partes interessadas quaisquer outras quantias não expressamente previstas nas tabelas de emolumentos;
>
> III) cobrar emolumentos em decorrência da prática de ato de retificação ou que teve de ser refeito ou renovado em razão de erro imputável aos respectivos serviços notariais e de registro.
>
> IV) impor ao registro e averbação de situações jurídicas em que haja a interveniência de produtor rural quaisquer acréscimos a título de taxas, custas e contribuições para o Estado ou Distrito Federal, carteira de previdência, fundo de custeio de atos gratuitos e fundos especiais do Tribunal de Justiça, bem como de associação de classe, ou outros que venham a ser criados.

A natureza tributária dos emolumentos extrajudiciais, bem como sua consequente sujeição ao princípio da legalidade, é reforçada pelo disposto no § 2º do art. 236 da CF: "Lei federal estabelecerá normas gerais para fixação de emolumentos relativos aos atos praticados pelos serviços notariais e de registro".

Entretanto, apesar do caráter tributário dos emolumentos, cabe ressaltar que os notários e registradores não são os titulares desse tributo. Ou seja, os notários e registradores ficam apenas com parcela deles, pois os emolumentos servem para remunerar os serviços notariais e registrais prestados direta ou indiretamente pelo Estado ou Distrito Federal.

2.5.6.1 Percentual repassado pelas serventias extrajudiciais aos Tribunais de Justiça

Importante destacar que o art. 236, § 1º, da Constituição Federal impõe ao Poder Judiciário a atribuição de exercer controle externo sobre as atividades notariais. Por essa razão, uma parcela do montante arrecadado pelos cartórios extrajudiciais deve ser repassada ao Tribunal de Justiça como mecanismo de custeio das referidas atuações de **vigilância, orientação e correição.**

É certo que o **percentual repassado** pelo cartório ao respectivo Tribunal de Justiça **tem natureza tributária de taxa de polícia.**

2.5.7 Custas, emolumentos e taxas judiciárias

Custas, emolumentos e taxas judiciárias são nomenclaturas utilizadas atecnicamente pela legislação brasileira para designar valores exigidos como contrapartida pela prestação da atividade jurisdicional.

Todas as exações, na visão do **Supremo Tribunal Federal**, têm natureza jurídica de **taxas de serviço público** (ADIn 1.145-6/2002). Isso porque só será contribuinte de taxas judiciárias aquele que se utilizar dos serviços jurisdicionais, portanto, enquadra-se na definição de taxa de serviço público.

No caso da Justiça comum, a taxa judiciária é tributo de competência estadual. Já quando cobrada na Justiça federal, trata-se de taxa de competência da União.

Nos termos da Súmula 667 do STF: "Viola a garantia constitucional de acesso à jurisdição a taxa judiciária calculada sem limite sobre o valor da causa".

2.5.8 Compensação financeira pela exploração de recursos minerais (tributo mineral)

O ordenamento jurídico pátrio prevê diversos instrumentos de contraprestação pela exploração financeira de recursos minerais e riquezas do subsolo. Trata-se do denominado "tributo mineral".

O caso mais conhecido é o da CFEM – Compensação Financeira pela Exploração de Recursos Minerais –, instituída pela Lei n. 7.990/89 e arrecadada sob fiscalização do Departamento Nacional de Produção Mineral.

O fundamento constitucional para arrecadação dessas contrapartidas é o art. 20, § 1º, da CF: "É assegurada, nos termos da lei, à União, aos Estados, ao Distrito Federal e aos Municípios a participação no resultado da exploração de petróleo ou gás natural, de recursos hídricos para fins de geração de energia elétrica e de outros recursos minerais no respectivo território, plataforma continental, mar territorial ou zona econômica exclusiva, ou compensação financeira por essa exploração".

O texto constitucional define os recursos minerais, inclusive os do subsolo, como bens públicos pertencentes à União (art. 20, IX), não havendo qualquer espécie tributária apropriada para enquadrar exações exigidas como contrapartida pela exploração de bens públicos.

Assim, predomina o entendimento de que o "tributo mineral" na verdade não é tributo, mas uma exigência de natureza administrativo-contratual, cobrada a título de compensação pela exploração econômica de bens pertencentes ao domínio público.

No julgamento do REsp 756.530/DF a 1ª Turma do **Superior Tribunal de Justiça** firmou o entendimento de que a CFEM tem natureza jurídica de **preço público**. Já a 2ª Turma do **Supremo Tribunal Federal** vem se posicionando no sentido de que a exação seria uma simples "**participação no resultado da exploração**" (RE 228.800/DF). Portanto, é certo que para a jurisprudência de nossos tribunais superiores a CFEM **não tem natureza tributária**.

Em recentíssimo julgado, o STJ trouxe um caso de omissão de compensação financeira pela exploração de recursos minerais. É o que diz o AgRg no AREsp 2.658.297/SP:

STJ: "AGRAVO REGIMENTAL EM AGRAVO EM RECURSO ESPECIAL. PENAL E PROCESSUAL PENAL. USURPAÇÃO DE BENS DA UNIÃO (LEI N. 8.176/91, ART. 2º, § 1º), RECEPTAÇÃO (CÓDIGO PENAL, ART. 108, 1º), FALSIDADE IDEOLÓGICA (CÓDIGO PENAL, ART. 299), REDUÇÃO DO PAGAMENTO DE TRIBUTOS FEDERAIS, POR MEIO DE FRAUDE NAS IMPORTAÇÕES (*DRAWBACK*) – (LEI N. 8.137/90, ART. 1º, I), OMISSÃO NO PAGAMENTO DE **COMPENSAÇÃO FINANCEIRA**, PELA **EXPLORAÇÃO** DE RECURSOS MINERAIS (LEI N. 9.605/98, ART. 69), PROMOÇÃO/INTEGRAÇÃO DE ORGANIZAÇÃO CRIMINOSA (LEI N. 12.850/13, ART. 2º) E LAVAGEM DE DINHEIRO (LEI N. 9.613/98, ART. 1º, *CAPUT*, E § 2º, I E II). MEDIDAS CAUTELARES DE BUSCA E APREENSÃO, SEQUESTRO DE VALORES E QUEBRA DE SIGILO TELEMÁTICO. VIOLAÇÃO DOS ARTS. 489, § 1º, II, III, IV, V E VI; 492; 1.022, I E II E PARÁGRAFO ÚNICO, TODOS DO CPC; 157, § 1º, E 619, AMBOS DO CPP; 1º, PARÁGRAFO ÚNICO C/C O 2º, I E II, AMBOS DA LEI N. 9.296/1996. TESE DE QUE A DECISÃO QUE LASTREOU A BUSCA E APREENSÃO NÃO POSSUÍA FUNDAMENTO SUFICIENTE PARA TANTO; JUÍZO COMPETENTE QUE TINHA ELEMENTOS PROBATÓRIOS SUFICIENTES, RELAÇÃO DO AGRAVANTE COM A EMPRESA REAL BRASIL METAIS NA COMPRA E VENDA DE OURO, SEM EFETIVA COMPROVAÇÃO DA ORIGEM DO MATERIAL, QUE JUSTIFICARAM, À ÉPOCA, A DECRETAÇÃO DA BUSCA E APREENSÃO E DA QUEBRA DO SIGILO TELEMÁTICO. AUSÊNCIA DE MANIFESTA ILEGALIDADE OU DE CONSTRANGIMENTO APTOS À CONCESSÃO DE *HABEAS CORPUS*.

1. A Corte de origem colacionou o seguinte fundamento, referendando a posição adotada pelo Juízo singular, ao considerar legítimo o decreto de busca e apreensão e de quebra de sigilo telemático (fl. 2.563): Os indícios da suposta usurpação de ouro foram apontados na ausência de notas fiscais e emissão de notas fiscais sem menção a Permissões de Lavra Garimpeira de origem do ouro, envolvendo transação de 139,1 Kg de ouro (R$ 19.071.598,85), entre 2016 e 2020 (ID 245646080). Além disso, a medida cautelar e a quebra de sigilo foram decretadas num

contexto em que há várias transações suspeitas de ilegalidade envolvendo a empresa Real Brasil Metais, pela suposta compra de ouro oriundo de regiões sem autorização para lavra. [...]

Isso torna legal a decisão que decretou o sequestro de bens e a quebra de sigilo telemático. A reconsideração da decisão seria cabível se, diante dos elementos então existentes, não fosse o caso de autorizar a medida cautelar e a quebra. Não é essa a solução jurídica atual, pois a quebra de sigilo está fundamentada e amparada em elementos indiciários, que bastam na fase de investigação.

2. Nos termos da decisão agravada, à época dos fatos, o Juízo competente tinha elementos probatórios suficientes, relação do agravante com a empresa REAL BRASIL METAIS na compra e venda de ouro, sem efetiva comprovação da origem do material, que justificaram a decretação da busca e apreensão e da quebra do sigilo telemático, não havendo falar em nulidade da decisão.

3. Os documentos apresentados pelo agravante, que embasam a tese encampada no recurso especial, que tiveram o viés de alterar a situação fático-probatória, foram juntados em momento posterior à decisão que deferiu as medidas constritivas de direitos, o que não pode implicar na invalidade dos atos já concluídos.

4. Ausência de manifesta ilegalidade ou de constrangimento ilegal aptos à concessão de *habeas corpus*.

5. Agravo regimental desprovido" (Rel. Min. Sebastião Reis Júnior, 6ª T., j. 1º-10-2024, *DJe* 3-10-2024).

2.5.9 Compensação financeira pela exploração de recursos hídricos

Fundamentada também no art. 20, § 1º, da Constituição Federal, a Compensação Financeira pela Exploração de Recursos Hídricos (CFERH) é cobrada sobre o valor da energia produzida, sendo devida pelo titular da exploração de potencial hidráulico (Lei n. 7.990/89).

De acordo com visão unânime na doutrina e jurisprudência, a referida compensação também **não tem natureza tributária**, por não se enquadrar em nenhuma das espécies de tributo existentes na ordem jurídica nacional.

O Supremo Tribunal Federal posicionou-se pela natureza não tributária da CFERH no julgamento do MS 24.312-1/DF[8].

2.5.10 *Royalties* do petróleo

O art. 20, § 1º, da Constituição Federal prevê ainda a possibilidade de União, Estados e Municípios arrecadarem participação governamental pela exploração de petróleo e gás natural.

O dispositivo constitucional foi regulamentado pela Lei n. 9.478/97, que prevê a cobrança a cargo da Agência Nacional do Petróleo dos denominados "bônus de assinatura", *royalties*, "participações especiais" e "pagamentos pela

---

8. Luís Eduardo Schoueri, *Direito Tributário*, p. 126.

ocupação ou retenção de área", como formas de contrapartida pela exploração comercial das jazidas de petróleo e gás natural[9].

Destaque-se que, em 17 de agosto de 2022 foi publicado o Decreto n. 11.175 alterando o Decreto n. 2.705/98 para esclarecer sobre o preço de referência. Ele traz modificação ao art. 7º-C para deixar claro que o preço de referência deve ser aplicado, mensalmente, ao petróleo produzido em cada campo durante o mês, expresso em reais por metro cúbico, na condição padrão de medição, e será estabelecido pela ANP.

Pelas mesmas razões apontadas na análise das demais contrapartidas fundamentadas no art. 20, § 1º, da Constituição Federal, os *royalties* do petróleo **não têm natureza tributária**, na medida em que inexiste no ordenamento jurídico pátrio uma espécie tributária apropriada para disciplinar a exploração remunerada de bens públicos.

Demonstramos aqui como o STJ tem decidido a respeito da exploração de petróleo:

STJ: "PROCESSUAL CIVIL E ADMINISTRATIVO. AGRAVO INTERNO. AGRAVO EM RECURSO ESPECIAL. ART. 1.022 DO CPC. OMISSÃO NÃO CONFIGURADA. **EXPLORAÇÃO** E TRANSPORTE DE GÁS E PETRÓLEO. DISTRIBUIÇÃO DE *ROYALTIES*. MUNICÍPIO POR ONDE TRAFEGAM HIDROCARBONETOS DE LAVRA E TRATAMENTO ESTRANGEIROS, NÃO SUJEITOS, PORTANTO, AO REGIME JURÍDICO DE CONCESSÕES DO BRASIL. RECURSO PROVIDO.

1. O inconformismo da parte embargante não se enquadra nas hipóteses de cabimento dos embargos de declaração, previstas no art. 1.022 do Código de Processo Civil (CPC). Não há na decisão embargada vícios de omissão, contradição, obscuridade ou erro material, não se prestando o recurso em questão para o fim de rediscutir os aspectos jurídicos anteriormente debatidos.

2. Nos termos do art. 20, § 1º, da Constituição Federal, 'é assegurada, nos termos da lei, à União, aos Estados, ao Distrito Federal e aos Municípios a participação no resultado da **exploração** de petróleo ou gás natural, de recursos hídricos para fins de geração de energia elétrica e de outros recursos minerais no respectivo território, plataforma continental, mar territorial ou zona econômica exclusiva, ou **compensação financeira** por essa **exploração**'.

3. Os *royalties* devidos aos entes da Federação derivam de contrato de concessão de **exploração** de petróleo e gás natural e outros hidrocarbonetos em território nacional, pertencentes à União (arts. 21 e 45, II, da Lei 9.478/1997). A sua distribuição, portanto, tem relação direta com a produção de petróleo ou gás natural em território nacional, do que, por consequência lógica, se excluem as pretensões de repasse de dividendos pela lavra em território estrangeiro.

4. Ainda que o repasse de dividendos tenha caráter compensatório, a **exploração** estrangeira, fora do território brasileiro, não decorrente da lavra de bens da União, não constitui fato gerador da obrigação de repasse de *royalties*. Não há valores de repasse provenientes da produção petrolífera no exterior que enseje a pretensão de municípios brasileiros de recebimento de *royalties*.

---

9. Luís Eduardo Schoueri, *Direito Tributário*, p. 127.

> 5. Cenário fático delineado nas instâncias ordinárias que indica ser o gás natural movimentado no Município de Bilac oriundo do território boliviano, já processado em unidade de processamento de gás natural da própria Bolívia.
>
> 6. Agravo interno provido" (AgInt no AREsp 1.647.516/SP, Rel. Min. Paulo Sérgio Domingues, 1ª T., j. 18-6-2024, *DJe* 26-6-2024).

2.5.11 Contrapartidas ambientais. Falsos tributos

Tornou-se bastante comum o Poder Público utilizar as chamadas "contrapartidas ambientais" como forma de criar exigências financeiras compulsórias destituídas das garantias tributárias. São os chamados "falsos tributos ambientais".

Assim, o legislador transforma antigas taxas em "pedágios-verdes", "tarifas pelo manejo de água potável", "contrapartidas ambientais", "taxas de permanência", afastando com isso a incidência do regime protetivo estabelecido pelo Direito Tributário.

Importante relembrar que a simples mudança na denominação legal, de "taxa" para "contrapartida ambiental", não é capaz de eliminar a natureza tributária da exigência (art. 4º do CTN). Será preciso analisar se o fato gerador da exação se enquadra, ou não, em alguma das espécies tributárias existentes no Sistema Tributário Nacional, sendo irrelevante a nomenclatura definida pelo legislador.

2.5.12 Outras formas de invasão patrimonial

A subordinação aos princípios e regras do Direito Tributário constitui a diferença fundamental entre o tributo e outras formas estatais de invasão patrimonial, como desapropriação, requisição, tombamento e servidão. Enquanto o tributo sujeita-se ao regime jurídico tributário, estas outras formas de intervenção do Estado na propriedade estão submetidas basicamente aos princípios e regras do Direito Administrativo.

2.6 TRIBUTO OCULTO OU DISFARÇADO

Segundo Hugo de Brito Machado, tributo oculto ou disfarçado é a **prestação pecuniária** exigida pelo Estado **sem observância dos princípios e regras** que compõem o regime jurídico do tributo[10]. Trata-se de uma forma oblíqua de arrecadar recursos compulsoriamente, deixando de assegurar os direitos e garantias fundamentais do contribuinte.

O autor cita como exemplos de tributo oculto na atual legislação brasileira[11]:

---

10. *Curso de Direito Tributário*, p. 69.
11. *Curso de Direito Tributário*, p. 71.

a) **valor da outorga,** exigido da empresa vencedora da licitação como requisito para outorga da concessão de serviço público;

b) **sobrepreço nos monopólios estatais,** cobrado de empresas privadas que atuam em setores monopolizados como a indústria do petróleo;

c) **contraprestação de serviços públicos de uso compulsório.**

Acesse o QR Code e confira o quadro sinótico e as questões deste capítulo.

3

ESPÉCIES TRIBUTÁRIAS

3.1 CLASSIFICAÇÕES DOS TRIBUTOS

A grande quantidade de tributos existentes no Brasil e as diferenças que guardam entre si têm obrigado os estudiosos a desenvolver classificações com o objetivo de agrupar os tributos em categorias, impondo certa ordem ao caos reinante na legislação nacional.

Diversos critérios são apresentados pela doutrina especializada com o objetivo de classificar os tributos brasileiros. Seguem as classificações mais relevantes.

3.1.1 Quanto à função

a) **tributos fiscais:** cobrados com finalidade meramente arrecadatória, para prover os cofres públicos de recursos aptos a custear o aparelho estatal. Exemplo: Imposto de Renda;

b) **tributos extrafiscais:** instituídos pelo Estado com objetivos predominantemente sociais ou políticos, e não com a simples finalidade de obter recursos financeiros. Tais tributos atuam **estimulando ou desestimulando comportamentos do contribuinte.** Exemplo: Imposto Territorial Rural progressivo para desestimular propriedades improdutivas;

c) **tributos parafiscais:** arrecadados por pessoa diversa daquela que detém a competência constitucional para sua criação. Exemplos: contribuições sindicais e anuidades dos conselhos de classe.

3.1.2 Quanto à competência

a) **tributos federais:** aqueles que competem à União Federal.

O rol dos impostos federais consta do art. 153 da Constituição Federal, a saber:

Compete à União instituir impostos sobre:

I – importação de produtos estrangeiros;

II – exportação, para o exterior, de produtos nacionais ou nacionalizados;

III – renda e proventos de qualquer natureza;

IV – produtos industrializados;

V – operações de crédito, câmbio e seguro, ou relativas a títulos ou valores mobiliários;

VI – propriedade territorial rural;

VII – grandes fortunas, nos termos de lei complementar;

VIII – produção, extração, comercialização ou importação de bens e serviços prejudiciais à saúde ou ao meio ambiente, nos termos de lei complementar (incluído pela Emenda Constitucional n. 132/23 – Reforma Tributária).

São federais também os impostos residuais (art. 154, I, CF) e os extraordinários de guerra (art. 154, II, da CF), além dos empréstimos compulsórios (art. 148 da CF) e da maioria das contribuições especiais (arts. 149 e 195 da CF).

Cabe à União ainda instituir taxas e contribuições de melhoria, como forma de remunerar atividades administrativas de sua competência (art. 145, II e III, respectivamente).

São de **competência da União**, também, todos os **tributos arrecadados em territórios federais**, exceto os tributos municipais quando os territórios forem divididos em municípios (art. 147 da CF).

b) **tributos estaduais:** de competência dos Estados-membros.

Os impostos estaduais estão elencados no art. 155 da CF.

Compete aos Estados e ao Distrito Federal instituir impostos sobre:

I – transmissão *causa mortis* e doação, de quaisquer bens ou direitos;

II – operações relativas à circulação de mercadorias e sobre prestações de serviços de transporte interestadual e intermunicipal e de comunicação, ainda que as operações e as prestações se iniciem no exterior;

III – propriedade de veículos automotores.

Os Estados-membros podem cobrar taxas e contribuições de melhoria, quando a atuação ensejadora da arrecadação for de sua competência.

Além disso, são competentes ainda para cobrança de contribuição previdenciária de seus servidores visando ao financiamento de regime previdenciário próprio (art. 149, § 1º, da CF)[STF];

STF: "O Plenário desta Corte, ao apreciar o RE n. 573.540/MG-RG, cuja repercussão geral já havia sido reconhecida, rel. o Min. Gilmar Mendes, *DJe* 11-6-2010, decidiu que falece aos Estados-membros competência para a criação de contribuição compulsória ou de qualquer outra espécie tributária destinada ao custeio de serviços médicos, hospitalares, farmacêuticos ou odontológicos prestados aos seus servidores" (AgRg no ARE n. 670.075-MG, rel. Min. Dias Toffoli).

c) **tributos distritais:** de competência do Distrito Federal. O Distrito Federal é competente para instituir os tributos estaduais e os municipais (art. 147, c/c art. 155 da CF);

d) **tributos municipais:** aqueles de competência dos Municípios.

Quanto aos impostos, estabelece o art. 156 da CF:

> Compete aos Municípios instituir impostos sobre:
>
> I – propriedade predial e territorial urbana;
>
> II – transmissão *inter vivos*, a qualquer título, por ato oneroso, de bens imóveis, por natureza ou acessão física, e de direitos reais sobre imóveis, exceto os de garantia, bem como cessão de direitos a sua aquisição;
>
> III – serviços de qualquer natureza, não compreendidos no art. 155, II, definidos em lei complementar.

Os Municípios instituem também taxas e contribuições de melhoria, além das contribuições de iluminação pública e de seus servidores para custeio de previdência própria (arts. 149-A e 149, § 1º, da CF, respectivamente).

3.1.3 Quanto à vinculação

a) **tributos vinculados, bilaterais ou sinalagmáticos:** aqueles que pressupõem uma atividade estatal a ser por eles remunerada. É o caso das taxas e contribuição de melhoria;

b) **tributos desvinculados, unilaterais ou "sem causa":** independem de uma atividade estatal relativa ao contribuinte. Exemplo: impostos.

3.1.4 Quanto ao impacto financeiro

a) **tributos diretos:** são pagos pela mesma pessoa que sofre o impacto financeiro do pagamento, ou seja, oneram diretamente aquele que é definido pela lei como sendo o devedor (sujeito passivo). Exemplo: imposto de renda;

Aproveitando o exemplo, trazemos um julgado recente do STJ que corrobora o tema: "O IR e a CSLL incidem sobre a correção monetária das aplicações financeiras, porquanto estas se caracterizam legal e contabilmente como Receita Bruta, na condição de Receitas Financeiras componentes do Lucro Operacional" (REsp 1.986.304/RS, Rel. Min. Mauro Campbell Marques, 1ª Seção, j. 8-3-2023, Tema 1.160).

b) **tributos indiretos:** são pagos por uma pessoa (contribuinte de direito), mas seu valor é embutido no custo do produto de modo a repercutir financeiramente no patrimônio de um terceiro (contribuinte de fato). Portanto, oneram pessoa diversa daquela prevista como sujeito passivo da obrigação tributária. É o caso típico do ICMS, que nas operações de varejo é pago pelo lojista (contribuinte de direito) mas tem seu valor embutido no preço da mercadoria e repassado ao consumidor final (contribuinte de fato).

São também considerados tributos indiretos o IPI e o ISS.

A relevância prática na distinção entre tributos diretos e indiretos reside no fato de que o art. 166 do Código Tributário Nacional, ao disciplinar a **restituição de tributos indiretos**[STJ],

---

STJ: "TRIBUTÁRIO. RECURSO ESPECIAL. IMPOSTO DE RENDA RETIDO NA FONTE. REPETIÇÃO DE INDÉBITO. ILEGITIMIDADE ATIVA DO RESPONSÁVEL TRIBUTÁRIO. (...) 2. A empresa que é a fonte pagadora não tem legitimidade ativa para postular repetição de indébito de imposto de renda que foi retido quando do pagamento para a empresa contribuinte. Isso porque a obrigação legal imposta pelo art. 45, parágrafo único, do CTN é a de proceder a retenção e o repasse ao fisco do imposto de renda devido pelo contribuinte. Não há propriamente pagamento por parte da responsável tributária, uma vez que o ônus econômico da exação é assumido direta e exclusivamente pelo contribuinte que realizou o fato gerador correspondente, cabendo a esse, tão-somente, o direito à restituição" (REsp 1.318.163-PR, rel. Min. Benedito Gonçalves, 1ª T., j. 20-5-2014, *DJe* 27-5-2014).

STJ: "TRIBUTÁRIO. AGRAVO INTERNO NO AGRAVO EM RECURSO ESPECIAL. RESTITUIÇÃO DE INDÉBITO. LEGITIMIDADE ATIVA. ICMS. TRIBUTO INDIRETO. ART. 166 DO CTN. APLICABILIDADE. PRECEDENTES. AGRAVO INTERNO NÃO PROVIDO.

1. O aresto combatido entendeu pela ilegitimidade da ora agravante para pleitear a repetição dos valores pagos em decorrência da alíquota adicional cobrada com base no dispositivo declarado incidentalmente inconstitucional em virtude da ausência de comprovação de que a parte arcou com o ônus econômico do tributo.

2. Não se pode falar em desnecessidade de demonstração dos pressupostos do art. 166 do Código Tributário Nacional.

3. Na linha da firme jurisprudência desta Corte Superior 'A compensação ou **restituição de tributos indiretos** (ICMS ou IPI) exige que o contribuinte de direito comprove que suportou o encargo financeiro ou, no caso de tê-lo transferido a terceiro, estar por este expressamente autorizado a pleitear a repetição do indébito, nos termos do art. 166, do CTN' (AgRg no REsp 1.058.309/SC, Rel. Min. Luiz Fux, 1ª T., *DJe* 14-12-2010).

4. Agravo interno não provido" (AgInt no AREsp 2.205.613/AL, Rel. Min. Mauro Campbell Marques, 2ª T., j. 8-5-2023, *DJe* 10-5-2023).

---

exige que o contribuinte de direito preencha condições especiais (**princípio da repercussão**), nos seguintes termos: "a restituição de tributos que comportem, por sua natureza, transferência do respectivo encargo financeiro somente será feita a quem prove haver assumido o referido encargo, ou, no caso de tê-lo transferido a terceiro, estar por este expressamente autorizado a recebê-la"[STJ].

STJ: "TRIBUTÁRIO. REPETIÇÃO DE INDÉBITO OU LEVANTAMENTO DE DEPÓSITOS ADMINISTRA-
TIVOS. ART. 166 DO CTN. LEGITIMAÇÃO SUBJETIVA ATIVA APENAS DO CONTRIBUINTE DE FATO,
OU SEJA, DAQUELE QUE EFETIVAMENTE SUPORTOU O ENCARGO FINANCEIRO DO TRIBUTO.
ILEGITIMAÇÃO DO CONTRIBUINTE DE DIREITO. PRECEDENTES. IRRELEVÂNCIA DE SE TRATAR DE
PAGAMENTO, DE DEPÓSITO ELISIVO VOLUNTÁRIO OU DE DEPÓSITO FORÇADO, PORQUANTO,
EM TODOS OS CASOS, O QUE SE PRETENDE É COIBIR O ENRIQUECIMENTO SEM CAUSA (RESP.
554.203/RS, REL. MIN. TEORI ALBINO ZAVASCKI, DJU. 11.05.04). AGRAVO REGIMENTAL PROVI-
DO" (AgRg no Ag 1.365.535-MG, rel. originário Min. Benedito Gonçalves, rel. p/ Acórdão Min.
Napoleão Nunes Maia Filho, 1ª T., j. 7-2-2012, *DJe* 21-6-2012).

3.1.5 Quanto ao objeto

a) **tributos reais ou objetivos**: incidem sobre fatos ou coisas. Exemplos: IPTU
e ITR;

b) **tributos pessoais ou subjetivos**: incidem sobre realidades que levam em
conta certas qualidades do sujeito passivo. Exemplo: Imposto de Renda.

3.1.6 Quanto ao tipo de incidência

a) **tributos monofásicos**: incidem uma única vez sobre determinado item.
Exemplo: Imposto de Importação;

b) **tributos plurifásicos ou multifásicos**: incidem várias vezes sobre o mesmo
item. É a chamada tributação "em cascata" ou "em cadeia". Exemplos: ICMS e IPI.

A incidência plurifásica, por sua vez, pode ser:

1) **tributos plurifásicos cumulativos**: o tributo incide várias vezes sobre o
mesmo item sem que haja um mecanismo de redução do efeito cascata. Exemplo:
Cofins sobre papel imune (Lei n. 10.833, de 2003);

2) **tributos plurifásicos não cumulativos**: ocorre a incidência sucessiva do
tributo, mas com utilização de um sistema de compensação para mitigar o efeito
cascata. Exemplo: ICMS (art. 155, § 2º, I, da CF).

3.1.7 Quanto à cumulatividade

a) **tributos cumulativos**: incidem sucessivamente sobre determinado item
sem que haja um sistema de redução do efeito cascata;

b) **tributos não cumulativos**: operam por meio de incidência sucessiva, mas
com utilização de um sistema de compensação para mitigar o efeito cascata.

3.1.8 Quanto à natureza econômica

Esse critério é citado por Hugo de Brito Machado[1] como sendo a fonte utilizada pelo Código Tributário Nacional para classificar os impostos, a saber:

---

1. *Curso de Direito Tributário*, p. 67.

a) **tributos incidentes sobre comércio exterior** (arts. 19 a 28 do CTN). Exemplos: Imposto de Importação e Imposto de Exportação;

b) **tributos incidentes sobre patrimônio e renda** (arts. 29 a 45 do CTN). Exemplos: IPTU, ITBI e IR;

c) **tributos incidentes sobre produção e circulação** (arts. 46 a 51 e 63 a 70 do CTN). Exemplos: IPI, ICMS, IOF e ISS;

d) **tributos incidentes sobre circunstâncias especiais** (arts. 74 a 76 do CTN). Exemplo: Imposto Extraordinário de Guerra.

3.1.9 Quanto à seletividade

a) **tributos seletivos:** têm sua força econômica graduada conforme a relevância social do produto ou do serviço. Exemplos: IPI (art. 153, § 3º, I, da CF) e ICMS (art. 155, § 2º, III, da CF);

b) **tributos não seletivos:** cobrados sem levar em consideração a importância social do objeto tributado. Exemplo: ITBI.

3.1.10 Quanto à progressividade

a) **tributos progressivos:** têm alíquotas graduadas conforme a capacidade econômica do contribuinte. A Constituição Federal de 1988 admite a utilização de alíquotas progressivas nos seguintes impostos: IR, ITR e IPTU, ITCMD e IPVA;

b) **tributos não progressivos:** cobrados de modo uniforme em relação a todos os contribuintes, sem levar em consideração a capacidade econômica de cada um. Exemplos: ICMS e IPVA.

3.1.11 Quanto à natureza jurídica (espécies tributárias)

Existe grande divergência doutrinária a respeito de quantas espécies de tributos existem no Direito brasileiro.

Indiscutivelmente a análise deve começar pelo art. 4º do Código Tributário Nacional, pelo qual:

> A natureza jurídica específica do tributo é determinada pelo fato gerador da respectiva obrigação, sendo irrelevantes para qualificá-la:
>
> I – a **denominação** e demais características formais adotadas pela lei;
>
> II – a destinação legal do produto da sua arrecadação.

Assim, o cerne da questão consiste em saber se, tomando como ponto de partida o tipo de fato gerador, haveria duas, três, quatro ou cinco tipos de tributo em nosso ordenamento jurídico.

O tema divide os especialistas há décadas, podendo ser identificadas quatro teorias principais: a) bipartite; b) tripartite; c) quadripartite; d) quinquipartite.

3.1.11.1 Teoria bipartite

Defendida por **Geraldo Ataliba**[2], a teoria bipartite ou dualista defende a divisão dos tributos em: a) **vinculados** a uma atuação estatal, como as taxas e contribuições de melhoria; b) **desvinculados** de uma atividade do Estado, como os impostos.

Segundo os defensores dessa concepção, empréstimos compulsórios e contribuições especiais não seriam tipos autônomos de tributos, mas categorias que sempre poderiam ser reconduzidas às espécies básicas, sendo impostos ou taxas.

A divisão de todos os tributos brasileiros em duas categorias básicas, impostos e taxas, embora rejeitada pela maioria da doutrina, ainda pode ser considerada **válida somente para fins didáticos**[3].

3.1.11.2 Teoria tripartite

A teoria tripartite considera a existência de três espécies tributárias: a) impostos; b) taxas; c) contribuições de melhoria.

Trata-se da concepção **adotada pelo Código Tributário Nacional** e aceita pela doutrina tradicional.

A existência de três espécies tributárias encontra respaldo também no art. 145 da Constituição Federal de 1988, segundo o qual:

A União, os Estados, o Distrito Federal e os Municípios poderão instituir os seguintes tributos:

I – impostos;

II – taxas, em razão do exercício do poder de polícia ou pela utilização, efetiva ou potencial, de serviços públicos específicos e divisíveis, prestados ao contribuinte ou postos a sua disposição;

III – contribuição de melhoria, decorrente de obras públicas.

Embora cientificamente seja a **corrente mais coerente à luz do ordenamento jurídico** pátrio, a teoria tripartite é **minoritária** na doutrina, na jurisprudência e nos concursos públicos, especialmente pelo fato de a Constituição de 1988 haver conferido um tratamento normativo autônomo para outros dois tipos de tributos: empréstimos compulsórios (art. 148) e contribuições especiais (arts. 149 e 195).

É a concepção aceita, entre outros, por Paulo de Barros Carvalho, para quem empréstimos compulsórios e contribuições especiais não seriam tipos autônomos de tributos[4].

---

2. *Hipótese de Incidência*, p. 128.
3. Eduardo Sabbag, *Manual de Direito Tributário*, p. 354.
4. *Curso de Direito Tributário*, p. 76.

Os defensores da teoria tripartite consideram que empréstimos compulsórios e contribuições especiais não são categorias que se opõem às três espécies tributárias. Pelo contrário, poderiam assumir no caso concreto a feição de imposto, taxa ou contribuição de melhoria.

3.1.11.3 Teoria quadripartite

A teoria quadripartite advoga a existência de quatro espécies tributárias: a) impostos; b) taxas; c) contribuições; e d) empréstimos compulsórios.

Quem defende tal ponto de vista reúne na mesma categoria as contribuições de melhoria (art. 145, III, da CF) e as contribuições especiais (art. 149 da CF).

O inconveniente dessa concepção é agrupar sob o mesmo rótulo "contribuição" institutos dotados de regimes jurídicos absolutamente diferentes.

No julgamento do RE 138.284-CE/92 o Min. Carlos Velloso manifestou sua adesão à corrente quadripartite. Trata-se de posicionamento isolado na jurisprudência do Supremo Tribunal Federal, pois a corte sempre defendeu a divisão quinquipartida.

3.1.11.4 Teoria quinquipartite

A teoria **amplamente majoritária** na doutrina, jurisprudência e concursos públicos é a que identifica cinco espécies de tributos na atual ordem jurídica brasileira:

a) impostos;

b) taxas;

c) contribuições de melhoria;

d) empréstimos compulsórios;

e) contribuições especiais.

Também conhecida como **corrente quinária**, a teoria que defende a existência de cinco espécies tributárias encontra **respaldo no texto constitucional de 1988**. Isso porque logo após fazer expressa referência à possibilidade de as entidades políticas instituírem impostos, taxas e contribuições de melhoria (art. 145), o constituinte tratou da competência para criação de empréstimos compulsórios e contribuições especiais (arts. 148 e 149, respectivamente).

De fato, o modo como o tema vem tratado na Constituição de 1988 sugere uma opção do constituinte pela divisão quinquipartida das espécies tributárias.

Trata-se também da orientação predominante na **jurisprudência do Supremo Tribunal Federal** (RE 138.284 e RE 146.733).

3.1.11.4.1 Crítica

Embora a teoria quinquipartite, em razão de seu caráter amplamente majoritário, deva ser aquela adotada pelo candidato em todas as provas e concursos públicos, tal concepção não está imune a críticas.

Sua principal fragilidade reside no fato de basear a distinção entre as cinco espécies tributárias em critérios diferentes.

Impostos, taxas e contribuições de melhoria têm identidade jurídica conferida pelo fato gerador da respectiva obrigação (art. 4º do CTN).

Já os empréstimos compulsórios apartam-se das demais espécies por outro critério: o caráter restituível. Enquanto as contribuições especiais diferenciam-se pelo binômio base de cálculo/destinação.

Ora, a simples constatação de que são necessários critérios distintos para apartar as cinco espécies tributárias demonstra a debilidade científica da teoria.

Passemos agora ao estudo detalhado de cada um dos tipos de tributos existentes no ordenamento jurídico brasileiro.

3.2 IMPOSTOS

Espécie tributária mais importante na ordem jurídica brasileira, os impostos são **tributos desvinculados** de uma atividade estatal relativa ao **contribuinte.**

Nesse sentido, o art. 16 do CTN prescreve: "Imposto é o tributo cuja obrigação tem por fato gerador uma situação independente de qualquer atividade estatal específica, relativa ao contribuinte".

Ao contrário das taxas e contribuições de melhoria, que remuneram atuações do Estado, os impostos **não têm caráter retributivo, e sim contributivo**[5], sendo utilizados para obter recursos voltados ao custeio de serviços públicos *uti universi* e outras despesas estatais gerais. Os recursos arrecadados com os impostos estão dissociados de qualquer órgão, fundo ou despesa, como prevê o art. 167, IV, da CF – princípio da não afetação dos impostos. Mas o fato de a prestação dos serviços indivisíveis ser custeada indiretamente pelas receitas provenientes de impostos não significa que eles, sendo tributos desvinculados, possam ser cobrados para remunerar diretamente serviços públicos indivisíveis.

A hipótese de incidência dos impostos nunca descreve uma atividade estatal, mas um fato ou situação econômica pertinentes à esfera privada de interesses do contribuinte. São, por isso, chamados também de **tributos sem causa, unilaterais** ou **não contraprestacionais**[6].

3.2.1 Competência para criar impostos

A competência para instituir impostos é atribuída em **caráter privativo** a cada uma das entidades federativas, segundo as regras dos arts. 153, 155 e 156 da Constituição Federal.

---

5. Ricardo Alexandre, *Direito Tributário Esquematizado*, p. 45.
6. Eduardo Sabbag, *Manual de Direito Tributário*, p. 359.

A natureza privativa é marcada também pela **indelegabilidade**, impedindo que uma pessoa política transfira a qualquer outra entidade a competência para instituir impostos (art. 7º do Código Tributário Nacional).

3.2.2 Veículo normativo para criação de impostos

Como regra geral, os impostos são criados por **lei ordinária** da entidade federativa competente para sua instituição.

No caso dos **impostos federais**, excetuados aqueles submetidos à reserva de lei complementar, admite-se também sua criação por meio de **medidas provisórias**. Porém, a exigência de impostos instituídos por esse veículo normativo somente será feita no exercício seguinte ao da conversão da MP em lei (art. 62, § 1º, da CF).

3.2.3 Princípio da capacidade contributiva

O art. 145, § 1º, da Constituição Federal vincula a cobrança de impostos ao cumprimento do princípio da capacidade contributiva, nos seguintes termos: "Sempre que possível, **os impostos** terão caráter pessoal e **serão graduados segundo a capacidade econômica** do contribuinte, facultado à administração tributária, especialmente para conferir efetividade a esses objetivos, identificar, respeitados os direitos individuais e nos termos da lei, o patrimônio, os rendimentos e as atividades econômicas do contribuinte".

Trata-se de um **comando dirigido ao legislador** determinando que os impostos deverão ser cobrados de modo a subtrair progressivamente mais riqueza dos contribuintes segundo o potencial econômico de cada um. Em uma palavra: ricos devem pagar mais imposto do que pobres.

Cabe ressaltar que o princípio da capacidade contributiva é um **desdobramento do princípio da isonomia** e, segundo entendimento majoritário, considera-se **aplicável somente a alguns impostos**.

Entretanto, no julgamento do RE 406.955-AgRg/2010, o **Supremo Tribunal Federal** manifestou-se pela aplicabilidade do princípio da capacidade contributiva a todos os tributos: "IPVA. Progressividade. **Todos os tributos submetem-se ao princípio da capacidade contributiva** (precedentes), ao menos em relação a um de seus três aspectos (objetivo, subjetivo e proporcional), independentemente de classificação extraída de critérios puramente econômicos" (RE 406.955-AgRg, rel. Min. Joaquim Barbosa, j. 4-10-2011, 2ª T., *DJe* 21-10-2011.)

3.2.4 Princípio da não afetação e "dupla desvinculação" dos impostos

O princípio da não afetação **proíbe que o legislador vincule a receita de impostos a órgão, fundo ou despesa**.

Sua previsão consta expressamente no art. 167, IV, da Constituição Federal:

> São vedados: IV – a vinculação de receita de impostos a órgão, fundo ou despesa, ressalvadas a repartição do produto da arrecadação dos impostos a que se referem os arts.

158 e 159, a destinação de recursos para as ações e serviços públicos de saúde, para manutenção e desenvolvimento do ensino e para realização de atividades da administração tributária, como determinado, respectivamente, pelos arts. 198, § 2º, 212 e 37, XXII, e a prestação de garantias às operações de crédito por antecipação de receita, previstas no art. 165, § 8º, bem como o disposto no § 4º deste artigo.

> STF: "IMPOSTO – VINCULAÇÃO A ÓRGÃO, FUNDO OU DESPESA. A teor do disposto no inciso IV do art. 167 da Constituição Federal, é vedado vincular receita de impostos a órgão, fundo ou despesa. A regra apanha situação concreta em que lei local implicou majoração do ICMS, destinando-se o percentual acrescido a um certo propósito – aumento de capital de caixa econômica, para financiamento de programa habitacional. Inconstitucionalidade dos arts. 3º, 4º, 5º, 6º, 7º, 8º e 9º da Lei n. 6.556, de 30 de novembro de 1989, do Estado de São Paulo" (STF – RE 213739 SP, rel. Min. Marco Aurélio, j. 6-5-1998, Tribunal Pleno, *DJ* 2-10-1998, p. 12, ement. v. 01925-04, p. 850).

Segundo entendimento do Supremo Tribunal Federal, a regra da não afetação **decorre do princípio da tripartição de poderes**, pois cabe ao Poder Executivo, e não ao Legislativo, decidir discricionariamente onde devem ser aplicadas as receitas provenientes da arrecadação de impostos.

Depreende-se da leitura do dispositivo constitucional acima transcrito a existência de **cinco exceções** ao princípio da não afetação, de modo que poderá haver vinculação da receita de impostos nas hipóteses taxativas abaixo indicadas:

a) **repartição de receitas**, nos termos dos arts. 158 e 159 da CF;

b) destinação de recursos para as ações e serviços públicos de **saúde**;

c) manutenção e desenvolvimento do **ensino**;

d) atividades da **administração tributária**;

e) **prestação de garantias** às operações de crédito por antecipação de receita.

De acordo com reiteradas decisões do STF, o princípio da não afetação **só se aplica aos impostos**, inexistindo qualquer restrição à vinculação legal da receita proveniente da arrecadação de taxas, empréstimos compulsórios e contribuições.

As **demais espécies tributárias** têm suas **receitas necessariamente afetadas**[7] à circunstância, finalidade ou atividade estatal ensejadora de sua instituição.

Ademais, a Emenda Constitucional n. 42/2003 incluiu o parágrafo único no art. 204 da CF e passou a facultar aos Estados e ao Distrito Federal a possibilidade de vincular até 0,5% (cinco décimos por cento) de sua receita tributária líquida a programa de apoio à inclusão e promoção social. Tal emenda ainda incluiu o § 6º ao art. 216 da CF dispondo que "é facultado aos Estados e ao Distrito Fe-

---

7. Leandro Paulsen, *Direito Tributário*, p. 422.

deral vincular a fundo estadual de fomento à cultura até cinco décimos por cento (0,5%) de sua receita tributária líquida, para o financiamento de programas e projetos culturais".

Diante disso, conclui-se que os **impostos são duplamente desvinculados**: quanto à origem, porque o dever de pagá-los surge independentemente de uma atuação estatal relativa ao contribuinte; e, quanto à destinação da receita arrecadada, em decorrência do princípio da não afetação, exceto nos casos em que ocorre expressa previsão constitucional.

3.2.4.1 Desvinculação de Receitas da União (DRU), dos Estados (DRE) e dos Municípios (DREM)

O art. 76 do ADCT estabeleceu, até 31 de dezembro de 2024, a **desvinculação de 30% (trinta por cento) da arrecadação da União** relativa às contribuições sociais, sem prejuízo do pagamento das despesas do Regime Geral da Previdência Social, às contribuições de intervenção no domínio econômico e às taxas, já instituídas ou que vierem a ser criadas até a referida data.

Já os Estados e o Distrito Federal têm regra similar contida no art. 76-A do ADCT, com redação dada pela Emenda Constitucional n. 132/2023 – Reforma Tributária, segundo a qual são desvinculados de órgão, fundo ou despesa, até 31 de dezembro de 2032, 30% (trinta por cento) das receitas dos Estados e do Distrito Federal relativas a impostos, taxas e multas, já instituídos ou que vierem a ser criados até a referida data, seus adicionais e respectivos acréscimos legais, e outras receitas correntes (redação dada pela EC n. 132/2023).

Os mesmos 30% de desvinculação, até 31 de dezembro de 2023, valem para os Municípios sobre as receitas relativas a impostos, taxas e multas, já instituídos ou que vierem a ser criados até a referida data, seus adicionais e respectivos acréscimos legais, e outras receitas correntes (art. 76-B com redação dada pela EC n. 132/2023).

3.2.5 Impostos residuais

Conforme dispõe o art. 154, I, da Constituição Federal:

> A União poderá instituir: I – mediante lei complementar, impostos não previstos no artigo anterior, desde que sejam não cumulativos e não tenham fato gerador ou base de cálculo próprios dos discriminados nesta Constituição.

Trata-se da chamada **competência impositiva residual**, isto é, da competência para instituir impostos novos ainda não previstos entre os atualmente atribuídos pela Constituição às entidades federativas.

Desse modo, a criação de novos impostos deve observar as seguintes regras:

1) instituição **pela União**;

2) por meio de **lei complementar** (sendo vedada edição de medida provisória com esse fim);

3) devem ser **não cumulativos**;

4) **não podem bitributar** (é vedado que tenham base de cálculo ou fato gerador de impostos já existentes).

Importante destacar que as regras para a criação de novos impostos são dirigidas ao legislador, não se aplicando a tributos criados pelo poder constituinte derivado (STF, ADIn 936/PE). Assim, a não cumulatividade e a vedação de *bis in idem* deixam de ser observadas quando a criação do imposto ocorrer por meio de emenda constitucional[8].

Por fim, vale lembrar que o art. 195, § 4º, da Constituição Federal estendeu os requisitos do art. 154, I, para a criação de novas fontes de custeio da seguridade social, ou seja, para a instituição de novas contribuições sociais.

Por fim, o art. 157, I, da CF determina que **20%** do montante arrecadado com impostos residuais será **repassado aos Estados e Distrito Federal**.

3.2.5.1 Impostos residuais vs. taxas residuais

A competência da União para instituir impostos novos não se confunde com a competência residual para a criação de novas taxas.

Como as taxas são tributos remuneratórios, a competência residual para sua instituição cabe à entidade federativa com atribuição para prestar serviços públicos ou atividades de polícia não discriminados na Constituição Federal.

Nos termos do art. 25, § 1º, do Texto Maior: "São reservadas aos Estados as competências que não lhes sejam vedadas por esta Constituição". Assim, com base no referido dispositivo constitucional, conclui-se que a **competência residual para a instituição de taxas é dos Estados-membros**.

3.2.6 Impostos extraordinários de guerra

Estabelece o art. 154, II, da Constituição Federal:

A União poderá instituir: (...)

II – na iminência ou no caso de guerra externa, impostos extraordinários, compreendidos ou não em sua competência tributária, os quais serão suprimidos, gradativamente, cessadas as causas de sua criação.

---

8. Leandro Paulsen, *Direito Tributário*, p. 328. O referido entendimento foi defendido pelo STF a propósito da criação do IPMF (Imposto Provisório sobre Movimentação Financeira), realizada por força de emenda constitucional.

Os impostos extraordinários de guerra (IEGs) podem ser criados **pela União**, por meio de **lei ordinária** (admitida sua instituição também por medida provisória), em caso de **guerra externa ou sua iminência**.

Trata-se de tributo de emergência, razão pela qual a Constitucional **autoriza** sua cobrança incidindo em **bitributação**, isto é, recaindo sobre base de cálculo ou fato gerador de imposto já existente (ainda que estadual ou municipal).

Além disso, os IEGs são **exceções às duas anterioridades**, podendo ser cobrados no dia seguinte à publicação da lei que os haja instituído.

Sendo um caso raro de "imposto de escopo", desaparecendo a necessidade que ensejou a instituição do IEG, deve-se considerar ilegítima a continuidade na sua arrecadação, independentemente da revogação da lei instituidora[9].

3.2.6.1 Simultaneidade entre IEG e empréstimo compulsório

O texto constitucional prevê dois instrumentos tributários distintos para captação de recursos pela União na hipótese de guerra externa ou sua iminência. Além do imposto extraordinário (art. 154, II), é autorizada também a cobrança de empréstimo compulsório.

É o que prescreve o art. 148, I, da Constituição Federal:

> A União, mediante lei complementar, poderá instituir empréstimos compulsórios:
>
> I – para atender a despesas extraordinárias, decorrentes de calamidade pública, de guerra externa ou sua iminência.

Por falta de vedação expressa, **nada impede a instituição simultânea** dos dois tributos como instrumentos de obtenção de recursos para custeio dos gastos com uma única guerra.

Porém, enquanto os IEG devem ser suprimidos gradativamente cessadas as causas de sua criação (art. 154, II, da CF), **não existe na Constituição regra semelhante que imponha supressão gradativa dos empréstimos compulsórios**.

3.2.6.2 Impostos residuais vs. IEGs

Têm sido comuns as questões de prova abordando a comparação entre impostos residuais e impostos de guerra, especialmente pela circunstância de as duas exações estarem fundamentadas no mesmo dispositivo constitucional.

Para facilitar o estudo do tema, segue um quadro comparativo entre as duas figuras:

---

9. Leandro Paulsen, *Direito Tributário*, p. 330.

	Imposto residual	**IEG**
Base constitucional	art. 154, I	art. 154, II
Circunstância legitimadora	não tem	guerra externa ou sua iminência
Competência	União	União
Veículo normativo	lei complementar	lei ordinária ou medida provisória
Bitributação	não pode bitributar	pode bitributar
Repartição de receitas	20% para Estados e Distrito Federal	não tem
Cumulatividade	deve ser não cumulativo	pode ser cumulativo ou não cumulativo
Aplicação dos recursos	livre, observado o repasse dos 20% a Estados e DF	vinculada à circunstância que ensejou sua criação
Natureza	tende a ser permanente	arrecadação temporária

3.2.7 Base de cálculo dos impostos

Base de cálculo é a grandeza econômica sobre a qual o tributo incide. Ao contrário das taxas, cuja base de cálculo necessariamente deve conter o custo da atividade a ser por elas remunerada, nos impostos **a base de cálculo** escolhida pelo legislador **deverá sempre ser um valor** (e não um custo) desvinculado de qualquer atividade estatal relativa ao contribuinte[10].

3.2.8 Alíquota dos impostos

Alíquota é o percentual da base de cálculo devido pelo contribuinte.

Como regra, os impostos têm alíquota fixa.

Alguns impostos específicos submetem-se a regras especiais quanto ao sistema de alíquotas.

Aplicando a **mesma alíquota sobre bases de cálculo variáveis**, tem-se a chamada técnica da **proporcionalidade**.

Em função do princípio da seletividade, o IPI e o ICMS têm **alíquotas variáveis** conforme a essencialidade do produto, mercadoria ou serviço (arts. 153, § 3º, I, e 155, § 2º, III, da CF).

O IPVA também tem previsão de **alíquotas diferenciadas** conforme o uso e tipo do carro (art. 155, § 6º, II, da CF). Com o advento da Emenda Constitucional n. 132/2023 – Reforma Tributária, o IPVA passa a ter alíquotas progressivas, assim como o ITCMD.

Por fim, **IR, ITR, IPTU, ITMCD e IPVA** possuem **alíquotas progressivas**, que aumentam em função da maior capacidade econômica do contribuinte (art. 145, § 1º, da CF).

---

10. Eduardo Sabbag, *Manual de Direito Tributário*, p. 382.

3.2.9 Quadro competencial dos impostos brasileiros

Diante de tudo o que foi visto nos itens anteriores, a distribuição de competências para instituição de impostos pode ser resumida conforme o quadro a seguir:

União	Estados	Municípios	Distrito Federal
II	IPVA	IPTU	IPVA
IE	ICMS	ISS	ICMS
IOF	ITCMD	ITBI	ITCMD
IPI	*IBS	*IBS	IPTU
IR			ISS
ITR			ITBI
IGF			*IBS
Imposto Seletivo			
IEG			
Impostos residuais			

* A criação do Imposto Seletivo e do Imposto sobre Bens e Serviços (IBS) foi prevista na Emenda Constitucional n. 132/2023 – Reforma Tributária. O Imposto Seletivo é federal. Já o IBS, segundo a Emenda, é simultaneamente estadual, distrital e municipal.

3.3 TAXAS

As taxas são **tributos vinculados** cobrados com o objetivo de **remunerar atividades estatais específicas relativas ao contribuinte**. Em termos técnicos, o fato gerador da taxa está vinculado a uma atividade estatal relacionada ao contribuinte[11]. Diferentemente do que ocorre com os impostos, a arrecadação de taxas pressupõe um agir estatal (primeiro momento), e só depois se promove a cobrança do tributo (segundo momento) com **natureza de contraprestação** da atuação realizada.

Sua instituição atende ao princípio financeiro segundo o qual, sempre que possível, o custeio de uma atividade estatal específica deve recair sobre seu beneficiário direto.

Por essa razão, a doutrina refere-se às taxas como tributos **bilaterais, contraprestacionais, causais, retributivos, remuneratórios ou sinalagmáticos**[12-13].

Nos termos dos arts. 145, II, da Constituição Federal e 77 do Código Tributário Nacional, são **duas as atividades estatais** que podem figurar na **hipótese de incidência das taxas**:

a) a prestação de **serviços públicos específicos e divisíveis**;

b) o **exercício efetivo do poder de polícia**.

No primeiro caso, temos as taxas de serviço; no segundo, taxas de polícia.

Nesse sentido, estabelece o art. 145, II, da Constituição Federal:

---

11. Hugo de Brito Machado, *Curso de Direito Tributário*, p. 434.
12. Eduardo Sabbag, *Manual de Direito Tributário*, p. 367.
13. Ricardo Alexandre, *Direito Tributário Esquematizado*, p. 49.

Art. 145. A União, os Estados, o Distrito Federal e os Municípios poderão instituir os seguintes tributos: (...)

II – taxas, em razão do exercício do poder de polícia ou pela utilização, efetiva ou potencial, de serviços públicos específicos e divisíveis, prestados ao contribuinte ou postos a sua disposição.

De semelhante modo, prescreve o art. 77 do Código Tributário Nacional:

As taxas cobradas pela União, pelos Estados, pelo Distrito Federal ou pelos Municípios, no âmbito de suas respectivas atribuições, têm como fato gerador o exercício regular do poder de polícia, ou a utilização, efetiva ou potencial, de serviço público específico e divisível, prestado ao contribuinte ou posto à sua disposição.

3.3.1 Competência para instituir taxas

A competência para criar a taxa cabe à mesma entidade federativa que exerceu a atividade ensejadora de sua arrecadação. Assim, por exemplo, a competência para instituir taxa remuneratória de determinado serviço público municipal é do município que realizar a prestação. Já, se o exercício de certa fiscalização (poder de polícia) couber à União, somente esta entidade poderá criar e cobrar a correspondente taxa.

> STF: "Conflita com a Constituição Federal a criação, pelo Estado, de taxa a ser satisfeita por sociedade seguradora, tendo em conta atendimento, no âmbito do SUS, de vítima de sinistro coberto pelo DPVAT" (ADI 3.281, rel. Min. Marco Aurélio, j. 24-2-2021, P, *DJe* 19-3-2021).

Desse modo, conclui-se que a competência para instituir taxas é **comum a todas as entidades federativas** (arts. 145, II, da CF e 77 do CTN). E, como visto nos itens anteriores, a **competência residual** para a criação de taxas cabe aos Estados (art. 25, § 1º, da CF).

> STF: "A competência político-administrativa comum para a proteção do meio ambiente legitima a criação de tributo na modalidade taxa para remunerar a atividade de fiscalização dos Estados. É legítima a inserção do volume hídrico como elemento de quantificação da obrigação tributária. Razoável concluir que quanto maior o volume hídrico utilizado, maior pode ser o impacto social e ambiental do empreendimento; maior, portanto, também deve ser o grau de controle e fiscalização do Poder Público. No entanto, os valores de grandeza fixados pela lei estadual em conjunto com o critério do volume hídrico utilizado (1 m³ ou 1000 m³) fazem com que o tributo exceda desproporcionalmente o custo da atividade estatal de fiscalização, violando o princípio da capacidade contributiva, na dimensão do custo/benefício – princípio da equivalência –, que deve ser aplicado às taxas. (...) Viola o princípio da capacidade contributiva, na dimensão do custo/benefício, a instituição de taxa de polícia ambiental que exceda flagrante e desproporcionalmente os custos da atividade estatal de fiscalização" (ADI 5.374, rel. Min. Roberto Barroso, j. 24-2-2021, P, *DJe* 12-3-2021).

3.3.2 Veículo normativo para criação de taxas

As taxas são criadas e disciplinadas sempre por meio de **lei ordinária** editada pela entidade federativa competente para sua instituição. Em âmbito federal, admite-se também a criação de taxa via **medida provisória**, na medida em que as MPs têm a mesma potencialidade jurídica das leis ordinárias.

3.3.3 Base de cálculo das taxas

Base de cálculo é a grandeza econômica sobre a qual o tributo incide. Enquanto a base de cálculo dos impostos é um valor (valor venal do imóvel, valor da mercadoria etc.), a base de cálculo da taxa é **o custo da atividade estatal** a ser remunerada pela cobrança do tributo.

Reforçando tal entendimento, o art. 145, § 2º, da CF enuncia que "**as taxas não poderão ter base de cálculo própria de impostos**". E, semelhantemente, o art. 77, parágrafo único, do Código Tributário prescreve que "a taxa **não pode ter base de cálculo ou fato gerador idênticos aos que correspondam a imposto nem ser calculada em função do capital das empresas**".

Ao contrário do que se costuma pensar, os referidos dispositivos não contemplam somente uma proibição de bitributação, vedando que uma base de cálculo ou fato gerador "já ocupados" com a incidência de um imposto sejam simultaneamente onerados também por meio de taxa.

Mais do que isso, as citadas normas emitem um comando ao legislador infraconstitucional para que este, ao eleger a base de cálculo da taxa, observe a **necessária correlação lógica que deve haver entre a base de cálculo da taxa e sua hipótese de incidência**. Isso porque a taxa deve ser cobrada sobre uma grandeza econômica capaz de quantificar o custo da atividade estatal causadora da instituição do tributo.

Em outras palavras, é como se o constituinte quisesse dizer: "as taxas não poderão ter 'valor' na base de cálculo, porque 'valor' é base de cálculo própria de imposto".

Predomina, porém, o entendimento segundo o qual na definição do valor da taxa deve-se considerar o custo da atividade estatal a ser remunerada, mas **não é obrigatória sua precisa quantificação**.

O Supremo Tribunal Federal entende que taxas também podem apresentar efeito confiscatório. Isso acontecerá quando houver manifesta desproporção entre o valor da taxa e o custo do serviço prestado, desrespeitando o princípio da capacidade contributiva.

> STF: "(...) A taxa, enquanto contraprestação a uma atividade do Poder Público, não pode superar a relação de razoável equivalência que deve existir entre o custo real da atuação estatal referida ao contribuinte e o valor que o Estado pode exigir de cada contribuinte, considerados,

para esse efeito, os elementos pertinentes às alíquotas e à base de cálculo fixadas em lei. Se o valor da taxa, no entanto, ultrapassar o custo do serviço prestado ou posto à disposição do contribuinte, dando causa, assim, a uma situação de onerosidade excessiva, que descaracterize essa relação de equivalência entre os fatores referidos (o custo real do serviço, de um lado, e o valor exigido do contribuinte, de outro), configurar-se-á, então, quanto a essa modalidade de tributo, hipótese de ofensa à cláusula vedatória inscrita no art. 150, IV, da CF. Jurisprudência. Doutrina" (ADI 2.551-MC-QO, rel. Min. Celso de Mello, j. 2-4-2003, Plenário, *DJ* 20-4-2006.)

Nesse mesmo contexto, é importante frisar que o STF também entende que a capacidade contributiva pode ser aplicada às taxas e não somente aos impostos. É o que se depreende do julgamento da constitucionalidade da taxa de polícia instituída pela União para a fiscalização dos mercados:

STF: "(...)O critério adotado pelo legislador para a cobrança dessa taxa de polícia busca realizar o princípio constitucional da capacidade contributiva, também aplicável a essa modalidade de tributo, notadamente quando a taxa tem, como fato gerador, o exercício do poder de polícia" (RE 216.259-AgR, rel. Min. Celso de Mello, j. 9-5-2000, 2ª T., *DJ* 19-5-2000.)

3.3.3.1 *Súmula Vinculante 29*

O Supremo Tribunal Federal firmou o entendimento no sentido de que a base de cálculo das taxas pode ter elementos que integram a base de cálculo dos impostos, desde que não haja uma identidade absoluta.

Nesse sentido foi editada a Súmula Vinculante 29:

> É CONSTITUCIONAL A ADOÇÃO, NO CÁLCULO DO VALOR DE TAXA, DE UM OU MAIS ELEMENTOS DA BASE DE CÁLCULO PRÓPRIA DE DETERMINADO IMPOSTO, DESDE QUE NÃO HAJA INTEGRAL IDENTIDADE ENTRE UMA BASE E OUTRA.

O fundamento utilizado pelo STF foi o de que há grande dificuldade em se atribuir um valor entre o custo do serviço e o valor da taxa a ser cobrada. Então é razoável utilizar aspectos materiais de impostos como meio comparativo para calcular a taxa.

Assim, por exemplo, o tamanho de um imóvel, fator utilizado como um dos elementos da base de cálculo do IPTU, poderá ser empregado para fixar a taxa residencial de coleta de resíduos sólidos. Pelo tamanho do imóvel, segue o STF, pode-se presumir que potencialmente gerará mais lixo que um imóvel menor.

STF: "A base de cálculo da taxa de fiscalização e funcionamento fundada na área de fiscalização é constitucional, na medida em que traduz o custo da atividade estatal de fiscalização. (...) A área ocupada pelo estabelecimento comercial revela-se apta a refletir o custo aproximado da atividade estatal de fiscalização" (RE 856.185 AgR, rel. Min. Roberto Barroso, j. 4-8-2015, 1ª T, *DJe* 24-9-2015).

3.3.4 Espécies de taxas

O art. 145, II, da Constituição Federal faz referência expressa a duas espécies de taxas: a) de serviço público; b) de polícia.

Tal dispositivo deve ser interpretado como uma **vedação à instituição de taxas remuneratórias de outras atividades estatais,** como:

a) obras públicas;

b) uso de bens públicos;

c) fomento;

d) intervenção no domínio econômico[STF];

> É constitucional a contribuição de intervenção no domínio econômico destinada ao INCRA devida pelas empresas urbanas e rurais, inclusive após o advento da EC n. 33/2001 (REsp 737.364-PR, Rel. Min. Assusete Magalhães, 2ª T., j. 28-3-2023).

e) intervenção na propriedade privada;

f) intervenção no domínio social;

g) atividades desvinculadas;

h) serviços públicos gerais *uti universi*;

i) socorro a calamidade pública;

j) captação de recursos para fazer frente a guerra externa.

Passemos à análise detalhada das duas espécies de taxas.

3.3.4.1 Taxas de serviço

Taxas de serviço são cobradas quando o Estado presta ao contribuinte, ou disponibiliza, um serviço público específico e divisível *uti singuli*.

Segundo o Direito Administrativo, **serviço público** "é toda **atividade material ampliativa,** definida pela lei ou pela Constituição como dever estatal, consistente no **oferecimento de utilidades e comodidades ensejadoras de benefícios particulares a cada usuário,** sendo prestada pelo Estado ou por seus delegados, e submetida predominantemente aos princípios e normas de direito público"[14].

Assim, em síntese, serviços públicos são atividades estatais prestadas em favor, em benefício do contribuinte, ampliando sua esfera de interesses. Haverá sempre uma "prestação", um "fornecimento" tornando mais cômoda a vida do usuário. São exemplos de serviços públicos o fornecimento de água, gás canalizado, telefonia fixa, transporte coletivo, energia elétrica etc.[STF]

---

14. Alexandre Mazza, *Manual de Direito Administrativo*, p. 909.

STF: "TAXA DE COMBATE A SINISTROS – CONSTITUCIONALIDADE. O Tribunal, no julgamento do Recurso Extraordinário n. 206.777/SP, da relatoria do Min. Ilmar Galvão, concluiu pela constitucionalidade da Taxa de Combate a Sinistros" (AgRg no AI 510.583-SP, rel. Min. Marco Aurélio, 1ª T., j. 7-5-2013, *DJe* 24-5-2013).

As taxas de serviço são arrecadadas para que o contribuinte beneficiado retribua o custo da prestação.

Porém, a Constituição Federal e o CTN não permitem a cobrança de taxa para remunerar todo e qualquer serviço público. Exige-se que o serviço seja "específico e divisível" (art. 145, II, da CF).

Serviços públicos são **específicos** quando **possam ser destacados em unidades autônomas de intervenção**, de utilidade, ou de necessidades públicas[STF] (art. 79, II, do CTN).

STF: "Constitucional. Tributário. Taxa de incêndio. Constitucionalidade. Agravo Improvido. I – É legítima a cobrança da Taxa cobrada em razão da prevenção de incêndios, porquanto instituída como contraprestação a serviço essencial, específico e divisível" (AI 677.891-AgRg, rel. Min. Ricardo Lewandowski, j. 17-3-2009, 1ª T., *DJe* 17-4-2009).

Consideram-se **divisíveis** quando **suscetíveis de utilização, separadamente, por parte de cada um dos seus usuários** (art. 79, III, do CTN).

A ordem jurídica pátria limitou a taxação aos serviços específicos e divisíveis porque somente estes permitem aferição do benefício exato que a prestação traz a cada contribuinte. São exemplos de serviços específicos e divisíveis: telefonia fixa, coleta de lixo (Súmula Vinculante 19 do STF), transporte coletivo, água, gás, atividade jurisdicional, serviço notarial e energia residencial.

3.3.4.1.1 Taxa ou tarifa?

A simples caracterização de um serviço público como específico e divisível não basta para autorizar sua remuneração via taxa. Faz-se necessária a verificação de outra circunstância: a forma como o serviço é prestado.

Conforme visto no capítulo anterior, a prestação de um serviço público *uti singuli* pode ocorrer por meio de taxa ou tarifa. Tudo depende da forma de prestação. **Se o serviço público *uti singuli* for prestado diretamente pelo Estado**, ou por meio de entidades da Administração indireta, a remuneração tem a **natureza tributária de taxa**.

Porém, se o Estado decide realizar a **prestação por meio de concessionários e permissionários** contratados para tal finalidade, a remuneração paga pelo usuário tem **natureza não tributária de tarifa**[STJ] (ou **preço público**).

Veja, abaixo, uma tabela comparativa entre taxa e tarifa:

Taxa	Tarifa
É tributo	Não é tributo
Prestação pecuniária compulsória	Prestação pecuniária facultativa
Criada por lei	Criada por contrato administrativo
Obedece aos princípios tributários	Obedece aos princípios administrativos
Regime jurídico de direito público	Regime jurídico de direito privado
Receita pública derivada	Receita pública originária

STJ: "PRESTAÇÃO DE ALGUMAS ETAPAS. COLETA E ESCOAMENTO DE DEJETOS. INEXISTÊNCIA DE TRATAMENTO. TARIFA. LEGALIDADE DA COBRANÇA. PRECEDENTES DE AMBAS AS TURMAS. (...) A controvérsia resume-se, portanto, em definir se é devida, ou não, a tarifa de esgotamento sanitário quando a concessionária realiza apenas a coleta e o transporte dos dejetos, sem promover o seu tratamento final. 2. O art. 3°, I, b, da Lei n. 11.445/2007 deixa claro que o serviço de esgotamento sanitário é constituído por diversas atividades, dentre as quais a coleta, o transporte e o tratamento final, qualquer delas de suma importância para a coletividade e aptas, cada uma isoladamente, a viabilizar a cobrança da tarifa em questão. 3. O benefício individualmente considerado para o usuário do serviço de esgotamento sanitário está na coleta e escoamento dos dejetos. O tratamento final de efluentes é uma etapa complementar, de destacada natureza socioambiental, travada entre a concessionária e o Poder Público. Assim, não pode o usuário do serviço, sob a alegação de que não há tratamento, evadir-se do pagamento da tarifa, sob pena de permitir-se o colapso de todo o sistema. A ausência de tratamento pode, se muito, ensejar punições e multas de natureza ambiental, se não forem cumpridas as exigências da concessão e observados os termos de expansão pactuados com o Poder Público.4. O art. 9° do Decreto n. 7.217/2010, que regulamenta a Lei n. 11.445/2007, confirma a ideia de que o serviço de esgotamento sanitário encerra um complexo de atividades, qualquer delas suficiente e autônoma a permitir a cobrança da respectiva tarifa. A norma regulamentar é expressa ao afirmar que constitui serviço de esgotamento sanitário 'uma ou mais das seguintes atividades' (...) 'coleta', (...) 'transporte' e (...) 'tratamento dos esgotos sanitários'. 5. Se o serviço público de esgotamento sanitário está sendo prestado, ainda que não contemple todas as suas fases, é devida a cobrança da tarifa. Precedente da Primeira Turma" (REsp 1.330.195-RJ, rel. Min. Castro Meira, $2^\underline{a}$ T., j. 6-12-2012, DJe 4-2-2013).

Atualmente, por serem serviços públicos prestados indiretamente pelo Estado, **não são remunerados por meio de taxa** (mas por tarifa):

1) telefonia fixa;

2) telefonia celular (na verdade, trata-se de atividade econômica);

3) serviço postal;

4) fornecimento de energia elétrica;

5) transporte aéreo de passageiros.

Para uma visão mais detalhada do tema, remetemos o leitor ao item 2.5.1 deste *Curso*.

3.3.4.1.2 Exemplos de taxas de serviço

São exemplos de taxas de serviço atualmente cobradas no Brasil[STF]: a) taxa de fornecimento de água; b) taxa judiciária; c) emolumentos pagos aos cartórios extrajudiciais; d) pedágio em rodovia explorada diretamente pelo Poder Público; e) taxa do lixo.

> STF: "Constitucionalidade da destinação dos recursos financeiros oriundos das taxas, das custas e dos emolumentos judiciais e extrajudiciais a fundo especial do próprio Poder Judiciário, vedada a transposição deles para serviço diverso, bem como sua destinação a pessoas jurídicas de direito privado" (ADI 3.086, rel. Min. Dias Toffoli, j. 16-6-2020, P, *DJe* 24-9-2020).

> STF: "O Supremo Tribunal Federal vem afirmando a validade da utilização do valor da causa como base de cálculo das taxas judiciárias e custas judiciais estaduais, desde que haja fixação de alíquotas mínimas e máximas e mantida razoável correlação com o custo da atividade prestada" (ADI 1.926, rel. Min. Roberto Barroso, j. 20-4-2020, P, *DJe* 2-6-2020).

3.3.4.1.2.1 Taxa do lixo e Súmula Vinculante 19

A constitucionalidade da taxa cobrada para remunerar a coleta municipal de lixo sempre despertou grande debate na doutrina e jurisprudência pátrias. Isso porque é controvertida a caracterização de tal serviço público, consistente na retirada sistemática de todo o lixo ensacado produzido pelos imóveis, como *uti singuli* ou não.

O maior obstáculo à aceitação da coleta de lixo como um serviço *uti singuli* reside na dificuldade em quantificar o custo da prestação em favor de cada usuário. Como regra no Brasil, o serviço é prestado de modo que os caminhões recolhem tudo que estiver ensacado em frente ao imóvel, sem que seja feita qualquer espécie de pesagem ou quantificação do lixo produzido pelos usuários individualmente considerados.

Assim, salvo raríssimos municípios onde balanças são acopladas aos veículos para precisar o montante de lixo recolhido em cada passagem pelo imóvel, a cobrança é calculada com base em um arbitramento do volume médio mensal de lixo produzido pelo contribuinte.

Nesse cenário, a enorme dificuldade técnica para definir o valor adequado da cobrança vinha desnaturando o caráter sinalagmático da taxa do lixo. Sempre predominou o entendimento segundo o qual **a taxa do lixo era inconstitucional**.

Porém, no ano de 2009 o Supremo Tribunal Federal editou a **Súmula Vinculante 19**, considerando **constitucional a taxa do lixo**, *in verbis*: "A taxa cobrada exclusivamente em razão dos serviços públicos de coleta, remoção e tratamento ou destinação de lixo ou resíduos provenientes de imóveis, não viola o art. 145, II, da Constituição Federal".

Embora ainda haja margem doutrinária para discutir a legitimidade da cobrança, para provas e concursos públicos o tema, após a edição da súmula vinculante, encontra-se pacificado no sentido da constitucionalidade da taxa do lixo.

3.3.4.1.3 Serviços públicos *uti universi*

Os serviços públicos *uti universi* (inespecíficos e indivisíveis) não podem ser taxados nem dados em concessão porque sua prestação cria vantagens com custos insuscetíveis de quantificação para cada usuário. São serviços que favorecem difusa e indistintamente toda a coletividade. Não há como definir um valor justo para a cobrança. Sua remuneração por meio de taxa violaria o caráter contraprestacional dessa espécie de tributo.

Como exemplos de serviços *uti universi* podem ser mencionados: iluminação pública, limpeza e conservação de logradouros (varrição de ruas), saúde, educação[STF].

> STF: "TRIBUTÁRIO. REPERCUSSÃO GERAL. RATIFICAÇÃO DA JURISPRUDÊNCIA. TAXA DE EXPEDIENTE. FATO GERADOR. EMISSÃO DE GUIA PARA PAGAMENTO DE TRIBUTO. AUSÊNCIA DOS CRITÉRIOS EXIGIDOS PELO ART. 145, II, CF/88. INCONSTITUCIONALIDADE. 1. A emissão de guia de recolhimento de tributos é de interesse exclusivo da Administração, sendo mero instrumento de arrecadação, não envolvendo a prestação de um serviço público ao contribuinte. 2. Possui repercussão geral a questão constitucional suscitada no apelo extremo. Ratifica-se, no caso, a jurisprudência da Corte consolidada no sentido de ser inconstitucional a instituição e a cobrança de taxas por emissão ou remessa de carnês/guias de recolhimento de tributos" (Repercussão Geral em RE n. 789.218-MG, rel. Min. Dias Toffoli, Tribunal Pleno, j. 17-4-2014, *DJe* 1º-8-2014).

O custeio dos serviços públicos *uti universi* é considerado despesa geral do Estado, devendo ser suportado indiretamente pelos recursos provenientes de impostos. Isso se aplica aos serviços públicos que a Constituição Federal prevê como públicos e gratuitos, tais como saúde e educação. Nesse sentido, a Súmula Vinculante 12 dispõe que: "A cobrança de taxa de matrícula nas Universidades Públicas viola o disposto no art. 206, IV, da Constituição Federal".

Nesse sentido, o STF editou a Súmula Vinculante 41: "O serviço de iluminação pública não pode ser remunerado mediante taxa".

3.3.4.1.4 Fruição efetiva ou potencial

Nos termos dos arts. 145, II, da Constituição Federal e 77 do Código Tributário Nacional, a utilização do serviço público, para que a taxa seja devida, pode ser efetiva ou potencial.

A **utilização efetiva** é aquela em que o **serviço público é usufruído a qualquer título** pelo contribuinte (art. 79, I, *a*, do CTN).

Já a **utilização potencial** ocorre quando, sendo de utilização compulsória, o **serviço público é posto à disposição do contribuinte** mediante atividade administrativa em efetivo funcionamento (art. 79, I, *b*, do CTN).

Ocorre que a disponibilização de um serviço público tem um custo, e, mesmo que o contribuinte decida não utilizar, **o prestador pode exigir um valor fixo mínimo** somente pelo fato de o **serviço estar disponível para utilização a qualquer momento.**

É o que ocorre, por exemplo, com o valor da **assinatura da telefonia fixa**, um valor mensal pago, independentemente da efetiva realização de chamadas, para remunerar a disponibilização da linha telefônica ao usuário.

3.3.4.2 Taxas de polícia

As taxas de polícia – **ou taxas de fiscalização** – são cobradas para remunerar o **exercício efetivo do poder de polícia** pelo Estado.

De acordo com o art. 78 do CTN: "considera-se poder de polícia atividade da administração pública que, limitando ou disciplinando direito, interesse ou liberdade, regula a prática de ato ou abstenção de fato, em razão de interesse público concernente à segurança, à higiene, à ordem, aos costumes, à disciplina da produção e do mercado, ao exercício de atividades econômicas dependentes de concessão ou autorização do Poder Público, à tranquilidade pública ou ao respeito à propriedade e aos direitos individuais ou coletivos".

Entende-se como regular[STF]:

> STF: "PODER DE POLÍCIA – PRESUNÇÃO. Presume-se o que normalmente ocorre, ou seja, o exercício do poder de polícia ante a cobrança da taxa respectiva. MANDADO DE SEGURANÇA – INSTRUÇÃO. O mandado de segurança não é meio próprio a demonstrar-se a inexistência do exercício do poder de polícia que estaria a respaldar o implemento da taxa" (AgRg no AI 786.940-RJ, rel. Min. Marco Aurélio, 1ª T., j. 4-12-2012, *DJe* 22-2-2013).

O exercício do poder de polícia quando desempenhado pelo órgão competente nos limites da lei aplicável, com observância do processo legal e, tratando-se de atividade que a lei tenha como discricionária, sem abuso ou desvio de poder[STF] (art. 78, parágrafo único, do CTN).

> STF: "AGRAVO REGIMENTAL. TRIBUTÁRIO. TAXA DE FISCALIZAÇÃO AMBIENTAL. EXAÇÕES COBRADAS PELA UNIÃO E PELO ÓRGÃO ESTADUAL. BITRIBUTAÇÃO DESCARACTERIZADA. CONFISCO. RAZÕES RECURSAIS INSUFICIENTES PARA CONCLUIR PELA DESPROPORCIONALIDADE OU PELA IRRAZOABILIDADE DA COBRANÇA. É condição constitucional para a cobrança de taxa pelo exercício de poder de polícia a competência do ente tributante para exercer a fiscalização da atividade específica do contribuinte (art. 145, II, da Constituição). Por não serem mutuamente exclusivas, as atividades de fiscalização ambiental exercidas pela União e pelo Estado não se sobrepõem e, portanto, não ocorre bitributação" (AgRg no RE 602.089-MG, rel. Min. Joaquim Barbosa, 2ª T., j. 24-4-2012, *DJe* 22-5-2012).

Em síntese, o poder de polícia desdobra-se num trinômio consistente nas atividades administrativas de **LIMITAR, FISCALIZAR e SANCIONAR** particulares em favor do interesse público[15].

Convém destacar uma importante diferença entre serviço público e poder de polícia. Enquanto serviço público é uma atividade ampliativa (utilidades e como-didades oferecidas ao usuário), **o poder de polícia tem sempre natureza de atuação restritiva da esfera de interesses do particular.**

Desse modo, as taxas de polícia são cobradas para remunerar atividades exercidas pelo Estado **contra o interesse do contribuinte,** na medida em que limitam sua liberdade e propriedade em benefício do interesse coletivo[STF].

> STF: "Agravo Regimental no Recurso Extraordinário. Tributário. Prequestionamento. Inexistência. Taxa. Exercício do poder de polícia. Presunção em favor da municipalidade. (...) 2. Este Tribunal tem orientação no sentido de que o exercício do poder de polícia é presumido em favor da Municipalidade. Precedente. Agravo regimental a que se nega provimento" (RE 581.947-AgRg, rel. Min. Eros Grau, j. 16-12-2008, 2ª T., *Dje* 27-2-2009).

Exemplos de taxas de polícia:

1) taxa de fiscalização ambiental[STJ];

> STJ: "A cobrança da Taxa de Controle e Fiscalização Ambiental – TCFA – submete-se ao prévio procedimento administrativo fiscal, que contempla exigências para a constituição do crédito tri-butário. 2. Ausente na notificação de lançamento o prazo para a apresentação de defesa admi-nistrativa, requisito previsto no art. 11, inciso II, do Decreto n. 70.235/72, é nula a respectiva cobrança. Agravo regimental improvido" (AgRg no REsp 1.352.234/PR, rel. Min. Humberto Mar-tins, j. 21-2-2013, 2ª T.).

2) taxa de licenciamento de veículo;

3) taxa de licenciamento de elevadores;

4) taxa para obtenção de alvarás;

5) taxa para expedição de certidões e atestados;

6) taxa para expedição de passaporte;

7) taxa para renovação da licença de funcionamento do estabelecimento comercial.

8) taxa de fiscalização de anúncios;

9) taxa de fiscalização dos mercados de títulos e valores mobiliários pela CVM;

10) taxa de fiscalização dos serviços de cartórios extrajudiciais.

---

15. Alexandre Mazza, *Manual de Direito Administrativo*, p. 826.

Importante salientar que, ao contrário do que comumente se pensa, as atividades estatais exercidas pelos **órgãos de segurança pública** (polícias) tecnicamente não constituem serviços públicos, mas **manifestação do poder de polícia.** Daí ser incorreto falar em "serviço público de segurança". Pela mesma razão, qualquer tentativa de remunerar tais atividades pela cobrança de tributos exigiria, atendidos todos os requisitos constitucionais, a arrecadação de taxa de polícia, ou seu custeio por meio da receita proveniente de impostos. Impossível a cobrança de qualquer tipo de "taxa de serviço" na medida em que não se trata de um serviço público.

3.3.4.2.1 Necessidade de fiscalização efetiva

Ao contrário das taxas de serviço, que podem ser cobradas pela utilização efetiva ou potencial, as taxas de polícia só podem ser arrecadadas se o Estado tiver efetivamente realizado a atividade de polícia. **Não se admite cobrança de taxa por fiscalização potencial ou posta à disposição do contribuinte.**

3.3.5 Ordem de imputação ao pagamento

Existindo simultaneamente dois ou mais débitos vencidos do mesmo sujeito passivo para com a mesma pessoa jurídica de direito público envolvendo taxas e outros tributos, se o devedor fizer um pagamento parcial, considera-se a dívida quitada na seguinte ordem: **primeiramente contribuições de melhoria, depois taxas e por fim os impostos** (art. 163, II, do CTN).

3.3.6 Lançamento das taxas

Por fim, quanto à modalidade de lançamento, as taxas **são lançadas de ofício,** isto é, diretamente pela autoridade administrativa, sem qualquer participação do contribuinte (art. 149 do CTN).

3.3.7 Afetação da receita das taxas

A receita proveniente da arrecadação das taxas deve ser destinada ao custeio da atividade estatal que ensejou sua cobrança. Por tal razão, é **inconstitucional qualquer forma de destinação de tais receitas a entidades privadas.**

3.3.8 Direito sumular

Em matéria de taxas, merecem destaques as súmulas abaixo transcritas.

3.3.8.1 Súmulas Vinculantes

Súmula Vinculante 19 do STF

A taxa cobrada exclusivamente em razão dos serviços públicos de coleta, remoção e tratamento ou destinação de lixo ou resíduos provenientes de imóveis não viola o art. 145, II, da Constituição Federal.

Súmula Vinculante 29 do STF

É constitucional a adoção, no cálculo do valor de taxa, de um ou mais elementos da base de cálculo própria de determinado imposto, desde que não haja integral identidade entre uma base e outra.

Súmula Vinculante 41 do STF

O serviço de iluminação pública não pode ser remunerado mediante taxa.

3.3.8.2 Súmulas do Supremo Tribunal Federal

Súmula 545

Preços de serviços públicos e taxas não se confundem, porque estas, diferentemente daqueles, são compulsórias e têm sua cobrança condicionada à prévia autorização orçamentária, em relação à lei que as instituiu.

Súmula 595

É inconstitucional a taxa municipal de conservação de estradas de rodagem cuja base de cálculo seja idêntica à do imposto territorial rural.

Súmula 665

É constitucional a taxa de fiscalização dos mercados de títulos e valores mobiliários instituída pela Lei n. 7.940/89.

3.3.9 Repercussão geral

RE 643.247, voto do rel. Min. Marco Aurélio, j. 1º-8-2017, P, *DJe* de 19-12-2017, Tema 16: "A segurança pública, presentes a prevenção e o combate a incêndios, faz-se, no campo da atividade precípua, pela unidade da Federação e, porque serviço essencial, tem como viabilizá-la a arrecadação de impostos, não cabendo ao Município a criação de taxa para tal fim".

RE 594.116, rel. Min. Edson Fachin, j. 3-12-2015, P, *DJe* 5-4-2016, Tema 135: "Aplica-se o § 1º do art. 511 do Código de Processo Civil para dispensa de porte de remessa e retorno ao exonerar o seu respectivo recolhimento por parte do INSS".

RE 576.321 QO-RG, voto do rel. Min. Ricardo Lewandowski, j. 4-12-2008, P, *DJe* 13-2-2009, Tema 146: I – A taxa cobrada exclusivamente em razão dos serviços públicos de coleta, remoção e tratamento ou destinação de lixo ou resíduos provenientes de imóveis não viola o art. 145, II, da Constituição Federal; II – A taxa cobrada em razão dos serviços de conservação e limpeza de logradouros e bens públicos ofende o art. 145, II, da Constituição Federal; III – É constitucional a adoção, no cálculo do valor de taxa, de um ou mais elementos da base de cálculo própria de determinado imposto, desde que não haja integral identidade entre uma base e outra".

RE 588.322, rel. Min. Gilmar Mendes, j. 16-6-2010, P, *DJe* 3-9-2010, **Tema 217**: "É constitucional a taxa de renovação de funcionamento e localização municipal, desde que efetivo o exercício do poder de polícia, demonstrado pela existência de órgão e estrutura competentes para o respectivo exercício".

RE 789.218 RG, rel. Min. Dias Toffoli, j. 17-4-2014, P, *DJe* 1º-8-2014, **Tema 721**: "São inconstitucionais a instituição e a cobrança de taxas por emissão ou remessa de carnês/guias de recolhimento de tributos".

3.4 CONTRIBUIÇÕES DE MELHORIA

Contribuições de melhoria são **tributos vinculados** de **competência comum** entre União, Estados, Distrito Federal e Municípios, cobrados quando a **realização de uma OBRA PÚBLICA** causa **ACRÉSCIMO NO VALOR DO IMÓVEL** localizado nas áreas beneficiadas direta ou indiretamente pela obra (art. 1º do Decreto-lei n. 195/67).

Nesse sentido, o art. 145, III, da Constituição Federal prescreve que: "a União, os Estados, o Distrito Federal e os Municípios poderão instituir os seguintes tributos: III – contribuição de melhoria, decorrente de obras públicas".

O elemento finalístico dessa espécie tributária é a **absorção da "mais-valia"** que a obra pública produz no patrimônio imobiliário do contribuinte. Além disso, em nome da **proibição do enriquecimento sem causa** não seria justo o proprietário beneficiar-se de um aumento patrimonial provocado por terceiros (Poder Público executor da obra).

3.4.1 Obras públicas autorizadoras da cobrança

A contribuição de melhoria, no caso de **valorização de imóveis de propriedade privada**, pode ser cobrada em virtude das seguintes obras (art. 2º do Decreto-lei n. 195/67):

I – abertura, alargamento, pavimentação, iluminação, arborização, esgotos pluviais e outros melhoramentos de praças e vias públicas;

II – construção e ampliação de parques, campos de desportos, pontes, túneis e viadutos;

III – construção ou ampliação de sistemas de trânsito rápido, inclusive todas as obras e edificações necessárias ao funcionamento do sistema;

IV – serviços e obras de abastecimento de água potável, esgotos, instalações de redes elétricas, telefônicas, transportes e comunicações em geral ou de suprimento de gás, funiculares, ascensores e instalações de comodidade pública;

V – proteção contra secas, inundações, erosão, ressacas, e de saneamento de drenagem em geral, diques, cais, desobstrução de barras, portos e canais, retificação e regularização de cursos d'água e irrigação;

VI – construção de estradas de ferro e construção, pavimentação e melhoramento de estradas de rodagem;

VII – construção de aeródromos e aeroportos e seus acessos;

VIII – aterros e realizações de embelezamento em geral, inclusive desapropriações em desenvolvimento de plano de aspecto paisagístico.

O rol acima transcrito tem **natureza taxativa** para o âmbito da União. Quanto às demais esferas federativas, trata-se de listagem meramente exemplificativa, na medida em que um diploma normativo com natureza federal não tem força jurídica para vincular Estados, Distrito Federal e Municípios.

Dessa maneira, o fato gerador da contribuição de melhoria é a valorização imobiliária decorrente de obra pública e sua base de cálculo será o montante desse acréscimo patrimonial.

STF: "Esta Corte consolidou o entendimento no sentido de que a contribuição de melhoria incide sobre o *quantum* da valorização imobiliária" (AI 694.836 AgR, rel. Min. Ellen Gracie, j. 24-11-2009, 2ª T, *DJe* 18-12-2009).

3.4.2 Veículo normativo instituidor da contribuição de melhoria

Contribuições de melhoria são criadas e disciplinadas por **lei ordinária** da entidade federativa executora da obra pública. Em âmbito federal, nada impede também a edição de **medida provisória** com o mesmo objetivo.

3.4.3 Obra pública *vs.* serviço público

Taxas e contribuições de melhoria são tributos vinculados cuja principal diferença consiste na atividade estatal ensejadora da cobrança. Enquanto as taxas são cobradas para retribuir a prestação de serviços públicos e o exercício do poder de polícia, as contribuições de melhoria surgem para remunerar a realização de obra pública.

A grande semelhança entre serviços públicos e obras públicas vem criando dificuldades para identificar se, em face de uma determinada atividade estatal, o tributo correto a ser cobrado seria taxa ou contribuição de melhoria.

Por exemplo, asfaltamento de rua (primeira cobertura) é obra ou serviço? Deve-se cobrar taxa ou contribuição de melhoria? E recapeamento asfáltico (segunda cobertura em diante), é obra ou serviço?

A distinção é de grande interesse prático e constitui na verdade problema de Direito Administrativo, não de Tributário.

Para o Direito Administrativo, a diferença entre obra e serviço deve ser feita com base no **critério da preponderância**.

Se em determinada atuação **prepondera o resultado final sobre a atividade**, trata-se de uma **obra pública**. É o caso do asfaltamento de rua (pavimentação), verdadeira obra pública ensejadora, se valorizar imóvel particular, da cobrança de contribuição de melhoria (art. 2º, I, do Decreto-lei n. 195/67).

Porém, havendo **predominância da atividade sobre o resultado final**, a atuação da Administração tem natureza jurídica de **serviço público**, autorizando a cobrança de taxa. Exemplo: recapeamento asfáltico.

3.4.4 Contribuição de custeio *vs.* contribuição decorrente de obra

O regime jurídico da contribuição de melhoria decorre atualmente de três diplomas normativos principais: a Constituição Federal (art. 145, III), o Código Tributário Nacional (arts. 81 e 82) e o Decreto-lei n. 195/67.

Ocorre que o CTN e o Decreto-lei n. 195/67, ao tratar da contribuição de melhoria, misturaram elementos característicos de dois institutos europeus diferentes: a contribuição para custeio da obra (cobrada antes de sua realização) e a contribuição decorrente da obra (para absorver a valorização)[16].

Essa é a razão pela qual o legislador parece preocupado ora em usar o tributo para custear a obra, ora para absorver a valorização dela derivada.

O certo é que, como a Constituição de 1988, em seu art. 145, III, fala na cobrança de contribuição de melhoria "decorrente de obras públicas", **exclui qualquer possibilidade de arrecadar o tributo antes da realização total ou parcial da obra** (art. 9º do Decreto-lei n. 195/67). Logo, a contribuição de melhoria é decorrente de obra pública e não para a realização de uma obra.

Assim, existe uma cronologia implícita: primeiro se realiza a obra pública; depois, observada a valorização dela decorrente, pode ser realizada a cobrança.

A contribuição para custeio de obra pública não foi recepcionada pelo art. 145, III, da Constituição Federal de 1988.

3.4.5 Conceito de obra "pública"

Para ser legítima a cobrança da contribuição de melhoria, é necessário que a obra seja pública, isto é, **realizada pelo Poder Público** ou por **particulares em nome do Estado**. O importante é que o produto final da execução termine incorporado ao domínio público.

Assim, afasta-se qualquer possibilidade de cobrar o referido tributo em decorrência da valorização imobiliária oriunda de obras particulares, como *shopping centers*, estádios esportivos privados, condomínios de luxo e outros empreendimentos sem natureza pública, ainda que os recursos utilizados para sua execução tenham sido total ou parcialmente obtidos por meio de financiamentos captados junto ao Estado.

---

16. Geraldo Ataliba, *Hipótese de Incidência Tributária*, passim.

3.4.6 E se a obra desvalorizar o imóvel?

Interessante questão consiste em saber o que pode ser feito se uma obra pública desvalorizar imóvel do contribuinte. Tal circunstância ocorre com bastante frequência na construção de presídios, unidades de internação de menores infratores, viadutos e estações do metrô.

Constata-se, inicialmente, que não existe nenhuma solução de Direito Tributário para resguardar os direitos do contribuinte prejudicado pela desvalorização imobiliária decorrente da execução de obra pública. Porém, o Direito Administrativo admite a propositura de **ação indenizatória** fundamentada na prática de ato lícito contra o Poder Público responsável pela obra (art. 37, § 6º, da CF).

3.4.7 Obras realizadas em consórcio

Na hipótese de obra pública realizada em consórcio por mais de uma entidade federativa, havendo valorização imobiliária dela decorrente, a contribuição de melhoria deve ser **rateada entre as entidades consorciadas na proporção dos respectivos percentuais de investimento.**

Assim, se por exemplo uma rodovia federal for duplicada com recursos provenientes 50% da União, 30% do Estado X e 20% dos Municípios Y e Z, ocorrendo valorização, metade da contribuição de melhoria caberá à União, 30% ao Estado X e os restantes 20% aos Municípios Y e Z.

Reputam-se feitas pela União as obras executadas pelos Territórios federais (art. 3º, § 4º, do Decreto-lei n. 195/67).

3.4.8 Devido processo legal para a cobrança

O Decreto-lei n. 195/67 define o devido processo legal para cobrança da contribuição de melhoria. O rito arrecadatório deve ser **fixado na lei relativa à contribuição de melhoria** (art. 82 do CTN) e obedecer à sequência abaixo:

1) **publicação de edital** contendo os seguintes elementos (art. 5º do Decreto-lei n. 195/67, c/c art. 82 do CTN):

I – delimitação das áreas direta e indiretamente beneficiadas e a relação dos imóveis nelas compreendidos;

II – memorial descritivo do projeto;

III – orçamento total ou parcial do custo das obras;

IV – determinação do fator de absorção do benefício da valorização para toda a zona ou para cada uma das áreas diferenciadas, nela contidas (determinação da parcela do custo das obras a ser ressarcida pela contribuição, com o correspondente plano de rateio entre os imóveis beneficiados).

2) **impugnação do edital** pelos proprietários dos imóveis situados nas zonas beneficiadas pela obra dentro do prazo de 30 dias (art. 6º);

3) **regulamentação do processo administrativo de instrução e julgamento da impugnação** acima referida, sem prejuízo da sua apreciação judicial (art. 82, III, do CTN);

4) **publicação do demonstrativo de custos da obra**, incluindo despesas de estudos, projetos, fiscalização, desapropriações, administração, execução e financiamento, inclusive prêmios de reembolso e outras de praxe em financiamento ou empréstimos (art. 4º do Decreto-lei n. 195/67);

5) **lançamento de ofício** referente aos imóveis beneficiados, após executada a obra de melhoramento na sua totalidade ou em parte (art. 9º do Decreto-lei n. 195/67);

6) **escrituração, em registro próprio, do débito** referente à contribuição de melhoria relativa a cada imóvel pelo órgão encarregado do lançamento (art. 10 do Decreto-lei n. 195/67);

7) **notificação do proprietário**, diretamente ou por edital, informando especificamente a respeito do (art. 10 do Decreto-lei n. 195/67):

I – valor da contribuição de melhoria lançada;

II – forma e prazo para o seu pagamento, suas prestações e vencimentos, bem como sobre os elementos que integram o respectivo cálculo;

III – prazo para a impugnação;

IV – local do pagamento.

8) **abertura de prazo não inferior a 30 dias para o proprietário reclamar** contra (art. 10, parágrafo único, do Decreto-lei n. 195/67):

I – erro na localização e dimensões do imóvel;

II – cálculo dos índices atribuídos;

III – valor da contribuição;

IV – número de prestações.

9) **pagamento** de forma que a parcela anual não exceda a três por cento do maior valor fiscal do seu imóvel, atualizado à época da cobrança (art. 12 do Decreto-lei n. 195/67).

Nos termos do art. 12, § 4º, do Decreto-lei n. 195/67, é lícito ao contribuinte liquidar a contribuição de melhoria com títulos da dívida **pública**, emitidos especialmente para financiamento da obra pela qual foi lançado; neste caso, o pagamento será feito pelo valor nominal do título, se o preço do mercado for inferior".

3.4.9 Parafiscalidade nas contribuições de melhoria

Parafiscalidade é a delegação por meio de lei da capacidade de cobrar tributos (art. 7º do CTN).

O art. 12, § 6º, do Decreto-lei n. 195/67 autoriza a União a delegar, **mediante convênio**, aos Estados e Municípios, ou ao Distrito Federal, o lançamento e a arrecadação de contribuição de melhoria devida por obra pública federal, fixando a percentagem na receita, que caberá ao Estado ou Município que arrecadar o tributo.

Além disso, nas obras federais, quando o montante previsto na arrecadação da contribuição de melhoria não compensar o lançamento pela União, ou por seus órgãos, o lançamento poderá ser delegado aos municípios interessados, e neste caso: a) caberão aos Municípios o lançamento, a arrecadação e as receitas apuradas; b) o órgão federal delegante se limitará a fixar os índices e critérios para o lançamento (art. 12, § 7º, do Decreto-lei n. 195/67).

Embora tais dispositivos prevejam somente parafiscalidade envolvendo obra federal, nada impede que as demais entidades federativas também realizem delegação, por lei específica, da capacidade de cobrar contribuição de melhoria umas às outras, inclusive em favor da própria União.

A cobrança da contribuição de melhoria, resultante de obras executadas pela União, situadas em áreas urbanas de um único Município, poderá ser efetuada pelo órgão arrecadador municipal, em convênio com o órgão federal que houver realizado a referida obra (art. 13).

3.4.10 Ônus de conservação das obras públicas

Como regra geral, o ônus de conservar a obra pública incumbe à entidade federativa que a realizou. Porém, nos termos do art. 14 do Decreto-lei n. 195/67, tal regra possui importante exceção: no caso de obra executada pela União situada em área urbana de um único município, se a União tiver delegado por convênio ao município a capacidade de cobrar a respectiva contribuição de melhoria, **a conservação, operação e manutenção da obra constituem encargos do município em que estiver situada.**

3.4.11 Abatimento no Imposto de Renda

Para fins de recolhimento do Imposto de Renda, devido sobre a valorização imobiliária resultante de obra pública, deve ser deduzida a importância que o contribuinte tiver pago a título de contribuição de melhoria (art. 17 do Decreto-lei n. 195/67).

3.4.12 Preferência da dívida fiscal

De acordo com o disposto no art. 18 do Decreto-lei n. 195/67, a dívida fiscal originada da contribuição de melhoria tem preferência sobre outras dívidas fiscais relativas ao imóvel beneficiado.

3.4.13 Ordem de imputação ao pagamento

Existindo simultaneamente dois ou mais débitos vencidos do mesmo sujeito passivo para com a mesma pessoa jurídica de direito público envolvendo contribuição de melhoria e outros tributos, se o devedor fizer um pagamento parcial, considera-se a dívida quitada na seguinte ordem: **primeiramente contribuições de melhoria, depois taxas e por fim os impostos** (art. 163, II, do CTN).

3.4.14 Modalidade de lançamento

Assim como ocorre com as taxas, as contribuições de melhoria também são **lançadas de ofício pela autoridade administrativa** sem qualquer participação do sujeito passivo (art. 149 do CTN).

3.4.15 Limite total

O valor exigido do sujeito passivo a título de contribuição de melhoria encontra dois limites estabelecidos pela legislação: a) limite total; b) limite individual.

O **limite total ou global é a despesa realizada** (custo da obra), computando gastos com estudos, projetos, fiscalização, desapropriações, administração, execução e financiamento, inclusive prêmios de reembolso e outras de praxe em financiamento ou empréstimos, e terá a sua expressão monetária atualizada na época do lançamento mediante aplicação de coeficientes de correção monetária (art. 4º do Decreto-lei n. 195/67).

Importante destacar que o limite total será aplicado **levando-se em conta o montante pago por todos os imóveis** localizados na área de influência da obra. Assim, se somarmos o valor pago por todos os contribuintes beneficiados pela obra, esse montante global não pode superar a despesa realizada pelo Poder Público.

3.4.16 Limite individual

Ao contrário do limite global, que leva em consideração a situação de todos os imóveis beneficiados pela obra pública, o limite individual está vinculado à **condição de cada imóvel isoladamente analisada.**

O art. 81 do Código Tributário Nacional define como limite individual o **acréscimo de valor (mais-valia) que da obra resultar para cada imóvel beneficiado.**

Além da valorização propriamente dita, a apuração será feita levando em conta outros elementos considerados isolada ou conjuntamente, como testada do imóvel, área, finalidade de exploração econômica (art. 3º, § 1º, do Decreto-lei n. 195/67).

3.4.17 Cálculo do valor final

O cálculo do valor final devido a título de contribuição de melhoria exige a **combinação entre os limites total e individual.** Assim, tomando como ponto de partida a despesa global realizada com a execução integral da obra (incluindo gastos com estudos, projetos, fiscalização, desapropriações, administração e financiamento), é preciso ratear esse montante total entre os proprietários de todos os imóveis localizados no entorno da obra, proporcionalmente à metragem do imóvel.

Feito esse cálculo, passa-se à verificação se o rateio do custo global ultrapassa ou não, no caso de cada imóvel individualmente considerado, o acréscimo patrimonial resultante da obra.

Se o montante do rateio não ultrapassar o *quantum* da valorização, a quantia devida pelo contribuinte será exatamente o valor rateado.

Porém, na hipótese de o custo da obra rateado entre os proprietários superar, no caso de um imóvel específico, o acréscimo resultante da valorização, a cobrança da contribuição de melhoria ficará limitada ao valor do acréscimo que da obra resultar para o imóvel.

3.4.18 Contribuição de melhoria e desapropriação por zona

Por fim, convém recordar a existência de um instituto de Direito Administrativo utilizado exatamente com a mesma finalidade de absorver a valorização em imóveis particulares provocada por obras públicas. É a desapropriação por zona. Prevista no art. 4º do Decreto-lei n. 3.345/41, trata-se da possibilidade de a desapropriação incidir sobre área maior do que a necessária visando a absorção da futura valorização no entorno.

Para alguns autores (visão minoritária), o instituto da contribuição de melhoria atingiria o mesmo objetivo da desapropriação por zona, mas de um modo menos gravoso para o particular, razão pela qual a figura da desapropriação por zona teria sido revogada pela Constituição Federal de 1988[17].

3.5 EMPRÉSTIMOS COMPULSÓRIOS

Previstos no art. 148 da Constituição Federal, os empréstimos compulsórios são **tributos restituíveis** de **competência exclusiva da União.**

O **caráter restituível** é a nota fundamental de sua natureza jurídica e constitui o elemento que **confere identidade aos empréstimos compulsórios,** diferenciando-os das demais espécies tributárias.

3.5.1 Fundamentos normativos

A instituição de empréstimos compulsórios está disciplinada tanto na Constituição Federal quanto no Código Tributário.

O art. 148 da CF estabelece que: "A União, mediante lei complementar, poderá instituir empréstimos compulsórios: I – para atender a despesas extraordinárias, decorrentes de calamidade pública, de guerra externa ou sua iminência; II – no caso de investimento público de caráter urgente e de relevante interesse nacional, observado o disposto no art. 150, III, *b*. Parágrafo único. A aplicação

---

17. Alexandre Mazza, *Manual de Direito Administrativo,* p. 868.

dos recursos provenientes de empréstimo compulsório será vinculada à despesa que fundamentou sua instituição".

STF: "A Lei n. 6.704/2015 do Estado do Piauí disciplina a transferência dos depósitos judiciais em dinheiro referentes a processos judiciais – tributários ou não tributários, realizados em processos vinculados ao Tribunal de Justiça do Estado do Piauí –, bem como dos depósitos em processos administrativos, independentemente de o Estado ser ou não parte, para conta única do Poder Executivo. Finalidade de custeio da previdência social, pagamento de precatórios e amortização da dívida com a União. (...) Quantias não tributárias e transitórias, depositadas por terceiros em processos nos quais o Estado não figura como parte, usadas para custear despesas estatais sem o consentimento dos depositantes. Caracterização de empréstimo compulsório não previsto no art. 148 da Constituição da República" (ADI 5.392, rel. Min. Rosa Weber, j. 16-9-2020, P, *DJe* 5-10-2020).

Já o art. 15 do Código Tributário prescreve: "Somente a União, nos seguintes casos excepcionais, pode instituir empréstimos compulsórios: I – guerra externa, ou sua iminência; II – calamidade pública que exija auxílio federal impossível de atender com os recursos orçamentários disponíveis; III – conjuntura que exija a absorção temporária de poder aquisitivo. Parágrafo único. A lei fixará obrigatoriamente o prazo do empréstimo e as condições de seu resgate, observando, no que for aplicável, o disposto nesta Lei".

3.5.2 Competência

A competência para instituição dos empréstimos compulsórios é **exclusiva da União** (art. 148 da CF), sendo incabível sua criação, ainda que mediante delegação, pelos Estados, Distrito Federal ou Municípios.

3.5.3 Inaplicabilidade do art. 4º do CTN

Segundo dispõe o art. 4º do CTN: "A natureza jurídica específica do tributo é determinada pelo fato gerador da respectiva obrigação, sendo irrelevantes para qualificá-la: I – a denominação e demais características formais adotadas pela lei; II – a destinação legal do produto da sua arrecadação".

O referido dispositivo identifica o fato gerador como elemento fundamental capaz de identificar a natureza jurídica das espécies tributárias. Porém, a regra vale somente para impostos, taxas e contribuições de melhoria, **não se aplicando aos empréstimos compulsórios e contribuições especiais**.

Empréstimos compulsórios e contribuições especiais não se diferenciam dos demais tributos pelo fato gerador porque **podem ter fato gerador idêntico ao de outros tributos**, admitindo bitributação.

Assim, dependendo do fato gerador escolhido pelo legislador, o empréstimo compulsório **pode ser vinculado ou desvinculado** de uma atividade estatal específica.

Na verdade, os empréstimos compulsórios distinguem-se pelo caráter restituível, ao passo que as contribuições especiais encontram identidade no universo das espécies tributárias a partir da destinação constitucional.

Vale ressaltar, ainda, que nos empréstimos compulsórios e nas contribuições especiais **é relevante a destinação do montante arrecadado.**

Portanto, no caso dessas duas espécies de tributos é inaplicável a regra da identidade pelo fato gerador definida no art. 4º do Código Tributário Nacional.

3.5.4 Veículo normativo

Os empréstimos compulsórios são criados e disciplinados por **lei complementar federal**, vedada sua disciplina por meio de leis ordinárias ou medidas provisórias (art. 62, § 1º, III, da CF).

3.5.5 Hipóteses constitucionais de instituição

O art. 148 da Constituição Federal de 1988 prevê três hipóteses autorizativas da instituição de empréstimos compulsórios:

a) calamidade pública (inciso I);

b) guerra externa ou sua iminência (inciso I); ou

c) investimento público relevante (inciso II).

Convém destacar que tais circunstâncias **não representam fato gerador dos empréstimos compulsórios,** mas as hipóteses constitucionais que autorizam sua instituição. O fato gerador dos empréstimos compulsórios não está definido na Constituição Federal, devendo ser fixado pela lei complementar de criação do tributo.

Outra constatação importante é que o inciso I do art. 148 faz referência à instituição de empréstimo compulsório para atender a **"despesa extraordinária"** decorrente de calamidade pública ou guerra externa. Assim, o texto constitucional pressupõe que **os gastos gerem despesas anormais que não possam ser suportadas pelos fundos públicos disponíveis no orçamento.**

Passemos à análise das três hipóteses que autorizam a instituição de empréstimos compulsórios.

3.5.5.1 Calamidade pública

A primeira circunstância constitucional autorizadora da instituição de empréstimo compulsório é calamidade pública. Trata-se de uma **situação emergencial transitória** provocada pela **ação humana** ou **evento da natureza** e cujo enfrentamento exija uma captação extraordinária de recursos pelo Poder Público junto à iniciativa privada. Exemplos: acidente aéreo de grandes proporções, furacão, terremoto, *tsunami*, enchente, desmoronamento etc.

Embora a competência para a instituição de empréstimos compulsórios seja exclusiva da União, a calamidade pública **não precisa ser de proporção nacional,** podendo ter seu alcance restrito ao âmbito territorial até mesmo de um único Município. Seria o caso, por exemplo, do empréstimo compulsório criado pela União para socorrer as vítimas de enchente em determinada cidade de Santa Catarina.

Não é necessária tampouco a existência de vinculação geográfica direta entre o local onde ocorreu a calamidade e os contribuintes eleitos para suportar o pagamento do tributo. Assim, no mencionado exemplo da enchente ocorrida num específico município catarinense, nada impede que o empréstimo compulsório seja cobrado de todos os brasileiros, ainda que, na maioria dos casos, o contribuinte não tenha qualquer relação com a localidade afetada pela calamidade ensejadora da cobrança.

3.5.5.1.1 Regime de anterioridade

No caso de calamidade pública, o empréstimo compulsório é de **cobrança imediata**, não se sujeitando nem à anterioridade anual, nem à nonagesimal (art. 150, § 1º, da CF). Desse modo, pode ser cobrado no dia seguinte ao da publicação da lei complementar que o houver instituído.

3.5.5.2 *Guerra externa ou sua iminência*

A segunda hipótese autorizadora da instituição de empréstimos compulsórios é a situação de guerra externa ou sua iminência (art. 148, I, da CF). A extrema gravidade de uma guerra internacional e a necessidade urgente de captar recursos para custeio de seus enormes gastos justificam a criação de um tributo especial previsto para tal finalidade.

Importante constatar que, para ser legítima a cobrança do empréstimo compulsório, **a guerra não precisa ter iniciado**, bastando haver indícios de que está prestes a começar (guerra iminente). Não há a necessidade de se provar a existência de uma declaração formal de guerra.

Por óbvio, **a guerra deve ser externa**, isto é, precisa envolver o Brasil e pelo menos mais um país entre as nações beligerantes.

Exclui-se qualquer possibilidade de criação de empréstimo compulsório para custear guerra interna, civil ou de secessão (guerra para desligamento de um membro da Federação).

3.5.5.2.1 Regime de anterioridade

O empréstimo compulsório instituído no caso de guerra externa também é de **cobrança imediata**, não se sujeitando nem à anterioridade anual, nem à nonagesimal (art. 150, § 1º, da CF). Assim como o de calamidade pública, também pode ser cobrado no dia seguinte ao da publicação da lei complementar que o tiver instituído.

3.5.5.2.2 Comparação entre os tributos de guerra

Conforme visto nos itens anteriores, a Constituição de 1988 oferece dois instrumentos tributários para a captação de recursos diante de uma guerra externa: imposto extraordinário e empréstimo compulsório.

Passemos a uma comparação entre os dois institutos.

	Imposto Extraordinário	Empréstimo Compulsório
Fundamento	Art. 154, II, da CF	Arts. 148, I, da CF e 15 do CTN
Competência	União	idem
Motivo	Guerra externa ou iminência	idem
Veículo normativo	Lei ordinária	Lei complementar
Admite medida provisória?	Sim	Não
Deve ser restituído?	Não	Sim
Pode bitributar?	Sim	Sim
Regime de anterioridade	Cobrança imediata	Cobrança imediata
Supressão da cobrança	Deve ser suprimida gradativamente cessadas as causas de sua criação	Não existe regra similar

O quadro comparativo acima deixa claro que a existência dos impostos extraordinários eliminou qualquer possibilidade prática de, diante de uma guerra externa, ser instituído empréstimo compulsório, haja vista ter este tributo um grau bem mais acentuado de dificuldade para aprovação (exige lei complementar), além de o valor exigir restituição por parte da União.

3.5.5.3 Investimento público de caráter urgente e de relevante interesse nacional

A última circunstância constitucional autorizadora da instituição de empréstimo compulsório é o investimento público de caráter urgente e de relevante interesse nacional. Trata-se de **empreendimento estatal emergencial que favoreça todo o país** e cuja realização não possa ser feita com os recursos orçamentários ordinários.

É imperioso descartar, de plano, o uso dessa segunda hipótese para custear o socorro a tragédias, da natureza ou provocadas pela ação humana, já que tais calamidades devem estar enquadradas no inciso I do art. 148.

Impossível, tampouco, utilizar tal hipótese de empréstimo compulsório para obtenção de recursos visando atender a planos econômicos ou medidas governamentais similares, porque não se pode falar, nesse caso, em um "investimento".

O fundamental é que os recursos captados com fundamento no art. 148, II, da CF sejam utilizados para a execução de algo concreto, permanente, como seria o caso da **realização de obras públicas de grandes proporções**, como a transposição das águas do Rio São Francisco, por exemplo.

3.5.5.3.1 Regime de anterioridade

Existe importante controvérsia a respeito do regime de anterioridade aplicável ao empréstimo compulsório no caso de investimento público relevante.

É certo que a parte final do **art. 148, II, da Constituição Federal** sujeita o referido empréstimo compulsório **somente à anterioridade anual**. Porém, é preciso ponderar que a redação está desatualizada diante da Emenda Constitucional n. 42/2003, que passou a submeter a maioria dos tributos às duas anterioridades combinadas: anual e nonagesimal.

Verdade também que o constituinte reformador silenciou quanto à situação do empréstimo compulsório de investimento público relevante, deixando de esclarecer se tal tributo estaria enquadrado na regra geral das duas anterioridades ou faria parte de algum grupo de exceções (art. 150, § 1º, da CF).

Porém, **predomina amplamente a orientação** segundo a qual, após a Emenda Constitucional n. 42/2003, o empréstimo compulsório de investimento público relevante está **submetido simultaneamente às anterioridades anual e nonagesimal** (art. 150, III, *b* e *c*, da CF).

3.5.5.4 A regra do art. 34, § 12, do ADCT

O art. 34, § 12, do Ato das Disposições Constitucionais Transitórias cria uma ressalva específica ao afirmar que "a urgência prevista no art. 148, II, não prejudica a cobrança do empréstimo compulsório instituído, em benefício das Centrais Elétricas Brasileiras S.A. (Eletrobrás), pela Lei n. 4.156, de 28 de novembro de 1962, com as alterações posteriores".

É que o art. 4º da Lei n. 4.156/62 instituiu um empréstimo compulsório pago pelo consumidor de energia elétrica em favor da Eletrobrás, com valor resgatável em até 10 anos, mas o tributo não era revestido de qualquer caráter de urgência. Daí a preocupação do constituinte em proteger a cobrança de tal exação.

3.5.5.5 Cobrança para enxugamento da moeda: uma quarta hipótese de empréstimo compulsório?

O art. 15, III, do Código Tributário Nacional prevê a instituição de empréstimo compulsório **no caso excepcional de conjuntura que exija absorção temporária do poder aquisitivo**. A doutrina costuma tratar essa hipótese como uma instituição do tributo voltada ao "enxugamento da moeda", ou seja, uma manobra econômica utilizada pelo governo na tentativa de conter a inflação.

Porém, o **art. 15, III, do CTN está revogado** pela Constituição de 1988 na medida em que as únicas hipóteses de empréstimo compulsório para despesas extraordinárias são aquelas previstas no art. 148, I, do Texto Maior (calamidade pública e guerra externa).

Mas como ocorreu uma **revogação tácita** a norma permanece inserida no corpo do Código Tributário Nacional, sem, todavia, produzir qualquer efeito.

3.5.5.5.1 O Plano Collor 1

Na tentativa de conter o avanço inflacionário, a Medida Provisória n. 168/90, posteriormente convertida na Lei n. 8.024/90, promoveu o bloqueio de parte dos valores depositados na caderneta de poupança de milhões de brasileiros. Embora o Supremo Tribunal Federal não tenha se manifestado sobre a constitucionalidade da retenção, houve decisões de tribunais pátrios no sentido da inconstitucionalidade da medida porque o "enxugamento da moeda" não se enquadra nas hipóteses de empréstimo compulsório atualmente admitidas pelo art. 148 do Texto Maior[STJ] (TRF1, 2ª T., AMS 91.01.06056-2)[18].

> STJ: "ADMINISTRATIVO. AGRAVO REGIMENTAL NO RECURSO ESPECIAL. EMPRÉSTIMO COMPULSÓRIO SOBRE ENERGIA ELÉTRICA. SOLIDARIEDADE PASSIVA. LITISCONSÓRCIO PASSIVO FACULTATIVO. COMPETÊNCIA DA JUSTIÇA ESTADUAL. CESSÃO DO CRÉDITO. POSSIBILIDADE. INEXISTÊNCIA DE IMPEDIMENTO LEGAL. QUESTÕES DECIDIDAS COM BASE NO ART. 543-C DO CPC. AGRAVO NÃO PROVIDO. AGRAVO NÃO PROVIDO (...) I – O empréstimo compulsório instituído em favor da Eletrobrás pela Lei n. 4.156/62 e alterações posteriores, tem a forma de resgate disciplinada pelo Decreto-Lei n. 1.512/76. Ao estabelecer o modo de devolução do referido tributo, a legislação de regência não criou óbice à cessão do respectivo crédito a terceiros" (AgRg no REsp 1.090.784-DF, rel. Min. Arnaldo Esteves Lima, 1ª T., j. 11-4-2013, *DJe* 19-4-2013).

3.5.6 Fato gerador

Conforme afirmado anteriormente, calamidade pública, guerra externa e investimento público relevante não são fatos geradores dos empréstimos compulsórios, mas circunstâncias constitucionais que autorizam sua instituição.

Na verdade, o fato gerador do empréstimo compulsório será definido pela lei complementar que o instituir, **podendo ser um fato econômico qualquer**, ainda que já utilizado para cobrança de imposto, taxa ou contribuição, de melhoria ou especial, existente.

3.5.7 Base de cálculo

O ordenamento pátrio não estabelece qualquer exigência geral quanto à base de cálculo dos empréstimos compulsórios. Assim, a lei complementar que instituir o tributo poderá definir **uma base de cálculo qualquer**, mesmo que já utilizada para cobrança de outro tributo.

---

18. Ricardo Alexandre, *Direito Tributário Esquematizado*, p. 65.

3.5.8 Natureza vinculada ou desvinculada

A Constituição Federal de 1988 não estabelece diretrizes sobre a natureza vinculada ou desvinculada dos empréstimos compulsórios. Isso porque o legislador tem liberdade para decidir se o empréstimo compulsório será cobrado de forma vinculada ou não a determinada atividade estatal.

3.5.9 Bitributação e *bis in idem*

Conforme visto anteriormente, enquanto na bitributação duas ou mais entidades exigem tributos sobre um único fato gerador ou a mesma base de cálculo, no *bis in idem* as exigências tributárias simultâneas sobre a mesma base de cálculo ou fato gerador emanam de uma única entidade tributante.

Ora, devido ao caráter emergencial implícito na arrecadação dessa espécie tributária, inexiste qualquer impedimento à cobrança de empréstimo compulsório sobre fato gerador ou base de cálculo de tributos já existentes, sejam federais, estaduais ou municipais.

Assim, **nada impede a ocorrência de** *bis in idem* **ou bitributação na arrecadação de empréstimos compulsórios,** ou seja, podem ser cobrados sobre grandezas econômicas já utilizadas para incidência de outros tributos.

3.5.10 Cobrança simultânea com o Imposto Extraordinário de Guerra

Se o ordenamento jurídico pátrio não veda bitributação e *bis in idem* envolvendo empréstimos compulsórios, a possibilidade de sua exigência simultânea junto com outros tributos alcança também os impostos extraordinários de guerra (art. 154, II, da CF).

De fato, diante da hipótese de guerra externa ou sua iminência, **pode a União instituir simultaneamente empréstimo compulsório e imposto extraordinário** para fazer frente aos gastos com o embate internacional.

3.5.11 Proibição de desvio de finalidade

De acordo com o art. 148, parágrafo único, da Constituição Federal: "A aplicação dos recursos provenientes de empréstimo compulsório será vinculada à despesa que fundamentou sua instituição".

O referido dispositivo estabelece a obrigatoriedade de aplicação dos recursos arrecadados com o empréstimo compulsório exatamente na mesma destinação que ensejou sua criação.

Desse modo, **a Constituição veda expressamente o desvio de finalidade** (tredestinação) **na aplicação do montante arrecadado,** ainda que em favor de outra destinação também de interesse público, por mais legítima que seja.

Inexiste em matéria de empréstimo compulsório tredestinação lícita (inaplicável o art. 519 do Código Civil).

Por tal razão, **a lei complementar de criação** dessa espécie tributária **sempre deve declarar para qual finalidade** a exação está sendo instituída.

Para o Direito Financeiro, trata-se de uma **hipótese de vinculação entre receita e despesa.**

Assim, por exemplo, se o empréstimo foi cobrado para custear uma guerra externa contra o Estado estrangeiro X, ainda que o recurso seja destinado para outra guerra na qual o Brasil esteja envolvido, ou mesmo para melhoria das condições gerais das Forças Armadas, **a tredestinação será sempre inconstitucional**, sujeitando os agentes envolvidos no desvio às punições previstas.

3.5.12 Entrada provisória de receita

Do ponto de vista financeiro, os valores provenientes da arrecadação de empréstimos compulsórios são espécie de **entradas provisórias** (temporárias), na medida em que os recursos ingressam nos cofres públicos, mas posteriormente precisam ser devolvidos aos contribuintes.

3.5.13 Empréstimos compulsórios disfarçados

A jurisprudência do Supremo Tribunal Federal contempla grande variedade de decisões em que se considerou **inconstitucional a retenção forçada de valores pagos pelo contribuinte**, sob os mais diversos títulos, em desatenção a regras exigidas para a criação de empréstimos compulsórios. São os chamados "falsos empréstimos compulsórios" ou "empréstimos compulsórios disfarçados".

Foi o caso, por exemplo, da Lei n. 3.985/67, do Estado de Santa Catarina, que limitava o aproveitamento dos créditos do ICMS ao montante de 80% sobre o valor do imposto na saída da mercadoria durante determinado período, mecanismo que, em termos práticos, constituía um tipo de empréstimo compulsório embutido no tributo estadual. Tal lei foi declarada inconstitucional pelo Supremo Tribunal Federal no julgamento do RE 70.204.

Semelhante raciocínio fundamentou a decisão exarada liminarmente pelo Supremo Tribunal Federal na Ação Declaratória de Inconstitucionalidade 2.022/2000, a respeito do art. 3º da Lei capixaba n. 5.827/99, que autorizava o Executivo estadual a reter 20% dos vencimentos dos servidores públicos para posterior devolução. Tratava-se, uma vez mais, conforme consta do teor da decisão do relator, Min. Ilmar Galvão, de um empréstimo compulsório disfarçado – uma forma oblíqua de o Estado-membro exercer ilegitimamente competência exclusiva da União.

3.5.14 Devolução do montante arrecadado

Os empréstimos compulsórios são tributos restituíveis. Assim, o valor arrecadado deve ser devolvido pela União aos contribuintes. Nesse sentido, o art. 15, parágrafo único, do CTN afirma que "a lei fixará obrigatoriamente o prazo do empréstimo e as condições de seu resgate".

Assim, a lei complementar que institui o empréstimo compulsório deve dispor obrigatoriamente sobre prazos e condições para resgate integral dos valores pagos, corrigidos monetariamente.

O certo é que, se o tributo é pago em dinheiro, obrigatoriamente o resgate do empréstimo compulsório deve ser em dinheiro, ou, segundo orientação do Supremo Tribunal Federal, a restituição precisa ser efetuada na mesma espécie em que o tributo foi recolhido (RE 175.385/CE)[19].

Porém, no caso de empréstimos compulsórios instituídos antes da Constituição de 1988, o STF admitiu resgate em ações (AGRRE 193.798/PR)[20].

3.5.15 Súmula 418 do STF

Na Súmula 418, publicada em 6-7-1964, o Supremo Tribunal Federal fixou o seguinte entendimento: "O empréstimo compulsório não é tributo, e sua arrecadação não está sujeita à exigência constitucional da prévia autorização orçamentária".

Entretanto, a referida súmula foi superada no julgamento do RE 111.954.

3.6 CONTRIBUIÇÕES ESPECIAIS

A quinta espécie tributária existente no ordenamento jurídico brasileiro é uma "colcha de retalhos" formada pela aglomeração no texto constitucional, sob o rótulo genérico de "contribuições", de todas as tentativas malsucedidas de criar exações que não se ajustavam às outras modalidades tributárias presentes em nosso direito.

3.6.1 Conceito

Contribuições especiais são **tributos finalísticos qualificados pela destinação**. Assim, o elemento que confere identidade às contribuições, diante dos demais tributos, é a finalidade para a qual são instituídas.

Enquanto nas outras espécies tributárias a competência constitucional para criação é definida basicamente a partir do fato gerador, nas contribuições o Texto Maior estabelece **a base de cálculo** e a **finalidade** do tributo.

Note-se, por exemplo, que a Constituição Federal de 1988 prevê a criação de diversas contribuições, sempre definindo qual a finalidade de sua instituição:

1) PARA intervenção no domínio econômico (art. 149);

2) PARA custeio das categorias profissionais ou econômicas (art. 149);

3) PARA custeio do serviço de iluminação pública (art. 149-A);

---

19. Ricardo Alexandre, *Direito Tributário Esquematizado*, p. 67.
20. Ricardo Alexandre, *Direito Tributário Esquematizado*, p. 67.

4) PARA financiamento da Seguridade Social[STF] (art. 195);

> STF: "Vale-transporte e contribuição previdenciária. O Plenário acolheu embargos declaratórios para esclarecer que a inconstitucionalidade do art. 4º da Lei n. 7.418/85 e do art. 5º do Decreto n. 95.247/87 seria tão somente para efeitos fiscais, portanto, exclusivamente com o intuito de afastar a incidência de contribuição previdenciária sobre o valor pago, em pecúnia, a título de vale-transporte pelo recorrente aos seus empregados" (RE 478.410 ED/SP, rel. Min. Luiz Fux, j. 15-12-2011, *Informativo* 652).

5) PARA custeio de entidades privadas de serviço social e formação profissional (art. 240);

6) PARA custeio da educação básica pública (art. 212, § 5º, da CF).

É possível perceber que as contribuições têm sua natureza definida pela finalidade a que a Constituição vincula sua existência. Daí o conceito de "tributos qualificados pela destinação"[STF].

> STF: "A espécie tributária 'contribuição' ocupa lugar de destaque no sistema constitucional tributário e na formação das políticas públicas. Espécie tributária autônoma, tal como reconhecida por esta Corte, a contribuição caracteriza-se pela previsão de destinação específica do produto arrecadado com a tributação. As contribuições escapam à força de atração do pacto federativo, pois a União está desobrigada de partilhar o dinheiro recebido com os demais entes federados. Por outro lado, a especificação parcimoniosa do destino da arrecadação, antes da efetiva coleta, é importante ferramenta técnica e de planejamento para garantir autonomia a setores da atividade pública. Lembro ainda que não se revela bitributação o uso compartilhado de bases de cálculo próprias de impostos pelas contribuições" (ADIn 2.556/DF, rel. Min. Joaquim Barbosa, j. 13-6-2012).

Por outro lado, as provas e concursos vêm considerando inconstitucional a criação de contribuições para atender a finalidades não previstas no Texto de 1988.

3.6.2 A questão terminológica

Muitos nomes diferentes têm sido utilizados para fazer referência à quinta espécie tributária: "contribuições", "contribuições especiais", "contribuições sociais", "contribuições parafiscais".

O art. 149 da Constituição Federal emprega simplesmente o termo "contribuições" para se referir à quinta espécie tributária, subdividindo-a em contribuições "sociais", "de intervenção no domínio econômico" e "de interesse das categorias profissionais ou econômicas". O inconveniente de adotar tal opção é que as contribuições de melhoria também são "contribuições", mas de outra espécie.

A nomenclatura "contribuições sociais", por sua vez, jamais pode ser empregada para designar a espécie como um todo, na medida em que a própria Constituição Federal utiliza o termo no sentido de um dos tipos de contribuição, as de custeio da Seguridade (art. 149, c/c o art. 195).

Quanto à expressão "contribuições parafiscais", sua utilização não é mais recomendada como antigamente, pois hoje nem todas as contribuições são arrecadadas mediante delegação legal da capacidade ativa para sua cobrança (parafiscalidade).

Pelo menos no âmbito federal, com a criação da chamada "Super Receita" (art. 1º da Lei n. 11.457/2007), praticamente todas as contribuições federais passaram a ser arrecadadas pela Administração Direta, abolindo-se o modelo parafiscal até então predominante nas contribuições.

Portanto, fica evidenciado que a melhor nomenclatura a ser utilizada é a de "contribuições especiais", evitando assim imprecisões e confusões terminológicas desnecessárias.

3.6.3 Fundamento normativo

A Constituição Federal de 1988 disciplina a criação e o regime das contribuições especiais em três dispositivos principais:

Art. 149: "Compete exclusivamente à União instituir **contribuições sociais, de intervenção no domínio econômico** e de **interesse das categorias profissionais ou econômicas**, como instrumento de sua atuação nas respectivas áreas, observado o disposto nos arts. 146, III, e 150, I e III, e sem prejuízo do previsto no art. 195, § 6º, relativamente às contribuições a que alude o dispositivo".

Art. 149-A: "Os Municípios e o Distrito Federal poderão instituir contribuição, na forma das respectivas leis, para o custeio do serviço de iluminação pública, observado o disposto no art. 150, I e III. Parágrafo único. É facultada a cobrança da contribuição a que se refere o *caput*, na fatura de consumo de energia elétrica".

Art. 195: "A seguridade social será financiada por toda a sociedade, de forma direta e indireta, nos termos da lei, mediante recursos provenientes dos orçamentos da União, dos Estados, do Distrito Federal e dos Municípios, e das seguintes contribuições sociais:

I – do empregador, da empresa e da entidade a ela equiparada na forma da lei, incidentes sobre:

a) a folha de salários e demais rendimentos do trabalho pagos ou creditados, a qualquer título, à pessoa física que lhe preste serviço, mesmo sem vínculo empregatício;

b) a receita ou o faturamento;

c) o lucro;

II – do trabalhador e dos demais segurados da previdência social, não incidindo contribuição sobre aposentadoria e pensão concedidas pelo regime geral de previdência social de que trata o art. 201;

III – sobre a receita de concursos de prognósticos;

IV – do importador de bens ou serviços do exterior, ou de quem a lei a ele equiparar".

O art. 149 define a competência "exclusiva" da União e enumera os três tipos de contribuições especiais atualmente existentes: sociais, de intervenção no domínio econômico (Cides) e de interesse das categorias profissionais ou econômicas.

Já o art. 149-A, acrescentado pela Emenda n. 39/2002, prevê a competência do Distrito Federal e Municípios para instituir a Contribuição de Iluminação Pública (Cipe).

Por fim, o art. 195 estabelece as linhas gerais do regime aplicável às contribuições de custeio da Seguridade Social (contribuições sociais), prescrevendo regras que serão detalhadamente analisadas nos itens seguintes.

O STF já decidiu que as contribuições especiais estão atreladas ao princípio da solidariedade, principalmente por conta de algumas delas custearem a seguridade social. É o que se depreende da análise da constitucionalidade do art. 40 da CF, que instituiu a contribuição dos inativos para os regimes próprios de previdência social dos servidores públicos:

> STF: "(...)2. Inconstitucionalidade. Ação direta. Seguridade social. Servidor público. Vencimentos. Proventos de aposentadoria e pensões. Sujeição à incidência de contribuição previdenciária, por força de Emenda Constitucional. Ofensa a outros direitos e garantias individuais. Não ocorrência. Contribuição social. Exigência patrimonial de natureza tributária. Inexistência de norma de imunidade tributária absoluta. Regra não retroativa. Instrumento de atuação do Estado na área da previdência social. Obediência aos princípios da solidariedade e do equilíbrio financeiro e atuarial, bem como aos objetivos constitucionais de universalidade, equidade na forma de participação no custeio e diversidade da base de financiamento. Ação julgada improcedente em relação ao art. 4º, *caput*, da EC n. 41/2003. Votos vencidos. Aplicação dos arts. 149, 150, I e III, 194, 195, II e § 6º, e 201, *caput*, da CF. Não é inconstitucional o art. 4º, *caput*, da Emenda Constitucional n. 41, de 19 de dezembro de 2003, que instituiu contribuição previdenciária sobre os proventos de aposentadoria e as pensões dos servidores públicos da União, dos Estados, do Distrito Federal e dos Municípios, incluídas suas autarquias e fundações (...)" (STF – ADIn 3.105 DF, rel. Min. Ellen Gracie, j. 18-8-2004, Tribunal Pleno, *DJ* 18-2-2005, p. 4, ement. v. 02180-02, p. 123. *RTJ* v. 193-01, p. 137 *RDDT* n. 140, 2007, p. 202-203).

3.6.4 Competência

O art. 149 da Constituição Federal afirma textualmente que a competência para instituir contribuições cabe **"exclusivamente"** à União ("Compete exclusivamente à União instituir contribuições sociais, de intervenção no domínio econômico e de interesse das categorias profissionais ou econômicas, como instrumento de sua atuação nas respectivas áreas, observado o disposto nos arts. 146, III, e 150, I e III, e sem prejuízo do previsto no art. 195, § 6º, relativamente às contribuições a que alude o dispositivo").

Como regra geral, quando a Constituição Federal define uma competência exclusiva inexistem exceções. Essa é a diferença fundamental para as competências privativas, pois estas admitem exceções.

Por isso, não faltam doutrinadores e bancas examinadoras que apontam o **equívoco constitucional ao tratar essa competência como exclusiva**, na medida em que o próprio Texto Maior prevê várias outras contribuições que não são federais. **O certo seria estar escrito "compete PRIVATIVAMENTE à União instituir contribuições".** Já houve provas que, corrigindo o erro do constituinte, chegaram a considerar correta a alternativa que trata tal competência como privativa da União.

Porém, **em respeito à dicção constitucional, a POSIÇÃO MAIS SEGURA** e majoritária é a que aponta a natureza da competência para instituir contribuições como **EXCLUSIVA DA UNIÃO, COM EXCEÇÕES.**

Assim, em regra, compete à União instituir contribuições especiais, com exceção daquelas previstas nos arts. 149, § 1º, e 149-A da CF, que serão analisadas no item seguinte.

Importante frisar que somente a Constituição Federal poderá definir novos casos de contribuições não federais.

3.6.4.1 Contribuição para custeio de regime previdenciário próprio

O art. 149, § 1º, da CF autoriza **Estados, Distrito Federal e Municípios** a instituir **contribuição cobrada de seus servidores para custeio em benefício destes de regime previdenciário próprio,** cuja alíquota não será inferior à da contribuição dos servidores titulares de cargos efetivos da União[STF].

STF: "AÇÃO DIRETA DE INCONSTITUCIONALIDADE. ART. 149, § 1º, DA CONSTITUIÇÃO DA REPÚBLICA (ALTERADO PELA EMENDA CONSTITUCIONAL N. 41/2003). 1. A norma que fixa alíquota mínima (contribuição dos servidores titulares de cargos efetivos na União) para a contribuição a ser cobrada pelos Estados, pelo Distrito Federal e pelos Municípios de seus servidores, para o custeio, em benefício destes, do regime previdenciário de que trata o art. 40 da Constituição da República não contraria o pacto federativo ou configura quebra de equilíbrio atuarial. 2. A observância da alíquota mínima fixada na Emenda Constitucional n. 41/2003 não configura quebra da autonomia dos Estados Federados. O art. 201, § 9º, da Constituição da República, ao estabelecer um sistema geral de compensação, há ser interpretado à luz dos princípios da solidariedade e da contributividade, que regem o atual sistema previdenciário brasileiro" (ADIn 3.138-DF, rel. Min. Cármen Lúcia).

O referido dispositivo cria um privilégio em favor de **servidores públicos estatutários titulares de cargos efetivos** estaduais, distritais e municipais, mediante um sistema previdenciário especial, de caráter contributivo e solidário (art. 40 da CF), que os subtrai do regime geral da Previdência Social.

Em regra, o modelo especial de previdência é administrado por autarquias previdenciárias especializadas que realizam também a arrecadação da respectiva contribuição.

A contribuição paga pelos servidores estatutários estaduais, distritais e municipais às respectivas autarquias previdenciárias constitui o primeiro caso excepcional, no Texto de 1988, de contribuição não federal.

3.6.4.2 Contribuição para iluminação pública e sistema de segurança (Cosips)

Declarada inconstitucional pelo STF, a antiga taxa de iluminação pública foi escandalosamente transformada em contribuição e constitucionalizada por força da EC n. 39/2002 (Súmula 670 do STF: "O serviço de iluminação pública não pode ser remunerado mediante taxa"). No mesmo sentido, a Súmula Vinculante 41 do STF: "O serviço de iluminação pública não pode ser remunerado mediante taxa".

Quando foi criada, a antiga **CIP** ou **Cosip** poderia ser instituída pelo **Distrito Federal e Municípios**, na forma das respectivas leis, para custeio exclusivo do serviço de iluminação pública (art. 149-A da CF).

Porém, a Emenda Constitucional n. 132/2023 – Reforma Tributária trouxe importante inovação. Agora, o valor arrecadado com a contribuição pode ser usado, além do custeio, também para a **expansão e a melhoria** do serviço de iluminação pública e de **sistemas de monitoramento para segurança e preservação de logradouros públicos**. Com isso, ampliou-se a destinação dos recursos captados, passando a ser um tributo vinculado e que financia, a um só tempo, o serviço público de iluminação e uma atividade administrativa de polícia, a saber, a preservação de logradouros públicos.

Acerca da nomenclatura, o tributo passará a ser conhecido como Contribuição de Iluminação Pública e Segurança (CIPS ou Cosips).

Quanto à arrecadação, admite-se a cobrança da Cosips na fatura da energia elétrica (art. 149-A, parágrafo único, da CF), ou seja, o valor do tributo pode ser exigido junto com a conta de luz.

A Cosips sujeita-se às duas anterioridades.

3.6.5 Veículo normativo introdutor

Como regra geral, as contribuições especiais são criadas e disciplinadas por meio de **lei ordinária**[STF]

STF: "TRIBUTO – BASE DE INCIDÊNCIA – PRINCÍPIO DA LEGALIDADE ESTRITA. A fixação da base de incidência da contribuição social alusiva ao frete submete-se ao princípio da legalidade. CONTRIBUIÇÃO SOCIAL – FRETE – BASE DE INCIDÊNCIA – PORTARIA – MAJORAÇÃO. Surge conflitante com a Carta da República majorar mediante portaria a base de incidência da contribuição social relativa ao frete. MANDADO DE SEGURANÇA – BALIZAS. No julgamento de processo subjetivo, deve-se observar o pedido formalizado" (RMS 25.476-DF, Red. p/ o Acórdão: Min. Marco Aurélio, Tribunal Pleno, j. 22-5-2013, *DJe* 26-5-2014).

promulgada pela entidade federativa competente para sua instituição. Nada impede, assim, pelo menos em âmbito federal, a utilização de **medida provisória** para a mesma finalidade.

Porém, registre-se a existência de importante exceção a essa regra. Isso porque, nos termos do art. 195, § 4º, da CF, a criação de **novas fontes de custeio da Seguridade Social (contribuições sociais residuais) exige lei complementar federal.**

Tal exigência só se aplica a contribuições ainda não descritas (base de cálculo ou fato gerador) no texto constitucional. Assim, se o legislador for instituir **contribuição já mencionada no Texto Maior, basta lei ordinária.**

3.6.6 Tipos de contribuições especiais segundo a Constituição

Embora a doutrina e o Supremo Tribunal Federal apresentem outras classificações das espécies de contribuições, que serão mencionadas nos itens seguintes, convém iniciar o estudo do tema pelo modo como o Texto de 1988 organiza a matéria.

De acordo com o art. 149 da Constituição Federal, as contribuições especiais são de três tipos:

1) sociais (art. 195);

2) de intervenção no domínio econômico (Cides);

3) de interesse das categorias profissionais ou econômicas.

Passemos ao estudo separado de cada um dos três tipos. Convém lembrar o leitor de que o tratamento mais detalhado de cada uma das contribuições específicas será objeto de capítulo próprio deste *Curso*. Assim, o objetivo dos itens a seguir é analisar somente as características normativas comuns aos tipos de contribuição.

3.6.6.1 Contribuições sociais

As contribuições sociais são tributos federais instituídos para **financiamento da Seguridade Social**[STF] (art. 195 da CF).

> STF: "COMPETÊNCIA – JUSTIÇA DO TRABALHO – CONTRIBUIÇÕES SOCIAIS – EXECUÇÃO. A competência da Justiça do Trabalho pressupõe decisão condenatória em parcela trabalhista geradora da incidência da contribuição social" (RE 564.424 AgRg/PA, rel. Min. Marco Aurélio, 1ª T., j. 18-9-2012, *DJe* 3-10-2012).

Na Constituição Federal de 1988, a Seguridade é um sistema que compreende um conjunto integrado de ações de iniciativa dos Poderes Públicos e da sociedade, destinadas a assegurar os direitos relativos aos subsistemas da: a) **Previdência Social**; b) **Assistência Social**; 3) **Saúde** (art. 194).

Nesse sentido, o art. 195 afirma que a Seguridade Social será financiada por toda a sociedade, de forma direta e indireta, nos termos da lei, mediante recursos provenientes dos orçamentos da União, dos Estados, do Distrito Federal e dos Municípios, e **das seguintes contribuições**:

I – do empregador, da empresa e da entidade a ela equiparada na forma da lei, incidentes sobre:

a) a folha de salários e demais rendimentos do trabalho pagos ou creditados, a qualquer título, à pessoa física que lhe preste serviço, mesmo sem vínculo empregatício;

b) a receita ou o faturamento;

c) o lucro;

II – do trabalhador e dos demais segurados da previdência social, não incidindo contribuição sobre aposentadoria e pensão concedidas pelo regime geral de previdência social;

III – sobre a receita de concursos de prognósticos.

IV – do importador de bens ou serviços do exterior, ou de quem a lei a ele equiparar.

Assim, são exemplos de contribuições sociais o **PIS** (Contribuição para o Programa de Integração Social – Lei Complementar n. 7/70), o **Pasep** (Contribuição para o Programa de Formação do Patrimônio do Servidor Público – Lei Complementar n. 8/70), a **Cofins** (Contribuição para Financiamento da Seguridade Social – Lei n. 10.833/2003), a **Cofins-Importação** (Lei n. 10.865/2004), a **CSLL** (Contribuição Social Sobre o Lucro Líquido – Lei n. 7.689/88) e a **Contribuição Social do Trabalhador** (art. 11, parágrafo único, *c*, da Lei n. 8.212/91).

Sobre a CSLL, é importante mencionar que a Primeira Turma do STJ, no julgamento do REsp 1.805.925/SP em 23 de junho de 2020, entendeu que a limitação de 30% à compensação de prejuízos fiscais do IRPJ e da base de cálculo negativa da CSLL se aplica inclusive na hipótese de pessoas jurídicas extintas.

3.6.6.1.1 Contribuições sociais *vs.* contribuições previdenciárias

É importante não confundir contribuições sociais, que são todas aquelas voltadas genericamente ao custeio da Seguridade Social (Previdência + Assistência + Saúde), com contribuições previdenciárias.

Contribuições previdenciárias são somente aquelas especificamente destinadas a custear benefícios previdenciários, devidas pelos segurados e pelas empresas (arts. 20 e 23 da Lei n. 8.212)[STJ].

STJ: "DIREITO TRIBUTÁRIO. CONTRIBUIÇÕES PREVIDENCIÁRIAS. CONTRATAÇÃO DE MÃO DE OBRA TERCEIRIZADA. RESPONSABILIDADE DA EMPRESA TOMADORA DO SERVIÇO. A partir da redação do art. 31 da Lei n. 8.212/91 dada pela Lei n. 9.711/98, a empresa contratante é responsável, com exclusividade, pelo recolhimento da contribuição previdenciária por ela retida do valor bruto da nota fiscal ou fatura de prestação de serviços, afastada, em relação ao montante retido, a responsabilidade supletiva da empresa prestadora cedente de mão de obra. Em consonância com o exposto pela 1ª Seção desta Corte no julgamento do REsp 1.131.047-MA, *DJe* 2-12-2010, representativo de controvérsia, a responsabilidade pelo recolhimento da contribuição previdenciária retida na fonte incidente sobre a mão de obra utilizada na prestação de serviços contratados é exclusiva do tomador do serviço, nos termos do art. 33, § 5º, da Lei n. 8.212/91, não havendo falar em responsabilidade supletiva da empresa cedente" (AgRg no AgRg no REsp 721.866-SE, rel. Min. Arnaldo Esteves Lima, 1ª T. j. 20-9-2012, *DJe* 25-10-2012, *Informativo 505*).

Portanto, as contribuições previdenciárias são uma espécie do gênero contribuições sociais. Assim, **toda contribuição previdenciária é uma contribuição social, mas nem toda contribuição social é previdenciária.**

Aqui a empresa atua como agente arrecadador. Veja o julgado acerca da contribuição previdenciária do empregado de 2023: "A empresa, quanto à parte da contribuição social devida por seus empregados, atua como agente arrecadador, não tendo legitimidade ativa para discutir o direito à compensação ou à restituição do indébito" (AgInt no AREsp 1.755.253-SC, Rel. Min. Sérgio Kukina, 1ª T., j. 12-6-2023, *DJe* 15-6-2023).

3.6.6.1.2 Veículo normativo instituidor

As contribuições sociais já descritas no **art. 195** da Constituição Federal são criadas e disciplinadas por **lei ordinária** ou **medida provisória**.

No entanto, sendo instituída **nova fonte de custeio da Seguridade Social**, a disciplina normativa exige **lei complementar**[STF] (art. 195, § 4º, da CF).

STF: "É inconstitucional a contribuição a cargo de empresa, destinada à seguridade social, no montante de 'quinze por cento sobre o valor bruto da nota fiscal ou fatura de prestação de serviços, relativamente a serviços que lhe são prestados por cooperados por intermédio de cooperativas de trabalho', prevista no art. 22, IV, da Lei n. 8.212/91, com a redação dada pela Lei

n. 9.876/99. A Lei n. 9.876/99 transferiu a sujeição passiva da obrigação tributária para as empresas tomadoras dos serviços. Embora os sócios/usuários possam prestar seus serviços no âmbito dos respectivos locais de trabalho, com seus equipamentos e técnicas próprios, a prestação dos serviços não é dos sócios/usuários, mas da sociedade cooperativa. Os terceiros interessados nesses serviços efetuam os pagamentos diretamente à cooperativa, que se ocuparia, posteriormente, de repassar aos sócios/usuários as parcelas relativas às respectivas remunerações. A norma extrapolou a base econômica delineada no art. 195, I, *a*, da CF, ou seja, a regra sobre a competência para se instituir contribuição sobre a folha de salários ou sobre outros rendimentos do trabalho. Afrontou ainda o princípio da capacidade contributiva (CF, art. 145, § 1º), porque os pagamentos efetuados por terceiros às cooperativas de trabalho, em face de serviços prestados por seus associados, não se confundem com os valores efetivamente pagos ou creditados aos cooperados. O legislador ordinário, ao tributar o faturamento da cooperativa, descaracterizou a contribuição hipoteticamente incidente sobre os rendimentos do trabalho dos cooperados, com evidente *bis in idem*. A contribuição destinada a financiar a seguridade social, que tenha base econômica estranha àquelas indicadas no art. 195 da CF, somente poderia ser legitimamente instituída por lei complementar, nos termos do art. 195, § 4º, da CF" (RE 595.838/SP, rel. Min. Dias Toffoli, j. 23-4-2014, tema 166).

3.6.6.1.3 Regime de anterioridade

As contribuições sociais submetem-se exclusivamente à anterioridade nonagesimal (art. 195, § 6º, da CF), **não precisando respeitar a anterioridade anual**[STF].

STF: "TRIBUTÁRIO. CONTRIBUIÇÃO SOCIAL. § 6º DO ART. 195, DA CONSTITUIÇÃO DA REPÚBLICA: APLICAÇÃO À CONTRIBUIÇÃO AO PIS. LEI DE CONVERSÃO DE MEDIDA PROVISÓRIA. DISPOSITIVO SUSCITADO AUSENTE DO TEXTO DA MEDIDA PROVISÓRIA: CONTAGEM DA ANTERIORIDADE NONAGESIMAL A PARTIR DA PUBLICAÇÃO DA LEI. 1. A contribuição ao PIS sujeita-se à regra do § 6º do art. 195 da Constituição da República. 2. Aplicação da anterioridade nonagesimal à majoração de alíquota feita na conversão de medida provisória em lei" (RE 568.503-RS, rel. Min. Cármen Lúcia, Tribunal Pleno, j. 12-2-2014, *DJe* 14-3-2014).

Assim, se determinada contribuição é criada ou majorada, por exemplo no dia 28 de maio de 2024, poderá ser exigida 90 dias depois (aproximadamente 28 de agosto de 2024).

3.6.6.1.4 Normas constitucionais específicas

As contribuições sociais (art. 149, § 2º, da CF):

a) **não incidirão sobre** receitas decorrentes de **exportação;**

b) **incidirão sobre a importação** de produtos estrangeiros ou serviços;

c) poderão ter alíquotas: 1) *ad valorem* (variáveis proporcionalmente ao valor do bem): tendo por base o faturamento, a receita bruta[STF] ou o valor

---

STF: "CONTRIBUIÇÃO SOCIAL – INCIDÊNCIA SOBRE A RECEITA DA COMERCIALIZAÇÃO DA PRODUÇÃO RURAL – LEI N. 8.540/92 – INCONSTITUCIONALIDADE – ALCANCE. A inconstitucionalidade da Contribuição Social sobre a receita bruta da comercialização da produção rural não alcança os produtores rurais autônomos sem empregados, mencionados no § 8º do art. 195 da Carta" (AgRg no RE n. 701.254-PR, rel. Min. Marco Aurélio, 1ª T., j. 18-3-2014, *DJe* 10-4-2014).

---

da operação e, no caso da importação, o valor aduaneiro; 2) **específica**: é uma alíquota fixa tendo por base a unidade de medida adotada.

Além disso, convém listar outras regras constitucionais aplicáveis às contribuições sociais, que serão posteriormente analisadas, com maior nível de detalhamento, nos capítulos específicos deste *Curso*:

1) São imunes a contribuições sociais as entidades beneficentes de assistência social que atendam às exigências estabelecidas em lei (art. 195, § 7º);

2) O produtor, o parceiro, o meeiro e o arrendatário rurais e o pescador artesanal, bem como os respectivos cônjuges, que exerçam suas atividades em regime de economia familiar, sem empregados permanentes, contribuirão para a seguridade social mediante a aplicação de uma alíquota sobre o resultado da comercialização da produção e farão jus aos benefícios nos termos da lei (art. 195, § 8º);

3) As contribuições sociais poderão ter alíquotas ou bases de cálculo diferenciadas em razão da atividade econômica, da utilização intensiva de mão de obra, do porte da empresa ou da condição estrutural do mercado de trabalho (art. 195, § 9º).

A respeito da possibilidade de as contribuições sociais terem alíquotas diferenciadas em razão da atividade econômica, o STF, no julgamento da ADI 4.101 e da ADI 5.485, decidiu pela constitucionalidade da majoração da alíquota da CSLL das instituições financeiras;

STF: "CONSTITUCIONAL. TRIBUTÁRIO. AÇÃO DIRETA DE INCONSTITUCIONALIDADE. ARTS. 17 E 41-II DA LEI N. 11.727/2008, RESULTANTE DA CONVERSÃO DA MPV N. 413/2008, E O ART. 1º DA LEI N. 13.169/2015, FRUTO DA CONVERSÃO DA MPV N. 675/2015. CONTRIBUIÇÃO SOCIAL SOBRE LUCRO LÍQUIDO (CSLL). ALÍQUOTA ESPECÍFICA PARA EMPRESAS FINANCEIRAS E EQUIPARADAS. CONSTITUCIONALIDADE FORMAL. REQUISITOS DE RELEVÂNCIA E URGÊNCIA. COMPATIBILIDADE COM O ART. 246 DA CONSTITUIÇÃO. CONSTITUCIONALIDADE MATERIAL. POSSIBILIDADE DE GRADUAÇÃO DA ALÍQUOTA CONFORME A ATIVIDADE ECONÔMICA. PECULIARIDADES SEGMENTO FINANCEIRO. ATIVIDADE PRODUTIVA. MÁXIMA EFICIÊNCIA ALOCATIVA DA TRIBUTAÇÃO. 1. As alíquotas diferenciadas da Contribuição Social sobre o Lucro Líquido – CSLL – para instituições financeiras e entidades assemelhadas estabelecidas pela Lei federal n. 11.727/2008, fruto de conversão da Medida Provisória n. 413/2007, modificada pela Medida Provisória n. 675/2015, convertida na Lei federal 13.169/2015 não ofendem o Texto Constitucional. 2. A sindicabilidade quanto ao preenchimento dos requisitos constitucionais de relevância e urgência exigidos pelo art. 62, *caput*, da CRFB é excepcional e pressupõe a flagrante abusividade do poder normativo conferido ao Executivo" (ADI 4.101 e ADI 5.485, rel. Min. Luiz Fux, j. 16-6-2020).

4) A lei definirá os critérios de transferência de recursos para o sistema único de saúde e ações de assistência social da União para os Estados, o Distrito Federal e os Municípios, e dos Estados para os Municípios, observada a respectiva contrapartida de recursos (art. 195, § 10);

5) São vedados a moratória e o parcelamento em prazo superior a 60 meses e, na forma de lei complementar, a remissão e a anistia das contribuições sociais (art. 195, § 11, com redação dada pela EC n. 103/2019);

6) A lei definirá os setores de atividade econômica para os quais as contribuições incidentes na forma dos incisos I, *b*; e IV do *caput*, serão não cumulativas (art. 195, § 12).

7) O segurado somente terá reconhecida como tempo de contribuição ao Regime Geral de Previdência Social a competência cuja contribuição seja igual ou superior à contribuição mínima mensal exigida para sua categoria, assegurado o agrupamento de contribuições (art. 195, § 14, incluído pela EC n. 103/2019).

3.6.6.1.5 Fontes de custeio

As contribuições de custeio da Seguridade Social têm as seguintes fontes de custeio (art. 195 da CF):

a) empregador, empresa e entidade a ela equiparada[STJ];

> STJ: "1 – Incide contribuição previdenciária a cargo da empresa sobre os valores pagos a título de salário-maternidade; 2 – Incide contribuição previdenciária a cargo da empresa sobre os valores pagos a título de salário paternidade; 3 – Não incide contribuição previdenciária a cargo da empresa sobre o valor pago a título de terço constitucional de férias gozadas; 4 – Não incide contribuição previdenciária a cargo da empresa sobre o valor pago a título de terço constitucional de férias indenizadas; 5 – Não incide contribuição previdenciária a cargo da empresa sobre o valor pago a título de aviso prévio indenizado; 6 – Não incide contribuição previdenciária a cargo da empresa sobre a importância paga nos quinze dias que antecedem o auxílio-doença" (1ª Seção, REsp 1.230.957-RS, rel. Min. Mauro Campbell Marques, j. 26-2-2014, temas repetitivos 478, 479, 737, 738, 739, 740).

b) trabalhador e demais segurados da previdência;

c) receita de concurso de prognósticos (loterias) – art. 212 do Decreto n. 3.048/1999;

d) importador de bens ou serviços do exterior ou quem a lei a ele equiparar (PIS-Importação e COFINS-Importação).

3.6.6.2 Cides

As contribuições de intervenção no domínio econômico (Cides) são tributos federais utilizados pela União como **ferramenta de regulação sobre setores estratégicos da economia**.

Em outras palavras, as Cides são uma **manifestação do poder de polícia estatal** para disciplina de mercados com potencial de crise.

São exemplos de Cides atualmente existentes em nosso ordenamento a Cide/combustíveis (art. 177, § 4º, da CF e Lei n. 10.233/2001) e a Cide/*Royalties* (Lei n. 10.168/2000).

STF: "Serviço Nacional de Aprendizagem do Cooperativismo. Contribuição para o seu financiamento. (...) A contribuição para o SESCOOP tem natureza jurídica de contribuição de intervenção no domínio econômico (art. 149 da Constituição) destinada a incentivar o cooperativismo como forma de organização da atividade econômica, com amparo no § 2º do art. 174 da Carta Política. (...) O estímulo ao cooperativismo é finalidade pública, por expressa previsão constitucional – 'a lei apoiará e estimulará o cooperativismo' (art. 174, § 2º, da CF) – e o dever de prestar contas ao TCU está previsto, em caráter meramente didático, pois existiria de qualquer forma, no *caput* do art. 8º da MP n. 2.168-40" (ADIn 1.924, rel. Min. Rosa Weber, j. 16-9-2020, *DJ*e 5-10-2020).

3.6.6.2.1 Veículo normativo instituidor

As Cides devem ser instituídas e disciplinadas por meio de **lei ordinária**[STF] **federal**, admitindo também veiculação via **medida provisória**.

STF: "A contribuição destinada ao Sebrae possui natureza de contribuição de intervenção no domínio econômico e não necessita de edição de lei complementar para ser instituída. Com base nessa jurisprudência, o Plenário, por maioria, negou provimento a recurso extraordinário em que se alegava: a) indevida exigência do pagamento da referida exação, pois criada por meio de lei ordinária, em afronta ao art. 146, II, *a*, da CF; e b) identidade de fato gerador e base de cálculo com outras contribuições, em violação ao art. 195, § 4º, c/c o art. 154, I, ambos da CF. Reputou-se que o acórdão recorrido estaria em consonância com a orientação da Corte. Vencido o Min. Marco Aurélio, que dava provimento ao recurso. Assentava a exigência de lei complementar, bem como realçava o fato de a contribuinte, além de já submetida a outras contribuições, não se incluir no rol de beneficiárias do Sebrae, haja vista não se identificar com micro e pequenas empresas" (RE 635.682/RJ, rel. Min. Gilmar Mendes, j. 25-4-2013, tema 227).

3.6.6.2.2 Regime de anterioridade

As Cides estão submetidas **as duas anterioridades**, ou seja, sujeitam-se tanto à anterioridade anual quanto à nonagesimal.

3.6.6.2.3 Normas constitucionais específicas

Assim como ocorre com as contribuições sociais, as Cides sujeitam-se a três regras constitucionais específicas (art. 149, § 2º, da CF):

1) **não incidirão sobre** receitas decorrentes de **exportação**;

> STF: "O melhor discernimento acerca do alcance da imunidade tributária nas exportações indi-retas se realiza a partir da compreensão da natureza objetiva da imunidade, que está a indicar que imune não é o contribuinte, 'mas sim o bem quando exportado', portanto, irrelevante se promovida exportação direta ou indireta. (...) A norma imunizante contida no inciso I do § 2º do art.149 da Constituição da República alcança as receitas decorrentes de operações indiretas de exportação caracterizadas por haver participação de sociedade exportadora intermediária" (RE 759.244, rel. min. Edson Fachin, j. 12-2-2020, P, *DJe* 25-3-2020, Tema 674).

2) **incidirão sobre a importação** de produtos estrangeiros ou serviços;
3) poderão ter **alíquotas:**

> STF: "O acréscimo realizado pela EC n. 33/2001 no art. 149, § 2º, III, da Constituição Federal não operou uma delimitação exaustiva das bases econômicas passíveis de tributação por toda e qual-quer contribuição social e de intervenção no domínio econômico. O emprego, pelo art. 149, § 2º, III, da CF, do modo verbal 'poderão ter alíquotas' demonstra tratar-se de elenco exemplificativo em relação à presente hipótese. Legitimidade da exigência de contribuição ao SEBRAE – APEX – ABDI incidente sobre a folha de salários, nos moldes das Leis n. 8.029/1990, 8.154/1990, 10.668/2003 e 11.080/2004, ante a alteração promovida pela EC n. 33/2001 no art. 149 da Constituição Fede-ral. (...) fixada a seguinte tese de repercussão geral: 'As contribuições devidas ao SEBRAE, à APEX e à ABDI com fundamento na Lei n. 8.029/90 foram recepcionadas pela EC 33/2001'" (RE 603.624, rel. p/ o ac. min. Alexandre de Moraes, j. 23-9-2020, P, *DJe* 13-1-2021, Tema 325).

a) *ad valorem* (variáveis conforme o valor do bem): tendo por base o fatu-ramento, a receita bruta ou o valor da operação e, no caso da importação, o valor aduaneiro;

> STF: "É constitucional a contribuição de intervenção no domínio econômico destinada ao INCRA devida pelas empresas urbanas e rurais, inclusive após o advento da EC n. 33/2001" (RE 630.898, rel. min. Dias Toffoli, j. 8-4-2021, *DJe* 11-5-2021, Tema 495).

b) *específica*: tendo por base a unidade de medida adotada.

3.6.6.3 Contribuições de interesse das categorias profissionais ou econômicas

O terceiro tipo de contribuição especial mencionado no art. 149 da Consti-tuição Federal são as contribuições de interesse das categorias profissionais (trabalhadores) ou econômicas (empregadores). São tributos federais instituídos para custear entidades de classe e outras instituições representativas de inte-resses profissionais.

Exemplo importante dessa contribuição é a anuidade paga por profissionais aos Conselhos de Classe (OAB, Crea, CRM, Creci, Corecon etc.).

Enquadra-se também nessa categoria a contribuição compulsória, prevista no art. 240 da Constituição Federal, devida pelo empregador sobre a folha de salário, destinada às entidades privadas de serviço social e de formação profissional vinculadas ao sistema sindical, tais como Sesi, Sesc, Senai, Sebrae etc.

CUIDADO: Até a entrada em vigor da reforma trabalhista (Lei n. 13.467/2017), que alterou os arts. 578, 579 e 582 da CLT, as contribuições sindicais eram tributos devidos pelos empregados para custeio dos respectivos sindicatos. Desde a reforma trabalhista, todavia, as contribuições sindicais deixaram de ser compulsórias (arts. 578 e 579 da CLT), perdendo sua natureza tributária devido à falta de compulsoriedade. Agora, o recolhimento é facultativo, condicionado à autorização individual e por escrito do empregado.

> STF: "A Lei n. 13.467/2017 emprega critério homogêneo e igualitário ao exigir prévia e expressa anuência de todo e qualquer trabalhador para o desconto da contribuição sindical, ao mesmo tempo em que suprime a natureza tributária da contribuição, seja em relação aos sindicalizados, seja quanto aos demais, motivos pelos quais não há qualquer violação ao princípio da isonomia tributária (art. 150, II, da Constituição), até porque não há que se invocar uma limitação ao poder de tributar para prejudicar o contribuinte, expandindo o alcance do tributo, como suporte à pretensão de que os empregados não sindicalizados sejam obrigados a pagar a contribuição sindical. A Carta Magna não contém qualquer comando impondo a compulsoriedade da contribuição sindical, na medida em que o art. 8º, IV, da Constituição remete à lei a tarefa de dispor sobre a referida contribuição e o art. 149 da Lei Maior, por sua vez, limita-se a conferir à União o poder de criar contribuições sociais, o que, evidentemente, inclui a prerrogativa de extinguir ou modificar a natureza de contribuições existentes" (ADI 5.794, rel. min. Edson Fachin, j. 29-6-2018, *DJe* 23-4-2019).

Importante destacar que entidades profissionais, como conselhos de classe e instituições sindicais, não detêm competência tributária para instituir as contribuições. Assim, como dito anteriormente, cabe à União criar e emanar os preceitos normativos disciplinadores do tributo. Por meio da parafiscalidade típica dessas contribuições (art. 7º do CTN), a União delega por lei às entidades profissionais a capacidade tributária ativa, ou seja, delega a aptidão para cobrar o tributo. Portanto, as entidades profissionais exercem a atribuição administrativa de cobrar o tributo, podendo também aplicar os recursos arrecadados em suas finalidades, mas a instituição e regramento normativo da contribuição constituem competências indelegáveis da União.

3.6.6.3.1 Veículo normativo instituidor

As contribuições de interesse das categorias profissionais ou econômicas são criadas e disciplinadas por meio de lei ordinária federal, admitindo também regramento por medida provisória.

3.6.6.3.2 Regime de anterioridade

As contribuições de interesse das categorias profissionais ou econômicas estão submetidas tanto à anterioridade anual quanto à nonagesimal.

3.6.6.3.3 Contribuição confederativa (art. 8º, IV, da CF)

Não se deve confundir contribuição sindical, que era o tributo pago pelo trabalhador ao respectivo sindicato da categoria[21], com a denominada contribuição confederativa.

Contribuição confederativa não é tributo, mas uma exigência **de recolhimento facultativo** que pode ser **instituída pela Assembleia Geral** (e não por lei) da categoria profissional **para custeio do sistema sindical como um todo** (federações, confederações e centrais sindicais).

Nesse sentido, o STF editou a Súmula Vinculante 40: "A contribuição confederativa de que trata o art. 8º, IV, da Constituição Federal, só é exigível dos filiados ao sindicato respectivo".

A natureza não tributária da contribuição confederativa, bem como as enormes distinções entre ela e a contribuição sindical, vem indicada no art. 8º, IV, da CF: "a Assembleia Geral fixará a contribuição que, em se tratando de categoria profissional, será descontada em folha, para custeio do sistema confederativo da representação sindical respectiva, **independentemente da contribuição prevista em lei**".

> STF: "A Lei n. 13.467/2017 emprega critério homogêneo e igualitário ao exigir prévia e expressa anuência de todo e qualquer trabalhador para o desconto da contribuição sindical, ao mesmo tempo em que **suprime a natureza tributária da contribuição, seja em relação aos sindicalizados, seja quanto aos demais, motivos pelos quais não há qualquer violação ao princípio da isonomia tributária** (art. 150, II, da Constituição), até porque não há que se invocar uma limitação ao poder de tributar para prejudicar o contribuinte, expandindo o alcance do tributo, como suporte à pretensão de que os empregados não sindicalizados sejam obrigados a pagar a contribuição sindical. **A Carta Magna não contém qualquer comando impondo a compulsoriedade da contribuição sindical**, na medida em que o art. 8º, IV, da Constituição remete à lei a tarefa de dispor sobre referida contribuição e o art. 149 da Lei Maior, por sua vez, limita-se a conferir à União o poder de criar contribuições sociais, o que, evidentemente, inclui a prerrogativa de extinguir ou modificar a natureza de contribuições existentes" (ADI 5.794, rel. Min. Edson Fachin, j. 29-6-2018, P, *DJe* de 23-4-2019).

---

21. Lembrar que a "Reforma Trabalhista", instituída pela Lei n. 13.467, de 13 de julho de 2017, retirou o caráter compulsório da contribuição sindical. O seu pagamento agora é facultativo, razão pela qual a contribuição sindical deixou de ser um tributo.

3.6.7 Classificação das contribuições segundo o STF

Na jurisprudência do Supremo Tribunal Federal é possível encontrar diversas classificações das contribuições, todas elas superando a concepção tripartite adotada pelo art. 149 da Constituição Federal.

Duas são as construções mais conhecidas.

No julgamento do **RE 148.754-4/98**, o voto do rel. **Min. Carlos Velloso** defendeu a existência do **gênero "contribuição"**, do qual seriam espécies:

a) contribuições de melhoria;

b) contribuições parafiscais;

c) contribuições especiais.

As contribuições parafiscais, por sua vez, estariam subdivididas em:

b1) contribuições para a seguridade social (PIS, Finsocial, previdenciárias);

b2) contribuições sociais gerais (FGTS, salário-educação e contribuições do sistema "S");

b3) novas fontes de custeio da seguridade (art. 195, § 4º, da CF).

Já as contribuições especiais seriam de dois tipos:

c1) de intervenção no domínio econômico (Cides);

c2) de interesse das categorias profissionais ou econômicas.

Porém, no julgamento da **ADIn 2.556/2001**, o Supremo Tribunal Federal, a partir de voto do **Min. Moreira Alves**, passou a adotar **outra classificação**.

Segundo esse entendimento mais recente, o gênero "contribuição" possuiria quatro espécies:

a) sociais para custeio da seguridade (art. 195);

b) sociais gerais (art. 149);

c) Cides (art. 149);

d) corporativas (art. 149).

Independentemente das vantagens e desvantagens de cada uma das classificações acima mencionadas, é possível constatar que o sistema tributário nacional vigente não prevê somente as três contribuições indicadas no art. 149 da Constituição Federal.

De fato, qualquer esforço classificatório deve levar em considerações outras contribuições além das sociais, de intervenção no domínio econômico e de interesse das categorias profissionais ou econômicas.

3.6.8 Todas as contribuições na Constituição de 1988

Fazendo uma busca criteriosa pelo texto constitucional de 1988, o estudioso encontrará a nomenclatura "contribuição" utilizada para fazer referência às seguintes exações, exatamente na ordem em que ocorrem na sequência de dispositivos:

1) **contribuição confederativa** (art. 8º, IV): sem natureza tributária, é uma exigência instituída pela assembleia geral das categorias profissionais, recolhida junto a empregados e empregadores filiados a instituições de classe, de pagamento facultativo, voltada ao custeio do sistema sindical geral;

> STF: "São compatíveis com a Constituição Federal os dispositivos da Lei n. 13.467/2017 (Reforma Trabalhista) que extinguiram a obrigatoriedade da contribuição sindical e condicionaram o seu pagamento à prévia e expressa autorização dos filiados. (...) No âmbito formal, o STF entendeu que a Lei n. 13.467/2017 não contempla normas gerais de direito tributário (...) dispensada a edição de lei complementar para tratar sobre matéria relativa a contribuições. Também não se aplica ao caso a exigência de lei específica prevista no art. 150, § 6º, da CF, pois a norma impugnada não disciplinou nenhum dos benefícios fiscais nele mencionados, quais sejam, subsídio ou isenção, redução de base de cálculo, concessão de crédito presumido, anistia ou remissão. Sob o ângulo material, o Tribunal asseverou que a Constituição assegura a livre associação profissional ou sindical, de modo que ninguém é obrigado a filiar-se ou a manter-se filiado a sindicato [CF, art. 8º, V]. O princípio constitucional da liberdade sindical garante tanto ao trabalhador quanto ao empregador a liberdade de se associar a uma organização sindical, passando a contribuir voluntariamente com essa representação. Ressaltou que a contribuição sindical não foi constitucionalizada no texto magno. Ao contrário, não há qualquer comando ao legislador infraconstitucional que determine a sua compulsoriedade. A Constituição não criou, vetou ou obrigou a sua instituição legal. Compete à União, por meio de lei ordinária, instituir, extinguir ou modificar a natureza de contribuições [CF, art. 149]. Por sua vez, a CF previu que a assembleia geral fixará a contribuição que, em se tratando de categoria profissional, será descontada em folha, para custeio do sistema confederativo da representação sindical respectiva, independentemente da contribuição prevista em lei [CF, art. 8º, IV]. A parte final do dispositivo deixa claro que a contribuição sindical, na forma da lei, é subsidiária como fonte de custeio em relação à contribuição confederativa, instituída em assembleia geral. Não se pode admitir que o texto constitucional, de um lado, consagre a liberdade de associação, sindicalização e expressão [CF, arts. 5º, IV e XVII, e 8º, *caput*] e, de outro, imponha uma contribuição compulsória a todos os integrantes das categorias econômicas e profissionais" (ADI 5.794, rel. p/ o ac. Min. Luiz Fux, j. 29-6-2018, P, *Informativo* 908).

2) **contribuição de melhoria** (art. 145, III): espécie tributária autônoma, vinculada à realização de uma obra pública que valorize imóvel do contribuinte;

3) **contribuições sociais** (art. 149, c/c art. 195): são tributos federais arrecadados para custear a Seguridade Social[STJ] (Previdência, Assistência e Saúde);

> STJ: "DIREITO TRIBUTÁRIO E PREVIDENCIÁRIO. ISENÇÃO DE CONTRIBUIÇÃO SOCIAL SOBRE DESPESAS COM MEDICAMENTOS PAGOS DIRETAMENTE PELO EMPREGADOR. Não incide contribuição social sobre o valor dos medicamentos adquiridos pelo empregado e pagos pelo empregador ao estabelecimento comercial de forma direta, mesmo que o montante não conste na folha de pagamento" (2ª T., REsp 1.430.043-PR, rel. Min. Mauro Campbell Marques, j. 25-2-2014, *Informativo* 538).

STJ: "DIREITO TRIBUTÁRIO. CONTRIBUIÇÃO SOCIAL AO FUNRURAL. A despeito dos arts. 1º da Lei n. 8.540/92, 1º da Lei n. 9.528/97 e 1º da Lei n. 10.256/2001, desde a vigência da Lei n. 8.212/91, não é possível exigir a contribuição social ao FUNRURAL, a cargo do empregador rural pessoa física, incidente sobre o valor comercial dos produtos rurais. A contribuição social incidente sobre a produção rural foi extinta pela Lei n. 8.213/91 para os produtores rurais empregadores pessoas físicas, que passaram a recolher contribuições sobre a folha de salários de seus empregados. Todavia, a referida contribuição foi mantida para os segurados especiais (produtores rurais em regime de economia familiar)" (1ª T., REsp 1.070.441-SC, rel. Min. Sérgio Kukina, j. 2-9-2014, *Informativo* 548).

4) **contribuições de intervenção no domínio econômico – Cides** (art. 149): cobradas pela União como mecanismo de polícia sobre setores econômicos relevantes;

5) **contribuições de interesse das categorias profissionais ou econômicas** (art. 149) instituídas pela União, mas cuja arrecadação é delegada a entidades de classe para custeio de suas atividades finalísticas;

6) **contribuição para custeio de regime previdenciário próprio** (art. 149, § 1º): cobradas pelos Estados, Distrito Federal e Municípios junto a seus servidores estatutários para manutenção de autarquias previdenciárias especializadas em sistema especial de previdência;

7) **contribuição de iluminação pública e segurança – CIPS ou Cosip** (art. 149-A): arrecadada pelos Municípios e Distrito Federal para custeio do serviço de iluminação pública e segurança de logradouros;

STF: "O art. 149-A da Constituição Federal, incluído pela Emenda Constitucional n. 39/2002, dispõe que: 'Os Municípios e o Distrito Federal poderão instituir contribuição, na forma das respectivas leis, para o custeio do serviço de iluminação pública, observado o disposto no art. 150, I e III'. O constituinte não pretendeu limitar o custeio do serviço de iluminação pública apenas às despesas de sua execução e manutenção. Pelo contrário, deixou margem a que o legislador municipal pudesse instituir a referida contribuição de acordo com a necessidade e interesse local, conforme disposto no art. 30, I e III, da Constituição Federal. A iluminação pública é indispensável à segurança e bem-estar da população local. Portanto, limitar a destinação dos recursos arrecadados com a contribuição ora em análise às despesas com a execução e manutenção significaria restringir as fontes de recursos que o ente municipal dispõe para prestar adequadamente o serviço público. Diante da complexidade e da dinâmica características do serviço de iluminação pública, é legítimo que a contribuição destinada ao seu custeio inclua também as despesas relativas à expansão da rede, a fim de atender as novas demandas oriundas do crescimento urbano, bem como o seu melhoramento, para ajustar-se às necessidades da população local. (...) Fixada a seguinte tese de repercussão geral: 'É constitucional a aplicação dos recursos arrecadados por meio de contribuição para o custeio da iluminação pública na expansão e aprimoramento da rede'" (RE 666.404, rel. p/ o ac. min. Alexandre de Moraes, j. 18-8-2020, *DJe* 4-9-2020, Tema 696).

8) **contribuição social do salário-educação** (art. 212, § 5º , da CF): devida pelas empresas como fonte adicional de financiamento da educação básica pública^STF;

> STF: "Nos termos da Súmula 732/STF, é constitucional a cobrança da contribuição do salário-educação, seja sob a Carta de 1969, seja sob a Constituição Federal de 1988, e no regime da Lei n. 9.424/96. A cobrança da exação, nos termos do Decreto-lei n. 1.422/75 e dos Decretos n. 76.923/75 e 87.043/82 é compatível com as Constituições de 1969 e 1988. Repercussão geral da matéria reconhecida e jurisprudência reafirmada, para dar provimento ao recurso extraordinário da União" (Repercussão Geral em RE n. 660.933-SP, rel. Min. Joaquim Barbosa).

9) **contribuição geral para os serviços sociais** (art. 240): recolhida compulsoriamente junto aos empregadores, sobre a folha de salários, destinada às entidades privadas de serviço social e formação profissional vinculadas ao sistema sindical, como Sesc, Sebrae e Senac^STJ-STF. Cabe reforçar que, mesmo com o advento da reforma trabalhista (Lei n. 13.467/2017), que retirou a natureza tributária da contribuição sindical, a contribuição patronal sobre a folha de salário permanece compulsória e com natureza de tributo.

> STJ: "CONTRIBUIÇÃO AO SESC E SENAC. EMPRESAS PRESTADORAS DE SERVIÇOS EDUCACIONAIS. INCIDÊNCIA. A Seção, ao apreciar o REsp submetido ao regime do art. 543-C do CPC e Res. n. 8/2008-STJ, entendeu que as empresas prestadoras de serviços educacionais, embora integrem a Confederação Nacional de Educação e Cultura, estão sujeitas às contribuições destinadas ao SESC e Senac. A lógica em que assentados os precedentes é que os empregados das empresas prestadoras de serviços não podem ser excluídos dos benefícios sociais das entidades em questão quando inexistente entidade específica a amparar a categoria profissional a que pertencem. Assim, na ausência daquelas, há que fazer o enquadramento correspondente à Confederação Nacional do Comércio, ainda que submetida a atividade respectiva a outra confederação, incidindo as contribuições ao SESC e Senac, que se encarregarão de fornecer os benefícios sociais correspondentes" (REsp 1.255.433-SE, rel. Min. Mauro Campbell Marques, j. 23-5-2012).
>
> STF: "(...) 2. Tributário. 3. Contribuição para o SEBRAE. Desnecessidade de lei complementar. 4. Contribuição para o SEBRAE. Tributo destinado a viabilizar a promoção do desenvolvimento das micro e pequenas empresas. Natureza jurídica: contribuição de intervenção no domínio econômico. 5. Desnecessidade de instituição por lei complementar. Inexistência de vício formal na instituição da contribuição para o SEBRAE mediante lei ordinária. 6. Intervenção no domínio econômico. É válida a cobrança do tributo independentemente de contraprestação direta em favor do contribuinte" (RE 635.682-RJ, rel. Min. Gilmar Mendes, Plenário, j. 25-4-2013).

3.6.9 Natureza parafiscal

A doutrina tradicional costumava identificar uma natureza parafiscal inerente a todas as contribuições especiais. Isso porque, até o ano de 2007, a quase totalidade das contribuições era arrecadada por entidades que recebiam delegação legal de tal atribuição por meio da chamada parafiscalidade (art. 7º do Código Tributário Nacional). Por isso, eram comumente denominadas "contribuições parafiscais".

Porém, como dito nos itens anteriores, com o advento da Lei n. 11.457/2007 foi instituída a "Super Receita", órgão federal que acumulou a atribuição de arrecadar os tributos da União, praticamente eliminando os casos de parafiscalidade envolvendo contribuições.

Atualmente, permanecem genuinamente parafiscais somente as contribuições de interesse das categorias profissionais (art. 149 da CF) e as contribuições para custeio dos serviços sociais[STJ] (art. 240 da CF).

> STJ: "DIREITO TRIBUTÁRIO. ISENÇÃO TRIBUTÁRIA DO SENAI REFERENTE À IMPORTAÇÃO DE PRODU-TOS E SERVIÇOS. O Serviço Nacional de Aprendizagem Industrial (SENAI) goza de isenção do impos-to de importação, da contribuição ao PIS-importação e da COFINS-importação independentemente de a entidade ser classificada como beneficente de assistência social ou de seus dirigentes serem remunerados. Isso porque a isenção decorre diretamente dos arts. 12 e 13 da Lei n. 2.613/55" (2ª T., REsp 1.430.257-CE, rel. Min. Mauro Campbell Marques, 2 T., j. 18-2-2014, *DJe* 25-2-2014).

3.6.10 Bitributação e *bis in idem*

As contribuições são tributos vocacionados para a bitributação, ou seja, inexiste vedação à sua cobrança incidindo sobre base de cálculo e/ou fato gerador já utilizados para a arrecadação de tributos já existentes.

Quando as exigências simultâneas emanam da **mesma entidade tributante**, tem-se o fenômeno do *bis in idem*. Já no caso de os tributos incidentes sobre a mesma base de cálculo e/ou fato gerador decorrerem de **entidades tributantes diferentes**, trata-se da denominada **bitributação**.

Por ausência de impedimento constitucional, contribuições podem bitributar e incidir em *bis in idem*, admitindo multitributação.

3.6.11 Criação de novas fontes de custeio da seguridade

Por força do art. 195, § 4º, da CF, a **criação de novas fontes de custeio da seguridade** deve obedecer aos **seguintes condicionamentos**:

a) competência exclusiva da União;

b) necessidade de lei complementar;

c) vedação de edição de medida provisória para tal finalidade;

d) o tributo deve ser não cumulativo;

e) não pode ter fato gerador ou base de cálculo já utilizados para arrecadação de outra contribuição já existente.

3.6.12 Tributação sobre importações e nas exportações

Quanto à incidência das contribuições especiais nas importações e exportações, tais tributos seguem a mesma regra geral adotada pelo Texto de 1988 para os demais tributos: desonerar as exportações e superonerar as importações.

Trata-se de uma lógica pensada como um mecanismo de proteção da indústria brasileira. Como as exportações são excelentes para a indústria nacional, pois aumentam as vendas e a clientela, foram desoneradas de modo a recolher somente imposto de exportação. Já as importações são ruins para a indústria nacional, pois trazem de fora produtos estrangeiros para competir com o equivalente nacional, razão pela qual diversos tributos incidem sobre as importações.

É nesse sentido que devem ser compreendidas as normas contidas nos incisos I e II do § 2º do art. 149 da Constituição Federal:

"§ 2º As contribuições sociais e de intervenção no domínio econômico de que trata o *caput* deste artigo:

I – não incidirão sobre as receitas decorrentes de exportação;

II – incidirão também sobre a importação de produtos estrangeiros ou serviços".

Caro leitor, para registrar bem a lógica geral sobre a tributação sobre importações e exportações, memorize esta frase:

"Quando **importo** um produto, **pago tudo** que é tributo; mas na **exportação** só incide o IE".

3.6.13 Repercussão geral

Tema 846: "É constitucional a contribuição social prevista no art. 1º da Lei Complementar n. 110, de 29 de junho de 2001, tendo em vista a persistência do objeto para a qual foi instituída" (RE 878.313, voto do rel. Min. Alexandre de Moraes, j. 18-8-2020, *DJe* 4-9-2020).

Tema 415: "Não há reserva de lei complementar para o repasse do PIS e COFINS ao usuário de serviços públicos concedidos, tais como telefonia e energia elétrica, cobrado nas respectivas faturas" (RE 1.053.574, voto do rel. Gilmar Mendes, j. 25-10-2019, *DJe* 22-11-2019).

Acesse o material suplementar
https://uqr.to/1xebw

Acesse o QR Code e confira o quadro sinótico e as questões deste capítulo.

4
PRINCÍPIOS

4.1 CONCEITO

Princípios tributários são **preceitos fundamentais** de observância obrigatória pelo legislador e pelo Fisco, cujo descumprimento causa a nulidade do tributo e de sua cobrança.

4.2 TAXONOMIA. NATUREZA DÚPLICE DOS PRINCÍPIOS

Definir a taxonomia ou **natureza jurídica** de um instituto é inseri-lo nas grandes categorias do direito (atos, processos, bens) com a finalidade de **precisar o regime aplicável**, ou seja, esclarecer quais os princípios e regras que sobre ele incidem.

O Texto de 1988 define duas espécies de limitações constitucionais ao poder de tributar: 1) princípios; 2) imunidades.

É a conclusão que pode ser extraída da Seção II do Sistema Tributário Nacional na Constituição de 1988, intitulada "Das Limitações ao Poder de Tributar".

Assim, verifica-se inicialmente que, junto com as imunidades, os princípios são normas constitucionais que restringem a atividade tributante. **Princípios são preceitos instituídos em favor do contribuinte e contra o Fisco**, nunca o contrário. São proteções sistêmicas erigidas para defesa da parte hipossuficiente na relação Fisco-contribuinte.

Na mesma linha, o art. 150 da Constituição Federal trata dos princípios como verdadeiras **"garantias fundamentais do contribuinte"**. O referido dispositivo afirma que: "Sem prejuízo de outras garantias asseguradas ao contribuinte, é vedado à União, aos Estados, ao Distrito Federal e aos Municípios (...)".

Portanto, conclui-se que o Texto de 1988 confere aos princípios tributários uma **natureza dúplice**, sendo, a um só tempo, do ponto de vista do Fisco, **limitações ao poder de tributar** e representando, para o contribuinte, **garantias fundamentais**.

4.3 CONSEQUÊNCIAS DA NATUREZA DE GARANTIA FUNDAMENTAL E DE LIMITAÇÃO AO PODER DE TRIBUTAR

Como os princípios são garantias fundamentais do contribuinte e, ao mesmo tempo, limitações constitucionais ao poder de tributar, **decorrem** dessa natureza dúplice as **seguintes consequências:**

a) **constituem cláusulas pétreas:** isso porque, nos termos do art. 60, § 4º, IV, da Constituição Federal, "não será objeto de deliberação a proposta de emenda tendente a abolir: IV – direitos e garantias fundamentais". Assim, os princípios fazem parte do núcleo imodificável da Constituição Federal, não podendo ser suprimidos ou ter seu alcance reduzido por emenda constitucional. Registre-se, todavia, o entendimento do Supremo Tribunal Federal no sentido de que os **princípios tributários que não constam do art.** 150 da Constituição Federal **não são cláusulas pétreas,** pois estariam fora da lista do *caput* do referido dispositivo constitucional, denominada "garantias asseguradas ao contribuinte", tais como os princípios da seletividade e da não cumulatividade;

b) **sua regulamentação infraconstitucional, se necessária, exige lei complementar:** de acordo com o art. 146, II, da CF, "cabe à lei complementar: II – regular as limitações constitucionais ao poder de tributar". Desse modo, tornando-se necessária a promulgação de lei com o objetivo de viabilizar a aplicação concreta de qualquer princípio tributário, tal lei deve ser uma lei complementar, vedada a edição de medida provisória com esse fim (art. 62, § 1º, III, da CF);

c) **devem receber interpretação ampliativa:** como toda norma consagradora de garantias fundamentais, os princípios devem ser interpretados ampliativamente.

4.4 ROL DOS PRINCÍPIOS TRIBUTÁRIOS EM ESPÉCIE

No vigente Sistema Tributário Nacional são os seguintes os princípios tributários existentes:

1) legalidade (arts. 150, I, da CF e 97 do CTN);

2) anterioridade (art. 150, III, *b* e *c,* da CF);

3) isonomia (art. 150, II, da CF);

4) irretroatividade (art. 150, III, *a,* da CF);

5) vedação do confisco (art. 150, IV, da CF);

6) uniformidade geográfica (art. 151, I, da CF);

7) não limitação (art. 150, V, da CF);

8) não cumulatividade (arts. 153, § 3º, II, e 155, § 2º, I, da CF);

9) seletividade (arts. 153, § 3º, I, e 155, § 2º, III, da CF);

10) não discriminação quanto à procedência ou destino (art. 152 da CF);

11) princípio do *non olet* (art. 118, I, do CTN);

12) simplicidade (art. 145, § 3º, acrescentado pela EC n. 132/2023 – Reforma Tributária);

13) transparência (art. 145, § 3º, acrescentado pela EC n. 132/2023 – Reforma Tributária);

14) justiça tributária (art. 145, § 3º, acrescentado pela EC n. 132/2023 – Reforma Tributária);

15) cooperação (art. 145, § 3º, acrescentado pela EC n. 132/2023 – Reforma Tributária);

16) defesa do meio ambiente (art. 145, § 3º, acrescentado pela EC n. 132/2023 – Reforma Tributária).

Passemos ao estudo detalhado de cada um dos referidos princípios específicos.

4.5 PRINCÍPIO DA LEGALIDADE (ARTS. 150, I, DA CF E 97 DO CTN)

O princípio da **legalidade tributária, estrita legalidade** ou **tipicidade cerrada**[1] vem enunciado nos arts. 150, I, da Constituição Federal e 97 do CTN.

Nos termos do art. 150, I, da CF:

> Sem prejuízo de outras garantias asseguradas ao contribuinte, é vedado à União, aos Estados, ao Distrito Federal e aos Municípios: I – exigir ou aumentar tributo sem lei que o estabeleça.

A infeliz redação da citada norma constitucional sugere que a lei somente seria necessária nos casos de instituição e majoração do tributo[2], mas não nas hipótese de redução ou extinção. Na verdade, o integral conteúdo do princípio da legalidade depende da leitura associada com o art. 97 do Código Tributário Nacional, *in verbis*:

> Art. 97. Somente a lei pode estabelecer:
>
> I – a instituição de tributos, ou a sua extinção;
>
> II – a majoração de tributos, ou sua redução, ressalvado o disposto nos arts. 21, 26, 39, 57 e 65;
>
> III – a definição do fato gerador da obrigação tributária principal, ressalvado o disposto no inciso I do § 3º do art. 52, e do seu sujeito passivo;
>
> IV – a fixação de alíquota do tributo e da sua base de cálculo, ressalvado o disposto nos arts. 21, 26, 39, 57 e 65;
>
> V – a cominação de penalidades para as ações ou omissões contrárias a seus dispositivos, ou para outras infrações nela definidas;
>
> VI – as hipóteses de exclusão, suspensão e extinção de créditos tributários, ou de dispensa ou redução de penalidades.

Assim, analisando associadamente os preceitos contidas na Constituição Federal e no CTN, verifica-se que o princípio da legalidade tributária tem o se-

---

1. Eduardo Sabbag, *Manual de Direito Tributário*, p. 23.
2. Eduardo Sabbag, *Manual de Direito Tributário*, p. 25.

guinte conteúdo: a INSTITUIÇÃO, MAJORAÇÃO, REDUÇÃO ou EXTINÇÃO DE TRIBUTO sempre DEPENDEM DE LEI.

> STF: "(...) 3. A instituição dos emolumentos cartorários pelo tribunal de justiça afronta o princípio da reserva legal. Somente lei pode criar, majorar ou reduzir os valores das taxas judiciárias. Precedentes. 4.Inércia da União Federal em editar normas gerais sobre emolumentos. Vedação aos Estados para legislarem sobre a matéria com fundamento em sua competência suplementar. Inexistência. Ação direta de inconstitucionalidade julgada procedente " (ADI 1.709, rel. Min. Maurício Corrêa, j. 10-2-2000, P, *DJ* 31-3-2000).

4.5.1 Qual é o tipo de lei exigida para tratar de matéria tributária?

Como **regra geral**, a lei exigida pelo ordenamento jurídico brasileiro para instituir, majorar, reduzir ou extinguir tributo é a **lei ordinária** emanada da **entidade federativa competente para a respectiva exação**. Assim, por exemplo, sendo o Imposto Territorial Rural (ITR) um tributo federal, a lei utilizada para sua instituição deve ser uma lei ordinária federal.

4.5.2 A regra da lei ordinária tem exceções?

Importante destacar que **SOMENTE QUATRO TRIBUTOS** são instituídos por meio de **LEI COMPLEMENTAR**. Tais exceções à regra da lei ordinária justificam--se por uma simples "vontade política" do constituinte, que preferiu sujeitar a instituição de tais exações ao quórum mais rigoroso para aprovação de uma lei complementar (maioria absoluta) se comparado ao que se exige para aprovar a lei ordinária (maioria simples).

Os quatro únicos tributos submetidos à reserva de lei complementar quanto à sua instituição são os seguintes, conforme disposto na Constituição Federal:

1) empréstimos compulsórios (art. 148);

2) imposto sobre grandes fortunas (art. 153, VII);

3) impostos residuais (art. 154, I);

4) novas fontes de custeio da seguridade (art. 195, § 4º).

4.5.3 Tributos criados por lei ordinária e disciplinados por lei complementar

É muito importante perceber que somente quatro tributos são criados por lei complementar. Mas muitos outros, embora instituídos por lei ordinária, têm aspectos do seu regime submetidos constitucionalmente à reserva de lei complementar.

Assim, uma coisa é ser criado por lei complementar. Outra coisa é ser disciplinado, em alguns aspectos, por lei complementar.

Entre tantos outros exemplos, note-se o caso do ICMS.

O ICMS é um tributo estadual, e, por isso, é criado por lei ordinária estadual (art. 155, II, da CF).

Porém, uma grande quantidade de temas relacionados ao ICMS deve ser disciplinada por lei complementar da União, conforme dispõe o art. 155, § 2º, XII, da Constituição Federal:

XII – cabe à lei complementar (*em matéria de ICMS*):

a) definir seus contribuintes;

b) dispor sobre substituição tributária;

c) disciplinar o regime de compensação do imposto;

d) fixar, para efeito de sua cobrança e definição do estabelecimento responsável, o local das operações relativas à circulação de mercadorias e das prestações de serviços;

e) excluir da incidência do imposto, nas exportações para o exterior, serviços e outros produtos além dos mencionados no inciso X, *a*;

f) prever casos de manutenção de crédito, relativamente à remessa para outro Estado e exportação para o exterior, de serviços e de mercadorias;

g) regular a forma como, mediante deliberação dos Estados e do Distrito Federal, isenções, incentivos e benefícios fiscais serão concedidos e revogados.

h) definir os combustíveis e lubrificantes sobre os quais o imposto incidirá uma única vez, qualquer que seja a sua finalidade, hipótese em que não se aplicará o disposto no inciso X, *b*;

i) fixar a base de cálculo, de modo que o montante do imposto a integre, também na importação do exterior de bem, mercadoria ou serviço.

Na mesma condição peculiar encontra-se o Imposto sobre Serviços de Qualquer Natureza (art. 156, III, da CF).

Tal expediente, o de submeter determinados temas de tributos estaduais e municipais à disciplina de lei complementar federal, tem a finalidade de padronizar aspectos relevantes do regime jurídico de certos tributos, uniformizando a maneira como são exigidos em todo o território nacional.

A mesma preocupação com padronização na forma de tributar que justifica a norma contida no art. 146, III, *a* e *b*, da Constituição, segundo a qual:

Cabe à lei complementar:

III – estabelecer normas gerais em matéria de legislação tributária, especialmente sobre:

a) definição de tributos e de suas espécies, bem como, em relação aos impostos discriminados nesta Constituição, a dos respectivos fatos geradores, bases de cálculo e contribuintes;

b) obrigação, lançamento, crédito, prescrição e decadência tributários.

Portanto, é preciso ficar claro que o fato de certo aspecto de um tributo ser disciplinado por lei complementar não significa que sua instituição exija lei complementar. Embora vários tributos tenham aspectos disciplinados por lei complementar, instituídos por lei complementar, nunca é demais repetir, somente: a) empréstimos compulsórios; b) impostos sobre grandes fortunas; c) impostos residuais; e d) novas ou residuais fontes de custeio da seguridade.

4.5.4 Temas de lei complementar não admitem medida provisória

Nunca é demais lembrar que o art. 62, § 1º, III, da CF proíbe a edição de medida provisória versando sobre temas reservados à lei complementar.

Para melhor fixação dessa regra, guarde a frase: "TEMAS DE LEI COMPLEMENTAR NÃO ADMITEM MP".

A referida proibição tem uma justificativa dentro do sistema jurídico brasileiro. A lógica que inspirou a redação original do Texto de 1988 pretendia reservar as leis complementares como instrumento para veicular normas nacionais, ou seja, normas que afetassem simultaneamente os âmbitos federal, estadual e municipal, ao contrário das leis ordinárias, prioritariamente concebidas para introduzir no sistema normas federais, isto é, de alcance exclusivo para o âmbito da União.

Com as sucessivas alterações que o texto original sofreu na assembleia constituinte, a clara divisão de funções entre a lei complementar e a lei ordinária foi bastante comprometida. Porém, em larga medida ainda é possível verificar que, na maioria dos casos, os temas reservados à lei complementar afetam o interesse simultâneo de todas as entidades federativas. Daí a preocupação do constituinte em exigir um quórum mais rigoroso para aprovação de leis complementares.

Sendo assim, haveria uma interferência na autonomia das entidades federativas se o chefe do Executivo Federal, o Presidente da República, editasse medida provisória versando sobre tema afeto aos interesses dos Estados, Distrito Federal e Municípios.

Essa é a razão pela qual o art. 62, § 1º, III, da CF proíbe a edição de medidas provisórias sobre temas reservados à lei complementar.

Desse modo, está vedada a edição de medida provisória para instituição de empréstimo compulsório, imposto sobre grandes fortunas, imposto residual e novas ou residuais fontes de custeio da seguridade.

4.5.5 Alcance possível das MPs tributárias

A Constituição Federal proíbe a edição de medidas provisórias sobre temas reservados à lei complementar. Assim, o campo possível de incidência das MPs é a seara das leis ordinárias.

Como a regra geral no Direito Tributário é o uso de lei ordinária, em regra, admite-se a edição de medidas provisórias tributárias.

Porém, sabendo que as medidas provisórias são editadas pelo Presidente da República (Chefe do Executivo Federal), por respeito à autonomia das entidades federativas, **o campo possível de incidência das medidas provisórias tributárias é aquele próprio das leis ordinárias federais.** Sendo assim, não será possível o uso de MPs pelo Presidente da República para disciplinar tributos que sejam de competência estadual, distrital ou municipal.

4.5.5.1 Medidas provisórias que criam ou aumentam impostos

Importante destacar que o § 2º do art. 62 da Constituição Federal estabelece regra especial para as medidas provisórias que impliquem criação ou majoração de impostos:

> Medida provisória que implique instituição ou majoração de impostos, exceto os previstos nos arts. 153, I, II, IV, V, e 154, II, só produzirá efeitos no exercício financeiro seguinte se houver sido convertida em lei até o último dia daquele em que foi editada.

A referida norma submete ao princípio da anterioridade anual os impostos que houverem sido criados ou majorados por medida provisória. Desse modo, a **própria medida provisória instituidora ou majoradora do imposto não terá eficácia alguma.** Na verdade, o imposto somente poderá ser exigido SE HOUVER A CONVERSÃO DA MEDIDA PROVISÓRIA EM LEI, e, mesmo assim, a exigência efetiva ainda deverá aguardar o exercício seguinte ao da conversão (1º de janeiro do ano seguinte).

Como regra geral, funciona assim: se, por exemplo, uma medida provisória for editada no dia 28 de novembro de 2022 majorando a alíquota do Imposto Territorial Rural, o novo valor só poderá ser cobrado depois da conversão da MP em lei. Suponhamos que essa MP seja convertida em lei pelo Congresso Nacional na data de 30 de janeiro de 2023. Nesse caso, a nova alíquota só poderá ser exigida a partir de 1º de janeiro de 2024 (exercício seguinte ao da conversão da MP em lei).

Para ser mais exato, essa regra do art. 62, § 2º, precisa ainda ser compatibilizada com o art. 150, III, *c*, com redação dada pela Emenda Constitucional n. 42/2003. A Emenda n. 42/2003 estabeleceu a obrigatoriedade de a maioria dos tributos respeitar, além da anterioridade anual, a regra da noventena.

Desse modo, conciliando as duas regras (art. 62, § 2º, c/c art. 150, III, *c*) chega-se à seguinte conclusão: **se medida provisória criar ou majorar imposto, este somente poderá ser exigido após a conversão da medida provisória em lei e RESPEITADA A ANTERIORIDADE VÁLIDA PARA O IMPOSTO ESPECÍFICO EM QUESTÃO** (que pode ser só a anual; só a nonagesimal; ou ambas, dependendo do imposto).

As regras de anterioridade aplicáveis a cada tributo, após as alterações promovidas pela Emenda n. 42/2003, serão estudadas nos itens seguintes.

4.5.5.2 Medidas provisórias que reduzem ou extinguem impostos

Embora a Constituição não trate expressamente do tema, por interpretação sistemática pode-se concluir que medida provisória que reduz ou extingue imposto produz efeito **imediatamente após sua conversão em lei,** momento em que o tributo em questão já poderá ser exigido a menor ou deixar de ser cobrado.

4.5.5.3 Medidas provisórias versando sobre tributo diverso de imposto

No caso de medida provisória instituir ou majorar tributo diverso de imposto, como uma taxa, por exemplo, a Constituição Federal não indica qualquer orientação quanto à forma de cobrança.

Como o art. 62, § 2º, estabelece uma regra específica para o caso de impostos, se a medida provisória instituir ou majorar taxa, contribuição de melhoria ou contribuição especial, não se deve concluir que a cobrança precisa aguardar a conversão da MP em lei e, após isso, respeitar a anterioridade.

Pelo contrário. Se medida provisória for editada para instituir ou majorar taxa, contribuição de melhoria ou contribuição especial, o tributo pode ser exigido **antes mesmo da conversão em lei, respeitada a anterioridade específica do tributo em questão.**

Suponhamos, por exemplo, que foi editada medida provisória publicada em 10 de outubro de 2023 instituindo determinada taxa. Como as taxas estão submetidas às duas anterioridades (anual e nonagesimal), essa nova taxa já poderá ser exigida 90 dias após a publicação da MP, ou seja, a partir de 10 de janeiro de **2024.**

Inexiste, nesse caso, necessidade de aguardar a conversão da MP em lei (tal necessidade é constitucionalmente exigida apenas para impostos, segundo art. 62, § 2º, da CF).

Porém, como as medidas provisórias têm validade de 60 dias, prorrogáveis por igual período (art. 62, § 3º, da CF), se tal prazo de 120 dias não for suficiente para ultrapassar a anterioridade exigida para o tributo que a medida provisória instituir ou majorar, ela perde a eficácia sem que o tributo chegue a ser exigido.

Por fim, se medida provisória reduzir ou extinguir qualquer tributo, produzirá efeito imediatamente após sua conversão em lei sem qualquer intervalo exigido por anterioridade.

4.5.6 Exceções ao princípio da legalidade

A Constituição de 1988 prevê **seis tributos** cujas ALÍQUOTAS podem ser MODIFICADAS por meio de ATO DO PODER EXECUTIVO.

Como nesses casos a alteração na matéria tributária não é promovida por lei, convencionou-se chamar esse conjunto de hipóteses de "exceções ao princípio da legalidade".

A primeira constatação importante é que em todos os casos a alteração por ato do Executivo diz respeito somente às alíquotas (art. 153, § 1º, da CF), **nunca às bases de cálculo.** Base de cálculo é tema que, como regra, somente pode ser disciplinado por meio de lei (art. 97, IV, do CTN).

Outra observação relevante: a competência do Poder Executivo é para "alterar/modificar" as alíquotas, e não para instituir as alíquotas. A **instituição de alíquotas é tema reservado exclusivamente ao legislador.**

A competência para "alterar/modificar" dada ao Poder Executivo pressupõe que as alíquotas já tenham sido instituídas em seus patamares mínimo e máximo pelo legislador. É isso que o art. 153, § 1º, da CF quer dizer ao prescrever que: "É facultado ao Poder Executivo, **atendidas as condições e os limites estabelecidos em lei,** alterar as alíquotas dos impostos enumerados nos incisos I, II, IV e V".

Portanto, enquanto o legislador não estabelecer as alíquotas mínima e máxima desses tributos não surge a competência para o Executivo alterá-las. Por conseguinte, temos que trazer a inclusão do § 4º ao art. 145 da Constituição Federal pela Emenda Constitucional n. 132/2023, que diz: "As alterações na legislação tributária buscarão atenuar efeitos regressivos".

4.5.6.1 Quais tributos excepcionam a legalidade?

Os tributos que podem ter alíquotas alteradas por ato do Executivo são seis:

a) imposto de importação **(II)**;

b) imposto de exportação **(IE)**;

c) imposto sobre operações financeiras **(IOF)**;

d) imposto sobre produtos industrializados **(IPI)**;

e) **ICMS/combustíveis**;

f) **Cide/combustíveis**.

O fundamento constitucional das quatro primeiras exceções é o art. 153, § 1º.

A previsão quanto ao ICMS/combustíveis está no art. 155, § 4º, IV, c, da CF, com redação dada pela Emenda n. 33/2001. E no caso da Cide/combustíveis é o art. 177, § 4º, I, *b*, da CF, com redação pela Emenda n. 33/2001.

Importante destacar que, enquanto nos quatro primeiros impostos (II, IE, IOF e IPI) o texto constitucional permite ao Executivo "alterar as alíquotas", quanto à Cide/combustíveis e ao ICMS/combustíveis a expressão utilizada é **"reduzir e restabelecer"** as alíquotas. A diferença é bastante significativa.

A competência para "alterar alíquotas" significa que, observados os limites legais máximo e mínimo, o Poder Executivo pode manobrar o percentual livremente, majorando e reduzindo à vontade.

Porém, **no caso da Cide/combustíveis e do ICMS/combustíveis** a margem de manobra nas alíquotas é bem mais reduzida. O ato do Executivo poderá, sempre observados os limites mínimo e máximo estabelecidos em lei, **diminuir a alíquota e, num segundo momento, devolver ao patamar anterior**, sem escalas intermediárias.

Assim, por exemplo, se a alíquota da Cide/combustíveis era de 2,0% e o ato do Executivo reduziu para 0,5%, a única possibilidade de modificação posterior será restabelecer ao patamar inicial de 2,0%.

> STF: "Tese sobre a possibilidade de as alíquotas da contribuição ao PIS e da COFINS serem reduzidas e restabelecias por regulamento infralegal. "É constitucional a flexibilização da legalidade tributária constante do § 2º do art. 27 da Lei n. 10.865/2004, no que permitiu ao Poder Executivo, prevendo as condições e fixando os tetos, reduzir e restabelecer as alíquotas da contribuição ao Programa de Integração Social (PIS) e da Contribuição para o Financiamento da Seguridade Social (Cofins) incidentes sobre as receitas financeiras auferidas por pessoas jurídicas sujeitas ao regime não cumulativo, estando presente o desenvolvimento da função extrafiscal" (RE 1.043.313, ADI 5.277, rel. Min. Dias Toffoli, j. 10-12-2020, P, *Informativo* 1002, RG, Tema 939).

4.5.6.2 Quais os veículos normativos para tal excepcionalização?

A Constituição Federal de 1988 afirma que os tributos acima mencionados podem ter suas alíquotas "alteradas por ato do Executivo". No entanto, não esclarece qual exatamente o tipo de ato administrativo que precisa ser expedido para tal finalidade.

O instrumento normativo apto para modificar as alíquotas dos seis tributos que excepcionam a legalidade varia conforme o tributo em questão, podendo ser:

a) **Decreto do Presidente da República**: nos casos o II, IE, IOF, IPI e a **Cide/combustíveis** (arts. 153, § 1º, e 177, § 4º, I, *b*, da CF);

b) **Portaria do Ministro da Fazenda**: nos casos do II e IE (art. 153, § 1º);

c) **Resolução da Câmara de Comércio Exterior (Camex)**: no caso do IE (STF: RE 570.680);

d) **Convênio interestadual**: no caso do ICMS/combustíveis (art. 155, § 4º, IV, *c*, da CF);

e) **Medida provisória**: nos casos do IOF, IPI, II, IE e Cide/combustíveis.

Desse modo, podemos resumir as regras de alteração das alíquotas por ato do Poder Executivo de acordo com o quadro abaixo:

Quadro das exceções à legalidade tributária

	II	IE	IOF	IPI	Cide/Comb.	ICMS/Comb.
Alcance da alteração	alteração de alíquota	alteração de alíquota	alteração de alíquota	alteração de alíquota	redução e restabelecimento	redução e restabelecimento
Veículos normativos	decreto presidencial, medida provisória ou portaria ministerial	decreto presidencial, medida provisória, resolução da Camex ou portaria ministerial	decreto presidencial ou medida provisória	decreto presidencial ou medida provisória	decreto presidencial ou medida provisória	convênio interestadual
Anterioridade	nenhuma (cobrança imediata)	nenhuma (cobrança imediata)	nenhuma (cobrança imediata)	nonagesimal	nonagesimal	nonagesimal

4.5.6.3 Qual a eficácia da medida provisória usada para excepcionar a legalidade?

Se o Presidente da República editar medida provisória com o objetivo de alterar as alíquotas do IOF, IPI, II, IE ou Cide/combustíveis, ela **não produzirá os efeitos típicos de uma medida provisória tributária**. Na verdade, tal MP deverá ser recebida como um decreto presidencial e não com força de lei. Porque, se tal MP fosse recebida como uma típica medida provisória tributária, deveria submeter-se à regra prevista no art. 62, § 2º, da CF, e o imposto somente poderia ser exigido no exercício seguinte ao da sua conversão em lei.

Porém, aqui temos uma **medida provisória editada com força de decreto presidencial, produzindo efeitos imediatos sem sujeitar-se a qualquer anterioridade, nem precisando aguardar a conversão em lei.**

4.5.6.4 Alterações na base de cálculo por decreto

Redigidos antes da entrada em vigor da Constituição de 1988, os arts. 21, 26 e 65 do CTN autorizavam o Presidente da República a alterar por decreto também as bases de cálculo de alguns tributos federais (II, IE e IOF).

Com o Texto de 1988, a modificação da base de cálculo depende sempre de lei, razão pela qual os dispositivos acima citados **estão revogados**.

4.5.6.5 Princípio da legalidade no CTN

O art. 97 do CTN estabelece um rol infraconstitucional de temas reservados à lei. Nos termos desse dispositivo, **somente a lei** pode estabelecer:

I – a instituição de tributos ou a sua extinção;

II – a majoração de tributos ou a sua redução;

III – a definição do **fato gerador** da obrigação principal;

IV – a fixação da **alíquota** do tributo e da sua **base de cálculo**;

V – a **cominação de penalidades** para as ações ou omissões contrárias a seus dispositivos;

VI – as hipóteses de **exclusão, suspensão e extinção** de créditos tributários, ou de dispensa ou redução de penalidades.

Nos termos do § 1º do art. 97: "Equipara-se à majoração do tributo a modificação da sua base de cálculo, que importe em torná-lo mais oneroso".

Segundo orientação jurisprudencial do Supremo Tribunal Federal, o art. 97 contempla um **rol taxativo** dos temas sob reserva de lei no Direito Tributário brasileiro (RE 172.394).

4.5.6.6 Fixação da data para pagamento do tributo

Sendo taxativa a lista de temas constantes do art. 97 do CTN, de acordo com entendimento do STF a **definição ou modificação da data para pagamento** do tributo **não depende de lei** (RE 172.394), na medida em que o tema não consta do rol do dispositivo e, pela mesma razão, **não se sujeita à anterioridade**.

Nesse sentido, o STF editou a Súmula Vinculante 50: "Norma legal que altera o prazo de recolhimento de obrigação tributária não se sujeita ao princípio da anterioridade".

4.5.6.7 Atualização monetária da base de cálculo

Por força de norma expressa no § 2º do art. 97 do CTN, a mera atualização do valor monetário da base de cálculo não é considerada majoração tributária.

O dispositivo está assim redigido: "Não constitui majoração de tributo, para os fins do disposto no inciso II deste artigo, a atualização do valor monetário da respectiva base de cálculo".

Isso ocorre porque **atualização monetária não é aumento real**, mas mera recomposição da perda inflacionária do período.

Em termos práticos, se o aumento na base de cálculo for inferior ao percentual da inflação no lapso temporal considerado, a majoração do tributo **não se sujeita nem à legalidade nem à anterioridade**, podendo ser realizada por ato do Executivo e exigida imediatamente.

A observância da legalidade e anterioridade somente é obrigatória se a majoração no valor da base de cálculo ultrapassar o índice inflacionário.

Nesse sentido, preceitua a **Súmula 160 do STJ**: "É defeso, ao Município, atualizar o IPTU, mediante decreto, em percentual superior ao índice oficial de correção monetária".

Note-se que a regra prevista no § 2º do art. 97 do CTN é aplicável somente à atualização da base de cálculo. **Majoração de alíquota é aumento real, nunca podendo ser considerada simples atualização monetária.**

Cabe destacar que, por força da Emenda Constitucional n. 132/2023 – Reforma Tributária, a permissão para que o IPTU tenha sua base de cálculo atualizada por decreto agora consta do art. 156, § 1º, III, da Constituição Federal: "§ 1º Sem prejuízo da progressividade no tempo a que se refere o art. 182, § 4º, inciso II, o imposto previsto no inciso I poderá: (...) III – ter sua base de cálculo atualizada pelo Poder Executivo, conforme critérios estabelecidos em lei municipal".

> STF: "(...) a contribuição confederativa, à luz do disposto no art. 8º, IV, da Carta Magna, por não se revestir de caráter tributário, somente pode ser cobrada pelas entidades sindicais de seus respectivos filiados. Esse mesmo raciocínio aplica-se às contribuições assistenciais que, em razão da sua natureza jurídica não tributária, não podem ser exigidas indistintamente de todos aqueles que participem das categorias econômicas ou profissionais, ou das profissões liberais, mas tão somente dos empregados filiados ao sindicato respectivo. (...) ainda que a Constituição reconheça, em seu art. 7º, XXVI, a força das convenções e acordos coletivos de trabalho, com base nos princípios constitucionais da livre associação ou sindicalização, é impossível a cobrança de contribuição assistencial dos empregados não filiados ao sindicato. (...) Finalmente, consigno que, por violação ao princípio da legalidade tributária, é manifesta a inconstitucionalidade da instituição de nova contribuição compulsória, por meio de acordo ou convenção coletiva, a empregados não filiados ao sindicato beneficiário da exação" (ARE 1.018.459 RG, voto do rel. Min. Gilmar Mendes, j. 23-2-2017, P, *DJe* de 10-3-2017, Tema 935).

4.5.6.8 A norma tributária em branco e o princípio da legalidade

Via de regra, todos os elementos da hipótese de incidência de um tributo deverão estar presentes na lei que o instituir. Logo, a lei deverá prever os aspectos material, pessoal, quantitativo, espacial e temporal.

No entanto, há situações em que a lei de criação de um tributo não prevê todos os elementos do tipo tributário, caracterizando, assim, uma norma tributária em branco.

O conceito de norma tributária em branco é referido na manifestação, exarada em 16-3-2020, pelo Ministro Dias Toffoli, então Ministro Presidente do STF: "Acerca da matéria constitucional, cabe relembrar, como bem o fez a parte recorrente, que o Tribunal Pleno – presente delegação legislativa e não mero confronto do regulamento com a lei – tem enfrentado o tema de fundo. Como exemplo, cito o julgamento do RE n. 343.446/SC, em que se analisou, à luz do princípio da legalidade tributária, a constitucionalidade do art. 22, II, da Lei n. 8.212/91, no que delegou ao regulamento, para efeito de cobrança da contribuição para o seguro acidente do trabalho (SAT), a complementação dos conceitos de atividade preponderante (conceito jurídico indeterminado) e grau de risco leve, médio e grave (norma tributária em branco)"[3].

4.6 PRINCÍPIO DA ANTERIORIDADE (ART. 150, III, *B* E *C*, DA CF)

Também chamado de **princípio da não surpresa** ou da **eficácia diferida**, o princípio da anterioridade tributária estabelece um **intervalo mínimo entre a publicação da lei que cria ou majora o tributo e a data de sua efetiva exigência**. Sua finalidade é dar um "prazo de respiro" a fim de que o contribuinte possa preparar-se para pagar novos valores ao Fisco.

Trata-se, em última análise, de um **desdobramento do imperativo da segurança jurídica**.

É por essa razão que o art. 150, III, da Constituição Federal deixa claro que o intervalo da anterioridade **só se aplica para criação e aumento do tributo**, mas não quando o tributo é reduzido ou extinto.

Leis que REDUZEM ou EXTINGUEM tributos, embora muito raras no Brasil, **TÊM APLICAÇÃO IMEDIATA**, não se sujeitando a qualquer intervalo de anterioridade, na medida em que são mais benéficas ao contribuinte, inexistindo lógica na invocação de uma garantia (regra da anterioridade) contra o interesse de seu titular (contribuinte).

4.6.1 Conceito didático de anterioridade

Nos termos do art. 150, III, *b* e *c*, da CF: **tributo instituído (criado) ou majorado (aumentado) em um exercício (ano) somente poderá ser exigido no ano seguinte, respeitado o intervalo mínimo de noventa dias.**

No Brasil o chamado "exercício fiscal" inicia em 1º de janeiro e termina em 31 de dezembro. Assim, o exercício fiscal coincide com o ano civil.

Guarde bem:

EXERCÍCIO = ANO

Conforme será melhor explicado adiante, o atual conteúdo do princípio da anterioridade é composto por duas partes: a) anterioridade anual: adia a cobrança para o exercício seguinte (art. 150, III, *b*, da CF); b) anterioridade nonagesimal: estabelece um intervalo de mínimo 90 dias entre a publicação da lei e a exigência do tributo (art. 150, III, *c*, da CF). Após a Emenda n. 42/2003, essas duas anterioridades atuam de forma combinada. O tema será detalhado a seguir.

---

3   Disponível em: <http://www.stf.jus.br/portal/jurisprudenciaRepercussao/verPronunciamento. asp?pronunciamento=8712329>.

4.6.2 Anterioridade e anualidade

Importante destacar que o atual princípio da anterioridade não deve ser confundido com a antiga anualidade.

Previsto na Constituição de 1946 e na Carta de 1967, o **princípio da anualidade** exigia que a **cobrança do tributo** em um ano deveria estar **autorizada na legislação orçamentária do ano anterior.**

Sobre o tema, prescrevia o art. 141, § 34, da Constituição de 1946:

> Nenhum tributo será exigido ou aumentado sem que a lei o estabeleça; nenhum será cobrado em cada exercício sem prévia autorização orçamentária, ressalvada, porém, a tarifa aduaneira e o imposto lançado por motivo de guerra.

No mesmo sentido, o art. 153, § 29, da Carta de 1967:

> Nenhum tributo será exigido ou aumentado sem que a lei o estabeleça, nem cobrado, em cada exercício, sem que a lei que o houver instituído ou aumentado esteja em vigor antes do início do exercício financeiro, ressalvados a tarifa alfandegária e a de transporte, o impôsto sôbre produtos industrializados e o imposto lançado por motivo de guerra e demais casos previstos nesta Constituição.

A anualidade era uma garantia adicional assegurada ao contribuinte, **mas não foi mantida no texto constitucional de 1988.** Assim, atualmente o contribuinte brasileiro tem direito à observância da anterioridade, mas não à anualidade tributária.

Ressalte-se, entretanto, que em matéria de Direito Financeiro reconhece-se a existência de um princípio denominado anualidade sem, todavia, relação exata com a antiga anualidade tributária.

4.6.3 Conceito de anterioridade antes e depois da EC n. 42/2003

Na redação original da Constituição de 1988, o princípio da anterioridade enunciava duas regras distintas aplicadas a tributos separados:

a) **anterioridade anual** (art. 150, III, *b*, da CF): valia para a maioria absoluta dos tributos, transferindo a possibilidade de sua arrecadação para o exercício (ano) seguinte ao da publicação da lei que os tivesse instituído ou majorado;

b) **anterioridade nonagesimal** (art. 195, § 6º, da CF): de aplicação exclusiva às contribuições sociais, tal regra criava um intervalo mínimo de noventa dias entre a data de publicação da lei e o momento de exigência do tributo instituído ou majorado.

Assim, as duas anterioridades operavam separadamente antes da Emenda Constitucional n. 42/2003.

A principal deficiência desse modelo residia no fato de que a anterioridade anual, aplicada de forma isolada para praticamente todos os tributos, não tinha força para proteger o contribuinte contra novas exações instituídas nos meses finais do ano. Isso porque, como a anterioridade anual somente transferia a exigência para o exercício (ano) seguinte, em termos práticos o novo tributo já poderia ser cobrado no próximo 1º de janeiro.

Assim, se a lei de criação fosse publicada, por exemplo, em 30 de dezembro de 2001, o tributo poderia ser cobrado já a partir de 1º de janeiro de 2002, ou seja, somente DOIS DIAS DEPOIS!

Era, sem dúvida alguma, uma garantia pouco eficiente.

Diante dessa fragilidade do princípio, foi promulgada a Emenda Constitucional n. 42, de 19 de dezembro de 2003, que acrescentou a alínea *c* ao inciso III do art. 150 da Constituição Federal, modificando o conteúdo do princípio da anterioridade.

Após a EC n. 42/2003, o princípio da anterioridade passou a vigorar fundamentado no art. 150, III, *b* e *c*, nos seguintes termos:

> Art. 150. Sem prejuízo de outras garantias asseguradas ao contribuinte, é vedado à União, aos Estados, ao Distrito Federal e aos Municípios:
>
> III – cobrar tributos:
>
> b) no mesmo exercício financeiro em que haja sido publicada a lei que os instituiu ou aumentou;
>
> c) antes de decorridos noventa dias da data em que haja sido publicada a lei que os instituiu ou aumentou, observado o disposto na alínea *b*.

Desse modo, agora a **regra geral** para a maioria dos tributos passou a ser o funcionamento combinado das duas anterioridades, anual e nonagesimal, aplicando-se a REGRA DA ANTERIORIDADE MAIS BENÉFICA PARA O CONTRIBUINTE.

4.6.4 Regra da anterioridade mais benéfica para o contribuinte

Após a promulgação da Emenda Constitucional n. 42/2003, passou a vigorar a "regra da anterioridade mais benéfica para o contribuinte", segundo a qual, quando determinado tributo for instituído ou majorado, **deve ser aplicada a regra de anterioridade (anual ou nonagesimal) que tornar mais distante a data da exigência.**

Em termos práticos, é preciso verificar se para o contribuinte é mais vantajoso o uso da anterioridade anual ou da nonagesimal. Desse modo, constata-se que a Emenda n. 42/2003 garantiu um **intervalo mínimo de 90 dias** entre as datas de publicação da lei e da cobrança efetiva do novo tributo.

4.6.4.1 Como fazer a contagem da anterioridade

Após a Emenda n. 42/2003, para realizar a contagem da data a partir da qual o tributo pode ser exigido basta **aplicar separadamente as duas anterioridades sobre o dia em que foi publicada a lei** que instituiu ou majorou o tributo. A anterioridade que "empurrar a cobrança mais longe" indicará a data correta da exigência.

Vamos entender a aplicação dessa regra por meio dos exemplos contidos no quadro a seguir:

Data de publicação da lei que instituiu ou majorou o tributo	Data considerando a aplicação somente da anterioridade anual	Data considerando a aplicação somente da anterioridade nonagesimal	Anterioridade mais vantajosa no caso concreto	Data a partir da qual a exigência fica autorizada
Ex. 1: 28-4-2023	1º-1-2024	28-7-2023	anual	1º-1-2024 (anual)
Ex. 2: 15-7-2023	1º-1-2024	15-10-2023	anual	1º-1-2024 (anual)
Ex. 3: 13-11-2023	1º-1-2024	13-2-2024	nonagesimal	13-2-2024 (nonagesimal)
Ex. 4: 3-1-2023	1º-1-2024	3-4-2023	anual	1º-1-2024 (anual)

ATENÇÃO: A contagem didática feita no quadro acima considerou, para fins da anterioridade nonagesimal, meses de 30 dias. A verificação de uma data real precisaria levar em conta o número de dias dos meses em questão. Por óbvio, recomenda-se o uso de um calendário na aferição da data exata.

4.6.5 Anterioridade e entrada em vigor da lei

O princípio da anterioridade estabelece um intervalo mínimo entre a publicação da lei e a efetiva cobrança do tributo, não tendo qualquer relação com a entrada em vigor da lei tributária.

Isso está bem claro na redação do art. 150, III, *b* e *c*, da Constituição, segundo o qual:

Art. 150. Sem prejuízo de outras garantias asseguradas ao contribuinte, é vedado à União, aos Estados, ao Distrito Federal e aos Municípios:

III – **cobrar** tributos:

b) no mesmo exercício financeiro em que **haja sido publicada** a lei que os instituiu ou aumentou;

c) antes de decorridos noventa dias da data em que **haja sido publicada** a lei que os instituiu ou aumentou, observado o disposto na alínea *b*.

O texto constitucional afirma que a anterioridade se posiciona entre a "publicação" da lei e a "cobrança" do tributo. Ao contrário do que muitos pensam, **a anterioridade não impede que a lei tributária entre em vigor na data de sua publicação**. "Entrar em vigor na data de sua publicação" é o fenômeno da vigência, o que não significa necessariamente que o tributo seja efetivamente cobrado com base na lei nova. **Inexiste qualquer relação entre anterioridade e vigência.**

Portanto, mesmo que a lei, instituindo ou majorando tributo, seja publicada e entre em vigor na mesma data, não haverá afronta ao princípio da anterioridade, desde que qualquer exigência somente seja realizada no exercício seguinte (anterioridade anual), observado o intervalo mínimo de noventa dias (anterioridade nonagesimal).

4.6.6 Anterioridade e revogação de isenção

A isenção é um benefício legal que libera temporariamente o contribuinte do pagamento do tributo. E, como toda vantagem concedida pelo legislador, a isenção pode ser também revogada com a simples revogação da lei que a concedeu.

Ocorre que, do ponto de vista do contribuinte beneficiário da isenção, a revogação do benefício equivale à criação de um novo tributo, na medida em que o contribuinte passa a pagar valores anteriormente indevidos.

Em nome do princípio da isonomia (situações equivalentes, tratamento equivalente), alguns doutrinadores passaram a defender que, havendo revogação de isenção, o contribuinte beneficiário somente deveria voltar a recolher o tributo no exercício seguinte, para garantir a simetria com a posição de quem é surpreendido com a criação de tributo novo.

Favorecendo tal orientação, o art. 104, III, do Código Tributário Nacional prescreve que:

> Art. 104. Entram em vigor no primeiro dia do exercício seguinte àquele em que ocorra a sua publicação os dispositivos de lei, referentes a impostos sobre o patrimônio ou a renda:
>
> III – que extinguem ou reduzem isenções, salvo se a lei dispuser de maneira mais favorável ao contribuinte, e observado o disposto no art. 178.

Embora o dispositivo acima transcrito seja bastante claro ao sujeitar a revogação de isenções ao princípio da anterioridade anual, **essa não é a corrente majoritária.** Atualmente, **predomina o entendimento de que a revogação de isenção NÃO SE SUJEITA À ANTERIORIDADE**, especialmente com base em dois argumentos:

1) o art. 104 do CTN não seria uma regra específica de anterioridade, mas de vigência, porque fala em "entrada em vigor", e, como visto nos itens pretéritos, o princípio da anterioridade não tem qualquer relação com o fenômeno da entrada em vigor da lei;

2) o art. 104 do CTN não teria sido recepcionado pela Constituição de 1988, pois inexiste no Texto Maior qualquer referência a tal aplicação do princípio da anterioridade.

Esse era o entendimento do Supremo Tribunal Federal aplicado em 2014, segundo o qual, "na isenção, o tributo já existe. Por isso, revogado o favor legal, força é concluir que um novo tributo não foi criado, senão que houve apenas a restauração do direito de cobrar o tributo, o que não implica o obrigatoriedade de ser observado o princípio da anterioridade" (RE 204.026). Tal visão, entretanto, foi alterada pelo STF, que voltou a aplicar a anterioridade na revogação de benefícios fiscais (RE 564.225, rel. Min. Marco Aurélio, 2-9-2014, *vide* item 11.6.1 deste *Curso*).

Entretanto, em 2020, o STF trouxe entendimento atualizado quanto ao caso, indicando em sua ementa que: "O princípio da anterioridade busca assegurar a previsibilidade da relação fiscal ao não permitir que o sujeito passivo seja surpreendido com um aumento súbito do encargo, o que inviabilizaria qualquer tipo de planejamento financeiro. O prévio conhecimento da carga tributária tem como fundamento a segurança jurídica, conforme já reconhecido por esta Corte, ao reconhecer a necessidade de respeito à anterioridade anual e à noventena, diante do aumento indireto de tributo, como a revogação de benefício fiscal que tenha reduzido a base de cálculo de determinada exação" (STF, Emb.Decl. no Ag.Reg. nos Emb.Div. no Ag.Reg. no Recurso Extraordinário 564.225/RS, j. 2-10-2020 a 9-10-2020).

Por fim, é importante destacar que, **quando se tratar de ISENÇÃO ONEROSA e TEMPORÁRIA,** deve-se garantir o direito adquirido do contribuinte que preencher os requisitos necessários para sua concessão, como será visto nos capítulos seguintes deste *Curso* (art. 178 do CTN e Súmula 544 do STF: "Isenções tributárias concedidas, sob condição onerosa, não podem ser livremente suprimidas").

> STF: "(...) REINTEGRA. BENEFÍCIO FISCAL. REDUÇÃO DO PERCENTUAL. AUMENTO INDIRETO DE TRIBUTO. PRINCÍPIOS DA ANTERIORIDADE GERAL E NONAGESIMAL. OBSERVÂNCIA (...) 1. O entendimento assinalado na decisão ora agravada está em consonância com a jurisprudência firmada no Supremo Tribunal Federal. O aumento indireto de tributo, mediante a redução da alíquota de incentivo fiscal, atrai a incidência do princípio da anterioridade, geral e nonagesimal, constantes no art. 150, III, *b* e *c*, da Constituição Federal (...)" (RE 1.253.706 AgR/RS, rel. Min. Rosa Weber, j. 19-5-2020, 1ª T., *DJe* 22-6-2020).

4.6.7 As várias anterioridades

A promulgação da Emenda Constitucional n. 42/2003 trouxe como resultado principal a consolidação de um **complexo sistema de aplicação do princípio da anterioridade.**

Para compreensão integral de todo o conteúdo da atual anterioridade é preciso fixar as seguintes premissas:

1) o nome "anterioridade anual" ou simplesmente "anterioridade" compreende a regra específica que adia a cobrança do tributo para o exercício seguinte àquele da publicação da lei que o tiver instituído ou majorado;

2) a terminologia "anterioridade nonagesimal", "anterioridade mitigada", "anterioridade reduzida" ou "noventena" corresponde ao preceito específico que empurra a cobrança para noventa dias após a data da publicação da lei que houver criado ou majorado o tributo;

3) atualmente, para a maioria absoluta dos tributos as anterioridades anual e nonagesimal atuam de forma combinada, aplicando-se aquela que, diante do caso concreto, for mais favorável ao contribuinte, afastando-se a cobrança para a data mais distante;

4) a Emenda n. 42/2003 estabeleceu três grupos de tributos submetidos a regras próprias de anterioridade (exceções), previstos no art. 150, § 1º, da Constituição Federal, conforme será visto no item seguinte.

4.6.8 Exceções à anterioridade

A Emenda n. 42/2003 alterou a redação do § 1º do art. 150 da Constituição Federal, definindo um conjunto de três grupos de exceções ao princípio da anterioridade. O mesmo dispositivo sofreu também modificações trazidas pela Emenda Constitucional n. 132/2023 – Reforma Tributária. Estabelece o referido dispositivo:

> A vedação do inciso III, *b*, não se aplica aos tributos previstos nos arts. 148, I, 153, I, II, IV e V; e 154, II; e a vedação do inciso III, *c*, não se aplica aos tributos previstos nos arts. 148, I, 153, I, II, III e V; e 154, II, nem à fixação da base de cálculo dos impostos previstos nos arts. 155, III, e 156, I.

Interpretando as diversas referências que o citado preceito faz a outras normas constitucionais, podemos dividir as exceções em três grupos:

1) **TRIBUTOS DE COBRANÇA IMEDIATA (podem ser cobrados no dia seguinte):** nesse primeiro grupo estão os tributos que não se sujeitam nem à anterioridade anual, nem à nonagesimal. São eles: alteração nas alíquotas do **Imposto de Importação, Imposto de Exportação, Imposto sobre Operações Financeiras,** bem como criação e majoração do **Imposto Extraordinário de Guerra** e do **Empréstimo Compulsório** nos casos de calamidade pública ou guerra externa;

2) **TRIBUTOS QUE RESPEITAM SOMENTE A ANTERIORIDADE NONAGESIMAL (podem ser cobrados no mesmo exercício):** no segundo grupo de exceções temos os tributos que, embora submetidos à anterioridade nonagesimal, não cumprem a anual, razão pela qual podem ser exigidos noventa dias após a publicação do ato normativo que os houver instituído ou majorado, ainda que a cobrança ocorra no mesmo ano. São eles: instituição ou majoração do **Imposto sobre Produtos Industrializados, Contribuições Sociais (art. 195 da CF), Cide/Combustíveis e ICMS/Combustíveis (art. 155, § 4º, IV, *c*, e § 5º da CF);**

3) **TRIBUTOS QUE RESPEITAM SOMENTE A ANTERIORIDADE ANUAL (não se sujeitam ao intervalo mínimo de 90 dias):** por fim, no terceiro grupo estão os tributos que se submetem somente à anterioridade anual, mas não à nonagesimal. Nesse caso, tais tributos podem ser cobrados sempre em 1º de janeiro do ano seguinte ao da publicação do ato normativo que os tiver instituído ao majorado, independentemente do intervalo mínimo de noventa dias. São eles o **Imposto de Renda,** bem como as **alterações na base de cálculo do IPTU** (mudança

na planta genérica de valores que implique aumento real no imposto) e na **base de cálculo do IPVA** (modificação na tabela oficial de valores de veículos resultando em majoração efetiva no valor do carro). Com o advento da Emenda Constitucional n. 132/2023 – Reforma Tributária, o Imposto Seletivo (IS) e a Contribuição sobre Bens e Serviços (CBS) passam a ser, também, exceções à anterioridade nonagesimal, sujeitando-se somente à anual;

4) **TRIBUTOS QUE RESPEITAM A ANTERIORIDADE ANUAL E NONAGESIMAL:** (se forem criados ou majorados entre janeiro e setembro de um ano, serão cobrados já em 1º de janeiro do ano seguinte; se forem criados ou majorados entre outubro e dezembro, por força da anterioridade nonagesimal, a data de incidência será após 1º de janeiro, dependendo do dia e do mês em que houve a criação ou majoração): ISS, IPTU (majorado ou criado, pois alterações na base de cálculo entram na regra apenas anual), ITBI, ICMS (sem ser combustível), IPVA (sem ser alteração na base de cálculo, conforme visto anteriormente), ITCMD, IGF, ITR, Imposto Residual, taxas, contribuições de melhoria, empréstimos compulsórios para investimento público urgente e de relevante interesse nacional, contribuições em geral (exceto as sociais-previdenciárias).

> STF: "(...) O Princípio da anterioridade nonagesimal (ou noventena) é exigível apenas para as leis que instituem ou majoram tributos. A incidência da norma não precisa observar o prazo de 90 (noventa) dias da data da publicação que prorrogou o direito à compensação, nos termos do art. 150, III, *c*, da Constituição (...) Fixadas as seguintes teses de repercussão geral no Tema 326 (...) (ii) Conforme o art. 150, III, *c*, da CRFB/88, o princípio da anterioridade nonagesimal aplica-se somente para leis que instituem ou majoram tributos, não incidindo relativamente às normas que prorrogam a data de início da compensação de crédito tributário" (RE 601.967, rel. p/ o ac. Min. Alexandre de Moraes, j. 18-8-2020, P, *DJe* 4-9-2020, Tema 346).

Exceções ao princípio da anterioridade

Cobrança imediata (não se aplica anterioridade)	Exceção anterioridade anual	Exceção anterioridade nonagesimal
II	IPI	IR
IE	Contribuições sociais	IPTU (base de cálculo)
IOF	CIDE/Combustível	IPVA (base de cálculo)
Imposto Extraordinário de Guerra	ICMS/Combustíveis	IS
Emp. Compulsório		CBS

4.6.8.1 Redução de desconto ou alteração no prazo legal para recolhimento do tributo

A anterioridade aplica-se especificamente sobre a norma que cria ou majora tributo. Porém, havendo redução de desconto no pagamento ou alteração no prazo legal para recolhimento do tributo, não incide o princípio da anterioridade. Nesses casos, inexiste criação ou majoração do tributo, por isso a lei produz efeito imediatamente, sem qualquer intervalo **mínimo**. Veja o que diz a Súmula Vinculante n. 50: "Norma legal que altera o prazo de recolhimento de obrigação tributária não se sujeita ao princípio da anterioridade".

4.7 PRINCÍPIO DA ISONOMIA (ART. 150, II, DA CF)

Pela aplicação da noção geral de isonomia (art. 5º, *caput*, da CF) no campo fiscal, o princípio da igualdade tributária **proíbe seja dado tratamento diferenciado a contribuintes que se encontrem em situação equivalente**.

Nesse sentido, dispõe o art. 150, II, da Constituição Federal:

> Sem prejuízo de outras garantias asseguradas ao contribuinte, é vedado à União, aos Estados, ao Distrito Federal e aos Municípios: II – instituir tratamento desigual entre contribuintes que se encontrem em situação equivalente, proibida qualquer distinção em razão de ocupação profissional ou função por eles exercida, independentemente da denominação jurídica dos rendimentos títulos ou direitos.

Note-se que o princípio da isonomia tributária tem **dois destinatários**: a) o legislador; b) a administração tributária (Fisco). Daí poder falar-se em "igualdade na lei" e em "igualdade perante a lei".

A observância da **igualdade na lei** é um dever que se volta ao legislador, na medida em que exige um **tratamento paritário conferido pela legislação** aos contribuintes.

STF: "(...) 1. O pacto federativo reclama, para a preservação do equilíbrio horizontal na tributação, a prévia deliberação dos Estados-membros para a concessão de benefícios fiscais relativamente ao ICMS, na forma prevista no art. 155, § 2º, XII, *g*, da Constituição e como disciplinado pela Lei Complementar n. 24/75, recepcionada pela atual ordem constitucional. 2. *In casu*, padece de inconstitucionalidade a Lei n. 13.790/06 do Estado de Santa Catarina, porquanto concessiva de benefícios fiscais de ICMS ao serviço de transporte rodoviário interestadual ou intermunicipal de cargas, caracterizando hipótese típica de guerra fiscal em desarmonia com a Constituição Federal de 1988. A isonomia tributária e a vedação constitucional à discriminação segundo a procedência ou o destino de bens e serviços (arts. 150, II, e 152, da CRFB/88) tornam inválidas as distinções em razão do local em que se situa o estabelecimento do contribuinte ou em que produzida a mercadoria, máxime nas hipóteses nas quais, sem qualquer base axiológica no postulado da razoabilidade, se engendra tratamento diferenciado (ADI 3.984, rel. Min. Luiz Fux, j. 30-8-2019, P, *DJe* 23-9-2019).

Já a **igualdade perante a lei** constitui imperativo destinado a quem exerce as atividades de fiscalização e arrecadação de tributos, isto é, **aplica-se ao Fisco, que não pode desigualar, no exercício de suas atribuições, contribuintes que se encontrem em situação equivalente**.

É importante destacar que nem todas as diferenciações estabelecidas pela legislação são atentatórias ao referido princípio.

Por exemplo, a previsão de alíquotas progressivas para o Imposto de Renda (art. 153, § 2º, I, da CF) tem o objetivo, precisamente, de conferir tratamento diferenciado a contribuintes, tributando com mais intensidade aqueles que são economicamente mais fortes.

O que a Constituição veda é a discriminação injustificada.

Imagine-se, por hipótese, que a lei confira isenção fiscal a certas classes de portadores de deficiência motora. Determinado indivíduo requer o benefício fiscal, mas seu tipo específico de deficiência não foi previsto expressamente pelo legislador por se tratar de restrição desconhecida até então. Se houver demonstração de que as limitações físicas do requerente equivalem, na prática, àquelas verificáveis nas deficiências mencionadas na lei, o princípio da igualdade justifica a extensão da vantagem ao portador da nova doença.

Em termos práticos, a aplicação mais relevante do princípio da isonomia tem sido justamente a apontada acima: ampliar o alcance de vantagens tributárias a certas categorias de portadores de deficiência injustamente esquecidos pelo legislador na concessão do benefício.

É importante frisar que, em certos casos, a aplicação do princípio da igualdade tributária obriga o operador do direito a mitigar o alcance de algumas normas restritivas previstas no CTN. O art. 111, II, por exemplo, determina que deve ser interpretada literalmente a legislação tributária que disponha sobre isenções. Tal norma é importantíssima, pois impede que vantagens tributárias sejam estendidas indiscriminadamente a toda e qualquer situação concreta que não guarde uma mínima relação de semelhança com os casos previstos na norma isentiva. Ocorre que uma regra do CTN não pode imobilizar a produção de efeitos de normas constitucionais. Por isso, ao intérprete cabe a tarefa de indagar se, no caso concreto, está ocorrendo, ou não, a hipótese de tratamento injustificadamente desigual entre contribuintes que se encontrem em situação equivalente, podendo, se a resposta for afirmativa, afastar a incidência do art. 111, II, do CTN, sob pena de tornar-se inaplicável o disposto no art. 150, II, da Constituição Federal.

A respeito da aplicação do princípio da igualdade, o STF decidiu pela inconstitucionalidade de lei do Estado do Amapá que concedia isenção do IPVA aos proprietários de veículos destinados ao transporte escolar, mas restringia o benefício apenas aos condutores cujos carros estivessem devidamente regularizados junto à cooperativa de transportes escolares do Município de Macapá, limitação esta considerada atentatória à isonomia (ADIMC 1.655).

> STF: "A não incidência de alíquota referente ao PIS/Pasep e à Cofins sobre venda do veículo novo ou autopeça à Zona Franca de Manaus impõe alíquota menor que as fixadas na Lei n. 10.485/2002, sob pena de afronta ao princípio da isonomia tributária, previsto no inciso II do art. 150 da Constituição da República: com a sistemática instituída pelo art. 65 da Lei n. 11.196/2005 a utilização das mesmas alíquotas agrava a situação tributária nas transações com as concessionárias-revendedoras situadas na Zona Franca de Manaus" (ADI 4.254, rel. min. Alexandre de Moraes, j. 24-8-2020, P, *DJe* 17-9-2020).

Em outra oportunidade o STF também considerou inconstitucional a proibição, imposta pelo Ministério da Fazenda, de importação de automóveis usados, medida contrária à isonomia porque a restrição não se estendia à importação de carros novos (RE 203.954).

4.7.1 Desdobramentos do princípio da isonomia tributária

Tão relevante quanto compreender o conteúdo próprio do princípio da isonomia é conhecer três importantes desdobramentos, ou subprincípios, que derivam do preceito isonômico[4], a saber:

a) a regra da irrelevância da capacidade civil para fins tributários;

b) o princípio do *non olet*;

c) o princípio da capacidade **contributiva**.

Devido à relevância do tema, convém analisar cada um dos três subprincípios separadamente.

4.7.1.1 Irrelevância da capacidade civil para fins tributários (art. 126, I, do CTN)

O primeiro desdobramento do princípio da isonomia tributária é a regra segundo a qual **a incapacidade civil é irrelevante para o Direito Tributário.**

Esse postulado decorre daquilo que se encontra disposto no art. 126 do Código Tributário Nacional:

> A capacidade tributária passiva independe:
>
> I – **da capacidade civil das pessoas naturais;**
>
> II – de achar-se a pessoa natural sujeita a medidas que importem privação ou limitação do exercício de atividades civis, comerciais ou profissionais, ou da administração direta de seus bens ou negócios;
>
> III – de estar a pessoa jurídica regularmente constituída, bastando que configure uma unidade econômica ou profissional.

Em razão dessa regra, **todos os civilmente incapazes pagam tributos** desde que realizem o fato gerador tributário.

---

4. Eduardo Sabbag, *Manual de Direito Tributário*, p. 96.

Assim, nada impede, por exemplo, que **sejam contribuintes o menor de idade**, os que, por enfermidade ou deficiência mental e que não tiverem o necessário discernimento para a prática desses atos, ou ainda, **as empresas irregularmente constituídas** (sem registro na Junta Comercial). Na verdade, este último exemplo demonstra que até **a ausência de personalidade jurídica não impede o surgimento do dever de pagar tributo**, na medida em que o registro na Junta Comercial é condição para aquisição na personalidade empresarial.

São exemplos dessa regra:

1) camelô irregular que, embora atue clandestinamente, deve recolher ICMS sobre as mercadorias que vender;

2) criança de 1 ano que receber de herança um imóvel urbano (é contribuinte do IPTU).

4.7.1.2 Princípio do non olet (art. 118, I, do CTN)

A expressão latina *non olet*, que em português pode ser traduzida como "sem cheiro", deriva do provérbio *pecunia non olet* ("o dinheiro não tem cheiro"). A origem da expressão remonta à história de Roma, quando o Imperador Nero instituiu uma taxa para utilização dos banheiros públicos. Quando o tributo foi extinto e depois restabelecido pelo Imperador Vespasiano, seu filho Tito reclamou com o pai sobre a natureza imoral da exigência, dizendo que a cidade ficaria malcheirosa. Então, Vespasiano pegou uma moeda de ouro e disse: "*pecunia non olet*" (dinheiro não tem cheiro).

Para a realidade atual do Direito Tributário brasileiro, o princípio do *non olet* significa que **não importa a origem remota do dinheiro do contribuinte e nem se a atividade tributada é ilícita ou imoral. Assim, nada impede que os frutos do ato ilícito sofram tributação.**

O fundamento normativo do princípio é o art. 118, I, do CTN, segundo o qual:

Art. 118. A definição legal do fato gerador é interpretada abstraindo-se:

I – da validade jurídica dos atos efetivamente praticados pelos contribuintes, responsáveis, ou terceiros, bem como da natureza do seu objeto ou dos seus efeitos;

II – dos efeitos dos fatos efetivamente ocorridos.

Desse modo, por exemplo, **traficantes, "bicheiros" ou mafiosos também devem Imposto de Renda**. A venda de madeira de corte proibido e a comercialização de animais silvestres sujeitam-se à incidência do Imposto sobre Circulação de Mercadorias e Serviços.

Sobre o tema, o STF já decidiu caracterizar crime de sonegação fiscal a omissão, na declaração de rendimentos, de lucros oriundos de atividade criminosa (HC 77.530).

Há quem sustente que a tributação de atividades ilícitas viole o princípio da moralidade (art. 37, *caput*, da Constituição). Entretanto, o raciocínio não procede.

Se a Administração deixasse de arrecadar tributos por desconfiar da origem do dinheiro, ou pela ilicitude da atividade tributada, estaria descumprindo a lei (art. 118 do CTN), de modo a ferir o princípio da legalidade e a desatender o caráter plenamente vinculado da atividade fiscal (art. 3º do CTN). Além disso, ocorreria desoneração tributária da atividade ilegal, acarretando verdadeiro incentivo do comportamento contrário à ordem jurídica.

Assim, por todas as razões, e ainda em atenção ao princípio da igualdade, a tributação de atividades ilícitas é um imperativo exigido pelo ordenamento jurídico nacional.

> STJ: "(...) A jurisprudência desta Corte é firma no reconhecimento da legitimidade da tributação sobre operações ou atividades ilícitas, decorrente da interpretação com abstração da validade jurídica dos atos praticados pelo contribuinte, de seu objeto ou de seus efeitos, na definição legal do fato gerador (art. 118 do CTN) (...) (AgInt no REsp 1.328.837 RR 2012/0122309-6, rel. Min. Napoleão Nunes Maia Filho, j. 18-2-2019, 1ª T., *DJe* 25-2-2019).

4.7.1.3 Capacidade contributiva como subprincípio da isonomia

Conforme visto no capítulo anterior deste *Curso* (item 3.2.3), o princípio da capacidade contributiva é um **comando dirigido ao legislador**, obrigando que todos os **tributos** (Supremo Tribunal Federal) sejam **graduados conforme a capacidade econômica do contribuinte**[STF].

> STF: "(...) Servidor público. Contribuição previdenciária. Alíquota progressiva. Impossibilidade. Precedentes. 1. Esta Corte já decidiu que a instituição de alíquotas progressivas para a contribuição previdenciária dos servidores públicos ofende o princípio da vedação à utilização de qualquer tributo com efeito de confisco (art. 150, inciso IV, da Constituição Federal)" (AgRg no RE 346.197-DF, rel. Min. Dias Toffoli, j. 16-10-2012, *DJe* 12-11-2012).

Seu fundamento constitucional está no art. 145, § 1º, da CF: "Sempre que possível, os impostos terão caráter pessoal e serão graduados segundo a capacidade econômica do contribuinte, facultado à administração tributária, especialmente para conferir efetividade a esses objetivos, identificar, respeitados os direitos individuais e nos termos da lei, o patrimônio, os rendimentos e as atividades econômicas do contribuinte".

Embora o dispositivo faça referência somente a impostos, no julgamento do RE 406.955/2010 o STF firmou o entendimento no sentido de que a capacidade contributiva é aplicável a todos os tributos.

Trata-se de um desdobramento do princípio da isonomia, na medida em que o ideal almejado pela capacidade contributiva é **tributar os contribuintes na**

proporção de suas riquezas, observando a fórmula clássica de tratar "igualmente os iguais e desigualmente os desiguais" em matéria de tributação.

4.7.1.3.1 Capacidade contributiva e alíquotas progressivas

Alíquotas progressivas são aquelas que aumentam ou diminuem, como regra, em função da capacidade econômica do contribuinte.

Chama-se **progressividade fiscal** a técnica que utiliza as alíquotas progressivas voltadas para o cumprimento do princípio da capacidade contributiva, **graduando a cobrança dos tributos de acordo com a riqueza** revelada pelo sujeito passivo. Exemplo: Imposto de Renda (art. 153, § 2º, I, da CF).

Já a **progressividade extrafiscal** é aquela aplicada **visando a objetivo alheio** à tributação segundo a capacidade econômica. Exemplo: Imposto Territorial Rural progressivo para desestimular propriedades improdutivas (art. 153, § 4º, I, da CF).

Convém ressalvar que grande fator de limitação concreta no uso de sistema de alíquotas progressivas fiscais é que **raríssimos tributos incidem sobre fatos signos presuntivos de riqueza** ("termômetros de riqueza"), ou seja, poucos tributos são capazes de revelar a capacidade econômica do contribuinte.

Isso porque a aplicação da técnica das alíquotas progressivas fiscais só se legitima se o tributo for "revelador de capacidade econômica" do contribuinte, sob pena de inconstitucionalidade na utilização do sistema por violação ao art. 145, § 1º, da CF: "Sempre que possível, os impostos terão caráter pessoal e serão graduados segundo a capacidade econômica do contribuinte, facultado à administração tributária, especialmente para conferir efetividade a esses objetivos, identificar, respeitados os direitos individuais e nos termos da lei, o patrimônio, os rendimentos e as atividades econômicas do contribuinte".

Se, por exemplo, o ICMS fosse cobrado com alíquotas progressivas, haveria uma subversão na lógica do sistema da progressividade, porque tal imposto incide sobre uma grandeza econômica (circulação de mercadorias) que não é indício de riqueza. Sabe-se que indivíduos muito ricos compram diariamente mercadorias de baixo valor (canetas, copos de água, balas) e pessoas de baixo poder aquisitivo podem adquirir esporadicamente itens caros (carros, equipamentos eletrônicos, móveis). Se o ICMS tivesse alíquota progressiva, a compra de uma caneta por um rico tributaria pouquíssimo o indivíduo de muito poder aquisitivo, enquanto a operação da compra de um carro pela pessoa de baixa renda atrairia alta alíquota sobre o contribuinte economicamente mais frágil. Haveria uma inversão nos valores da capacidade contributiva. Isso demonstra que alguns tributos, como o ICMS, por exemplo, simplesmente são incapazes de revelar a capacidade econômica do contribuinte. Neles, as alíquotas progressivas não podem ser utilizadas.

Portanto, existe uma relação direta entre alíquotas progressivas fiscais e o princípio da capacidade contributiva.

4.7.1.3.2 Impostos progressivos na CF/88

Na Constituição de 1988 pressupõe-se que as alíquotas progressivas sejam uma **excepcionalização ao direito de propriedade** do contribuinte, diante do elevado potencial de lesividade que tal técnica de tributação pode causar sobre o patrimônio privado.

Assim, vem-se se formando um **consenso jurisprudencial** no sentido de que as **alíquotas progressivas somente** podem ser aplicadas **com expressa previsão no texto constitucional.**

Isso porque, se a Constituição Federal assegura o direito de propriedade (art. 5º, XXII), somente o próprio Texto Maior poderia limitar tal direito.

Na Constituição de 1988 existe previsão de **progressividade apenas para os seguintes impostos:**

a) **Imposto de Renda** (art. 153, § 2º, I, da CF);

b) **Imposto Territorial Rural** (art. 153, § 4º, I, da CF);

c) **Imposto Predial e Territorial Urbano** (arts. 156, § 1º, I, e 182, § 4º, II, da CF);

d) **Imposto sobre a Transmissão** *Causa Mortis* e **Doações** (possibilidade acrescentada pela EC n. 132/2023 – Reforma Tributária);

e) **Imposto sobre a Propriedade de Veículos Automotivos** (possibilidade acrescentada pela EC n. 132/2023 – Reforma Tributária).

Portanto, atualmente há apenas cinco impostos expressamente progressivos pela Constituição de 1988: o IR, o ITR, o IPTU, o ITCMD e o IPVA.

Vamos analisar separadamente a progressividade desses três impostos. Vale lembrar que o estudo detalhado do regime jurídico de cada um dos tributos existentes no ordenamento brasileiro será feito no capítulo sobre tributos em espécie.

4.7.1.3.2.1 Progressividade do Imposto de Renda

A progressividade do IR está prevista no art. 153, § 2º, I, da CF, segundo o qual: "O imposto previsto no inciso III: I – será informado pelos critérios da generalidade, da universalidade e da progressividade, na forma da lei".

Trata-se de uma **progressividade fiscal**, na medida em que seu objetivo é atender ao princípio da capacidade contributiva, cumprindo **finalidade arrecadatória** ao tributar de forma mais acentuada o contribuinte que revelar maior capacidade econômica.

O tema será melhor abordado no capítulo sobre tributos em espécie.

4.7.1.3.2.2 Progressividade do Imposto Territorial Rural

No caso do Imposto Territorial Rural, as alíquotas progressivas vêm previstas no art. 153, § 4º, I, da CF, com redação dada pela Emenda 42/2003: "O imposto previsto no inciso VI do *caput*: I – será progressivo e terá suas alíquotas fixadas de forma a desestimular a manutenção de propriedades improdutivas".

Ao contrário do que ocorre no Imposto de Renda, no ITR a **progressividade é essencialmente extrafiscal**, isto é, sua finalidade primeira não consiste na mera arrecadação de recursos para custeio das despesas estatais, mas atende ao objetivo, constitucionalmente declarado, de desestimular a manutenção de propriedades improdutivas.

Atualmente, as alíquotas do imposto variam de 0,03% a 20% (art. 11 da Lei n. 9.393/96).

4.7.1.3.2.3 Progressividades do IPTU

O IPTU sujeita-se a **três sistemas diferenciados de alíquotas**:

a) alíquotas progressivas no tempo em razão do uso inadequado do solo urbano (art. 182, § 4º, II, da CF);

b) alíquotas progressivas em função do valor do imóvel (art. 156, § 1º, I, da CF);

c) alíquotas diferenciadas de acordo com o binômio localização/uso do imóvel (art. 156, § 1º, II, da CF).

Importantíssimo salientar que até a promulgação da Emenda Constitucional n. 29, no ano de 2000, o Texto Maior somente continha previsão expressa de progressividade do IPTU para a hipótese de uso inadequado do solo urbano (art. 182, § 4º, II, da CF), razão pela qual a jurisprudência do Supremo Tribunal Federal pacificou o entendimento de que, antes do ano de promulgação da referida Emenda, não se admitia a cobrança do imposto com alíquotas progressivas em razão do valor ou do uso/localização do imóvel.

A progressividade do IPTU no tempo (art. 182, § 4º, II, da CF) consiste em instrumento para o Município desestimular a manutenção de imóveis urbanos não edificados, subutilizados ou não utilizados, podendo a alíquota atingir patamar máximo de 15% sobre o valor venal do imóvel (art. 7º, § 1º, do Estatuto da Cidade – Lei federal n. 10.257/2001).

A progressividade em função do valor do imóvel (art. 156, § 1º, I, da CF) é instituída com finalidade puramente arrecadatória (progressividade fiscal), realizando a exigência de tributação graduada conforme a capacidade econômica do contribuinte (art. 145, § 1º, da CF).

Por fim, o art. 156, § 1º, II, da CF prevê a cobrança de IPTU com alíquotas variáveis de acordo com o uso e a localização do imóvel. Note-se que a norma constitucional impõe ao legislador o dever de combinar uso e localização para determinar a diferenciação nas alíquotas.

Assim, por exemplo, descumpriria o referido dispositivo da Constituição a lei municipal que estabelecesse alíquotas de 3% para imóveis comerciais e de 2% para imóveis residenciais, pois nessa hipótese o tipo de uso foi empregado separadamente do quesito localização. Seria preciso, para tornar válida a exigência, delimitar certa região do Município dentro da qual os imóveis comerciais estariam sujeitos a alíquotas superiores às aplicadas a imóveis residenciais, não dissociando assim o binômio uso/localização referido pelo texto constitucional.

Vale mencionar que, com relação ao ITBI, que também é um imposto municipal, há a Súmula 656 do STF que assim dispõe: "É inconstitucional a lei que estabelece alíquotas progressivas para o imposto de transmissão *inter vivos* de bens imóveis (ITBI) com base no valor venal do imóvel".

4.7.1.3.3 O caso da progressividade do ITCMD

A Constituição Federal de 1988 não previa alíquotas progressivas para o ITCMD. Porém, o **Supremo Tribunal Federal** no julgamento do RE n. 562.045/RS, em 6-2-2013, rel. Min. Ricardo Lewandowski, **passou a admitir a possibilidade da cobrança progressiva do ITCMD.**

A síntese do entendimento do Tribunal consta da ementa abaixo transcrita:

> Contudo, todos os impostos estariam sujeitos ao princípio da capacidade contributiva, mesmo os que não tivessem caráter pessoal. Esse dispositivo estabelece que os impostos, sempre que possível, devem ter caráter pessoal. Assim, todos os impostos, independentemente de sua classificação como de caráter real ou pessoal, podem e devem guardar relação com a capacidade contributiva do sujeito passivo. É possível aferir a capacidade contributiva do sujeito passivo do ITCMD, pois, tratando-se de imposto direto, a sua incidência poderia expressar, em diversas circunstâncias, progressividade ou regressividade direta. A progressividade de alíquotas do imposto em comento não teria como descambar para o confisco, porquanto haveria o controle do teto das alíquotas pelo Senado Federal (CF, art. 155, § 1º, IV). Diferentemente do que ocorreria com o IPTU, no âmbito do ITCMD não haveria a necessidade de emenda constitucional para que o imposto fosse progressivo.

Com o advento da Emenda Constitucional n. 132/2023 – Reforma Tributária, a Constituição Federal passa a ter expressa previsão de progressividade no ITCMD, assim como no IPVA.

É o que estabelece o art. 155, § 1º, VI, da Constituição Federal, segundo o qual o ITCMD "será progressivo em razão do valor do quinhão, do legado ou da doação". Trata-se de uma hipótese clássica de progressividade fiscal, ou seja, instituída com finalidade puramente arrecadatória.

4.7.1.3.4 A situação da progressividade do IPVA

O IPVA **não tinha previsão expressa de progressividade** na Constituição de 1988.

Todavia, com o advento da Emenda Constitucional n. 132/2023 – Reforma Tributária, a Constituição Federal passa a ter expressa previsão de progressividade no IPVA, assim como no ITCMD.

Nos termos do art. 155, § 6º, II, da Constituição Federal, o IPVA "poderá ter alíquotas diferenciadas em função do tipo, do valor, da utilização e do impacto ambiental". Embora o dispositivo fale somente em alíquotas "diferenciadas", é claro, especialmente quanto ao elemento "valor", que se trata de uma progressividade, com alíquotas crescentes em função da maior capacidade contributiva revelada pelo proprietário do veículo.

4.7.1.3.5 Proporcionalidade e progressividade

Importante fazer uma distinção entre proporcionalidade e progressividade.

Na **proporcionalidade** ocorre a aplicação de uma alíquota fixa sobre base calculada variável, resultando em valores devidos diferentes. Imagine, por exemplo, os indivíduos submetidos à alíquota máxima do Imposto de Renda no Brasil (27,5%) mas com salários bem diferentes. Pedro ganha R$ 10.000,00 por mês e Antônio aufere R$ 400.000,00 mensais.

Pelo simples fato de a base calculada variar (de 10 mil para 400 mil), o valor do imposto devido será proporcionalmente maior para Antônio.

Porém, **a proporcionalidade não atende aos ideais da justiça social, da isonomia e da capacidade contributiva**, na medida em que contribuintes com capacidades econômicas visivelmente distintas são tratados como se tivessem o mesmo potencial contributivo. **A proporcionalidade tributa igualmente os desiguais.**

Já na **progressividade** busca-se um aumento nas alíquotas sempre que a base calculada do tributo revela maior capacidade contributiva. As **alíquotas são ajustadas para sofrer majoração na medida da riqueza do contribuinte**, atendendo adequadamente aos imperativos da justiça social, da isonomia e da capacidade contributiva. A progressividade tributa igualmente os iguais e desigualmente os desiguais. Trata-se de um sistema mais avançado, socialmente justo e isonômico do que a proporcionalidade.

4.7.1.3.6 Progressividade desvinculada da capacidade contributiva

A progressividade, em regra, é vinculada ao princípio da capacidade contributiva (progressividade fiscal) e tem como objetivo graduar a tributação de acordo com a riqueza do contribuinte.

Entretanto, em casos raros o sistema de alíquotas progressivas pode ser aplicado visando interesses diversos da mera tributação segundo a capacidade contributiva. Tem-se então a progressividade extrafiscal. É o caso, por exemplo, do IPTU progressivo no tempo, cuja finalidade é estimular o uso adequado do solo urbano (art. 182, § 4º, II, da CF).

4.7.1.3.7 Progressividade simples e graduada

Existem dois modos principais de aplicação do sistema de alíquotas progressivas: progressividade simples e graduada[5].

Na progressividade simples a alíquota aplicável incide sobre a integralidade da base calculada. A grande desvantagem desse modelo de progressividade é que a passagem para a faixa seguinte de tributação faz com que o valor do tributo devido, por vezes, torne mais interessante permanecer na faixa anterior de incidência.

Preste muita atenção ao seguinte exemplo. João ganha R$ 2.900,00 mensais, atraindo alíquota de 10% do Imposto de Renda (valores fictícios), e acaba recebendo o montante líquido de R$ 2.610,00 após os descontos do imposto. Suponha agora que a faixa seguinte de tributação fosse a alíquota de 20% do IR para rendimentos acima de R$ 3.000,00. Se o chefe de João propusesse um aumento de salário para R$ 3.100,00, a mudança de faixa tornaria o aumento salarial desvantajoso, porque, aplicando 20% sobre R$ 3.100,00, a remuneração líquida de João cairia para R$ 2.480,00. Ou seja, apesar do aumento salarial, João acabaria recebendo menos do que antes.

Por incrível que pareça, o sistema da progressividade simples pode acarretar o absurdo prático de tornar desvantajoso um aumento salarial!

O modelo da **progressividade graduada** corrige a incoerência da progressividade simples porque **aplica as alíquotas mais altas somente sobre a fração da base calculada que superar a faixa anterior**. Desse modo, tomando como exemplo o caso do aumento salarial e o Imposto de Renda, torna-se impossível que a mudança da faixa de tributação resulte em recebimento líquido menor do que o anterior.

Usando os mesmos dados do exemplo fictício anteriormente referido, se João ganha R$ 2.900,00 mensais e paga 10% de IR, recebendo aumento para R$ 3.100,00, a nova alíquota de 20% incidirá somente sobre o que exceder R$ 3.000,00. Assim, sobre os primeiros R$ 3.000,00 recolherá 10% (R$ 300,00) + 20% somente sobre R$ 100,00, totalizando R$ 320,00 de imposto devido, que, descontados dos R$ 3.100,00 do novo salário, resulta numa remuneração líquida de R$ 2.780,00 (R$ 180,00 a mais do que o salário líquido anterior, ou seja, João pode comemorar seu aumento REAL!!!).

Portanto, tendo em vista que o **ordenamento brasileiro adotou o modelo da progressividade graduada**, havendo várias alíquotas diferentes, cada uma delas somente incide sobre a fração da base calculada que ultrapassar a faixa anterior.

4.7.1.3.8 Alíquotas regressivas?

Por fim, deve-se registrar a existência de casos raros em nosso ordenamento nos quais a legislação prevê a utilização de um sistema de **alíquotas decrescentes**

---

5. Hugo de Brito Machado, *Os Princípios Jurídicos da Tributação na Constituição de 1988*, p. 143.

ou regressivas. É o que ocorre, por exemplo, no caso no regime previsto no art. 1º da Lei n. 11.053/2004, em que a **tributação do Imposto de Renda sobre planos de previdência privada vai recuando** a depender de por quanto tempo o contribuinte mantiver o dinheiro aplicado, podendo variar de 35%, para aplicações por até 2 anos, a 10% se o aporte permanecer por mais de 10 anos aplicado.

Com a entrada em vigor da Lei n. 14.803, de 10 de janeiro de 2024, o § 6º do art. 1º trouxe informações relevantes para os detentores de previdência privada. Agora, a opção do art. 1º, *caput*, poderá ocorrer até o momento da obtenção do benefício ou da requisição do primeiro resgate referente aos valores acumulados em planos de benefícios operados por entidade complementar. Anteriormente só era permitido até o último dia útil do mês subsequente ao do ingresso nos planos (§ 6º).

Ainda sobre contribuição ao plano de previdência privada, o STJ, no julgado AREsp 1.890.367-SC, declara: "As contribuições extraordinárias pagas para equacionar o resultado deficitário nos planos de previdência privada podem ser deduzidas da base de cálculo do imposto de renda das pessoas físicas, observado o limite de 12% do total dos rendimentos computados na determinação da base de cálculo do imposto devido na declaração de rendimentos" (Rel. Min. Gurgel de Faria, 1ª T., j. 5-9-2023).

Trata-se de curiosa hipótese de alíquotas regressivas.

4.7.1.3.9 Princípio da progressividade sobre impostos reais

A técnica da progressividade adquiriu modernamente o *status* de verdadeiro princípio tributário, tendo sua aplicabilidade estendida a todas as espécies tributárias (RE 406.955/2010). Por isso, não importa para fins de incidência do princípio da progressividade se o imposto é real ou **pessoal**.

> STF: "É constitucional a contribuição adicional de 2,5% (dois e meio por cento) sobre a folha de salários instituída para as instituições financeiras e assemelhadas pelo art. 3º, § 2º, da Lei n. 7.787/89, ainda que considerado o período anterior à Emenda Constitucional n. 20/98. (...) No caso, a contribuição adicional foi estabelecida pelo art. 3º, § 2º, da Lei n. 7.787/89, antes da EC n. 20/98, que autorizou a adoção de alíquotas diferenciadas de contribuições sociais. O Colegiado afirmou que, com a Constituição Federal de 1988, o princípio da solidariedade assumiu papel de enorme relevo a justificar que os contribuintes sejam chamados para participar da manutenção do sistema, sem a exigência de vínculo com os demais segurados, ou direito a determinada retribuição ou qualquer espécie de benefício.(...) A previsão de tributação diferenciada para segmentos econômicos determinados com destaque para as empresas que se utilizam de mão de obra intensiva, como no caso da Lei n. 7.789/89, é compatível com a Constituição. A Corte frisou que o princípio da capacidade contributiva, tal como previsto no art. 145, § 1º, da CF aplica-se a todas as exações fiscais, e não exclusivamente aos impostos.(...) Consignou que, quando uma emenda à Constituição se limita a explicitar algo, sem inovar no mundo jurídico, é

descabida a discussão acerca da incidência de efeitos retroativos.(...) Por fim, asseverou que não padece de vício de inconstitucionalidade a norma que instituiu adicional à contribuição social devida por empregadores de certos segmentos produtivos ou financeiros, pois é compatível com os princípios da solidariedade, equidade e capacidade contributiva, que constituem os principais esteios da seguridade social" (RE 599.309, rel. Min. Ricardo Lewandowski, j. 6-6-2018, P, *Informativo* 905, Tema 470).

4.7.1.3.10 Súmulas do Supremo Tribunal Federal sobre o princípio da isonomia

Súmula 668

É inconstitucional a lei municipal que tenha estabelecido, antes da EC n. 29/2000, alíquotas progressivas para o IPTU, salvo se destinada a assegurar o cumprimento da função social da propriedade urbana.

Súmula 656

É inconstitucional a lei que estabelece alíquotas progressivas para o Imposto de Transmissão *Inter Vivos* de Bens Imóveis (ITBI) com base no valor venal do imóvel.

4.8 PRINCÍPIO DA IRRETROATIVIDADE (ART. 150, III, *A*, DA CF)

Estabelece o art. 150, III, *a*, da Constituição Federal:

> Sem prejuízo de outras garantias asseguradas ao contribuinte, é vedado à União, aos Estados, ao Distrito Federal e aos Municípios:
>
> III – cobrar tributos:
>
> a) em relação a fatos geradores ocorridos antes do início da vigência da lei que os houver instituído ou aumentado.

O princípio da irretroatividade é um **desdobramento da garantia da segurança jurídica** e tem como objetivo específico **impedir que novas leis tributárias alcancem fatos anteriores à data de sua vigência.**

Desse modo, a lei publicada hoje vale para o presente (fatos pendentes) e o futuro (fatos futuros), mas não atinge os fatos geradores já ocorridos.

No mesmo sentido prescreve o art. 105 do Código Tributário Nacional: "A legislação tributária aplica-se **imediatamente aos fatos geradores futuros e aos pendentes**, assim entendidos aqueles cuja ocorrência tenha tido início mas não esteja completa nos termos do art. 116".

4.8.1 Exceções

O art. 106 do CTN define **duas exceções** ao princípio da irretroatividade:

a) lei interpretativa;

b) lei mais benéfica em matéria de infração.

O referido dispositivo tem a seguinte redação:

Art. 106. A lei aplica-se a ato ou fato pretérito:

I – em qualquer caso, quando seja expressamente interpretativa, excluída a aplicação de penalidade à infração dos dispositivos interpretados;

II – tratando-se de ato não definitivamente julgado:

a) quando deixe de defini-lo como infração;

b) quando deixe de tratá-lo como contrário a qualquer exigência de ação ou omissão, desde que não tenha sido fraudulento e não tenha implicado em falta de pagamento de tributo;

c) quando lhe comine penalidade menos severa que a prevista na lei vigente ao tempo da sua prática.

Vamos estudar os dois casos separadamente.

4.8.1.1 Retroatividade da lei interpretativa

Lei interpretativa é aquela **promulgada com o objetivo de explicar o conteúdo de lei anterior**. Conforme exigido pelo art. 106, I, do CTN, para que tenha efeito retroativo **a lei deve ser expressamente interpretativa**, ou seja, o diploma normativo precisa autodeclarar-se interpretativo, sob pena de o efeito retroativo não ocorrer.

Assim, a lei autodeclarada interpretativa retroage à data da lei interpretada, operando em termos práticos como se os dispositivos da lei nova substituíssem as normas da lei anterior dentro do próprio corpo desta.

Porém, para evitar que a referida exceção não esvazie por completo o princípio, deve-se verificar se a nova lei é verdadeiramente interpretativa. Isso porque inexistindo dúvida real sobre o conteúdo da lei anterior, e se a nova lei não tiver, de fato, o objetivo de interpretar a lei anterior bastaria o legislador dizer que uma lei é interpretativa para atribuir-lhe efeito retroativo.

Portanto, existem ao menos **três requisitos fundamentais** que precisam ser rigorosamente observados para que a lei tributária interpretativa retroaja:

1) existência de fundada dúvida interpretativa sobre o conteúdo da lei tributária anterior;

2) a lei nova deve ser expressamente declarada pelo legislador como interpretativa;

3) o conteúdo da lei nova deve ser de fato voltado a solucionar a dúvida interpretativa da lei anterior.

4.8.1.2 Retroatividade da lei mais benéfica em matéria de infração

A segunda hipótese de lei tributária retroativa ocorre no caso da lei mais benéfica em matéria de infração (art. 106, II, do CTN). Exige-se o preenchimento dos seguintes **requisitos**:

1) a **lei deve tratar de infração tributária, multa, penalidade ou temas afins**, excluída a retroatividade se a lei versar sobre pagamento do tributo. Assim, **lei que reduz ou extingue tributo NÃO retroage**, na medida em que trata do tributo em si, e não de multas, penalidades ou infrações;

2) a **lei tem que ser favorável ao contribuinte**, ou seja, reduzir a penalidade, eliminar uma infração, dilatar o prazo para pagamento da pena;

3) a **lei nova mais benéfica somente retroage para favorecer casos que ainda não tenham sido definitivamente julgados**, quer na esfera judicial, quer no âmbito administrativo. Isso porque o caso definitivamente julgado na esfera judicial é imutável por força da coisa julgada, sendo inatingível pela lei nova. Já o caso definitivamente julgado na esfera administrativa, esgotado por força da preclusão, é imodificável por força do ato jurídico perfeito e também não pode ser alcançado pela nova lei.

O fundamento para as duas hipóteses de imutabilidade é o art. 5º, XXXVI, da Constituição Federal: "a lei não prejudicará o direito adquirido, o ato jurídico perfeito e a coisa julgada".

São **exemplos de leis tributárias mais benéficas** em matéria de infração, dotadas de força retroativa:

a) lei que deixa de definir certa conduta como infracional (abolição de infração);

b) lei que reduz multa tributária;

c) lei que comina penalidade menos severa que a prevista na lei vigente ao tempo de sua prática.

4.8.2 Retroatividade da lei que institui novos critérios de apuração ou amplia poderes do Fisco

Além das hipóteses de retroatividade previstas no art. 106, a doutrina costuma fazer referência a um **terceiro caso de lei tributária retroativa**, enunciado no art. 144, § 1º, do CTN:

> Aplica-se ao lançamento a legislação que, posteriormente à ocorrência do fato gerador da obrigação, tenha instituído novos critérios de apuração ou processos de fiscalização, ampliado os poderes de investigação das autoridades administrativas, ou outorgado ao crédito maiores garantias ou privilégios, exceto, neste último caso, para o efeito de atribuir responsabilidade tributária a terceiros.

Assim, tem efeitos retroativos também a lei tributária que **estabelece melhorias no procedimento de fiscalização, ampliando os poderes de investigação das autoridades administrativas, ou outorgando ao crédito maiores garantias ou privilégios.**

4.8.3 O caso do Imposto de Renda

Bastante peculiar é a situação do Imposto de Renda diante da aplicação dos princípios da irretroatividade e anterioridade.

Nos termos do art. 43 do Código Tributário Nacional:

> O imposto, de competência da União, sobre a renda e proventos de qualquer natureza tem como fato gerador a aquisição da disponibilidade econômica ou jurídica:
>
> I – de renda, assim entendido o produto do capital, do trabalho ou da combinação de ambos;
>
> II – de proventos de qualquer natureza, assim entendidos os acréscimos patrimoniais não compreendidos no inciso anterior.

Assim, o fato gerador do Imposto de Renda consiste no acréscimo patrimonial proveniente do produto do capital, do trabalho ou de outra fonte.

Pelo princípio da irretroatividade, as novas leis tributárias em matéria de Imposto de Renda somente se aplicam sobre acréscimos patrimoniais posteriores à data de publicação.

A grande dificuldade nessa matéria é que a legislação define diferentes momentos em que se considera ocorrido o fato gerador do Imposto de Renda, dependendo do tipo de operação.

Em linhas gerais, como será visto detalhadamente no capítulo sobre tributos em espécie, o fato gerador do Imposto de Renda é do tipo continuado ("complessivo" ou pendente), ou seja, o tributo incide, em regra, sobre o conjunto de rendas e proventos apurados durante determinado período de tempo[6].

Como regra, o imposto incide anualmente sobre a totalidade de rendas e proventos auferidos durante o ano-base compreendido entre 1º de janeiro e 31 de dezembro.

Desse modo, para fins de apuração geral, o fato gerador do imposto fica pendente durante o ano-base e considera-se definitivamente consumado somente ao final do dia 31 de dezembro de cada ano.

Para outras situações muito específicas (ganho de capital, por exemplo), a legislação considera ocorrido o fato gerador na própria data em que acontece o acréscimo patrimonial. Mas estes são casos diferentes e bastante peculiares, que devem ser tratados como exceções.

Mas, se o fato gerador do Imposto de Renda leva em consideração todos os acréscimos patrimoniais ocorridos desde o início do ano-base até o dia 31 de dezembro, havendo alteração durante o ano na legislação aplicável ao imposto, qual lei deve ser aplicada?

Como o Imposto de Renda tem, em regra, fato gerador pendente, **vale a lei vigente na época do início do ano-base**. Essa é a conclusão decorrente daquilo que exige o princípio da irretroatividade.

---

6. Hugo de Brito Machado, *Curso de Direito Tributário*, p. 322.

Qualquer tentativa de aplicar uma nova lei em matéria de Imposto de Renda no mesmo ano de sua publicação viola o princípio da irretroatividade.

Por exemplo. Se no dia 2 de janeiro de 2023 sobrevém uma lei modificando regras sobre a arrecadação do Imposto de Renda, por força do princípio da irretroatividade a nova lei somente poderá ser aplicada a partir de 1º de janeiro de 2024. A nova lei não valerá para o ano de 2022, na medida em que os fatos geradores desse ano estão pendentes, sendo que sua consumação efetiva somente se dará ao final do dia 31 de dezembro.

O raciocínio acima desenvolvido é válido para as situações gerais de incidência do imposto. Para os casos de operações especiais, nada impede que a lei determine regra diferenciada estabelecendo, por exemplo, que o fato gerador considera-se ocorrido na própria data do acréscimo patrimonial. Em tais casos, sendo aprovada nova lei em matéria de Imposto de Renda, o princípio da irretroatividade não irá determinar a aplicação somente a partir de 1º de janeiro do ano seguinte. Na verdade, tal lei aplica-se aos fatos geradores ocorridos já no dia seguinte à sua publicação, na medida em que, para as referidas operações especiais (repita-se o exemplo do ganho de capital), o fato gerador é instantâneo e não pendente.

Podemos citar aqui o julgado do STJ tratando de superávit incidindo imposto de renda. "É legítima a incidência de Imposto de Renda sobre os valores recebidos a título de rateio de superávit pelo participante de fundo de previdência privada" (AgInt no AREsp 1.397.320-RJ, Rel. Min. Sérgio Kukina, 1ª T., j. 12-6-2023, *DJe* 15-6-2023).

Quanto ao princípio da anterioridade, conforme já visto, o Imposto de Renda submete-se somente à anterioridade anual (art. 150, III, *b*, e § 1º, da CF), de modo que, sendo publicada lei que crie ou majore o tributo, sua exigência poderá ser feita a partir de 1º de janeiro do ano seguinte, sem necessidade de observar os 90 dias de intervalo mínimo.

Enquanto a garantia da irretroatividade aplica-se a qualquer lei, o princípio da anterioridade vale somente para leis que criem ou majorem o tributo, tendo por isso a anterioridade um alcance bem mais reduzido se comparado à abrangência do princípio da irretroatividade.

Desse modo, o princípio da anterioridade autoriza a cobrança do Imposto de Renda, instituído ou majorado por nova lei, já a partir de 1º de janeiro do ano seguinte à data em que essa nova lei tiver sido publicada. Como a anterioridade é um intervalo entre a publicação da lei e a exigência do tributo, não existe grande dificuldade na aplicação do referido princípio quanto ao Imposto de Renda. Todavia, mesmo que autorizada a arrecadação com base na anterioridade, será preciso verificar se foi atendida a exigência da irretroatividade quanto à nova lei, conforme comentado nos parágrafos acima, pois a irretroatividade constitui o requisito mais rigoroso para instituição de inovações em matéria de Imposto de Renda devido às peculiaridades decorrentes de seu fato gerador complexivo.

Interessante notar que os dois princípios, anterioridade anual e irretroatividade, resultam na aplicação das novas leis a partir de 1º de janeiro do ano seguinte em matéria de regime geral do Imposto de Renda. Desse modo, para leis que instituem ou majoram o imposto termina ocorrendo uma coincidência no alcance prático das duas garantias, pois ambas adiam a ação do novo regime tributário para o início do próximo ano-base.

O mesmo não pode ser dito, porém, para os casos de incidência especial do Imposto de Renda. Naquelas situações excepcionais em que a lei considera o fato gerador ocorrido na própria data do acréscimo patrimonial, o alcance dos dois princípios será bastante diferente. A irretroatividade exigirá que a nova lei somente atinja fatos geradores ocorridos a partir do dia seguinte à data de sua publicação. Já a anterioridade resultará em garantia mais vantajosa, na medida em que irá impedir que o novo regime do tributo seja aplicado antes de 1º de janeiro do ano seguinte.

4.9 PRINCÍPIO DA VEDAÇÃO DO CONFISCO (ART. 150, IV, DA CF)

Estabelece o art. 150, IV, da Constituição Federal:

> Sem prejuízo de outras garantias asseguradas ao contribuinte, é vedado à União, aos Estados, ao Distrito Federal e aos Municípios:
>
> IV – utilizar tributo com efeito de confisco.

O princípio da vedação do confisco, ou do não confisco, **proíbe que a tributação seja estabelecida em patamar exorbitante** a ponto de o bem tributado inviabilizar o exercício de atividade econômica.

Trata-se de um desdobramento dos princípios da razoabilidade e proporcionalidade[STF] na seara específica da tributação.

STF: "O Poder Público, especialmente em sede de tributação, não pode agir imoderadamente, pois a atividade estatal acha-se essencialmente condicionada pelo princípio da razoabilidade, que traduz limitação material à ação normativa do Poder Legislativo. O Estado não pode legislar abusivamente. A atividade legislativa está necessariamente sujeita à rígida observância de diretriz fundamental, que, encontrando suporte teórico no princípio da proporcionalidade, veda os excessos normativos e as prescrições irrazoáveis do Poder Público. O princípio da proporcionalidade, nesse contexto, acha-se vocacionado a inibir e a neutralizar os abusos do Poder Público no exercício de suas funções, qualificando-se como parâmetro de aferição da própria constitucionalidade material dos atos estatais. A prerrogativa institucional de tributar, que o ordenamento positivo reconhece ao Estado, não lhe outorga o poder de suprimir (ou de inviabilizar) direitos de caráter fundamental constitucionalmente assegurados ao contribuinte. É que este dispõe, nos termos da própria Carta Política, de um sistema de proteção destinado a ampará-lo contra eventuais excessos cometidos pelo poder tributante ou, ainda, contra exigências irrazoáveis veiculadas em diplomas normativos editados pelo Estado" (ADIn 2.551-MC-QO, rel. Min. Celso de Mello, j. 2-4-2003, Plenário, *DJ* 20-4-2006).

É um princípio aplicável a **todas as espécies tributárias.**

Como a Constituição Federal de 1988, ao contrário de Textos anteriores, optou por não estabelecer uma alíquota máxima admitida para a cobrança válida de tributos, a definição daquilo que deve ser considerado tributo confiscatório permanece bastante imprecisa.

É certo que o referido princípio **impede o estabelecimento de alíquotas próximas de 100%,** na medida em que teriam o efeito de praticamente desapropriar o contribuinte, ao contrário de tributar.

Não há dúvida também de que a vedação do confisco **proíbe elevações muito súbitas nas alíquotas aplicáveis.** Entretanto, a doutrina e a jurisprudência encontram enorme dificuldade prática para delimitar outras aplicações concretas para o referido princípio.

Importante notar que, além de impedir alíquotas elevadas ou majorações excessivas no âmbito de um tributo isoladamente considerado, a vedação do confisco **deve ser analisada também à luz da somatória da carga tributária total do país,** isso porque, em determinados casos, o impacto do aumento de mais um tributo pode resultar na total inviabilização do exercício da atividade econômica pelo contribuinte. Assim, embora, individualmente considerado, o aumento possa não parecer confiscatório, se for analisado no contexto da carga tributária total revelará sua natureza contrária ao princípio ora analisado.

No caso de **tributação extrafiscal** – como ocorre com o Imposto sobre Importação, o Imposto sobre Exportação e principalmente o IPI –, as finalidades não arrecadatórias motivam a projeção das **alíquotas a patamares bastante elevados sem que necessariamente ocorra o efeito confiscatório.**

Segundo entendimento pacificado na jurisprudência, a vedação do confisco **também se aplica a multas tributárias,** proibindo penalidades pecuniárias com alíquotas exageradas em relação ao valor do tributo devido.

> STF: "Revela-se constitucional a sanção prevista no art. 7º, inciso II, da Lei n. 10.426/2002, ante a ausência de ofensa aos princípios da proporcionalidade e da vedação de tributo com efeito confiscatório (RE 606.010, rel. Min. Marco Aurélio, j. 24-8-2020, P, *DJe* 13-11-2020, Tema 872).
> Voto do relator, Min. Marco Aurélio (...) "Se não surge confiscatória a multa de mora nesse percentual, descabe ver efeito semelhante no cálculo descrito no art. 7º, inciso II, da Lei n. 10.426/2002, porquanto também a multa por atraso na entrega da DCTF está limitada a 20% do tributo (...)"

Interessante orientação doutrinária vem diferenciando a análise da tributação confiscatória nos impostos patrimoniais sob as perspectivas estática e dinâmica[7].

---

7. Ayres Barreto. Vedação ao Efeito do Confisco. *Revista de Direito Tributário*, v. 64, 1994.

A partir da **perspectiva estática, o patrimônio é analisado de forma imobiliza-da**, sendo confiscatória a tributação que o suprimisse integralmente.

Porém, há quem sustente que haveria também **efeito confiscatório sob a perspectiva dinâmica** se um imposto incidisse sobre **grandeza superior aos acréscimos patrimoniais agregados e/ou produzidos** pelo bem em determinado período. Assim, por exemplo, se o total de benefícios patrimoniais produzidos pelo imóvel durante o ano foi de 4% de seu valor venal, qualquer imposto sobre ele incidente cuja alíquota superasse tal patamar seria confiscatório.

Para provas e concursos públicos, todavia, a vedação do confisco sob a perspectiva dinâmica, como regra, não vem sendo reconhecida pelas bancas examinadoras.

Por força do princípio do não confisco, o Supremo Tribunal Federal sumulou três orientações vedando o emprego de meios coercitivos para coagir o contribuinte a realizar o pagamento do tributo.

Súmula 70

"É inadmissível a interdição de estabelecimento como meio coercitivo para cobrança de tributo".

Súmula 323

"É inadmissível a apreensão de mercadorias como meio coercitivo para pagamento de tributos".

Súmula 547

"Não é lícito à autoridade proibir que o contribuinte em débito adquira estampilhas, despache mercadorias nas alfândegas e exerça suas atividades profissionais".

4.10 PRINCÍPIO DA UNIFORMIDADE GEOGRÁFICA (ART. 151, I, DA CF)

Nos termos do art. 151, I, da Constituição Federal: "É vedado à União: I – instituir tributo que não seja uniforme em todo o território nacional ou que implique distinção ou preferência em relação a Estado, ao Distrito Federal ou a Município, em detrimento de outro, admitida a concessão de incentivos fiscais destinados a promover o equilíbrio do desenvolvimento socioeconômico entre as diferentes regiões do País".

O princípio da uniformidade geográfica **obriga a União a aplicar a mesma alíquota para os seus tributos em todo o território nacional**, sem qualquer distinção entre Estados, Regiões ou Municípios.

Trata-se de uma **projeção do princípio da isonomia** na relação entre a União e as demais entidades federativas, proibindo favoritismos ou discriminações negativas no modo como os tributos federais são cobrados nos outros entes políticos.

Assim, por exemplo, é inconstitucional um decreto que majore o IPI sobre os calçados fabricados no Rio Grande do Sul. Sendo o IPI um tributo federal, sua alíquota deve ser a mesma para os calçados fabricados em todo o Brasil.

Embora o art. 151, I, da Constituição Federal faça referência somente aos tributos da União, deve-se concluir que, por simetria, **a mesma vedação é extensiva a Estados, Distrito Federal e Municípios**, que não poderão instituir tributo diferenciado nos seus respectivos territórios, desigualando as alíquotas de acordo com a região, cidade, bairro ou localidade onde ocorrer o fato gerador, sob pena de frontal violação ao princípio da uniformidade geográfica.

4.10.1 Zonas de Incentivo Fiscal. Áreas de Livre Comércio (ALCs). A Zona Franca de Manaus e a Reforma Tributária

O próprio art. 151, I, da Constituição Federal prevê **importante exceção ao princípio** da uniformidade geográfica na medida em que autoriza a **concessão de incentivos fiscais** destinados a "**promover o equilíbrio do desenvolvimento socioeconômico entre as diferentes regiões do País**".

As denominadas "zonas de incentivo fiscal" são áreas definidas em lei dentro das quais fica constitucionalmente autorizada a outorga de vantagens tributárias e não tributárias visando fomentar o desenvolvimento regional.

O exemplo mais conhecido no Brasil é o da Zona Franca de Manaus, prevista nos arts. 40 e 92 do Ato das Disposições Constitucionais Transitórias. A Zona Franca de Manaus, **segundo a jurisprudência do STF**, fundamenta-se constitucionalmente em verdadeira **imunidade tributária**[STF].

STF: "Zona Franca de Manaus e Isenção de ICMS. O art. 92 do ADCT, incluído pela EC n. 42/2003, aumentou o prazo constante do art. 40 do ADCT, que passou a encerrar-se em 2023. A ZFM, instituída pela Lei n. 3.173/57, somente teve existência jurídica e pleno funcionamento com a edição do Decreto-lei n. 288/67. O art. 5º da Lei Complementar n. 4/69, que concedera isenção do ICMS nas hipóteses especificadas. As indústrias instaladas ou que viessem a instalar-se na ZFM também foram excluídas dos convênios necessários para a concessão ou revogação de isenções do ICMS, regulamentados pela Lei Complementar n. 24/75, que vedou expressamente às demais unidades da federação determinar a exclusão de incentivo fiscal, prêmio ou estímulo concedido pelo Estado do Amazonas. Quando do advento da ordem constitucional vigente, a antiga legislação do ICMS conferiu à saída de mercadorias para a ZFM o mesmo tratamento fiscal outorgado à exportação, cujas operações, no regime constitucional anterior, eram feitas sem a cobrança do ICMS, bem como era vedado aos entes federados modificar esse favorecimento fiscal. A Constituição atual (art. 155, § 2º, XII, *g*) agregou novas hipóteses de incidência do ICMS, razão pela qual alegado que teria sido criado imposto novo, sujeito a disciplina diversa da existente sob a égide da Constituição anterior. A edição do Convênio 65/88, que tornou expressa a isenção do ICMS sobre circulação de mercadorias às saídas de produtos industrializados de origem nacional para comercialização ou industrialização na área, desde que o estabelecimento destinatário tivesse domicílio em Manaus. O advento da EC n. 42/2003, que tornara explícito o reconhecimento da não incidência sobre serviços prestados a destinatários no exterior, e abandonara a subdivisão dos produtos industrializados presente na Constituição (art. 155, § 2º, X, *a*). Além disso, a aludida emenda assentara a não incidência do ICMS sobre mercadorias destinadas ao exterior, nos termos do art. 4º do Decreto-lei n. 288/67. Por fim, concluiu que a incidência do ICMS determinada nas situações previstas nos convênios questionados gerara redução da eficácia real do art. 40 do ADCT" (ADIn 310/AM, rel. Min. Cármen Lúcia, j. 19-2-2014, *Informativo* 736).

Art. 40. É mantida a Zona Franca de Manaus, com suas características de área livre de comércio, de exportação e importação, e de incentivos fiscais, pelo prazo de vinte e cinco anos, a partir da promulgação da Constituição.

Parágrafo único. Somente por lei federal podem ser modificados os critérios que disciplinaram ou venham a disciplinar a aprovação dos projetos na Zona Franca de Manaus.

Art. 92. São acrescidos dez anos ao prazo fixado no art. 40 deste Ato das Disposições Constitucionais Transitórias.

A Emenda Constitucional n. 132/2023 – Reforma Tributária trouxe algumas inovações ao regime jurídico da Zona Franca de Manaus. Isso porque os novos Impostos sobre Bens e Serviços (IBS) e a Contribuição sobre Bens e Serviços (CBS) devem respeitar "os mecanismos necessários, com ou sem contrapartidas, para manter, em caráter geral, o diferencial competitivo assegurado à Zona Franca de Manaus" (art. 92-B do ADCT).

Além disso, a Reforma manteve as Áreas de Livre Comércio (ALCs) com benefícios similares à ZFM favorecendo os seguintes municípios:

1) Boa Vista e Bonfim, no Estado de Roraima;

2) Guajará-Mirim, no Estado de Rondônia;

3) Brasiléia, com extensão a Epitaciolândia, e Cruzeiro do Sul, no Estado do Acre;

4) Tabatinga, no Estado do Amazonas; e

5) Macapá e Santana, no Estado do Amapá.

Importante destacar que, para fins de delimitação da área de incentivos fiscais, o seu **território não pode coincidir com a fronteira exata ou aproximada de um Estado-membro ou Município**, sob pena de, a pretexto de estabelecer uma região de benefícios fiscais, o legislador realizar uma aberta violação ao princípio da uniformidade geográfica.

Assim, a "região" a que se refere o art. 151, I, da CF deve ser delimitada como uma parcela de território definida por critérios sociais, econômicos ou de outra natureza, sendo vedado todavia que sua delimitação seja idêntica ou muito similar à dimensão geográfica das entidades federativas existentes.

A Lei n. 12.546/2011 instituiu o Regime Especial de Reintegração de Valores Tributários para as Empresas Exportadoras (Reintegra), um benefício fiscal que tem como objetivo incentivar a exportação de produtos manufaturados, de modo que a pessoa jurídica poderá apurar valor para fins de ressarcir parcial ou integralmente o resíduo tributário federal existente na sua cadeia de produção.

Nesse sentido, o STJ editou a Súmula 640: "O benefício fiscal que trata do Regime Especial de Reintegração de Valores Tributários para as Empresas Exportadoras (REINTEGRA) alcança as operações de venda de mercadorias de origem nacional para a Zona Franca de Manaus, para consumo, industrialização ou reexportação para o estrangeiro".

Por fim, sobre a Zona Franca de Manaus, a 1ª Turma do STJ firmou entendimento de que é possível o creditamento de PIS e COFINS decorrentes da aquisição de bens e serviços provenientes de pessoas jurídicas que se encontram fora da ZFM quando não estão isentos, nem sujeitos a alíquota zero, nem alcançados pela contribuição. Veja:

> STJ: "É cabível o creditamento de PIS e Cofins decorrentes da aquisição de bens e serviços provenientes de empresas localizadas fora da Zona Franca de Manaus (ZFM), quando tais bens e serviços não são revendidos ou utilizados como insumo em produtos ou serviços sujeitos a alíquota 0 (zero), isentos ou não alcançados pela contribuição" (STJ. 1ª Turma. REsp 1.259.343-AM, Rel. Min. Sérgio Kukina, Rel. Acd. Min. Regina Helena Costa, j. 3-3-2020. *Informativo* 670).

> STF: "(...) surge constitucional, sob o ângulo do caráter seletivo, em função da essencialidade do produto e do tratamento isonômico, o art. 2º da Lei n. 8.393/91, a revelar alíquota máxima de IPI de 18%, assegurada a isenção, quanto aos contribuintes situados na área de atuação da Superintendência de Desenvolvimento do Nordeste (Sudene) e da Superintendência de Desenvolvimento da Amazônia (Sudam), e autorização para redução de até 50% da alíquota, presentes contribuintes situados nos Estados do Espírito Santo e do Rio de Janeiro" (RE 592.145, rel. p/ o ac. Min. Marco Aurélio, j. 5-4-2017, P, *DJe* de 1º-2-2018, Tema 80).

4.11 PRINCÍPIO DA NÃO LIMITAÇÃO (ART. 150, V, DA CF)

O art. 150, V, da Constituição Federal prescreve:

> Sem prejuízo de outras garantias asseguradas ao contribuinte, é vedado à União, aos Estados, ao Distrito Federal e aos Municípios:
>
> V – estabelecer limitações ao tráfego de pessoas ou bens, por meio de tributos interestaduais ou intermunicipais, ressalvada a cobrança de pedágio pela utilização de vias conservadas pelo Poder Público.

O princípio da não limitação **impede que o tributo seja utilizado para restringir o trânsito de pessoas e bens no território nacional.**

Desse modo, o art. 150, V, da CF atua como norma jurídica de reforço da liberdade constitucional de ir, vir e permanecer (art. 5º, XV, da CF), vedando que a tributação crie barreiras para a livre locomoção de pessoas e bens.

Assim, por exemplo, é inconstitucional, por violar tal princípio, a taxa de estacionamento cobrada para restringir o acesso de turistas a determinada praia.

4.11.1 O pedágio como exceção ao princípio

O art. 150, V, da Constituição Federal estabelece importante **exceção ao princípio** da não limitação, **admitindo a cobrança de pedágio** pela utilização de vias conservadas pelo Poder Público.

Conforme visto nos capítulos anteriores, o pedágio poderá ter natureza de taxa ou tarifa, dependendo da forma como é prestado o serviço de conservação da via pública. Se a conservação estiver a cargo do próprio Poder Público (prestação direta), havendo cobrança de pedágio, sua natureza será de taxa (natureza tributária). Porém, se a via for explorada em regime de concessão ou permissão (prestação indireta), o pedágio terá natureza de tarifa (ou preço público).

Importante destacar que, em qualquer caso, a cobrança de pedágio está em conformidade com o princípio da não limitação, diante da expressa ressalva estabelecida pelo art. 150, V, da CF.

4.12 PRINCÍPIO DA NÃO DISCRIMINAÇÃO QUANTO À PROCEDÊNCIA (ART. 152 DA CF)

O art. 152 da Constituição Federal **proíbe tratamento diferenciado em razão da procedência ou destino** de bens ou serviços.

Assim prescreve o citado dispositivo:

> É vedado aos Estados, ao Distrito Federal e aos Municípios estabelecer diferença tributária entre bens e serviços, de qualquer natureza, em razão de sua procedência ou destino.

Entre outros exemplos, o referido princípio **veda a cobrança de IPVA diferenciado para veículo importado** (precedentes do STF), na medida em que isso constitui discriminação quanto à procedência do produto.

4.13 PRINCÍPIO DA NÃO CUMULATIVIDADE (ARTS. 153, § 3º, II, E 155, § 2º, I, DA CF)

Previsto nos arts. 153, § 3º, II, e 155, § 2º, I, da Constituição Federal, o princípio da não cumulatividade **tem o objetivo de impedir que determinados tributos plurifásicos "incidam em cascata".** Ou seja, sua finalidade é evitar que o recolhimento do tributo recaia sobre o valor dele mesmo, inserido na base de cálculo devido a sua incidência na operação anterior.

Em termos práticos, quando determinado item ingressa no estabelecimento, o valor do tributo recolhido gera um crédito (operação de creditamento), que será descontado do montante devido no valor do mesmo tributo incidente sobre a operação de saída do item.

O texto constitucional explica as operações de creditamento e débito afirmando que tais tributos não cumulativos são pagos **"compensando-se o que for devido em cada operação com o montante cobrado nas anteriores"**.

Assim, por exemplo, se uma caixa de chocolates entra no estabelecimento atacadista X pelo valor de R$ 10,00, com recolhimento de R$ 1,00 de ICMS (suponha uma alíquota hipotética de 10%), esse valor (R$ 1,00) gera um crédito em favor de X. Quando X revende a mercadoria por R$ 15,00, o R$ 1,50 que seria devido de ICMS terá desconto do crédito de R$ 1,00 na entrada, gerando um valor final de R$ 0,50 a ser pago.

Esse recolhimento não cumulativo evita que o ICMS crie um efeito "bola de neve", aumentando excessivamente o valor dos itens de modo a prejudicar o consumidor final.

Principalmente nos tributos que incidem em cadeia (incidência plurifásica), a regra da não cumulatividade é essencial para desonerar mercadorias, produtos e serviços.

Sob pena de caracterizar tributação confiscatória, o limite da incidência cumulativa é o princípio da razoabilidade.

4.13.1 Tributos sujeitos à não cumulatividade

A incidência da regra da não cumulatividade **só tem sentido nos tributos plurifásicos.**

Submetem-se à não cumulatividade:

a) IPI (art. 153, § 3º, II, da CF);

b) ICMS (art. 155, § 2º, I, da CF);

c) impostos residuais (art. 154, I, da CF);

d) novas fontes de custeio da Seguridade Social (art. 195, § 4º, da CF);

e) Cofins/PIS (art. 1º da Lei n. 10.833/2003).

STF: "Incide, na importação de bens para uso próprio, o IPI, sendo neutro o fato de tratar-se de consumidor final" (RE 723.651, rel. Min. Marco Aurélio, j. 4-2-2016, P, *DJe* de 5-8-2016, Tema 643).

STF: "Aquisição de insumos isentos, não tributados ou sujeitos à alíquota zero. Creditamento de IPI. Impossibilidade. Os princípios da não cumulatividade e da seletividade, previstos no art. 153, § 3º, I e II, da CF, não asseguram direito de crédito presumido de IPI para o contribuinte adquirente de insumos não tributados ou sujeitos à alíquota zero" (RE 398.365 RG, rel. Min. Gilmar Mendes, j. 27-8-2015, P, *DJe* de 22-9-2015, Tema 844).

Apesar do entendimento acima do STF, em março de 2020, o Superior Tribunal de Justiça, no julgamento do Recurso Especial 1.259.343/AM reconheceu às empresas localizadas na Zona Franca de Manaus o direito de creditar-se da Cofins e do PIS decorrentes de aquisição de insumos isentos, não tributados ou sujeitos à alíquota zero, adquiridos de empresas localizadas fora da Região, ainda que as contribuições não tenham sido pagas na operação anterior.

STJ: "TRIBUTÁRIO. PROCESSUAL CIVIL. RECURSO ESPECIAL. CÓDIGO DE PROCESSO CIVIL DE 1973. APLICABILIDADE. PIS E COFINS. CREDITAMENTO. BENS E SERVIÇOS PROVENIENTES DE EMPRESA LOCALIZADA FORA DA ZONA FRANCA DE MANAUS. (...) II – A venda de mercadorias a empresas situadas na Zona Franca de Manaus equivale à exportação de produto brasileiro para o estrangeiro, para efeitos fiscais, sendo, portanto, tal operação isenta da contribuição ao PIS e à COFINS. Precedentes. III – A Lei n. 10.996/2004, ao estabelecer que a receita decorrente de venda de mercadorias/insumos para a Zona Franca de Manaus passaria a ser sujeita à "alíquota zero", não tem o condão de elidir tal entendimento. IV – A teor do disposto nos arts. 3º, § 2º, II, das Leis n. 10.637/2002 e 10.833/2003, a isenção da contribuição ao PIS e à COFINS sobre a receita decorrente da aquisição de bens e serviços não impede o aproveitamento dos créditos, salvo quando revendidos ou utilizados como insumo em produtos ou serviços sujeitos à alíquota 0 (zero), isentos ou não alcançados pela contribuição, o que não é o caso dos autos. V – Recurso especial provido. (STJ – REsp 1.259.343, rel. Min. sérgio kukina, j. 3-3-2020, T1, *DJe* 24-4-2020).

STF: "(...) atentem para a razão de ser do creditamento. Visa a evitar a sobreposição de cobrança de tributo consideradas sucessivas operações. Então, ante o princípio da não cumulatividade, o valor do tributo apurado em certa operação sofre a diminuição do que satisfeito anteriormente. Utiliza-se o crédito com o objetivo único de não haver a sobreposição, a cobrança do tributo em cascata, transgredindo-se o princípio vedador da duplicidade. Fora isso, é desconhecer a essência do instituto, o objetivo buscado. Ninguém coloca em dúvida que o IPI é seletivo, observando-se a essencialidade do que produzido, e não cumulativo, compensando-se o que for devido em cada operação com o montante cobrado nas anteriores. (...) Considerado apenas o princípio da não cumulatividade, se o ingresso da matéria-prima ocorreu com incidência do tributo, logicamente houve a obrigatoriedade de recolhimento. Mas, se na operação final verificou-se a isenção, não existirá compensação do que recolhido anteriormente, ante a ausência de objeto. (...) somente em 1999, até mesmo em observância à exigência instrumental do § 6º do art. 150 da CF, veio à balha lei disciplinando o creditamento a envolver, implicitamente, a isenção na saída final do produto e incidência na entrada da matéria-prima. (...) Ocorreu com essa previsão a disciplina do direito a crédito, tal como exigido no § 6º do art. 150 em comento e, sob o ângulo do sistema, no inciso II do § 2º do art. 155, implicitamente – repito –, do crédito em se tratando de recolhimento na primeira fase de produção e isenção considerada a última fase. Antes do advento da Lei n. 9.779/99, não havia base, quer sob o aspecto interpretativo em virtude do princípio da não cumulatividade, quer sob o aspecto legal expresso, para concluir-se pela procedência do direito ao creditamento, levando-se em conta a isenção" (RE 562.980 ED, voto do rel. Min. Marco Aurélio, j. 12-6-2013, P, *DJe* de 1º-8-2013, Tema 49).

Em meio a essas discussões o STJ firmou a seguinte súmula: **Súmula 509:** "É lícito ao comerciante de boa-fé aproveitar os créditos de ICMS decorrentes de nota fiscal posteriormente declarada inidônea, quando demonstrada a veracidade da compra e venda".

4.14 PRINCÍPIO DA SELETIVIDADE (ARTS. 153, § 3º, I, E 155, § 2º, III, DA CF)

Previsto nos arts. 153, § 3º, I, e 155, § 2º, III, da Constituição Federal, o princípio da seletividade exige que as **alíquotas do ICMS e do IPI sejam graduadas conforme a ESSENCIALIDADE da mercadoria, serviço ou produto.**

Assim, quanto maior a importância social que o item tributo tiver, menor a alíquota aplicável.

Importantíssimo notar, todavia, que existe uma fundamental diferença entre o regime de seletividade no ICMS e no IPI.

Isso porque, **em matéria de ICMS,** a Constituição afirma que o imposto **PODERÁ SER seletivo** (art. 155, § 2º, III), ou seja, o legislador tem a **faculdade** de graduar as alíquotas segundo a essencialidade, **podendo até definir uma alíquota única.**

Já **no caso do IPI,** o Texto Maior determina que imposto **SERÁ seletivo** (art. 153, § 3º, I), de modo que o constituinte excluiu qualquer possibilidade de o legislador abolir o sistema de seletividade. Assim, **fica proibido o estabelecimento do modelo de alíquota única.**

STF: "(...) surge constitucional, sob o ângulo do caráter seletivo, em função da essencialidade do produto e do tratamento isonômico, o art. 2º da Lei n. 8.393/91, a revelar alíquota máxima de IPI de 18%, assegurada a isenção, quanto aos contribuintes situados na área de atuação da Superintendência de Desenvolvimento do Nordeste (Sudene) e da Superintendência de Desenvolvimento da Amazônia (Sudam), e autorização para redução de até 50% da alíquota, presentes contribuintes situados nos Estados do Espírito Santo e do Rio de Janeiro" (RE 592.145, rel. Min. Marco Aurélio, j. 5-4-2017, P, *DJe* de 1º-2-2018, Tema 80).

4.15 PRINCÍPIO DA SEGURANÇA JURÍDICA

Previsto expressamente no art. 2º, parágrafo único, da Lei n. 9.784/99 (Lei do Processo Administrativo), a segurança jurídica é um **fundamento geral do ordenamento,** sendo aplicável a todos os ramos do Direito. Seu conteúdo volta--se à garantia de estabilidade, ordem, paz social e previsibilidade das atuações sociais[8]. No Direito Tributário, serve de **fundamento para os princípios da legalidade, anterioridade e irretroatividade,** tendo sido objeto de frequentes perguntas em provas e concursos públicos.

8.   Alexandre Mazza, *Manual de Direito Administrativo*, p. 162.

A título de exemplo, a prova de Auditor-Fiscal da Receita Federal/2012, elaborada pela Esaf, associou o conteúdo da segurança jurídica aos **seguintes valores** protegidos pelo sistema tributário:

a) **Certeza do direito**, segundo a qual a instituição e a majoração de tributos obedecem aos postulados da legalidade, da irretroatividade e das anterioridades de exercício e nonagesimais mínima e especial, demonstrando a garantia adicional que representam para o contribuinte se comparadas ao princípio geral da legalidade e às garantias de proteção ao direito adquirido, ato jurídico perfeito e coisa julgada.

b) **Confiança no tráfego jurídico**, segundo o qual o contribuinte não pode ser penalizado se agir em obediência às normas complementares das leis e dos decretos.

c) **Tutela jurisdicional**, que se materializa pela ampla gama de instrumentos processuais colocados à disposição do contribuinte para o questionamento de créditos tributários, tanto na esfera administrativa como na judicial.

4.16 NOVOS PRINCÍPIOS TRIBUTÁRIOS

A Emenda Constitucional n. 132/2023, que implementou a Reforma Tributária, instituiu cinco novos princípios (art. 145, § 3º):

a) simplicidade;

b) transparência;

c) justiça tributária;

d) cooperação; e

e) defesa do meio ambiente.

É o que passa a determinar o art. 145, § 3º, da Constituição Federal: "o Sistema Tributário Nacional deve observar os princípios da simplicidade, da transparência, da justiça tributária, da cooperação e da defesa do meio ambiente".

Apesar da pouca densidade normativa, os novos princípios têm força cogente imediata quanto à não contradição, de modo que qualquer norma do sistema tributário que contraste com o seu conteúdo será inconstitucional.

Embora seus conteúdos ainda dependam de um detalhamento maior a ser realizado por lei complementar, já é possível identificar alguns elementos essenciais dos novos princípios.

4.16.1 O novo princípio da simplicidade

A primeira novidade principiológica introduzida pela Reforma Tributária foi o princípio da simplicidade.

Trata-se de um comando dirigido ao legislador e às autoridades do fisco encarregadas da expedição de atos normativos infralegais, impondo uma exigência de redução da complexidade das normas tributárias, permitindo uma maior compreensão pela população em geral dos seus direitos como contribuintes.

O ideal de simplificação das normas tributárias é coerente com a redução dos tributos promovida pela Reforma. Deixarão de existir o ISS, o ICMS, o IPI, o PIS e a Cofins. Esses cinco darão lugar a novos três: o Imposto sobre Bens e Serviços (IBS); a Contribuição sobre Bens e Serviços (CBS); e o Imposto Seletivo (IS).

4.16.2. O novo princípio da transparência

O segundo princípio tributário criado pela Reforma é o da transparência. Podendo também ser chamado de "princípio da publicidade", seu conteúdo já era de observância obrigatória para o Fisco por força do art. 37, *caput*, da Constituição Federal.

O imperativo de transparência impõe a necessidade de ampla divulgação de todo o devido processo legal para criação e cobrança do tributo, proibindo atos secretos ou de difícil acesso pelos interessados, quer nos processos administrativos, quer na via judicial.

A novidade é que, a par de ser obrigatório para a administração tributária, o princípio da transparência também passa a vincular o legislador no processo de instituição do tributo.

Importante destacar, ainda, que o dever de transparência aplica-se também aos recursos arrecadados, não se esgotando com a entrada do montante arrecadado nos cofres públicos.

4.16.3. O novo princípio da justiça tributária ou justiça fiscal

O novo princípio da justiça tributária, também chamado de justiça fiscal, é a cristalização de uma ideia já presente na Constituição Federal, segundo a qual, sempre que possível, os tributos em geral, e os impostos em especial, devem ter um caráter pessoal e serem graduados conforme a capacidade econômica do contribuinte (art. 145, § 1º).

Voltado mais ao legislador tributário do que à estrutura administrativa do Fisco, o objetivo de tal princípio é promover um equilíbrio maior na carga tributária brasileira, que recai proporcionalmente mais sobre os pobres do que sobre os ricos.

Trata-se de princípio de baixa densidade normativa, portando um conteúdo muito genérico, que se não for mais bem detalhado nas demais etapas da Reforma corre o risco de tornar-se letra morta, tal como aconteceu com o previsto, mas nunca instituído, Imposto sobre Grandes Fortunas (art. 153, VII, da CF).

4.16.4. O novo princípio da cooperação

O princípio da cooperação tem como objetivo instituir uma nova forma de etapa na relação entre o Fisco e os contribuintes, não mais pautada pela litigiosidade, mas agora voltada à solução consensual de conflitos, valendo-se de instrumentos já existentes como a transação tributária.

4.16.5. O novo princípio da defesa do meio ambiente

Muito bem-vindo, o novo princípio tributário da defesa do meio ambiente dirige-se essencialmente ao legislador, obrigando-o a pôr em prática mecanismos tributários – como isenções, alíquotas regressivas e desonerações em geral – de modo a favorecer contribuintes que comprovem boas práticas ambientais. Busca-se, com isso, alcançar o ideal de sustentabilidade tributária, enfatizando o uso extrafiscal dos tributos para estimular a preservação ambiental.

Cabe lembrar que a extrafiscalidade é o uso do tributo com finalidade diversa da simplesmente arrecadatória. Com o princípio tributário da defesa do meio ambiente, o constituinte reformador almeja não a mera arrecadação, mas promover a chamada "tributação indutiva", ou seja, utilizar o tributo para estimular no contribuinte comportamentos que não sejam nocivos ao meio ambiente.

Em outras palavras, trata-se de utilizar o chamado "tributo verde" como meio de implementar os diversos dispositivos constitucionais de proteção ambiental, em especial os arts. 170, VI, e 225 da Constituição Federal.

Na mesma esteira, a Emenda Constitucional n. 132/2023 estabeleceu ainda a possibilidade de o IPVA ter alíquotas diferenciadas em função do impacto ambiental, conforme art. 155, § 6º, II, da Constituição Federal.

Acesse o QR Code e confira o quadro sinótico e as questões deste capítulo.

5

IMUNIDADES TRIBUTÁRIAS

5.1 NATUREZA JURÍDICA

Assim como os princípios tributários, as imunidades têm **natureza jurídica dúplice**, na medida em que são, ao mesmo tempo, **limitações constitucionais ao poder de tributar**, restringindo o poder do Fisco de instituir tributos, e também **garantias fundamentais do contribuinte**.

A natureza de limitações constitucionais ao poder de tributar está declarada no título da Seção II do Sistema Tributário Nacional que, ao tratar das imunidades tributárias, se autodeclara "Das Limitações ao Poder de Tributar"[STJ].

> STJ: "DIREITO TRIBUTÁRIO E INTERNACIONAL PÚBLICO. COBRANÇA DE TRIBUTO DE ESTADO ESTRANGEIRO. O Município não pode cobrar IPTU de Estado estrangeiro, embora possa cobrar taxa de coleta domiciliar de lixo. Encontra-se pacificado na jurisprudência do STJ o entendimento de que os Estados estrangeiros possuem imunidade tributária e de jurisdição, segundo os preceitos das Convenções de Viena de 1961 (art. 23) e de 1963 (art. 32), que concedem isenção sobre impostos e taxas, ressalvadas aquelas decorrentes da prestação de serviços individualizados e específicos que lhes sejam prestados. Assim, em tese, a Taxa de Coleta Domiciliar de Lixo que decorra da prestação de serviço específico pode ser cobrada do Estado estrangeiro. Ademais, a Súmula Vinculante 19 do STF preconiza que 'a taxa cobrada exclusivamente em razão dos serviços públicos de coleta, remoção e tratamento ou destinação de lixo ou resíduos provenientes de imóveis não viola o art. 145, II, da Constituição Federal'" (2ª T., RO 138-RJ, rel. Min. Herman Benjamin, *DJe* 19-3-2014, *Informativo* 538

Já o *status* de garantias fundamentais dos contribuintes decorre do disposto no art. 150, *caput*, da Constituição Federal, segundo o qual: "Sem prejuízo de **outras garantias asseguradas ao contribuinte, é vedado à União, aos Estados, ao Distrito Federal e aos Municípios (...)**".

Da natureza que as imunidades tributárias têm de garantias fundamentais e limitações ao poder de tributar decorrem as seguintes **consequências**:

1) **imunidades tributárias constituem cláusulas pétreas**: isso porque, nos termos do art. 60, § 4º, IV, da CF, não será objeto de deliberação a proposta de

emenda constitucional tendente a abolir direitos e garantias fundamentais. Desse modo, as **imunidades tributárias não podem ser reduzidas ou suprimidas por emenda constitucional**, fazendo parte do núcleo imodificável da Constituição[STF];

> STF: "Ainda que não se trata tecnicamente de direitos e garantias individuais, as imunidades, todas elas, instrumentos de salvaguarda fundamentais de princípios, liberdades e direitos básicos da Constituição, como liberdade religiosa, de manifestação do pensamento, pluralismo político do regime, a liberdade sindical, a solidariedade social, o direito à educação e assim por diante" (ADIn 939, voto do rel. Min. Sepúlveda Pertence).

2) **a regulamentação infraconstitucional das imunidades tributárias exige lei complementar**: de acordo com o que dispõe o art. 146, II, da CF, é necessária lei complementar para regulamentar limitação constitucional ao poder de tributar. Por isso, havendo qualquer necessidade de editar lei disciplinando, em nível infraconstitucional, uma imunidade tributária, tal lei obrigatoriamente deve ser lei complementar;

3) **é vedada a edição de medida provisória para a regulamentação infraconstitucional de imunidade tributária**: como a regulamentação das limitações constitucionais ao poder de tributar está sob reserva de lei complementar (art. 146, II, da CF), e a Constituição Federal veda a edição de medida provisória sobre temas exclusivos de lei complementar (art. 62, § 1º, III, da CF: "é vedada a edição de medidas provisórias sobre matéria: III – reservada a lei complementar"), conclui-se pela absoluta proibição da edição de medida provisória versando sobre a regulamentação de imunidade tributária;

4) **imunidades devem ser invocadas em favor do contribuinte, e não em favor do Fisco**: sendo as imunidades tributárias limitações ao poder de tributar, constituem regras restritivas da atuação do Fisco e favoráveis ao contribuinte. Desse modo, seria um contrassenso admitir a utilização de uma garantia contra o interesse de seu beneficiário. Por isso, qualquer invocação concreta de imunidades tributárias, ou de regras delas decorrentes, somente pode ser feita em favor do contribuinte e em desfavor do Fisco, nunca o contrário.

5.2 CONCEITOS DOUTRINÁRIOS

Devido à grande importância do tema para provas e concursos, convém fazer uma rápida referência aos conceitos de imunidade apresentados por alguns de nossos doutrinadores mais renomados, destacando elementos fundamentais que merecem especial atenção.

Paulo de Barros Carvalho: "Imunidades são uma classe finita e imediatamente determinável de normas jurídicas, **contidas no texto da Constituição Federal**, e que estabelecem, **de modo expresso, a incompetência das pessoas políticas** de direito constitucional interno para expedir regras instituidoras de tributos que alcancem situações específicas e suficientemente caracterizadas"[1].

Aliomar Baleeiro: "Imunidades são **vedações absolutas ao poder de tributar** certas pessoas ou certos bens"[2].

Hugo de Brito Machado: "Imunidade é o **obstáculo decorrente de regra da Constituição à incidência** de regra jurídica de tributação"[3].

José Eduardo Soares de Melo: "Imunidade consiste na **exclusão da competência da** União, Estados, Distrito Federal e Municípios **para instituir tributos relativamente a determinados atos, fatos e pessoas,** expressamente previstos na Constituição Federal"[4].

Desse modo, reunindo os elementos fundamentais integrantes dos conceitos doutrinários acima transcritos é possível identificar o seguinte denominador comum acerca da conceituação do instituto das imunidades tributárias:

1) são normas contidas no texto da Constituição Federal;

2) atuam limitando as regras de competência tributárias das entidades federativas;

3) afastam a possibilidade de instituição de tributos sobre determinados atos, fatos e pessoas.

Com base na síntese dos conceitos acima transcritos, podemos apresentar a nossa conceituação de imunidades tributárias.

5.3 NOSSO CONCEITO

Imunidades são normas constitucionais que limitam a competência tributária afastando a incidência de tributos sobre determinados itens ou pessoas.

A análise do conceito apresentado exige a compreensão dos seguintes elementos:

a) **imunidades são normas constitucionais;**

b) **que limitam a competência tributária;**

c) **afastando a incidência de tributos sobre determinados produtos ou pessoas.**

Passemos à análise detalhada de cada uma das partes integrantes do conceito proposto.

5.3.1 Imunidades são normas constitucionais

O primeiro elemento integrante do conceito aponta para a **natureza das imunidades tributárias** como normas ontologicamente **constitucionais,** ou seja, dentro

---

1. *Curso de Direito Tributário,* p. 236.
2. *Direito Tributário Brasileiro,* p. 113.
3. *Curso de Direito Tributário,* p. 285.
4. *Curso de Direito Tributário,* p. 156.

da pirâmide representativa do ordenamento jurídico pátrio, o único patamar onde as regras imunizantes podem estar alocadas é dentro do próprio Texto Maior.

E existe uma razão para isso.

Como as imunidades atuam sistemicamente limitando o alcance das regras constitucionais atribuidoras da competência tributária, as imunidades somente poderiam ocupar o mesmo *status* hierárquico das normas com as quais interagem, isto é, o nível constitucional.

Daí afirmar-se que as imunidades tributárias são "hipóteses de não incidência constitucionalmente qualificadas", "normas ontologicamente constitucionais", "fenômenos normativos necessariamente constitucionais".

Tais expressões consagradas na doutrina reconhecem que a **imunidade é um instituto necessariamente previsto na Constituição Federal**.

Curioso destacar que a natureza da imunidade como norma constitucional prevalece sobre a nomenclatura utilizada pelo constituinte. Assim, mesmo que o texto constitucional empregue nomes como "isenção", "não incidência", ou termos correlatos para se referir à exclusão da incidência tributária, o fenômeno será imunidade.

É o que ocorre, entre tantos exemplos, com a norma prevista no art. 195, § 7º, da CF, segundo o qual: "São **isentas** de contribuição para a seguridade social as entidades beneficentes de assistência social que atendam às exigências estabelecidas em lei".

STF: "AÇÃO DIRETA DE INCONSTITUCIONALIDADE. CONVERSÃO EM ARGUIÇÃO DE DESCUMPRIMENTO DE PRECEITO FUNDAMENTAL. CONHECIMENTO. IMUNIDADE. CONTRIBUIÇÕES SOCIAIS. ARTS. 146, II, e 195, § 7º, DA CONSTITUIÇÃO FEDERAL. REGULAMENTAÇÃO. LEI N. 8.212/91 (ART. 55). DECRETO N. 2.536/98 (ARTS. 2º, IV, 3º, VI, §§ 1º e 4º e PARÁGRAFO ÚNICO). DECRETO N. 752/93 (ARTS. 1º, IV, 2º, IV e §§ 1º e 3º, e 7º, § 4º). ENTIDADES BENEFICENTES DE ASSISTÊNCIA SOCIAL. DISTINÇÃO. MODO DE ATUAÇÃO DAS ENTIDADES DE ASSISTÊNCIA SOCIAL. TRATAMENTO POR LEI COMPLEMENTAR. ASPECTOS MERAMENTE PROCEDIMENTAIS. REGRAMENTO POR LEI ORDINÁRIA. Nos exatos termos do voto proferido pelo eminente e saudoso Ministro Teori Zavascki, ao inaugurar a divergência: 1. '(...) fica evidenciado que (a) entidade beneficente de assistência social (art. 195, § 7º) não é conceito equiparável a entidade de assistência social sem fins lucrativos (art. 150, VI); (b) a Constituição Federal não reúne elementos discursivos para dar concretização segura ao que se possa entender por modo beneficente de prestar assistência social; (c) a definição desta condição modal é indispensável para garantir que a imunidade do art. 195, § 7º, da CF cumpra a finalidade que lhe é designada pelo texto constitucional; e (d) esta tarefa foi outorgada ao legislador infraconstitucional, que tem autoridade para defini-la, desde que respeitados os demais termos do texto constitucional.'. 2. 'Aspectos meramente procedimentais referentes à certificação, fiscalização e controle administrativo continuam passíveis de definição em lei ordinária. A lei complementar é forma somente exigível para a definição do modo beneficente de atuação das entidades de assistência social contempladas pelo art. 195, § 7º, da CF, especialmente no que se refere à instituição de contrapartidas a serem observadas por elas.'. 3. Procedência da ação 'nos limites postos no voto do Ministro Relator'. Arguição de descumprimento de preceito fundamental, decorrente da conversão da ação direta de inconstitucionalidade, integralmente procedente" (ADI 2.028, rel. Min. Joaquim Barbosa, rel. p/ Acórdão: Min. Rosa Weber, P, j. 2-3-2017, acórdão eletrônico *DJe*-095 divulg. 5-5-2017 public. 8-5-2017).

Outro exemplo, agora referente a impostos é o previsto pelo art. 184, § 5º, da CF, que dispõe que: "São *isentas* de impostos federais, estaduais e municipais as operações de transferência de imóveis desapropriados para fins de reforma agrária". Há, também, a imunidade relativa a taxas, estabelecida pelo art. 5º, XXXIV, *b*, da CF, que prevê que a todos será assegurada a obtenção de certidões em repartições públicas independentemente do pagamento de taxas.

Embora o termo usado seja "isentas", trata-se de verdadeira imunidade, porque o *status* constitucional prevalece sobre a nomenclatura utilizada.

STF: "Isenção prevista na Constituição imunidade é, conforme entendimento já firmado por esta Corte" (ADIMC 2.028, voto do Min. rel. Moreira Alves, *DJ* 16-6-2000).

5.3.2 Imunidades limitam a competência tributária

O segundo elemento do conceito de imunidade faz referência à sua função limitadora da competência tributária. Em razão das imunidades previstas no texto constitucional, as entidades federativas já recebem as competências tributárias parcialmente subtraídas quanto ao seu alcance potencial, na medida em que os entes tributantes ficam impedidos de instituir tributos sobre pessoas e itens protegidos pelas regras imunizantes.

5.3.3 Imunidades afastam a incidência de tributos sobre determinados produtos ou pessoas

Por fim, as imunidades são normas constitucionais voltadas a afastar a incidência de tributos sobre determinados itens ou pessoas. Embora os casos mais comuns sejam de imunidades que excluam somente a incidência de impostos, há casos de normas imunizantes atingindo as demais espécies tributárias. Assim, **não é mais correto afirmar que imunidade afasta somente impostos.**

Importante destacar também que existem imunidades prioritariamente destinadas a **proteger pessoas**, denominadas imunidades subjetivas (ex.: imunidade das entidades federativas, art. 150, VI, *a*, da CF), e outras imunidades voltadas a **tutelar produtos**, chamadas de imunidades objetivas (ex.: imunidade dos livros, jornais e periódicos, art. 150, VI, *d*, da CF). A diferença entre imunidades subjetivas e objetivas será explicada mais detalhadamente nos itens seguintes.

5.4 IMUNIDADE E ISENÇÃO

Imunidade e isenção possuem, do ponto de vista extrajurídico, uma grande semelhança, isso porque na prática as duas figuras liberam o contribuinte de efetuar o pagamento do tributo.

Do ponto de vista do Direito Tributário, porém, **imunidade e isenção são institutos inconfundíveis.**

Como visto nos itens anteriores, a imunidade é uma norma constitucional que limita a competência tributária, afastando a incidência de tributos sobre determinados itens ou pessoas. Assim, a **imunidade opera no plano constitucional**, interagindo com as regras que definem a competência para a instituição de tributos **antes que o fato gerador ocorra.**

A isenção é um **benefício legal concedido pelo legislador** que, excluindo o crédito tributário (art. 175 , I, do CTN), libera o contribuinte de realizar o pagamento do tributo **após a ocorrência do fato gerador.**

Costuma-se dizer que, enquanto a imunidade é uma hipótese de não incidência constitucionalmente qualificada, a isenção é uma hipótese de não incidência legalmente qualificada.

No capítulo específico sobre causas de exclusão do crédito tributário, veremos que a outorga de isenção decorre de uma vontade política da própria entidade competente para instituir o tributo, porque, da mesma forma que a Constituição Federal confere a aptidão para arrecadar determinado tributo, permite também que o Ente Tributante delibere sobre dispensar legalmente o seu recolhimento em casos predeterminados. **A competência para isentar é um desdobramento da competência para instituir o tributo.**

Sobre lei específica para isenção, interessante analisarmos o entendimento do STF sobre a Lei da Copa:

> STF: "É constitucional a isenção fiscal relativa a pagamento de custas judiciais, concedida por Estado soberano que, mediante política pública formulada pelo respectivo governo, buscou garantir a realização, em seu território, de eventos da maior expressão, quer nacional, quer internacional. Legitimidade dos estímulos destinados a atrair o principal e indispensável parceiro envolvido, qual seja, a Fifa [Federação Internacional de Futebol], de modo a alcançar os benefícios econômicos e sociais pretendidos" (ADI 4.976, rel. Min. Ricardo Lewandowski, j. 7-5-2014, P, *DJe* 30-10-2014).

Nessa ADI o STF entendeu que a lei específica necessária para instituição de uma isenção tributária poderia tratar de outros assuntos, que não a isenção, desde que fossem assuntos conexos com o benefício fiscal. A Lei da Copa tratou de diversos outros assuntos relativos à realização do evento, mas o STF interpretou que a isenção se encontrava dentro da temática sendo, portanto, constitucional.

No contexto específico das provas e concursos públicos, é comum serem apontadas as seguintes diferenças entre imunidade e isenção:

1) **quanto ao nível hierárquico:** imunidade é norma constitucional; isenção tem previsão em lei;

2) **quanto à natureza jurídica:** imunidade limita a competência tributária (antes do fato gerador); isenção dispensa o pagamento (depois do fato gerador);

3) **quanto ao tipo de interpretação:** tendo natureza de garantia fundamental, a imunidade deve ser interpretada ampliativamente, já a isenção interpreta-se de modo literal (art. 111, II, do CTN);

4) **quanto ao alcance:** como regra, imunidades atingem impostos; isenções alcançam todos os tributos;

5) **quanto ao efeito:** imunidade exclui a competência tributária; isenção é manifestação da competência tributária;

6) **quanto à revogabilidade:** imunidades são irrevogáveis (cláusulas pétreas); isenções são benefícios revogáveis;

7) **quanto à permanência:** imunidades tendem à perenidade; isenções tendem à temporariedade.

Assim, as principais diferenças entre imunidade e isenção podem ser didaticamente sintetizadas conforme o quadro abaixo:

Quadro comparativo entre imunidade e isenção

Imunidade	Isenção
na CONSTITUIÇÃO FEDERAL	na LEI
LIMITA O PODER DE TRIBUTAR	CONCEDE UM BENEFÍCIO FISCAL
LIMITA A COMPETÊNCIA TRIBUTÁRIA (antes do fato gerador)	DISPENSA O PAGAMENTO (depois do fato gerador)
INTERPRETAÇÃO AMPLIATIVA	INTERPRETAÇÃO LITERAL (art. 111, II, do CTN)
em regra, alcança SÓ IMPOSTOS	alcança TODOS OS TRIBUTOS
EXCLUI A COMPETÊNCIA TRIBUTÁRIA	É DECORRÊNCIA DA COMPETÊNCIA TRIBUTÁRIA
IRREVOGÁVEL	REVOGÁVEL
PERENE	TENDE À TEMPORARIEDADE
ESCOLHA CONSTITUCIONAL (de acordo com um valor digno de proteção)	MEDIDA DA CAPACIDADE DO CONTRIBUINTE (conveniência relativa à política tributária)

5.5 OUTROS INSTITUTOS AFINS

Existem outros institutos que se assemelham à imunidade no sentido de também liberarem o contribuinte de realizar o pagamento do tributo. Além da **isenção simples (autonômica)**, é o caso da **isenção heterônoma**, da **não incidência**, da **alíquota zero**, da **desoneração**, do **crédito presumido** e da **base reduzida**.

Juridicamente é importante identificar os pontos em que tais figuras se distinguem das imunidades.

Passemos à análise separada de cada caso.

5.5.1 Diferença entre imunidade e isenção autonômica

Isenções simples ou autonômicas (ou autônomas) são aquelas concedidas por lei **da mesma entidade competente para instituir o tributo**. Assim, por exemplo, sendo o IPTU tributo municipal, quando o próprio município outorga isenção de IPTU trata-se de isenção autonômica.

Em regra, isenções somente podem ser concedidas pela entidade competente para instituir o tributo. No Brasil predominam as isenções autonômicas.

Assim, as diferenças entre imunidade e isenção autonômica são todas aquelas mesmas apontadas nos itens anteriores existentes entre imunidade e isenção. Em especial merecem destaque duas diferenças principais:

a) a imunidade é uma norma prevista na Constituição Federal, enquanto a isenção autonômica é prevista na lei;

b) a imunidade limita a competência tributária, ao passo que a isenção dispensa o contribuinte de realizar o pagamento do tributo.

5.5.2 Diferença entre imunidade e isenção heterônoma

Isenção imprópria ou heterônoma é um **tipo especial de isenção concedida por entidade diversa daquela competente para instituir o tributo**. Trata-se de uma exceção à autonomia dos entes políticos para conceder benefícios aos seus próprios tributos. Por isso, **somente a Constituição Federal pode prever isenções heterônomas**.

Atualmente, a Constituição Federal prevê **apenas três casos** de isenções heterônomas, **ambos em favor da União**:

a) art. 155, § 2º, XII, *e*: cabe à lei complementar da União excluir da incidência do ICMS nas exportações de serviços e produtos além dos mencionados no inciso X, *a*;

b) art. 156, § 3º, II: cabe à lei complementar da União excluir da incidência do ISS a exportação de serviços do exterior;

c) art. 156-A, § 6º, III, *a*: lei complementar federal definirá hipóteses em que o IBS não incidirá sobre as operações realizadas entre a sociedade cooperativa e seus associados, entre estes e àquela e pelas sociedades cooperativas entre si quando associadas para a consecução dos objetivos sociais (acrescentado pela EC n. 132/2023 – Reforma Tributária).

Assim, nas isenções heterônomas atualmente existentes, a União concede isenções de tributos estaduais (ICMS) e municipais (ISS).

Mas, se tanto a imunidade quanto a isenção heterônoma estão previstas na Constituição Federal, qual a diferença entre os institutos?

Simples. Embora prevista na Constituição Federal, a isenção heterônoma, como toda isenção, é concedida por lei e não pela Constituição.

Na imunidade a própria norma constitucional exclui a incidência do tributo. Já na isenção heterônoma, a norma constitucional manda o legislador dar a isenção, de modo que o texto constitucional em si não tem qualquer poder de excluir o pagamento do tributo.

Enquanto nas imunidades o contribuinte extrai da Constituição uma garantia direta e imediata de que não recolherá o tributo, nas isenções heterônomas a norma constitucional não traz qualquer benefício direto e imediato ao contribuinte beneficiário, porque toda a eficácia do dispositivo fica condicionada à promulgação da futura lei concessiva da isenção.

5.5.3 Diferença entre imunidade e não incidência

Não incidência é a situação em que o tributo é indevido porque **não ocorreu o seu fato gerador.** Trata-se de fato tributariamente atípico, ou seja, não enquadrado na hipótese de incidência tributária.

É caso, por exemplo, da tentativa de exigir ISS sobre locação. Como locação não é serviço, o ISS é indevido diante da não ocorrência de seu fato gerador. Tal entendimento está consolidado na doutrina e jurisprudência, conforme o teor da Súmula Vinculante 31 do STF: "É inconstitucional a incidência do Imposto sobre Serviços de Qualquer Natureza – ISS sobre operações de locação de bens móveis".

A diferença para a imunidade é que **o fenômeno da não incidência tributária dispensa a existência de norma constitucional específica protegendo o contribuinte contra a ação do Fisco.**

Como veremos nos capítulos seguintes, toda hipótese de incidência tributária é composta por um verbo e um complemento. No caso do Imposto de Renda, por exemplo, o verbo da hipótese de incidência é "auferir", e o complemento, "renda". Há casos em que o Fisco tenta exigir tributo, fora das situações enquadradas na hipótese de incidência, descaracterizando o verbo e outros casos em que ocorre desnaturação do complemento.

Permanecendo no exemplo do Imposto de Renda. Se o Fisco Federal lança o Imposto de Renda sobre a venda não lucrativa de um imóvel, o tributo é indevido por não ocorrência do fato gerador em razão da descaracterização do verbo da hipótese. Se a venda não foi lucrativa, não houve "acréscimo", inexistiu "auferição". Já na hipótese de contribuinte que recebe uma restituição de tributo do governo, também inexiste dever de recolhimento do Imposto de Renda devido à desqualificação do complemento da hipótese de incidência. Tais valores não se enquadram como renda.

Nota-se, portanto, que o raciocínio que leva à proteção do contribuinte nos casos de não ocorrência do fato gerador é totalmente diferente daquele utilizado nas hipóteses de imunidade.

5.5.4 Diferença entre imunidade e alíquota zero

Outro instituto que produz um efeito prático similar ao da imunidade por liberar o contribuinte do pagamento do tributo é a alíquota zero. Trata-se da forma de desoneração tributária por meio da qual o legislador, ou Poder Executivo, elimina a tributação sobre determinado item, **zerando a alíquota** incidente sobre a base de cálculo **de modo a excluir qualquer valor devido pelo contribuinte.**

Nesse caso, ocorre a incidência da hipótese sobre o fato imponível. **Surge o fato gerador,** nasce a obrigação tributária, **mas não há valor devido.**

É totalmente diferente da imunidade, na medida em que, no caso desta última, sequer se dá a ocorrência do fato gerador, pois a norma imunizante limita a competência tributária, evitando o nascimento da obrigação tributária antes mesmo de o fato gerador ocorrer.

Além disso, ao contrário das imunidades, que são benefícios concedidos diretamente pelo texto constitucional, a alíquota zero é sempre conferida no plano infraconstitucional, tanto por meio de lei quanto via ato administrativo.

5.5.5 Diferença entre imunidade e desoneração

Desoneração é uma nomenclatura genérica utilizada para designar qualquer benefício fiscal capaz de reduzir a carga tributária suportada pelo contribuinte. Assim, pode-se dizer que isenção, imunidade, alíquota zero, base reduzida e até a extinção de um tributo sejam formas de desoneração.

Desse modo, pode-se dizer que a imunidade é uma espécie do gênero desoneração. Essa é a diferença entre os dois institutos.

5.5.6 Diferença entre imunidade e crédito presumido

O crédito presumido consiste em um instrumento fiscal utilizado pelo legislador, ou pelo Executivo, por meio do qual são atribuídos créditos de determinado tributo ao contribuinte visando à compensação nas operações seguintes, sem que tais créditos tenham sido efetivamente gerados em operação anterior. Com isso, o contribuinte se credita, realizando posterior abatimento do valor creditado no recolhimento seguinte do tributo, operação que resulta no pagamento de valor menor do que seria recolhido sem o crédito presumido.

Esse sistema somente pode ser utilizado nos tributos submetidos à denominada incidência em cadeia, como ICMS, IPI, PIS/Cofins, entre outros.

Como o modelo do crédito presumido é sempre previsto em diplomas normativos infraconstitucionais (leis, atos administrativos etc.), nisso reside sua principal diferença para o instituto da imunidade tributária, já que esta é sempre um benefício com natureza constitucional.

5.5.7 Diferença entre imunidade e base reduzida

Base reduzida é outra forma de desoneração fiscal por meio da qual o legislador, ou Poder Executivo, promove um abatimento quantitativo na grandeza econômica sobre a qual o tributo incide (desconto na base de cálculo) para que, ao ser aplicada a alíquota, o produto final, ou seja, o valor devido, seja inferior àquele que resultaria da utilização da base de cálculo integral.

Quanto à diferenciação perante a figura da imunidade tributária, valem os mesmos comentários feitos em relação aos institutos anteriormente analisados. O mecanismo da base reduzida é um benefício concedido por lei ou mediante ato administrativo, ao contrário da imunidade, que está sempre fundamentada na Constituição Federal.

5.6 TIPOS DE IMUNIDADE

A doutrina identifica diversos tipos de imunidades tributárias, dividindo-as didaticamente para facilitar o estudo do tema.

1) Quanto à finalidade, as imunidades dividem-se em: a) subjetivas; b) objetivas;

2) Quanto à abrangência, classificam-se em: a) gerais; b) específicas;

3) Quanto às espécies alcançadas, podem ser: a) tributárias; b) impositivas;

4) Quanto à aplicabilidade, são: a) autoaplicáveis ou incondicionadas; b) não autoaplicáveis ou condicionadas;

5) Quanto à natureza, dividem-se em: a) ontológicas; b) políticas.

Passemos ao estudo detalhado de cada categoria.

5.6.1 Imunidades subjetivas

Embora, em última análise, toda imunidade seja concedida em benefício de pessoas, algumas imunidades são mais diretamente voltadas à proteção de pessoas do que à tutela de itens, atos ou fatos. Dá-se o nome de imunidade subjetiva **quando o benefício constitucional for imediatamente dirigido à proteção de pessoas.**

É o caso, por exemplo, da imunidade religiosa, prevista no art. 150, VI, *b*, da Constituição Federal, segundo o qual: "Sem prejuízo de outras garantias asseguradas ao contribuinte, é vedado à União, aos Estados, ao Distrito Federal e aos Municípios: VI – instituir impostos sobre: b) entidades religiosas e templos de qualquer culto, inclusive suas organizações assistenciais e beneficentes".

Como se sabe, tal imunidade não afasta somente os impostos sobre o local onde a cerimônia religiosa é realizada. Na verdade, trata-se de uma imunidade em favor das instituições religiosas como um todo, protegendo-as contra a incidência de qualquer imposto.

Importante destacar que o principal efeito de classificar uma imunidade como do tipo protetivo de pessoas é que **imunidades subjetivas afastam a incidência de todos os impostos.**

Assim, por exemplo, sendo protegidas por imunidade subjetiva, as instituições religiosas não pagam nenhum imposto.

Corroborando a não possibilidade de pagamento de impostos pelos templos religiosos, em 2022 foi publicada a Emenda Constitucional n. 116 incluindo o § 1º-A ao art. 156. Essa inclusão legislativa deixa clara a imunidade quanto à cobrança do IPTU. O novo texto diz: "O imposto previsto no inciso I do *caput* deste artigo não incide sobre templos de qualquer culto, ainda que as entidades abrangidas pela imunidade de que trata a alínea *b* do inciso VI do *caput* do art. 150 desta Constituição sejam apenas locatárias do bem imóvel".

Além disso, a Emenda Constitucional n. 132/2023 – Reforma Tributária deixou claro o caráter subjetivo da imunidade ao assegurar que não pagam impostos "entidades religiosas e templos de qualquer culto, inclusive suas organizações assistenciais e beneficentes" (nova redação do art. 150, VI, *b*, da CF).

São também imunidades subjetivas: a) imunidade das entidades federativas (art. 150, VI, *a*, da CF); b) imunidade dos partidos políticos, entidades de classe e instituições assistenciais (art. 150, VI, *c*, da CF).

5.6.1.1 Imunidades e impostos indiretos

Impostos indiretos são aqueles pagos por determinada pessoa (contribuinte de direito) mas repassados dentro do preço da mercadoria a um terceiro (contribuinte de fato). Como o contribuinte de fato não tem qualquer relação jurídica com o Fisco, as imunidades tributárias subjetivas só protegem nos impostos indiretos o contribuinte de direito.

Assim, por exemplo, não se pode invocar a regra imunizante do art. 150, VI, *b*, da CF para afastar o ICMS sobre conta telefônica de entidade religiosa, isso porque a verdadeira contribuinte (de direito) do imposto é a operadora de telefonia. Sendo a entidade religiosa mera contribuinte "de fato", o ICMS é integralmente devido na hipótese.

5.6.2 Imunidades objetivas

De outro lado, existem imunidades dirigidas para a proteção, não de pessoas, mas de produtos ou itens determinados. **Denomina-se imunidade objetiva aquela voltada a afastar a incidência de impostos sobre produtos**, e não para proteger diretamente pessoas.

É o caso, por exemplo, da denominada imunidade de imprensa, prevista no art. 150, VI, *d*, da Constituição Federal, segundo o qual: "Sem prejuízo de outras garantias asseguradas ao contribuinte, é vedado à União, aos Estados, ao Distrito Federal e aos Municípios: VI – instituir impostos sobre: d) livros, jornais, periódicos e o papel destinado a sua impressão".

A imunidade de imprensa não é dirigida à proteção imediata das pessoas que produzem ou vendem livros, jornais e periódicos, mas para a proteção direta de tais itens.

A principal característica de uma imunidade objetiva é que ela **não afasta todos os impostos, mas somente aqueles diretamente incidentes sobre o item protegido.**

Assim, um livro, por exemplo, não sofre tributação de IPI no processo de sua fabricação, ICMS na venda ou IE na exportação, porque tais impostos incidem diretamente sobre o item protegido pela imunidade. Porém, a editora que produziu tal livro e a livraria responsável por sua comercialização têm de recolher todos os impostos pessoais, como IR, IPTU ou IPVA, já que estes não guardam qualquer relação com o livro.

5.6.3 Imunidades gerais

São chamadas de imunidades gerais aquelas que, com o objetivo de proteger determinada pessoa ou certo produto, **afastam a incidência de mais de um tributo.**

Podem ser mencionadas como exemplos de imunidades gerais, entre outras, as previstas no art. 150, VI, da Constituição Federal, a saber:

a) das entidades federativas (alínea *a*);

b) religiosa (alínea *b*);

c) dos partidos políticos e outras entidades (alínea *c*);

d) de imprensa (alínea *d*);

e) dos fonogramas e videofonogramas musicais produzidos no Brasil (alínea *e*).

5.6.4 Imunidades específicas

Imunidades específicas são as previstas no texto constitucional **afastando a incidência de um só tributo.**

Diante de dezenas de casos de imunidades específicas previstas na Constituição de 1988, podem ser mencionados os seguintes exemplos:

a) IPI sobre produtos destinados ao exterior (art. 153, § 3º, III, da CF);

b) ITR sobre pequenas glebas rurais (art. 153, § 4º, II, da CF);

c) ICMS sobre operações com ouro definido em lei como ativo financeiro (art. 155, § 2º, X, *c*, da CF);

d) ICMS sobre serviço de comunicação nas modalidades de radiodifusão sonora e de sons e imagens de recepção livre e gratuita (art. 155, § 2º, X, *d*, da CF).

5.6.5 Imunidades tributárias

Denominam-se **imunidades tributárias** aquelas cuja abrangência ultrapassa o âmbito específico dos impostos. É o caso, por exemplo, das entidades assistenciais que têm imunidade a contribuições sociais (art. 195, § 7º, da CF).

5.6.6 Imunidades impositivas

Já as imunidades impositivas são aquelas que **excluem a incidência somente de impostos**. Por exemplo: art. 184, § 5º, da CF ("As operações de transferência de imóveis desapropriados para fins de reforma agrária são imunes a todos os impostos").

5.6.7 Imunidades autoaplicáveis ou incondicionadas

As imunidades autoaplicáveis ou incondicionadas são aquelas **aparelhadas para completa e imediata produção de efeitos**, inexigindo regulamentação infraconstitucional. Exemplo: imunidade recíproca (art. 150, VI, *a*, da CF).

5.6.8 Imunidades não autoaplicáveis ou condicionadas

Por outro lado, as imunidades não autoaplicáveis ou condicionadas **exigem, para que o beneficiário delas usufrua, o preenchimento de requisitos previstos em nível infraconstitucional**. Exemplo: imunidade das entidades educacionais e assistenciais sem fins lucrativos "nos termos da lei" (art. 150, VI, *d*, da CF).

5.6.9 Imunidades ontológicas[5] ou essenciais

As imunidades ontológicas são aquelas que representam **consequências necessárias de certo princípio constitucional maior**, especialmente o da isonomia, revestindo-se sempre de um caráter subjetivo. É o caso, por exemplo, da imunidade recíproca (art. 150, VI, *a*, da CF), que tem tal natureza na medida em que as entidades federativas, ante as incontáveis despesas com serviços públicos e gastos estatais, não revelam interesse público capaz de justificar o pagamento de impostos.

Por derivar de normas mais amplas, a imunidade ontológica permaneceria em vigor mesmo se houvesse a supressão do dispositivo constitucional específico que a prevê.

5.6.10 Imunidades políticas ou incidentais

Denominam-se imunidades políticas ou incidentais aquelas **decorrentes de valores constitucionais específicos mas não fundamentais para a ordem jurídica**. Exemplo: imunidade religiosa.

5.7 IMUNIDADES E OBRIGAÇÕES ACESSÓRIAS

As imunidades excluem **apenas a obrigação tributária principal**, isto é, o dever de pagar o tributo. As chamadas obrigações tributárias secundárias ou acessórias (ou ainda deveres instrumentais) subsistem mesmo para quem foi beneficiado pela norma imunizante[STF].

---

5. A referida distinção entre imunidades ontológicas e políticas foi extraída da obra de Regina Helena Costa: *O Princípio da Capacidade Contributiva*, Malheiros, p. 71-76.

> STF: "A orientação da Corte é no sentido de que a imunidade tributária, por si só, não autoriza a exoneração de cumprimento das obrigações acessórias impostas por lei" (AgRg no ARE 709.980-SP, rel. Min. Dias Toffoli).

> STF: "A imunidade tributária recíproca (art. 150, VI, *a*, da Constituição) impede que os entes públicos criem uns para os outros obrigações relacionadas à cobrança de impostos, mas não veda a imposição de obrigações acessórias. (...) O art. 9º, § 1º, do Código Tributário Nacional institui reserva legal para a definição das hipóteses de responsabilidade tributária e dos atos que os entes públicos deverão praticar na qualidade de responsáveis tributários. O dispositivo não afasta a possibilidade de obrigações acessórias serem impostas por atos normativos infralegais. Não ofende o princípio da isonomia ou abala o pacto federativo norma que impõe a obrigação de apresentação de declaração de débitos e créditos de tributos federais aos Estados, aos Municípios e ao Distrito Federal, mas não a estende aos órgãos da própria União" (ACO 1.098, rel. Min. Roberto Barroso, j. 11-5-2020, P, *DJe* 1º-6-2020).

Assim, por exemplo, se é certo que as instituições religiosas não pagam IPTU ou ITR sobre imóveis utilizados para o serviço de culto, os deveres de manter cadastros atualizados (obrigações secundárias) junto ao Fisco permanecem existindo.

5.8 IMUNIDADES EM ESPÉCIE

Passemos agora ao estudo detalhado de cada uma das imunidades específicas presentes na Constituição Federal de 1988.

As mais importantes são as cinco previstas no art. 150, VI, do Texto Maior, conhecidas como imunidades gerais. São elas: 1) imunidade recíproca (art. 150, VI, *a*); 2) imunidade religiosa (art. 150, VI, *b*); 3) imunidade dos partidos políticos art. 150, IV, *c*); 4) imunidade de imprensa (art. 150, VI, *d*); 5) imunidade musical (art. 150, VI, *e*).

Devido à sua maior relevância, iniciaremos por essas cinco. Na sequência serão analisadas as demais imunidades, conhecidas como específicas.

5.8.1 Imunidade recíproca ou intergovernamental (art. 150, VI, *a*, da CF)

Nos termos do art. 150, VI, *a*, da Constituição Federal:

> Sem prejuízo de outras garantias asseguradas ao contribuinte, é vedado à União, aos Estados, ao Distrito Federal e aos Municípios:
> VI – instituir impostos sobre:
> a) patrimônio, renda ou serviços, uns dos outros.

O citado dispositivo enuncia a denominada imunidade recíproca, regra constitucional que **impede as entidades federativas de cobrar impostos reciprocamente.**

Trata-se de um comando fundamental para **preservação do equilíbrio e harmonia do modelo federativo**, uma vez que a possibilidade, por exemplo, de a União exigir impostos das demais entidades federativas traria o inconveniente de permitir, em casos extremos, a absorção total, com o pagamento de dívidas federais, dos orçamentos estaduais ou municipais. Como os impostos podem ser exigidos do contribuinte sem qualquer contrapartida, a tributação recíproca, por meio dessa espécie tributária, acabaria por tornar-se uma chave para a autodestruição do sistema federativo[STF] (art. 60, § 4º, I, da CF).

> STF: "A imunidade tributária recíproca é norma constitucional de competência que proíbe a instituição de impostos sobre o patrimônio, a renda ou os serviços dos entes federados. Essa imunidade é instrumento de preservação e calibração do pacto federativo, destinado a proteger os entes federados de eventuais pressões econômicas, projetadas para induzir escolhas políticas ou administrativas da preferência do ente tributante. Nesse contexto, a imunidade tributária recíproca é inaplicável se a atividade ou a entidade tributada demonstra capacidade contributiva; se houver risco à livre-iniciativa e às condições de justa concorrência econômica; ou se não houver risco ao pleno exercício da autonomia política que a Constituição conferira aos entes federados. A Constituição é expressa ao excluir da imunidade: a) o patrimônio; b) a renda; e c) os serviços relacionados com a exploração de atividades econômicas regidas pelas normas aplicáveis a empreendimentos privados ou em que houvesse contraprestação ou pagamento de preço ou tarifas pelo usuário" (RE 599.176/PR, rel. Min. Joaquim Barbosa, j. 5-6-2014).

Note-se que a referida imunidade se aplica **somente aos impostos**, de modo que **taxas**, contribuições de melhoria, contribuições sociais e empréstimos compulsórios são devidos normalmente pelos entes da federação reciprocamente.

Consoante entendimento da melhor doutrina, a referência feita pelo art. 150, VI, *a*, ao "patrimônio, renda e serviços" não deve ser interpretada restritivamente de modo a reduzir o alcance da imunidade recíproca somente aos impostos incidentes sobre essas três grandezas econômicas. Ao contrário, é preciso considerar tal enumeração como um rol meramente exemplificativo, sendo certo, por isso, que a norma imunizante **afasta a possibilidade de cobrança de todos os impostos, sem exceção**[STF].

> STF: "Incide a imunidade prevista no artigo 150, inciso VI, alínea *a*, da Constituição Federal, em se tratando de contrato de alienação fiduciária em que pessoa jurídica de direito público surge como devedora" (RE 727.851, rel. Min. Marco Aurélio, j. 22-6-2020, P, *DJe* 17-7-2020, Tema 685).

Nada impede, por óbvio, o controle judicial sobre o adequado cumprimento das finalidades da imunidade recíproca.

> STF: "Está em jogo definir se a imunidade prevista na alínea *a* do inciso VI do art. 150 da CF alcança, ou não, bem imóvel de propriedade da União cedido a empresa privada que explora atividade econômica. (...) Mostra-se inequívoco ser o imóvel da União empregado, por particular, em atividade de fins exclusivamente privados e com intuito lucrativo. Não há base a justificar o gozo de imunidade nos termos assentados pelo Tribunal de origem. (...) Fixo a seguinte tese: **"Incide o IPTU considerado imóvel de pessoa jurídica de direito público cedido a pessoa jurídica de direito privado, devedora do tributo"** (RE 601.720, voto do rel. p/ o ac. Min. Marco Aurélio, j. 19-4-2017, P, *DJe* de 5-9-2017).

5.8.1.1 Extensão da imunidade às autarquias, fundações públicas e Correios

Por força da regra expressa no art. 150, § 2º, da CF, a imunidade recíproca é extensiva às autarquias e fundações públicas instituídas e mantidas pelo Poder Público, no que se refere ao patrimônio, à renda e aos serviços, vinculados a suas finalidades essenciais ou às delas decorrentes.

Nesse dispositivo o Texto Maior concedeu a imunidade impositiva das entidades federativas também para as pessoas jurídicas de direito público da administração indireta.

Além disso, com a entrada em vigor Emenda Constitucional n. 132/2023 – Reforma Tributária, empresa pública prestadora de serviço postal também passa a ser expressamente beneficiada pela imunidade. É o que estabelece a nova redação do art. 150, § 2º, da Constituição Federal: "A vedação do inciso VI, 'a', é extensiva às autarquias e às fundações instituídas e mantidas pelo poder público e à **empresa pública prestadora de serviço postal**, no que se refere ao patrimônio, à renda e aos serviços vinculados a suas finalidades essenciais ou às delas decorrentes". Evidentemente, tal mudança na Constituição Federal visou incluir a Empresas Brasileira de Correios e Telégrafos (ECT) no âmbito da imunidade recíproca.

Assim, somente pelo fato de o constituinte ter estendido o benefício às autarquias **devem ser consideradas beneficiadas pela imunidade** todas as espécies do gênero autárquico, ou seja:

a) autarquias comuns;

b) fundações públicas;

c) agências reguladoras;

d) agências executivas;

e) conselhos de classe (exceto a OAB[6]);

f) associações públicas.

---

6. A OAB é o único Conselho de Classe no Brasil sem natureza de autarquia (precedentes do STF).

Embora sem natureza autárquica, a OAB goza de imunidade tributária. As Caixas de Assistência dos Advogados não são imunes[STF].

> STF: "O fato da Caixa de Assistência dos Advogados integrar a estrutura maior da OAB, não implica a extensão da imunidade tributária recíproca (art. 150, VI, *a*, da Constituição Federal) conferida a esta, dada a dissociação entre as atividades inerentes à atuação da OAB e as atividades providas em benefício individual dos associados" (RE 662.816 BA, rel. Min. Luiz Fux, j. 30-11-2011).

> STF: "As Caixas de Assistências dos Advogados prestam serviço público delegado, possuem *status* jurídico de ente público e não exploram atividades econômicas em sentido estrito com intuito lucrativo. A Caixa de Assistência dos Advogados de Minas Gerais encontra-se tutelada pela imunidade recíproca prevista no art. 150, VI, *a*, do texto constitucional, tendo em vista a impossibilidade de se conceder tratamento tributário diferenciado a órgãos da OAB, de acordo com as finalidades que lhe são atribuídas por lei" (RE 405.267, rel. Min. Edson Fachin, Plenário, j. 6-9-2018, *DJe* de 18-10-2018).

Todavia, visivelmente a imunidade das pessoas de direito público das autarquias e fundações públicas **tem o alcance mais restrito do que a imunidade das entidades federativas.** Isso porque o art. 150, § 2º, da CF reduz a imunidade das pessoas públicas da administração indireta somente "ao patrimônio, à renda e aos serviços, vinculados a suas finalidades essenciais ou às delas decorrentes".

Assim, enquanto as entidades federativas não pagam NENHUM imposto, as **entidades públicas da administração indireta são imunes somente aos impostos que recaem diretamente sobre suas atividades finalísticas.**

Se, por exemplo, a União tem um terreno desocupado, sobre ele não incide IPTU. Mas, se o mesmo terreno pertence ao INSS (autarquia federal previdenciária), o IPTU é devido, porque tal terreno não está vinculado à atividade finalística da autarquia[7].

Cabe lembrar que existe uma presunção de que os bens das autarquias e fundações são utilizados em suas finalidades essenciais, de modo que a entidade tributante tem o ônus de provar a destinação incompatível com finalidade institucional (STJ, 1ª T., AgRg no AREsp 304.126).

Ademais, como dispõe a Súmula 583 do STF: "Promitente-comprador de imóvel residencial transcrito em nome de autarquia é contribuinte de IPTU".

Importante destacar que, por força do art. 150, § 3º, da CF, **havendo exploração de atividade econômica, ou contraprestação, ou pagamento de preços ou tarifas pelo usuário,** as autarquias ou fundações públicas **perdem toda e qualquer imunidade,** evitando-se assim que o benefício tributário se transforme em indevida vantagem competitiva do Estado diante de eventuais empresários privados que atuem no mesmo setor.

---

7. Ricardo Alexandre, *Direito Tributário Esquematizado*, p. 45.

Quanto à inaplicabilidade da regra imunizante no caso de autarquia ou fundação pública que cobre contraprestação, tarifa ou preço do usuário, a regra explica-se para evitar que um serviço público *uti singuli* seja custeado, mediante a desoneração provocada pela imunidade, por toda a coletividade, e não pelo usuário diretamente beneficiado pela prestação.

Assim, se determinado serviço público é *uti universi*, favorecendo toda a coletividade indistintamente, faz sentido que a autarquia ou fundação pública encarregada da prestação seja beneficiada pela imunidade. Mas, se a entidade pública presta serviços públicos remunerados diretamente pelo usuário, serviços *uti singuli*, cuja fruição somente favorece quem por ele está pagando, a existência de imunidade financeiramente suportada por toda sociedade não se justifica.

Às autarquias de regime especial, como as agências executivas (art. 51 da Lei n. 9.649/98) e as agências reguladoras, também são extensíveis as imunidades recíprocas.

Essa é a explicação para o teor do art. 150, § 3º, da Constituição Federal: "As vedações do inciso VI, *a*, e do parágrafo anterior não se aplicam ao patrimônio, à renda e aos serviços, relacionados com exploração de atividades econômicas regidas pelas normas aplicáveis a empreendimentos privados, ou em que haja contraprestação ou pagamento de preços ou tarifas pelo usuário, nem exonera o promitente-comprador da obrigação de pagar imposto relativamente ao bem imóvel".

> STF: "A imunidade tributária recíproca, prevista no art. 150, VI, *a*, da CF – extensiva às autarquias e fundações públicas – tem aplicabilidade restrita a impostos, não se estendendo, em consequência, a outras espécies tributárias, a exemplo das contribuições sociais" (RE 831.381 AgR-AgR, rel. Min. Roberto Barroso, j. 9-3-2018, 1ª T., *DJe* de 21-3-2018).

5.8.1.2 Imunidade de empresas públicas e sociedades de economia mista

Embora a Constituição Federal de 1988 tenha uma norma expressa sobre o alcance da imunidade tributária quanto às autarquias e fundações públicas (art. 150, § 2º), **inexiste disciplina constitucional clara quanto à tributação das pessoas jurídicas de direito privado da administração indireta** (empresas públicas e sociedades de economia mista).

A solução mais segura, de acordo com a doutrina e jurisprudência, faz a resposta variar conforme o tipo de atividade exercida predominantemente pela entidade.

Assim, empresas públicas e sociedades de economia mista **prestadoras de serviços públicos, como os Correios (ECT), são imunes nos mesmos termos das autarquias**, ou seja, no que se refere ao patrimônio, à renda e aos serviços, vinculados a suas finalidades essenciais ou às delas decorrentes (art. 150, § 2º, da

CF). O raciocínio justifica-se porque a imunidade, nesse caso, integra regime jurídico protetivo do serviço público e de seus usuários, servindo como instrumento para a realização do princípio da modicidade da prestação.

Em lamentável confusão os conceitos de domínio econômico e a serviço público, o **Supremo Tribunal Federal** vem afirmando que a imunidade recíproca somente seria aplicável às empresas públicas e sociedades de economia mista **prestadoras de serviço público em regime de monopólio**. Ocorre que a noção de "monopólio", para o Direito Administrativo, diz respeito não ao campo do serviço público, mas a atividades econômicas cujo exercício, em princípio, a própria Constituição Federal impede seja realizado por particulares (art. 177 da CF).

No caso específico dos Correios (ECT), desde a entrada em vigor da Emenda Constitucional n. 132/2023 – Reforma Tributária, a aplicação da imunidade agora decorre de expressa previsão constitucional (art. 150, § 2º).

Já as empresas públicas e sociedades de economia mista **exploradoras de atividade econômica**, como Banco do Brasil, Petrobras e Caixa Econômica Federal, **não têm qualquer imunidade**, na medida em que tais entidades estatais atuam no mercado em regime de competição com empresas privadas e o referido benefício tributário seria uma vantagem competitiva sobre os demais concorrentes[STF].

> STF: "A imunidade tributária recíproca (CF, art. 150, VI, *a*) não afasta a responsabilidade tributária por sucessão, na hipótese em que o sujeito passivo era contribuinte regular do tributo devido. O Plenário deu provimento a recurso extraordinário para reformar acórdão que considerara aplicável a imunidade recíproca a débitos tributários da extinta Rede Ferroviária Federal S.A. – RFFSA, sucedida pela União" (RE 599176/PR, rel. Min. Joaquim Barbosa, j. 5-6-2014, *Informativo* 749).

> STF: "Sociedade de economia mista, cuja participação acionária é negociada em Bolsas de Valores, e que, inequivocamente, está voltada à remuneração do capital de seus controladores ou acionistas, não está abrangida pela regra de imunidade tributária prevista no art. 150, VI, *a*, da Constituição, unicamente em razão das atividades desempenhadas" (RE 600.867, rel. p/ o ac. Min. Luiz Fux, j. 29-6-2020, P, *DJe* 30-9-2020, Tema 508).

Existem dois dispositivos constitucionais que abertamente sustentam tal conclusão.

Em primeiro lugar o art. 173, § 1º, II, da CF prescreve: "§ 1º A lei estabelecerá o estatuto jurídico da empresa pública, da sociedade de economia mista e de suas subsidiárias que explorem atividade econômica de produção ou comercialização de bens ou de prestação de serviços, dispondo sobre: II – **a sujeição ao regime jurídico próprio das empresas privadas**, inclusive quanto aos direitos e obrigações civis, comerciais, trabalhistas e **tributários**".

E, com uma redação bem mais direta, o § 2º do mesmo art. 173 da Constituição Federal enuncia: "**As empresas públicas e as sociedades de economia mista não poderão gozar de privilégios fiscais não extensivos às do setor privado**".

Desse modo, sempre que entidades governamentais atuarem em regime de competição restará afastada qualquer imunidade tributária ou benefício fiscal de qualquer natureza.

O Supremo Tribunal Federal reconheceu vários temas em repercussão geral:

STF: "Os bens e direitos que integram o patrimônio do fundo vinculado ao Programa de Arrendamento Residencial (PAR), criado pela Lei n. 10.188/2001, beneficiam-se da imunidade tributária prevista no art. 150, VI, *a*, da Constituição Federal (CF). Com base nesse entendimento, o Plenário, por maioria, ao apreciar o Tema 884 da repercussão geral, deu provimento ao recurso extraordinário para extinguir a execução fiscal relativamente aos valores cobrados a título de IPTU. (...) a União – tanto o Executivo quanto o Legislativo – implementou o Programa de Arrendamento Residencial (PAR), por meio de medida provisória, posteriormente convertida na Lei n. 10.188/2001. E como a União não pode gerir esse programa por meio de sua Administração Direta, a tarefa coube à CEF, braço instrumental do programa. Não há exploração de atividade econômica, mas prestação de serviço público, uma vez que se trata de atividade constitucionalmente atribuída à União e cuja operacionalização foi delegada, por lei, a empresa pública federal, visando à consecução de direito fundamental. A CEF é apenas a administradora do Fundo de Arrendamento Residencial (FAR), constituído de patrimônio único e exclusivo da União Federal e somente administrado e operacionalizado pela empresa para fins de consecução do programa. A CEF não teve aumento patrimonial nem se beneficiou do programa. Não houve confusão patrimonial, e o serviço não concorreu com o mercado privado. (...) o Tribunal asseverou que todos os pressupostos da incidência da imunidade recíproca foram cumpridos. O PAR representa política habitacional da União, tendo a finalidade de garantir a efetividade do direito à moradia e a redução da desigualdade social. Trata-se do legítimo exercício de competências governamentais, mesmo que a CEF seja instrumento de sua execução. Não existe nenhuma natureza comercial ou prejuízo à livre concorrência" (RE 928.902, rel. Min. Alexandre de Moraes, j. em 17-10-2018, *Informativo* 920, Tema 884).

STF: "Está em jogo definir se a imunidade prevista na alínea *a* do inciso VI do art. 150 da CF alcança, ou não, bem imóvel de propriedade da União cedido a empresa privada que explora atividade econômica. (...) Mostra-se inequívoco ser o imóvel da União empregado, por particular, em atividade de fins exclusivamente privados e com intuito lucrativo. Não há base a justificar o gozo de imunidade nos termos assentados pelo Tribunal de origem. (...) Fixo a seguinte tese: "Incide o IPTU considerado imóvel de pessoa jurídica de direito público cedido a pessoa jurídica de direito privado, devedora do tributo" (RE 601.720, voto do rel. p/ o ac. Min. Marco Aurélio, j. em 19-4-2017, P, *DJe* 5-9-2017, Tema 437).

STF: "(...) cumpre definir se, à luz do art. 150, VI, *a*, da CF, a imunidade tributária recíproca alcança, ou não, sociedade de economia mista arrendatária de terreno localizado em área portuária pertencente à União. (...) Mostra-se inequívoco ser o imóvel da União empregado em atividade de sociedade de economia mista que atua no mercado com fins lucrativos. Não há base a justificar o gozo de imunidade nos termos pretendidos. (...) Fixo a seguinte tese: "Incide o IPTU considerado imóvel de pessoa jurídica de direito público arrendado a pessoa jurídica de direito privado, devedora do tributo" (RE 594.015, voto do rel. Min. Marco Aurélio, j. 6-4-2017, P, *DJe* 25-8-2017, Tema 385).

STF: "O Plenário, por maioria, apreciando o tema 508 da repercussão geral, negou provimento ao recurso extraordinário, e entendeu que a imunidade tributária recíproca, prevista no art. 150, VI, *a*, da CF/88, não se aplica às sociedades de economia mista que possuem ações negociadas na bolsa de valores, capazes de acumular e distribuir lucros" (RE 600.867, tema 508 RG, rel. Min. Joaquim Barbosa, j. 26-6-2020).

5.8.1.3 Cartórios e serventias extrajudiciais

No julgamento do RE 756.915, o Supremo Tribunal Federal firmou o entendimento de que **atividades de cartórios, notários e serviços de registro público não têm direito à imunidade recíproca.**

De acordo com o relator, Min. Gilmar Mendes, o tema já fora discutido em diversos julgados na corte, quer em sede de controle concentrado, na Ação Direta de Inconstitucionalidade (ADI) 3.089, quer em recursos extraordinários. Prevaleceu a orientação de que as atividades notariais não se beneficiam da imunidade recíproca do art. 150, VI, *a*, da Constituição Federal. "Ainda que os serviços notariais e de registro sejam prestados, na forma do art. 236 da Constituição, por delegação do poder público, essa condição não é suficiente para resguardá-los da possibilidade de sofrer tributação", afirmou[8].

5.8.2 Imunidade religiosa (art. 150, VI, *b*, da CF)

Estabelece o art. 150, IV, *b*, da Constituição Federal:

> Sem prejuízo de outras garantias asseguradas ao contribuinte, é vedado à União, aos Estados, ao Distrito Federal e aos Municípios:
>
> VI – instituir impostos sobre:
>
> b) entidades religiosas e templos de qualquer culto, inclusive suas organizações assistenciais e beneficentes.

Devido a uma tradição redacional mantida historicamente em todas as constituições brasileiras, o Texto de 1988 utiliza a fórmula segundo a qual são imunes os "templos de qualquer culto". Porém, com o advento da Emenda

---

8. Fonte: *site* oficial do STF.

Constitucional n. 132/2023 – Reforma Tributária, a imunidade foi estendida para beneficiar **todas as instituições religiosas**, inclusive suas organizações assistenciais e beneficentes, **afastando a incidência de quaisquer impostos** sobre patrimônio, renda e serviços relacionados com suas atividades essenciais (art. 150, § 4º, da CF).

Importante destacar que a imunidade religiosa é um desdobramento de outras normas constitucionais que estabelecem garantias fundamentais mais amplas, como a liberdade de crença, o livre exercício de cultos religiosos e a proteção aos locais de culto e suas liturgias (art. 5º, VI, da CF).

5.8.2.1 Tributos alcançados pela imunidade religiosa

Como se trata de imunidade subjetiva, ou seja, instituída para proteger as instituições religiosas, a norma imunizante tem o poder de afastar todos os impostos que seriam devidos pela pessoa jurídica.

Assim, **instituições religiosas, incluindo suas organizações assistenciais e beneficentes, não pagam nenhum imposto** cujo fato gerador pudesse ser a elas atribuído. Trata-se de imunidade total. Portanto, se é certo que não recolhem IPTU e ITR sobre o templo de sua propriedade, também não pagam IPVA sobre seus carros, IR sobre suas rendas e ofertas recebidas, ICMS sobre itens vendidos aos fiéis. Nenhum imposto é devido.

No entanto, por força do art. 150, VI, da CF, a imunidade só vale para impostos, razão pela qual **taxas, contribuições e empréstimos compulsórios são devidos integralmente**.

5.8.2.2 Quais religiões são imunes?

Por força do princípio da isonomia, inevitável concluir que **a imunidade sob análise favorece toda e qualquer denominação religiosa**, independentemente de fatores como número de adeptos, origem, tipo de crença professada, se tem representantes eleitos no Parlamento ou qualquer outro elemento.

5.8.2.2.1 Maçonaria

Sempre existiu grande controvérsia doutrinária acerca do enquadramento, ou não, das lojas maçônicas como instituições religiosas para fins de aplicação da imunidade tributária.

A maçonaria é uma organização fechada voltada para a "busca da felicidade geral e paz universal"[9]. Embora muitos textos oficiais da instituição falem em "cultos" e denominem suas lojas "templos", a própria organização afirma que a

---

9. Fonte: *O que é a Maçonaria*, disponível em: <http://www.lojasaopaulo43.com.br>.

maçonaria não é uma religião[10], inexistindo razão para ser tributariamente tratada como tal.

Nesse sentido, no julgamento do RE 562.351 a 1ª Turma do STF negou imunidade tributária a uma instituição maçônica ao argumento de que a maçonaria não é religião, mas uma "ideologia de vida"[STF].

STF: "O reconhecimento da imunidade tributária prevista no art. 150, VI, c, da Constituição Federal exige o cumprimento dos requisitos estabelecidos em lei. (...) A imunidade tributária conferida pelo art. 150, VI, b, é restrita aos templos de qualquer culto religioso, não se aplicando à maçonaria, em cujas lojas não se professa qualquer religião. (...) As liberdades, como é sabido, devem ser interpretadas de forma extensiva, para que o Estado não crie qualquer óbice à manifestação de consciência, como é o caso sob exame, porém, às imunidades deve ser dado tratamento diametralmente oposto, ou seja, restritivo. Nessa linha, penso que, quando a Constituição conferiu imunidade tributária aos 'templos de qualquer culto', este benefício fiscal está circunscrito aos cultos religiosos" (RE 562.351/RS, Voto do rel. Min. Ricardo Lewandowski, j. 4-9-2012, 1ª T.)

5.8.2.2.2 Cemitérios

A respeito da aplicação da imunidade religiosa aos cemitérios, a jurisprudência do Supremo Tribunal Federal faz uma importante distinção. Quando se trata de cemitérios que funcionem como extensão de entidades religiosas, sem fins lucrativos e que se dediquem exclusivamente à realização de serviços religiosos e funerários, o STF reconhece imunidade quanto ao IPTU (RE 578.562). Os demais impostos, assim como os outros tributos, são devidos integralmente[STF].

STF: "1. Os cemitérios que consubstanciam extensões de entidades de cunho religioso estão abrangidos pela garantia contemplada no art. 150 da Constituição do Brasil. Impossibilidade da incidência de IPTU em relação a eles. 2. A imunidade aos tributos de que gozam os templos de qualquer culto é projetada a partir da interpretação da totalidade que o texto da Constituição é, sobretudo do disposto nos arts. 5º, VI, 19, I e 150, VI, b. 3. As áreas da incidência e da imunidade tributária são antípodas" (RE 578.562/BA, rel. Min. Eros Grau, j. 21-5-2008, Tribunal Pleno, DJe 12-9-2008).

STJ: "TRIBUTÁRIO E PROCESSO CIVIL – AGRAVO REGIMENTAL EM RECURSO ESPECIAL – IPTU E TAXA DE SEGURANÇA – IMUNIDADE TRIBUTÁRIO À CEMITÉRIO PARTICULAR – INEXISTE VIOLAÇÃO AO ART. 535 DO CPC – FALTA DE PREQUESTIONAMENTO DE DISPOSITIVO LEGAL APONTADO – LEI MUNICIPAL – SÚMULAS 280, 282 DO STF.

---

10. *A Maçonaria é religiosa?*. Disponível em: <http://www.macompaulista.com.br/sao-paulo/sessao/5438/perguntas-frequentes#>.

1. Não ocorre ofensa ao art. 535, II, do CPC, se o Tribunal de origem decide, fundamentadamente, as questões essenciais ao julgamento da lide.

2. É inadmissível o recurso especial quanto a questão não decidida pelo Tribunal de origem, por falta de prequestionamento.

3. Em sede de recurso especial, não pode o STJ examinar a pretensão da parte recorrente, se o Tribunal de origem decidiu a lide com base em normas de lei local.

4. Os artigos 77 e 79 do Código Tributário Nacional, que tratam da especificidade e divisibilidade das taxas, reproduzem preceitos constitucionais, cujas interpretações implicam exame de matéria constitucional, defeso na via do recurso especial, nos termos do art. 102 da CF. Precedentes.

5. Agravo regimental não provido" (AgRg no REsp 1.258.863/SP, Rel. Min. Eliana Calmon, 2ª T., j. 5-9-2013, *DJe* 17-9-2013).

Porém, **cemitérios de caráter comercial,** que alugam jazigos e prestam serviços com o objetivo de obtenção de lucro financeiro, **não têm direito à imunidade.**

5.8.2.2.3 Templos positivistas

Sustentando visão isolada, o professor Roque Antonio Carrazza sempre defendeu que os "templos" positivistas são equiparados a templos para fins de fruição da imunidade religiosa[11].

O Positivismo, Igreja Positivista do Brasil ou Religião da Humanidade é uma concepção filosófica criada pelo pensador francês Augusto Comte que prega "o amor por princípio, a ordem por base e o progresso por fim"[12].

Os termos "templo", "igreja" e "religião" são utilizados pelos positivistas somente como forma de contraponto ao discurso religioso tradicional.

A menos que se pretenda estender a imunidade religiosa também para entidades difusoras de conhecimento filosófico, **inexiste qualquer razão para considerar imunes os templos positivistas.** Não há qualquer posicionamento jurisprudencial relevante nessa matéria.

5.8.2.3 *Abrangência objetiva da imunidade religiosa*

Embora a Constituição Federal fale em imunidade dos "templos", o benefício tributário atinge **todas as áreas contíguas ao templo,** como creches, casas sacerdotais, quadras esportivas, estacionamentos, cemitérios e salões sociais.

Considera-se área contígua aquela que seja **uma extensão do imóvel onde se localiza o templo, integrando um só terreno e com o mesmo número de matrícula.** Tal conclusão justifica-se pela inviabilidade de realizar a cobrança

---

11. *Curso de Direito Constitucional Tributário,* passim.

12. Fonte: <http://www.igrejapositivistabrasil.org.br/>.

desmembrada, de IPTU e ITR, para partes integrantes de um mesmo terreno. Assim, sendo o templo imune, suas áreas contíguas também serão favorecidas.

Além disso, não há sentido em interpretar o art. 150, VI, *b*, da Constituição Federal como uma imunidade que beneficia somente a parte exata da propriedade onde está localizado o templo. Para atender ao objetivo de proteção à liberdade de culto, a norma imunizante precisa ser entendida no sentido de alcançar também as áreas no entorno do templo, que são igualmente indispensáveis para a realização dos serviços religiosos.

Ainda que haja cobrança pela utilização do estacionamento, ou de qualquer outra área, **a eventual exploração econômica de partes anexas ao templo não afasta a incidência da imunidade**, exceto se o Fisco provar que os recursos captados não são utilizados nas finalidades essenciais da instituição religiosa (art. 150, § 4º, da CF). De qualquer forma, há uma presunção relativa de que os recursos captados são afetados às finalidades religiosas. Cabe ao Fisco fazer prova em sentido contrário.

Porém, aplicando a mesma regra das áreas contíguas, deve-se concluir que, **se o imóvel pertence à instituição religiosa mas não é um templo, inexiste imunidade quanto ao IPTU e ITR** (art. 150, § 4º, da CF). Trata-se de uma importante regra de contenção da imunidade, evitando assim que inúmeros imóveis, sem qualquer relação com a atividade religiosa, sejam transferidos para tais instituições somente para afastar a incidência dos impostos prediais e territoriais.

No julgamento do AgRg no AREsp 444.193, a 2ª Turma do STJ entendeu que para o Município cobrar ITBI de imóvel de entidade religiosa é preciso que ele prove que esse bem está desvinculado de sua destinação institucional, isso porque existe presunção relativa de que o imóvel está vinculado às suas finalidades essenciais.

Por fim, no ARE 800.395 AgR, de relatoria do Ministro Roberto Barroso, julgado em 28-10-2014, 1ª Turma, o Supremo Tribunal Federal consolidou o entendimento de que não cabe à entidade religiosa demonstrar que utiliza o bem de acordo com suas finalidades institucionais, mas compete à administração tributária provar a eventual tredestinação do bem gravado pela imunidade.

5.8.2.4 Imóveis locados

Interessante questão envolve o tema da imunidade religiosa sobre imóveis que são objeto de locação.

Se a instituição religiosa for **locatária de imóvel de terceiro, não há imunidade quanto ao IPTU ou ITR**, na medida em que o contribuinte desses impostos é o proprietário e não o inquilino. A imunidade só pode favorecer igreja proprietária do imóvel.

Porém, se a instituição religiosa locar seu templo, ou área contígua, a um terceiro, a imunidade permanece, pressupondo-se, também aqui, que o valor do aluguel é revertido para suas finalidades essenciais. O raciocínio vale ainda que o locatário destine o bem a uma finalidade comercial[STF e STJ].

STF: "3. Instituição religiosa. IPTU sobre imóveis de sua propriedade que se encontram alugados. 4. A imunidade prevista no art. 150, VI, *b*, CF, deve abranger não somente os prédios destinados ao culto, mas, também, o patrimônio, a renda e os serviços 'relacionados com as finalidades essenciais das entidades nelas mencionadas'. O § 4º do dispositivo constitucional serve de vetor interpretativo das alíneas *b* e *c* do inciso VI do art. 150 da Constituição Federal. Equiparação entre as hipóteses das alíneas referidas" (RE 325.822, rel. p/ o Acórdão Min. Gilmar Mendes, j. 18-12-2002, Plenário, *DJ* 14-5-2004).

STJ: "TRIBUTÁRIO. AGRAVO INTERNO NO RECURSO ESPECIAL. ITBI. ORGANIZAÇÃO RELIGIOSA, DE EDUCAÇÃO E DE ASSISTÊNCIA SOCIAL. CERTIFICADO DE **IMUNIDADE** TRIBUTÁRIA PREVISTO NO ART. 150, VI, *B*, DA CONSTITUIÇÃO FEDERAL EMITIDO PELO ENTE TRIBUTANTE. ALEGAÇÃO DE DESVIO DE FINALIDADE. ÔNUS QUE CABE AO ENTE MUNICIPAL. PRECEDENTES. INAPLICABI-LIDADE DA CONDIÇÃO RESOLUTÓRIA PREVISTA NO ART. 37, §§ 1º E 2º DO CTN. AGRAVO INTER-NO DO MUNICÍPIO DO RIO DE JANEIRO/RJ A QUE SE NEGA PROVIMENTO.
1. Discute-se, no Apelo Nobre de iniciativa do Município do Rio de Janeiro/RJ, se o reconhecimento de **imunidade** tributária do ITBI, concedido à **instituição religiosa** nos termos do art. 150, VI, *b*, da CF/1988, fica submetido à condição resolutória, nos termos do art. 37, §§ 1º e 2º do CTN.
2. A **imunidade** das entidades religiosas é uma garantia constitucional, sendo a sua aplicação imediata, o que implica presunção relativa quanto à ocorrência da vinculação do imóvel.
Ademais, a regra imunizante alcança não só os templos construídos, mas também as propriedades de entidade religiosa destinadas para os fins constitucionalmente protegidos.
3. Nos termos do art. 114 do CTN, o fato gerador da obrigação principal é a situação definida em lei como necessária e suficiente à sua ocorrência, ou seja, o fato gerador exsurge do negócio jurídico, não dependendo de outro ato para sua concretização.
4. De acordo com o art. 35, I, do CTN, o fato gerador do ITBI ocorre, em seus aspectos material e temporal, com a transmissão, a qualquer título, da propriedade imobiliária. Apenas nesse momento é legítima a exigência do imposto de transmissão.
5. Na situação aqui verificada, no momento da aquisição do imóvel, o próprio ente tributante reconhecera a recorrida como entidade religiosa sem fins lucrativos, detentora do direito de **imunidade** tributária, além de reconhecer que o imóvel por ela adquirido estava relacionado com a sua atividade essencial. Ou seja, no momento em que se verificou o fato gerador da exa-ção a entidade religiosa estava amparada pelo certificado de **imunidade** tributária constitucio-nal, o que torna ilegítima a cobrança do imposto de transmissão.
6. Ademais, verifica-se que, tal como destacado pela Corte de origem, em se tratando de entida-de religiosa, caberia à Fazenda Pública apresentar prova de que o terreno adquirido estaria desvinculado da destinação institucional, visto que há presunção de que o imóvel é associado às atividades essenciais religiosas.

Precedentes: AgRg no AREsp 417.964-ES, Rel. Min. Herman Benjamin, *DJe* 15-4-2014; AgRg no AREsp 444.193-RS, Rel. Min. Mauro Campbell Marques, *DJe* 10-2-2014; AgRg no AREsp 380.953-ES, Rel. Min. Eliana Calmon, *DJe* 14-11-2013.

7. Sobre outro aspecto, o art. 37, §§ 1º e 2º do CTN, indicado como violado, é direcionado exclusivamente à pessoa jurídica que tenha como atividade preponderante a venda ou a **locação** de propriedade imobiliária ou a cessão de direitos relativos à sua aquisição.

8. Ao que se percebe do referido dispositivo, a incidência do ITBI depende de uma circunstância positiva, qual seja, a realização de negócios imobiliários a gerar receita superior à metade da renda operacional. Para essa hipótese, cabe ao Fisco comprovar a existência de exercício de atividade preponderantemente de transações imobiliárias, o que, a toda evidência, não se enquadra no caso dos autos.

9. Logo, considerando que as atividades exercidas pela recorrida são, por definição, de cunho religioso e que o Fisco Carioca não comprovou que a entidade desempenhou atuação no mercado imobiliário e nem de arrendamento mercantil, não se evidencia, neste caso, qualquer das exceções previstas no referido art. 37 do CTN, capazes de ensejar a incidência do ITBI pela Municipalidade tributante. Não ocorre, em casos assim, a realização do fato gerador do tributo pretendido pelo Município do Rio de Janeiro/RJ.

10. Agravo Interno do MUNICÍPIO DO RIO DE JANEIRO/RJ a que se nega provimento" (AgInt no REsp 1.678.426/RJ, Rel. Min. Napoleão Nunes Maia Filho, 1ª T., j. 17-11-2020, *DJe* 24-11-2020).

Evidentemente, se a igreja alugar para terceiro um imóvel seu sem imunidade (ex.: apartamento que não integra o terreno do templo), o bem permanece sofrendo a incidência integral de todos os tributos.

5.8.3 Imunidade dos partidos políticos (art. 150, VI, c, da CF)

O art. 150, VI, *c*, da Constituição Federal garante imunidade tributária a quatro espécies de pessoas jurídicas, nos seguintes termos:

Sem prejuízo de outras garantias asseguradas ao contribuinte, é vedado à União, aos Estados, ao Distrito Federal e aos Municípios:

VI – instituir impostos sobre:

c) patrimônio, renda ou serviços dos partidos políticos, inclusive suas fundações, das entidades sindicais dos trabalhadores, das instituições de educação e de assistência social, sem fins lucrativos, atendidos os requisitos da lei.

Desse modo, são favorecidos pelo não recolhimento de **todos os impostos**, desde que preenchidos os requisitos legais:

1) partidos políticos e suas fundações;

2) entidades sindicais de trabalhadores;

3) instituições educacionais sem fins lucrativos;

4) instituições assistenciais sem fins lucrativos.

> STF: "A imunidade assegurada pelo art. 150, VI, c, da Constituição da República aos partidos políticos, inclusive suas fundações, às entidades sindicais dos trabalhadores e às instituições de educação e de assistência social, sem fins lucrativos, que atendam aos requisitos da lei, alcança o IOF, inclusive o incidente sobre aplicações financeiras" (RE 611.510, rel. Min. Rosa Weber, j. 13-4-2021, P, *DJ*e 7-5-2021, Tema 328).

Vamos analisar separadamente os quatro grupos de pessoas jurídicas beneficiadas.

5.8.3.1 Partidos políticos e suas fundações

A primeira categoria de pessoas jurídicas favorecidas pela imunidade tributária do art. 150, VI, *c*, da Constituição Federal são os partidos políticos. Os partidos são pessoas jurídicas de direito privado que não integram a estrutura estatal, mas sua existência é indispensável para o funcionamento da república e da democracia representativa.

Assim, a finalidade na norma imunizante é viabilizar, com a desoneração da atividade partidária, o pleno desenvolvimento do sistema democrático. Como forma de incentivo à atuação dos partidos, o Texto Maior estendeu o benefício também para fundações instituídas pelos partidos.

Conforme visto nos itens anteriores, a referência que a Constituição faz a "patrimônio, renda e serviços" é meramente exemplificativa, de modo que a melhor compreensão do dispositivo autoriza a concluir pelo afastamento de todos os impostos.

Portanto, **partidos políticos e fundações por eles instituídas não pagam nenhum imposto**. Convém sempre lembrar que taxas, contribuições e empréstimos compulsórios são devidos integralmente.

Na hipótese de o partido político possuir **imóvel locado** a terceiros, o bem **permanece imune ao IPTU**, se o valor do aluguel for aplicado nas atividades essenciais da entidade. O mesmo raciocínio é utilizado pelo Supremo Tribunal Federal para todas as pessoas jurídicas beneficiadas pela imunidade do art. 150, VI, *c*, da CF.

5.8.3.2 Entidades sindicais

O art. 150, VI, *c*, da Constituição Federal atribui imunidade a um segundo tipo de pessoas jurídicas, que textualmente denomina "entidades sindicais de trabalhadores".

Por "entidades sindicais" devemos entender **sindicatos, federações sindicais, confederações sindicais e centrais sindicais**.

A literalidade do dispositivo menciona somente como favorecidas pela imunidade **as entidades sindicais de trabalhadores**, excluindo sindicatos patronais. Adotando **corrente majoritária**, provas e concursos que optam por seguir a letra da Constituição deixam de fora do benefício os sindicatos de empregadores (patronais) ao argumento de que a intenção do constituinte foi estimular as organizações de trabalhadores.

Porém, embora seguindo **corrente minoritária**, não encontramos razão para diferenciar sindicatos de empregados e empregadores para fins de fruição da imunidade. Por força do princípio da isonomia tributária, instituições sindicais patronais também devem ser consideradas imunes.

Em conclusão, sindicatos, federações sindicais, confederações sindicais e as centrais sindicais **não pagam nenhum imposto**. Todavia, taxas, contribuições e empréstimos compulsórios são devidos integralmente.

Cabe destacar que a referida imunidade **somente é aplicável quando a entidade beneficiada ocupa a posição de contribuinte de direito**, mas não a de contribuinte de fato.

5.8.3.2.1 Requisitos do art. 14 do CTN

A parte final da alínea *c* do inciso VI do art. 150 da Constituição Federal condiciona a fruição da imunidade nele contida à observância de requisitos estabelecidos "nos termos da lei". Trata-se, por isso, de **imunidade que não é autoaplicável.**

O art. 14 do Código Tributário Nacional define os **três requisitos** de preenchimento obrigatório para que tais entidades fazem jus à imunidade:

> I – não distribuírem qualquer parcela de seu patrimônio ou de suas rendas, a qualquer título;
>
> II – aplicarem integralmente, no País, os seus recursos na manutenção dos seus objetivos institucionais;
>
> III – manterem escrituração de suas receitas e despesas em livros revestidos de formalidades capazes de assegurar sua exatidão (regularidade contábil).

Havendo descumprimento de algum desses requisitos, a autoridade competente pode suspender a aplicação da imunidade (art. 14, § 1º, do CTN).

5.8.3.3 Instituições educacionais sem fins lucrativos

A imunidade é concedida também, pelo art. 150, VI, *c*, da Constituição Federal, a instituições educacionais sem fins lucrativos que atendem aos requisitos legais.

Os **requisitos para fruição da imunidade** pelas instituições educacionais são os mesmos previstos no **art. 14 do CTN**:

> I – não distribuírem qualquer parcela de seu patrimônio ou de suas rendas, a qualquer título;

II – aplicarem integralmente, no País, os seus recursos na manutenção dos seus objetivos institucionais;

III – manterem escrituração de suas receitas e despesas em livros revestidos de formalidades capazes de assegurar sua exatidão[STJ] (regularidade contábil).

> STJ: "DIREITO TRIBUTÁRIO. REQUISITOS PARA A CONCESSÃO DE IMUNIDADE TRIBUTÁRIA A INSTITUIÇÃO DE ENSINO SEM FINS LUCRATIVOS. (...) condicionar a concessão de imunidade tributária à apresentação do certificado de entidade de assistência social, na hipótese em que perícia técnica tenha demonstrado o preenchimento dos requisitos legais, implica acréscimo desarrazoado e ilegal de pressupostos não previstos em lei para tanto, ainda mais quando o próprio texto constitucional prevê como condicionante para a concessão do referido benefício apenas a inexistência de finalidade lucrativa por parte da instituição" (1ª T., AgRg no AREsp 187.172-DF, rel. Min. Napoleão Nunes Maia Filho, j. 18-2-2014, *DJe* 27-2-2014).

Desatendidos os requisitos, a autoridade competente pode suspender a aplicação da imunidade[STF] (art. 14, § 1º, do CTN).

> STF: "IMUNIDADE. ENTIDADE EDUCACIONAL. ART. 150, INCISO VI, ALÍNEA *C*, DA CONSTITUIÇÃO FEDERAL. IPTU. IMÓVEL VAGO. FINALIDADES ESSENCIAIS. PRESUNÇÃO. ÔNUS DA PROVA. PRECEDENTES. 1. A condição de um imóvel estar vago ou sem edificação não é suficiente, por si só, para destituir a garantia constitucional da imunidade. 2. A regra da imunidade se traduz numa negativa de competência, limitando, *a priori*, o poder impositivo do Estado. 3. Na regra imunizante, como a garantia decorre diretamente da Carta Política, mediante decote de competência legislativa, as presunções sobre o enquadramento originalmente conferido devem militar a favor das pessoas ou entidades que se socorrem da norma constitucional. 4. Quanto à imunidade prevista no art. 150, inciso VI, *c*, da Constituição Federal, o ônus de elidir a presunção de vinculação às atividades essenciais é do Fisco. 5. A não utilização temporária do imóvel deflagra uma neutralidade, não atentando contra os requisitos autorizadores da imunidade" (AgRg no AI 674.339-SP. Rel. Min. Dias Toffoli, 1ª T., j. 10-9-2013, *DJe* 13-2-2014).

Nos termos do art. 12, § 1º, da Lei n. 9.532/97: "não estão abrangidos pela imunidade os rendimentos e ganhos de capital auferidos em aplicações financeiras de renda fixa ou de renda variável".

5.8.3.4 Instituições assistenciais sem fins lucrativos

Por fim, gozam igualmente de imunidade tributária as instituições assistenciais sem fins lucrativos que atenderem aos requisitos legais. A regra visa a proteger a assistência social (arts. 203 e 204 da CF) para concretização dos direitos fundamentais básicos.

Mais uma vez, os requisitos legais que autorizam a concessão da imunidade estão previstos no art. 14 do Código Tributário Nacional, a saber:

I – não distribuírem qualquer parcela de seu patrimônio ou de suas rendas, a qualquer título;

II – aplicarem integralmente, no País, os seus recursos na manutenção dos seus objetivos institucionais;

III – manterem escrituração de suas receitas e despesas em livros revestidos de formalidades capazes de assegurar sua exatidão (regularidade contábil).

Não sendo atendido algum requisito legal, a autoridade competente pode suspender a aplicação da imunidade (art. 14, § 1º, do CTN).

Importante destacar que as **entidades assistenciais são beneficiadas por uma dupla imunidade**[STF],

> STF: "O STF confere sentido mais amplo ao termo 'assistência social' constante do art. 203 da CF, a concluir que, entre as formas de promover os objetivos revelados nos incisos desse preceito, estariam incluídos os serviços de saúde e educação. Toda pessoa jurídica a prestar esses serviços, sem fins lucrativos, com caráter assistencial, em favor da coletividade e, em especial, dos hipossuficientes, atua em conjunto com o Poder Público na satisfação de direitos fundamentais sociais. Essa é a razão de o constituinte ter assegurado a imunidade a essas pessoas em relação tanto aos impostos como às contribuições sociais, a partir da impossibilidade de tributar atividades típicas do Estado em favor da realização de direitos fundamentais no campo da assistência social" (RE 566.622/RS. Trecho do voto do rel. Min. Marco Aurélio, j. 4-6-2014, *Informativo* 749).

na medida em que, além de não pagarem nenhum imposto (art. 150, VI, *c*, da CF), **são também imunes a contribuições sociais**[STF] (art. 195, § 7º, da CF).

> STF: "A imunidade tributária prevista no art. 195, § 7º, da CF (§ 7º São isentas de contribuição para a seguridade social as entidades beneficentes de assistência social que atendam às exigências estabelecidas em lei), regulamentada pelo art. 55 da Lei n. 8.212/91, abrange a contribuição para o PIS" (RE 636.941/RS, rel. Min. Luiz Fux, j. 13-2-2014, *Informativo* 738).

Não estão abrangidos pela imunidade os rendimentos e ganhos de capital auferidos em aplicações financeiras de renda fixa ou de renda variável (art. 12, § 1º, da Lei n. 9.532/97). Porém, **são imunes**, segundo a jurisprudência do STF, **as rendas obtidas** pela instituição assistencial **decorrentes da cobrança de estacionamento de veículo em área interna** da entidade.

Decisões do STF vêm **estendendo a imunidade** também para **imóveis locados e lotes não edificados**[STF] pertencentes à entidade assistencial.

STF: "Imunidade do art. 150, VI, *c*, CF. Entidade beneficente de assistência social. ICMS. Aquisição de insumos e produtos no mercado interno na qualidade de contribuinte de fato. Beneplácito reconhecido ao contribuinte de direito. Repercussão econômica. Irrelevância. (...) "A imunidade tributária subjetiva aplica-se a seus beneficiários na posição de contribuinte de direito, mas não na de simples contribuinte de fato, sendo irrelevante para a verificação da existência do beneplácito constitucional a repercussão econômica do tributo envolvido" (RE 608.872, rel. Min. Dias Toffoli, j. em 23-2-2017, P, *DJe* de 27-9-2017, tema 342).

Quanto às entidades fechadas de previdência privada, somente terão direito à imunidade prevista no art. 150, VI, c, da CF se não houver contribuição dos beneficiários[STF].

STF, Súmula 730: "A imunidade tributária conferida a instituições de assistência social sem fins lucrativos pelo art. 150, VI, *c*, da Constituição, somente alcança as entidades fechadas de previdência social privada se não houver contribuição dos beneficiários".

5.8.3.5 Requisitos previstos na Lei n. 9.532/97

Embora o art. 146, II, da CF exija lei complementar para regulamentar limitações constitucionais ao poder de tributar, o art. 12, § 2º, da Lei n. 9.532/97 estabeleceu **diversos requisitos para que entidades assistenciais e educacionais gozem de imunidade:**

a) não remunerar, por qualquer forma, seus dirigentes pelos serviços prestados;

b) aplicar integralmente seus recursos na manutenção e desenvolvimento dos seus objetivos sociais;

c) manter escrituração completa de suas receitas e despesas em livros revestidos das formalidades que assegurem a respectiva exatidão;

d) conservar em boa ordem, pelo prazo de cinco anos, contado da data da emissão, os documentos que comprovem a origem de suas receitas e a efetivação de suas despesas, bem assim a realização de quaisquer outros atos ou operações que venham a modificar sua situação patrimonial;

e) apresentar, anualmente, Declaração de Rendimentos, em conformidade com o disposto em ato da Secretaria da Receita Federal;

f) recolher os tributos retidos sobre os rendimentos por elas pagos ou creditados e a contribuição para a seguridade social relativa aos empregados, bem assim cumprir as obrigações acessórias daí decorrentes;

g) assegurar a destinação de seu patrimônio a outra instituição que atenda às condições para gozo da imunidade, no caso de incorporação, fusão, cisão ou de encerramento de suas atividades, ou a órgão público;

h) outros requisitos, estabelecidos em lei específica, relacionados com o funcionamento das entidades beneficiadas.

Não podemos perder de vista a alteração legislativa sofrida pela Lei n. 9.532/97 pela Lei n. 14.788/2023. Essa lei trouxe alteração ao art. 77, § 2º, e, apesar de estar bem distante, a extinção de benefícios fiscais a partir de 1º de janeiro de 2074 para os casos indicados no *caput* do artigo (Zona Franca de Manaus e Áreas da Amazônia Ocidental) fatalmente trará efeitos quanto a tributação.

5.8.3.6 A questão da remuneração dos dirigentes nas entidades imunes

Como visto no item anterior, o art. 12, § 2º, da Lei n. 9.532/97 define como primeiro requisito para que entidades beneficentes e educacionais gozem de imunidade a "não remuneração, por qualquer forma, de seus dirigentes pelos serviços prestados".

No entanto, o § 4º do art. 12 da referida lei esclarece que **a exigência de não remuneração não impede:**

a) a remuneração aos diretores não estatutários que tenham vínculo empregatício; e

b) a remuneração aos dirigentes estatutários, desde que recebam remuneração inferior, em seu valor bruto, a 70% (setenta por cento) do limite estabelecido para a remuneração de servidores do Poder Executivo federal.

A remuneração dos **dirigentes estatutários** deverá obedecer às seguintes condições (Lei Complementar n. 187/2021):

a) nenhum dirigente remunerado poderá ser cônjuge ou parente até 3º (terceiro) grau, inclusive afim, de instituidores, sócios, diretores, conselheiros, benfeitores ou equivalentes da instituição; e

b) o total pago a título de remuneração para dirigentes, pelo exercício das atribuições estatutárias, deve ser inferior a 5 (cinco) vezes o valor correspondente ao limite individual estabelecido acima.

5.8.3.7 Imóveis locados e Súmula Vinculante 52

Quanto à incidência do IPTU sobre imóveis locados pelas entidades imunes com base no art. 150, VI, *c*, o STF editou a Súmula Vinculante 52: "Ainda quando alugado a terceiros, permanece imune ao IPTU o imóvel pertencente a qualquer das entidades referidas pelo art. 150, VI, *c*, da Constituição Federal, desde que o valor dos aluguéis seja aplicado nas atividades para as quais tais entidades foram constituídas".

5.8.3.8 Súmula do Supremo Tribunal Federal

Súmula 730

A imunidade tributária conferida a instituições de assistência social sem fins lucrativos pelo art. 150, VI, *c*, da Constituição, somente alcança as entidades fechadas de previdência social privada se não houver contribuição dos beneficiários.

5.8.4 Imunidade de imprensa ou cultural (art. 150, VI, *d*, da CF)

O art. 150, VI, *d*, da CF consagra a imunidade de imprensa, enunciada nos seguintes termos:

> Sem prejuízo de outras garantias asseguradas ao contribuinte, é vedado à União, aos Estados, ao Distrito Federal e aos Municípios:
>
> VI – instituir impostos sobre:
>
> d) livros, jornais, periódicos e o papel destinado a sua impressão.

Nos termos do texto constitucional, **livros, jornais, periódicos (revistas) e o papel para sua impressão não pagam nenhum imposto** como forma de baratear a difusão cultural, tornando mais acessíveis tais itens, por meio da desoneração tributária, à população em geral.

Convém lembrar que se trata, ao contrário das anteriormente estudadas, de uma **imunidade objetiva**, ou seja, voltada à proteção dos produtos citados no dispositivo constitucional. Não é uma imunidade subjetiva, instituída para proteger quem produz ou vende os referidos itens[STF].

> STF: "Veículo de radiodifusão e imunidade tributária. O Plenário confirmou medida cautelar e julgou procedente pedido formulado em ação direta para declarar a inconstitucionalidade da expressão 'e veículos de radiodifusão', constante do art. 193, VI, *d*, da Constituição do Estado do Rio de Janeiro, bem como da expressão 'e veículo de radiodifusão', constante do art. 40, XIV, da Lei estadual 1.423/89. Os dispositivos se referem à concessão de imunidade tributária no tocante a livros, jornais, periódicos, o papel destinado a sua impressão e a veículos de radiodifusão. O Colegiado reputou que teria havido expansão indevida do modelo de imunidade relativo a livros, jornais, periódicos e o papel destinado a sua impressão" (ADIn 773/RJ, rel. Min. Gilmar Mendes, j. 20-8-2014, *Informativo* 755).

Desse modo, conforme já estudado nos itens anteriores, a imunidade afasta somente os impostos diretamente incidentes sobre os itens mencionados no dispositivo constitucional (IPI, ICMS, ISS, II, IE), razão pela qual **editoras e livrarias pagam todos os impostos pessoais**, como IPTU, IR e IPVA.

5.8.4.1 Outras matérias-primas imunes (insumos)

O art. 150, VI, *d*, da CF, quando trata da imunidade de imprensa, somente estende o benefício tributário a um insumo (matéria-prima) utilizado para a produção dos itens protegidos: o papel.

Assim, **o papel utilizado para a produção de livros, jornais e periódicos é imune.**

Porém, quanto às demais matérias-primas existe grande divergência doutrinária e jurisprudencial.

Para provas e concursos públicos a posição mais segura nessa matéria é **sempre adotar a orientação do Supremo Tribunal Federal.**

Atualmente, a Suprema Corte reconhece imunidade para os seguintes insumos:

1) peças sobressalentes para equipamentos de preparo e acabamento de chapas de impressão *offset* para jornais (RE 202.149);

2) filmes e papéis fotográficos utilizados para publicação de jornais e periódicos (Súmula 657 do STF);

3) filmes destinados à produção de capas de livros sem capa dura (RE 392.221);

4) todo e qualquer insumo ou ferramenta indispensável à edição de veículos de comunicação (RE 202.149, orientação que ainda não pode ser considerada uma tendência na jurisprudência do STF, na medida em que foi adotada somente no âmbito da sua 1ª Turma).

Desse modo, apesar do entendimento adotado pela 1ª Turma no julgamento do RE 202.149, em abril de 2011 (*vide* número 4 da lista acima), **as demais matérias-primas permanecem fora do alcance da imunidade cultural,** tais como:

1) tintas (RE 324.600);

2) capas duras autoencadernáveis utilizadas na distribuição de obras para incrementar a venda de jornais (RE 325.334-AgRg);

3) peças de reposição (RE 238.570);

4) tiras para amarrar jornal (RE 208.638);

5) serviços de composição gráfica (RE 230.782);

6) importação de bens para montagem de parque gráfico (AI 530.911-AgRg); e

7) serviços de transporte e distribuição de jornais (RE 116.607).

Contudo, no AI 735.816 AgR, de relatoria do Ministro Alexandre de Moraes, julgado em 23-3-2018, 1ª Turma, o Supremo Tribunal Federal entendeu que "a regra imunizante constante do art. 150, VI, *d*, da CF não pode ser interpretada de modo amplo e irrestrito. Inexiste imunidade relativa a tributos incidentes sobre a importação de tintas e chapas de gravação destinadas à publicação de jornal".

5.8.4.2 Livros digitais ou e-books são imunes. Virada jurisprudencial no STF (RE 330.817). E-readers *têm imunidade, mas* smartphones e tablets *não*

É indiscutível que o objetivo do constituinte ao estabelecer a imunidade de imprensa, ou seja, o elemento finalístico da norma imunizante, é a proteção do conteúdo veiculado por livros, jornais e periódicos, reconhecidos como veículos difusores da cultura e da informação.

Sendo assim, embora o art. 150, VI, *d*, da CF mencione o "papel para sua impressão", parece bastante óbvio que a imunidade cultural também é aplicável para formas mais modernas de veiculação da cultura e da informação, além do formato convencional impresso, como livros eletrônicos, CD-ROM e audiolivros.

Antes de analisar o posicionamento da Corte Suprema quanto a tais itens, convém apresentar a diferença entre eles.

Livro eletrônico ou *e-book* é o nome dado ao conteúdo de um livro para ser lido em aparelhos eletrônicos como *tablets*, celulares, computadores etc. Atualmente, é cada vez mais comum milhões de pessoas comprarem o acesso à leitura de *e-books* sem ter contato com o livro convencional em papel. Como regra, todo o processo de compra de um livro eletrônico ocorre via internet.

CD-ROM é uma sigla que designa *compact disc read-only memory* (disco compacto com memória somente para leitura). Trata-se de uma "mídia" utilizada para armazenar qualquer tipo de conteúdo, como textos, programas de computação, áudios, vídeos. Tornou-se frequente no mercado editorial brasileiro a disponibilização de livros para venda no formato de CD-ROM, permitindo leitura via computador, tendo como vantagens sobre o livro em papel, entre outras: a) preço; b) maior durabilidade; c) facilidade de armazenamento; d) questão ambiental (não são derrubadas árvores para fabricar CD-ROM).

Audiolivro ou *audiobook* é um livro para ser ouvido. A editora realiza gravações em estúdio com a leitura do texto integral do livro e disponibiliza para o "leitor" ouvir.

A jurisprudência do Supremo Tribunal Federal sempre foi bastante retrógrada quanto à extensão da imunidade de imprensa a esses novos formatos.

Entretanto, no julgamento do RE 330.817, em 8-3-2017, o Supremo Tribunal Federal passou a entender que os **livros eletrônicos e os suportes próprios para sua leitura são alcançados pela imunidade** tributária do art. 150, VI, *d*, da Constituição Federal, fixando a seguinte tese: "A imunidade tributária constante do art. 150, VI, *d*, da CF/88 aplica-se ao livro eletrônico (*e-book*), inclusive aos suportes exclusivamente utilizados para fixá-lo".

De acordo com o voto do Relator, Dias Toffoli, "tanto a Carta Federal de 1969 quanto a Constituição de 1988, ao considerarem imunes determinado bem, livro, jornal ou periódico, voltam o seu olhar para a finalidade da norma, de modo a potencializar a sua efetividade. Assim foi a decisão de se reconhecerem como imunes as revistas técnicas, a lista telefônica, as apostilas, os álbuns de figurinha, bem como mapas impressos e atlas geográficos. O argumento de que a vontade do legislador histórico foi restringir a imunidade ao livro editado em papel não se sustenta. O vocábulo 'papel' constante da norma não se refere somente ao método impresso de produção de livros, afirmou. O suporte das publicações é apenas o continente, o *corpus mechanicum* que abrange o seu conteúdo, o *corpus misticum* das obras. Não sendo ele o essencial ou, de um olhar teleológico, o condicionante para o gozo da imunidade".

Importantíssimo destacar que o entendimento imuniza os equipamentos digitais específicos para leitura de livros eletrônicos (*e-readers*, por exemplo, o Kindle ou o Lev), mas não atinge *smartphones* ou *tablets* usados também, mas não exclusivamente, para tal finalidade.

Conclui o Relator: "A regra da imunidade igualmente alcança os aparelhos leitores de livros eletrônicos ou *e-readers*, confeccionados exclusivamente para esse fim, ainda que eventualmente estejam equipados com funcionalidades acessórias que auxiliem a leitura digital como acesso à internet para *download* de livros, possibilidade de alterar tipo e tamanho de fonte e espaçamento. As mudanças históricas e os fatores políticos e sociais presentes na atualidade, seja em razão do avanço tecnológico, seja em decorrência da preocupação ambiental, justificam a equiparação do papel aos suportes utilizados para a publicação dos livros".

Sobre o tema, em abril de 2020, o STF confirmou tal entendimento ao aprovar em sessão virtual a Súmula Vinculante 57 com a seguinte redação: "A imunidade tributária constante do art. 150, VI, *d*, da CF/88 aplica-se à importação e comercialização, no mercado interno, do livro eletrônico (e-book) e dos suportes exclusivamente utilizados para fixá-los, como leitores de livros eletrônicos (e-readers), ainda que possuam finalidades acessórias".

5.8.4.3 *Álbuns de figurinhas, cromos, apostilas, listas telefônicas, revistas técnicas, mapas impressos, atlas geográficos, panfletos publicitários e encartes*

A jurisprudência do Supremo Tribunal Federal registra interessante variedade de decisões sobre a incidência, ou não, da imunidade cultural sobre itens similares aos livros, jornais e periódicos.

No julgamento do RE 221.239/SP, o STF **estendeu a imunidade de imprensa aos álbuns de figurinhas e respectivos cromos.** De acordo com o voto da rel. Min. Ellen Gracie: "a imunidade tributária sobre livros, jornais, periódicos e o papel destinado à impressão dessas publicações têm por finalidade evitar embaraços ao exercício da liberdade de expressão intelectual, artística, científica e de comunicação, consagrada no art. 5º, IX, da Constituição Federal, além de facilitar o acesso da população à cultura, à informação e à educação, com a redução do preço final". Segundo a Ministra: "o álbum de figurinhas é uma maneira de estimular o público infantil a se familiarizar com meios de comunicação impressos, atendendo, em última análise, à finalidade do benefício tributário".

As **apostilas também foram consideradas imunes** por constituírem veículo de transmissão de cultura simplificado (RE 183.403).

Quanto às **listas telefônicas, também tiveram imunidade reconhecida pelo Supremo Tribunal Federal,** ao argumento de que são periódicos sem caráter noticioso, discursivo, literário, poético ou filosófico, **mas de inegável utilidade pública** (RE 101.441).

Revistas técnicas, mapas impressos e atlas geográficos são igualmente imunes (RE 330.817).

Porém, em relação a **panfletos publicitários e encartes** com exclusiva finalidade comercial, mesmo quando inseridos dentro de jornais, não têm imunidade (RE 231.094). Todavia, o STF ponderou que a presença de propaganda no corpo da própria publicação, formando com ela um todo inseparável, não lhe retira a imunidade[13].

5.8.4.4 A questão dos materiais eróticos e pornográficos

A doutrina se divide quanto à aplicação da imunidade de imprensa quanto a livros e revistas de conteúdo adulto. Infelizmente, **inexiste posicionamento jurisprudencial relevante sobre a matéria.**

Diante disso, como a Constituição Federal não faz qualquer distinção quanto ao conteúdo da publicação, e, em nome de uma interpretação ampliativa das regras imunizantes, **os materiais de conteúdo adulto devem ser considerados alcançados pela imunidade de imprensa.**

5.8.5 A nova imunidade dos CDs e DVDs musicais

Com o objetivo de **combater a pirataria** por meio da **desoneração sobre músicas e vídeos musicais,** foi promulgada a Emenda Constitucional n. 75, de 15-10-2013 – advinda da chamada "PEC da Música", que incluiu a alínea *e* no inciso VI do art. 150 da Constituição Federal, **afastando a incidência de impostos** sobre:

> Fonogramas e videofonogramas musicais produzidos no Brasil contendo obras musicais ou literomusicais de autores brasileiros e/ou obras em geral interpretadas por artistas brasileiros bem como os suportes materiais ou arquivos digitais que os contenham, salvo na etapa de replicação industrial de mídias ópticas de leitura a *laser.*

Fonograma é toda gravação de sons de uma execução ou interpretação ou de outros sons, ou de uma representação de sons que não seja uma fixação de sons incluída em uma obra audiovisual (art. 5º, IX, da Lei n. 9.610/98). Videofonogramas são vídeos de conteúdo musical.

Embora o tema seja muito novo e ainda não tenha sido objeto de análise doutrinária, é possível identificar alguns pontos que devem ser inicialmente abordados pelas bancas nas provas e concursos:

1) trata-se de uma **imunidade objetiva** que **exclui somente os impostos diretamente incidentes sobre os fonogramas e videofonogramas,** não atingindo impostos desvinculados do processo produtivo ou circulatório, como IR, IPTU ou IPVA das gravadoras e lojas;

---

13. Ricardo Alexandre, *Direito Tributário Esquematizado*, p. 171.

2) a referida imunidade só vale para impostos, **não alcançando taxas, contribuições ou empréstimos compulsórios;**

3) o benefício somente favorece fonogramas e videofonogramas musicais **produzidos no Brasil, contendo obras musicais ou literomusicais de autores brasileiros e/ou interpretadas por artistas brasileiros.** Desse modo, não havendo qualquer dessas conexões com a cultura musical pátria, inexiste imunidade;

4) a imunidade não se aplica aos filmes e à indústria cinematográfica em geral;

5) o benefício imunizante favorece também os suportes materiais (mídias) ou arquivos digitais que os contenham, o que significa dizer que as músicas e vídeos musicais comprados via *download* pela internet também são imunes;

6) a replicação industrial de mídias ópticas de leitura a *laser* foi excluída da imunidade como forma de preservar os benefícios concedidos às empresas instaladas na Zona Franca de Manaus (art. 40 do ADCT), que já gozam de vantagem ao afastamento da incidência de todos os **impostos.**

5.9 OUTRAS IMUNIDADES

Para finalizar o estudo das imunidades tributárias estabelecidas pela Constituição Federal de 1988, passaremos à análise dos demais casos de normas imunizantes específicas.

5.9.1 Imunidade do art. 153, § 3º, III, da CF

Esse dispositivo constitucional impede a incidência do IPI sobre produtos destinados ao exterior.

5.9.2 Imunidade do art. 153, § 4º, II, da CF

O Imposto Territorial Rural não incide sobre pequenas glebas rurais, definidas em lei, quando as explore o proprietário que não possua outro imóvel.

5.9.3 Imunidade do art. 155, § 2º, X, *a*, da CF

Por força do art. 155, § 2º, X, *a*, da Constituição Federal, não incide o ICMS sobre operações que destinem mercadorias para o exterior, nem sobre serviços prestados a destinatários no exterior.

Importante ressaltar que essa imunidade não alcança operações ou prestações anteriores à operação de exportação, segundo acórdão do RE 754.916 julgado em 4-8-2020, reconhecido como tema 475 de Repercussão Geral, pelo STF.

Em consonância com o RE 754.916, o julgado do STF RE 704.815-SC declara não alcançar imunidade, nas operações de exportação, aproveitamento de créditos de ICMS decorrentes de aquisições de bens destinados ao uso e consumo da empresa, que depende de lei complementar para sua efetivação (STF, Rel. Min. Dias Toffoli, j. 8-11-2023, *DJe* 12-12-2023, Tema 633).

5.9.4 Imunidade do art. 155, § 2º, X, *b*, da CF

Não incide ICMS sobre operações que destinem a outros Estados petróleo, inclusive lubrificantes, combustíveis líquidos e gasosos dele derivados e energia elétrica.

Sobre o tema, a 1ª Turma do STF decidiu que não incide referida imunidade se houve apenas a aquisição interna de óleo, não tendo havido, portanto, operação interestadual de venda de lubrificantes (STF. 1ª T., RE 642.564 AgR/RJ, rel. Min. Roberto Barroso, j. 30-6-2020. *Informativo* 984).

5.9.5 Imunidade do art. 155, § 2º, X, c, da CF

Não incide ICMS sobre operações com ouro definido em lei como ativo financeiro ou instrumento cambial.

5.9.6 Imunidade do art. 155, § 2º, X, d, da CF

Não incide ICMS na prestação de serviço de comunicação nas modalidades de radiodifusão sonora e de sons e imagens de recepção livre e gratuita.

5.9.7 Imunidade do art. 155, § 3º, da CF com redação dada pela Emenda Constitucional n. 132/2023 – Reforma Tributária

Com exceção do ICMS, do Imposto de Importação, do Imposto de Exportação e do Imposto sobre Bens e Serviços (art. 156-A, incluído pela EC n. 132/2023), nenhum outro imposto incide sobre operações de energia elétrica, telecomunicações e, com exceção do Imposto Seletivo, sobre derivados de petróleo, combustíveis e minerais.

5.9.8 Imunidade do art. 156, § 2º, I, da CF

O referido dispositivo constitucional prescreve que o ITBI não incide sobre a transmissão de bens ou direitos incorporados ao patrimônio de pessoa jurídica em realização de capital, nem sobre a transmissão de bens ou direitos decorrente de fusão, incorporação, cisão ou extinção de pessoa jurídica, salvo se, nesses casos, a atividade preponderante do adquirente for a compra e venda desses bens ou direitos, locação de bens imóveis ou arrendamento mercantil.

5.9.9 Imunidade do art. 184, § 5º, da CF

As operações de transferência de imóveis desapropriados para fins de reforma agrária são imunes a todos os impostos.

5.9.10 Imunidade do art. 195, § 7º, da CF

Conforme já dito em capítulo anterior, o art. 195, § 7º, da CF prevê caso raríssimo de imunidade aplicável a contribuições sociais, afirmando que as entidades beneficentes de assistência social, que atendam às exigências estabelecidas em lei, são imunes ao pagamento de contribuições para o custeio da seguridade social[STF].

Os requisitos que as entidades de assistência social a que se refere o § 7º do art. 195 da CF/88 devem cumprir para gozar desse benefício devem estar previstos em Lei Complementar, assim como decidiu o STF no RE 566.622/RS julgado em 23-2-2017 (Tema 32 de Repercussão Geral).

Impende registrar que em 18-12-2019, o STF mudou a redação do julgado supracitado após a interposição de embargos de declaração, porém, permanecendo com o mesmo entendimento, veja: "A lei complementar é forma exigível para a definição do modo beneficente de atuação das entidades de assistência social contempladas pelo art. 195, § 7º, da CF, especialmente no que se refere à instituição de contrapartidas a serem por elas observadas" (STF. Plenário. RE 566.622/RS, Rel. Min. Marco Aurélio, j. 23-2-2017, Repercussão Geral – Tema 32 – Informativo 855). (STF. Plenário. RE 566.622 ED/RS, rel. orig. Min. Marco Aurélio, red. p/ o ac. Min. Rosa Weber, j. 18-12-2019 – Informativo 964).

> STF: "As normas de imunidade tributária constantes da Constituição objetivam proteger valores políticos, morais, culturais e sociais essenciais, a não permitir que os entes tributassem certas pessoas, bens, serviços ou situações ligadas a esses valores. O § 7º do art. 195 da CF traz dois requisitos para o gozo da imunidade: ser pessoa jurídica a desempenhar atividades beneficentes de assistência social e atender a parâmetros legais" (RE 566.622/RS. Trecho do voto do rel. Min. Marco Aurélio, j. 4-6-2014, *Informativo* 749).

5.9.11 Imunidade do art. 5º, XXXIV, da CF

São imunes ao pagamento de taxas: a) o direito de petição aos Poderes Públicos em defesa de direitos ou contra ilegalidade ou abuso de poder; b) a obtenção de certidões, em repartições públicas, para defesa de direitos e esclarecimento de situações de interesse pessoal.

5.9.12 Hipótese do art. 156, § 3º, II, da CF

Afirma que o ISS, nos termos de lei complementar, não incide sobre serviços prestados no exterior. Não é caso de imunidade, mas de isenção heterônoma, que consiste na possibilidade de a União dar isenção de tributo municipal.

5.9.13 Hipótese do art. 155, § 2º, XII, e, da CF

Lei complementar definirá a não incidência do ICMS sobre exportações. Como na hipótese anterior, ao contrário do afirmado por alguns doutrinadores, trata-se de isenção heterônoma, porque a tarefa de excluir a incidência do tributo foi entregue pelo constituinte ao legislador complementar federal.

5.9.14 Imunidade e gratuidade de ações constitucionais

Por fim, cabe salientar que, toda vez que a Constituição Federal institui a **gratuidade na propositura de determinada ação judicial**, está definindo hipótese de **imunidade** específica **da taxa judiciária** quanto àquela ação. É o caso, por exemplo, do art. 5º, LXXIII, da CF, que prescreve: "qualquer cidadão é parte legítima para propor ação popular que vise a anular ato lesivo ao patrimônio público ou de entidade de que o Estado participe, à moralidade administrativa, ao meio ambiente e ao patrimônio histórico e cultural, **ficando o autor**, salvo comprovada má-fé, **isento de custas judiciais** e do ônus da sucumbência".

Embora o dispositivo utilize o termo "isento", por estar previsto no texto constitucional, trata-se de evidente caso de imunidade, e não de isenção.

5.10 NOVAS IMUNIDADES ACRESCENTADAS PELA EMENDA CONSTITUCIONAL N. 132/2023 – REFORMA TRIBUTÁRIA

A Reforma Tributária instituída pela Emenda Constitucional n. 132/2023 estabeleceu algumas novas imunidades, como será visto a seguir. Cabe destacar que tais imunidades já estão produzindo efeitos desde a promulgação da Emenda, não se sujeitando a qualquer tipo de *vacatio legis*.

5.10.1 Novas imunidades do IPVA

A Reforma Tributária passou a incluir no dever de recolhimento do IPVA veículos automotores terrestres, aquáticos e aéreos (art. 155, § 6º, III, da CF). Todavia, o próprio dispositivo estabelece algumas imunidades referentes ao imposto.

Assim, passam a ser imunes ao pagamento de IPVA:

a) aeronaves agrícolas e de operador certificado para prestar serviços aéreos a terceiros;

b) embarcações de pessoa jurídica que detenha outorga para prestar serviços de transporte aquaviário ou de pessoa física ou jurídica que pratique pesca industrial, artesanal, científica ou de subsistência;

c) plataformas suscetíveis de se locomoverem na água por meios próprios, inclusive aquelas cuja finalidade principal seja a exploração de atividades econômicas em águas territoriais e na zona econômica exclusiva e embarcações que tenham essa mesma finalidade principal; e

d) tratores e máquinas agrícolas.

5.10.2 Imunidades do Imposto Seletivo

A Reforma Tributária prevê duas imunidades aplicáveis ao novo Imposto Seletivo, na medida em que o imposto tem imunidade sobre (art. 153, § 6º, I, da CF):

a) exportações; e

b) operações com energia elétrica e com telecomunicações.

5.10.3 Imunidades do Imposto sobre Bens e Serviços

Nos termos do art. 156-A, o novo IBS tem imunidade sobre as operações de:

a) exportações (inciso III); e

b) prestações de serviço de comunicação nas modalidades de radiodifusão sonora e de sons e imagens de recepção livre e gratuita (inciso XI).

5.10.4 Imunidades da Contribuição sobre Bens e Serviços

A CBS, nos termos da Reforma Tributária, tem imunidade nas seguintes operações (art. 195, § 16, da CF):

a) exportações; e

b) serviço de comunicação nas modalidades de radiodifusão sonora e de sons e imagens de recepção livre e gratuita.

5.10.5 Nova imunidade do ITCMD

Por fim, a Reforma Tributária instituída pela Emenda Constitucional n. 132/2023 passou a prever nova imunidade atinente ao Imposto sobre a Transmissão *Causa Mortis* e Doações (ITMCD), já que o imposto passa a ser indevido sobre "as transmissões e as doações para as instituições sem fins lucrativos com finalidade de relevância pública e social, inclusive as organizações assistenciais e beneficentes de entidades religiosas e institutos científicos e tecnológicos, e por elas realizadas na consecução dos seus objetivos sociais, observadas as condições estabelecidas em lei complementar" (art. 155, § 1º, VII, da CF).

Acesse
o material
suplementar
https://uqr.to/1xebw

Acesse o QR Code e confira o quadro sinótico e as questões deste capítulo.

6
COMPETÊNCIA TRIBUTÁRIA

6.1 CONCEITO

Competência tributária é a **habilitação para criar (instituir) tributos por meio de lei.**

A competência tributária, desse modo, é uma espécie de competência legislativa, sendo exercida somente pelo Parlamento.

Constituem também manifestações do exercício da competência tributária a modificação, redução e extinção de tributos.

Mesmo nas hipóteses em que a Constituição Federal autoriza a modificação de alíquotas por ato do Executivo (exceções à legalidade), tais modificações devem ocorrer sempre nos termos e limites estabelecidos na lei (art. 153, § 1º, da CF).

Assim, como apenas o Poder Legislativo pode criar tributos, **somente as entidades federativas são dotadas de competência tributária.** Só quem legisla pode exercer a competência tributária, ou seja, apenas a União, os Estados- -membros, o Distrito Federal e os Municípios.

Sendo uma competência legislativa, a competência tributária é **atribuída exclusivamente pela Constituição Federal,** inexistindo qualquer possibilidade de ser conferida ou modificada por leis, constituições estaduais ou qualquer outro veículo normativo.

A competência para legislar sobre direito tributário, por exemplo, é espécie de competência legislativa concorrente (art. 24, I, da CF). Então a União pode vir a legislar criando uma lei nacionalmente aplicável sobre direito tributário, como é o caso do CTN, e com isso vincular a atuação tributária de um Município. Entretanto, somente aquele Município poderá instituir e arrecadar os tributos de sua competência (art. 30, III, da CF), ainda que para isso deva se valer do procedimento previsto pela lei federal.

6.2 TITULARIDADE

A competência tributária é atribuída pela Constituição Federal (arts. 145, 147, 148, 149, 149-A, 153, 155, 156 e 195) **somente às entidades federativas.** Assim, a titularidade da competência tributária é **exclusiva de pessoas jurídicas de direito público integrantes da Administração Direta** (União, Estados, Distrito Federal e Municípios), sendo insuscetível de delegação a outras pessoas.

6.3 COMPETÊNCIA TRIBUTÁRIA *VS.* CAPACIDADE TRIBUTÁRIA ATIVA

Competência tributária é a aptidão para criar tributos por meio de lei. Não se confunde, portanto, com capacidade tributária ativa. **Capacidade tributária ativa** é a aptidão administrativa para **cobrar ou arrecadar tributos**. Assim, enquanto a competência tributária é exercida pelo Legislativo, a **capacidade tributária desenvolve-se por meio do exercício de função estatal tipicamente administrativa** consistente em realizar os atos concretos de arrecadar, fiscalizar e promover a cobrança do tributo.

E, conforme visto no Capítulo 1 deste *Curso*, embora a **competência tributária seja indelegável**, nada impede a delegação legal da capacidade tributária ativa. Pelo contrário, o **art. 7º do CTN disciplina expressamente a delegação por meio de lei da capacidade tributária ativa, denominada "parafiscalidade"**.

É o que ocorre, por exemplo, com as contribuições confederativas (art. 8º, IV, da CF e Súmula n. 666 do STF) e com as contribuições cobradas pelos conselhos de classe (art. 149 da CF).

A parafiscalidade só não pode favorecer empresas privadas voltadas à obtenção de lucro, sob pena de transformar-se em uma vantagem competitiva perante os demais agentes no mercado, violando o princípio da livre concorrência (art. 170, IV, da CF).

A capacidade tributária ativa, ao ser delegada pelo ente político competente, compreende as garantias e privilégios processuais que competem à pessoa jurídica de direito público que a conferir (art. 7º, § 1º, do CTN). Observe que, uma vez ocorrida a delegação de tal capacidade, ela poderá ser revogada a qualquer tempo por ato unilateral da pessoa jurídica de direito público que a tenha conferido (art. 7º, § 2º, do CTN).

Desse modo, podemos resumir as diferenças entre competência tributária e capacidade tributária ativa no quadro sinótico abaixo:

Competência tributária	Capacidade tributária ativa
CRIAR tributos	COBRAR, ARRECADAR tributos
função legislativa	função administrativa
Poder Legislativo	Poder Executivo (Fisco)
exclusiva de entidades federativas (PJs de direito público da Administração direta)	exercida por pessoas físicas ou jurídicas, de direito público ou privado
indelegável	passível de delegação por lei (parafiscalidade, art. 7º do CTN)

6.4 VEÍCULO NORMATIVO PARA O EXERCÍCIO DA COMPETÊNCIA TRIBUTÁRIA. A CONSTITUIÇÃO NÃO CRIA TRIBUTO

A Constituição Federal define as competências tributárias, mas não cria nenhum tributo. Definir a competência tributária é estabelecer qual entidade federativa poderá, com exclusividade, criar determinado tributo. **Somente a Constituição Federal define as competências tributárias.** Mas a criação do tributo propriamente dita é realizada no plano infraconstitucional pelo legislador da entidade federativa competente.

Nunca o tributo é criado pela Constituição Federal, por emenda constitucional, pelas Constituições Estaduais ou por Leis Orgânicas Municipais.

O veículo normativo por meio do qual é exercida a competência tributária, como regra, é a **lei ordinária da entidade federativa competente para instituição do tributo.** Assim, se o tributo é federal, a competência tributária para sua instituição é exercida por uma lei ordinária da União. Se o tributo é estadual, por lei ordinária estadual etc. Nos **tributos federais** sujeitos à instituição por lei ordinária, **admite-se sua criação também por medida provisória,** observadas as condições fixadas no próprio texto constitucional (*vide* item 4.5.5 deste *Curso*).

Em **casos raros,** isto é, nos tributos federais submetidos a reserva de lei complementar (IGF, empréstimos compulsórios, impostos residuais e novas fontes de custeio da seguridade), o veículo normativo será uma **lei complementar da União.**

6.5 COMO É EXERCIDA A COMPETÊNCIA TRIBUTÁRIA

A competência tributária é exercida pelo legislador, como será visto nos capítulos seguintes, **por meio do estabelecimento na lei dos cinco aspectos da hipótese de incidência do tributo** que está sendo criado.

É que em todos os países modernos o dever de pagar tributo surge sempre do mesmo modo: primeiro, o legislador descreve abstratamente na lei uma conduta (hipótese de incidência). Depois, quando essa conduta ocorre no mundo concreto (fato gerador), o indivíduo que realizou tal comportamento está obrigado a pagar o tributo correspondente.

Aqueles denominados cinco "aspectos" da hipótese de incidência são elementos fundamentais integrantes da descrição legislativa da conduta (hipótese de incidência tributária) que correspondem a perguntas fundamentais, respondidas pelo legislador, sobre o pagamento do tributo:

1) aspecto temporal = QUANDO deve ser pago o tributo?

2) aspecto espacial = ONDE deve ser pago?

3) aspecto quantitativo = QUANTO deve ser pago?

4) aspecto pessoal = QUEM são o credor e devedor?

5) aspecto material = POR QUE deve ser pago?

O detalhamento sobre a teoria da hipótese de incidência tributária e suas partes integrantes será apresentado nos capítulos seguintes deste *Curso*. Por ora, convém notar que a **criação efetiva do tributo exige que o legislador determine os cinco aspectos da hipótese de incidência**, respondendo de modo satisfatório às perguntas fundamentais sobre o pagamento do tributo acima mencionadas: quando, onde, quanto, quem e por que o tributo deve ser pago?

Por fim, cabe salientar que o fato de a Constituição atribuir a competência tributária a determinada entidade federativa não obriga o legislador a criar o tributo. Isso porque, como se verá, **o exercício da competência tributária é facultativo**. No Brasil, como regra, ninguém pode obrigar o legislador a legislar. O Poder Legislativo só cria o tributo se quiser.

É nesse sentido que o art. 145 da Constituição Federal afirma que a União, Estado, Distrito Federal e Município "poderão" instituir impostos, taxas e contribuições de melhoria. "Poderão" é diferente de "deverão".

Bastante conhecido é o caso do Imposto sobre Grandes Fortunas (IGF), previsto no art. 153, VII, da CF, como tributo de competência da União, mas até hoje o legislador federal não quis criar o imposto.

6.6 COMPETÊNCIA LEGISLATIVA PLENA

Ao atribuir a competência tributária para a entidade federativa instituir determinado tributo, a Constituição Federal confere a respectiva **competência legislativa plena**. É o que prescreve o art. 6º do CTN, nos seguintes termos:

> A atribuição constitucional de competência tributária compreende a competência legislativa plena, ressalvadas as limitações contidas na Constituição Federal, nas Constituições dos Estados e nas Leis Orgânicas do Distrito Federal e dos Municípios, e observado o disposto nesta Lei.
>
> Parágrafo único. Os tributos cuja receita seja distribuída, no todo ou em parte, a outras pessoas jurídicas de direito público pertencerá à competência legislativa daquela a que tenham sido atribuídos.

6.7 DIFERENTES TÉCNICAS DE ATRIBUIÇÃO DA COMPETÊNCIA TRIBUTÁRIA

A Constituição Federal de 1988 utilizou diversas técnicas para distribuição da competência tributária entre as entidades federativas:

1) **competência exclusiva/privativa**: utilizada para os **empréstimos compulsórios, impostos (arts. 153 a 156 da CF) e na maioria das contribuições especiais**, é a modalidade de competência atribuída a uma determinada entidade federativa afastando a possibilidade de exercício simultâneo por outras pessoas;

2) **competência comum:** usada nas **taxas e contribuições de melhoria,** é o tipo de competência outorgada simultaneamente **a todas as entidades federativas,** de modo que será especificamente exercida pela pessoa política que realizar a atividade a ser remunerada pelo respectivo tributo.

Quem cobrará a taxa (art. 145, II, do CTN) será o ente político competente para executar o serviço ou realizar o poder de polícia, conforme previsto no art. 80 do CTN.

> STF: "Conflita com a Constituição Federal a criação, pelo Estado, de taxa a ser satisfeita por sociedade seguradora, tendo em conta atendimento, no âmbito do SUS, de vítima de sinistro coberto pelo DPVAT". (ADI 3.281, rel. min. Marco Aurélio, j. 24-2-2021, P, *DJe* 19-3-2021).

3) **competência especial ou extraordinária:** conferida à União, no caso de guerra externa ou sua iminência, para instituição de impostos extraordinários de guerra;

> STF: "A Lei n. 6.704/2015 do Estado do Piauí disciplina a transferência dos depósitos judiciais em dinheiro referentes a processos judiciais – tributários ou não tributários, realizados em processos vinculados ao Tribunal de Justiça do Estado do Piauí –, bem como dos depósitos em processos administrativos, independentemente de o Estado ser ou não parte, para conta única do Poder Executivo. Finalidade de custeio da previdência social, pagamento de precatórios e amortização da dívida com a União. (...) Quantias não tributárias e transitórias, depositadas por terceiros em processos nos quais o Estado não figura como parte, usadas para custear despesas estatais sem o consentimento dos depositantes. Caracterização de empréstimo compulsório não previsto no art. 148 da Constituição da República" (ADI 5.392, rel. Min. Rosa Weber, j. 16-9-2020, P, *DJe* 5-10-2020).

4) **competência cumulativa:** recebe esse nome a competência atribuída a determinada entidade federativa quando pode arrecadar seus tributos privativos e, simultaneamente, também os de outra entidade. É o que ocorre no caso da tributação nos territórios. Cabe à União, nos territórios que não forem divididos em Municípios, arrecadar os impostos federais, estaduais e, cumulativamente, também os municipais (art. 147 da CF);

5) **competência concorrente:** dá-se o nome de competência concorrente àquela atribuída a mais de uma entidade federativa, mas não a todas. Como exemplo, tem-se o caso da contribuição de iluminação pública e segurança (Cosips), que pode ser arrecadada somente pelos Municípios e Distrito Federal (art. 149-A da CF);

6) **competência residual:** compete à União instituir, por lei complementar, impostos não previstos na Constituição Federal e novas fontes de custeio da Seguridade.

STF: "O objetivo da contribuição estampada na Lei Complementar n. 110/2001 não é exclusiva-mente a recomposição financeira das perdas das contas do Fundo de Garantia do Tempo de Serviço – FGTS em face dos expurgos inflacionários decorrentes dos planos econômicos Verão e Collor. A LC n. 110/2001 determinou que as receitas arrecadadas deverão ser incorporadas ao Fundo de Garantia do Tempo de Serviço – FGTS (art. 3º, § 1º), bem como autorizou que tais re-ceitas fossem utilizadas para fins de complementar a atualização monetária resultante da aplica-ção, cumulativa, dos percentuais de dezesseis inteiros e sessenta e quatro centésimos por cento e de quarenta e quatro inteiros e oito décimos por cento, sobre os saldos das contas mantidas, respectivamente, no período de 1º de dezembro de 1988 a 28 de fevereiro de 1989 e durante o mês de abril de 1990 (art. 4º, *caput*). Já o art. 13 da Lei Complementar 110/2001 determina que as leis orçamentárias anuais referentes aos exercícios de 2001, 2002 e 2003 assegurarão destinação integral ao FGTS de valor equivalente à arrecadação das contribuições de que tratam os arts. 1º e 2º desta Lei Complementar. Ao estabelecer que, até o ano de 2003, as receitas oriundas das contribuições ali estabelecidas terão destinação integral ao FGTS, pode-se concluir que, a partir de 2004, tais receitas poderão ser parcialmente destinadas a fins diversos, desde que igualmente voltados à preservação dos direitos inerentes ao FGTS, ainda que indiretamente. Portanto, subsistem outras destinações a serem conferidas à contribuição social ora impugnada, igualmente válidas, desde que estejam diretamente relacionadas aos direitos decorrentes do FGTS. Recurso extraordinário a que se nega provimento. Tese de repercussão geral: "É constitu-cional a contribuição social prevista no artigo 1º da Lei Complementar n. 110, de 29 de junho de 2001, tendo em vista a persistência do objeto para a qual foi instituída" (RE 878.313, rel. p/ o ac. min. Alexandre de Moraes, j. 18-8-2020, P, *DJe* 4-9-2020, Tema 846).

6.8 ATRIBUTOS DA COMPETÊNCIA TRIBUTÁRIA

A competência tributária é dotada de seis atributos (características) funda-mentais:

a) indelegabilidade;

b) privatividade;

c) facultatividade;

d) irrenunciabilidade;

e) incaducabilidade;

f) inampliabilidade.

Vamos estudar cada um dos atributos separadamente.

6.8.1 Indelegabilidade

O primeiro atributo da competência tributária é a indelegabilidade, cujo teor aponta para a impossibilidade de a entidade competente transferir por vonta-de própria a aptidão para instituir tributo a outra pessoa.

Na verdade, como a competência tributária é atribuída pela Constituição Federal, isto é, por uma instância decisória que está acima do âmbito das entidades tributantes, seria juridicamente inviável uma simples lei alterar, ainda que temporariamente, tal atribuição.

Nesse sentido, o art. 7º do CTN prescreve textualmente que: "A competência tributária é indelegável".

6.8.2 Privatividade

A segunda característica da competência tributária é a privatividade, que, na verdade, não constitui um atributo da competência aplicável a todos os tributos, mas somente aos impostos, empréstimos compulsórios e à maioria das contribuições especiais.

Não há sentido em falar em privatividade, por exemplo, no caso da competência comum para instituir taxas e contribuições de melhoria.

A privatividade significa que **a competência atribuída a determinada entidade federativa exclui seu exercício pelas demais pessoas políticas.**

6.8.2.1 Desmembramento territorial da entidade tributante

A pessoa jurídica de direito público constituída pelo desmembramento territorial de outra sub-roga-se, salvo disposição de lei em contrário, nos direitos da entidade primária, cuja legislação tributária aplicará até que entre em vigor a sua própria (art. 120 do CTN).

6.8.3 Facultatividade

Outra característica da competência tributária é a facultatividade, ou seja, a Constituição Federal prevê a criação do tributo como uma permissão dada ao legislador, nunca como um dever. Por isso, **o legislador não está constitucionalmente obrigado a criar os tributos de sua competência.**

A evidente natureza facultativa da competência tributária decorre, entre tantas razões, do simples fato de que a arrecadação do tributo muitas vezes é uma operação financeiramente deficitária. Para muitos municípios, por exemplo, é comum não valer a pena cobrar seus impostos porque o montante total arrecadado acaba sendo insuficiente para suportar os custos do aparato administrativo de arrecadação.

Somente o Poder Legislativo de cada entidade federativa, conhecendo sua realidade local, pode decidir sobre a conveniência e oportunidade da criação do tributo.

Reconhecendo tais circunstâncias, o art. 145 da Constituição Federal prescreve que:

> A União, os Estados, o Distrito Federal e os Municípios **poderão instituir os seguintes tributos:** I – impostos; II – taxas, em razão do exercício do poder de polícia ou pela utilização, efetiva ou potencial, de serviços públicos específicos e divisíveis, prestados ao

contribuinte ou postos a sua disposição; III – contribuição de melhoria, decorrente de obras públicas.

Desse modo, o texto constitucional afirma que as entidades federativas **PO-DERÃO** instituir seus tributos. Não diz "deverão instituir". No plano constitucional a competência tributária é claramente mera faculdade.

Porém, no plano infraconstitucional a realidade é outra.

6.8.3.1 A polêmica sobre o art. 11 da Lei Complementar n. 101/2000

O art. 11 da Lei Complementar n. 101/2000, a Lei de Responsabilidade Fiscal, estabelece que: "Constituem requisitos essenciais da responsabilidade na gestão fiscal **a instituição, previsão e efetiva arrecadação de todos os tributos** da competência constitucional do ente da Federação".

E o parágrafo único define uma punição para descumprimento do *caput*: "é vedada a realização de transferências voluntárias para o ente que não observe o disposto no *caput*, no que se refere aos impostos".

Assim, o legislador transformou em dever, cujo descumprimento é punido com uma sanção, o exercício da competência que a Constituição Federal define como facultativa.

Por razões óbvias, não cabe à lei obrigar aquilo que constitucionalmente é uma simples faculdade. **O art. 11 da Lei Complementar n. 101/2000, segundo a doutrina, é flagrantemente inconstitucional.**

No julgamento da ADI 2.238/DF, o STF declarou constitucional a LC n. 101/2000 em face do art. 160 da CF/88, especialmente porque a vedação de repasse restringe-se às transferências voluntárias.

Cabe destacar, todavia, que o art. 160, parágrafo único, da CF, com redação dada pela EC n. 29/2000, autoriza que a União e os Estados condicionem os repasses obrigatórios:

I – ao pagamento de seus créditos, inclusive de suas autarquias;

II – ao cumprimento dos gastos mínimos com saúde e ensino, conforme disposto no art. 198, § 2º, incisos II e III, da CF.

6.8.4 Irrenunciabilidade

Outro atributo da competência tributária é a irrenunciabilidade. Significa que **a entidade federativa não pode abrir mão definitivamente de suas competências tributárias.**

Como a competência está definida acima da vontade da entidade tributante, ou seja, no plano constitucional, é impossível uma simples lei da pessoa federativa renunciar a tais atribuições. No máximo, o legislador pode decidir por permanecer temporariamente sem criar o tributo, mas isso nunca importará na renúncia definitiva da competência tributária.

6.8.5 Incaducabilidade

Também denominado imprescritibilidade, o atributo da incaducabilidade significa que **não há prazo para o exercício da competência tributária**. E, ainda que a entidade federativa permaneça, por um longo período de tempo, sem criar seus tributos, **a falta de uso não faz a competência tributária desaparecer nem ser transferida a outra entidade.**

Nesse sentido, estabelece o art. 8º do CTN: "O não exercício da competência tributária não a defere a pessoa jurídica de direito público diversa daquela a que a Constituição a tenha atribuído".

6.8.6 Inampliabilidade

O último atributo da competência tributária é a inampliabilidade, segundo o qual **a entidade federativa não pode, por vontade própria, aumentar suas competências tributárias.** Isso ocorre porque, como é a Constituição Federal que define as competências tributárias, somente o constituinte pode aumentar ou diminuir a esfera de tributos das entidades federativas, não cabendo ao legislador infraconstitucional interferir nessa matéria.

6.8.7 Direito sumular

6.8.7.1 Súmulas do STJ

Súmula 666

A legitimidade passiva, em demandas que visam à restituição de contribuições de terceiros, está vinculada à capacidade tributária ativa; assim, nas hipóteses em que as entidades terceiras são meras destinatárias das contribuições, não possuem elas legitimidade *ad causam* para figurar no polo passivo, juntamente com a União.

Acesse o QR Code e confira o quadro sinótico e as questões deste capítulo.

7

RESERVA DE LEI COMPLEMENTAR

7.1 DIFERENÇAS ENTRE LEI ORDINÁRIA E LEI COMPLEMENTAR

Denomina-se reserva de lei complementar o conjunto de temas do Direito Tributário brasileiro que a Constituição Federal exige sejam disciplinados somente por meio de lei complementar federal.

Conforme visto no Capítulo 4 deste *Curso*, **a regra geral no Direito Tributário brasileiro é uso da lei ordinária**, especialmente no que diz respeito à instituição, majoração, redução e extinção de tributos. A lei ordinária exige quórum de maioria simples para sua aprovação (art. 47 da CF), facilitando a aprovação das leis tributárias.

As hipóteses de utilização da lei complementar para versar sobre matéria tributária **reduzem-se a casos excepcionais**, taxativamente previstos na Constituição Federal, impondo para sua aprovação o quórum mais rigoroso de maioria absoluta (art. 69 da CF).

Além do quórum diferente para aprovação, os temas de lei ordinária federal podem ser disciplinados por meio de medida provisória, ao contrário daqueles reservados à lei complementar (art. 62, § 1º, III, da CF: "É vedada a edição de medidas provisórias sobre matéria: III – reservada à lei complementar").

Já fizemos referência à regra de memorização abaixo transcrita:

"TEMAS DE LEI COMPLEMENTAR NÃO ADMITEM MP."

No item 4.5.4 deste *Curso* explicamos a razão de existir da referida proibição. Convém relembrar o tema:

> A lógica que inspirou a redação original do Texto de 1988 pretendia reservar as leis complementares como instrumento para veicular normas nacionais, ou seja, normas que afetassem simultaneamente os âmbitos federal, estadual e municipal, ao contrário das leis ordinárias, prioritariamente concebidas para introduzir no sistema normas federais, isto é, de alcance exclusivo para o âmbito da União.
>
> Com as sucessivas alterações que o texto original sofreu na assembleia constituinte, a clara divisão de funções entre a lei complementar e a lei ordinária foi bastante comprometida. Porém, em larga medida ainda é possível verificar que, na maioria dos casos, os temas reservados à lei complementar afetam o interesse simultâneo de todas as enti-

dades federativas. Daí a preocupação do constituinte em exigir um quórum mais rigoroso para aprovação de leis complementares.

Sendo assim, haveria uma interferência na autonomia das entidades federativas se o Chefe do Executivo Federal, o Presidente da República, editasse medida provisória versando sobre tema afeto aos interesses dos Estados, Distrito Federal e Municípios.

Essa é a razão pela qual o art. 62, § 1º, III, da CF proíbe a edição de medidas provisórias sobre temas reservados à lei complementar.

Desse modo, está vedada a edição de medida provisória para instituição de empréstimo compulsório, imposto sobre grandes fortunas, imposto residual e novas fontes de custeio da seguridade.

Da explicação acima transcrita podemos extrair uma terceira distinção entre as leis ordinárias e leis complementares, válida exclusivamente para o âmbito da União. Como visto acima, as **leis ordinárias** emanadas pelo Congresso Nacional, como regra, veiculam **normas federais**, isto é, comandos aplicáveis somente ao âmbito da União. Ao passo que as **leis complementares** originárias do legislativo federal, via de regra, são veículos introdutores de **normas materialmente nacionais**, vale dizer, obrigatórias simultaneamente para todas as entidades federativas[STF].

> STF: "A lei complementar, com caráter de lei nacional, explicita princípios e conceitos indeterminados da Constituição. A ação posterior do legislador ordinário deve, portanto, observar as normas gerais contidas na lei complementar. (...) cumpre ao legislador complementar definir os fatos geradores, as bases de cálculo e os contribuintes dos impostos previstos na Constituição. A lei complementar tem papel limitador da instituição de impostos em face do legislador ordinário, além de objetivar a harmonização do sistema impositivo nacional. A incidência dos impostos apenas pode ocorrer se formuladas, previamente, tanto as normas gerais, por meio de lei complementar, quanto as normas instituidoras dessa espécie tributária, de competência do legislador ordinário de cada ente tributante e em conformidade com as aludidas diretrizes gerais. As leis ordinárias federais não podem implicar inovação no trato dos fatos geradores, bases de cálculo e contribuintes dos impostos federais, a revelar disciplina dissociada das normas gerais precedentes. Caso isso ocorra, ter-se-ia invasão de competência a ensejar a declaração de inconstitucionalidade formal do ato ordinário. A sujeição de todo e qualquer diploma ordinário à lei complementar de normas gerais, incluído o federal, decorre do caráter nacional do ato complementar" (RE 567.935/SC, rel. Min. Marco Aurélio, Plenário, j. 4-9-2014, *DJe* 4-11-2014).

Uma última diferença entre as mencionadas espécies normativas é que, enquanto as leis complementares versam somente sobre temas taxativamente elencados na Constituição Federal, as leis ordinárias tratam de assuntos residuais (remanescentes).

Em síntese, podemos resumir as principais diferenças entre lei ordinária e lei complementar utilizando o quadro abaixo:

Quadro comparativo entre leis ordinárias e leis complementares

Lei Ordinária	Lei Complementar
Regra geral	Exceções
Maioria simples	Maioria absoluta
Admitem MP	Não admitem MP
Normas federais	Normas nacionais
Casos residuais	Rol taxativo na CF

7.2 TEMAS SOB RESERVA DE LEI COMPLEMENTAR

7.2.1 Art. 146 da CF

As matérias mais importantes no Direito Tributário brasileiro sob reserva de lei complementar foram organizadas na Constituição de 1988 no rol do art. 146, segundo o qual:

Cabe à lei complementar:

I – dispor sobre conflitos de competência, em matéria tributária, entre a União, os Estados, o Distrito Federal e os Municípios;

II – regular as limitações constitucionais ao poder de tributar;

III – estabelecer normas gerais em matéria de legislação tributária, especialmente sobre:

a) definição de tributos e de suas espécies, bem como, em relação aos impostos discriminados nesta Constituição, a dos respectivos fatos geradores, bases de cálculo e contribuintes;

b) obrigação, lançamento, crédito, prescrição e decadência tributários;

c) adequado tratamento tributário ao ato cooperativo praticado pelas sociedades cooperativas;

d) definição de tratamento diferenciado e favorecido para microempresas e empresas de pequeno porte, inclusive regimes especiais ou simplificados no caso do imposto previsto no art. 155, II, das contribuições previstas no art. 195, I e §§ 12 e 13, e da contribuição a que se refere o art. 239.

STF: "A EC n. 87/2015 criou nova relação jurídico-tributária entre o remetente do bem ou serviço (contribuinte) e o estado de destino nas operações com bens e serviços destinados a consumidor final não contribuinte do ICMS. O imposto incidente nessas operações e prestações, que antes era devido totalmente ao estado de origem, passou a ser dividido entre dois sujeitos ativos, cabendo ao estado de origem o ICMS calculado com base na alíquota interestadual e ao estado de destino, o diferencial entre a alíquota interestadual e sua alíquota interna. Convênio interestadual não pode suprir a ausência de lei complementar dispondo sobre obrigação tributária, contribuintes, bases de cálculo/alíquotas e créditos de ICMS nas operações ou prestações interestaduais com consumidor final não contribuinte do imposto, como fizeram as cláusulas primeira, segunda, terceira e sexta do Convênio ICMS 93/2015. A cláusula nona do Convênio ICMS 93/15, ao determinar a extensão da sistemática da EC 87/2015 aos optantes do Simples Nacional, adentra no campo material de incidência da LC 123/2006, que estabelece normas gerais relativas ao tratamento diferenciado e favorecido a ser dispensado às microempresas e às empresas de pequeno porte, à luz do art. 146, inciso III, *d*, e parágrafo único, da Constituição Federal. Tese fixada para o Tema 1.093: 'A cobrança do diferencial de alíquota alusivo ao ICMS, conforme introduzido pela Emenda Constitucional n. 87/2015, pressupõe edição de lei complementar veiculando normas gerais'" (RE 1.287.019, rel. p/ o ac. Min. Dias Toffoli, j. 24-2-2021, P, *DJe* 25-5-2021, Tema 1.093).

Nessa toada do tratamento diferenciado e favorecido para microempresas e empresas de pequeno porte é que foi incluído na Lei n. 14.600/2023 o inciso XII--A ao art. 17 pela Lei n. 14.816/2024. Essa alteração veio para criar o Ministério do Empreendedorismo, da Microempresa e da Empresa de Pequeno Porte. Na mesma lei foi incluída a Seção XIII-A para esclarecer melhor as áreas de competência do novo ministério.

Além disso, o parágrafo único do mesmo art. 146 prevê a possibilidade, por meio de lei complementar, de instituição de regime único de arrecadação dos impostos e contribuições da União, dos Estados, do Distrito Federal e dos Municípios.

O art. 146-A, acrescentado pela Emenda n. 42/2003, autorizou que lei complementar estabeleça critérios especiais de tributação, com o objetivo de prevenir desequilíbrios da concorrência.

Analisemos, com maiores detalhes, cada um dos temas acima referidos.

7.2.1.1 Conflitos de competência em matéria tributária

O primeiro tema reservado à lei complementar é o atinente aos conflitos de competência em matéria tributária, ou seja, dúvidas a respeito de qual tributo deve incidir sobre determinado fato gerador ou base de cálculo.

STF: "A tradicional distinção entre software de prateleira (padronizado) e por encomenda (personalizado) não é mais suficiente para a definição da competência para tributação dos negócios jurídicos que envolvam programas de computador em suas diversas modalidades. Diversos precedentes da Corte têm superado a velha dicotomia entre obrigação de fazer e obrigação de dar, notadamente nos contratos tidos por complexos. O legislador complementar, amparado especialmente nos arts. 146, I, e 156, III, da Constituição Federal, buscou dirimir conflitos de competência em matéria tributária envolvendo softwares elencando, no subitem 1.05 da lista de serviços tributáveis pelo ISS anexa à LC n. 116/2003, o licenciamento e a cessão de direito de uso de programas de computação. É certo, ademais, que, conforme a Lei n. 9.609/98, o uso de programa de computador no País é objeto de contrato de licença. Associa-se a isso a noção de que software é produto do engenho humano, é criação intelectual. Ou seja, é imprescindível a existência de esforço humano direcionado para a construção de um programa de computador (obrigação de fazer), não podendo isso ser desconsiderado quando se trata de qualquer tipo de software. A obrigação de fazer também se encontra presente nos demais serviços prestados ao usuário, como, v.g., o *help desk* e a disponibilização de manuais, atualizações e outras funcionalidades previstas no contrato de licenciamento. Igualmente há prestação de serviço no modelo denominado software-as-a-Service (SaaS), o qual se caracteriza pelo acesso do consumidor a aplicativos disponibilizados pelo fornecedor na rede mundial de computadores, ou seja, o aplicativo utilizado pelo consumidor não é armazenado no disco rígido do computador do usuário, permanecendo *online* em tempo integral, daí por que se diz que o aplicativo está localizado na nuvem, circunstância atrativa da incidência do ISS" (ADI 1.945, rel. p/ o ac. Min. Dias Toffoli, j. 24-2-2021, P, *DJe* 20-5-2021).

O que o art. 146, I, da Constituição Federal estabelece é que o instrumento normativo hábil a solucionar tal questão é a lei complementar.

Note-se que a hipótese de conflito de competência descrita no dispositivo parece restringir-se aos casos de bitributação, ou seja, às situações em que sejam exigidos, por entidades federativas distintas, dois ou mais tributos sobre um único fato gerador ou sobre a mesma base de cálculo. Por exemplo, se o Estado cobrar ICMS sobre serviço que já seja tributado via ISS pelo Município. Trata-se de um exemplo de bitributação porque os dois tributos (ICMS e ISS) são exigidos de entidades distintas.

Entretanto, os casos de *bis in idem* (que ocorre quando dois ou mais tributos são cobrados pela mesma entidade sobre um único fato gerador ou base de cálculo) também podem ensejar a promulgação de lei complementar para solucionar o problema concreto.

7.2.1.2 Limitações constitucionais ao poder de tributar

O segundo tema reservado à lei complementar, nos termos do art. 146, II, da CF, é a regulamentação das limitações constitucionais ao poder de tributar.

A Constituição Federal prevê duas formas de limitação ao poder de tributar: a) os princípios tributários; b) as imunidades.

Assim, havendo necessidade de ser promulgada lei para regulamentar o conteúdo de um princípio ou de uma imunidade, exige-se que seja uma lei complementar.

O Supremo Tribunal Federal, na ADI 1.802, de relatoria do Ministro Dias Toffoli, julgada em 12-4-2018, entendeu que **os aspectos procedimentais necessários à verificação do atendimento das finalidades constitucionais da regra de imunidade, tais como as referentes à certificação, à fiscalização e ao controle administrativo, continuam passíveis de definição por lei ordinária.**

Imunidade. Art. 150, VI, c, da CF. (...) Com o advento da Constituição de 1988, o constituinte dedicou uma seção específica às "limitações do poder de tributar" (art. 146, II, CF) e nela fez constar a imunidade das instituições de assistência social. Mesmo com a referência expressa ao termo "lei", não há mais como sustentar que inexiste reserva de lei complementar. No que se refere aos impostos, o maior rigor do quórum qualificado para a aprovação dessa importante regulamentação se justifica para se dar maior estabilidade à disciplina do tema e dificultar sua modificação, estabelecendo regras nacionalmente uniformes e rígidas. **A necessidade de lei complementar para disciplinar as limitações ao poder de tributar não impede que o constituinte selecione matérias passíveis de alteração de forma menos rígida, permitindo uma adaptação mais fácil do sistema às modificações fáticas e contextuais, com o propósito de velar melhor pelas finalidades constitucionais.** Nos precedentes da Corte, prevalece a preocupação em respaldar normas de lei ordinária direcionadas a evitar que falsas instituições de assistência e educação sejam favorecidas pela imunidade. É necessário reconhecer um espaço de atuação para o legislador ordinário no trato da matéria. A orientação prevalecente no recente julgamento das ADI 2.028/DF, ADI 2.036/DF, ADI 2.228/DF e ADI 2.621/DF é no sentido de que os artigos de lei ordinária que dispõem sobre o modo beneficente (no caso de assistência e educação) de atuação das entidades acobertadas pela imunidade, especialmente aqueles que criaram contrapartidas a serem observadas pelas entidades, padecem de vício formal, por invadir competência reservada a lei complementar. **Os aspectos procedimentais necessários à verificação do atendimento das finalidades constitucionais da regra de imunidade, tais como as referentes à certificação, à fiscalização e ao controle administrativo, continuam passíveis de definição por lei ordinária.**

Em sede de repercussão geral, no RE 566.622, julgado em 23-2-2017, Tema 32, o Supremo Tribunal Federal decidiu:

(...) o art. 55 da Lei n. 8.212, de 1991, prevê requisitos para o exercício da imunidade tributária, versada no § 7º do art. 195 da Carta da República, que revelam verdadeiras condições prévias ao aludido direito e, por isso, **deve ser reconhecida a inconstitucionalidade formal desse dispositivo no que extrapola o definido no art. 14 do CTN, por violação ao art. 146, II, da CF.** Os requisitos legais exigidos na parte final do mencionado § 7º, enquanto não editada nova lei complementar sobre a matéria, são somente aqueles do aludido art. 14 do Código.

7.2.1.3 Normas gerais em matéria tributária

Conforme visto nos capítulos anteriores deste *Curso*, a competência para legislar em matéria tributária foi atribuída pelo art. 24, I, da Constituição Federal, de forma concorrente, a todas as entidades federativas. A competência para criar tributos é exercida, como regra, por meio de leis ordinárias.

A existência, no campo da competência legislativa concorrente, isto é, de leis originárias de diferentes fontes normativas, impõe a necessidade de certa uniformização das matérias versadas, sob pena de prejudicar a harmonia e a coerência exigidas pelo ordenamento jurídico. Daí o art. 24, § 1º, da CF afirmar que, "no âmbito da legislação concorrente, a competência da União limitar-se-á a estabelecer normas gerais".

Ocorre que a preocupação em atribuir à União a tarefa de editar dispositivos legais uniformizadores do tratamento conferido a matéria tributária pelos diversos entes federativos não exclui a necessidade de a União criar, também, normas específicas aplicáveis apenas no âmbito federal, que permitam disciplinar as funções de criação, arrecadação e fiscalização de seus tributos.

Por isso, a doutrina, a partir das lições de Geraldo Ataliba, tem realizado esforços para distinguir os conceitos de lei nacional e de lei federal.

Leis nacionais são aquelas destinadas à aplicação simultânea em todas as entidades federativas. Leis federais, ao contrário, voltam-se somente ao âmbito da União.

Essa distinção permite visualizar com maior clareza o papel primordial da lei complementar tributária na Constituição Federal, a saber, o de instrumento normativo vocacionado a regular matérias de caráter nacional, ou seja, temas de interesse de todas as Entidades Federativas e que, por isso, dependem de legislação uniformizadora que permita dar coerência e harmonia ao sistema tributário brasileiro.

Nessa linha, o art. 146, III, da Constituição determina competir à lei complementar da União estabelecer normas gerais em matéria tributária.

Entretanto, existem diversas controvérsias, na doutrina e na jurisprudência, sobre o que são normas gerais em matéria tributária. Trata-se, na verdade, de conceito jurídico impreciso ou indeterminado, de noção que, apesar de utilizada pela Constituição Federal, possui sentido e alcance fluidos e contornos pouco nítidos.

Porém, segundo os estudiosos do assunto, mesmo os conceitos jurídicos imprecisos ou indeterminados permitem visualizar uma zona de certeza positiva, isto é, o delineamento de casos em que indubitavelmente o conceito se aplica, e de uma zona de certeza negativa, composta por situações em que certamente o conceito não é aplicável. Além disso, há também a zona de incerteza ou de penumbra – elemento identificador da natureza indeterminada do conceito –, caracterizada pela impossibilidade de afirmar, com precisão, se o conceito se aplica ou não.

A utilização de tais noções permite agregar elementos úteis na busca do conteúdo mínimo da expressão "normas gerais", prevista no art. 146, III, da Constituição Federal.

Indubitavelmente, na zona de certeza positiva do conceito estão a regulamentação de princípios do Direito Tributário, a disciplina das imunidades e a distribuição de competência tributária, além das noções de tributo, obrigação e crédito tributários e espécies tributárias.

Interessante notar que o próprio constituinte elencou algumas matérias, no art. 146, III, *a*, incluídas no rol das normas gerais, tais como: "definição de tributo e de suas espécies, bem como, em relação aos impostos discriminados nesta Constituição, a dos respectivos fatos geradores, bases de cálculo e contribuintes; obrigação, lançamento, crédito, prescrição e decadência tributários".

> STF: "É inconstitucional lei municipal que estabelece impeditivos à submissão de socieda-des profissionais de advogados ao regime de tributação fixa em bases anuais na forma estabelecida por lei nacional" (RE 940.769, rel. Min. Edson Fachin, j. 24-4-2019, P, *DJe* 12-9-2019, Tema 918).

Em relação à *zona de certeza negativa*, em tese, não são gerais as normas que esgotam determinado assunto, disciplinando-o de modo integral. Isso porque é próprio do atributo da generalidade normativa deixar margem de ação para que outras regras, editadas posteriormente, procedam ao detalhamento dos assuntos referidos.

Portanto, podemos afirmar que **são normas gerais em matéria tributária, sujeitas à reserva de lei complementar**, as que disciplinam:

a) princípios;

b) imunidades;

c) competência;

d) conceito de tributo;

e) obrigação tributária;

f) crédito tributário;

g) espécies tributárias;

h) prescrição;

i) decadência;

j) lançamento;

k) definição dos fatos geradores, das bases de cálculo[STF] e dos contribuintes dos impostos descritos na Constituição Federal.

> STF: "IPI e alteração da base de cálculo por lei ordinária: O Tribunal concluiu que o legislador ordinário incorreu em inconstitucionalidade formal, por invadir área reservada à lei complementar pelo art. 146, III, *a*, da CF" (RE 567.935/SC, rel. Min. Marco Aurélio (RE 567.935/SC, rel. Min. Marco Aurélio, Plenário, j. 4-9-2014).

Por outro lado, não são normas gerais as que disciplinem determinado assunto de modo a esgotá-lo, sem deixar margem para a ação detalhadora da legislação futura.

O Supremo Tribunal Federal, na ADI 3.141, considerou **desnecessária lei complementar dispondo sobre retenção de valores pela fonte pagadora:**

> 1. Trata-se de ação direta de inconstitucionalidade em que se discute a constitucionalidade da retenção na fonte do Imposto de Renda incidente sobre os rendimentos pagos em cumprimento de decisões da Justiça do Trabalho, da CSLL, da COFINS e da contribuição para o PIS/PASEP. 2. A disciplina da retenção de valores pela fonte pagadora não necessita de lei complementar, não se enquadrando no conceito de fato gerador, base de cálculo, contribuinte de tributos (CF, art. 146, *a*), ou mesmo obrigação, lançamento, crédito, prescrição e decadência tributários (CF, art. 146, *b*).

7.2.1.3.1 CTN e "hipótese máxima de incidência"

Ao afirmar que a lei complementar da União (CTN) deve definir os fatos geradores, as bases de cálculo e os contribuintes dos impostos descritos na Constituição, o art. 146, III, *a*, da CF atribui ao legislador complementar federal a função de estabelecer a "hipótese máxima de incidência".

Assim, o CTN define a maior abrangência possível que a entidade federativa tem à sua disposição ao, por lei própria, fixar a hipótese de incidência dos impostos previstos na Constituição Federal. Apenas dentro dessa moldura geral do CTN é que o legislador ordinário pode definir o fato gerador, a base de cálculo e o contribuinte.

Por exemplo: quando o art. 32 do CTN prescreve que o IPTU tem como fato gerador "a propriedade, o domínio útil ou a posse de bem imóvel", o código não está fixando o aspecto material máximo da hipótese de incidência do imposto. Por óbvio, o art. 32 do CTN não cria o IPTU, pois a instituição do imposto é competência privativa municipal, não federal. Mas o legislador municipal, ao criar o IPTU definindo por lei ordinária os cinco aspectos da hipótese de incidência, pode optar entre cobrar o imposto sobre os três fatos geradores (a propriedade, o domínio útil ou a posse de bem imóvel) ou somente sobre algum deles.

No mesmo sentido, o art. 42 do CTN enuncia que o ITBI será devido por "qualquer das partes na operação tributada, como dispuser a lei", ou seja, ao legislador municipal cabe escolher se o imposto deve ser pago pelo adquirente ou pelo alienante do imóvel.

Cabe salientar que tal competência federal para definir a hipótese máxima de incidência inexiste quanto às taxas, contribuições de melhoria, empréstimos compulsórios e contribuições especiais.

7.2.1.3.2 Ausência de normas gerais federais

Se a União não tiver editado lei complementar com normas gerais sobre determinado tributo, a entidade federativa competente exerce a competência legislativa plena, ou seja, cria as normas gerais e as específicas. É o que ocorre atualmente com o IPVA, que não tem normas gerais previstas no CTN. Por isso, Estados e Distrito Federal exercem em matéria de IPVA a competência legislativa plena (art. 24, § 3º, da CF). Porém, a superveniência de lei federal suspende a eficácia de lei estadual, no que lhe for contrário (arts. 24, § 4º, da CF e 34, § 3º, do ADCT).

7.2.1.3.3 Prescrição e decadência

Por força de norma prevista no art. 146, III, *b*, da CF, prescrição e decadência em Direito Tributário são temas reservados a lei complementar federal, mesmo no que diga respeito a tributos estaduais e municipais. Nesse sentido, o STF editou a Súmula Vinculante 8, segundo a qual "são inconstitucionais o parágrafo único do art. 5º do Decreto-lei n. 1.569/77 e os arts. 45 e 46 da Lei n. 8.212/91, que tratam da prescrição e decadência do crédito tributário". Tais dispositivos previam prescrição de 10 anos para cobrança de créditos da Seguridade Social.

STF: "O art. 146, III, *b*, da Constituição Federal dispõe caber a lei complementar estabelecer normas gerais em matéria de legislação tributária, especialmente sobre obrigação, lançamento, crédito, prescrição e decadência tributários. Nesse sentido, a extinção e a suspensão do crédito tributário constituem matéria de norma geral de Direito Tributário, sob reserva de lei complementar. A compensação vem prevista no inciso II do art. 156 do CTN como forma de extinção do crédito tributário e deve observar as peculiaridades estabelecidas no art. 170 do Código Tributário Nacional. O art. 170 do CTN, por si só, não gera direito subjetivo a compensação. A lei complementar remete a lei ordinária a disciplina das condições e das garantias, cabendo a lei autorizar a compensação de créditos líquidos e certos, vencidos ou vincendos, do sujeito passivo, observados os institutos básicos da tributação previstos no Código Tributário Nacional. (...) O art. 151, VI, do CTN, ao prever que o parcelamento suspende a exigibilidade do crédito tributário, não condiciona a existência ou não de garantia. O parágrafo único do art. 73 da Lei 9.430/96 (incluído pela Lei 12.844/13), ao permitir que o Fisco realize compensação de ofício de débito parcelado sem garantia, condiciona a eficácia plena da hipótese de suspensão do crédito tributário – no caso, o 'parcelamento' (CTN – art. 151, VI) – a condição não prevista em lei complementar. (...) Tese do Tema 874 de repercussão geral: 'É inconstitucional, por afronta ao art. 146, III, *b*, da CF, a expressão' 'ou parcelados sem garantia' constante do parágrafo único do art. 73, da Lei n. 9.430/96, incluído pela Lei n. 12.844/2013, na medida em que retira os efeitos da suspensão da exigibilidade do crédito tributário prevista no CTN" (RE 917.285, rel. Min. Dias Toffoli, j. 18-8-2020, P, *DJe* 6-10-2020, Tema 874).

7.2.1.4 Regime único de arrecadação (Simples Nacional)

O parágrafo único do art. 146 da Constituição Federal, com redação dada pela Emenda n. 42/2003, sujeita à reserva de lei complementar a instituição de regime único de arrecadação dos impostos e contribuições da União, dos Estados, do Distrito Federal e dos Municípios (Simples Nacional), observadas as seguintes características:

I – será opcional para o contribuinte;

II – poderão ser estabelecidas condições de enquadramento diferenciadas por Estado;

III – o recolhimento será unificado e centralizado e a distribuição da parcela de recursos pertencentes aos respectivos Entes Federados será imediata, vedada qualquer retenção ou condicionamento;

IV – a arrecadação, a fiscalização e a cobrança poderão ser compartilhadas pelos Entes Federados, adotado cadastro nacional único de contribuintes.

Atualmente, o regime do Super Simples (Simples Nacional) é disciplinado pela **Lei Complementar n. 123/2006** (com as alterações da Lei Complementar n. 155/2016), beneficiando **microempresas** e **empresas de pequeno porte** (EPPs).

Nos termos do art. 3º da Lei Complementar n. 123/2006: "Consideram-se microempresas ou empresas de pequeno porte a sociedade empresária, a sociedade simples e o empresário a que se refere o art. 966 da Lei n. 10.406/2002, devidamente registrados no Registro de Empresas Mercantis ou no Registro Civil de Pessoas Jurídicas, conforme o caso, desde que:

I – no caso da **microempresa**, aufira, em cada ano-calendário, **receita bruta igual ou inferior a R$ 360.000,00** (trezentos e sessenta mil reais);

II – no caso da **empresa de pequeno porte**, aufira, em cada ano-calendário, **receita bruta superior a R$ 360.000,00** (trezentos e sessenta mil reais) e igual ou **inferior a R$ 4.800.000,00** (quatro milhões e oitocentos mil reais)".

7.2.1.4.1 Simples Federal *vs.* Simples Nacional

O primeiro sistema unificado de arrecadação sob a vigência da Constituição de 1988, instituído pela Lei n. 9.317/96, incluía **somente impostos e contribuições da União**, razão pela qual era denominado **Simples Federal**.

Com a promulgação da Lei Complementar n. 123/2006, posteriormente alterada pela Lei Complementar n. 155/2016, **foram incluídos no recolhimento unificado o ICMS e o ISS**, transformando o nome do sistema para **Simples Nacional ou "Super Simples"**.

Nos termos do art. 13 da Lei Complementar n. 123/2006, estão atualmente incluídos no Simples Nacional os seguintes impostos e contribuições[STJ]:

STJ: "DIREITO TRIBUTÁRIO. REGIME TRIBUTÁRIO DO SIMPLES. IMPOSSIBILIDADE DE INCLUSÃO DA TCFA. Não é possível a inclusão da TCFA no regime tributário do Simples. A Taxa de Controle e Fiscalização Ambiental (TCFA), instituída pela Lei n. 6.938/81 e alterada pela Lei n. 10.165/2000, decorre da fiscalização de atividades poluidoras e utilizadoras de recursos ambientais, ou seja, remunera o exercício do poder de polícia exercido pelo Ibama. O Sistema Integrado de Recolhimento de Tributos (Simples) engloba o recolhimento exclusivo de tributos e contribuições expressamente elencados na Lei n. 9.317/96 e Lei Complementar n. 123/2006, não sendo possível abranger, por ausência de previsão legal, a TCFA" (REsp 1.242.940-PR, rel. Min. Benedito Gonçalves, j. 23-10-2012, *DJe* 26-10-2012).

STF: "O Simples Nacional surgiu da premente necessidade de se fazer com que o sistema tributário nacional concretizasse as diretrizes constitucionais do favorecimento às microempresas e às empresas de pequeno porte. A LC n. 123, de 14-12-2006, em consonância com as diretrizes traçadas pelos arts. 146, III, *d*, e parágrafo único; 170, IX; e 179 da CF, visa à simplificação e à redução das obrigações dessas empresas, conferindo a elas um tratamento jurídico diferenciado, o qual guarda, ainda, perfeita consonância com os princípios da capacidade contributiva e da isonomia. Ausência de afronta ao princípio da isonomia tributária. O regime foi criado para diferenciar, em iguais condições, os empreendedores com menor capacidade contributiva e menor poder econômico, sendo desarrazoado que, nesse universo de contribuintes, se favoreçam aqueles em débito com os fiscos pertinentes, os quais participariam do mercado com uma vantagem competitiva em relação àqueles que cumprem pontualmente com suas obrigações. A condicionante do inciso V do art. 17 da LC n. 123/2006 não se caracteriza, *a priori*, como fator de desequilíbrio concorrencial, pois se constitui em exigência imposta a todas as pequenas e microempresas (MPE), bem como a todos os microempreendedores individuais (MEI), devendo ser contextualizada, por representar, também, forma indireta de se reprovar a infração das leis fiscais e de se garantir a neutralidade, com enfoque na livre concorrência. A presente hipótese não se confunde com aquelas fixadas nas Súmulas 70, 323 e 547 do STF, porquanto a espécie não se caracteriza como meio ilícito de coação a pagamento de tributo nem como restrição desproporcional e desarrazoada ao exercício da atividade econômica. Não se trata, na espécie, de forma de cobrança indireta de tributo, mas de requisito para fins de fruição a regime tributário diferenciado e facultativo" (RE 627.543, rel. Min. Dias Toffoli, j. 30-10-2013, P, *DJe* 29-10-2014, Tema 363).

I – Imposto sobre a Renda da Pessoa Jurídica – IRPJ;

II – Imposto sobre Produtos Industrializados – IPI;

III – Contribuição Social sobre o Lucro Líquido – CSLL;

IV – Contribuição para o Financiamento da Seguridade Social – COFINS;

V – Contribuição para o PIS/Pasep;

VI – Contribuição Patronal Previdenciária – CPP para a Seguridade Social, a cargo da pessoa jurídica;

VII – Imposto sobre Operações Relativas à Circulação de Mercadorias e Sobre Prestações de Serviços de Transporte Interestadual e Intermunicipal e de Comunicação – ICMS;

VIII – Imposto sobre Serviços de Qualquer Natureza – ISS.

Com o advento da Emenda Constitucional n. 132/2023 – Reforma Tributária, estarão também incluídos no Simples Nacional, quando definitivamente instituídos, o Imposto sobre Bens e Serviços (IBS) e a Contribuição sobre Bens e Serviços (CBS). Além disso, nos termos da regulamentação da Reforma, "o Simples Nacional deve observar os princípios da simplicidade, da transparência, da justiça tributária, da cooperação e integração das administrações tributárias da União, dos Estados, do Distrito Federal e dos Municípios e da defesa do meio ambiente".

7.2.1.5 Prevenção de desequilíbrios da competitividade no mercado

O art. 146-A da Constituição faculta à lei complementar fixar mecanismos tributários extrafiscais especificamente voltados para a prevenção de desequilíbrios na concorrência.

> STF: "American Virginia Indústria e Comércio Importação Exportação Ltda. Pretende obter efeito suspensivo para recurso extraordinário admitido na origem no qual se opõe a interdição de estabelecimentos seus, decorrente do cancelamento do registro especial para industrialização de cigarros, por descumprimento de obrigações tributárias. (...) Não há impedimento a que norma tributária, posta regularmente, hospede funções voltadas para o campo da defesa da liberdade de competição no mercado, sobretudo após a previsão textual do art. 146-A da CF. Como observa Misabel de Abreu Machado Derzi, "o crescimento da informalidade (...), além de deformar a livre concorrência, reduz a arrecadação da receita tributária, comprometendo a qualidade dos serviços públicos (...). A deformação do princípio da neutralidade (quer por meio de um corporativismo pernicioso, quer pelo crescimento da informalidade (...), após a EC 42/2003, afronta hoje o art. 146-A da CF. Urge restabelecer a livre concorrência e a lealdade na competitividade" (AC 1.657 MC, voto do rel. p/ o ac. Min. Cezar Peluso, j. 27-6-2007, P, *DJe* 31-8-2007).

7.2.1.6 Empréstimos compulsórios

A instituição, majoração, disciplina normativa e extinção de empréstimos compulsórios, conforme visto anteriormente, sujeita-se à reserva de lei complementar federal (art. 148 da Constituição Federal).

7.2.1.7 Novas fontes de custeio da Seguridade Social

A criação de novas contribuições sociais para custeio da Seguridade Social (contribuições sociais residuais) depende de lei complementar, conforme disposto no art. 195, § 4º, da Constituição Federal.

Além disso, as novas contribuições devem ser não cumulativas e não podem ter fato gerador ou base de cálculo próprios de tributos previstos na Constituição Federal.

7.2.1.8 Competência impositiva residual

De acordo com a norma do art. 154, I, da Constituição Federal, o exercício da competência impositiva residual pela União, isto é, a criação de novos impostos não previstos no Texto Maior, depende de lei complementar.

Exige-se também que os novos impostos sejam não cumulativos e não tenham fato gerador ou base de cálculo próprios dos impostos já existentes.

7.2.1.9 Reserva de lei complementar em matéria de ISS

Segundo o disposto no art. 156, III e § 3º, da CF, compete à lei complementar federal determinar quais serviços se sujeitam à incidência do ISS, vale dizer, é o legislador complementar da União que define o fato gerador do ISS.

Além disso, a determinação das alíquotas mínima e máxima do imposto, a exclusão da sua incidência sobre serviços para o exterior e a regulação da forma e das condições para concessão e revogação de isenções, incentivos e benefícios são, igualmente, tarefas conferidas pela Carta Magna ao legislador complementar federal.

Atualmente, a Lei Complementar n. 116/2003 disciplina o regime de instituição e cobrança em matéria de ISS.

> STF: "ISS. Relações mistas ou complexas. (...) O art. 3º, § 1º, da LC n. 116/2003 não viola os princípios da proporcionalidade e da razoabilidade. Ele estabelece que se considera ocorrido o fato gerador e devido o imposto em cada município em cujo território haja extensão de ferrovia, rodovia, postes, cabos, dutos e condutos de qualquer natureza, objetos de locação, sublocação, arrendamento, direito de passagem ou permissão de uso, compartilhado ou não. Existência de unidade econômica, para fins de tributação, em cada uma dessas urbes, ainda que o sujeito passivo não tenha nelas instalado unidade de gerenciamento de atividades, filial ou mesmo infraestrutura operacional para calcular ou pagar o imposto" (ADI 3.142, rel. Min. Dias Toffoli, j. 5-8-2020, P, DJe 9-10-2020).

7.2.1.10 Reserva de lei complementar no ICMS

O art. 155, § 2º, XII, da Constituição Federal reservou, em matéria de ICMS, grande quantidade de temas à legislação complementar federal, a saber:

a) definir seus contribuintes;

b) dispor sobre substituição tributária;

> STF: "A antecipação, sem substituição tributária, do pagamento do ICMS para momento anterior à ocorrência do fato gerador necessita de lei em sentido estrito. A substituição tributária progressiva do ICMS reclama previsão em lei complementar federal" (RE 598.677, voto do rel. Min. Dias Toffoli, j. 29-3-2021, P, DJe 5-5-2021, Tema 456).

> STJ: "O ICMS-ST não compõe a base de cálculo da Contribuição ao PIS e da COFINS, devidas pelo contribuinte substituído no regime de substituição tributária progressiva" (REsp 1.896.678-RS, Rel Min. Gurgel de Faria, 1ª Seção, j. 13-12-2023, *DJe* 28-2-2024).

c) disciplinar o regime de compensação do imposto;

d) fixar, para efeito de sua cobrança e definição do estabelecimento responsável, o local das operações relativas à circulação de mercadorias e das prestações de serviços;

e) excluir a incidência sobre exportações;

f) prever casos de manutenção de crédito;

g) regular as formas de concessão e revogação de benefícios fiscais;

> STF: "Nos termos do art. 155, § 2º, inciso XII, alínea *g*, da Constituição Federal, compete à lei complementar regulamentar a forma como os Estados e o Distrito Federal deliberarão sobre a instituição de isenções, incentivos e benefícios fiscais relativos ao ICMS. A LC n. 24/1975 efetiva o mandamento constitucional e retrata o alcance dos convênios celebrados pelos Estados e Distrito Federal, formalizados pelo Conselho Nacional de Política Fazendária – Confaz. É legítima a incidência do ICMS sobre a operação de venda, realizada por locadora de veículos, de automóvel com menos de 12 (doze) meses de aquisição da montadora, uma vez que, nessa hipótese, os bens perdem a característica de ativo imobilizado, passando a assumir o caráter de mercadoria, nos termos do Decreto Estadual n. 29.831/2006, que tratou apenas de regulamentar internamente as disposições aprovadas pelo Convênio Confaz n. 64/2006. Recurso Extraordinário a que se nega provimento, com a fixação da seguinte tese de julgamento: "É constitucional a incidência do ICMS sobre a operação de venda, realizada por locadora de veículos, de automóvel com menos de 12 (doze) meses de aquisição da montadora" (RE 1.025.986, rel. p/ o ac. Min. Alexandre de Moraes, j. 5-8-2020, P, *DJe* 10-9-2020, Tema 1.012)

h) definir os casos de incidência monofásica sobre combustíveis e lubrificantes;

i) fixar regras para a incidência cumulativa nos casos de importação.

7.2.1.11 *Reserva de lei complementar no ITCMD*

Nos termos do disposto no art. 155, § 1º, III, da CF, o Imposto sobre a Transmissão *Causa Mortis* e sobre Doações (ITCMD) terá a competência para sua instituição regulada por lei complementar federal em dois casos:

a) se o doador tiver domicílio ou residência no exterior;

> STF: "AÇÃO DIRETA DE INCONSTITUCIONALIDADE. CONSTITUCIONAL E TRIBUTÁRIO. REPARTIÇÃO DE COMPETÊNCIAS. FEDERALISMO COOPERATIVO. INSTITUIÇÃO DO IMPOSTO SOBRE TRANSMISSÃO *CAUSA MORTIS* OU DE DOAÇÃO DE QUAISQUER BENS OU DIREITOS – ITCMD. HIPÓTESES PREVISTAS NO ART. 155, § 1º, III, DA CONSTITUIÇÃO FEDERAL. INCONSTITUCIONALIDADE DO ART. 2º, § 3º, I, 'A', 'B' E 'C', E II, 'B' E 'C', DA LEI N. 3.804, DE 8-2-2006, DO DISTRITO FEDERAL. AUSÊNCIA DE LEI COMPLEMENTAR FEDERAL. INXISTÊNCIA DE COMPETÊNCIA

PLENA DOS DEMAIS ENTES FEDERATIVOS. PRECEDENTES. PROCEDÊNCIA DO PEDIDO. MODULA-ÇÃO DOS EFEITOS DA DECISÃO. 1. Nas hipóteses previstas no artigo 155, §1º, III, da Constituição Federal, a competência para a instituição da exação foi expressamente condicionada à regulação por lei complementar. Há imprescindibilidade da edição de lei complementar para fins de instituição do ITCMD pelos Estados e Distrito Federal quando o **doador** tiver domicílio ou residência no **exterior**, bem como nas hipóteses em que o *de cujus* possuía bens, era residente ou domiciliado, ou teve o seu inventário processado no **exterior**. Inconcesso, aos entes federativos estaduais e ao DF, suprir a ausência da edição de lei complementar nos termos estatuídos no artigo 155, §1º, da Carta Magna, dada a relação com o contexto internacional, a indicar a necessidade de fixação de critérios de modo a evitar conflitos federativos. 2. A recente jurisprudência desta Casa firmou-se no sentido da impossibilidade de exercício da competência supletiva, ainda que temporária e excepcional. Precedente – RE 851.108/SP, Rel. Min. Dias Toffoli, Tribunal Pleno, *DJe* 20-4-2021, Tema n. 825 da Repercussão Geral, no qual fixada a seguinte tese de repercussão geral: 'É vedado aos estados e ao Distrito Federal instituir o ITCMD nas hipóteses referidas no art. 155, § 1º, III, da Constituição Federal sem a edição da lei complementar exigida pelo referido dispositivo constitucional'. Manutenção do entendimento em sede de controle concentrado de constitucionalidade. Precedentes. 3. Entendimento firmado por esta Corte quanto ao tema no sentido de modular os efeitos da decisão para que tenha eficácia a partir da publicação do acórdão do julgamento do RE 851.108/SP, referente ao tema n. 825 da repercussão geral, de relatoria do Min. Dias Toffoli, ressalvadas as ações judiciais pendentes de conclusão até a mesma data, nas quais se discuta (i) a qual Estado o contribuinte deveria efetuar o pagamento do ITCMD, considerando a ocorrência de bitributação; e (ii) a validade da cobrança desse imposto, não tendo sido pago anteriormente. 4. Ação direta conhecida e pedido julgado procedente, para declarar a inconstitucionalidade formal: (i) da expressão 'ou no **exterior**', constante da alínea *a* do inciso I do § 3º do art. 2º; (ii) das expressões 'ou no **exterior**' e 'ainda que o *de cujus* fosse residente ou domiciliado no **exterior**', constante da alínea *b* do inciso I do § 3º do art. 2º; (iii) das expressões 'ou no **exterior**, no caso de o inventário ou arrolamento processar-se no **exterior**' e 'ainda que o *de cujus* fosse residente ou domiciliado no **exterior**', constantes da alínea *c* do inciso I do § 3º do art. 2º; (iv) das expressões 'ou no **exterior**' e 'ainda que tenha residência no **exterior**', constantes da alínea *b* do inciso II do § 3º do art. 2º; e (v) da expressão 'no **exterior**, quando o **doador** for domiciliado no **exterior**', constante da alínea *c* do inciso II do § 3º do art. 2º, todos da Lei 3.804/2006 do Distrito Federal" (ADI 6.833, Rel. Min. Rosa Weber, Tribunal Pleno, j. 21-3-2022, *DJe* 29-3-2022).

b) se o *de cujus* possuía bens, era residente ou domiciliado ou teve o seu inventário processado no exterior.

STF: "(...) 8. Tese de repercussão geral: "É vedado aos estados e ao Distrito Federal instituir o ITCMD nas hipóteses referidas no art. 155, § 1º, III, da Constituição Federal sem a edição da lei complementar exigida pelo referido dispositivo constitucional". 9. Modulam-se os efeitos da decisão, atribuindo a eles eficácia ex nunc, a contar da publicação do acórdão em questão, ressalvando as ações judiciais pendentes de conclusão até o mesmo momento, nas quais se discuta: (1) a qual estado o contribuinte deve efetuar o pagamento do ITCMD, considerando a ocorrência de bitributação; e (2) a validade da cobrança desse imposto, não tendo sido pago anteriormente" (STF – RE: 851108 SP 0020249-90.2011.8.26.0032, rel. Min. Dias Toffoli, j . 1º-3-2021, Tribunal Pleno, *DJe* 20-4-2021).

7.2.1.12 Reserva de lei complementar na repartição de receitas tributárias

Em matéria de repartição de receitas tributárias, o art. 161 da Constituição Federal atribui à lei complementar diversas incumbências, entre as quais se destacam:

a) definir o valor adicionado para fins de calcular o Imposto de Renda recolhido, na fonte, de servidores municipais;

> STF: "Viola a reserva de lei complementar federal, prevista no art. 161, I, da Constituição, norma estadual que dispõe sobre o cálculo do valor agregado, para fins de partilha da arrecadação do ICMS, nos termos do art. 158, IV, e parágrafo único, I, da Carta Magna" (ADI 1.423, rel. Min. Joaquim Barbosa, j. 16-5-2007, P, *DJe* 8-6-2007).

b) estabelecer normas sobre entrega, pela União, de recursos para os fundos de participação dos Estados e dos Municípios;

c) dispor sobre o acompanhamento, pelos beneficiários, dos repasses federais para os fundos de participação dos Estados e dos Municípios.

7.2.1.13 Imposto sobre Grandes Fortunas

De acordo com o art. 153, VII, da CF, compete à União instituir imposto sobre grandes fortunas, nos termos de lei complementar. Todavia, como já estudamos anteriormente, a competência tributária para o IGF atribuída à União é uma competência facultativa.

Sendo assim, a União ainda não decidiu tributar essa materialidade jurídica. Dessa forma, caso as grandes fortunas venham a ser tributadas um dia, a União deverá editar uma lei complementar, haja vista ser o IGF matéria reservada a tal espécie normativa.

Acesse
o material
suplementar
https://uqr.to/1xebw

Acesse o QR Code e confira o quadro sinótico e as questões deste capítulo.

8

REPARTIÇÃO DE RECEITAS TRIBUTÁRIAS

8.1 CONCEITO

Repartição de receitas tributárias (arts. 157 a 162 da CF) é o conjunto de normas constitucionais que versam sobre a **distribuição do montante arrecadado com determinados tributos**. Assim, em alguns casos, a Constituição Federal atribui parcela do valor obtido com a cobrança de um tributo a entidades federativas diversas daquelas que detêm a competência para sua instituição.

A rigor, o tema repartição de receitas não integra o objeto específico de interesse do Direito Tributário (art. 4º, II, do CTN), sendo mais propriamente um assunto pertinente ao campo do Direito Financeiro. No entanto, a enorme frequência com que o tema é indagado dentro de provas de Direito Tributário nos concursos públicos justifica sua abordagem neste *Curso*.

8.2 REPARTIÇÃO DE RECEITA NÃO ALTERA COMPETÊNCIA

A existência de comando constitucional estabelecendo regra de repartição de receita não modifica a competência tributária transferindo-a para a entidade beneficiária da repartição.

STJ: "PROCESSUAL CIVIL E TRIBUTÁRIO. REPASSE DO ICMS AO MUNICÍPIO. BENEFÍCIOS FISCAIS. DEVOLUÇÃO. NATUREZA ADMINISTRATIVA. JUROS DE MORA, A PARTIR DA CITAÇÃO. CORREÇÃO MONETÁRIA, PELO IPCA-E.

I – O feito decorre de ação ajuizada pelo ora recorrente objetivando o repasse da cota parte devida do ICMS para o município, que não foi repassado pelo Estado de Goiás, em face dos programas Fomentar e Produzir. O pedido foi julgado parcialmente procedente sendo determinado o repasse de parte da verba glosada. No Tribunal a decisão foi mantida, observando-se a natureza tributária da ação, alterando-se, entretanto, os consectários para que os juros de mora, sejam calculados à taxa de 1% ao mês (art. 10 da Lei Complementar n. 63/1990), a partir do trânsito em julgado da sentença e a correção monetária pelo IGP-DI, a partir da data em que cada quota deveria ter sido repassada, conforme previsto no art. 168 do Código Tributário Estadual (Lei n. 11.651/91).

II – Em se tratando de repasse financeiro dos Estados aos Municípios, a LC n. 63/1990 regulamenta os juros de mora, sendo fixado o percentual de 1% por mês ou fração 'de atraso', em conformidade com o que decidiu o Tribunal *a quo*. Entretanto, não se cuidando de restituição tributária, o termo inicial de cobrança dos juros de mora não é o trânsito em julgado da sentença, mas sim a data da citação. Precedente: EREsp n. 524.932/PR, Rel. Min. Mauro Campbell Marques, 1ª S., j. 27-8-2008, *DJe* 9-9-2008.

III – Quanto ao índice de correção monetária, verifica-se que o tema da **repartição de receitas** decorrentes do recolhimento de tributos é regido pelo direito constitucional, pelo direito administrativo e pelo direito financeiro, tendo natureza essencialmente administrativa. Assim, em se tratando de condenações judiciais de natureza administrativa em geral, em conformidade com o entendimento apresentado no Tema n. 905 do STJ, a correção monetária deve seguir o IPCA-E. Precedente: AgInt no REsp n. 1.880.511/GO, Rel Min. Benedito Gonçalves, 1ª T., j. 15-8-2022, *DJe* 17-8-2022.

IV – Recurso especial provido" (REsp 1.861.875/GO, Rel. Min. Francisco Falcão, 2ª T., j. 11-4-2023, *DJe* 13-4-2023).

É o que declara o parágrafo único do art. 6º do CTN:

> Os tributos cuja receita seja distribuída, no todo ou em parte, a outras pessoas jurídicas de direito público pertencerão à competência legislativa daquela a que tenham sido atribuídos.

Assim, por exemplo, embora o art. 157, I, da CF declare que 100% do Imposto de Renda retido na fonte sobre a remuneração paga por Estados aos seus servidores permaneça com os Estados, o Imposto de Renda continua sendo um imposto de competência da União.

8.3 REPARTIÇÃO DE RECEITAS NÃO ALTERA O PODER DE CONCEDER INCENTIVOS FISCAIS

Interessante notar que, embora a Constituição Federal determine a repartição de receitas de alguns tributos entre as entidades federativas, tais regras não afetam o poder de conceder incentivos fiscais, que é exclusivo da pessoa política competente para instituir o tributo.

Desse modo, ainda que certa entidade federativa seja beneficiária de parcela da receita arrecadada, nada pode fazer para impedir a outorga, por exemplo, de uma isenção do referido tributo, ainda que tal benefício, concedido pela entidade política competente, reduza substancialmente o montante a ser repassado.

8.4 REPARTIÇÃO DIRETA E INDIRETA DE RECEITAS

A repartição de receitas pode ser direta ou indireta.

Repartição direta é aquela em que o ente favorecido recebe seu montante sem que o produto da distribuição passe antes por qualquer outra entidade intermediária ou por fundo constitucional. Exemplo: o art. 158, III, da CF atribui diretamente 50% do produto da arrecadação do IPVA ao Município onde for licenciado o veículo.

Já na repartição indireta, os valores arrecadados são destinados a um fundo constitucional para posterior repartição entre as entidades beneficiadas, segundo critérios fixados no Texto Maior. Exemplo: o art. 159 estabelece as regras para distribuição de receitas do IR e do IPI entre os Fundos nele previstos.

8.5 CASOS DE REPARTIÇÃO DE RECEITAS

Passemos ao estudo de cada uma das hipóteses constitucionais de repartição de receitas.

8.5.1 Art. 157, I, da CF

A primeira hipótese de repartição de receitas tributárias está prevista no art. 157, I, da Constituição Federal, que determina pertencer aos Estados e ao Distrito Federal o produto da arrecadação do Imposto sobre a Renda incidente na fonte, sobre rendimentos pagos, a qualquer título, por eles, suas autarquias e pelas fundações que instituírem e mantiverem.

Assim, quando pessoas jurídicas de direito público remuneram seus agentes públicos, o valor do Imposto de Renda retido na fonte permanece com a entidade pagadora.

Nesse contexto, há a Súmula 447 do Superior Tribunal de Justiça (STJ) que diz: "Os Estados e o Distrito Federal são partes legítimas na ação de restituição de imposto de renda retido na fonte proposta por seus servidores". Via de regra, pelo imposto de renda ser federal, o ente legitimado para a ação de restituição seria a União, com julgamento pela Justiça Federal. No entanto, no caso descrito na súmula serão os Estados e o Distrito Federal, com julgamento pela Justiça Estadual.

Importante destacar que, em relação a quaisquer outras rendas do agente público originárias de fonte diversa, o imposto é devido para a União.

Sobre o tema, vale transcrever algumas decisões do STF:

> STF: "2. Pretensão de assegurar ao Estado, na condição de pagante, o produto da arrecadação de imposto de renda retido na fonte relativo ao pagamento de complementações de aposentadorias e pensões a aposentados e pensionistas de suas empresas públicas. (...) 4. O art. 157, I, da CF, que dispõe acerca da destinação aos Estados do produto de arrecadação do IRPF, não contempla os pagamentos originados das estatais, integrantes da administração pública indireta, não cabendo interpretação ampliativa" (ACO 571 AgR, rel. Min. Dias Toffoli, j. 7-3-2017, P, *DJe* 3-4-2017).

STF: "A *vexata quaestio*, desta feita, cinge-se à definição da competência para julgar a controvérsia quanto ao imposto de renda retido na fonte, a teor do disposto no art. 157, I, da CF, que preconiza pertencer "aos Estados e ao Distrito Federal o produto da arrecadação do imposto da União sobre renda e proventos de qualquer natureza, incidente na fonte, sobre os rendimentos pagos, a qualquer título, por eles, suas autarquias e pelas fundações que instituírem e mantiverem". **Registro que a jurisprudência desta Corte alinha-se no sentido de que, no caso, não há interesse da União, motivo pelo qual prevalece a competência da Justiça Comum"** (RE 684.169 RG, voto do rel. Min. Luiz Fux, j. 30-8-2012, P, *DJe* 23-10-2012, Tema 572).

8.5.2 Art. 157, II, da CF

De acordo com a segunda regra constitucional de repartição de receitas, cabem aos **Estados** e ao **Distrito Federal** vinte por cento dos valores arrecadados pela União no exercício da **competência impositiva residual**.

8.5.3 Art. 158, I, da CF

O art. 158, I, da CF, na mesma esteira do disposto no art. 157, I, determina caber aos **Municípios a totalidade da arrecadação do Imposto de Renda** e proventos de qualquer natureza, incidente na fonte, sobre rendimentos pagos, a qualquer título, por eles, suas autarquias e pelas fundações que instituírem e mantiverem.

De igual modo, para quaisquer outras rendas do agente público originárias de fonte diversa o imposto é devido para a União.

STF: "A expressão 'produto da arrecadação' prevista no art. 158, I, da Constituição da República não permite interpretação constitucional de modo a incluir na base de cálculo do FPM (Fundo de Participação dos Municípios) os benefícios e incentivos fiscais devidamente realizados pela União em relação a tributos federais, à luz do conceito técnico de arrecadação e dos estágios da receita pública. (...) É constitucional a concessão regular de incentivos, benefícios e isenções fiscais relativos ao Imposto de Renda e ao IPI por parte da União em relação ao Fundo de Participação de Municípios e respectivas quotas devidas às municipalidades" (RE 705.423, rel. Min. Edson Fachin, j. 23-11-2016, P, *DJe* 5-2-2018, Tema 653).

8.5.4 Art. 158, II, da CF

Pertence aos **Municípios**, também, **cinquenta por cento da** arrecadação referente ao **Imposto Territorial Rural** sobre os imóveis neles situados.

Entretanto, a **Emenda Constitucional n. 42/2003** passou a admitir o repasse da **totalidade do ITR** arrecadado na hipótese de celebração de **convênio** entre o Município e a União. Isso ocorre porque, sendo firmada tal parceria, a estrutura de fiscalização municipal utilizada para cobrança do IPTU pode ser também empregada no apoio à arrecadação do ITR, aumentando a eficácia na cobrança do imposto federal e justificando a hipótese de parafiscalidade em favor do Município.

8.5.5 Art. 158, III, da CF

Outro caso constitucionalmente previsto de repartição de receitas atribui aos Municípios **cinquenta por cento do Imposto sobre a Propriedade de Veículos Automotores** sobre os carros licenciados em seus territórios.

> STF: "Participação dos Municípios na arrecadação de tributos estaduais. IPVA. Interpretação conforme, sem redução de texto, para suspensão da eficácia da aplicação do § 3º do art. 114, introduzido na Lei 6.537/1973 pela Lei 11.475/2000, com relação ao IPVA, tendo em vista que, ao dispor que "na data da efetivação do respectivo registro no órgão competente deverá ser creditado, à conta dos Municípios, 25% do montante do crédito tributário extinto", interfere no sistema constitucional de repartição do produto da arrecadação do IPVA (50%)" (ADI 2.405 MC, rel. p/ o ac. Min. Sepúlveda Pertence, j. 6-11-2002, P, *DJe* 17-2-2006).

8.5.6 Art. 158, IV, da CF

Cabem ainda aos **Municípios vinte e cinco por cento do produto da arrecadação do Imposto sobre a Circulação de Mercadorias e Serviços**[STJ] de transporte interestadual e intermunicipal e de comunicação.

> STJ: "TRIBUTÁRIO E PROCESSUAL CIVIL. ACÓRDÃO COM FUNDAMENTAÇÃO CONSTITUCIONAL. ALEGADA VIOLAÇÃO AO ART. 535 CPC/73. ALEGAÇÃO DE ARGUMENTO OMITIDO DE ÍNDOLE CONSTITUCIONAL. IMPOSSIBILIDADE DE APRECIAÇÃO DA MATÉRIA, EM SEDE DE RECURSO ESPECIAL. ALEGAÇÃO DE AFRONTA AOS ARTS. 225, PARÁGRAFO ÚNICO, 283, 333, I, E 396 DO CPC/73. SÚMULA 7/STJ. ALEGADA VIOLAÇÃO AO ART. 225, PARÁGRAFO ÚNICO, DO CPC/73. SÚMULA 284/STF. ACÓRDÃO QUE JULGA AGRAVO REGIMENTAL, AVIADO CONTRA DECISÃO QUE JULGARA PREJUDICADO RECURSO EXTRAORDINÁRIO, COM FUNDAMENTO NO ART. 543-B, § 3º, DO CPC/73. INEXISTÊNCIA DE PREVISÃO RECURSAL. EXECUÇÃO PROVISÓRIA DE OBRIGAÇÃO DE FAZER. FAZENDA PÚBLICA. POSSIBILIDADE. ACÓRDÃO EM CONSONÂNCIA COM A JURISPRUDÊNCIA DO STJ E DO STF. RE 573.872/RS (TEMA 45). SÚMULA 83/STJ. AGRAVOS EM RECURSOS ESPECIAIS CONHECIDOS, PARA NÃO CONHECER DO PRIMEIRO E DO SEGUNDO RECURSOS ESPECIAIS. TERCEIRO RECURSO ESPECIAL NÃO CONHECIDO.
> I. Trata-se, na Instância *a quo*, de Ação Civil Originária, proposta pelo Município de Afonso Bezerra contra o Estado do Rio Grande do Norte, visando condená-lo à destinação integral da cota parte de **25% da arrecadação do ICMS** a que fazem jus os Municípios, por força da repartição constitucional de receitas prevista art. 158, IV, da CF/88, sem dedução, da base tributária dos repasses, das isenções e demais incentivos fiscais de **ICMS** concedidos pelo Estado, bem como à devolução dos valores não repassados, nos últimos 5 (cinco) anos anteriores ao ajuizamento da ação.

II. Julgada procedente a demanda, foram interpostos, pelo ora recorrente, um primeiro Recurso Especial, apontando violação aos arts. 283, 333, I, 396, 535, II, e 225, parágrafo único, do CPC/73, e Recurso Extraordinário. Ambos os apelos foram inadmitidos, pela Vice-Presidência do Tribunal de origem: o Recurso Especial, pela circunstância de não haver, ao crivo do julgador, vício de fundamentação que justificasse o manejo do recurso com base na violação ao art. 535, II, do CPC/73, e, quanto aos demais fundamentos, porque a análise da pretensão esbarraria no óbice da Súmula 7/STJ; o Recurso Extraordinário, por sua vez, foi julgado prejudicado, ante a definição, pelo STF, no âmbito do Recurso Extraordinário 572.762/SC (Tema 42), de tese no sentido de que 'o repasse da quota constitucionalmente devida aos Municípios não pode sujeitar-se à condição prevista em programa de benefício fiscal de âmbito estadual', aplicando-se o disposto no art. 543-B, § 3º, do CPC/73. Em face de tal decisão o Estado do Rio Grande do Norte interpôs Agravo em Recurso Especial e Agravo Regimental, o último contra a decisão que julgara prejudicado o seu Recurso Extraordinário, por consentâneo o acórdão com o entendimento firmado pelo STF, no RE 572.762/SC (Tema 42), alegando o recorrente, em Regimental, que o aludido paradigma do STF tratava de situação distinta do caso dos autos, porquanto, no referido precedente, cuidou a Corte Suprema de benefício fiscal específico do Estado de Santa Catarina. O Plenário do TJ/RN negou provimento ao Agravo Regimental, e, após, rejeitou Declaratórios opostos pelo ora recorrente, ensejando a interposição de novo Recurso Especial, pelo Estado do Rio Grande do Norte, por violação aos arts. 535, II, 543-A, § 5º, e 543-B, caput e § 3º, do CPC/73, também inadmitido, pela Vice-Presidência da Corte de origem, o que ensejou a interposição do segundo Agravo em Recurso Especial. Interpôs o Estado do Rio Grande do Norte um terceiro Recurso Especial, contra o acórdão que determinara o cumprimento provisório da obrigação de fazer, relativa à 'parte do acórdão exequendo, que se refere à obrigação de repassar ao Município de Afonso Bezerra a parcela integral do **ICMS** a que faz jus, sem qualquer dedução a título de incentivo fiscal, sob pena de multa de R$ 500,00 (quinhento reais), para cada descumprimento efetuado'.

III. O Tribunal de origem decidiu a controvérsia sob o enfoque eminentemente constitucional, o que torna inviável a análise da questão, no mérito, em sede de Recurso Especial, sob pena de usurpação da competência do STF.

IV. Não cabe ao Superior Tribunal de Justiça, a pretexto de examinar suposta ofensa ao art. 535, II, do CPC/73, aferir a existência de omissão do Tribunal de origem acerca de matéria constitucional, sob pena de usurpar a competência reservada ao Supremo Tribunal Federal. Precedentes.

V. Quanto à alegada violação aos arts. 283, 333, I, e 396 do CPC/73, inviável o conhecimento do recurso, porquanto a pretensão recursal esbarra no óbice da Súmula 7/STJ, haja vista o entendimento firmado pelo Tribunal a quo no sentido de que 'os documentos trazidos aos autos pelo autor, constantes às fls. 20/55 e 91/123, mostram-se suficientes à análise do direito ora vindicado, bem como necessários ao ajuizamento do feito, sobretudo por envolver a questão matéria de direito. Não havendo que se falar, portanto, em carência de ação, a ensejar a extinção do processo'. Tal não pode ser revisitado, pelo Superior Tribunal de Justiça, em sede de Recurso Especial, por exigir o reexame da matéria fático-probatória dos autos. Ademais, o agravante deixa de indicar quais seriam, e por quais razões, os documentos que entende essenciais à compreensão da controvérsia, o que atrai, por analogia, a incidência da Súmula 284 do STF ('É inadmissível o recurso extraordinário, quando a deficiência na sua fundamentação não permitir a exata compreensão da controvérsia').

VI. A alegação de violação ao art. 225, parágrafo único, do CPC/73 – ao fundamento de que 'o feito se encontra viciado a partir da fl. 85, pois (...) o Município-autor promoveu emenda à inicial e ao Estado não foi concedida a oportunidade de se contrapor aos fatos alegados, sendo o ente federativo, inclusive, (...) induzido em erro quanto ao teor das alegações autorais' – não comporta conhecimento, haja vista que o dispositivo legal, tido como violado, não possui comando normativo apto a sustentar a pretensão de nulidade processual invocada, o que também atrai a incidência, por analogia, da Súmula 284/STF. Agravo em Recurso Especial conhecido, para não conhecer do primeiro Recurso Especial.

VII. É manifestamente incabível o segundo Recurso Especial, interposto contra o acórdão no qual o Tribunal de origem negara provimento ao Agravo Regimental, aviado contra a decisão que julgara prejudicado, com fundamento no art. 543-B, § 3º, do CPC/73, o Recurso Extraordinário interposto pelo ora recorrente, por consentâneo o acórdão com a tese firmada pelo STF, no RE 572.762/SC (Tema 42).

VIII. Esta Corte pacificou, há muito, o entendimento no sentido de que o único recurso cabível para impugnar possíveis equívocos na aplicação do art. 543-B ou 543-C do CPC/73 é o agravo interno, a ser julgado pela Corte de origem, não havendo previsão legal de cabimento de outro recurso (QO no Ag 1.154.599/SP, Min. Cesar Asfor Rocha, Corte Especial, j. 16-2-2011, *DJe* 12-5-2011). Em igual sentido: STJ, AgInt no AREsp 604.016/PR, Rel. Min. Gurgel de Faria, 1ª T., *DJe* 9-12-2016. Agravo em Recurso Especial conhecido, para não conhecer do segundo Recurso Especial.

IX. No julgamento do RE 573.872/RS (Tema 45), o Supremo Tribunal Federal fixou a seguinte tese, sob regime de repercussão geral: 'A execução provisória de obrigação de fazer em face da Fazenda Pública não atrai o regime constitucional dos precatórios'. O terceiro Recurso Especial versa sobre execução provisória para cumprimento de obrigação de fazer, para implementação imediata de uma metodologia de cálculo – sem o desconto dos benefícios fiscais concedidos pelo Estado recorrente – relativa à parcela da **arrecadação do ICMS** que cabe, por imperativo constitucional, ao Município recorrido. Não, versa, portanto, sobre pagamento de repasses a menor, feitos no passado. Em suma, prepondera, no caso dos autos, a obrigação de fazer, em detrimento da obrigação da pagar, pelo que possível a execução provisória do julgado, que, no que respeita ao cumprimento da obrigação de fazer, não demanda a expedição de precatório, podendo ser executada antes de seu trânsito em julgado, na pendência de recurso sem efeito suspensivo. No mesmo sentido: STF, RE 1.211.180 AgR, Rel. Min. Rosa Weber, 1ª T., *DJe* 19-12-2019. Precedentes do STJ no mesmo sentido do acórdão recorrido (AgInt no AREsp 1.382.861/SP, Rel. Min. Francisco Falcão, 2ª T., *DJe* 24-4-2020; REsp 1.812.278/CE, Rel. Min. Herman Benjamin, 2ª T., *DJe* 29-10-2019; AgInt na ExeMS 20.795/DF, Rel. Min. Benedito Gonçalves, 1ª S., *DJe* 19-3-2021; AgInt nos EDcl no AREsp 1.456.820/SP, Rel. Min. Gurgel de Faria, 1ª T., *DJe* 1º-10-2021). Incidência da Súmula 83/STJ ('Não se conhece do recurso especial pela divergência, quando a orientação do Tribunal se firmou no mesmo sentido da decisão recorrida'). Terceiro Recurso Especial não conhecido.

X. Agravos conhecidos, para não conhecer do primeiro e do segundo Recursos Especiais.

XI. Terceiro Recurso Especial não conhecido" (REsp 1.871.430-RN, Rel. Min. Assusete Magalhães, 2ª T., j. 5-4-2022, *DJe* 7-4-2022).

STJ: "ICMS. EXTRAÇÃO DE MINERAL. MUNICÍPIOS CONTÍGUOS. VALOR ADICIONADO. A Turma decidiu, por maioria, que se destina ao município onde são realizadas as operações de entrada e saída de mercadoria o direito de receber as parcelas integrais do valor adicionado decorrente do ICMS arrecadado em seu território. *In casu*, a Companhia Vale do Rio Doce extrai potássio dos subsolos de dois municípios, entretanto a 'boca da mina' encontra-se localizada no território do recorrente, onde é beneficiado e comercializado, ocorrendo, portanto, nesta localidade o fato gerador do ICMS" (RMS 32.423-SE, rel. Min. Cesar Asfor Rocha, j. 15-3-2012, *Informativo* 493).

De acordo com o parágrafo único do art. 158 da CF, os 25% serão creditados nos cofres municipais de duas maneiras: 65%, no mínimo, na proporção do valor adicionado nas operações relativas à circulação de mercadorias e nas prestações de serviços realizadas em seu território, e até 35% conforme disposição em lei estadual, sendo obrigatória a distribuição de, no mínimo, 10% com base em indicadores de melhoria nos resultados de aprendizagem e de aumento da equidade, conforme nível socioeconômico dos educandos (redação dada pela Emenda Constitucional n. 108/2020).

8.5.7 Art. 159, I, da CF

O referido dispositivo constitucional obriga a União a entregar, do produto da arrecadação dos **impostos sobre renda** e proventos de qualquer natureza e sobre **produtos industrializados**, e da produção, extração, comercialização ou importação de bens e serviços prejudiciais à saúde ou ao meio ambiente, nos termos de lei complementar, 50% (redação dada pela EC n. 132/2023), da seguinte forma:

a) vinte e um inteiros e cinco décimos por cento ao Fundo de Participação dos Estados e do Distrito Federal;

b) vinte e dois inteiros e cinco décimos por cento ao Fundo de Participação dos Municípios;

c) três por cento, para aplicação em programas de financiamento ao setor produtivo das Regiões Norte, Nordeste e Centro-Oeste, através de suas instituições financeiras de caráter regional, de acordo com os planos regionais de desenvolvimento, ficando assegurada ao semiárido do Nordeste a metade dos recursos destinados à Região, na forma que a lei estabelecer;

d) um por cento ao Fundo de Participação dos Municípios, que será entregue no primeiro decêndio do mês de dezembro de cada ano;

e) um por cento ao Fundo de Participação dos Municípios, que será entregue no primeiro decêndio do mês de julho de cada ano.

STF: "Não houve ilegalidade na dedução do percentual máximo de 5,6% relativo ao Fundo Social de Emergência – FSE, posteriormente denominado Fundo de Estabilização Fiscal – FEF, da base de cálculo dos repasses de Imposto de Renda previsto no art. 159, I, da CF. Os valores de Imposto de Renda restituídos nada mais são do que quantias arrecadadas antecipadamente as quais devem ser, por determinação legal, devolvidas ao contribuinte, não podendo ser, portanto, considerados como arrecadação de Imposto de Renda para os fins do art. 159, I, da CF/88. Ação Cível Originária julgada parcialmente procedente para determinar que as deduções referentes ao PIN e ao Proterra sejam afastadas do cálculo dos valores repassados pela União para o Estado-Autor, a título de Fundo de Participação dos Estados – FPE, apurando-se as diferenças devidas em liquidação do julgado, observada a prescrição" (ACO 637, rel. p/ o ac. Min. Alexandre de Moraes, j. 8-2-2021, P, *DJe* 1º-3-2021).

8.5.8 Art. 159, II, da CF

A União deverá entregar, ainda, **dez por cento** aos Estados e ao Distrito Federal da arrecadação do **Imposto sobre Produtos Industrializados e produção, extração, comercialização ou importação de bens e serviços prejudiciais à saúde ou ao meio ambiente, nos termos de lei complementar,** proporcionalmente ao valor das respectivas exportações (redação dada pela EC n. 132/2023).

8.5.9 Art. 159, III, da CF

Nos termos do art. 159, III, da Constituição Federal, com redação dada pela EC n. 132/2023, a União deve entregar aos Estados e ao Distrito Federal **vinte e nove por cento** do produto arrecadado com a cobrança da **Contribuição de Intervenção no Domínio Econômico** sobre a importação ou comercialização **de petróleo e derivados.** Esses recursos serão destinados ao financiamento de programas de infraestrutura de transportes e pagamento de subsídios a tarifas de transporte público coletivo de passageiros (art. 159, III, com redação dada pela EC n. 132/2023).

Nesse caso, do montante arrecado com a Cide-Combustível, 71% ficam com a União e 29% são repartidos com Estados e Distrito Federal. Posteriormente, dos 29% recebidos pelos Estados e Distrito Federal, esses terão que redistribuir com os Municípios o montante de 25%. Logo, os Municípios ficarão com 25% dos 29% recebidos pelos Estados e Distrito Federal (7,25%).

8.5.10 Art. 153, § 5º, da CF

De acordo com o art. 153, § 5º, da CF, o montante arrecadado a título de IOF incidente **sobre o ouro, quando definido em lei como ativo financeiro,** será distribuído nos seguintes termos:

a) trinta por cento para o Estado, o Distrito Federal ou o Território, conforme a origem;

b) setenta por cento para o Município de origem.

Esse montante, conforme § 6º do mesmo artigo, incluído pela EC n. 132/2023:

I – não incidirá sobre as exportações nem sobre as operações com energia elétrica e com telecomunicações;

II – incidirá uma única vez sobre o bem ou serviço;

III – não integrará sua própria base de cálculo;

IV – integrará a base de cálculo dos tributos previstos nos arts. 155, II, 156, III, 156-A e 195, V;

V – poderá ter o mesmo fato gerador e base de cálculo de outros tributos;

VI – terá suas alíquotas fixadas em lei ordinária, podendo ser específicas, por unidade de medida adotada, ou *ad valorem*;

VII – na extração, o imposto será cobrado independentemente da destinação, caso em que a alíquota máxima corresponderá a 1% (um por cento) do valor de mercado do produto.

8.5.11 Art. 160 da CF

Conforme o art. 160 da CF, veda-se a retenção ou a restrição da entrega ou do emprego dos recursos oriundos da repartição das receitas tributárias aos Estados, Distrito Federal e Municípios.

> STF: "AGRAVO REGIMENTAL EM AÇÃO CÍVEL ORIGINÁRIA. DIREITO ADMINISTRATIVA E FINANCEIRO. EXIGIBILIDADE DE CRÉDITOS. NÃO CONSTITUÍDOS OU CONTESTADOS NAS VIAS ADMINISTRATIVA E JUDICIAL. VEDAÇÃO DE REPASSE DAS VERBAS DO FUNDO DE PARTICIPAÇÃO DOS ESTADOS. ART. 160, I, PARÁGRAFO ÚNICO, DA CONSTITUIÇÃO DA REPÚBLICA. IMPOSSIBILIDADE. RECONHECIMENTO DO DIREITO PELO RÉU. PORTARIA PGFN 708/2009. EXTINÇÃO DO PROCESSO. 1. A publicação da Portaria PGFN 708/2009 importa em reconhecimento do pedido por parte da União e alcança o pleito do Estado do Rio de Janeiro, porquanto impede que o ente central deixe de repassar as quotas do FPE, quando pendente discussão quanto à exigibilidade dos créditos ainda não constituídos ou contestados em processos administrativos e judiciais de índole fiscal (...)" (ACO 1.357 AgR, rel. Min. Edson Fachin, j. 1º-9-2017, P, *DJe* 12-9-2017).

No entanto, o § 1º do mesmo artigo prevê possibilidades em que o repasse dos recursos poderá ser condicionado a determinadas circunstâncias, analisadas a seguir.

• Pagamento de seus créditos, inclusive suas autarquias;

> STF: "A inscrição de entes federados em cadastro de inadimplentes (ou outro que dê causa à negativa de realização de convênios, acordos, ajustes ou outros instrumentos congêneres que impliquem transferência voluntária de recursos), pressupõe o respeito aos princípios do contraditório, da ampla defesa e do devido processo legal, somente reconhecido: a) após o julgamento de tomada de contas especial ou procedimento análogo perante o Tribunal de Contas, nos

casos de descumprimento parcial ou total de convênio, prestação de contas rejeitada, ou existência de débito decorrente de ressarcimento de recursos de natureza contratual (salvo os de conta não prestada) e; b) após a devida notificação do ente faltoso e o decurso do prazo nela previsto (conforme constante em lei, regras infralegais ou em contrato), independentemente de tomada de contas especial, nos casos de não prestação de contas, não fornecimento de informações, débito decorrente de conta não prestada, ou quaisquer outras hipóteses em que incabível a tomada de contas especial" (RE 1.067.086, rel. Min. Rosa Weber, j. 16-9-2020, P, *DJe* 21-10-2020, Tema 327).

- Ao cumprimento do disposto no art. 198, § 2º, II e III: esse dispositivo prevê que as ações e serviços da saúde constituem um sistema único (SUS) e que a União, os Estados, o Distrito Federal e os Municípios aplicarão anualmente recursos mínimos derivados da aplicação de percentuais calculados sobre, principalmente, a arrecadação de seus respectivos impostos.

Vale lembrar da inclusão do § 2º pela Emenda Constitucional n. 113/2021 que diz: "Os contratos, os acordos, os ajustes, os convênios, os parcelamentos ou as renegociações de débitos de qualquer espécie, inclusive tributários, firmados pela União com os entes federativos conterão cláusulas para autorizar a dedução dos valores devidos dos montantes a serem repassados relacionados às respectivas cotas nos Fundos de Participação ou aos precatórios federais".

Ainda sobre o parcelamento, o STJ trouxe julgado a respeito de parcela antecipada: "Na ausência de previsão legal específica, não é possível a utilização da base de cálculo negativa do CSLL e dos prejuízos fiscais para amortizar o valor a ser pago a título de antecipação de parcelamento fiscal" (AgInt no AREsp 1.912.248-PE, Rel. Min. Sérgio Kukina, 1ª T., j. 28-8-2023, *DJe* 31-8-2023).

8.5.12 Art. 162 da CF

Segundo o art. 162 da CF, todos os entes federativos divulgarão, até o último dia do mês subsequente ao da arrecadação, os montantes de cada um dos tributos arrecadados, os recursos recebidos, os valores de origem tributária entregues e a entregar e a expressão numérica dos critérios de rateio.

8.5.13 Quadro sinótico das regras constitucionais de repartição de receitas tributárias

Fundamento	Tributo	Hipótese	Percentual	Beneficiário
Art. 157, I, da CF	IR	Sobre rendimentos e renda, retidos na fonte, de servidores estaduais e distritais	100%	Estados/DF
Art. 157, II, da CF	Impostos residuais	Sobre impostos novos instituídos pela União	20%	Estados/DF

Fundamento	Tributo	Hipótese	Percentual	Beneficiário
Art. 158, I, da CF	IR	Sobre rendimentos e renda, retidos na fonte, de servidores municipais	100%	Municípios
Art. 158, II, da CF	ITR	Relativamente a imóveis rurais situados nos municípios beneficiários	50% ou 100% (c/ convênio)	Municípios
Art. 158, III, da CF	IPVA	Sobre veículos automotores licenciados no território dos municípios beneficiários e em relação a veículos aquáticos e aéreos, cujos proprietários sejam domiciliados em seus territórios	50%	Municípios
Art. 158, IV, da CF	ICMS	Relativo às operações realizadas no território dos municípios beneficiários	25%	Municípios
Art. 159, I, da CF	IR/IPI	Do produto da arrecadação do IR, do IPI e de produção, extração, comercialização ou importação de bens e serviços prejudiciais à saúde ou ao meio ambiente, nos termos de lei complementar	50%	Estados/DF/ Municípios
Art. 159, II, da CF	IPI	Do produto da arrecadação do IPI, proporcionalmente ao valor das respectivas exportações de produtos industrializados e produção, extração, comercialização ou importação de bens e serviços prejudiciais à saúde ou ao meio ambiente, nos termos de lei complementar	10%	Estados/DF
Art. 159, III, da CF	Cide/ Comb.	Do produto da arrecadação da Cide/Combustíveis	29%	Estados/DF
Art. 153, § 5º, da CF	IOF/ Ouro	Sobre o montante da arrecadação do IOF incidente sobre o ouro quando definido como ativo financeiro	30%, 30%, 30%, 70% (respectivamente)	Est./DF/Terr./ Municípios (respectivamente)

Acesse o material suplementar
https://uqr.to/1xebw

Acesse o QR Code e confira o quadro sinótico e as questões deste capítulo.

9
TRIBUTOS EM ESPÉCIE

9.1 INTRODUÇÃO

O presente capítulo tem a finalidade de estudar em maior nível de detalhamento os mais importantes tributos brasileiros em espécie.

Como se sabe, o tema é bastante amplo, e cada um desses tributos renderia uma obra específica. Por isso, será dada prioridade aos temas mais exigidos em provas e concursos públicos.

Adotaremos a ordem utilizada pelo texto constitucional de 1988, iniciando pelos impostos federais, estaduais e municipais; depois, contribuições especiais e algumas taxas.

Para fins didáticos, o estudo de cada tributo será feito por meio de uma sequência temática padronizada (regime geral, fato gerador, contribuinte, não ocorrência do fato gerador), exceto se houver alguma peculiaridade adicional digna de ser mencionada.

9.2 IMPOSTO SOBRE IMPORTAÇÃO (II)

9.2.1 Regime geral

Previsto no art. 153, I, da Constituição Federal, o Imposto sobre Importação é tributo de **competência da União** disciplinado pelas Leis n. 7.810/89, 8.003/90, 8.032/90, 8.035/90 e 9.449/97 e, especialmente, pelo Decreto-lei n. 37/66.

O art. 153, I, da CF descreve sua hipótese de incidência utilizando a fórmula supostamente redundante "importação de produtos estrangeiros", mas, na verdade, a referência tem importante significado prático, já que em constituições anteriores, diante da imensidão do território brasileiro, determinadas operações entre Estados-membros distantes eram equiparadas a vendas para o exterior sendo obrigadas a recolher os impostos sobre importação e exportação. Com a promulgação do Texto de 1988, as operações internas foram excluídas da incidência de ambos os impostos. Daí a menção à importação "de produtos estrangeiros", afastando qualquer possibilidade de exigência do imposto, no regime atual, sobre operações internas.

Sendo **exceção à legalidade e à anterioridade**, pode ter suas alíquotas modificadas por ato do Poder Executivo, atendidos os limites e condições fixados em lei (art. 153, § 1º, CF), hipótese em que **a cobrança será imediata**.

A **função** do Imposto de Importação é predominantemente **extrafiscal**, já que se trata de um imposto voltado à regulação da balança comercial e proteção da indústria nacional[1], muito mais do que utilizado para simples captação de recursos aos cofres públicos.

Como ocorre na quase totalidade dos tributos brasileiros na atualidade, o Imposto de Importação tem **lançamento por homologação**, de modo que o contribuinte é obrigado a antecipar o pagamento, cabendo ao Fisco apreciar os cálculos realizados pelo devedor para futura aprovação ou rejeição (art. 150 do CTN).

Quanto às licenças ou autorizações para importação, o Decreto n. 12.002, de 22 de abril de 2024, revogou o Decreto n. 10.139/2019. Atualmente, o tema é abordado pelo art. 11, § 6º: "Nos atos normativos que tratem da imposição de licenças ou autorizações como requisito para importações ou exportações, em razão de características das mercadorias, constará a identificação das mercadorias que se submetem aos processos de licenciamento ou de autorização, usada como referência sua classificação na Nomenclatura Comum do Mercosul".

9.2.2 Fato gerador

O Imposto sobre Importação tem como fato gerador **a entrada de mercadoria estrangeira no território nacional** (art. 1º do Decreto-lei n. 37/66).

Quando se tratar de mercadoria despachada para consumo, considera-se ocorrido o fato gerador na data do registro, na repartição aduaneira, da declaração apresentada à respectiva autoridade (art. 44 do Decreto-lei n. 37/66).

Ocorre o fato gerador do imposto também se a mercadoria constar como tendo sido importada, mas cuja falta venha a ser apurada pela autoridade aduaneira.

Considera-se, do mesmo modo, estrangeira a **mercadoria**, nacional ou nacionalizada exportada, **que retornar ao País**, tendo de recolher o imposto, exceto se:

a) enviada em consignação e não vendida no prazo autorizado;

b) devolvida por motivo de defeito técnico, para reparo ou substituição;

c) por motivo de modificações na sistemática de importação por parte do país importador;

d) por motivo de guerra ou calamidade pública;

e) por outros fatores alheios à vontade do exportador.

---

1 Hugo de Brito Machado, *Curso de Direito Tributário*, p. 307.

STJ: "TRIBUTÁRIO – IMPOSTO DE IMPORTAÇÃO – FUNÇÃO EXTRAFISCAL – QUADROS NACIONAIS QUE RETORNARAM AO BRASIL SEM FINS COMERCIAIS – ART. 19 DO CTN – ART. 1º DO DECRETO-LEI N. 37/66 – AUSÊNCIA DE VIOLAÇÃO – NÃO SE TRATA DE MERCADORIA COMERCIÁVEL – NÃO INCIDÊNCIA DO IMPOSTO DE IMPORTAÇÃO. 1. Interpretam-se as normas referentes ao Imposto de Importação no contexto da atual função extrafiscal desta exação, tida como instrumento de regulação do comércio exterior. 2. O termo *mercadoria* – constante do art. 1º do Decreto n. 37/66 – deve ser entendido no seguinte sentido: "Aquilo que é objeto de comércio; bem econômico destinado à venda; mercancia", conforme anotado no *Novo Dicionário Eletrônico Aurélio,* versão 5.11º. 3. *In casu,* os quadros saíram e voltaram, com o registro pertinente, com a destinação "enfeite de residência particular", sem finalidade de comércio, não se tratando, portanto, de mercadoria e não incidindo na espécie o imposto de importação. Recurso especial improvido" (REsp 601.022/RJ, rel. Min. Humberto Martins, 2ª T., j. 3-12-2009, *DJe* 16-12-2009).

Em geral, as **bagagens são isentas do recolhimento do Imposto de Importação**, desde que atendidas as condições previstas no art. 13 do Decreto-lei n. 37/66, assim como alguns bens de interesse para o desenvolvimento econômico (art. 14).

9.2.3 Isenção por falta de similaridade

Nos termos do art. 17 do Decreto-lei n. 37/66, a isenção do Imposto sobre Importação **somente beneficiará produto sem similar nacional**, em condição de substituir o importado.

Trata-se de uma importante **regra protetiva da indústria nacional**, que proíbe a concessão de incentivos fiscais à mercadoria estrangeira quando o benefício resulte vantagem competitiva em face do equivalente nacional.

9.2.4 Base de cálculo

O Imposto de Importação tem duas regras distintas para a fixação de sua base de cálculo, a depender do tipo de alíquota incidente sobre a mercadoria tributada (art. 2º do Decreto-lei n. 37/66):

a) quando a **alíquota for específica**, ou seja, fixa em função da categoria de bens tributados, a base de cálculo será a **quantidade de mercadoria** expressa na unidade de medida indicada na tarifa;

b) quando a **alíquota for *ad valorem***, isto é, variável proporcionalmente ao valor do bem tributado, a base de cálculo será o **valor aduaneiro apurado** segundo as normas do art. 7º do Acordo Geral sobre Tarifas Aduaneiras e Comércio – GATT[2].

---

2   GATT (do inglês *General Agreement on Tariffs and Trade*) é conhecido como *Acordo Geral sobre Pautas Aduaneiras e Comércio.* Trata-se de um acordo internacional de que o Brasil é signatário, estabelecido no ano de 1947, objetivando flexibilizar a liberalização comercial e combater práticas protecionistas.

O art. 20, III, do CTN, também traz a previsão de que a base de cálculo do II será o preço da arrematação, quando se tratar de produto apreendido ou abandonado e vendido em leilão.

Recentemente, em decisão proferida em Recurso Repetitivo, o STJ fixou a seguinte tese no que se refere à base de cálculo do Imposto de Importação: "Os serviços de capatazia estão incluídos na composição do valor aduaneiro e integram a base de cálculo do imposto de importação.

Os serviços de capatazia integram o conceito de valor aduaneiro, tendo em vista que tais atividades são realizadas dentro do porto ou ponto de fronteira alfandegado na entrada do território aduaneiro" (STJ. 1ª Seção, REsp 1.799.306/RS, rel. Min. Gurgel de Faria, j. 11-3-2020, Recurso Repetitivo, Tema 1.014, Informativo 671).

9.2.5 Cálculo do imposto devido

Na maioria dos casos, o valor do imposto devido será calculado pela simples aplicação das alíquotas previstas na Tarifa Aduaneira sobre a base de cálculo aplicável à mercadoria tributada (*vide* item 9.2.4).

9.2.6 Contribuintes, responsáveis tributários e responsáveis solidários

São **contribuintes** do Imposto sobre Importação (art. 31 do Decreto-lei n. 37/66):

a) o importador, assim considerada qualquer pessoa que promova a entrada de mercadoria estrangeira no território nacional;

b) o destinatário de remessa postal internacional indicado pelo respectivo remetente;

c) o adquirente de mercadoria entrepostada (art. 31 do Decreto-lei n. 37/66).

O art. 22 do CTN também traz uma previsão mais geral sobre os principais contribuintes de tal imposto, quais sejam: importador ou quem a lei a ele equiparar e o arrematante de produtos apreendidos ou abandonados.

Nos termos do art. 32 do Decreto-lei n. 37/66, são **responsáveis tributários**:

a) o transportador, quando transportar mercadoria procedente do exterior ou sob controle aduaneiro, inclusive em percurso interno[STJ];

STJ: "IMPOSTO DE IMPORTAÇÃO. MERCADORIAS DESTINADAS A LOJA FRANCA. REGIME DE SUSPENSÃO DE IMPOSTOS. EXTRAVIO E AVARIAS. RESPONSABILIDADE DO TRANSPORTADOR. NÃO OCORRÊNCIA. 1. O transportador não responde no âmbito tributário por extravio ou avaria de mercadorias ocorrida na importação efetivada sob o regime de suspensão de impostos. 2. A suspensão funciona como uma espécie de isenção temporária, que se converte em definitiva, por assim dizer, no momento em que ocorre a comercialização do produto em loja franca. 3. Caso a internação se realizasse normalmente, não haveria tributação em virtude da isenção de caráter objetivo incidente sobre os bens importados. Logo, como houve extravio, não se pode falar em responsabilidade subjetiva do transportador, em razão da ausência de prejuízo fiscal" (REsp 1.101.814/SP, rel. Min. Arnaldo Esteves Lima, j. 22-5-2012, 1ª T., *DJe* 29-5-2012).

b) o depositário, assim considerada qualquer pessoa incumbida da custódia de mercadoria sob controle aduaneiro.

São também definidos como **responsáveis solidários** pelo recolhimento do imposto (art. 32, parágrafo único, do Decreto-lei n. 37/66):

a) o adquirente ou cessionário de mercadoria beneficiada com isenção ou redução do imposto;

b) o representante, no País, do transportador estrangeiro;

c) o adquirente de mercadoria de procedência estrangeira, no caso de importação realizada por sua conta e ordem, por intermédio de pessoa jurídica importadora;

d) o encomendante predeterminado que adquire mercadoria de procedência estrangeira de pessoa jurídica importadora.

9.2.7 Não ocorrência do fato gerador

No estudo dos tributos em espécie é sempre importante analisar os casos legalmente reconhecidos de não ocorrência do fato gerador. São situações em que o próprio legislador reconhece que o tributo é indevido porque a situação concreta não se enquadra na hipótese de incidência.

Em se tratando do Imposto de Importação, merecem destaque os seguintes casos:

a) mercadoria estrangeira destruída sob controle aduaneiro, sem ônus para a Fazenda Nacional, antes de desembaraçada;

b) mercadoria estrangeira em trânsito aduaneiro de passagem, acidentalmente destruída;

c) mercadoria estrangeira que tenha sido objeto de pena de perdimento, exceto na hipótese em que não tenha sido localizada, tenha sido consumida ou revendida;

d) mercadoria enviada ao exterior em consignação, a mercadoria não for vendida no prazo autorizado e retornar;

e) se a mercadoria for devolvida por motivo de defeito técnico, para reparo ou substituição;

f) por motivo de modificações na sistemática de importação por parte do país importador;

g) por motivo de guerra externa ou calamidade pública;

h) por fatores alheios à vontade do exportador;

i) admissão temporária: ingresso transitório de produtos no Brasil.

9.2.8 Despacho aduaneiro

Qualquer mercadoria procedente do exterior que ingresse no território nacional, sujeita ou não ao recolhimento do Imposto de Importação, deverá ser submetida à autoridade aduaneira para processamento do despacho aduaneiro (art. 44 do Decreto-lei n. 37/66).

O despacho será processado com base em declaração apresentada à autoridade aduaneira acompanhada da documentação exigida em lei. Realizada a conferência aduaneira da documentação e das mercadorias, será promovido o desembaraço aduaneiro.

Ainda sobre o despacho aduaneiro, a IN/RFB n. 2.131/2023 trouxe alteração a IN/SRF n. 369/2003, que trata sobre o despacho aduaneiro de exportação sem exigência de saída do produto do território nacional. A IN/SRF n. 369/2003 sofreu alteração em seu art. 4º, esclarecendo que "a empresa que opere o regime aduaneiro especial de drawback ou o Regime Aduaneiro Especial de Entreposto Industrial sob Controle Informatizado (Recof) poderá utilizar as exportações realizadas nos termos desta Instrução Normativa para fins de comprovação do adimplemento das obrigações decorrentes da aplicação dos regimes".

9.2.9 Regime de trânsito aduaneiro. Admissão temporária

Regime de trânsito aduaneiro é aquele que permite o transporte de mercadorias sob controle aduaneiro, de um ponto a outro do território aduaneiro, sem recolhimento de tributos (art. 73 do Decreto-lei n. 37/66).

A mercadoria cuja chegada ao destino não for comprovada ficará sujeita aos tributos vigorantes na data da assinatura do termo de responsabilidade.

Já o denominado regime de admissão temporária é o sistema aduaneiro pelo ingresso no País de certas mercadorias, com uma finalidade e por um período de tempo determinados, com a suspensão total ou parcial do pagamento de tributos aduaneiros incidentes na sua importação, visando à reexportação[3].

Outro caso interessante é o do *leasing* operacional. Suponha uma empresa aérea brasileira que aluga um avião internacional para fazer transporte de passageiros no Brasil. Ao final do contrato de locação, a aeronave internacional será devolvida para seu país de origem.

Nesse caso, de acordo com o art. 79 da Lei n. 9.430/96: "Os bens admitidos temporariamente no País, para utilização econômica, ficam sujeitos ao pagamento dos impostos incidentes na importação proporcionalmente ao tempo de sua permanência em território nacional, nos termos e condições estabelecidos em regulamento". Assim, será devido o Imposto de Importação proporcional ao tempo em que o produto foi utilizado no Brasil.

9.2.10 Adidâncias tributárias e aduaneiras

Com a publicação do Decreto n. 11.459, de 30 de março de 2023 ressurgiram as figuras das adidâncias tributárias e aduaneiras. A sua finalidade está prevista no art. 2º do novo decreto: "I – promover a integração da administração tributária e aduaneira brasileira com as estrangeiras, especialmente no que se refere ao intercâmbio de informações sobre transações comerciais e financeiras, e a inte-

---

3   Fonte: <http://www.receita.fazenda.gov.br>.

gração com organismos internacionais; II – oferecer suporte às representações diplomáticas brasileiras em assuntos técnicos de natureza tributária e aduaneira, inclusive na negociação de acordos internacionais; III – prestar informações e orientações sobre a legislação tributária e aduaneira a brasileiros residentes no exterior e a investidores estrangeiros, por servidor especializado; e IV – promover a repressão a ilícitos tributários e aduaneiros".

Os chamados adidos tributários e aduaneiros têm como atribuições conforme art. 7º: "I – assessorar os chefes das respectivas representações diplomáticas brasileiras em assuntos técnicos de natureza tributária e aduaneira; II – pesquisar, comparar e compilar a legislação tributária e aduaneira dos países perante os quais estiverem credenciados, com vistas a subsidiar estudos realizados no Brasil; III – orientar a representação diplomática em questões de natureza tributária e aduaneira suscitadas no exterior, nas áreas relativas à competência da Secretaria Especial da Receita Federal do Brasil do Ministério da Fazenda; e IV – realizar visitas técnicas nos países perante os quais estiverem credenciados, caso haja previsão em atos internacionais, com o objetivo de: a) orientar e verificar informações relativas à certificação do Programa Brasileiro de Operador Econômico Autorizado - Programa OEA, de que trata o art. 814-A do Decreto n. 6.759, de 5 de fevereiro de 2009; e b) observar, relativamente a operadores de comércio exterior, a capacidade produtiva e operacional com vistas à determinação da origem, do valor e da segurança de cadeia logística".

9.2.11 Direito sumular

Existem duas súmulas editadas em matéria de Imposto de Importação.

Súmula 124 do STJ

A taxa de melhoramento dos portos tem base de cálculo diversa do imposto de importação, sendo legítima a sua cobrança sobre a importação de mercadorias de países signatários do GATT, da ALALC ou ALADI.

Súmula 569 do STJ

Na importação, é indevida a exigência de nova certidão negativa de débito no desembaraço aduaneiro, se já apresentada a comprovação da quitação de tributos federais quando da concessão do benefício relativo ao regime de *drawback*.

9.3 IMPOSTO SOBRE EXPORTAÇÃO (IE)

9.3.1 Regime geral

O segundo imposto de competência da União é o Imposto de Exportação (IE).

Previsto no art. 153, II, da Constituição Federal, o IE é um imposto federal cuja hipótese de incidência enuncia a "exportação, para o exterior, de produtos nacionais ou nacionalizados". Sua normatização infraconstitucional consta essencialmente do Decreto-lei n. 1.578/77.

Assim como ocorre com o Imposto de Importação, o IE também constitui **exceção à legalidade e à anterioridade**, podendo ter alíquotas alteradas por ato do Poder Executivo, atendidos os limites e condições fixados em lei (art. 153, § 1º, CF), caso em que **a cobrança será imediata**. Tem aplicação do art. 62, § 2º, da CF atenuada, pois o Imposto de Importação é uma das exceções de majoração ou instituição de impostos por medida provisória que apenas produzem efeitos no exercício financeiro seguinte se ela for convertida em lei até o último dia daquele em que foi editada.

A **função** do Imposto de Exportação é **extrafiscal**, pois se trata de um imposto dirigido à política econômica e ao comércio internacional[4], sendo que **sua receita líquida destina-se à formação de reservas monetárias** (art. 28 do CTN).

O art. 1º da Lei n. 5.072/66, atualmente revogado pelo Decreto-lei n. 1.578/77, enunciava no mesmo sentido: "o imposto de exportação é de caráter exclusivamente monetário e cambial e tem por finalidade disciplinar os efeitos monetários decorrentes da variação de preços no exterior e preservar as receitas de exportação".

O Imposto de Exportação é **lançado por declaração** com base em informações prestadas pelo devedor na Guia de Exportação ou documento equivalente (art. 1º, § 1º, do Decreto-lei n. 1.578/77).

Quanto às licenças ou autorizações para exportação, o Decreto n. 12.002/2024 revogou o Decreto n. 10.139/2019. Atualmente, o tema é abordado pelo art. 11, § 6º: "Nos atos normativos que tratem da imposição de licenças ou autorizações como requisito para importações ou exportações, em razão de características das mercadorias, constará a identificação das mercadorias que se submetem aos processos de licenciamento ou de autorização, usada como referência sua classificação na Nomenclatura Comum do Mercosul".

9.3.2 Fato gerador

O fato gerador do Imposto sobre Exportação é a saída de produtos nacionais ou nacionalizados do território nacional, considerando-se como tal o momento da expedição da guia de exportação ou documento equivalente (art. 1º do Decreto-lei n. 1.578/77).

STF: "Não é qualquer registro no Siscomex [Sistema Integrado de Comércio Exterior] que corresponde à expedição do documento equivalente à guia de exportação prevista no § 1º, *in fine*, do art. 1º do DL n. 1.578/77, como determinante da ocorrência do fato gerador do tributo. Somente o Registro de Exportação corresponde e se equipara à Guia de Exportação. Editada a Resolução n. 2.112/94 do Banco Central do Brasil depois dos registros de venda, mas antes dos registros de exportação, submetem-se as operações respectivas às alíquotas nelas fixadas, visto que tal fixação se dera antes da ocorrência do fato gerador" (AI 578.372 AgR, rel. Min. Ellen Gracie, j. 9-2-2010, 2ª T, *DJe* 12-3-2010).

---

4   Hugo de Brito Machado, *Curso de Direito Tributário*, p. 313.

9.3.3 Base de cálculo

A base de cálculo do imposto é o preço normal que o produto, ou seu similar, alcançaria, ao tempo da exportação, em uma venda em condições de livre concorrência no mercado internacional, observadas as normas expedidas pelo Poder Executivo, mediante ato da CAMEX – Câmara de Comércio Exterior (art. 2º do Decreto-lei n. 1.578/77).

O art. 24 do CTN determina que a base de cálculo do IE poderá ser definida de duas formas:

- quando a alíquota for específica, será a unidade de medida adotada pela lei tributária;
- quando a alíquota for *ad valorem*, será o preço normal que o produto, ou seu similar, alcançaria ao tempo da exportação em uma venda em condições de livre concorrência.

O preço à vista do produto, FOB ou posto na fronteira, é indicativo do preço normal (art. 2º, § 1º, do Decreto-lei n. 1.578/77).

Quando o preço do produto for de difícil apuração ou for suscetível de oscilações bruscas no mercado internacional, o Poder Executivo, mediante ato da CAMEX, fixará critérios específicos ou estabelecerá pauta de valor mínimo, para apuração de base de cálculo (art. 2º, § 2º, do Decreto-lei n. 1.578/77).

9.3.4 Alíquotas

Como visto, o IE é exceção ao princípio da legalidade, podendo ter alíquotas modificadas por ato do Poder Executivo. Porém, na ausência de fixação pelo Executivo **a alíquota do IE é de 30%** (art. 3º do Decreto-lei n. 1.578/77), sendo vedada em qualquer hipótese sua majoração para patamar superior a 150% (art. 3º, parágrafo único).

STF: **"É compatível com a Carta Magna a norma infraconstitucional que atribui a órgão integrante do Poder Executivo da União a faculdade de estabelecer as alíquotas do Imposto de Exportação.** Competência que não é privativa do Presidente da República. Inocorrência de ofensa aos arts. 84, *caput*, IV, e parágrafo único, e 153, § 1º, da CF ou ao princípio de reserva legal. Precedentes. Faculdade discricionária atribuída à Câmara de Comércio Exterior (Camex), que se circunscreve ao disposto no DL n. 1.578/77 e às demais normas regulamentares" (RE 570.680, rel. Min. Ricardo Lewandowski, j. 28-10-2009, P, *DJe* de 4-12-2009, Tema 53).

9.3.5 Contribuinte

O contribuinte do IE é o exportador, assim considerada qualquer pessoa que promova a saída do produto do território nacional (art. 5º do Decreto-lei n. 1.578/77), ou quem a lei a ele equiparar (art. 27 do CTN).

9.3.6 Restituição e não ocorrência do fato gerador

Se não for efetivada a exportação do produto ou ocorrendo o seu retorno nos casos previstos em lei, a quantia paga será restituída mediante requerimento do interessado (art. 6º do Decreto-lei n. 1.578/77).

Não se trata propriamente de casos de não ocorrência do fato gerador do imposto, na medida em que, como dito anteriormente, seu fato gerador é a expedição da guia de exportação ou documento equivalente.

Dessa forma, antes de expedida a guia, o fato gerador não ocorre, sendo incabível exigir o tributo antes do ato de expedição do referido documento.

9.3.7 Direito sumular

Não existe súmula do STF ou do STJ em matéria de Imposto de Exportação.

9.4 IMPOSTO SOBRE A RENDA (IR)

9.4.1 Regime geral

Estabelece o art. 153, III, da CF que **compete à União** instituir Imposto sobre a Renda e proventos de qualquer natureza.

Atualmente, o IR rege-se pelas Leis n. 8.034/90, 8.166/91, 8.848/94, 8.849/94, 8.981/95, 9.316/96, 9.430/96, 9.532/97 e pelo Decreto n. 9.580, de 2018.

A **função** do Imposto sobre a Renda é **fiscal**, isto é, **meramente arrecadatória**, na medida em que a finalidade precípua que justifica sua cobrança consiste na **pura obtenção de recursos para custeio dos gastos gerais do Estado**. Constata-se, todavia, que a obrigatoriedade constitucional de aplicação do sistema de alíquotas progressivas aponta também para uma difusa função de redistribuição de renda associada à redução de desigualdades sociais.

O Imposto sobre a Renda sujeita-se ao regime geral da legalidade tributária, de modo que o tributo só pode ser criado, majorado, reduzido ou extinto mediante lei ordinária da União. No entanto, **é uma das exceções à anterioridade nonagesimal**. Assim, sendo criado ou majorado em um exercício, os novos valores podem ser exigidos no ano seguinte, **não havendo necessidade de aguardar o intervalo mínimo de noventa dias**. Esse é o modo geral de compreender a relação entre o IR e a anterioridade tributária. Os detalhes especiais do tema serão abordados nos tópicos seguintes.

Quanto à forma de lançamento, o IR é **lançado por homologação**, na medida em que cabe ao Fisco aprovar ou rejeitar a antecipação de pagamento e a declaração realizadas pelo devedor.

9.4.2 Universalidade, generalidade e progressividade

O art. 153, § 2º, I, da Constituição Federal determina que o Imposto sobre a Renda "será informado pelos critérios da generalidade, da universalidade e da progressividade, na forma da lei".

O critério da **universalidade** impõe o dever de o referido imposto incidir sobre **qualquer espécie de renda** ou provento.

A **generalidade** determina que, em princípio, **todas as pessoas** físicas ou jurídicas sujeitam-se à incidência do imposto.

Pela **progressividade**, as alíquotas do IR devem ser graduadas conforme a capacidade econômica do contribuinte (art. 145, § 1º, da CF).

9.4.3 Fato gerador

O fato gerador do IR é "a aquisição da disponibilidade econômica ou jurídica[STJ]:

> STJ: "DIREITO TRIBUTÁRIO. HIPÓTESE DE INCIDÊNCIA DE IMPOSTO DE RENDA SOBRE IMPORTÂNCIA RECEBIDA EM RAZÃO DE OBRIGAÇÃO ALTERNATIVA ASSUMIDA EM ACORDO COLETIVO DE TRABALHO. Incide imposto de renda sobre a quantia recebida pelo empregado em razão de acordo coletivo de trabalho firmado com o empregador, no qual fora ajustado a constituição de fundo de aposentadoria e pensão e, alternativamente, o pagamento de determinado valor em dinheiro correspondente ao que seria vertido para o aludido fundo" (2ª T., REsp 1.218.222-RS, rel. Min. Mauro Campbell Marques, j. 4-9-2014, *DJe* 10-9-2014, *Informativo* 548).

I – de renda, assim entendido o produto do capital, do trabalho ou da combinação de ambos[STJ];

> STJ: "PROCESSUAL CIVIL. AGRAVO REGIMENTAL. BENEFÍCIO PREVIDENCIÁRIO PAGO ACUMULADAMENTE E A DESTEMPO. JUROS DE MORA. IMPOSTO DE RENDA. 1. Em se tratando de benefício previdenciário pago a destempo e acumuladamente, a incidência do imposto de renda deve observar as tabelas e alíquotas vigentes à época em que os valores deveriam ter sido adimplidos. 2. Como a verba principal (benefício previdenciário) é em tese tributável, os juros de mora dela decorrentes também o são, considerando-se aqui o postulado *accessorium sequitur suum principale*" (AgRg no AREsp 300.240/RS, rel. Min. Humberto Martins, j. 9-4-2013, 2ª T., *DJe* 15-4-2013).

II – de proventos de qualquer natureza, assim entendidos os acréscimos patrimoniais não compreendidos no inciso anterior" (art. 43 do CTN)[STJ].

> STJ: "PROCESSUAL CIVIL. TRIBUTÁRIO. AUSÊNCIA DE PREQUESTIONAMENTO. SÚMULA 282/STF. IMPOSTO DE RENDA. TÍTULOS DA DÍVIDA AGRÁRIA – TDAS. INCIDÊNCIA SOBRE O GANHO DE CAPITAL ORIUNDO DA DIFERENÇA POSITIVA ENTRE O PREÇO DE AQUISIÇÃO E O PREÇO DE VENDA DO TÍTULO. MATÉRIA DIVERSA DAQUELA REFERENTE À IMPOSSIBILIDADE DE INCIDIR O IMPOSTO SOBRE O VALOR DO RENDIMENTO DE JUROS E DO RESGATE DO TÍTULO NO VENCIMENTO QUANDO NAS MÃOS DE PORTADOR QUE NÃO O EXPROPRIADO. (...) 2. O recebimento

de indenização em virtude de desapropriação para fins de reforma agrária não entra no cômpu-to do rendimento bruto da pessoa física ou do lucro real da pessoa jurídica, mesmo se for apu-rada nessa transferência ganho de capital, consoante o art. 22, parágrafo único da Lei n. 7.713/88 e art. 184, § 5º, da CF/88. Outrossim, não é tributada a operação financeira consistente na ob-tenção do rendimento do TDA. 3. Essas 'isenções' têm recebido amparo neste STJ e foram esten-didas pela jurisprudência aos terceiros portadores do título no que diz respeito ao resgate do seu valor principal ou dos valores correspondentes a juros compensatórios e moratórios ali previstos. 4. Ocorre que no caso concreto o que se pretende ver livre da tributação é a própria operação de compra e venda dos títulos no mercado. Essa operação é completamente diferente da aqui-sição do título como indenização *pro soluto* da desapropriação realizada, ou do recebimento dos juros que remuneram o título enquanto não vencido o principal, ou do recebimento do valor do título quando de seu vencimento. Trata-se de uma mera compra e venda de título no mercado especulativo que pode gerar lucro ou prejuízo comparando-se o preço de aquisição com o preço de venda. O lucro gerado é ganho de capital que deve submeter-se à tributação pelo imposto de renda como qualquer outro título mobiliário. Não há aí qualquer impacto na justa e prévia inde-nização visto que a tributação somente ocorre quando o título for alienado com lucro (ganho de capital) pelo expropriado ou pelo portador" (REsp 1.124.133/RJ, rel. Min. Mauro Campbell Mar-ques, j. 7-3-2013, 2ª T., *DJe* 13-3-2013).

Assim, pode-se dizer, em síntese, que o fato gerador do IR é **qualquer acrés-cimo patrimonial** observado em determinado período de tempo[STJ].

STJ: "DIREITO TRIBUTÁRIO. IMPOSTO DE RENDA SOBRE VERBAS REFERENTES À MIGRAÇÃO DE PLANO DE BENEFÍCIOS DE PREVIDÊNCIA PRIVADA. Incide IRPF sobre os valores recebidos como incentivo à adesão ao processo de repactuação do regulamento do plano de benefícios de pre-vidência privada" (2ª T., AgRg no REsp 1.439.516-PR, rel. Min. Humberto Martins, j. 6-5-2014, *DJe* 13-5-2014, *Informativo* 544).

Cabe salientar que não incide Imposto de Renda sobre a isenção de taxa condominial concedida ao síndico em razão do exercício de seu trabalho, segun-do a 1ª Turma do Superior Tribunal de Justiça, uma vez que o benefício a ele concedido não configura acréscimo patrimonial. A incidência de IR sobre a men-cionada isenção viola ainda o princípio da capacidade contributiva.

STJ: "O imposto de renda tem como fato gerador a aquisição da disponibilidade econômica ou jurídica de renda ou de proventos de qualquer natureza. Renda, para fins de incidência tributária, pressupõe acréscimo patrimonial ao longo de determinado período, ou seja, riqueza nova agre-gada ao patrimônio do contribuinte. A quota condominial é a obrigação mensal imposta a todos os condôminos para cobrir gastos necessários à manutenção de um condomínio. Trata-se, portanto, de uma despesa, um encargo que é suportado pelos condôminos. Assim, a dispensa do pagamento das taxas condominiais concedida ao síndico pelo trabalho por ele exercido não pode ser considerada como pró-labore, rendimento nem tampouco como acréscimo patrimonial. Logo, não está sujeita à incidência do imposto de renda, sob pena, inclusive, de violar o princípio da capacidade contributiva. Quando o síndico deixa de pagar a quota condominial não há uma alteração entre o patrimônio preexistente e o novo. Não há o ingresso de riqueza nova em seu patrimônio que justifique a inclusão do valor correspondente à sua quota condominial como ganho patrimonial na apuração anual de rendimentos tributáveis" (STJ. 1ª Turma. REsp 1.606.234-RJ, rel. Min. Napoleão Nunes Maia Filho, j. 5-12-2019. Informativo 662).

Importante verificar que o imposto incide tanto no caso de aquisição da disponibilidade econômica quanto jurídica.

Disponibilidade econômica consiste no **recebimento efetivo** do valor a ser acrescentado no patrimônio do contribuinte[STJ].

STJ: "O portador de cardiopatia grave não tem direito à isenção do imposto de renda sobre seus vencimentos no caso em que, mesmo preenchendo os requisitos para a aposentadoria por invalidez, opte por continuar trabalhando. O art. 6º, XIV, da Lei n. 7.713/88 exige, para que se reconheça o direito à isenção, a presença de dois requisitos cumulativos: que os rendimentos sejam relativos a aposentadoria, pensão ou reforma; e que a pessoa física seja portadora de uma das doenças ali elencadas. Inexiste, portanto, previsão legal expressa da situação em análise como hipótese de exclusão do crédito tributário, o que se exige em face da regra contida no art. 150, § 6º, da CF. Ademais, o art. 111, II, do CTN determina que seja interpretada literalmente a legislação tributária que disponha sobre outorga de isenção. Ressalte-se, ainda, que não se caracteriza qualquer ofensa ao princípio da isonomia em face da comparação da situação do indivíduo aposentado com o que esteja em atividade" (RMS 31.637-CE, rel. Min. Castro Meira, j. 5-2-2013, *Informativo* 516).

Já a **disponibilidade jurídica**, que também é fato gerador do IR, se dá quando ocorre o **crédito do valor**, ficando disponível ao contribuinte, embora **não esteja ainda incorporado efetivamente ao seu patrimônio**[5]. Exemplo: remessa de dólar proveniente do exterior feita ao contribuinte (valor já creditado em conta), mas que ainda não foi convertido em moeda nacional pela instituição financeira para poder ser sacado (não se incorporou ao seu patrimônio).

Nos termos do art. 43, § 1º, do CTN: "A incidência do imposto independe da denominação da receita ou do rendimento, da localização, condição jurídica ou nacionalidade da fonte, da origem e da forma de percepção"[STJ].

---

5 Hugo de Brito Machado, *Curso de Direito Tributário*, p. 320.

STJ: "DIREITO TRIBUTÁRIO. INCIDÊNCIA DE IMPOSTO DE RENDA DA PESSOA FÍSICA SOBRE JU-
ROS DE MORA DECORRENTES DE BENEFÍCIOS PREVIDENCIÁRIOS PAGOS EM ATRASO. Incide
imposto de renda da pessoa física sobre os juros moratórios decorrentes de benefícios previdenciários pagos em atraso. (...) Os juros moratórios, apesar de terem a natureza jurídica de lucros
cessantes, amoldam-se à hipótese de incidência do imposto de renda prevista no inciso II do art.
43 do CTN (proventos de qualquer natureza). Nesse contexto, há duas exceções à regra da incidência do imposto de renda sobre os juros de mora. Nos termos do art. 6º, V, da Lei n. 7.713/88,
na situação excepcional em que o trabalhador perde o emprego, os juros de mora incidentes
sobre as verbas remuneratórias ou indenizatórias que lhe são pagas são isentos de imposto de
renda. Além disso, não incide o referido tributo sobre os juros de mora decorrentes de verba
principal isenta ou fora do seu campo de incidência (tese do acessório que segue o principal).
Por outro lado, não há regra isentiva para os juros de mora incidentes sobre verbas previdenciárias remuneratórias pagas a destempo, o que acarreta a aplicação da regra geral do art. 16, parágrafo único, da Lei n. 4.506/64" (AgRg no AgEsp 248.264/RS, rel. Min. Mauro Marques, 2ª T., j.
27-11-2012, DJe 5-12-2012, Informativo 514).

Na hipótese de receita ou de rendimento oriundos do exterior, a lei estabelecerá as condições e o momento em que se dará sua disponibilidade, para fins
de incidência do imposto referido neste artigo (art. 43, § 2º, do CTN).

9.4.4 Irretroatividade e anterioridade

Conforme já discutido nos capítulos anteriores deste *Curso*, existe grande
debate sobre a situação do Imposto de Renda diante da aplicação dos princípios
da irretroatividade e anterioridade.

Transcrevemos aqui as conclusões já apresentadas no Capítulo 4.

Nos termos do art. 43 do Código Tributário Nacional:

O imposto, de competência da União, sobre a renda e proventos de qualquer natureza tem como fato gerador a aquisição da disponibilidade econômica ou jurídica:

I – de renda, assim entendido o produto do capital, do trabalho ou da combinação
de ambos;

II – de proventos de qualquer natureza, assim entendidos os acréscimos patrimoniais
não compreendidos no inciso anterior.

Assim, o fato gerador o Imposto de Renda consiste no acréscimo patrimonial
proveniente do produto do capital, trabalho ou de outra fonte.

Pelo princípio da irretroatividade, as novas leis tributárias em matéria de
Imposto de Renda somente se aplicam sobre acréscimos patrimoniais posteriores
à data de publicação.

A grande dificuldade nessa matéria é que a legislação define diferentes momentos em que se considera ocorrido o fato gerador do Imposto de Renda, dependendo do tipo de operação.

O fato gerador do Imposto de Renda é do tipo continuado ("complessivo" ou pendente), ou seja, o tributo incide, em regra, sobre o conjunto de rendas e proventos apurados durante determinado período de tempo[6].

Como regra, o imposto incide anualmente sobre a totalidade de rendas e proventos auferidos durante o ano-base compreendido entre 1º de janeiro e 31 de dezembro.

Desse modo, para fins de apuração geral, o fato gerador do imposto fica pendente durante o ano-base e considera-se definitivamente consumado somente ao final do dia 31 de dezembro de cada ano.

Para outras situações muito específicas (ganho de capital, por exemplo), a legislação considera ocorrido o fato gerador na própria data em que acontece o acréscimo patrimonial. Mas estes são casos diferentes e bastante peculiares, que devem ser tratados como exceções.

Mas, se o fato gerador do Imposto de Renda leva em consideração todos os acréscimos patrimoniais ocorridos desde o início do ano-base até o dia 31 de dezembro, havendo alteração durante o ano na legislação aplicável ao imposto, qual lei deve ser aplicada?

Como o Imposto de Renda tem, em regra, fato gerador pendente, **vale a lei vigente na época do início do ano-base**. Essa é a conclusão decorrendo daquilo que exige o princípio da irretroatividade.

Qualquer tentativa de aplicar uma nova lei em matéria de Imposto de Renda no mesmo ano de sua publicação viola o princípio da irretroatividade.

Por exemplo, se no dia 2 de janeiro de 2021 sobrevém uma lei modificando regras sobre a arrecadação do Imposto de Renda, por força do princípio da irretroatividade a nova lei somente poderá ser aplicada a partir de 1º de janeiro de 2022. A nova lei não valerá para o ano de 2021 na medida em que os fatos geradores desse ano estão pendentes, sendo que sua consumação efetiva somente se dará ao final do dia 31 de dezembro.

O raciocínio acima desenvolvido é válido para as situações gerais de incidência do imposto. Para os casos de operações especiais, nada impede que a lei determine regra diferenciada estabelecendo, por exemplo, que o fato gerador se considera ocorrido na própria data do acréscimo patrimonial. Em tais casos, sendo aprovada nova lei em matéria de Imposto de Renda, o princípio da irretroatividade não irá determinar a aplicação somente a partir de 1º de janeiro do ano seguinte. Na verdade, tal lei aplica-se aos fatos geradores ocorridos já no dia seguinte à sua publicação, na medida em que, para as referidas operações especiais (repita-se o exemplo do ganho de capital), o fato gerador é instantâneo e não pendente[STF].

---

6   Hugo de Brito Machado, *Curso de Direito Tributário*, p. 322.

STF: "IRPJ extrafiscal: fato gerador. Ante a peculiaridade do caso, consistente no uso do imposto de renda com função extrafiscal, o Plenário afastou a incidência retroativa do art. 1º, I, da Lei n. 7.988/89. A mencionada norma, editada em 28-12-1989, elevou de 6% para 18% a alíquota do imposto de renda aplicável ao lucro decorrente de exportações incentivadas, apurado no ano--base de 1989. Em razão de o fato gerador do imposto de renda ocorrer somente em 31 de dezembro, se a lei fosse editada antes dessa data, sua aplicação a fatos ocorridos no mesmo ano da edição não violaria o princípio da irretroatividade. Ressaltou, entretanto, que na situação dos autos ter-se-ia utilizado o imposto de renda em seu caráter extrafiscal. A União, por meio do Decreto-lei n. 2.413/88, reduziu a alíquota do imposto cobrada sobre a renda auferida sobre certos negócios e atividades, a fim de estimular as exportações, a determinar o comportamento do agente econômico. Essas operações teriam, portanto, tributação diferenciada das demais, e seriam tratadas como unidades contábeis distintas das demais operações. Uma vez alcançado o objetivo extrafiscal, não seria possível modificar as regras de incentivo, sob pena de quebra do vínculo de confiança entre o Poder Público e a pessoa privada, e da própria eficácia de políticas de incentivo fiscal. No caso de o imposto de renda ser utilizado em caráter extrafiscal, a configuração do fato gerador dar-se-ia no momento da realização da operação para, então, ser tributado com alíquota reduzida. Dessa forma, depois da realização do comportamento estimulado, a lei nova apenas poderia ter eficácia para novas possibilidades de comportamentos, sob pena de ofensa ao princípio da irretroatividade da lei em matéria de extrafiscalidade" (RE 183.130/PR, rel. orig. Min. Carlos Velloso, red. p/ o acórdão Min. Teori Zavascki, j. 25-9-2014).

Quanto ao princípio da anterioridade, conforme já visto, o Imposto de Renda submete-se somente à anterioridade anual (art. 150, III, *b*, e § 1º, da CF), de modo que, sendo publicada lei que crie ou majore o tributo, sua exigência poderá ser feita a partir de 1º de janeiro do ano seguinte, sem necessidade de observar os 90 dias de intervalo mínimo.

Enquanto a garantia da irretroatividade aplica-se a qualquer lei, o princípio da anterioridade vale somente para leis que criem ou majorem o tributo, tendo por isso a anterioridade um alcance bem mais reduzido se comparado à abrangência do princípio da irretroatividade.

Desse modo, o princípio da anterioridade autoriza a cobrança do Imposto de Renda, instituído ou majorado por nova lei, já a partir de 1º de janeiro do ano seguinte à data em que essa nova lei tiver sido publicada. Como a anterioridade é um intervalo entre a publicação da lei e a exigência do tributo, não existe grande dificuldade na aplicação do referido princípio quanto ao Imposto de Renda. Todavia, mesmo que autorizada a arrecadação com base na anterioridade, será preciso verificar se foi atendida a exigência da irretroatividade quanto à nova lei, conforme comentado nos parágrafos acima, pois a irretroatividade constitui o requisito mais rigoroso para instituição de inovações em matéria de Imposto de Renda devido às peculiaridades decorrentes de seu fato gerador complessivo.

Interessante notar que os dois princípios, anterioridade anual e irretroatividade, resultam na aplicação das novas leis a partir de 1º de janeiro do ano seguinte em matéria de regime geral do Imposto de Renda. Desse modo, para leis que instituem ou majorem o imposto termina ocorrendo uma coincidência no alcance prático das duas garantias, pois ambas adiam a ação do novo regime tributário para o início do próximo ano-base.

O mesmo não pode ser dito, porém, para os casos de incidência especial do Imposto de Renda. Naquelas situações excepcionais em que a lei considera o fato gerador ocorrido na própria data do acréscimo patrimonial, o alcance dos dois princípios será bastante diferente. A irretroatividade exigirá que a nova lei somente atinja fatos geradores ocorridos a partir do dia seguinte à data de sua publicação. Já a anterioridade resultará em garantia mais vantajosa, na medida em que irá impedir que o novo regime do tributo seja aplicado antes de 1º de janeiro do ano seguinte.

9.4.5 Contribuinte

São contribuintes do Imposto de Renda todas as **pessoas físicas ou jurídicas sujeitas a acréscimo patrimonial.**

Nesse sentido, estabelece o art. 45 do CTN: "Contribuinte do imposto é o **titular da disponibilidade** a que se refere o artigo 43, sem prejuízo de atribuir a lei essa condição ao possuidor, a qualquer título, dos bens produtores de renda ou dos proventos tributáveis".

A legislação pode conferir a condição de responsável tributário a quem possui obrigação de reter o imposto na fonte[STJ] (art. 45, parágrafo único, do CTN).

> STJ: "DIREITO TRIBUTÁRIO. RESPONSABILIDADE PELO RECOLHIMENTO DO IMPOSTO DE RENDA CUJA DECLARAÇÃO FOI TRANSMITIDA COM DADO EQUIVOCADO PELA FONTE PAGADORA. Mesmo que a fonte pagadora (substituta tributária) equivocadamente tenha deixado de efetuar a retenção de determinada quantia, a título de imposto de renda, sobre importância paga a empregado, tendo, ainda, expedido comprovante de rendimentos informando que a respectiva renda classifica-se como rendimento isento e não tributável, o sujeito passivo da relação jurídico-tributária (substituído tributário) deverá arcar com o imposto de renda devido e não recolhido" (1ª T., REsp 1.218.222-RS, rel. Min. Mauro Campbell Marques, 2ª T., j. 4-9-2014, *DJe* 10-9-2014).

9.4.6 Não ocorrência do fato gerador

Como o fato gerador do IR é o acréscimo patrimonial, não há falar-se em incidência do imposto se, pela venda não lucrativa de um bem, o contribuinte apenas substituiu o patrimônio imobilizado por dinheiro.

Verbas indenizatórias também não podem ser consideradas como acréscimo patrimonial. Uma verba indenizatória não aumenta o patrimônio de maneira dinâmica, ainda que estaticamente possa parecer renda.

Importante não confundir a verba indenizatória com as verbas concedidas por empregadores por mera liberalidade. Como estas verbas não estão recompondo nada, serão consideradas como acréscimo dinâmico ao patrimônio dos traba-lhadores e atrairão a incidência do Imposto de Renda.

> STJ: "Incide Imposto de Renda sobre as verbas pagas por mera liberalidade do empregador, consoante o entendimento firmado em sede de Recurso Especial representativo de controvérsia" (AgInt no AREsp 1.416.251/RJ, rel. Min. Napoleão Nunes Maia Filho, 1ª T., j. 3-6-2019, *DJe* 6-6-2019).

O mesmo raciocínio foi empregado pelo STJ no julgamento de incidência de Imposto de Renda sobre o pagamento de justa e prévia indenização em dinheiro no caso de desapropriação. O STJ entendeu não ser cabível tal tributação, haja vista que a indenização em desapropriação não configura ganho de capital, mas apenas mera reposição do bem expropriado pelo ente público. Veja o julgado a seguir:

> STJ: "(...) a interpretação mais consentânea com o comando emanado da Carta Maior é no sentido de que a indenização decorrente de desapropriação não encerra ganho de capital, porquanto a propriedade é transferida ao poder público por valor justo e determinado pela Justiça a título de indenização, não ensejando lucro, mas mera reposição do valor do bem expropriado. Não há, na desapropriação, transferência da propriedade, por qualquer negócio jurídico de direito privado. Não sucede, aí, venda do bem ao poder expropriante. Não se configura, outrossim, a noção de preço, como contraprestação pretendida pelo proprietário, 'modo privado'. O 'quantum' auferido pelo titular da propriedade expropriada é, tão só, forma de reposição, em seu patrimônio, do justo valor do bem, que perdeu, por necessidade ou utilidade pública ou por interesse social. Tal o sentido da 'justa indenização' prevista na Constituição (art. 153, § 22). Não pode, assim, ser reduzida a justa indenização pela incidência do imposto de renda (...) (REsp 1.116.460/SP, rel. Min. Luiz Fux, 1ª S., j. 9-12-2009, *DJe* 1º-2-2010).

Além disso, deve-se considerar que a Constituição Federal delimitou negativamente os conceitos de "renda" e de "proventos", deles excluindo situações concretas que caracterizam a hipótese de incidência dos demais impostos.

Por isso, não se admite que o IR incida sobre serviços, propriedade predial e territorial urbana, operações financeiras, circulação de mercadorias, venda de imóveis, tampouco sobre verbas de natureza indenizatória, como férias não gozadas.

Vale mencionar que recentemente o STF decidiu que não incide Imposto de Renda sobre os juros de mora devidos pelo atraso no pagamento de remuneração por exercício de emprego, cargo ou função, conforme julgado a seguir:

> STF: "Recurso extraordinário. Repercussão Geral. Direito Tributário. Imposto de renda. Juros moratórios devidos em razão do atraso no pagamento de remuneração por exercício de emprego, cargo ou função. Caráter indenizatório. Danos emergentes. Não incidência. 1. A materialidade do imposto de renda está relacionada com a existência de acréscimo patrimonial. Precedentes. 2. A

palavra indenização abrange os valores relativos a danos emergentes e os concernentes a lucros cessantes. Os primeiros, correspondendo ao que efetivamente se perdeu, não incrementam o patrimônio de quem os recebe e, assim, não se amoldam ao conteúdo mínimo da materialidade do imposto de renda prevista no art. 153, III, da Constituição Federal. Os segundos, desde que caracterizado o acréscimo patrimonial, podem, em tese, ser tributados pelo imposto de renda. 3. Os juros de mora devidos em razão do atraso no pagamento de remuneração por exercício de emprego, cargo ou função visam, precipuamente, a recompor efetivas perdas (danos emergentes). Esse atraso faz com que o credor busque meios alternativos ou mesmo heterodoxos, que atraem juros, multas e outros passivos ou outras despesas ou mesmo preços mais elevados, para atender a suas necessidades básicas e às de sua família. 4. Fixa-se a seguinte tese para o Tema n. 808 da Repercussão Geral: 'Não incide imposto de renda sobre os juros de mora devidos pelo atraso no pagamento de remuneração por exercício de emprego, cargo ou função'. 5. Recurso extraordinário não provido" (STF – RE 855.091 RS 5008451-68.2010.4.04.7100, rel. Min. Dias Toffoli, j. 15-3-2021, Tribunal Pleno, 8-4-2021).

9.4.7 Base de cálculo

A legislação brasileira prevê três formatos diferentes para composição da base de cálculo do IR: a) lucro real; b) lucro presumido; c) lucro arbitrado.

A apuração pelo **lucro real**, sistema utilizado como regra geral pelas pessoas jurídicas, leva em consideração o acréscimo patrimonial efetivo[STF].

STF: "O valor devido a título de CSLL não deveria, nos termos da Constituição, ser tratado como despesa operacional ou necessária para fins de apuração do IRPJ e, portanto, dedutível. Nem todas as despesas seriam relevantes à apuração do IR, pois a despesa operacional ou a necessária deveria estar direta, intrínseca ou intimamente ligada à atividade empresarial. O valor devido a título de CSLL não consistiria em despesa necessária ou operacional à realização da operação ou do negócio que antecederiam o fato jurídico tributário: auferir renda. O relator salientou que o quadro em exame seria marcado por dois momentos distintos: no primeiro, o contribuinte receberia um fluxo de novas riquezas que, depois da devida apuração, representaria ou não renda; no segundo, se confirmada a existência do lucro real e em razão da incidência das regras-matrizes do IRPJ e da CSLL, uma parte daquele valor teria de ser destinada aos cofres públicos. Concluiu não haver dupla tributação ou incidência do IRPJ sobre a CSLL, haja vista que o valor que deveria ser pago a título de CSLL não deixara de ser lucro ou renda para o contribuinte, em razão da destinação que por ele seria dada após a apuração de ambas as exações" (RE 582.525/SP, rel. Min. Joaquim Barbosa, j. 9-5-2013, Tribunal Pleno, *DJe* 7-2-2014).

Segundo a legislação que rege a matéria, considera-se lucro real: "o lucro líquido do exercício ajustado pelas adições, exclusões ou compensações prescritas ou autorizadas pela legislação tributária"[STJ-STF] (art. 6º do Decreto-lei n. 1.598/77).

STJ: "DIREITO TRIBUTÁRIO. DEDUÇÃO DAS DESPESAS COM FÉRIAS DE EMPREGADO NA DECLA-RAÇÃO DO IRPJ. É possível ao empregador deduzir as despesas relacionadas ao pagamento de férias de empregado na declaração do IRPJ correspondente ao ano do exercício em que o direi-to às férias foi adquirido pelos empregados. De fato, uma vez adquirido o direito às férias, a despesa em questão corresponde a uma obrigação líquida e certa contraída pelo empregador, embora não realizada imediatamente. Com a aquisição do direito às férias pelo empregado, a obrigação de concedê-las juntamente com o pagamento das verbas remuneratórias correspon-dentes passa a existir juridicamente para o empregador de forma líquida e certa. Nesse momento, a pessoa jurídica incorre numa despesa passível de dedução na apuração do lucro real do ano--calendário em que se aperfeiçoou o direito adquirido do empregado" (REsp 1.313.879-SP, rel. Min. Herman Benjamin, j. 7-2-2013).

STF: "CONSTITUCIONAL. TRIBUTÁRIO. IMPOSTO SOBRE A RENDA E PROVENTOS DE QUALQUER NATUREZA DEVIDO PELA PESSOA JURÍDICA (IRPJ). APURAÇÃO PELO REGIME DE LUCRO REAL. DEDUÇÃO DO VALOR PAGO A TÍTULO DE CONTRIBUIÇÃO SOCIAL SOBRE O LUCRO LÍQUIDO. PROIBIÇÃO. (...) 1. O valor pago a título de contribuição social sobre o lucro líquido – CSLL não perde a característica de corresponder a parte dos lucros ou da renda do contribuinte pela cir-cunstância de ser utilizado para solver obrigação tributária. 2. É constitucional o art. 1º e parágra-fo único da Lei n. 9.316/96, que proíbe a dedução do valor da CSLL para fins de apuração do lucro real, base de cálculo do Imposto sobre a Renda das Pessoas Jurídicas – IRPJ". (RE 582.525-SP, rel. Min. Joaquim Barbosa, Plenário, j. 9-5-2013, *DJe* 7-2-2014).

No **lucro presumido**[STJ], o montante tributável é determinado pela utilização de coeficientes legais, de acordo com o tipo de atividade, aplicados sobre a re-ceita bruta[7]. É um **sistema opcional** para pessoas jurídicas cuja receita bruta, no ano-calendário anterior, foi igual ou inferior a R$ 78.000.000,00 (setenta e oito milhões de reais).

STJ: "DIREITO TRIBUTÁRIO. HIPÓTESE DE INCLUSÃO DO ICMS NA BASE DE CÁLCULO DO IRPJ E DA CSLL. No regime de lucro presumido, o ICMS compõe a base de cálculo do IRPJ e da CSLL" (2ª T., AgRg no REsp 1.423.160-RS, rel. Min. Herman Benjamin, j. 27-3-2014, *DJe* 15-4-2014).

Quanto ao **lucro arbitrado**, consiste na forma de apuração aplicada em rela-ção a contribuintes sujeitos em princípio aos sistemas do lucro real ou do lucro presumido, mas que, **não estando com as escriturações comercial e fiscal regu-**

---

7   Hugo de Brito Machado, *Curso de Direito Tributário*, p. 326.

larizadas, obrigam o Fisco a determinar unilateralmente, por meio de estimativa, a base de cálculo a ser utilizada para pagamento do imposto[STJ].

STJ: "O crédito-prêmio de IPI gera acréscimo patrimonial, devendo, portanto, compor a base de cálculo do IR. O Imposto de Renda (IR), amparado no princípio da universalidade (art. 153, § 2º, I, da CF), incide na totalidade do resultado positivo da empresa, observadas as adições e subtrações autorizadas por lei. O crédito-prêmio de Imposto sobre Produtos Industrializados (IPI), como todo benefício fiscal, acaba por diminuir a carga tributária, majorando, indiretamente, o lucro da empresa. Com efeito, o benefício fiscal, ao reduzir o prejuízo, aumenta indiretamente o resultado da empresa, repercutindo na base de cálculo do IR. Nessas situações, o imposto incide sobre o lucro da empresa, que é, direta ou indiretamente, influenciado por todas as receitas, créditos, benefícios, despesas, etc. Assim, como o crédito-prêmio de IPI representa inegável acréscimo patrimonial, e não há autorização legal expressa de dedução ou subtração desses valores, eles devem compor a base de cálculo do imposto de renda" (REsp 957.153-PE, rel. Min. Castro Meira, j. 4-10-2012, *DJe* 15-3-2013, *Informativo* 506).

A 1ª Turma do STJ decidiu, no Agravo Interno ao Recurso Especial 1.660.363, que incide o IRPJ sobre os rendimentos provenientes de aplicações financeiras.

STJ: "TRIBUTÁRIO. IMPOSTO DE RENDA. APLICAÇÕES FINANCEIRAS. RENDIMENTOS. CORREÇÃO MONETÁRIA. INCIDÊNCIA. 1. Os rendimentos e ganhos líquidos provenientes de aplicações financeiras, inclusive sobre a correção monetária apurada no período, sujeitam-se à incidência do Imposto de Renda. 2. Agravo interno parcialmente provido. Recurso especial do particular a que se nega provimento" (STJ – AgInt no REsp 1.660.363 SC 2017/0056042-3, rel. Min. Napoleão Nunes Maia Filho, j. 11-5-2021, 1ª T., *DJe* 15-6-2021).

9.4.8 Alíquotas

A Constituição Federal, em seu art. 153, § 2º, I, determina que o Imposto sobre a Renda será informado pelo critério da progressividade. Desse modo, por exigência constitucional, **o IR obrigatoriamente deve ser cobrado mediante utilização do sistema de alíquotas progressivas** em função da capacidade econômica do contribuinte.

Atualmente, a tabela progressiva do Imposto sobre a Renda para pessoas físicas contempla **cinco faixas distintas de tributação**. Com a entrada em vigor da Lei n. 14.848/2024, a Lei n. 11.482/2007, que anteriormente indicava essas faixas de tributação, teve seu texto alterado, modificando as duas primeiras conforme a tabela a seguir:

Tabela progressiva para cálculo mensal do Imposto de Renda

Base de cálculo mensal (R$)	Alíquota (%)
Até 2.259,20	—
De 2.259,21 até 2.826,65	7,5
De 2.826,66 até 3.751,05	15,0
De 3.751,06 até 4.664,68	22,5
Acima de 4.664,68	27,5

Obs.: apesar de ainda não vigente, há possibilidade de a base de cálculo do Imposto de Renda ser alterada para que a tributação ocorra apenas a partir de R$ 5.000,00 (cinco mil reais) sobre os rendimentos de pessoa física. Essa base de cálculo tem previsão de início em 2026, mas ainda está em trâmite no Governo Federal.

Convém observar que a cobrança progressiva é válida para pessoas físicas. No caso de pessoas jurídicas a alíquota não é progressiva, mas proporcional, variando conforme o modo de apuração aplicável: lucro real, presumido ou arbitrado[STF].

STF: "O Plenário desta Corte, no julgamento do RE 388.312/MG, relatora para o acórdão a Min. Cármen Lúcia, fixou orientação no sentido de que não cabe ao Poder Judiciário autorizar a correção monetária da tabela progressiva do imposto de renda prevista na Lei n. 9.250/95 ante a ausência de previsão legal que o autorize" (RE 470.860-DF, rel. Min. Ricardo Lewandowski, j. 15-5-2012, 2ª T., *Informativo* 668).

STF: "Imposto de renda. Contribuinte pessoa física. Impossibilidade de o Judiciário, atuando como legislador positivo, estabelecer, de modo inovador, mediante utilização de critério próprio, índice de correção monetária da tabela progressiva de incidência do tributo" (ARE 986.252 AgR, rel. Min. Celso de Mello, j. 9-12-2016, 2ª T, *DJe* 21-2-2017).

9.4.9 Incidência sobre o ganho de capital

De acordo com o disposto no art. 21 da Lei n. 8.981/95, o ganho de capital percebido por pessoa física ou jurídica em decorrência da alienação de bens e direitos de qualquer natureza se sujeita ao Imposto sobre a Renda, com **alíquotas que variam de 15% a 22,5%**.

Ocorre ganho de capital quando determinado bem ou direito é alienado por valor superior ao da aquisição, apurando-se a base de cálculo pela diferença entre o *quantum* percebido na transferência e o valor no momento da aquisição.

O imposto deverá ser pago até o último dia útil do mês subsequente ao da percepção dos ganhos (art. 21, § 1º, da Lei n. 8.981/95).

Os ganhos de capital serão apurados e tributados em separado e não integrarão a base de cálculo do Imposto de Renda na declaração de ajuste anual, e o imposto pago não poderá ser deduzido do devido na declaração (art. 21, § 2º).

9.4.10 Rendimentos de menores e outros incapazes

Na hipótese de rendimentos percebidos em dinheiro a título de alimentos ou pensões em cumprimento de acordo homologado judicialmente ou de decisão judicial, inclusive alimentos provisionais ou provisórios, verificada a incapacidade civil do alimentado, **a tributação será feita em seu nome pelo tutor, pelo curador ou pelo responsável por sua guarda** (art. 4º do Decreto n. 9.580, de 2018).

9.4.11 Rendimentos na constância da sociedade conjugal

É comum que casais declarem o Imposto de Renda conjuntamente. Nesses casos, decidiu a 1ª Turma do STJ que, tendo o fato gerador sido praticado apenas por um dos cônjuges, o outro não se torna responsável solidariamente pela dívida tributária dos rendimentos percebidos e declarados por aquele: "Não tendo participado do fato gerador do tributo, a declaração conjunta de imposto de renda não torna o cônjuge corresponsável pela dívida tributária dos rendimentos percebidos pelo outro. Exemplo hipotético: João e Carla são casados. Eles fizeram uma declaração conjunta do imposto de renda. Ocorre que não se declarou que Carla recebeu R$ 10 mil por serviços prestados para uma determinada empresa. Houve, portanto, omissão de rendimentos recebidos. Ao detectar a omissão, a Receita Federal fez lançamento de auto de infração contra Carla e João. Não poderia ter feito contra João. O fato gerador (renda auferida com os serviços prestados) foi praticado apenas pela mulher. Logo, o marido não pode ser considerado como solidariamente obrigado" (STJ. 1ª Turma. REsp 1.273.396-DF, rel. Min. Napoleão Nunes Maia Filho, 1ª T., j. 5-12-2019, *DJe* 12-12-2019, *Informativo* 662).

9.4.12 Isenções do Imposto de Renda

9.4.12.1 *Portadores de neoplasia maligna ou outras doenças graves*

As pessoas portadoras de neoplasia maligna, esclerose múltipla, hanseníase, paralisia irreversível e incapacitante, cardiopatia grave, doença de Parkinson e várias outras doenças graves são isentas de Imposto de Renda, não sendo possível que o Judiciário estenda tal benefício para as pessoas que possuem tais doenças mas estão em atividade. Foi nesse sentido que decidiu o STF na ADI 6.025: "O art. 6º, XIV, da Lei n. 7.713/88 prevê que as pessoas portadoras de neoplasia maligna ou outras doenças graves e que estejam na inatividade não pagarão imposto de renda sobre os rendimentos recebidos a título de aposentadoria, pensão ou reforma. Essa isenção é devida apenas às pessoas que recebem aposentadoria, pensão ou reforma e não é possível que o Poder Judiciário estenda o benefício aos trabalhadores que estão em atividade. Os juízes e Tribunais não podem,

mesmo a pretexto de estabelecer tratamento isonômico, conceder isenção tributária em favor daqueles não contemplados pelo favor legal, porque isso equiva-
leria, em última análise, a converter o Poder Judiciário em inadmissível legislador
positivo. A legislação optou por critérios cumulativos absolutamente razoáveis à
concessão do benefício tributário, quais sejam, inatividade e enfermidade grave,
ainda que contraída após a aposentadoria ou reforma" (STF. Plenário. ADI 6.025,
rel. Min. Alexandre de Moraes, Plenário, j. 20-4-2020. Informativo 983).

9.4.12.2 Extensão da isenção de IRPF às pessoas portadoras de doenças graves mesmo após cessada a enfermidade

No julgamento do REsp 1.836.364/RS, a Primeira Turma do STJ decidiu, por
unanimidade, que o contribuinte portador de doença grave permanece isento de
IR mesmo após cessar a enfermidade e este não apresentar mais sintomas, aplicando-se a Súmula 627 do mesmo Tribunal Superior: "O contribuinte faz jus à
concessão ou à manutenção da isenção do imposto de renda, não se lhe exigindo
a demonstração da contemporaneidade dos sintomas da doença nem da recidiva
da enfermidade", bastando apenas a comprovação por laudo médico.

9.4.13 Direito sumular

9.4.13.1 Súmulas do STF em matéria de Imposto de Renda

Súmula 586

Incide Imposto de Renda sobre os juros remetidos para o exterior, com base
em contrato de mútuo.

Súmula 587

Incide Imposto de Renda sobre o pagamento de serviços técnicos contratados
no exterior e prestados no Brasil.

9.4.13.2 Súmulas do STJ em matéria de Imposto de Renda

Súmula 125

O pagamento de férias não gozadas por necessidade do serviço não está
sujeito à incidência do imposto de renda.

Súmula 136

O pagamento de licença-prêmio não gozada por necessidade do serviço não
está sujeito ao imposto de renda.

Súmula 215

A indenização recebida pela adesão a programa de incentivo à demissão
voluntária não está sujeita à incidência do Imposto de Renda.

Súmula 262

Incide o imposto de renda sobre o resultado das aplicações financeiras realizadas pelas cooperativas.

Súmula 386

São isentas de imposto de renda as indenizações de férias proporcionais e o respectivo adicional.

Súmula 394

É admissível, em embargos à execução, compensar os valores de imposto de renda retidos indevidamente na fonte com os valores restituídos apurados na declaração anual.

Súmula 447

Os Estados e o Distrito Federal são partes legítimas na ação de restituição de imposto de renda retido na fonte proposta por seus servidores.

Súmula 463

Incide imposto de renda sobre os valores percebidos a título de indenização por horas extraordinárias trabalhadas, ainda que decorrentes de acordo coletivo.

Súmula 498

Não incide imposto de renda sobre a indenização por danos morais.

9.4.13.3 Súmula 29 do CARF em matéria de Imposto de Renda

Nos termos da Súmula 29 do Conselho Administrativo de Recursos Fiscais: "Os cotitulares da conta bancária que apresentem declaração de rendimentos em separado devem ser intimados para comprovar a origem dos depósitos nela efetuados, na fase que precede à lavratura do auto de infração com base na presunção legal de omissão de receitas ou rendimentos, sob pena de exclusão, da base de cálculo do lançamento, dos valores referentes às contas conjuntas em relação às quais não se intimou todos os cotitulares".

9.5 IMPOSTO SOBRE PRODUTOS INDUSTRIALIZADOS (IPI)

9.5.1 Regime geral

Previsto no **rol de impostos federais**, o Imposto sobre Produtos Industrializados consta do art. 153, IV, da Constituição Federal, segundo o qual: "compete à União instituir imposto sobre: IV – produtos industrializados".

Sua disciplina infraconstitucional é realizada especialmente pelas Leis n. 4.502/64, 9.363/96, 9.493/97, 10.865/2004 e 11.452/2007 e pelo Decreto n. 7.212/2010.

O IPI é tributo de **função predominante fiscal (arrecadatória)**, mas também utilizado como ferramenta extrafiscal na medida em que suas alíquotas são seletivas em razão da essencialidade do produto, ou seja, trata-se de um instrumento utilizado pelo governo federal para baratear ou encarecer produtos de acordo com sua importância social.

Sua utilização extrafiscal justifica o fato de o IPI constituir tanto uma **exceção à legalidade quanto à anterioridade anual**. Assim, atendidas as condições e os limites estabelecidos em lei, pode o Executivo modificar as alíquotas do imposto por meio de ato unilateral (art. 153, § 1º, da CF), e, além disso, havendo aumento ou majoração o IPI, pode ser exigido noventa dias após a publicação do ato modificativo, não se sujeitando à anterioridade anual[STF].

> STF: "A majoração da alíquota do IPI, passível de ocorrer mediante ato do Poder Executivo – art. 153, § 1º –, submete-se ao princípio da anterioridade nonagesimal previsto no art. 150, inciso III, *c*, da Constituição Federal. AÇÃO DIRETA DE INCONSTITUCIONALIDADE – IPI – MAJORAÇÃO DA ALÍQUOTA – PRINCÍPIO DA ANTERIORIDADE NONAGESIMAL – LIMINAR – RELEVÂNCIA E RISCO CONFIGURADOS. Mostra-se relevante pedido de concessão de medida acauteladora objetivando afastar a exigibilidade da majoração do Imposto sobre Produtos Industrializados, promovida mediante decreto, antes de decorridos os noventa dias previstos no art. 150, inciso III, *c*, da Carta da República" (ADIn 4.661-DF, rel. Min. Marco Aurélio, j. 20-10-2011, Tribunal Pleno, *DJe* 23-3-2012 – art. 150, § 1º, da CF).

Quanto à modalidade de lançamento, o IPI, assim como a maioria dos tributos brasileiros, é **lançado por homologação** (art. 150 do CTN), cabendo ao contribuinte antecipar o pagamento do imposto para posterior conferência e aprovação (homologação) ou rejeição pelo Fisco.

O art. 153, § 3º, da CF prescreve que o IPI:

I – será *seletivo* em função da essencialidade do produto;

II – será não cumulativo, compensando-se o que for devido em cada operação com o montante cobrado nas anteriores;

III – não incidirá sobre produtos industrializados destinados ao exterior;

IV – terá reduzido seu impacto sobre a aquisição de bens de capital pelo contribuinte do imposto, na forma da lei.

Vamos analisar separadamente cada uma dessas características que compõem o perfil constitucional do regime jurídico do IPI.

9.5.2 Seletividade

O art. 153, § 3º, I, da CF determina uma característica de presença obrigatória no regime legal do IPI ao afirmar que o imposto "**será seletivo**" em função da essencialidade do produto.

Desse modo, a norma constitucional dá um comando ao legislador **proibindo instituição de alíquota unificada no IPI**. Pelo contrário, suas alíquotas obrigatoriamente devem ser variáveis, em função da relevância social do item tributado. Assim, quanto maior a relevância social do produto, menor a alíquota; quanto menor a relevância social do produto, maior a alíquota[STJ].

STJ: "DIREITO TRIBUTÁRIO. MODIFICAÇÃO DA OPÇÃO DO REGIME DE CÁLCULO DE CRÉDITO PRESUMIDO DE IPI. Após optar, em determinado exercício, pela manutenção do sistema original de cálculo do crédito presumido de IPI previsto na Lei n. 9.363/96 ou pela migração para o regime alternativo preconizado pela Lei n. 10.276/2001, o contribuinte não poderá retificar sua opção em relação ao exercício em que ela foi realizada ou em relação aos exercícios anteriores, mesmo que a escolha tenha ocorrido por desídia decorrente da ausência de modificação da sistemática quando legalmente possível (dentro do prazo legal), ou ainda que ela se relacione ao regime mais oneroso" (1ª T., AgRg no REsp 1.239.867-RS, rel. Min. Benedito Gonçalves, j. 4-2-2014, *DJe* 11-2-2014).

Atualmente, a Tabela de Incidência do Imposto Sobre Produtos Industrializados (TIPI) prevê alíquotas de 0 a 300% (esta última aplicável *ad valorem* sobre o cigarro, anteriormente regida pelo Decreto n. 7.555/2011 e, com sua revogação, agora regulamentada pelo Decreto n. 10.668/2021).

STF: "(...) surge constitucional, sob o ângulo do caráter seletivo, em função da essencialidade do produto e do tratamento isonômico, o art. 2º da Lei n. 8.393/91, a revelar alíquota máxima de IPI de 18%, assegurada a isenção, quanto aos contribuintes situados na área de atuação da Superintendência de Desenvolvimento do Nordeste (SUDENE) e da Superintendência de Desenvolvimento da Amazônia (SUDAM), e autorização para redução de até 50% da alíquota, presentes contribuintes situados nos Estados do Espírito Santo e do Rio de Janeiro" (RE 592.145, rel. Min. Marco Aurélio, j. 5-4-2017, P, *DJe* 1º-2-2018, tema 80).

9.5.3 Não cumulatividade

Em linhas gerais, a exigência de não cumulatividade consiste em exigência constitucional voltada a impedir que a incidência plurifásica do imposto eleve excessivamente o valor do produto tributado. Dizendo de um modo mais simples, a não cumulatividade **evita a tributação em cascata**, afastando a possibilidade de o valor do imposto pago na operação anterior integrar a base de cálculo do próprio imposto na operação seguinte[STJ].

STJ: "DIREITO TRIBUTÁRIO. INCIDÊNCIA DE IPI NA REVENDA DE PRODUTOS IMPORTADOS. Não é ilegal a nova incidência de IPI no momento da saída de produto de procedência estrangeira do estabelecimento do importador, após a incidência anterior do tributo no desembaraço aduaneiro. Os produtos importados estão sujeitos a uma nova incidência do IPI quando de sua saída do estabelecimento importador na operação de revenda. Essa interpretação não ocasiona a ocorrência de *bis in idem*, dupla tributação ou bitributação, pois a lei elenca dois fatos geradores distintos: o desembaraço aduaneiro proveniente da operação de compra do produto industrializado do exterior e a saída do produto industrializado do estabelecimento importador equiparado a estabelecimento produtor, isto é, a primeira tributação recai sobre o preço da compra, na qual já está embutida a margem de lucro da empresa estrangeira, e a segunda tributação recai sobre o preço da venda, na qual já está embutida a margem de lucro da empresa brasileira importadora" (2ª T., REsp 1.429.656-PR, rel. Min. Mauro Campbell Marques, j. 11-2-2014, *DJe* 18-2-2014, *Informativo* 535).

Mais uma vez, o texto constitucional utiliza a fórmula "**será não cumulativo**", compensando-se o que for devido a cada operação com o montante cobrado nas anteriores (art. 153, § 3º, II, da CF). A expressão "será não cumulativo" obriga o legislador a aplicar o sistema da não cumulatividade ao IPI.

STF: "Incide, na importação de bens para uso próprio, o IPI, sendo neutro o fato de tratar-se de consumidor final" (RE 723.651, rel. Min. Marco Aurélio, j. 4-2-2016, P, *DJe* 5-8-2016, Tema 643).

Nesse sentido, o art. 49 do CTN afirma que:

O imposto é não cumulativo, dispondo a lei de forma que o montante devido resulte da diferença a maior, em determinado período, entre o imposto referente aos produtos saídos do estabelecimento e o pago relativamente aos produtos nele entrados.

Parágrafo único. O saldo verificado, em determinado período, em favor do contribuinte transfere-se para o período ou períodos seguintes.

Assim, o valor do imposto recolhido sobre insumos (matérias-primas), produtos intermediários e demais itens componentes da produção é calculado como crédito[8] (operação de creditamento) a ser descontado (compensado) no final do mês sobre o valor de IPI devido sobre os produtos que saírem do estabelecimento[STF].

STF: "IPI. Creditamento. Bens destinados à integração ao ativo fixo. Impossibilidade. Não há ofensa ao princípio da não cumulatividade. 1. É pacífica a jurisprudência desta Corte no sentido de não reconhecer, ao contribuinte, o direito de creditar o valor do IPI incidente nas operações de aquisição de bens destinados ao ativo fixo e/ou permanente da empresa" (RE 603.653/PR, rel. Min. Dias Toffoli, j. 7-2-2012, 1ª T.).

Se o **insumo for desonerado na entrada** – o que ocorre por exemplo com matérias-primas imunes, isentas, favorecidas por alíquotas zero ou pela não incidência –, o Supremo Tribunal Federal firmou o entendimento no sentido de que o **contribuinte não terá direito ao creditamento do IPI** (RE 566.819/RS)[STF].

---

8   Hugo de Brito Machado, *Curso de Direito Tributário*, p. 337.

STF: "Aquisição de insumos isentos, não tributados ou sujeitos à alíquota zero. Creditamento de IPI. Impossibilidade. Os princípios da não cumulatividade e da seletividade, previstos no art. 153, § 3º, I e II, da CF, não asseguram direito de crédito presumido de IPI para o contribuinte adquirente de insumos não tributados ou sujeitos à alíquota zero" (RE 398.365 RG, rel. Min. Gilmar Mendes, j. 27-8-2015, P, *DJe* 22-9-2015, Tema 844).

O Supremo Tribunal Federal reafirmou o entendimento supracitado ao aprovar a Súmula Vinculante 58, in verbis:

Súmula Vinculante 58: "Inexiste direito a crédito presumido de IPI relativamente à entrada de insumos isentos, sujeitos à alíquota zero ou não tributáveis, o que não contraria o princípio da não cumulatividade".

Na visão do Supremo Tribunal Federal, o princípio da não cumulatividade **não constitui cláusula pétrea** dentro do texto constitucional, na medida em que inexistiria, nele contida, garantia individual ou direito fundamental do contribuinte (ADIn 939).

9.5.4 Não incidência nas exportações

Como forma de favorecer a indústria nacional, e do mesmo modo como ocorre com diversos outros tributos, o IPI não incide sobre produtos destinados ao exterior (art. 153, § 3º, III, da CF).

9.5.5 Redução do impacto sobre aquisição de bens de capital

O art. 153, § 3º, IV, da CF, com redação dada pela Emenda n. 42/2003, afirma que o IPI "terá reduzido seu impacto sobre a aquisição de bens de capital pelo contribuinte do imposto, na forma da lei".

Trata-se de uma norma constitucional programática ainda sem regulamentação.

9.5.6 Art. 155, § 2º, XI, da CF

Merece bastante destaque a norma do art. 155, § 2º, XI, da CF, segundo a qual o valor pago a título de IPI não compõe a base de cálculo do ICMS, quando a operação configure fato gerador dos dois impostos (art. 13, § 2º, da Lei Complementar n. 87/96).

9.5.7 Conceito de produto industrializado

Em termos gerais, o IPI incide sobre produtos industrializados, nacionais ou estrangeiros, obedecidas as especificações constantes na Tabela de Incidência – TIPI (art. 1º do Decreto n. 7.212/2010).

Considera-se produto industrializado o resultante de qualquer operação definida de industrialização, mesmo incompleta, parcial ou intermediária (art. 3º do Decreto n. 7.212/2010).

9.5.8 Fato gerador

O fato gerador do IPI está descrito no art. 46 do CTN:

I – o desembaraço aduaneiro, quando o produto for de procedência estrangeira;

II – a saída do estabelecimento de importação, industrial, comerciante ou arrematante;

III – a arrematação do produto, quando apreendido ou abandonado e levado a leilão.

9.5.8.1 Momento exato da ocorrência do fato gerador

A descrição do fato gerador do IPI contida no art. 46 do CTN não soluciona o problema de saber o momento exato de sua ocorrência (aspecto temporal da hipótese de incidência).

A hipótese de incidência do IPI ocorre em um único ciclo, a partir do momento da saída da mercadoria do estabelecimento do fabricante onde houve o processo de industrialização. Sempre que o produto sair dos estabelecimentos previstos pelo art. 51 do CTN (importador, industrial, comerciante ou arrematante) e for colocado no mercado haverá tributação pelo IPI.

Daí ser imprescindível conhecer as regras estabelecidas pelo art. 36 do Regulamento do IPI:

> Considera-se ocorrido o fato gerador:
>
> I – na entrega ao comprador, quanto aos produtos vendidos por intermédio de ambulantes;
>
> II – na saída de armazém-geral ou outro depositário do estabelecimento industrial ou equiparado a industrial depositante, quanto aos produtos entregues diretamente a outro estabelecimento;
>
> III – na saída da repartição que promoveu o desembaraço aduaneiro, quanto aos produtos que, por ordem do importador, forem remetidos diretamente a terceiros;
>
> IV – na saída do estabelecimento industrial diretamente para estabelecimento da mesma firma ou de terceiro, por ordem do encomendante, quanto aos produtos mandados industrializar por encomenda;
>
> V – na saída de bens de produção dos associados para as suas cooperativas, equiparadas, por opção, a estabelecimento industrial;
>
> VI – no quarto dia da data da emissão da respectiva nota fiscal, quanto aos produtos que até o dia anterior não tiverem deixado o estabelecimento do contribuinte;
>
> VII – no momento em que ficar concluída a operação industrial, quando a industrialização se der no próprio local de consumo ou de utilização do produto, fora do estabelecimento industrial;

VIII – no início do consumo ou da utilização do papel destinado à impressão de livros, jornais e periódicos, em finalidade diferente da que lhe é prevista na imunidade de que trata o inciso I do art. 18, ou na saída do fabricante, do importador ou de seus estabelecimentos distribuidores, para pessoas que não sejam empresas jornalísticas ou editoras;

IX – na aquisição ou, se a venda tiver sido feita antes de concluída a operação industrial, na conclusão desta, quanto aos produtos que, antes de sair do estabelecimento que os tenha industrializado por encomenda, sejam por este adquiridos;

X – na data da emissão da nota fiscal pelo estabelecimento industrial, quando da ocorrência de qualquer das hipóteses enumeradas no inciso VII do art. 25 deste Regulamento;

XI – no momento da sua venda, quanto aos produtos objeto de operação de venda que forem consumidos ou utilizados dentro do estabelecimento industrial;

XII – na saída simbólica de álcool das usinas produtoras para as suas cooperativas, equiparadas, por opção, a estabelecimento industrial; e

XIII – na data do vencimento do prazo de permanência da mercadoria no recinto alfandegado, antes de aplicada a pena de perdimento, quando as mercadorias importadas forem consideradas abandonadas pelo decurso do referido prazo.

9.5.8.2 Regras gerais para interpretação da TIPI

A atual Tabela de Incidência do Imposto sobre Produtos Industrializados pode ser encontrada no anexo I do Decreto n. 11.158/2022, baseada no Sistema Harmonizado de Designação e de Codificação de Mercadorias, definindo os itens que constituem fato gerador do imposto.

Devido à alta frequência de questões sobre o conteúdo da TIPI, em especial nos concursos da Receita Federal, convém transcrever normas introdutórias[9].

REGRAS GERAIS PARA INTERPRETAÇÃO DO SISTEMA HARMONIZADO

A classificação das mercadorias na Nomenclatura rege-se pelas seguintes regras:

1. Os títulos das Seções, Capítulos e Subcapítulos têm apenas valor indicativo. Para os efeitos legais, a classificação é determinada pelos textos das posições e das Notas de Seção e de Capítulo e, desde que não sejam contrárias aos textos das referidas posições e Notas, pelas regras seguintes:

2. a) Qualquer referência a um artigo em determinada posição abrange esse artigo mesmo incompleto ou inacabado, desde que apresente, no estado em que se encontra, as características essenciais do artigo completo ou acabado. Abrange igualmente o artigo completo ou acabado, ou como tal considerado nos termos das disposições precedentes, mesmo que se apresente desmontado ou por montar.

---

9   Texto extraído do anexo I do Decreto n. 11.158/2022. Disponível em: <http://www.planalto.gov.br/ccivil_03/_Ato2019-2022/2022/Decreto/D11158.htm#art6>.

b) Qualquer referência a uma matéria em determinada posição diz respeito a essa matéria, quer em estado puro, quer misturada ou associada a outras matérias. Da mesma forma, qualquer referência a obras de uma matéria determinada abrange as obras constituídas inteira ou parcialmente por essa matéria. A classificação destes produtos misturados ou artigos compostos efetua-se conforme os princípios enunciados na Regra 3.

3. Quando pareça que a mercadoria pode classificar-se em duas ou mais posições por aplicação da Regra 2 b) ou por qualquer outra razão, a classificação deve efetuar-se da forma seguinte:

a) A posição mais específica prevalece sobre as mais genéricas. Todavia, quando duas ou mais posições se refiram, cada uma delas, a apenas uma parte das matérias constitutivas de um produto misturado ou de um artigo composto, ou a apenas um dos componentes de sortidos acondicionados para venda a retalho, tais posições devem considerar-se, em relação a esses produtos ou artigos, como igualmente específicas, ainda que uma delas apresente uma descrição mais precisa ou completa da mercadoria.

b) Os produtos misturados, as obras compostas de matérias diferentes ou constituídas pela reunião de artigos diferentes e as mercadorias apresentadas em sortidos acondiciona-dos para venda a retalho, cuja classificação não se possa efetuar pela aplicação da Regra 3 a), classificam-se pela matéria ou artigo que lhes confira a característica essencial, quando for possível realizar esta determinação.

c) Nos casos em que as Regras 3 a) e 3 b) não permitam efetuar a classificação, a mercadoria classifica-se na posição situada em último lugar na ordem numérica, dentre as suscetíveis de validamente se tomarem em consideração.

4. As mercadorias que não possam ser classificadas por aplicação das regras acima enunciadas classificam-se na posição correspondente aos artigos mais semelhantes.

5. Além das disposições precedentes, as mercadorias abaixo mencionadas estão sujeitas às regras seguintes:

a) Os estojos para câmeras fotográficas, instrumentos musicais, armas, instrumentos de desenho, joias e artigos semelhantes, especialmente fabricados para conterem um artigo determinado ou um sortido, e suscetíveis de um uso prolongado, quando apresentados com os artigos a que se destinam, classificam-se com estes últimos, desde que sejam do tipo normalmente vendido com tais artigos. Esta regra, todavia, não diz respeito aos artigos que confiram ao conjunto a sua característica essencial.

b) Sem prejuízo do disposto na regra 5 a), as embalagens que contenham mercadorias classificam-se com estas últimas quando sejam do tipo normalmente utilizado para o seu acondicionamento. Todavia, esta disposição não é obrigatória quando as embalagens sejam claramente suscetíveis de utilização repetida.

6. A classificação de mercadorias nas subposições de uma mesma posição é determinada, para efeitos legais, pelos textos dessas subposições e das Notas de subposição respectivas, bem como, *mutatis mutandis*, pelas regras precedentes, entendendo-se que apenas são comparáveis subposições do mesmo nível. Na acepção da presente regra, as Notas de Seção e de Capítulo são também aplicáveis, salvo disposições em contrário.

REGRAS GERAIS COMPLEMENTARES (RGC)

1. As Regras Gerais para Interpretação do Sistema Harmonizado se aplicarão, *mutatis mutandis*, para determinar dentro de cada posição ou subposição, o item aplicável e, dentro deste último, o subitem correspondente, entendendo-se que apenas são comparáveis desdobramentos regionais (itens e subitens) do mesmo nível.

2. As embalagens que contenham mercadorias e que sejam claramente suscetíveis de utilização repetida, mencionadas na Regra 5 b), seguirão seu próprio regime de classificação sempre que estejam submetidas aos regimes aduaneiros especiais de admissão temporária ou de exportação temporária. Caso contrário, seguirão o regime de classificação das mercadorias.

REGRA GERAL COMPLEMENTAR DA TIPI (RGC/TIPI)

1. As Regras Gerais para Interpretação do Sistema Harmonizado se aplicarão, *mutatis mutandis*, para determinar, no âmbito de cada código, quando for o caso, o "Ex" aplicável, entendendo-se que apenas são comparáveis "Ex" de um mesmo código.

9.5.9 Contribuintes

São contribuintes do IPI (art. 51 do CTN):

I – o importador[STF] ou quem a lei a ele equiparar;

ATENÇÃO: Em importante virada jurisprudencial, o STF passou a admitir que a pessoa física seja contribuinte do IPI quando importa automóvel para uso próprio (RE 723.651).

II – o industrial ou quem a lei a ele equiparar;

III – o comerciante de produtos sujeitos ao imposto, que os forneça aos contribuintes definidos no inciso anterior;

IV – o arrematante de produtos apreendidos ou abandonados, levados a leilão.

O rol de contribuintes do imposto foi atualizado pelo Regulamento do IPI (Decreto n. 7.212/2010, art. 24), nos seguintes termos:

I – o importador, em relação ao fato gerador decorrente do desembaraço aduaneiro de produto de procedência estrangeira;

II – o industrial, em relação ao fato gerador decorrente da saída de produto que industrializar em seu estabelecimento, bem como quanto aos demais fatos geradores decorrentes de atos que praticar;

III – o estabelecimento equiparado a industrial, quanto ao fato gerador relativo aos produtos que dele saírem, bem como quanto aos demais fatos geradores decorrentes de atos que praticar; e

IV – os que consumirem ou utilizarem em outra finalidade, ou remeterem a pessoas que não sejam empresas jornalísticas ou editoras, o papel destinado à impressão de livros, jornais e periódicos, quando alcançado pela imunidade.

De acordo com o parágrafo único do art. 24 do Decreto n. 7.212/2010, "considera-se contribuinte autônomo qualquer estabelecimento de importador, industrial ou comerciante, em relação a cada fato gerador que decorra de ato que praticar".

9.5.10 Principais responsáveis tributários

O art. 25 do Regulamento do IPI (Decreto n. 7.212/2010) elenca extensa lista de responsáveis tributários pelo pagamento do imposto, entre os quais merecem destaque:

I – o transportador, em relação aos produtos tributados que transportar, desacompanhados da documentação comprobatória de sua procedência;

II – o possuidor ou detentor, em relação aos produtos tributados que possuir ou mantiver para fins de venda ou industrialização[STJ];

> STJ: "IMPORTADOR. LOCATÁRIO. RESPONSABILIDADE TRIBUTÁRIA. SUBSTITUIÇÃO TRIBUTÁRIA. A empresa locatária de aparelho de ultrassom diagnóstico (recorrente), mesmo com a isenção especial do art. 149, III, do Decreto n. 91.030/85 (Regulamento Aduaneiro), foi responsabilizada pelo Fisco para pagar os tributos incidentes sobre a importação do bem (imposto de importação e de IPI), com base no art. 124, I, do CTN. Isso caracterizaria a solidariedade de fato porque a recorrente se enquadraria nos termos do art. 1º do referido *codex*, por possuir interesse comum na situação. Porém, a Fazenda Nacional, ao lançar o auto de infração, não incluiu o responsável tributário principal, atacando diretamente a locatária, que assumiu a responsabilidade em razão de seu particular interesse na situação. De acordo com o art. 121 do mencionado código, o sujeito passivo da obrigação principal é a pessoa obrigada ao pagamento do tributo. Assim, devendo o tributo de importação ser pago pelo importador, dele é a obrigação principal de pagá-lo, sendo dele também a responsabilidade por burlar a isenção e ter contra si auto de infração sob esse título. Com essas ponderações, a Turma deu provimento ao recurso da empresa locatária, julgando prejudicado o recurso da Fazenda Nacional" (REsp 1.294.061-PE, rel. Min. Francisco Falcão, j. 15-3-2012, *DJe* 22-3-2012, *Informativo* 493).

III – o estabelecimento adquirente de produtos usados cuja origem não possa ser comprovada pela falta de marcação, se exigível, de documento fiscal próprio ou do documento pertinente;

IV – os estabelecimentos que possuírem produtos tributados ou isentos, sujeitos a serem rotulados ou marcados, ou, ainda, ao selo de controle, quando não estiverem rotulados, marcados ou selados[STF];

> STF: "Decreto-lei n. 1.437/75 e cobrança pelo fornecimento de selos de controle do IPI. O art. 3º do Decreto-lei n. 1.437/75 (O Ministro da Fazenda poderá determinar seja feito, mediante ressarcimento de custo e demais encargos, em relação aos produtos que indicar e pelos critérios que estabelecer, o fornecimento do selo especial) é incompatível com a Constituição de 1988, por violar o princípio da legalidade tributária (CF, art. 150, I), bem assim por vulnerar o art. 25, I,

do ADCT. O Tribunal aduziu que, em inúmeros precedentes, o STF teria afastado a incidência da cobrança desses selos. Entretanto, a administração tributária continuaria aplicando o referido decreto-lei, a gerar assimetria concorrencial. Assentou que, por ser o selo do IPI pré-condição para a circulação dos produtos alcançados pela regra do art. 46 da Lei n. 4.502/64, não se poderia falar em preço público, evidenciado pela voluntariedade, ou seja, pela necessidade de o usuário aquiescer com o pagamento em relação à contraprestação pelo usufruto de serviços públicos. Afirmou que a finalidade da cobrança seria de controle quantitativo, matéria inerente ao exercício de poderes fiscalizatórios por parte da administração fazendária, de modo a incidir o art. 77 do CTN. Ademais, assinalou que o selo do IPI não geraria nenhum proveito ao contribuinte, razão pela qual o fornecimento dele não poderia ser considerado serviço público. Ao contrário, seria requisito de regularidade na prática de uma atividade privada. Asseverou que o art. 150, I, da CF preconizaria que a exigência de tributos só se revelaria possível mediante lei formal" (RE 662.113/PR, rel. Min. Marco Aurélio, Tribunal Pleno, j. 12-2-2014, *DJe* 4-4-2014).

V – os que desatenderem as normas e requisitos a que estiver condicionada a imunidade, a isenção ou a suspensão do imposto;

VI – a empresa comercial exportadora, em relação ao imposto que deixou de ser pago, na saída do estabelecimento industrial, referente aos produtos por ela adquiridos com o fim específico de exportação, nas hipóteses em que:

a) tenha transcorrido cento e oitenta dias da data da emissão da nota fiscal de venda pelo estabelecimento industrial, não houver sido efetivada a exportação;

b) os produtos forem revendidos no mercado interno; ou

c) ocorrer a destruição, o furto ou roubo dos produtos;

VII – a pessoa física ou jurídica que não seja empresa jornalística ou editora, em cuja posse for encontrado o papel, destinado à impressão de livros, jornais e periódicos.

9.5.11 Não ocorrência do fato gerador

Nos termos do art. 5º do Decreto n. 7.212/2010, não ocorre o fato gerador do IPI nas seguintes hipóteses:

I – o preparo de produtos alimentares, não acondicionados em embalagem de apresentação:

a) na residência do preparador ou em restaurantes, bares, sorveterias, confeitarias, padarias, quitandas e semelhantes, desde que os produtos se destinem a venda direta a consumidor; ou

b) em cozinhas industriais, quando destinados a venda direta a pessoas jurídicas e a outras entidades, para consumo de seus funcionários, empregados ou dirigentes;

II – o preparo de refrigerantes, à base de extrato concentrado, por meio de máquinas, automáticas ou não, em restaurantes, bares e estabelecimentos similares, para venda direta a consumidor;

III – a confecção ou preparo de produto de artesanato;

IV – a confecção de vestuário, por encomenda direta do consumidor ou usuário, em oficina ou na residência do confeccionador;

V – o preparo de produto, por encomenda direta do consumidor ou usuário, na residência do preparador ou em oficina, desde que, em qualquer caso, seja preponderante o trabalho profissional;

VI – a manipulação em farmácia, para venda direta a consumidor, de medicamentos oficinais e magistrais, mediante receita médica;

VII – a moagem de café torrado, realizada por estabelecimento comercial varejista como atividade acessória;

VIII – a operação efetuada fora do estabelecimento industrial, consistente na reunião de produtos, peças ou partes e de que resulte:

a) edificação (casas, edifícios, pontes, hangares, galpões e semelhantes, e suas coberturas);

b) instalação de oleodutos, usinas hidrelétricas, torres de refrigeração, estações e centrais telefônicas ou outros sistemas de telecomunicação e telefonia, estações, usinas e redes de distribuição de energia elétrica e semelhantes; ou

c) fixação de unidades ou complexos industriais ao solo;

IX – a montagem de óculos, mediante receita médica;

X – o acondicionamento de produtos classificados nos Capítulos 16 a 22 da TIPI, adquiridos de terceiros, em embalagens confeccionadas sob a forma de cestas de natal e semelhantes;

XI – o conserto, a restauração e o recondicionamento de produtos usados, nos casos em que se destinem ao uso da própria empresa executora ou quando essas operações sejam executadas por encomenda de terceiros não estabelecidos com o comércio de tais produtos, bem como o preparo, pelo consertador, restaurador ou recondicionador, de partes ou peças empregadas exclusiva e especificamente naquelas operações;

XII – o reparo de produtos com defeito de fabricação, inclusive mediante substituição de partes e peças, quando a operação for executada gratuitamente, ainda que por concessionários ou representantes, em virtude de garantia dada pelo fabricante;

XIII – a restauração de sacos usados, executada por processo rudimentar, ainda que com emprego de máquinas de costura;

XIV – a mistura de tintas entre si, ou com concentrados de pigmentos, sob encomenda do consumidor ou usuário, realizada em estabelecimento comercial varejista, efetuada por máquina automática ou manual, desde que fabricante e varejista não sejam empresas interdependentes, controladora, controlada ou; e

XV – a operação de que resultem os produtos relacionados na Subposição 2401.20 da TIPI, quando exercida por produtor rural pessoa física.

9.5.12 A constitucionalidade de valores prefixados para o cálculo do IPI

No RE 602.917, reconhecido como tema 324 de Repercussão Geral, rel. Min. Rosa Weber, julgado em 26-2-2020, no qual se discutia sobre a reserva de lei complementar para estabelecimento de valores prefixados para o cálculo do IPI sobre bebidas frias, o Plenário, por maioria, decidiu que é constitucional o art. 3º da Lei n. 7.798/89, que estabelece valores prefixados para o IPI.

9.5.13 Direito sumular

9.5.13.1 Súmulas do STF em matéria de IPI

Súmula 536

São objetivamente imunes ao imposto sobre circulação de mercadorias os "produtos industrializados", em geral, destinados à exportação, além de outros, com a mesma destinação, cuja isenção a lei determinar.

Súmula 591

A imunidade ou a isenção tributária do comprador não se estende ao produtor, contribuinte do imposto sobre produtos industrializados.

9.5.13.2 Súmula do STJ em matéria de IPI

Súmula 411

É devida a correção monetária ao creditamento do IPI quando há oposição ao seu aproveitamento decorrente de resistência ilegítima do Fisco.

Súmula 671

Não incide o IPI quando sobrevém furto ou roubo do produto industrializado após sua saída do estabelecimento industrial ou equiparado e antes de sua entrega ao adquirente.

9.5.13.3 Súmula Vinculante em matéria de IPI

Súmula Vinculante 58

Inexiste direito a crédito presumido de IPI relativamente à entrada de insumos isentos, sujeitos à alíquota zero ou não tributáveis, o que não contraria o princípio da não cumulatividade.

9.6 IMPOSTO SOBRE OPERAÇÕES FINANCEIRAS (IOF)

9.6.1 Regime geral

Previsto no art. 153, V, da CF, o Imposto sobre Operações de Crédito, Câmbio e Seguro, ou relativas a títulos ou valores imobiliários – IOF, é quinto imposto de competência da União.

A disciplina infraconstitucional do IOF está a cargo, especialmente, da Lei n. 8.894/94 e do Decreto n. 6.306/2007.

Embora os recursos provenientes de sua arrecadação tenham um significativo impacto sobre o orçamento federal, há no IOF um **predomínio da função extrafiscal** de regulação da política monetária, creditícia e fiscal (arts. 65 do CTN e 1º, § 2º, da Lei n. 8.894/94).

O IOF constitui **exceção à legalidade tributária**, sendo facultado ao Poder Executivo, atendidas as condições e os limites estabelecidos em lei, modificar suas alíquotas por meio de ato unilateral (art. 153, § 1º, da CF).

Trata-se também de **exceção às anterioridades anual e nonagesimal**, razão pela qual consiste em tributo de **cobrança imediata**, podendo ser exigido já no dia seguinte ao da publicação da lei ou ato normativo que o houver instituído ou majorado (art. 150, § 1º, da CF).

Assim como ocorre na maioria absoluta dos tributos brasileiros da atualidade, o IOF também é **lançado por homologação** (art. 150 do CTN).

Nos termos do art. 153, § 5º, da CF, o IOF é o único tributo que incide sobre o ouro, quando definido em lei como ativo financeiro ou instrumento cambial, devido na operação de origem, tributado à alíquota mínima de um por cento.

9.6.2 Fato gerador

Conforme disposto no art. 63 do Código Tributário Nacional, o IOF tem como fato gerador:

I – quanto às operações de crédito, a sua efetivação pela entrega total ou parcial do montante ou do valor que constitua o objeto da obrigação, ou sua colocação à disposição do interessado;

II – quanto às operações de câmbio, a sua efetivação pela entrega de moeda nacional ou estrangeira, ou de documento que a represente, ou sua colocação à disposição do interessado em montante equivalente à moeda estrangeira ou nacional entregue ou posta à disposição por este;

III – quanto às operações de seguro, a sua efetivação pela emissão da apólice ou do documento equivalente, ou recebimento do prêmio, na forma da lei aplicável;

IV – quanto às operações relativas a títulos e valores mobiliários, a emissão, transmissão, pagamento ou resgate destes, na forma da lei aplicável.

Disciplinando o fato gerador do IOF de forma mais detalhada, o art. 2º do Decreto n. 6.306/2007 prescreve que o imposto incide sobre:

I – operações de crédito realizadas:

a) por instituições financeiras;

Dando maior visibilidade às operações realizadas por instituições financeiras, o julgado pelo STF RE 590.186 traz a constitucionalidade da incidência do

IOF sobre operações de crédito correspondentes a mútuo de recursos financeiros. A tese jurídica do julgado diz: "É constitucional a incidência do IOF sobre operações de crédito correspondentes a mútuo de recursos financeiros entre pessoas jurídicas ou entre pessoa jurídica e pessoa física, não se restringindo às operações realizadas por instituições financeiras" (STF RE 590.186/RS, Rel. Min. Cristiano Zanin, Tribunal Pleno, j. 6-10-2023, *DJe* 17-10-2023, Tese 104).

b) por empresas que exercem as atividades de prestação cumulativa e contínua de serviços de assessoria creditícia, mercadológica, gestão de crédito, seleção de riscos, administração de contas a pagar e a receber, compra de direitos creditórios resultantes de vendas mercantis a prazo ou de prestação de serviços (*factoring*); e

c) entre pessoas jurídicas ou entre pessoa jurídica e pessoa física;

II – operações de câmbio;

III – operações de seguro realizadas por seguradoras;

IV – operações relativas a títulos ou valores mobiliários;

V – operações com ouro, ativo financeiro, ou instrumento cambial.

Há também o IOF-Ouro. É importante distinguir o ouro como mercadoria ou como ativo financeiro. Se o ouro é ativo financeiro, há uma incidência monofásica na origem com as operações seguintes imunes.

O art. 8º da Lei n. 7.766/89 dispõe que para o IOF-Ouro: "O fato gerador do imposto é a primeira aquisição do ouro, ativo financeiro, efetuada por instituição autorizada, integrante do Sistema Financeiro Nacional". Caso seja ouro físico oriundo do exterior, o fato gerador é o desembaraço aduaneiro.

Em contrapartida, se o ouro é insumo para produção de bens, como joias, será considerado como uma mercadoria a ser inserida no comércio e submeter-se-á à incidência do ICMS e do IPI, quando da industrialização.

9.6.3 Contribuinte

O contribuinte do IOF, de acordo com o art. 66 do CTN, é qualquer das partes da operação tributada.

Desse modo, deve-se entender como contribuintes do imposto:

a) qualquer pessoa física ou jurídica tomadora de crédito;

b) compradores ou vendedores de moeda estrangeira;

c) pessoas físicas ou jurídicas seguradas;

d) adquirentes de títulos e valores mobiliários;

e) instituições financeiras;

f) instituições autorizadas pelo Banco Central a realizar operações com ouro.

No caso do IOF-Ouro, de acordo com o art. 10 da Lei n. 7.766/89, o contribuinte "é a instituição autorizada que efetuar a primeira aquisição do ouro, ativo financeiro".

9.6.4 Base de cálculo

Considera-se como base de cálculo do IOF (art. 64 do CTN):

I – quanto às operações de crédito, o montante da obrigação, compreendendo o principal e os juros;

II – quanto às operações de câmbio, o respectivo montante em moeda nacional, recebido, entregue ou posto à disposição;

III – quanto às operações de seguro, o montante do prêmio;

IV – quanto às operações relativas a títulos e valores mobiliários:

a) na emissão, o valor nominal mais o ágio, se houver;

b) na transmissão, o preço ou o valor nominal, ou o valor da cotação em Bolsa, como determinar a lei;

c) no pagamento ou resgate, o preço.

9.6.4.1 Alteração da base de cálculo por ato do Executivo

O art. 65 do CTN autoriza o Poder Executivo a alterar a base de cálculo do IOF por ato unilateral:

> O Poder Executivo pode, nas condições e nos limites estabelecidos em lei, alterar as alíquotas ou as bases de cálculo do imposto, a fim de ajustá-lo aos objetivos da política monetária.

Todavia, a referida prerrogativa **não encontra amparo no texto constitucional de 1988**, sendo incompatível com o princípio da legalidade tributária (art. 150, I, da CF). Assim, somente por meio de lei pode ser alterada a base de cálculo do IOF, nunca por ato do Executivo.

9.6.5 Alíquota

As alíquotas do IOF são bastante elásticas, dependendo da operação tributada. Atualmente, as alíquotas máximas podem variar de 0,00137% a 25% (valor padrão vigente)[10].

9.6.6 Não ocorrência do fato gerador

A noção de "operação financeira" envolve a disponibilidade de crédito como produto oferecido pelas instituições do setor, daí por que não incide IOF sobre caderneta de poupança, conta corrente e depósitos judiciais (Súmula 185 do STJ).

---

10 Fonte: <http://www.receita.fazenda.gov.br/aliquotas/impcresegcamb.htm>.

> STF: "Não há incompatibilidade material entre os arts. 1º, IV, da Lei n. 8.033/90 e 153, V, da CF, pois a tributação de um negócio jurídico que tenha por objeto ações e respectivas bonificações insere-se na competência tributária atribuída à União no âmbito do Sistema Tributário Nacional, para fins de instituir imposto sobre operações relativas a títulos ou valores mobiliários. A instituição do IOF-Títulos e Valores Mobiliários não ofende o princípio da anterioridade, dada expressa previsão no art. 150, III, *b* e §1º, do texto constitucional, ao passo que também não viola o princípio da irretroatividade, porquanto tem por fato gerador futura operação de transmissão de títulos ou valores mobiliários" (RE 583.712, rel. Min. Edson Fachin, j. 4-2-2016, P, *DJe* 2-3-2016, Tema 102).

9.6.7 Direito sumular

Súmula 664 do STF

É inconstitucional o inciso V do art. 1º da Lei n. 8.033/90, que instituiu a incidência do imposto nas operações de crédito, câmbio e seguros (IOF) sobre saques efetuados em caderneta de poupança.

Súmula 185 do STJ

Nos depósitos judiciais, não incide o Imposto sobre Operações Financeiras.

9.7 IMPOSTO TERRITORIAL RURAL (ITR)

9.7.1 Regime geral

Compete à União instituir o Imposto sobre a Propriedade Territorial Rural, nos termos do art. 153, VI, da CF.

O sexto imposto de **competência federal** é disciplinado em nível infraconstitucional principalmente pelas Leis n. 8.847/94, 9.393/96 e pelo Decreto n. 4.382/2002.

A função precípua do ITR é **extrafiscal** na medida em que constitui **instrumento federal de intervenção na propriedade privada** (poder de polícia) utilizado para inibir a manutenção de latifúndios improdutivos.

A disciplina constitucional do ITR inclui as seguintes diretrizes:

a) será progressivo a fim de desestimular a manutenção de propriedades improdutivas;

b) não incidirá sobre pequenas glebas rurais, definidas em lei, quando as explore o proprietário que não possua outro imóvel (imunidade);

c) será fiscalizado e cobrado pelos Municípios que assim optarem (parafiscalidade), na forma da lei, desde que não implique redução do imposto ou qualquer outra forma de renúncia fiscal (art. 153, § 4º, da CF);

STF: "A 2ª Turma negou provimento a agravo regimental em recurso extraordinário em que se discutia a possibilidade de se estabelecer alíquotas progressivas em razão do tamanho da propriedade. No caso, o agravante sustentava que o ITR possui caráter extrafiscal, cujo objetivo seria evitar a manutenção de propriedades improdutivas, independentemente da área do imóvel. A Turma entendeu não existir inconstitucionalidade na progressividade das alíquotas do ITR, a qual leva em consideração não só o grau de utilização da terra, como também a área do imóvel, tendo em vista que tais critérios não são isolados, mas sim conjugados. Assim, quanto maior for o território rural e menor o seu aproveitamento, maior será a alíquota de ITR. Essa sistemática potencializa a função extrafiscal do tributo e desestimula a manutenção de propriedade improdutiva. A Turma registrou, ainda, que já era possível a instituição da progressividade em relação às alíquotas do ITR no período anterior à EC n. 42/2003, que expressamente a instituíra" (RE 1.038.357, rel. Min. Dias Toffoli, j. 6-2-2018, 2ª T, *Informativo* 890).

d) 50% do montante de sua arrecadação cabem ao Município onde estiver situado o imóvel tributado, facultado ao Município que celebrar convênio arrecadatório com a União ficar com a totalidade do imposto (art. 158, II, da CF).

Quanto ao lançamento, por expressa determinação legal o ITR também é lançado por homologação (art. 10 da Lei n. 9.393/96).

9.7.2 Fato gerador

O ITR tem como fato gerador a propriedade, o domínio útil, ou a posse de imóvel por natureza, localizado fora da zona urbana do município, em 1º de janeiro de cada ano (arts. 29 do CTN e 1º da Lei n. 9.393/96), incidindo inclusive sobre o imóvel declarado de interesse social para fins de reforma agrária, enquanto não transferida a propriedade, exceto se houver imissão prévia na posse (art. 1º, § 1º, da Lei n. 9.393/96).

Convém lembrar que o conceito de "zona rural" é residual, sendo assim considerada a área, independentemente da destinação, não definida como zona urbana, nos termos de lei municipal (art. 32 do CTN).

Se o imóvel pertencer a mais de um município, o ITR será devido onde fique a sede do imóvel, e, se esta não existir, será enquadrado no município onde se localize a maior parte do imóvel.

Importante notar que, ao contrário do IPTU, que é "predial e territorial", o ITR é um imposto somente territorial, razão pela qual incide sobre o terreno (propriedade territorial), ao passo que as construções (propriedade predial) não integram sua base de cálculo.

Alcançando o mesmo efeito prático da distinção anterior, o CTN afirma que, enquanto o IPTU incide sobre imóveis "por natureza ou acessão física" (art. 32, I), o ITR só incide sobre imóveis por natureza (art. 29). Imóveis por natureza equivalem à propriedade territorial; imóveis por acessão física são construções e benfeitorias, ou seja, o mesmo que propriedade predial.

9.7.3 ITR vs. IPTU

Como regra, para saber se determinado imóvel é urbano, e paga IPTU para o Município, ou rural, devendo ITR para a União, interessa o **critério da localização.**

Assim, atendidos os requisitos previstos no art. 32 do CTN, cabe ao legislador municipal definir a área urbana. O art. 32, § 1º, do CTN, traz a necessidade de que sejam observados ao menos dois melhoramentos para que um imóvel seja considerado como urbano. Dentre tais melhoramentos encontram-se: sistema de esgotos sanitários, meio-fio ou calçamento, dentre outros.

Os imóveis situados na área urbana são suscetíveis à incidência do IPTU. Residualmente, os demais consideram-se rurais e submetem-se ao ITR.

Essa é a forma geral como a legislação tributária trata do tema. Abordaremos o assunto mais detalhadamente, neste *Curso*, nos itens específicos sobre IPTU.

Entretanto, por força do art. 15 do Decreto-lei n. 57/66, **incide ITR sobre o imóvel localizado em zona urbana que, comprovadamente, seja utilizado em exploração extrativa vegetal, agrícola, pecuária ou agroindustrial (STJ, REsp 1.112.646-SP).**

Importante destacar que o STJ entende que para fazer a diferenciação entre ITR e IPTU também é necessário levar em consideração a destinação econômica da propriedade rural.

> STJ: "(...) 1. O critério da localização do imóvel não é suficiente para que se decida sobre a incidência do IPTU ou ITR, sendo necessário observar-se, também, a destinação econômica, conforme já decidiu a Egrégia 2ª Turma, com base em posicionamento do STF sobre a vigência do Decreto-lei n. 57/66 (...) 3. Necessidade de comprovação perante as instâncias ordinárias de que o imóvel é destinado à atividade rural. Do contrário, deve incidir sobre ele o IPTU. Incidência da Súmula 7/STJ, haja vista que para se adotar entendimento diverso faz-se necessário o revolvimento de material fático-probatório. 4. Agravo regimental não provido. (AgRg no Ag 993.224/SP, rel. Min. José Delgado, 1ª T., j. 6-5-2008, *DJe* 4-6-2008).

9.7.4 Contribuinte

Contribuinte do ITR é o proprietário, o titular do domínio útil ou o possuidor a qualquer título (art. 31 do CTN).

9.7.5 Não ocorrência do fato gerador. Polêmica

O ITR não incide sobre imóveis legalmente considerados como urbanos. A base de cálculo do imposto é o valor da terra nua, excluindo-se as instalações, construções e benfeitorias.

Há quem sustente, adotando visão minoritária, que o domínio útil e a posse a qualquer título, apesar de apontados no art. 31 do CTN como fato gerador do ITR, não se enquadrariam na hipótese de incidência constitucional do imposto, na medida em que o art. 153, VI, da CF menciona apenas a competência da União para tributar a *propriedade* rural, e não outros direitos reais ou pessoais (posse e domínio útil não se confundem com propriedade). Haveria, assim, afronta ao art. 110 do CTN, que proíbe que a legislação tributária altere a definição, o conteúdo e o alcance de institutos, conceitos e formas de direito privado.

9.7.6 Base de cálculo

A base de cálculo do ITR é o valor da terra nua tributável (VTNT), assim considerada a área total e o seu grau de utilização, assim considerado o valor da terra nua. Trata-se, portanto, do **valor fundiário.**

Se o imóvel estiver parcelado ou dividido por logradouros, há interessante regramento estabelecido pelo art. 9º do Decreto n. 4.382/2002:

> Para efeito de determinação da base de cálculo do ITR, considera-se imóvel rural a área contínua, formada de uma ou mais parcelas de terras, localizada na zona rural do município, ainda que, em relação a alguma parte do imóvel, o sujeito passivo detenha apenas a posse.
>
> Parágrafo único. Considera-se área contínua a área total do prédio rústico, mesmo que fisicamente dividida por ruas, estradas, rodovias, ferrovias, ou por canais ou cursos de água.

Considera-se tributável a área total do imóvel, excluídas as áreas (art. 10 do Decreto n. 4.382/2002):

I – de preservação permanente;

II – de reserva legal[STJ];

STJ: "DIREITO TRIBUTÁRIO. ISENÇÃO DE ITR RELATIVA A ÁREA DE RESERVA LEGAL. A isenção de Imposto Territorial Rural (ITR) prevista no art. 10, § 1º, II, *a*, da Lei n. 9.393/96, relativa a área de reserva legal, depende de prévia averbação desta no registro do imóvel. Corte Especial" (AgRg no REsp 1.243.685-PR, rel. Min. Benedito Gonçalves, 1ª T., j. 5-12-2013, *DJe* 16-12-2013, *Informativo* 533).

STJ: "PROCESSUAL CIVIL. TRIBUTÁRIO. RECURSO ESPECIAL. ITR. BASE DE CÁLCULO. EXCLUSÃO DA ÁREA DE PRESERVAÇÃO PERMANENTE. DESNECESSIDADE DE AVERBAÇÃO OU DE ATO DECLARATÓRIO DO IBAMA. INCLUSÃO DA ÁREA DE RESERVA LEGAL ANTE A AUSÊNCIA DE AVERBAÇÃO. 1. A orientação das Turmas que integram a Primeira Seção desta Corte firmou-se no sentido de que "o Imposto Territorial Rural – ITR é tributo sujeito a lançamento por homologação que, nos termos da Lei 9.393/96, permite a exclusão da sua base de cálculo de área de preservação permanente, sem necessidade de Ato Declaratório Ambiental do IBAMA" (...)" (AgRg no REsp 1.395.393/MG Agravo Regimental no Recurso Especial 2013/0242484-4. *DJe* 31-3-2015).

III – de reserva particular do patrimônio natural;

IV – de servidão florestal;

V – de interesse ecológico para a proteção dos ecossistemas, assim declaradas mediante ato do órgão competente, federal ou estadual, e que ampliem as restrições de uso;

VI – comprovadamente imprestáveis para a atividade rural, declaradas de interesse ecológico mediante ato do órgão competente, federal ou estadual.

9.7.7 Alíquotas progressivas

As alíquotas do ITR têm previsão de progressividade extrafiscal para desestimular latifúndios improdutivos (art. 153, § 4º, I, da CF), variando de 0,03 a 20% (art. 34 do Decreto n. 4.382/2002), aplicáveis de **forma inversamente proporcional ao grau de utilização de cada imóvel**.

9.7.8 Requisitos para fruição da imunidade

Para fins de aplicação da imunidade prevista no art. 153, § 4º, II, da CF, consideram-se pequenas glebas rurais os imóveis com área igual ou inferior a:

I – 100 ha, se localizado em município compreendido na Amazônia Ocidental ou no Pantanal mato-grossense e sul-mato-grossense;

II – 50 ha, se localizado em município compreendido no Polígono das Secas ou na Amazônia Oriental;

III – 30 ha, se localizado em qualquer outro município (art. 2º da Lei n. 9.393/96).

9.7.9 Incidência sobre imóvel desapropriado

Nos termos do art. 2º, § 1º, do Decreto n. 4.382/2002, o ITR incide sobre a propriedade rural declarada de utilidade ou necessidade pública, ou interesse social, **inclusive para fins de reforma agrária**:

I – até a data da perda da posse pela imissão prévia do Poder Público na posse;

II – até a data da perda do direito de propriedade pela transferência ou pela incorporação do imóvel ao patrimônio do Poder Público.

9.7.10 Direito sumular

9.7.10.1 Súmula do STF em matéria de ITR

Súmula 595

É inconstitucional a taxa municipal de conservação de estradas de rodagem cuja base de cálculo seja idêntica à do imposto territorial rural.

9.8 IMPOSTO SOBRE GRANDES FORTUNAS (IGF)

9.8.1 Regime geral

A competência para instituição do Imposto sobre Grandes Fortunas está prevista no art. 153, VII, da Carta Política de 1988, entre os impostos federais.

Por razões meramente políticas, o IGF **ainda não foi criado**. É certo, entretanto, que, nos termos do citado dispositivo constitucional, a União deverá instituí-lo por meio de **lei complementar**, vedada sua criação por medida provisória.

O IGF, ao ser instituído, **deverá submeter-se tanto à anterioridade anual quanto à nonagesimal**.

Importante destacar ainda que, como a competência tributária é imprescritível, a União não tem prazo para criar o IGF, e, mesmo que sua instituição demore décadas para efetivar-se, a competência não se deslocará a outra entidade federativa.

9.9 IMPOSTO SELETIVO

A Emenda Constitucional n. 132/2023 – Reforma Tributária, além do IBS e da CBS, prevê a criação de um terceiro tributo: o Imposto Seletivo. Tal tributo já é conhecido pelo curioso nome de "imposto do pecado" por recair sobre a "produção, extração, comercialização ou importação de **bens e serviços prejudiciais à saúde ou ao meio ambiente**, nos termos de lei complementar".

A regulamentação da Reforma Tributária definiu como prejudiciais à saúde e ao meio ambiente para fins de pagamento do Imposto Seletivo:

    I – veículos;

    II – embarcações e aeronaves;

    III – produtos fumígenos;

    IV – bebidas alcoólicas;

    V – bebidas açucaradas;

    VI – bens minerais;

    VII – concursos de prognósticos e *fantasy sport* (jogos *online*).

O Imposto Seletivo **tem natureza federal** e sua instituição está prevista para 2027. Seu fundamento é o art. 153, VIII, da Constituição Federal.

Tem **natureza claramente extrafiscal** porque sua finalidade não é arrecadatória. Antes, é cobrado para desestimular o consumo de bens e serviços considerados prejudiciais à saúde ou ao meio ambiente. Trata-se, vale reforçar, de instrumento da chamada **tributação indutiva**, isto é, a tributação utilizada para compelir o contribuinte a fazer ou deixar de fazer algo.

O Imposto Seletivo segue a lógica geral da tributação brasileira, incidindo sobre as importações, mas não sobre as exportações.

Está prevista, ainda, a obrigatoriedade de sua **incidência monofásica**, isto é, o imposto deve incidir uma única vez sobre cada item, e não várias e sucessivas vezes em cadeia (tributação plurifásica).

Além disso, o art. 153, § 6º, da Constituição Federal, prevê que o Imposto Seletivo "poderá ter o mesmo fato gerador e base de cálculo de outros tributos", regra evidentemente inconstitucional por violar de forma aberta o art. 154, I, do Texto Maior, segundo o qual: "A União poderá instituir: I – mediante lei complementar, impostos não previstos no artigo anterior, desde que sejam não cumulativos e não tenham fato gerador ou base de cálculo próprios dos discriminados nesta Constituição".

Por fim, a EC n. 132/2023 estabelece que o Imposto Seletivo "terá suas **alíquotas fixadas em lei ordinária**, podendo ser específicas, por unidade de medida adotada, ou *ad valorem*".

9.10 IMPOSTO SOBRE TRANSMISSÃO *CAUSA MORTIS* E DOAÇÕES (ITCMD)

9.10.1 Regime geral e mudanças decorrentes da Reforma Tributária

O art. 155, I, da CF estabelece que **compete aos Estados e ao Distrito Federal** instituir Imposto sobre Transmissão *Causa Mortis* e Doações de quaisquer bens ou direitos (ITCMD).

Conhecido como **"imposto da herança"**, o ITCMD tem um fato gerador complexo, na medida em que incide também sobre transmissão gratuita de bens e direitos.

O ITCMD é tributo dotado essencialmente de **função fiscal**, pois sua arrecadação atende a finalidades arrecadatórias.

O CTN não trata sobre o ITCMD. Assim, inexistindo lei federal sobre o tema, os Estados e Distrito Federal exercerão a competência legislativa plena, de acordo com o art. 24, § 3º, da CF.

Sendo tributo estadual, cada entidade competente tem autonomia para definir a modalidade de lançamento a ser utilizada. Todavia, há um predomínio da utilização do **lançamento por declaração**.

Importante destacar que a Emenda Constitucional n. 132/2023 – Reforma Tributária modificou a redação do § 1º do art. 155 da CF, alterando o Estado competente para cobrança do imposto no caso de bens móveis, títulos e créditos. Antes, o ITCMD era devido no Estado de processamento do inventário ou arrolamento. Agora, o **ITCMD no caso de bens móveis, títulos e créditos compete ao Estado onde era domiciliado o** *de cujus*, **ou tiver domicílio o doador, ou ao Distrito Federal**.

Resumidamente, o ITCMD, após a Reforma Tributária, passa a ser devido:

a) relativamente a bens imóveis e respectivos direitos, compete ao Estado da situação do bem, ou ao Distrito Federal (sem alterações); e

b) relativamente a bens móveis, títulos e créditos, compete ao Estado onde era domiciliado o *de cujus*, ou tiver domicílio o doador, ou ao Distrito Federal (redação alterada pela Emenda n. 132/2023).

9.10.2 Interferência da União na disciplina normativa

Visando conferir certa uniformidade à disciplina normativa do tributo, o art. 155, § 1º, III, da CF atribuiu à **lei complementar federal competência para regular a instituição do ITCMD** nos seguintes casos:

a) se o doador tiver domicílio ou residência no exterior;

b) se o *de cujus* possuía bens, era residente ou domiciliado ou teve seu inventário processado no exterior.

Trata-se, desse modo, de um importante caso em que a Constituição Federal autoriza a **interferência da União na disciplina normativa de imposto estadual.** O objetivo claro dessa interferência constitucionalmente autorizada é estabelecer uma padronização em certos aspectos do regime jurídico do imposto. Ocorre que, até o presente momento, a lei complementar mencionada do art. 156, § 1º, da CF ainda não foi criada, cabendo aos Estados e ao Distrito Federal exercer a competência legislativa plena na matéria.

Apesar dessa competência da União, ainda inexiste a referida lei complementar federal. O fato de inexistir tal norma fez com que muito fosse discutido acerca da cobrança de ITCMD sobre valores oriundos do exterior. Assim, o STF acabou por decidir, no julgamento do RE 851.108 que diante da falta de lei complementar federal disciplinando como se dará a tributação do ITCMD-exterior, os Estados e o Distrito Federal não podem legislar supletivamente na ausência da lei complementar definidora da competência tributária das unidades federativas.

STF: "Recurso extraordinário. Repercussão geral. Tributário. Competência suplementar dos estados e do Distrito Federal. Art. 146, III, *a*, CF. Normas gerais em matéria de legislação tributária. Art. 155, I, CF. ITCMD. Transmissão *causa mortis*. Doação. Art. 155, § 1º, III, CF. Definição de competência. Elemento relevante de conexão com o exterior. Necessidade de edição de lei complementar. Impossibilidade de os estados e o Distrito Federal legislarem supletivamente na ausência da lei complementar definidora da competência tributária das unidades federativas. 1. Como regra, no campo da competência concorrente para legislar, inclusive sobre direito tributário, o art. 24 da Constituição Federal dispõe caber à União editar normas gerais, podendo os estados e o Distrito Federal suplementar aquelas, ou, inexistindo normas gerais, exercer a competência plena para editar tanto normas de caráter geral quanto normas específicas. Sobrevindo norma geral federal, fica suspensa a eficácia da lei do estado ou do Distrito Federal. Precedentes. 2. Ao tratar do Imposto sobre transmissão *Causa Mortis* e Doação de quaisquer Bens ou Direitos (ITCMD), o texto constitucional já fornece certas regras para a definição da competência tributária das Unidades Federadas (Estados e Distrito Federal), determinando basicamente duas regras de competência, de acordo com a natureza dos bens e direitos: é competente a unidade federada em que está situado o bem, se imóvel; é competente a unidade federada onde se processar o inventário ou arrolamento ou onde tiver domicílio o doador, relativamente a bens móveis, títulos e créditos. 3. A combinação do art. 24, I, § 3º, da CF, com o art. 34, § 3º, do ADCT dá amparo constitucional à legislação supletiva dos estados na edição de lei complementar que discipline o ITCMD, até que sobrevenham as normas gerais da União a que se refere o art. 146, III, *a*, da Constituição Federal. De igual modo, no uso da competência privativa, poderão os estados e o Distrito Federal, por meio de lei ordinária, instituir o ITCMD no âmbito local, dando ensejo à cobrança válida do tributo, nas hipóteses do § 1º, incisos I e II, do art. 155. 4. Sobre a regra especial do art. 155, § 1º, III, da Constituição, é importante atentar para a diferença entre as múltiplas funções da lei complementar e seus reflexos sobre eventual competência supletiva dos estados. Embora a Constituição de 1988 atribua aos estados a competência para a instituição do ITCMD (art. 155, I), também a limita ao estabelecer que cabe a lei complementar – e não a leis estaduais – regular tal competência em relação aos casos em que o *de cujus* possuía bens, era residente ou domiciliado ou teve seu inventário processado no exterior" (art. 155, § 1º, III, *b*). 5. Prescinde de lei complementar a instituição do imposto sobre transmissão causa mortis e doação de bens imóveis – e respectivos direitos –, móveis, títulos e créditos no contexto nacional. Já nas hipóteses em que há um elemento relevante de conexão com o exterior, a Constituição exige lei complementar para se estabelecerem os elementos de conexão e fixar a qual unidade federada caberá o imposto. 6. O art. 4º da Lei paulista n. 10.705/2000 deve ser entendido, em particular, como de eficácia contida, pois ele depende de lei complementar para operar seus efeitos. Antes da edição da referida lei complementar, descabe a exigência do ITCMD a que se refere aquele artigo, visto que os estados não dispõem de competência legislativa em matéria tributária para suprir a ausência de lei complementar nacional exigida pelo art. 155, § 1º, inciso III, CF. A lei complementar referida não tem o sentido único de norma geral ou diretriz, mas de diploma necessário à fixação nacional da exata competência dos estados. 7. Recurso extraordinário não provido. 8. Tese de repercussão geral: "É vedado aos estados e ao Distrito Federal instituir o ITCMD nas hipóteses referidas no art. 155, § 1º, III, da Constituição Federal sem a edição da lei complementar exigida pelo referido dispositivo constitucional". 9. Modulam-se os efeitos da decisão, atribuindo a eles eficácia ex nunc, a contar da publicação do acórdão em questão, ressalvando as ações judiciais pendentes de conclusão até o mesmo momento, nas quais se discuta: (1) a qual estado o contribuinte deve efetuar o pagamento do ITCMD, considerando a ocorrência de bitributação; e (2) a validade da cobrança desse imposto, não tendo sido pago anteriormente" (STF – RE 851.108 SP, 0020249-90.2011.8.26.0032, rel. Min. Dias Toffoli, j. 1º-3-2021, Tribunal Pleno, 20-4-2021).

Ato contínuo, o STF, em 2022, também julgou a ADI 6.821 tratando do mesmo tema a respeito da incidência de ITCMD nos casos em que o doador possui domicílio ou residência no exterior e os bens, também no exterior, tendo em vista a ausência de lei complementar que a regule.

CONSTITUCIONAL E TRIBUTÁRIO. ART. 106, § 2º, II, DA LEI N. 7.799/2002 DO ESTADO DO MARANHÃO. INSTITUIÇÃO DO IMPOSTO SOBRE TRANSMISSÃO *CAUSA MORTIS* OU DE DOAÇÃO DE QUAISQUER BENS OU DIREITOS – ITCMD. HIPÓTESES DO ART. 155, § 1º, III, DA CONSTITUIÇÃO FEDERAL. NECESSIDADE DE PRÉVIA REGULAMENTAÇÃO MEDIANTE LEI COMPLEMENTAR FEDERAL. MEDIDA CAUTELAR CONFIRMADA. AÇÃO DIRETA JULGADA PROCEDENTE. MODULAÇÃO DOS EFEITOS. 1. No julgamento do Recurso Extraordinário 851.108/SP (Tema 825), o Plenário do Supremo Tribunal Federal concluiu ser "vedado aos Estados e ao Distrito Federal instituir o ITCMD nas hipóteses referidas no art. 155, § 1º, III, da Constituição Federal sem a edição da lei complementar exigida pelo referido dispositivo constitucional", ressalvado meu convencimento pessoal pela possibilidade de o Estado-membro exercer competência complementar – quando já existente norma geral a disciplinar determinada matéria (CF, art. 24, § 2º) – ou competência legislativa plena (supletiva) – quando inexistente norma federal a estabelecer normatização de caráter geral (CF, art. 24, § 3º). 2. Ação direta procedente. Modulação da declaração de inconstitucionalidade para que a decisão produza efeitos desde a publicação do acórdão prolatado no RE 851.108 (20-4-2021), ressalvando-se as ações judiciais pendentes de conclusão até o mesmo marco temporal em que se discuta (1) a qual Estado o contribuinte deveria efetuar o pagamento do ITCMD, considerando a ocorrência de bitributação; ou (2) a validade da cobrança desse imposto, não tendo sido pago anteriormente (STF, ADI 6.821/MA, rel. Min. Alexandre de Morais, plenário, j. 21-2-2022).

Além desse caso, o art. 155, § 1º, IV, da CF afirma que o ITCMD **terá alíquotas máximas fixadas por resolução do Senado Federal**, a fim de serem evitadas guerras fiscais entre os Estados. Atualmente, a alíquota máxima é de 8% (Resolução n. 9/92).

9.10.3 Fato gerador

O fato gerador do ITCMD, no caso de herança, é a transmissão de bens móveis ou imóveis em decorrência da morte. Sobre isso importa destacar que o art. 35, parágrafo único, do CTN prescreve que, "nas transmissões *causa mortis*, ocorrem tantos fatos geradores distintos quantos sejam os herdeiros ou legatários".

Constitui, também, fato gerador do ITCMD a transmissão *inter vivos* por meio de doação.

Releva indagar sobre o aspecto temporal da hipótese de incidência do ITCMD, isto é, o momento em que se considera ocorrido o fato gerador. **Na transmissão** *Causa Mortis*, a ocorrência do fato gerador opera-se **no exato instante do óbito** (art. 1.784 do Código Civil).

Quanto à doação extrajudicial de **bem móvel**, o fato gerador ocorre com a **tradição**; sendo **imóvel**, com o **registro**[STJ]. Na hipótese de doação judicial, como no caso de separação em juízo, o fato gerador se dá com a homologação da partilha.

> STJ: : "(...) ITCMD. DOAÇÃO. REPETIÇÃO DE INDÉBITO. PRESCRIÇÃO. TERMO INICIAL. ART. 165, II, DO CTN. (...) 2. O fato gerador do imposto de transmissão (art. 35, I, do CTN) é a transferência da propriedade imobiliária, que somente se opera mediante o registro do negócio jurídico junto ao ofício competente. O recolhimento do ITCMD, via de regra, ocorre antes da realização do fato gerador, porquanto o prévio pagamento do imposto é, normalmente, exigido como condição para o registro da transmissão do domínio. Assim, no presente caso, não é possível afirmar que o pagamento antecipado pelo contribuinte, ao tempo de seu recolhimento, foi indevido, porquanto realizado para satisfazer requisito indispensável para o cumprimento da promessa de doação

declarada em acordo de separação judicial. 2. Considerando, portanto, que é devido o recolhimento antecipado do ITCMD para fins de consecução do fato gerador, não se mostra possível a aplicação do art. 168, I, do CTN, porquanto esse dispositivo dispõe sobre o direito de ação para reaver tributo não devido. 3. Deve, portanto, na espécie, ser prestigiado o entendimento adotado pelo acórdão *a quo*, no sentido de que o direito de ação para o contribuinte reaver a exação recolhida nasceu (*actio nata*) com o trânsito em julgado da decisão judicial do juízo de família (de anulação do acordo de promessa de doação) e o consequente registro imobiliário (em nome exclusivo da ex-esposa) que impediram a realização do negócio jurídico prometido, na medida em que, somente a partir desse momento restou configurado o indébito tributário (*lato sensu*) pelo não aproveitamento do imposto recolhido. Aplica-se, *in casu*, por analogia, o disposto no art. 168, II, do CTN" (REsp 1.236.816/DF, rel. Min. Benedito Gonçalves, j. 15-3-2012, 1ª T., *DJe* 22-3-2012).

9.10.4 Contribuinte

O contribuinte do imposto é o herdeiro ou o legatário, vale dizer, a pessoa beneficiada pela transmissão *causa mortis*.

Na hipótese de doação, o legislador estadual pode definir como contribuinte do ITCMD o doador ou o donatário, já que ambos têm relação direta e pessoal com a ocorrência do fato gerador (art. 121, parágrafo único, I, do CTN).

9.10.5 Não ocorrência do fato gerador

Não incide o ITCMD na hipótese de herdeiro abdicar de sua cota-parte em favor do monte-mor. A razão disso é que a abdicação não constitui doação propriamente dita, caracterizando-se, de acordo com a doutrina civilista, como espécie de *renúncia abdicativa*, deixando de atrair a incidência do imposto sobre doações.

Além disso, Emenda Constitucional n. 132/2023 – Reforma Tributária acrescentou dois casos novos de não incidência do ITCMD, previstos nos incisos V e VII do § 1º do art. 155 da CF. Assim, o imposto:

a) não incidirá sobre as doações destinadas, no âmbito do Poder Executivo da União, a projetos socioambientais ou destinados a mitigar os efeitos das mudanças climáticas e às instituições federais de ensino; e

b) não incidirá sobre as transmissões e as doações para as instituições sem fins lucrativos com finalidade de relevância pública e social, inclusive as organizações assistenciais e beneficentes de entidades religiosas e institutos científicos e tecnológicos, e por elas realizadas na consecução dos seus objetivos sociais, observadas as condições estabelecidas em lei complementar.

Embora o dispositivo constitucional fale em "não incidência", trata-se de duas novas hipóteses de imunidade porque o benefício foi concedido diretamente pela Constituição Federal, sem qualquer necessidade de complementação por lei ou por qualquer outra forma.

9.10.6 Alíquotas progressivas

Embora não houvesse previsão expressa anterior na Constituição de 1988 quanto à progressividade do ITCMD, nem sua aplicação fosse defendida pela doutrina, no julgamento do RE 562.045/RS o **Supremo Tribunal Federal admitiu a aplicação de alíquotas progressivas no ITCMD**[STF].

> STF: "O Plenário, por maioria, deu provimento a recurso extraordinário, interposto pelo Estado do Rio Grande do Sul, para assentar a constitucionalidade do art. 18 da Lei gaúcha n. 8.821/89, que prevê o sistema progressivo de alíquotas para o imposto sobre a transmissão *causa mortis* de doação. Salientou-se, inicialmente, que o entendimento de que a progressividade das alíquotas do ITCD seria inconstitucional decorreria da suposição de que o § 1º do art. 145 da CF a admitiria exclusivamente para os impostos de caráter pessoal. Afirmou-se, entretanto, que todos os impostos estariam sujeitos ao princípio da capacidade contributiva, mesmo os que não tivessem caráter pessoal. Esse dispositivo estabeleceria que os impostos, sempre que possível, deveriam ter caráter pessoal. Assim, todos os impostos, independentemente de sua classificação como de caráter real ou pessoal, poderiam e deveriam guardar relação com a capacidade contributiva do sujeito passivo. Aduziu-se, também, ser possível aferir a capacidade contributiva do sujeito passivo do ITCD, pois, tratando-se de imposto direto, a sua incidência poderia expressar, em diversas circunstâncias, progressividade ou regressividade direta. Asseverou-se que a progressividade de alíquotas do imposto em comento não teria como descambar para o confisco, porquanto haveria o controle do teto das alíquotas pelo Senado Federal (CF, art. 155, § 1º, IV). Ademais, assinalou-se inexistir incompatibilidade com o Enunciado 668 da Súmula do STF ('É inconstitucional a lei municipal que tenha estabelecido, antes da Emenda Constitucional n. 29/2000, alíquotas progressivas para o IPTU, salvo se destinada a assegurar o cumprimento da função social da propriedade urbana'). Por derradeiro, esclareceu-se que, diferentemente do que ocorreria com o IPTU, no âmbito do ITCD não haveria a necessidade de emenda constitucional para que o imposto fosse progressivo" (RE 562.045/RS, rel. Min. Cármen Lúcia, Tribunal Pleno, j. 6-2-2013, *DJe* 27-11-2013).

Ocorre que, com a entrada em vigor da Emenda Constitucional n. 132/2023 – Reforma Tributária, passou a haver **expressa previsão constitucional de progressividade no ITCMD**, a teor do que passa a dizer o inciso VI do § 1º da Constituição Federal, segundo o qual o ITCMD "será progressivo em razão do valor do quinhão, do legado ou da doação".

A Reforma Tributária agora instituiu também progressividade nas alíquotas do IPVA.

9.10.7 Direito sumular

9.10.7.1 Súmulas do STF em matéria de ITCMD

Súmula 112

O imposto de transmissão *causa mortis* é devido pela alíquota vigente ao tempo da abertura da sucessão.

Súmula 113

O imposto de transmissão *causa mortis* é calculado sobre o valor dos bens na data da avaliação.

Súmula 114

O imposto de transmissão *causa mortis* não é exigível antes da homologação do cálculo.

Súmula 115

Sobre os honorários do advogado contratado pelo inventariante, com a homologação do juiz, não incide o imposto de transmissão *causa mortis*.

Súmula 331

É legítima a incidência do imposto de transmissão *causa mortis* no inventário por morte presumida.

Súmula 435

O imposto de transmissão *causa mortis* pela transferência de ações é devido ao estado em que tem sede a companhia.

Súmula 590

Calcula-se o imposto de transmissão *causa mortis* sobre o saldo credor da promessa de compra e venda de imóvel, no momento da abertura da sucessão do promitente vendedor.

9.11 IMPOSTO SOBRE CIRCULAÇÃO DE MERCADORIAS E SERVIÇOS (ICMS)

9.11.1 Regime geral

Previsto no rol de **competências tributárias dos Estados e Distrito Federal** (art. 155, II, da CF), o ICMS recebeu o tratamento mais pormenorizado entre os tributos previstos no Texto de 1988.

Embora seja tributo estadual, o art. 155, § 2º, XII, da CF definiu ampla sequência de temas a serem disciplinados pela União, razão pela qual as duas leis gerais mais importantes em matéria de ICMS são as Leis Complementares Federais n. 24/75 e n. 87/96 (Lei Kandir).

Sendo a principal fonte de receita dos Estados e do Distrito Federal, o ICMS tem **função essencialmente fiscal** (arrecadatória)[STF].

STF: "TRIBUTÁRIO. ICMS. IMPOSSIBILIDADE DE IMPOR AO CONTRIBUINTE INADIMPLENTE A OBRIGAÇÃO DO RECOLHIMENTO ANTECIPADO DO TRIBUTO. FORMA OBLÍQUA DE COBRANÇA. VIOLAÇÃO AOS PRINCÍPIOS DA LIVRE CONCORRÊNCIA E DA LIBERDADE DE TRABALHO E COMÉRCIO. AGRAVO IMPROVIDO. I – Impor ao contribuinte inadimplente a obrigação de recolhimento antecipado do ICMS, como meio coercitivo para pagamento do débito fiscal, importa em forma oblíqua de cobrança de tributo e em contrariedade aos princípios da livre concorrência e da liberdade de trabalho e comércio" (RE 525.802/SE, rel. Min. Ricardo Lewandowski, j. 7-5-2013, 2ª T.).

No entanto, é possível identificar um caráter extrafiscal secundário residente na determinação constitucional de alíquotas seletivas no ICMS em razão da essencialidade do produto ou do serviço (art. 155, § 2º, III, da CF).

Quanto à modalidade de lançamento, o ICMS é o mais importante caso de tributo **lançado por homologação**, pois, assim como ocorre com praticamente todos os tributos brasileiros, o contribuinte antecipa o pagamento, remete a documentação fiscal à autoridade competente, a quem caberá aprovar as contas.

9.11.1.1 Reforma Tributária e a extinção do ICMS

A Emenda Constitucional n. 132/2023 – Reforma Tributária determinou a criação do Imposto sobre Bens e Serviços que, quando definitivamente instituído, substituirá o ICMS e o ISS.

Com isso, **está prevista a extinção do ICMS a partir de 2033**, sendo que, até tal data, suas alíquotas serão reduzidas na seguinte proporção (art. 128 do ADCT):

I – 9/10 (nove décimos), em 2029;

II – 8/10 (oito décimos), em 2030;

III – 7/10 (sete décimos), em 2031;

IV – 6/10 (seis décimos), em 2032.

9.11.2 Disciplina constitucional

Segue síntese das mais importantes normas constitucionais sobre o ICMS:

I) o imposto **será não cumulativo**[STF] (art. 155, § 2º, I, da CF).

> STF: "(...) ICMS. OPERAÇÕES INTERESTADUAIS. DEVIDO O CREDITAMENTO DO MONTANTE EFE-TIVAMENTE RECOLHIDO NA OPERAÇÃO ANTERIOR. (...) II – A jurisprudência desta Corte possui entendimento firmado no sentido de que, nas operações interestaduais, o creditamento do ICMS na operação subsequente deve corresponder ao montante que foi efetivamente recolhido na operação anterior" (AgRg no RE 491.653-MG. rel. Min. Ricardo Lewandowski, j. 8-5-2012, *DJe* 21-5-2012).

Embora o dispositivo afirme que o ICMS "será não cumulativo", há entendimento do STF no sentido de que **a Lei Maior não impõe a não cumulatividade**[STF-STJ].

> STF: "(...) O princípio da não cumulatividade do ICMS, inscrito no art. 155, § 2º, I, da Carta de 1988, não fundamenta, por si só, o direito ao creditamento nas aquisições de bens destinados ao uso e consumo ou ao ativo fixo do estabelecimento. A legislação pode consagrá-lo, em conformidade com os arts. 20 e 33 da Lei Complementar n. 87/96, mas a Lei Maior não impõe que o faça (...)" (AI 488.345/SP, rel. Min. Rosa Weber, j. 13-11-2012, 1ª T.., *DJe* 4-12-2012).

STJ: "DIREITO TRIBUTÁRIO. NÃO CUMULATIVIDADE DO ICMS INCIDENTE NA AQUISIÇÃO DE COMBUSTÍVEL POR EMPRESA DE TRANSPORTE FLUVIAL. O ICMS incidente na aquisição de combustível a ser utilizado por empresa de prestação de serviço de transporte fluvial no desempenho de sua atividade-fim constitui crédito dedutível na operação seguinte (art. 20 da Lei Complementar n. 87/96)" (1ª T., REsp 1.435.626-PA, rel. Min. Ari Pargendler, j. 3-6-2014, *DJe* 16-6-2014).

A Lei Complementar n. 87/96 (Lei Kandir) estabelece que geram creditamento de ICMS os insumos utilizados no processo produtivo. Sobre isso, a 1ª Turma do STJ decidiu que os insumos que geram direito ao creditamento do imposto são aqueles que se incorporam ao produto final. Por esse motivo é que as sacolas plásticas e bandejas, fornecidas aos clientes pelo supermercado para o transporte e o acondicionamento de produtos, não geram direito ao creditamento de ICMS.

STJ: "Os insumos que geram direito ao creditamento são aqueles que, extrapolando a condição de mera facilidade, se incorporam ao produto final, de forma a modificar a maneira como esse se apresenta e configurar parte essencial do processo produtivo. Sacos e filmes plásticos utilizados exclusivamente para o fornecimento de produtos de natureza perecível são insumos indispensáveis à atividade desenvolvida pelos supermercados, de modo que a sua aquisição gera direito ao creditamento do ICMS. Sacolas plásticas fornecidas aos clientes para o transporte ou acondicionamento de produtos, bem como bandejas, não são insumos essenciais à atividade dos supermercados, de modo que não geram creditamento de ICMS" (STJ. 1ª Turma. REsp 1.830.894-RS, rel. Min. Benedito Gonçalves, j. 3-3-2020. *Informativo* 666).

Ainda sobre o direito ao creditamento de ICMS, a 1ª Turma do STJ, no julgamento do REsp 1.653.875, assentou o seguinte entendimento: "A exceção prevista no art. 20, § 6º, I, da LC 87/96, que permite a manutenção de créditos nas operações que envolvem produtos agropecuários, não é destinada àquele que realiza a venda contemplada pela isenção, mas ao contribuinte da etapa posterior, que adquire a mercadoria isenta do imposto e que tem a sua operação de saída normalmente tributada" (STJ. 1ª Turma. REsp 1.643.875-RS, rel. Min. Gurgel de Faria, 1ª T., j. 19-11-2019. *Informativo* 663);

II) a isenção ou não incidência, salvo determinação em contrário da legislação:

a) não implicará crédito para compensação com o montante devido nas operações ou prestações seguintes[STF];

STF: "2. A aquisição de produtos intermediários, sujeitos ao regime de crédito físico, aplicados no processo produtivo que não integram fisicamente o produto final não gera direito ao crédito de ICMS. 3. O princípio constitucional da não cumulatividade é uma garantia do emprego de técnica escritural que evite a sobreposição de incidências, sendo que as minúcias desse sistema e o contencioso que daí se origina repousam na esfera da legalidade". (Ag. Reg. RE 689.001, rel. Min. Dias Toffoli, j. 6-2-2018, 2ª T, *DJe* 26-2-2018).

STF – Repercussão geral tema 69: "1. Inviável a apuração do ICMS tomando-se cada mercadoria ou serviço e a correspondente cadeia, adota-se o sistema de apuração contábil. O montante de ICMS a recolher é apurado mês a mês, considerando-se o total de créditos decorrentes de aquisições e o total de débitos gerados nas saídas de mercadorias ou serviços: análise contábil ou escritural do ICMS. 2. A análise jurídica do princípio da não cumulatividade aplicado ao ICMS há de atentar ao disposto no art. 155, § 2º, I, da Constituição da República, cumprindo-se o princípio da não cumulatividade a cada operação. 3. O regime da não cumulatividade impõe concluir, conquanto se tenha a escrituração da parcela ainda a se compensar do ICMS, não se incluir todo ele na definição de faturamento aproveitado por este STF. O ICMS não compõe a base de cálculo para incidência do PIS e da Cofins. 4. Se o art. 3º, § 2º, I, *in fine*, da Lei n. 9.718/98 excluiu da base de cálculo daquelas contribuições sociais o ICMS transferido integralmente para os Estados, deve ser enfatizado que não há como se excluir a transferência parcial decorrente do regime de não cumulatividade em determinado momento da dinâmica das operações. 5. Recurso provido para excluir o ICMS da base de cálculo da contribuição ao PIS e da Cofins" (RE 574.706, rel. Min. Cármen Lúcia, j. 15-3-2017, P, *DJe* 2-10-2017).

b) acarretará a anulação do crédito relativo às operações anteriores (art. 155, § 2º, II, da CF);

III) o ICMS **poderá ser seletivo, em função da essencialidade das mercadorias e dos serviços** (art. 155, § 2º, III, da CF);

IV) resolução do Senado Federal estabelecerá as alíquotas aplicáveis às operações e prestações interestaduais[STF] e de exportação (art. 155, § 2º, IV, da CF);

STF: "ICMS e operação interestadual não presencial. É inconstitucional a cobrança de ICMS pelo Estado de destino, com fundamento no Protocolo ICMS 21/2011 do Conselho Nacional de Política Fazendária – Confaz, nas operações interestaduais de venda de mercadoria a consumidor final realizadas de forma não presencial. Com base nesse entendimento, o Plenário negou provimento a recurso extraordinário em que se discutia a constitucionalidade do mencionado protocolo, que dispõe sobre a exigência de parcela do ICMS pelo estado-membro destinatário da mercadoria ou bem devida na operação interestadual em que o consumidor final adquire mercadoria ou bem de forma não presencial por meio de internet, 'telemarketing' ou 'showroom'. Julgou, ainda, procedentes os pedidos formulados em ações diretas para declarar a inconstitucionalidade desse mesmo protocolo. O Tribunal frisou que, no julgamento da ADI 4.565 MC/PI (*DJe* 27-6-2011), fora assentado que, nas operações interestaduais cuja mercadoria fosse destinada a consumidor final não contribuinte, apenas o estado-membro de origem cobraria o tributo, com a aplicação da alíquota interna. Realçou que regime tributário diverso configuraria bitributação. Mencionou que os signatários do Protocolo teriam invadido a competência das unidades federadas de origem, que constitucionalmente seriam os sujeitos ativos da relação tributária quando da venda de bens ou serviços a consumidor final não contribuinte localizado em outra unidade da Federação. Asseverou que essa hipótese ofenderia o princípio do não confisco, bem como o do tráfego de pessoas e bens (CF, art. 150, V). Consignou que o Protocolo impugnado, ao determinar que o estabelecimento remetente fosse o responsável pela retenção e recolhimento do ICMS em favor da unidade federada destinatária, vulnerara a exigência de lei em sentido formal e complementar (CF, art. 155, § 2º, XII, *b*) para instituir uma nova modalidade de substituição tributária" (RE 680.089/SE, rel. Min. Gilmar Mendes, 17-9-2014. *Informativo* 759, de 19-9-2014).

V) é **facultado ao Senado Federal**: a) estabelecer **alíquotas mínimas** nas operações internas; b) fixar **alíquotas máximas** nas mesmas operações para resolver conflito específico que envolva interesse de Estados (art. 155, § 2º, V, da CF).

9.11.3 Temas reservados à lei complementar federal

Visando conferir certa unidade ao tratamento normativo do imposto, a Constituição Federal atribuiu à União a edição de normas gerais sobre ICMS. Nos termos do art. 155, § 2º, XII, da CF, **cabe à lei complementar federal** disciplinar os seguintes temas em matéria de ICMS:

a) definir seus contribuintes;

b) dispor sobre substituição tributária;

c) disciplinar o regime de compensação do imposto;

d) fixar, para efeito de sua cobrança e definição do estabelecimento responsável, o local das operações relativas à circulação de mercadorias e das prestações de serviços;

e) excluir da incidência do imposto, nas exportações para o exterior, serviços e outros produtos (isenção heterônoma);

f) prever casos de manutenção de crédito, relativamente à remessa para outro Estado e exportação para o exterior, de serviços e de mercadorias;

g) regular a forma como, mediante deliberação dos Estados e do Distrito Federal, isenções, incentivos e benefícios fiscais serão concedidos e revogados;

h) definir os combustíveis e lubrificantes sobre os quais o imposto incidirá uma única vez (incidência monofásica);

i) fixar a base de cálculo, de modo que o montante do imposto a integre, também na importação de bem, mercadoria ou serviço.

9.11.4 Fatos geradores do ICMS

O ICMS tem cinco fatos geradores claramente distintos (art. 155, II, da CF):

a) operações relativas à circulação de mercadorias;

b) prestação de serviços de transporte interestadual e intermunicipal;

c) prestação dos serviços de comunicação;

d) fornecimento de energia elétrica (art. 155, § 3º, da CF);

e) importação de bem ou mercadoria (art. 155, § 2º, IX, *a* da CF).

Muito importante constatar que a **Constituição de 1988 retirou três serviços (comunicação, transporte intermunicipal e transporte interestadual) da competência impositiva dos Municípios e entregou aos Estados-membros.**

O mais natural seria sujeitar tais serviços ao recolhimento do ISS municipal, mas o Texto Maior preferiu, por uma questão de preferência política, trazê-los para o campo de incidência do ICMS estadual.

O ICMS incide ainda que as operações e prestações se iniciem no exterior[STF] (art. 155, II, parte final, da CF).

Cabe esclarecer que o STJ, por meio da Súmula 649, expressa de forma diferente quanto à incidência de ICMS de mercadorias destinadas ao exterior: "Não incide ICMS sobre o serviço de transporte interestadual de mercadorias destinadas ao exterior".

Na dúvida, no concurso indique as duas situações de acordo com o caso pedido no certame.

STF: "1. O Sujeito ativo do ICMS é o estado-membro em que localizado o domicílio ou o estabelecimento onde efetivamente se der a mercancia da mercadoria importada, independentemente de onde ocorra o desembaraço aduaneiro" (Emb. Decl. no RE 611.576/RS, rel. Min. Luiz Fux, 1ª T. j. 5-252-2013, *DJe* 7-3-2013).

Nesse sentido, o STF editou a Súmula Vinculante 48: "Na entrada de mercadoria importada do exterior, é legítima a cobrança do ICMS por ocasião do desembaraço aduaneiro".

Importante frisar que, no julgamento do RE 1.025.986, aceito como tese 1.012 de Repercussão Geral, o Supremo Tribunal Federal decidiu que "é constitucional a incidência do ICMS sobre a operação de venda, realizada por locadora de veículos, de automóvel com menos de 12 (doze) meses de aquisição da montadora".

O art. 2º da Lei Complementar n. 87/96 enumera, ainda, outras operações e prestações de serviços sujeitas ao recolhimento do ICMS, tais como:

a) fornecimento de alimentação e bebidas em bares, restaurantes e estabelecimentos similares;

b) geração, a emissão, a recepção, a transmissão, a retransmissão, a repetição e a ampliação de comunicação de qualquer natureza;

c) fornecimento de mercadorias com prestação de serviços não compreendidos na competência tributária dos Municípios[STJ];

STJ: "A prestação de serviço de composição gráfica, personalizada e sob encomenda, ainda que envolva fornecimento de mercadorias, está sujeita, apenas, ao ISS, não constituindo, pois fato gerador de ICMS" (REsp 1.092.206/SP, 1ª Seção, tema 91).

d) fornecimento de mercadorias com prestação de serviços sujeitos ao imposto sobre serviços, de competência dos Municípios, quando a lei complementar aplicável expressamente o sujeitar à incidência do imposto estadual;

e) sobre a entrada de mercadoria ou bem importados do exterior, por pessoa física ou jurídica, ainda que não seja contribuinte habitual do imposto[STF1], qualquer que seja a sua finalidade[STF2];

STF[1]: "CONSTITUCIONAL. TRIBUTÁRIO. IMPOSTO SOBRE CIRCULAÇÃO DE MERCADORIAS E SERVIÇOS. ICMS. IMPORTAÇÃO. PESSOA QUE NÃO SE DEDICA AO COMÉRCIO OU À PRESTAÇÃO DE SERVIÇOS DE COMUNICAÇÃO OU DE TRANSPORTE INTERESTADUAL OU INTERMUNICIPAL. "NÃO CONTRIBUINTE". VIGÊNCIA DA EMENDA CONSTITUCIONAL 33/2002. POSSIBILIDADE. REQUISITO DE VALIDADE. FLUXO DE POSITIVAÇÃO. EXERCÍCIO DA COMPETÊNCIA TRIBUTÁRIA. CRITÉRIOS PARA AFERIÇÃO. 1. Há competência constitucional para estender a incidência do ICMS à operação de importação de bem destinado a pessoa que não se dedica habitualmente ao comércio ou à prestação de serviços, após a vigência da EC n. 33/2001. 2. A incidência do ICMS sobre operação de importação de bem não viola, em princípio, a regra da vedação à cumulatividade (art. 155, § 2º, I, da Constituição), pois se não houver acumulação da carga tributária, nada haveria a ser compensado. 3. Divergência entre as expressões 'bem' e 'mercadoria' (arts. 155, II, e 155, § 2º, IX, *a*, da Constituição). É constitucional a tributação das operações de circulação jurídica de bens amparadas pela importação. A operação de importação não descaracteriza, tão somente por si, a classificação do bem importado como mercadoria. Em sentido semelhante, a circunstância de o destinatário do bem não ser contribuinte habitual do tributo também não afeta a caracterização da operação de circulação de mercadoria. Ademais, a exoneração das operações de importação pode desequilibrar as relações pertinentes às operações internas com o mesmo tipo de bem, de modo a afetar os princípios da isonomia e da livre concorrência. 4. A tributação somente será admissível se também respeitadas as regras da anterioridade e da anterioridade, cuja observância se afere com base em cada legislação local que tenha modificado adequadamente a regra-matriz e que seja posterior à Lei Complementar n. 114/2002" (RE 439.796-PR, rel. Min. Joaquim Barbosa, Tribunal Pleno, j. 6-11-2013, *DJe* 17-3-2014).

STF[2]: "2. Tributário. ICMS. Importação. Sujeito ativo. Alínea *a* do inciso IX do § 2º do art. 155 da CF. 3. Estabelecimento jurídico do importador. O sujeito ativo da relação jurídico-tributária do ICMS é o Estado onde estiver situado o domicílio ou o estabelecimento do destinatário jurídico da mercadoria" (AgRg no RE 431.075-SP, rel. Min. Gilmar Mendes, 2ª T., j. 18-2-2014).

f) sobre o serviço prestado no exterior ou cuja prestação se tenha iniciado no exterior;

g) sobre a entrada, no território do Estado destinatário, de petróleo, inclusive lubrificantes e combustíveis líquidos e gasosos dele derivados, e de energia elétrica, quando não destinados à comercialização ou à industrialização, decorrentes de operações interestaduais, cabendo o imposto ao Estado onde estiver localizado o adquirente.

9.11.4.1 ICMS sobre circulação de mercadoria

Para fins de incidência do ICMS, só ocorre circulação de mercadoria quando presentes simultaneamente os seguintes requisitos:

1) alteração na propriedade (circulação jurídica);

2) operação envolvendo bens móveis destinados ao comércio (mercadorias);

3) a venda seja realizada por alguém que promova com habitualidade tais operações enquadradas em sua atividade finalística (natureza mercantil)[STF].

> STF: "(...) ICMS. Fornecimento de água tratada por concessionárias de serviço público. Não incidência. Ausência de fato gerador. 1. O fornecimento de água potável por empresas concessionárias desse serviço público não é tributável por meio do ICMS. 2. As águas em estado natural são bens públicos e só podem ser exploradas por particulares mediante concessão, permissão ou autorização. 3. O fornecimento de água tratada à população por empresas concessionárias, permissionárias ou autorizadas não caracteriza uma operação de circulação de mercadoria" (RE 607.056-RJ, rel. Min. Dias Toffoli, j. 10-4-2013, Tribunal Pleno).

Vamos analisar os elementos do fato gerador do ICMS separadamente.

9.11.4.1.1 Circulação jurídica

O primeiro elemento integrante do fato gerador do ICMS é o conceito de "circulação". Entretanto, para que o imposto seja devido a mercadoria deve circular juridicamente, não bastando sua mera circulação física. Isso quer dizer que é necessária a **mudança de propriedade da mercadoria**, sua tradição (circulação em sentido jurídico), para que incida o ICMS, sendo indevido o imposto no caso de simples transporte do item sem mudança de titularidade (circulação em sentido físico)[STF].

> STF: "ICMS. OPERAÇÃO DE VENDA PELA AGÊNCIA DE AUTOMÓVEIS DE VEÍCULO USADO CONSIGNADO PELO PROPRIETÁRIO. NÃO INCIDÊNCIA. Constata-se que a mera consignação do veículo cuja venda deverá ser promovida por agência de automóveis não representa circulação jurídica da mercadoria, porquanto não induz à transferência da propriedade ou da posse da coisa, inexistindo, dessa forma, troca de titularidade a ensejar o fato gerador do ICMS. Nesse negócio, não há transferência de propriedade (domínio) à agência de automóveis, pois, conforme assentado pelo acórdão recorrido, ela não adquire o veículo de seu proprietário, mas, apenas, intermedeia a venda da coisa a ser adquirida diretamente pelo comprador. De igual maneira, não há

> transferência de posse, haja vista que a agência de automóveis não exerce nenhum dos poderes inerentes à propriedade (art. 1.228 do Código Civil). Isso porque a consignação do veículo não pressupõe autorização do proprietário para a agência usar ou gozar da coisa, nem tampouco a agência pode dispor sobre o destino da mercadoria (doação, locação, destruição, desmontagem, *v.g.*), mas, apenas, promover a sua venda em conformidade com as condições prévias estabelecidas pelo proprietário. Em verdade, a consignação do veículo significa mera detenção precária da mercadoria para fins de exibição, facilitando, dessa forma, a consecução do serviço de intermediação contratado. 5. Recurso especial não provido" (REsp 1.321.681-DF, rel. Min. Benedito Gonçalves, j. 26-2-2013, 1ª T.).

É por isso que não ocorre o fato gerador do ICMS sobre as operações de transporte de mercadorias entre filiais de uma mesma empresa ou no momento da assinatura do contrato de arrendamento mercantil (*leasing*[STF]), pois nos dois casos inexiste mudança de propriedade da mercadoria.

Nessa linha, a Súmula 166 do STJ dispõe: "Não constitui fato gerador do ICMS o simples deslocamento de mercadoria de um para outro estabelecimento do mesmo contribuinte". Nesse caso, a mercadoria circulou de um local para outro, mas não houve a troca efetiva de titularidade, pois ela continuou sendo do mesmo dono.

> STF: "ICMS e *leasing* internacional. Não incide o ICMS importação na operação de arrendamento mercantil internacional, salvo na hipótese de antecipação da opção de compra na medida em que o arrendamento mercantil não implica, necessariamente, transferência de titularidade sobre o bem. A incidência do ICMS pressuporia operação de circulação de mercadoria. Assim, se não houver aquisição de mercadoria, mas mera posse decorrente do arrendamento, não se pode cogitar de circulação econômica. Dessa forma, cabe à Fazenda Pública examinar o contrato de arrendamento para verificar a incidência de ICMS. Não há incidência sobre a operação de arrendamento mercantil sempre que a mercadoria for passível de restituição ao proprietário e enquanto não for efetivada a opção de compra. Por outro lado, sobre a operação de arrendamento a envolver bem insuscetível de devolução, fosse por circunstâncias naturais ou físicas ou por se tratar de insumo, incide ICMS, porque nessa hipótese o contrato tem apenas a forma de arrendamento, mas conteúdo de compra e venda" (RE 540.829/SP, rel. Orig. Min. Gilmar Mendes, red. p/ o acórdão Min. Luiz Fux, j. 11-9-2014).

9.11.4.1.2 Noção de "mercadoria"

Não é qualquer circulação que recolhe ICMS. O art. 155, II, da CF descreve como fato gerador do imposto a circulação "de mercadorias". Mercadorias são **bens móveis destinados ao comércio**, ou seja, alienados onerosamente por uma pessoa, física ou jurídica, que tem essa operação figurando no rol de suas atividades finalísticas.

9.11.4.1.3 Natureza mercantil da operação

E por fim **exige-se o intuito comercial da operação** para que ocorra o fato gerador do ICMS. A circulação da mercadoria deve ser realizada por pessoa, física ou jurídica, que opere com **habitualidade** ou em volume que caracterize **intuito comercial** naquele específico ramo de atuação (art. 4º da Lei Complementar n. 87/96).

Nesse sentido, não ocorre o fato gerador do imposto na venda de veículos entre particulares, nem da transferência de bens salvados de sinistro por companhias seguradoras (art. 3º, IX, da Lei Complementar n. 87/96).

Vale lembrar que também nesse sentido de não ocorrência de fato gerador do imposto, a Lei complementar n. 194/2022 incluiu um novo inciso trazendo a não tributação para serviços de transmissão e distribuição e encargos setoriais vinculados às operações de energia elétrica (art. 3º, X, da Lei Complementar n. 87/96). Ela trouxe também a inclusão do art. 18-A ao CTN, frisando que determinados serviços são considerados essenciais e indispensáveis, quais sejam: os combustíveis, o gás natural, a energia elétrica, as comunicações e o transporte coletivo.

No caso do ICMS-importação, os contribuintes não necessitarão exercer habitualmente o comércio para que haja a obrigatoriedade do pagamento.

9.11.4.2 ICMS sobre serviço de comunicação. Habilitação de celular. Provedores de acesso à internet

O segundo fato gerador do ICMS é a prestação do serviço de comunicação. É prestado serviço de comunicação sempre que for desenvolvida **atividade de transmissão de informações de um emissor a receptores.**

Nesse sentido, o art. 2º, III, da Lei Complementar n. 87/96 inclui no âmbito material da incidência do imposto as "prestações onerosas de serviços de comunicação, por qualquer meio, inclusive a geração, a emissão, a recepção, a transmissão, a retransmissão, a repetição e a ampliação de comunicação de qualquer natureza".

Entretanto, **não ocorre o fato gerador do ICMS** em serviços como **instalação de antenas parabólicas ou habilitação de telefones celulares** porque, embora constituam etapas indispensáveis para a futura transmissão de informações, **inexiste serviço de comunicação** nessas atividades em si mesmas consideradas[STF], apenas prestação de serviços-meio. Nesse sentido, a Súmula 350 do STJ: "O ICMS não incide sobre o serviço de habilitação de telefone celular".

STF: "A tarifa de assinatura básica mensal não é serviço (muito menos serviço preparatório), mas sim a contraprestação pelo serviço de comunicação propriamente dito prestado pelas concessionárias de telefonia, consistente no fornecimento, em caráter continuado, das condições materiais para que ocorra a comunicação entre o usuário e terceiro, o que atrai a incidência do ICMS.

> Fica aprovada a seguinte tese de repercussão geral: 'O ICMS incide sobre a tarifa de assinatura básica mensal cobrada pelas prestadoras de serviço de telefonia, independentemente da franquia de minutos conferida ou não ao usuário'" (RE 912.888, rel. Min. Teori Zavascki, j. 13-10-2016, P, *DJe* 10-5-2017, Tema 827).

Na mesma linha, quanto ao serviço de provedores de acesso à internet, a Súmula 334 do STJ enuncia que "o ICMS não incide no serviço dos provedores de acesso à Internet".

No julgamento do Recurso Especial n. 719.635 – RS, o STJ entendeu que provedores de internet não pagam ISS, por falta de previsão desse fato gerador na legislação aplicável:

TRIBUTÁRIO. ISS. PROVEDOR DE ACESSO À INTERNET. SERVIÇO DE VALOR ADICIONADO. NÃO INCIDÊNCIA.

1. A jurisprudência pacífica desta Corte é no sentido de que não incide o ICMS sobre o serviço prestado pelos provedores de acesso à internet, uma vez que a atividade desenvolvida por eles constitui mero serviço de valor adicionado (art. 61 da Lei n. 9.472/97), consoante teor da Súmula 334/STJ.

2. O ISS incide sobre a prestação serviços de qualquer natureza, não compreendidos aqueles que cabem o ICMS (art. 156, inciso III, da Constituição Federal).

3. Não havendo expressa disposição acerca do serviço de valor adicionado na lista anexa ao Decreto-lei n. 406/68, nem qualquer identidade entre esse serviço e outro congênere nela expressamente previsto, não ocorre a incidência do ISS.

9.11.4.3 ICMS sobre transporte intermunicipal

Constitui fato gerador do ICMS também a prestação do serviço de transporte de pessoas, bens, mercadorias ou valores cujo itinerário ultrapasse os limites de um único município. Trata-se do ICMS sobre transporte intermunicipal. Se o transporte for intramunicipal (dentro do município) incide ISS.

Para todos os efeitos legais, considera-se ocorrido o fato gerador no município onde tem início a prestação do transporte (art. 12, V, da Lei Complementar n. 87/96).

9.11.4.4 ICMS sobre transporte interestadual

Incide ICMS também sobre o serviço de transporte de pessoas, bens, mercadorias ou valores, entre diferentes Estados-membros (transporte interestadual).

O fato gerador considera-se ocorrido e o imposto devido no Estado onde tem início a prestação do serviço de transporte, e não no local de destino (art. 12, V, da Lei Complementar n. 87/96).

9.11.4.5 ICMS sobre operações relativas a energia elétrica (art. 155, § 3º, da CF)

O art. 155, § 3º, da CF reconhece a incidência do ICMS sobre operações relativas a energia elétrica. Sobre o tema, enuncia a Súmula 391 do STJ: "O ICMS incide sobre o valor da tarifa de energia elétrica correspondente à demanda de potência efetivamente utilizada".

Nesse sentido, o STF decidiu que somente integram a base de cálculo do ICMS os valores resultantes do efetivo consumo de energia elétrica, não bastando apenas a potencial demanda de energia, tese esta fundamentada na Súmula 391 do Superior Tribunal de Justiça, citada acima.

> STF: "A demanda de potência elétrica não é passível, por si só, de tributação via ICMS, porquanto somente integram a base de cálculo desse imposto os valores referentes àquelas operações em que haja efetivo consumo de energia elétrica pelo consumidor" (RE 593824, Tese 176 de Repercussão Geral).

Em contrapartida, a água potável encanada fornecida por empresas concessionárias não foi considerada como um bem sujeito ao pagamento de ICMS pelo STF. Tal entendimento não vale para a água envasada vendida em garrafas.

> STF: "Tributário. ICMS. Fornecimento de água tratada por concessionárias de serviço público. Não incidência. Ausência de fato gerador. 1. O fornecimento de água potável por empresas concessionárias desse serviço público não é tributável por meio do ICMS. 2. As águas em estado natural são bens públicos e só podem ser exploradas por particulares mediante concessão, permissão ou autorização. 3. O fornecimento de água tratada à população por empresas concessionárias, permissionárias ou autorizadas não caracteriza uma operação de circulação de mercadoria. 4. Precedentes da Corte. Tema já analisado na liminar concedida na ADI n. 567, de relatoria do Ministro Ilmar Galvão, e na ADI n. 2.224-5-DF, Relator o Ministro Néri da Silveira. 5. Recurso extraordinário a que se nega provimento" (RE 607.056, rel. Min. Dias Toffoli, Tribunal Pleno, j. 10-4-2013, acórdão eletrônico repercussão geral – mérito *DJe*-091, divulg. 15-5-2013, public. 16-5-2013).

9.11.4.6 ICMS sobre importação de bem ou mercadoria (art. 155, § 2º, IX, a, da CF)

A EC n. 33/2001 alterou a sistemática de cobrança do ICMS sobre importações. Agora, com a nova redação dada ao art. 155, § 2º, IX, *a*, da CF, o imposto incide sobre "a entrada de bem ou mercadoria importados do exterior por pessoa física ou jurídica, ainda que não seja contribuinte habitual do imposto, qualquer que seja a sua finalidade, assim como sobre o serviço prestado no exterior, cabendo o imposto ao Estado onde estiver situado o domicílio ou o estabelecimento do destinatário da mercadoria, bem ou serviço".

Assim, o ICMS também passou a ser devido por pessoas físicas ou jurídicas que importam, não com finalidade mercantil, mas para uso pessoal.

No entanto, sendo a norma do art. 155, § 2º, IX, *a*, da CF uma nova hipótese de incidência do ICMS, o Superior Tribunal de Justiça (REsp 1.131.718) vem exigindo que a cobrança do imposto sobre a importação realizada por quem não é contribuinte habitual, para ser válida, tenha lastro em lei complementar federal e em lei ordinária estadual posteriores à EC n. 33/2001.

Com isso, a Súmula 660 do STF restringe-se a operações de importação anteriores à EC n. 33/2001, ou ocorridas sem respaldo em posterior lei estadual: "Não incide ICMS na importação de bens por pessoa física ou jurídica que não seja contribuinte do imposto".

Nessa linha, o STF fixou nova tese quanto ao tema: "Após a Emenda Constitucional n. 33/2001, é constitucional a incidência de ICMS sobre operações de importação efetuadas por pessoa, física ou jurídica, que não se dedica habitualmente ao comércio ou à prestação de serviços". É oportuno, por fim, transcrever trecho de um julgado do STF reconhecendo a nova hipótese de incidência:

> 1. Há competência constitucional para estender a incidência do ICMS à operação de importação de bem destinado a pessoa que não se dedica habitualmente ao comércio ou à prestação de serviços, após a vigência da EC n. 33/2001. 2. A incidência do ICMS sobre operação de importação de bem não viola, em princípio, a regra da vedação à cumulatividade (art. 155, § 2º, I, da Constituição), pois se não houver acumulação da carga tributária, nada haveria a ser compensado. 3. Divergência entre as expressões 'bem' e 'mercadoria' (arts. 155, II e 155, § 2º, IX, *a*, da Constituição). É constitucional a tributação das operações de circulação jurídica de bens amparadas pela importação. A operação de importação não descaracteriza, tão somente por si, a classificação do bem importado como mercadoria. Em sentido semelhante, a circunstância de o destinatário do bem não ser contribuinte habitual do tributo também não afeta a caracterização da operação de circulação de mercadoria. Ademais, a exoneração das operações de importação pode desequilibrar as relações pertinentes às operações internas com o mesmo tipo de bem, de modo a afetar os princípios da isonomia e da livre concorrência. (RE 439.796/PR, rel. Min. Joaquim Barbosa, Plenário, j. 6-11-2013)

> STF: "É válida lei estadual que dispõe acerca da incidência do ICMS sobre operações de importação editada após a vigência da EC n. 33/2001, mas antes da LC n. 114/2002, visto que é plena a competência legislativa estadual enquanto inexistir lei federal sobre norma geral, conforme art. 24, § 3º, da CF. Com base nesse entendimento, a 2ª Turma deu provimento a agravo regimental interposto pelo Estado de São Paulo e, por conseguinte, negou provimento a recurso extraordinário em que se alegava a inconstitucionalidade da incidência do ICMS sobre importação de veículo para uso próprio, determinada por lei estadual anterior à LC n. 114/2002. Conforme tese de repercussão geral (Tema 171), o Colegiado entendeu válida, embora de eficácia contida, a lei estadual que versa sobre tributos em importação de bens (Lei n. 11.001/2001), editada após a vigência da EC n. 33/2001, que deu nova redação ao art. 155, § 2º, IX, *a*, da CF/88" (RE 917.950 AgR, rel. p/ o ac. Min. Gilmar Mendes, j. 5-12-2017, 2ª T, *Informativo* 887).

9.11.5 Não ocorrência do fato gerador

Conforme disposto no art. 3º da Lei Complementar n. 87/96, o ICMS não incide sobre:

I - operações com livros, jornais, periódicos e o papel destinado a sua impressão;

II - operações e prestações que destinem ao exterior mercadorias, inclusive produtos primários e produtos industrializados semielaborados, ou serviços;

III - operações interestaduais relativas a energia elétrica e petróleo, inclusive lubrificantes e combustíveis líquidos e gasosos dele derivados, quando destinados à industrialização ou à comercialização[STF];

> STF: "(...) ICMS. ART. 155, § 2º, X, B, DA CONSTITUIÇÃO FEDERAL. OPERAÇÕES INTERESTA-DUAIS ENVOLVENDO COMBUSTÍVEIS E OUTROS DERIVADOS DE PETRÓLEO. IMUNIDADE. BENEFÍCIO QUE NÃO SE APLICA AO CONSUMIDOR FINAL" (RE 296.199-PB, rel. Min. Teori Zavascki, j. 7-5-2013, 2ª T.).

O STF declarou parcialmente inconstitucionais os arts. 2º, § 1º, III, 3º, III, ambos da Lei Kandir, "na parte em que restringem a incidência do ICMS somente nos casos em que a energia elétrica não se destinar à industrialização ou à comercialização" (RE 748.543, Tese 689 de Repercussão Geral).

No mesmo julgado (RE 748.543), o Supremo Tribunal Federal também firmou o entendimento de que nas operações de fornecimento de energia elétrica entre estados a consumidor final para emprego em processo de industrialização, o ICMS, em sua totalidade, cabe ao Estado de destino;

IV - operações com ouro, quando definido em lei como ativo financeiro ou instrumento cambial;

V - operações relativas a mercadorias que tenham sido ou que se destinem a ser utilizadas na prestação, pelo próprio autor da saída, de serviço de qualquer natureza definido em lei complementar como sujeito ao imposto sobre serviços, de competência dos Municípios, ressalvadas as hipóteses previstas na mesma lei complementar;

VI - operações de qualquer natureza de que decorra a transferência de propriedade de estabelecimento industrial, comercial ou de outra espécie;

VII - operações decorrentes de alienação fiduciária em garantia, inclusive a operação efetuada pelo credor em decorrência do inadimplemento do devedor;

VIII - operações de arrendamento mercantil, não compreendida a venda do bem arrendado ao arrendatário;

IX - operações de qualquer natureza de que decorra a transferência de bens móveis salvados de sinistro para companhias seguradoras; e

X - serviços de transmissão e distribuição e encargos setoriais vinculados às operações com energia elétrica (incluído pela Lei Complementar n. 194/2022).

Além das referidas hipóteses previstas na Lei Complementar n. 87/96, a doutrina e a jurisprudência sustentam não ocorrer o fato gerador do ICMS nos seguintes casos: a) quando a mercadoria transita por setores diferentes de uma mesma indústria; b) na movimentação de bens de produção própria para autoconsumo; c) na saída de mercadoria para outro estabelecimento da mesma empresa[STF];

> STF: "O SIMPLES DESLOCAMENTO DA MERCADORIA DE UM ESTABELECIMENTO PARA OUTRO DA MESMA EMPRESA, SEM A TRANSFERÊNCIA DE PROPRIEDADE, NÃO CARACTERIZA A HIPÓTESE DE INCIDÊNCIA DO ICMS. PRECEDENTES" (RE 466.526-GO, rel. Min. Cármen Lúcia, j. 18-9-2012, 2ª T., *DJe* 4-10-2012).

d) na remessa de mercadorias para demonstração; e) nas entradas e saídas de materiais para beneficiamento; f) no empréstimo de equipamentos; g) na remessa de impressos ou material de escritório para setores diversos da mesma empresa; h) no caso de furto de energia elétrica[STJ].

> STJ: "ICMS. ENERGIA ELÉTRICA. FURTO ANTES DA ENTREGA A CONSUMIDOR FINAL. NÃO INCIDÊNCIA. IMPOSSIBILIDADE DE SE COBRAR O IMPOSTO COM BASE NA OPERAÇÃO ANTERIOR REALIZADA ENTRE A PRODUTORA E A DISTRIBUIDORA DE ENERGIA. 1. Resume-se a controvérsia em definir se a energia furtada antes da entrega a consumidor final pode ser objeto de incidência do ICMS, tomando por base de cálculo o valor da última operação realizada entre a empresa produtora e a que distribui e comercializa a eletricidade. 2. Conforme posição doutrinária e jurisprudencial uniforme, o consumo é o elemento temporal da obrigação tributária do ICMS incidente sobre energia elétrica, sendo o aspecto espacial, por dedução lógica, o local onde consumida a energia. 3. A produção e a distribuição de energia elétrica, portanto, não configuram, isoladamente, fato gerador do ICMS, que somente se aperfeiçoa com o consumo da energia gerada e transmitida. 4. Assim, embora as fases anteriores ao consumo (geração e distribuição) influam na determinação da base de cálculo da energia, como determinam os arts. 34, § 9º, do ADCT e 9º da Lei Complementar n. 87/96, não configuram hipótese isolada e autônoma de incidência do ICMS, de modo que, furtada a energia antes da entrega a consumidor final, não ocorre o fato gerador do imposto, sendo impossível sua cobrança com base no valor da operação anterior, vale dizer, daquela realizada entre a empresa produtora e a distribuidora de energia. 5. O ICMS deixa de ser devido nos casos em que se perde por 'vazamentos no sistema ou em decorrência de ilícito (furto), pois não havendo consumo regular, ausente se acha a operação de energia elétrica sob o aspecto jurídico tributário'" (REsp 1.306.356/PA, rel. Min. Castro Meira, j. 28-8-2012, 2ª T., *DJe* 4-9-2012).

9.11.6 Contribuintes

Nos termos do art. 4º da Lei Complementar n. 87/96, contribuinte do ICMS "é qualquer pessoa, física ou jurídica, que realize, com habitualidade ou em volume que caracteriza intuito comercial, operações de circulação de mercadoria ou prestações de serviços de transporte interestadual e intermunicipal e de comunicação, ainda que as operações e as prestações se iniciem no exterior".

9.11.7 Substituição tributária

Por razões de conveniência arrecadatória, o legislador pode eleger terceira pessoa, distinta daquela que realizou o fato gerador, como responsável tributária pelo recolhimento do valor devido (art. 128 do CTN). Assim, o **responsável tributário funciona como uma espécie de coletor de tributos**, arrecadando valores para o Fisco em substituição ao contribuinte, por expressa determinação legal. Não se confunde a condição do responsável tributário, porém, com a do mero arrecadador, função prática que pode ser desempenhada por qualquer pessoa contratada pelo Fisco, como bancos, casas lotéricas etc., sem qualquer vinculação jurídica com a obrigação tributária[11].

Não podemos deixar de lado aqui a publicação da nova súmula do STJ a respeito da substituição tributária. Segundo a Súmula n. 658: "O crime de apropriação indébita tributária pode ocorrer tanto em operações próprias como em razão de substituição tributária".

Denomina-se responsabilidade por substituição tributária quando a condição de substituto (responsável) existe antes mesmo da ocorrência do fato gerador. Assim, no momento da ocorrência do fato gerador o substituto tributário já figura como devedor no polo passivo da obrigação.

No caso de um tributo plurifásico como o ICMS, a técnica da substituição tributária é utilizada para reduzir os riscos da sonegação na medida em que a lei atribui a um dos contribuintes a responsabilidade pelo recolhimento do tributo devido em todas as etapas da cadeia circulatória.

Como regra no ICMS, o primeiro contribuinte da cadeia circulatória é substituto tributário de todos os demais devedores, antecipando para o Fisco o montante do imposto devido nas operações de circulação de mercadoria posteriores até o destinatário final. É a chamada **substituição tributária progressiva ou "para a frente"**, autorizada pelo art. 150, § 7º, da CF, bem como pelo art. 6º da Lei Complementar n. 87/96.

A condição especial de substituto tributário somente pode ser atribuída **por meio de lei estadual** (art. 6º da Lei Complementar n. 87/96).

Nos termos do art. 6º, § 1º, da Lei Complementar n. 87/96: "A responsabilidade poderá ser atribuída em relação ao imposto incidente sobre uma ou mais operações ou prestações, sejam antecedentes, concomitantes ou subsequentes, inclusive ao valor decorrente da diferença entre alíquotas interna e interestadual

---

11 Leandro Paulsen, *Direito Tributário, Constituição e Código Tributário à Luz da Doutrina e da Jurisprudência*, 9. ed., p. 614.

nas operações e prestações que destinem bens e serviços a consumidor final localizado em outro Estado, que seja contribuinte do imposto".

A adoção do regime de substituição tributária em operações interestaduais dependerá de acordo específico celebrado pelos Estados interessados (art. 9º da Lei Complementar n. 87/96).

É assegurado ao contribuinte substituído o direito à restituição do valor do imposto pago por força da substituição tributária, correspondente ao fato gerador presumido que não se realizar (art. 10 da Lei Complementar n. 87/96).

9.11.8 Base de cálculo

A base de cálculo do ICMS é, como regra geral, o **valor da operação no momento da saída da mercadoria** ou o **preço do serviço**, nas hipóteses de comunicação, transporte interestadual e transporte intermunicipal.

Não integra a base de cálculo do imposto o montante do Imposto sobre Produtos Industrializados, quando a operação, realizada entre contribuintes e relativa a produto destinado à industrialização ou à comercialização, configurar fato gerador de ambos os impostos (art. 13, § 2º, da Lei Complementar n. 87/96).

Nas operações e prestações interestaduais entre estabelecimentos de contribuintes diferentes, caso haja reajuste do valor depois da remessa ou da prestação, a diferença fica sujeita ao imposto no estabelecimento do remetente ou do prestador (art. 13, § 5º, da Lei Complementar n. 87/96).

9.11.8.1 Pauta de valores ou pauta fiscal

Quando a fiscalização comparece a determinado estabelecimento comercial e constata que não houve recolhimento de ICMS sobre certas mercadorias, torna-se obrigatória a lavratura de um auto de infração de imposição de multa (AIIM).

No entanto, em alguns casos pode ser difícil para o fiscal identificar, para fins de apuração do montante sonegado, qual o valor real de cada uma das mercadorias comercializadas pelo contribuinte.

Com o objetivo de estabelecer parâmetros facilitadores dessa quantificação, muitos Estados utilizam os sistemas de pauta fiscal. Trata-se da **fixação por ato do Poder Executivo de listas ou tabelamentos definindo o valor mínimo a ser atribuído a cada gênero de mercadoria no momento da lavratura do auto de infração.**

Existe questionamento (corrente minoritária para concursos) quanto à legitimidade dessa definição da base de cálculo tributária por meio de ato administrativo, diante da clara violação ao princípio da legalidade.

De acordo com a jurisprudência majoritária, o uso legítimo das pautas de valores fica condicionado à omissão do contribuinte ou diante da falta do valor real da operação.

Não se deve, todavia, confundir pauta fiscal com arbitramento. O arbitramento, ao contrário da pauta fiscal, não implica base de cálculo fixada *a priori* por ato administrativo. Isso porque no arbitramento a autoridade fiscal, diante de omissão ou má-fé do sujeito passivo, instaura processo regular e fixa *a posteriori* o valor ou preço dos bens e serviços tributados. É o que expressamente prescreve o art. 148 do CTN: "Quando o cálculo do tributo tenha por base, ou tome em consideração, o valor ou o preço de bens, direitos, serviços ou atos jurídicos, a autoridade lançadora, mediante processo regular, arbitrará aquele valor ou preço, sempre que sejam omissos ou não mereçam fé as declarações ou os esclarecimentos prestados, ou os documentos expedidos pelo sujeito passivo ou pelo terceiro legalmente obrigado, ressalvada, em caso de contestação, avaliação contraditória, administrativa ou judicial".

9.11.9 Alíquotas

As alíquotas do ICMS são fixadas pelo legislador estadual, podendo ser seletivas em função da essencialidade do produto ou do serviço (art. 155, § 2º, III, da CF).

É **facultado ao Senado Federal:** a) estabelecer **alíquotas mínimas** nas operações internas; b) fixar **alíquotas máximas** nas mesmas operações para resolver conflito específico que envolva interesse de Estados (art. 155, § 2º, V, da CF).

9.11.10 Benefícios fiscais em matéria de ICMS. O papel dos convênios

Diferentemente do que ocorre com os demais tributos, o poder para a concessão de benefícios fiscais em matéria de ICMS não está nas mãos da mesma entidade federativa competente para instituir o imposto. Isso porque **um Estado-membro não pode dar nenhum tipo de isenção, vantagem ou benefício em relação ao ICMS.** Na verdade, a Constituição de 1988, para evitar a guerra fiscal, exige a celebração de um **convênio firmado entre governadores·**

> STF: "Isenção de ICMS e guerra fiscal. O Plenário, por maioria, confirmou medida cautelar e julgou procedente pedido formulado em ação direta para declarar a inconstitucionalidade da Lei Complementar n. 358/2009, do Estado do Mato Grosso, que concede isenção de ICMS para as operações de aquisição de automóveis por oficiais de justiça estaduais. O Colegiado reputou que o pacto federativo reclama, para a preservação do equilíbrio horizontal na tributação, a prévia deliberação dos Estados-membros e do Distrito Federal para a concessão de benefícios fiscais relativamente ao ICMS, nos termos do art. 155, § 2º, *g*, da CF e da Lei Complementar n. 24/75"(ADIn 4.276/MT, rel. Min. Luiz Fux, j. 20-8-2014).

É o que estabelece o art. 155, § 2º, XII, *g*, do Texto Maior:

XII – Cabe à lei complementar:

g) regular a forma como, mediante deliberação dos Estados e do Distrito Federal, isenções, incentivos e benefícios fiscais serão concedidos e revogados.

Convênios são contratos administrativos de cooperação firmados entre entidades federativas visando à consecução de interesses comuns. Em matéria de ICMS, desse modo, cabe aos convênios servir de instrumento para materializar os ajustes entre governadores a respeito de benefícios tributários que irão, sempre de maneira uniforme, favorecer o contribuinte do imposto, evitando tratamento desigual entre os Estados conveniados.

Nesse sentido, a Lei Complementar n. 24/75 detalha minuciosamente o papel dos convênios para a concessão de vantagens fiscais relativas ao ICMS.

Seu art. 1º prescreve:

> Art. 1º As isenções do imposto sobre operações relativas à circulação de mercadorias serão concedidas ou revogadas nos termos de convênios celebrados e ratificados pelos Estados e pelo Distrito Federal, segundo esta Lei.
>
> Parágrafo único. O disposto neste artigo também se aplica:
>
> I – à redução da base de cálculo;
>
> II – à devolução total ou parcial, direta ou indireta, condicionada ou não, do tributo, ao contribuinte, a responsável ou a terceiros;
>
> III – à concessão de créditos presumidos;
>
> IV – à quaisquer outros incentivos ou favores fiscais ou financeiro-fiscais, concedidos com base no Imposto de Circulação de Mercadorias, dos quais resulte redução ou eliminação, direta ou indireta, do respectivo ônus;
>
> V – às prorrogações e às extensões das isenções vigentes nesta data.

Os convênios serão firmados em reuniões para as quais tenham sido convocados representantes de todos os Estados e do Distrito Federal, sob a presidência de representantes do Governo federal, com a presença de representantes da maioria das unidades da Federação (art. 2º da Lei Complementar n. 25/75).

A concessão de benefícios dependerá sempre de **decisão unânime dos Estados representados**. A revogação total ou parcial dependerá de aprovação de quatro quintos, pelo menos, dos representantes presentes[STF] (art. 2º, § 2º, da Lei Complementar n. 24/75).

STF: "ICMS e isenção tributária. A concessão unilateral de benefícios fiscais relativos ao ICMS, sem a prévia celebração de convênio intergovernamental, nos termos do que dispõe a Lei Complementar n. 24/75, afronta o art. 155, § 2º, XII, *g*, da CF. O comando constitucional contido no art. 155, § 2º, XII, *g*, da CF, que reserva à lei complementar federal regular a forma como, mediante deliberação dos Estados-membros e do Distrito Federal, isenções, incentivos e benefícios fiscais serão concedidos e revogados, revela a manifesta inconstitucionalidade material dos dispositivos da Constituição estadual ao outorgar incentivo fiscal incompatível com a Constituição. A jurisprudência do STF é pacífica no sentido da inconstitucionalidade de texto normativo estadual que outorgasse benefícios fiscais relativos ao ICMS, sem a prévia e necessária celebração de convênio entre os Estados-membros e o Distrito Federal" (ADIn 429/CE, rel. Min. Luiz Fux, Tribunal Pleno, j. 20-8-2014).

Dentro do prazo de 15 dias contados da publicação dos convênios, o Poder Executivo de cada Unidade da Federação publicará decreto ratificando seu teor, considerando-se ratificação tácita a falta de manifestação no prazo assinalado (art. 4º).

Por tudo isso, o STF entende inconstitucional a concessão de benefício fiscal de ICMS sem prévia autorização em convênio. Importante registrar, porém, que a simples celebração do convênio não cria, por si só, o benefício fiscal, nem tampouco gera direito adquirido à sua fruição pelo contribuinte. O convênio tem simples natureza autorizativa, sendo destituído de força cogente. Será sempre necessária a aprovação de uma lei, no âmbito de cada Estado conveniado, instituindo o benefício que o convênio disciplina. Além disso, dada a natureza autorizativa desse pacto, nada impede que um legislador estadual exclua do benefício certas mercadorias ou serviços, estando proibido, todavia, de ampliar as vantagens para além dos limites do convênio. Em conclusão, o alcance do convênio pode ser integralmente confirmado no momento de instituir o benefício por lei estadual, ou reduzido à parte das mercadorias e serviços, mas jamais poderá o legislador conceder benefício além do que foi autorizado pelo pacto interestadual.

9.11.10.1 Convalidação de benefícios fiscais irregulares

O art. 1º da Lei Complementar n. 160, de 7 de agosto de 2017, admite a **convalidação de benefícios fiscais em matéria de ICMS concedidos em desacordo com as regras constitucionais**, bem como a sua reinstituição, desde que a vantagem irregular estivesse em vigor na data de 8 de agosto de 2017.

Para tanto, a LC n. 160/2017 exige a aprovação de convênio aceito pelo voto favorável de, no mínimo:

a) 2/3 (dois terços) das unidades federadas; e

b) 1/3 (um terço) das unidades federadas integrantes de cada uma das 5 (cinco) regiões do País.

Note-se que a aprovação do convênio de convalidação, ao contrário do quórum exigido para autorizar o benefício, **não depende da unanimidade** das entidades federativas.

Vale complementar que a superveniência da LC n. 160/2017, nos termos do AgInt no AREsp 2.460.687/RS, "não tem o condão de alterar o entendimento de que a tributação federal do crédito presumido de ICMS representa violação do princípio federativo" (STJ, Rel. Min. Paulo Sérgio Domingues, 1ª T., j. 30-9-2024, *DJe* 7-10-2024).

9.11.11 ICMS/combustíveis

Devido à importância crescente da indústria do petróleo, o âmbito de incidência do ICMS sobre operações relativas a combustíveis e derivados vem ganhando *status* quase que de um tributo autônomo.

A incidência do ICMS sobre petróleo e derivados vem descrita no art. 2º, § 1º, III, da Lei Complementar n. 87/96, compreendendo: "a entrada, no território do Estado destinatário, de petróleo, inclusive lubrificantes e combustíveis líquidos e gasosos dele derivados".

Embora o regime geral do ICMS/combustíveis observe o regramento aplicável aos demais fatos geradores do imposto, convém lembrar que **suas alíquotas podem ser modificadas por convênio intergovernamental,** e sua majoração submete-se **somente à anterioridade nonagesimal** (art. 155, § 4º, IV, *c*, e § 5º, da CF).

9.11.12 Compensação de ICMS em caso de bonificação não exige prova de não repasse econômico

No julgamento do AREsp 105.387, a 1ª Turma do STJ entendeu que a compensação de ICMS cobrado sobre mercadorias dadas em bonificação não exige comprovação de inexistência de repasse econômico, e dessa forma não há violação ao **art. 166** do Código Tributário Nacional (CTN).

9.11.13 Emenda Constitucional n. 87/2015 e novas regras do ICMS sobre operações interestaduais

A EC n. 87/2015 alterou o art. 155, § 2º, VII, da CF, passando a dispor que nas operações e prestações que destinem bens e serviços a consumidor final, contribuinte ou não do imposto, localizado em outro Estado, adotar-se-á a alíquota interestadual e caberá ao Estado de localização do destinatário o imposto correspondente à diferença entre a alíquota interna do Estado destinatário e a alíquota interestadual.

Nesse caso, a responsabilidade pelo recolhimento do imposto correspondente à diferença entre a alíquota interna e a interestadual será atribuída:

a) ao destinatário, quando este for contribuinte do imposto;

b) ao remetente, quando o destinatário não for contribuinte do imposto.

Por fim, a EC n. 87/2015 alterou também o art. 99 do ADCT para fins de, quanto ao mesmo tema, determinar que, no caso de operações e prestações que destinem bens e serviços a consumidor final não contribuinte localizado em outro Estado, o imposto correspondente à diferença entre a alíquota interna e a interestadual será partilhado entre os Estados de origem e de destino, na seguinte proporção:

I – para o ano de 2015: 20% (vinte por cento) para o Estado de destino e 80% (oitenta por cento) para o Estado de origem;

II – para o ano de 2016: 40% (quarenta por cento) para o Estado de destino e 60% (sessenta por cento) para o Estado de origem;

III – para o ano de 2017: 60% (sessenta por cento) para o Estado de destino e 40% (quarenta por cento) para o Estado de origem;

IV – para o ano de 2018: 80% (oitenta por cento) para o Estado de destino e 20% (vinte por cento) para o Estado de origem;

V – a partir do ano de 2019: 100% (cem por cento) para o Estado de destino.

9.11.14 ICMS e ISS: Operações Mistas

Imagine a situação em que há uma prestação de serviço e que juntamente com ela tem-se a entrega de um bem – a chamada operação mista. Suponha que você está precisando de um terno novo. Você pode decidir por comprar um terno já pronto em uma loja de roupas sociais masculinas ou então que um alfaiate confeccione um terno totalmente sob medida para seu corpo. E então? Em qual das operações incidirá o ICMS e em qual delas incidirá o ISS?

Ao decidir comprar um terno já pronto, entende-se que prevalece a entrega do bem, em vez do serviço e por isso incidirá apenas ICMS. Já no caso do alfaiate, o fato de haver a confecção sob medida faz prevalecer a prestação de serviço. Logo, embora haja a entrega de um bem ao final (o terno sob medida), prevalece a confecção e, portanto, incide o ISS.

STF: "Ação direta de inconstitucionalidade. Direito Tributário. Lei n. 6.763/75-MG e Lei Complementar Federal n. 87/96. Operações com programa de computador (software). Critério objetivo. Subitem 1.05 da lista anexa à LC n. 116/2003. Incidência do ISS. Aquisição por meio físico ou por meio eletrônico (*download, streaming* etc). Distinção entre *software* sob encomenda ou padronizado. Irrelevância. Contrato de licenciamento de uso de programas de computador. Relevância do trabalho humano desenvolvido. Contrato complexo ou híbrido. Dicotomia entre obrigação de dar e obrigação de fazer. Insuficiência. Modulação dos efeitos da decisão. 1. A tradicional distinção entre software de prateleira (padronizado) e por encomenda (personalizado) não é mais suficiente para a definição da competência para a tributação dos negócios jurídicos que envolvam programas de computador em suas diversas modalidades. Diversos precedentes da Corte têm superado a velha dicotomia entre obrigação de fazer e obrigação de dar, notadamente nos contratos tidos por complexos (v.g. *leasing* financeiro, contratos de franquia). 2. A Corte tem tradicionalmente resolvido as indefinições entre ISS e do ICMS com base em critério objetivo: incide apenas o primeiro se o serviço está definido por lei complementar como tributável por tal imposto, ainda que sua prestação envolva a utilização ou o fornecimento de bens, ressalvadas as exceções previstas na lei; ou incide apenas o segundo se a operação de circulação de mercadorias envolver serviço não definido por aquela lei complementar. 3. O legislador complementar, amparado especialmente nos arts. 146, I, e 156, III, da Constituição Federal, buscou dirimir conflitos de competência em matéria tributária envolvendo softwares. E o fez não se valendo daquele critério que a Corte vinha adotando. Ele elencou, no subitem 1.05 da lista de serviços tributáveis pelo ISS anexa à LC n. 116/03, o licenciamento e a cessão de direito de uso de programas de computação. É certo, ademais, que, conforme a Lei n. 9.609/98, o uso de programa de computador no País é objeto de contrato de licença. 4. Associa-se a esse critério objetivo a noção de que software é produto do engenho humano, é criação intelectual. Ou seja, faz-se imprescindível a existência de esforço humano direcionado para a construção de um programa de computador (obrigação de fazer), não podendo isso ser desconsiderado em qualquer tipo de software. A obrigação de fazer também se encontra presente nos demais serviços prestados ao usuário, como, v.g., o *help desk* e a disponibilização de manuais, atualizações e outras funcionalidades previstas no contrato de licenciamento. 5. Igualmente há prestação de serviço no modelo denominado Software-asaService (SaaS), o qual se caracteriza pelo acesso do consumidor a aplicativos disponibilizados pelo fornecedor na rede mundial de computadores, ou seja, o aplicativo utilizado pelo consumidor não é armazenado no disco rígido do computador do usuário, permanecendo *online* em tempo integral, daí por que se diz que o aplicativo está localizado na nuvem, circunstância atrativa da incidência do ISS. 6 (...) (STF – ADI 5.659 MG 0001289-83.2017.1.00.0000, rel. Min. Dias Toffoli, j. 24-2-2021, Tribunal Pleno, 20-5-2021).

9.11.15 Direito sumular

Existe grande quantidade de súmulas do Supremo Tribunal Federal e do Superior Tribunal de Justiça em matéria de ICMS.

Seguem abaixo os enunciados mais importantes.

9.11.15.1 *Súmula vinculante*

Súmula Vinculante 32 do STF

O ICMS não incide sobre alienação de salvados de sinistro pelas seguradoras.

9.11.15.2 *Súmulas do Supremo Tribunal Federal*

Súmula 536

São objetivamente imunes ao imposto sobre circulação de mercadorias os "produtos industrializados", em geral, destinados à exportação, além de outros, com a mesma destinação, cuja isenção a lei determinar.

Súmula 570

O imposto de circulação de mercadorias não incide sobre a importação de bens de capital.

Súmula 572

No cálculo do imposto de circulação de mercadorias devido na saída de mercadorias para o exterior, não se incluem fretes pagos a terceiros, seguros e despesas de embarque.

Súmula 573

Não constitui fato gerador do imposto de circulação de mercadorias a saída física de máquinas, utensílios e implementos a título de comodato.

Súmula 574

Sem lei estadual que a estabeleça, é ilegítima a cobrança do imposto de circulação de mercadorias sobre o fornecimento de alimentação e bebidas em restaurante ou estabelecimento similar.

Súmula 576

É lícita a cobrança do imposto de circulação de mercadorias sobre produtos importados sob o regime da alíquota "zero".

Súmula 577

Na importação de mercadorias do exterior, o fato gerador do imposto de circulação de mercadorias ocorre no momento de sua entrada no estabelecimento do importador.

Súmula 660

Não incide ICMS na importação de bens por pessoa física ou jurídica que não seja contribuinte do imposto.

Súmula 661

Na entrada de mercadoria importada do exterior, é legítima a cobrança do ICMS por ocasião do desembaraço aduaneiro.

Súmula 662

É legítima a incidência do ICMS na comercialização de exemplares de obras cinematográficas, gravados em fitas de videocassete.

9.11.15.3 Súmulas do Superior Tribunal de Justiça

Súmula 95

A redução da alíquota do Imposto sobre Produtos Industrializados ou do Imposto de Importação não implica redução do ICMS.

Súmula 135

O ICMS não incide na gravação e distribuição de filmes e videoteipes.

Súmula 155

O ICMS incide na importação de aeronave, por pessoa física, para uso próprio.

Súmula 163

O fornecimento de mercadorias com a simultânea prestação de serviços em bares, restaurantes e estabelecimentos similares constitui fato gerador do ICMS a incidir sobre o valor total da operação.

Súmula 166

Não constitui fato gerador do ICMS o simples deslocamento de mercadoria de um para outro estabelecimento do mesmo contribuinte.

Súmula 167

O fornecimento de concreto, por empreitada, para construção civil, preparado no trajeto até a obra em betoneiras acopladas a caminhões, e prestação de serviço, sujeitando-se apenas à incidência do ISS.

Súmula 198

Na importação de veículo por pessoa física, destinado a uso próprio, incide o ICMS.

Súmula 334

O ICMS não incide no serviço dos provedores de acesso à Internet.

Súmula 350

O ICMS não incide sobre o serviço de habilitação de telefone celular.

Súmula 391

O ICMS incide sobre o valor da tarifa de energia elétrica correspondente à demanda de potência efetivamente utilizada.

Súmula 395

O ICMS incide sobre o valor da venda a prazo constante da nota fiscal.

Súmula 431

É ilegal a cobrança de ICMS com base no valor da mercadoria submetido ao regime de pauta fiscal.

Súmula 432

As empresas de construção civil não estão obrigadas a pagar ICMS sobre mercadorias adquiridas como insumos em operações interestaduais.

Súmula 433

O produto semielaborado, para fins de incidência de ICMS, é aquele que preenche cumulativamente os três requisitos do art. 1º da Lei Complementar n. 65/91.

Súmula 457

Os descontos incondicionais nas operações mercantis não se incluem na base de cálculo do ICMS.

Súmula 509

É lícito ao comerciante de boa-fé aproveitar os créditos de ICMS decorrentes de nota fiscal posteriormente declarada inidônea, quando demonstrada a veracidade da compra e venda.

9.12 IMPOSTO SOBRE A PROPRIEDADE DE VEÍCULOS AUTOMOTORES (IPVA)

9.12.1 Regime geral

E o terceiro imposto de **competência estadual e distrital** é o Imposto sobre a Propriedade de Veículos Automotores (IPVA), cuja instituição consta do art. 155, III, da CF.

O IPVA tem finalidade meramente arrecadatória, ou seja, é utilizado pelo Estado com **função fiscal**, tendo como único objetivo de sua cobrança a obtenção de recursos públicos para custeio do aparelho governamental.

Em relação ao lançamento, o IPVA é **lançado de ofício pelo Fisco** na medida em que a própria autoridade tributária utiliza os dados cadastrais dos veículos, constantes do registro nos órgãos de trânsito, e envia a notificação para o contribuinte realizar o pagamento. No caso de **aquisição de veículo zero quilômetro**, porém, diante do fato de o Fisco não ter ainda informações sobre a compra, o lançamento de ofício é impossível, razão pela qual o lançamento depende da participação do contribuinte ocorrendo na **modalidade por homologação**.

STJ: "TRIBUTÁRIO. RECURSO ESPECIAL REPETITIVO. IPVA. DECADÊNCIA. LANÇAMENTO DE OFÍ-CIO. REGULARIDADE. PRESCRIÇÃO. PARÂMETROS. 1. O Imposto sobre a Propriedade de Veícu-los Automotores (IPVa) é lançado de ofício no início de cada exercício (art. 142 do CTN) e constituído definitivamente com a cientificação do contribuinte para o recolhimento da exação, a qual pode ser realizada por qualquer meio idôneo, como o envio de carnê ou a publicação de calendário de pagamento, com instruções para a sua efetivação. 2. Reconhecida a regular cons-tituição do crédito tributário, não há mais que falar em prazo decadencial, mas sim em prescri-cional, cuja contagem deve se iniciar no dia seguinte à data do vencimento para o pagamento da exação, porquanto antes desse momento o crédito não é exigível do contribuinte. 3. Para o fim preconizado no art. 1.039 do CPC/2015, firma-se a seguinte tese: "A notificação do contri-buinte para o recolhimento do IPVA perfectibiliza a constituição definitiva do crédito tributário, iniciando-se o prazo prescricional para a execução fiscal no dia seguinte à data estipulada para o vencimento da exação." 4. Recurso especial parcialmente provido. Julgamento proferido pelo rito dos recursos repetitivos (art. 1.039 do CPC/2015)" (REsp 1.320.825/RJ, rel. Min. Gurgel de Faria, 1ª S., j. 10-8-2016, *DJe* 17-8-2016).

A teor do § 6º do art. 155 da CF, o IPVA: I) terá **alíquotas mínimas fixadas pelo Senado Federal**; II) poderá ter alíquotas diferenciadas em função do **tipo, do valor, da utilização e do impacto ambiental**. O dispositivo teve sua redação modificada pela Emenda Constitucional n. 132/2023 – Reforma Tributária, pas-sando a admitir expressamente alíquotas progressivas no IPVA, especialmente quando graduadas em função do valor do veículo.

Em relação à legalidade e anterioridade, o IPVA submete-se à regra geral quanto aos dois princípios, de modo que o imposto somente pode ser instituído ou majorado por meio de lei (legalidade), e cobrado no ano seguinte à lei que o houver criado ou aumentado, respeitando o intervalo mínimo de noventa dias (anterioridade).

No entanto, por força da norma contida no art. 150, § 1º, da Constituição Federal, **a fixação da base de cálculo do IPVA sujeita-se somente à anteriori-dade anual** e não à nonagesimal. A norma faz referência à tabela oficial que os Estados publicam anualmente com os valores dos veículos para fins de apuração do valor devido a título de IPVA. Desse modo, se com divulgação da tabela hou-ver aumento no valor do veículo, a majoração pode ser exigida a partir do exer-cício posterior (1º de janeiro do ano seguinte), sem necessidade de observar o intervalo mínimo de noventa dias.

Cabe relembrar que, dos recursos obtidos com a arrecadação do IPVA, **50% são destinados ao Município de registro do veículo**.

9.12.2 Fato gerador

O fato gerador do IPVA é propriedade de veículo automotores terrestres, aquáticos e aéreos, excetuados: a) aeronaves agrícolas e de operador certificado para prestar serviços aéreos a terceiros; b) embarcações de pessoa jurídica que detenha outorga para prestar serviços de transporte aquaviário ou de pessoa física ou jurídica que pratique pesca industrial, artesanal, científica ou de subsistência; c) plataformas suscetíveis de se locomoverem na água por meios próprios, inclusive aquelas cuja finalidade principal seja a exploração de atividades econômicas em águas territoriais e na zona econômica exclusiva e embarcações que tenham essa mesma finalidade principal; d) tratores e máquinas agrícolas (art. 155, § 6º, III, da CF, com redação dada pela EC n. 132/2023 – Reforma Tributária).

No caso de veículos zero quilômetro, considera-se ocorrido o fato gerador na data da aquisição do veículo pelo consumidor final ou quando de sua incorporação ao ativo permanente da empresa[12].

É por essa razão que as montadoras e concessionárias não são contribuintes do IPVA em relação aos veículos novos integrantes de seus estoques, na medida em que, enquanto não forem vendidos ao consumidor final, integram o ativo circulante ou realizável da empresa[13].

No caso de veículos usados, o **fato gerador ocorre em 1º de janeiro de cada ano.**

9.12.3 Contribuinte

Contribuinte do imposto é o proprietário do veículo, presumindo-se como tal a pessoa em cujo nome o automóvel esteja licenciado pela repartição competente em 1º de janeiro[14].

9.12.4 Barcos e aeronaves

O Supremo Tribunal Federal havia pacificado entendimento no sentido de que o IPVA não incidia sobre propriedade de embarcações e aeronaves (RE 134.509 e RE 255.111), ao argumento de que as regras constitucionais para repartição de receitas do referido imposto (art. 158, III, da CF) falam "em Município de licenciamento do veículo", locução esta incompatível com o sistema de registro de embarcações e aeronaves. Todavia, com a entrada em vigor da Emenda Constitucional n. 132/2023 – Reforma Tributária, o IPVA passa a incidir também sobre barcos e aeronaves, com a ressalva de três novas imunidades, segundo as quais o IPVA não incide sobre:

---

12 Hugo de Brito Machado, *Curso de Direito Tributário*, p. 393.
13 Hugo de Brito Machado, *Curso de Direito Tributário*, p. 393.
14 Hugo de Brito Machado, *Curso de Direito Tributário*, p. 394.

a) aeronaves agrícolas e de operador certificado para prestar serviços aéreos a terceiros;

b) embarcações de pessoa jurídica que detenha outorga para prestar serviços de transporte aquaviário ou de pessoa física ou jurídica que pratique pesca industrial, artesanal, científica ou de subsistência;

c) plataformas suscetíveis de se locomoverem na água por meios próprios, inclusive aquelas cuja finalidade principal seja a exploração de atividades econômicas em águas territoriais e na zona econômica exclusiva e embarcações que tenham essa mesma finalidade principal.

Cabe destacar que, assim como acontece com veículos terrestres, os barcos e as aeronaves pagarão IPVA se forem automotores, ou seja, se tiverem propulsão própria, razão pela qual não é fato gerador do imposto a propriedade de planadores, asas delta, balões, botes sem motor, caiaques, canoas etc.

9.12.5 Base de cálculo

A base de cálculo do IPVA é o valor do veículo tal como definido na tabela oficial definida anualmente pelo Estado tributante.

9.12.6 Alíquota

O IPVA era imposto de **alíquota fixa**, admitindo-se apenas diferenciação quanto ao tipo e forma de utilização do veículo (art. 155, § 6º, da CF).

Com o advento da Emenda Constitucional n. 132/2023 – Reforma Tributária, admitem-se agora alíquotas diferenciadas e/ou progressivas do IPVA **em função do tipo, do valor, da utilização e do impacto ambiental do veículo.**

9.12.7 Tributação diferenciada quanto à origem do veículo

Doutrina e jurisprudência vêm rejeitando sistematicamente a possibilidade de tributação diferenciada do IPVA para veículos importados em comparação aos nacionais. Por força do princípio contido no art. 152 da CF, é vedada qualquer forma de diferença tributária quanto à procedência do bem.

9.12.8 Vendedor não responde por IPVA no que se refere ao período posterior à sua alienação

O art. 134 do Código de Trânsito Brasileiro, alterado pela Lei n. 14.071/2020, prescreve que, no caso de transferência de propriedade, o proprietário antigo deverá encaminhar ao órgão executivo de trânsito do Estado, dentro de um prazo de 60 dias, cópia autenticada do comprovante de transferência de propriedade, devidamente assinado e datado, sob pena de ter que se responsabilizar solidariamente pelas penalidades impostas e suas reincidências até a data da comunicação. O comprovante de transferência de propriedade de que trata o *caput* poderá ser substituído por documento eletrônico com assinatura eletrônica válida, na forma regulamentada pelo Contran.

Porém, de acordo com a Súmula 585 do STJ: "A responsabilidade solidária do ex-proprietário, prevista no art. 134 do Código de Trânsito Brasileiro – CTB, não abrange o IPVA incidente sobre o veículo automotor, no que se refere ao período posterior à sua alienação".

STJ: "TRIBUTÁRIO. IPVA. RESPONSABILIDADE TRIBUTÁRIA. EX-PROPRIETÁRIO. DÉBITOS POSTERIORES À ALIENAÇÃO, MAS ANTERIORES À COMUNICAÇÃO DA TRANSFERÊNCIA DA PROPRIEDADE ÀS AUTORIDADES DE TRÂNSITO. SÚMULA 585/STJ. LEI ESTADUAL. OBSERVÂNCIA. PRECEDENTES DO STJ. NÃO CONHECIMENTO DO RECURSO PELA ALÍNEA *A*. DISSÍDIO PRETORIANO PREJUDICADO. 1. *In casu*, o Tribunal de origem consignou que o regime jurídico a que se submete o alienante do veículo não sofreu significativas alterações nem mesmo com a Lei Estadual 13.296/2008, que ab-rogou a Lei Estadual n. 6.606/87, regulando integralmente o tratamento tributário do IPVA. *In verbis*: 'O regime jurídico a que se submete o alienante do veículo não sofreu significativas alterações nem mesmo com a Lei n. 13.296/2008, que ab-rogou a Lei n. 6.606/87, regulando integralmente o tratamento tributário do IPVA. (...) Como se vê, a responsabilidade tributária do alienante decorre de previsão expressa nos sucessivos regimes legais do IPVA no Estado de São Paulo, que exercer supletivamente a regulação da matéria, à míngua de lei complementar nacional que definisse o contribuinte do imposto. Insista-se que as leis tratam de estabelecer o sujeito passivo indireto da obrigação tributária, atribuindo-lhe a responsabilidade em consonância ao disposto no art. 128 do CTN. Por tal particularidade normativa, é possível afastar a aplicação do enunciado da Súmula 585 do C. STJ, que tão somente veda a extensão das normas do CTB aos débitos tributários relativos ao não pagamento do IPVA. (...) Inconteste, portanto, a responsabilidade solidária do alienante no pagamento do débito do IPVA, quando não comunicada a venda a tempo, por previsão expressa na legislação estadual, cuja constitucionalidade vem reiteradamente reconhecida pelos diversos Órgãos fracionários deste E. Tribunal'. 2. O STJ recentemente editou a Súmula 585 sobre o tema: 'A responsabilidade solidária do ex-proprietário, prevista no art. 134 do Código de Trânsito Brasileiro – CTB, não abrange o IPVA incidente sobre o veículo automotor, no que se refere ao período posterior à sua alienação' (Súmula 585, 1ª Seção, DJe 1º-2-2017). 3. *Nada obstante isso, o entendimento do STJ tem sido no sentido de que na falta de comunicação ao órgão de trânsito da transferência de veículo automotor pelo alienante, será solidária a sua responsabilidade tributária pelo pagamento do IPVA, desde que haja previsão em lei estadual.* 4. Dessume-se que o acórdão recorrido está em sintonia com o atual entendimento do STJ, razão pela qual não merece prosperar a irresignação. Incide, *in casu*, o princípio estabelecido na Súmula 83/STJ: 'Não se conhece do Recurso Especial pela divergência, quando a orientação do Tribunal se firmou no mesmo sentido da decisão recorrida'. 5. Cumpre ressaltar que a referida orientação é aplicável também aos recursos interpostos pela alínea *a* do art. 105, III, da Constituição Federal de 1988. Nesse sentido: REsp 1.186.889/DF, 2ª Turma, rel. Min. Castro Meira, DJe de 2-6-2010. 6. Ressalte-se, por fim, que fica prejudicada a análise da divergência jurisprudencial quando a tese sustentada já foi afastada no exame do Recurso Especial pela alínea *a* do permissivo constitucional. 7. Recurso Especial não conhecido" (REsp 1.775.668/SP, rel. Min. Herman Benjamin, 6-12-2018, 2ª T.).

Reiterando a inviabilidade de responsabilidade tributária solidária, na hipótese de ausência de comunicação da venda do bem ao órgão de trânsito competente, o REsp 1.188.788/SP esclarece:

RECURSO ESPECIAL REPETITIVO. CÓDIGO DE PROCESSO CIVIL DE 2015. APLICABILIDADE. TRIBUTÁRIO. IMPOSTO SOBRE A PROPRIEDADE DE VEÍCULOS AUTOMOTORES – IPVA. VENDA DO VEÍCULO. AUSÊNCIA DE COMUNICAÇÃO AO ÓRGÃO DE TRÂNSITO PELO ALIENANTE. RESPONSABILIDADE TRIBUTÁRIA SOLIDÁRIA COM BASE NO ART. 134 DO CÓDIGO DE TRÂNSITO BRASILEIRO – CTB. INVIABILIDADE. NECESSIDADE DE PREVISÃO EM LEI ESTADUAL ESPECÍFICA. I – Consoante o decidido pelo Plenário desta Corte na sessão realizada em 09.03.2016, o regime recursal será determinado pela data da publicação do provimento jurisdicional impugnado. Aplica-se, no caso, o Estatuto Processual Civil de 2015. II – O art. 134 do Código de Trânsito Brasileiro - CTB não permite aos Estados e ao Distrito Federal imputarem sujeição passiva tributária ao vendedor do veículo automotor, pelo pagamento do IPVA devido após a alienação do bem, quando não comunicada, no prazo legal, a transação ao órgão de trânsito. III – O art. 124, II do CTN, aliado a entendimento vinculante do Supremo Tribunal Federal, autoriza os Estados e o Distrito Federal a editarem lei específica para disciplinar, no âmbito de suas competências, a sujeição passiva do IPVA, podendo, por meio de legislação local, cominar à terceira pessoa a solidariedade pelo pagamento do imposto. IV – Tal interpretação é reverente ao princípio federativo, que, em sua formulação fiscal, revela-se autêntico sobreprincípio regulador da repartição de competências tributárias e, por isso mesmo, elemento informador primário na solução de conflitos nas relações entre a União e os demais entes federados. V – Acórdão submetido ao rito do art. 1.036 e seguintes do CPC/2015, fixando-se, nos termos no art. 256-Q, do RISTJ, a seguinte tese repetitiva: Somente mediante lei estadual/distrital específica poderá ser atribuída ao alienante responsabilidade solidária pelo pagamento do Imposto sobre a Propriedade de Veículos Automotores - IPVA do veículo alienado, na hipótese de ausência de comunicação da venda do bem ao órgão de trânsito competente. VI – Recurso especial do particular parcialmente provido.

9.12.9 IPVA sobre veículos adquiridos por pessoas de direito público em regime de alienação fiduciária

O STF decidiu, no julgamento do RE 727.851, que estão imunes ao IPVA as pessoas de direito público na aquisição de veículos adquiridos em regime de alienação fiduciária:

STF: "IPVA – ALIENAÇÃO FIDUCIÁRIA – ADQUIRENTE – PESSOA JURÍDICA DE DIREITO PÚBLICO. Incide a imunidade prevista no art. 150, inc. VI, alínea *a*, da Constituição Federal, em se tratando de contrato de alienação fiduciária em que pessoa jurídica de direito público surge como devedora" (RE 727.851, Tese 685 RG, rel. Min. Marco Aurélio, j. 22-6-2020).

9.12.10 Exigência de IPVA em Estado diverso do domicílio tributário do contribuinte

No RE 1.016.605, o Supremo Tribunal Federal decidiu que "o IPVA deve ser cobrado no domicílio do contribuinte, tendo em vista que nele é onde o veículo mais circula e, consequentemente, onde o contribuinte mais usufrui das vias públicas locais, as quais são mantidas pela arrecadação do referido imposto" (RE 1.016.605, tese 708 RG, rel. Min. Marco Aurélio, j. 16-6-2020).

9.12.11 Direito sumular

Súmula 585 do STJ

A responsabilidade solidária do ex-proprietário, prevista no art. 134 do Código de Trânsito Brasileiro – CTB, não abrange o IPVA incidente sobre o veículo automotor, no que se refere ao período posterior à sua alienação.

O art. 134 do CTB se refere às penalidades (infrações de trânsito). Assim, não pode ser interpretado extensivamente para criar responsabilidade tributária ao antigo proprietário, não prevista pelo CTN, referente ao período posterior à sua alienação.

9.13 IMPOSTO SOBRE BENS E SERVIÇOS (IBS)

9.13.1. Visão geral

A Emenda Constitucional n. 132/2023 – Reforma Tributária e a Lei Complementar que a regulamentou promoveram a criação do Imposto sobre Bens e Serviços (IBS).

Juntamente com a Contribuição sobre Bens e Serviços (CBS), formam uma espécie de imposto sobre o valor agregado (IVA). Mas a circunstância de estar dividido em dois tributos levou os especialistas a chamarem o conjunto formado pelo IBS e pela CBS de "IVA dual".

O IVA é tributo existente em diversos países vocacionado para ser um imposto único (monotributo) incidindo toda vez que um novo item ou valor é incorporado ao produto durante sua fabricação, comércio ou serviços.

O IBS irá **substituir gradualmente o ICMS e o ISS** a partir de 2027, porém, sua implementação definitiva está prevista para ocorrer somente em 2033.

Já a CBS, passa a ser cobrada em 2027, e igualmente será implementada em definitivo a partir de 2033, substituindo o PIS, a Cofins e a contribuição do importador.

O IBS é um "tributo transfederativo", já que será simultaneamente **estadual, municipal e distrital, e tem como hipótese de incidência "operações onerosas com bens e serviços".**

Outro elemento importante do seu regime jurídico é que o IBS tem **legislação federal única e uniforme,** exceto quanto à alíquota, que deve ser fixada *por lei específica do respectivo ente federativo.*

A base de cálculo do IBS e da CBS é o valor da operação.

Sobre as alíquotas do IBS, vale destacar ainda que serão a somatória das alíquotas estadual e municipal sobre a operação, cabendo ao Senado fixar uma "alíquota de referência" a ser adotada na hipótese de Estados e Municípios não terem criado alíquotas locais.

A definição das normas gerais do IBS compete à lei complementar federal, assim como acontece atualmente com o ICMS e o ISS.

9.13.2. Princípio da neutralidade

O IBS e a CBS sujeitam-se ao princípio da neutralidade, ou seja, *os tributos devem evitar distorcer as decisões de consumo e de organização da atividade econômica.*

9.13.3. Fato gerador

Sobre o fato gerador do IBS, a Emenda Constitucional n. 132/2023 – Reforma Tributária e a Lei Complementar que a regulamentou definem que o imposto incide sobre operações onerosas com bens ou com serviços.

Considera-se ocorrido o fato gerador no momento do fornecimento nas operações com bens ou com serviços, ainda que de execução continuada ou fracionada.

9.13.4. Não cumulatividade

Outra regra fundamental no regime jurídico do IBS é que será não cumulativo, de modo que o montante pago nas operações anteriores gere um crédito nas operações seguintes, a fim de evitar a "tributação em cascata" na qual o tributo incide sobre ele mesmo, fenômeno este que eleva exponencialmente o valor final do produto ou do serviço. *A imunidade e a isenção acarretarão a anulação dos créditos relativos às operações anteriores.*

9.13.5. Importações e exportações

Quanto à exigência do IBS nas operações do comércio exterior, o IBS segue a regra geral da tributação brasileira, ou seja, incide sobre importação, mas não sobre a exportação.

9.13.6. Repartição de receitas

A receita proveniente da arrecadação do IBS deve ser repartida entre Estados, Distrito Federal e Municípios, nos termos de lei complementar federal, e será administrada pelo **Comitê Gestor do IBS**, órgão federal encarregado de administrar e repartir o imposto.

9.13.7. Sujeito passivo

São contribuintes do IBS e da CBS:

I – o fornecedor que realizar operações:

a) no desenvolvimento de atividade econômica;

b) de modo habitual ou em volume que caracterize atividade econômica; ou

c) de forma profissional, ainda que a profissão não seja regulamentada;

II – o adquirente, ainda que não enquadrado no inciso I deste *caput*, na aquisição de bem:

a) apreendido ou abandonado, em licitação promovida pelo poder público; ou

b) em leilão judicial;

c) aquele previsto expressamente em outros hipóteses em lei complementar.

9.13.8. Modalidade de lançamento

Adotando o mesmo regime atualmente aplicado ao ICMS e ao ISS, que serão substituídos pelo IBS, o lançamento do novo tributo será realizado por homologação, cabendo ao contribuinte promover o pagamento antecipado do tributo e encaminhar o cálculo ao fisco para posterior aprovação (homologação).

9.13.9. Cashback

Tanto no IBS quanto na CBS, o art. 156-A, § 5º, VII, da Constituição Federal determina que a legislação específica deve prever as hipóteses de devolução do tributo (*cashback*) a pessoas físicas, inclusive os limites e os beneficiários, com o **objetivo de reduzir as desigualdades de renda.** Trata-se de bem-vinda novidade que permite reembolsar o valor dos tributos em favor da população de baixa renda, medida que, em última análise, reduz o valor de mercadorias e serviços.

Constituem requisitos para fazer jus ao *cashback*: I – **possuir renda familiar mensal** *per capita* **de até meio salário-mínimo nacional**; II – ser residente no território nacional; e III – possuir inscrição em situação regular no CPF.

9.13.10. Demais elementos do regime jurídico do IBS

Atualmente, as informações descritas são aquilo que seguramente se pode dizer sobre o IBS antes de sua efetiva instituição. Caberá ao legislador complementar federal estabelecer os demais elementos normativos do novo imposto.

9.14 IMPOSTO SOBRE A PROPRIEDADE PREDIAL E TERRITORIAL URBANA (IPTU)

9.14.1 Regime geral

O art. 156, I, CF, atribuiu aos **Municípios e ao Distrito Federal** a competência para instituição do Imposto sobre a Propriedade Predial e Territorial Urbana (IPTU).

O IPTU tem **função fiscal**, isso porque sua cobrança atende a finalidade notadamente arrecadatória, voltada à mera obtenção de recursos para o custeio das despesas estatais.

Quanto à modalidade de lançamento, o IPTU é o mais importante exemplo de tributo **lançado de ofício pelo Fisco**, na medida em que a autoridade administrativa utiliza as informações cadastrais do contribuinte e, sem qualquer participação do devedor, realiza o lançamento e a notificação para pagamento. O envio do carnê para pagamento do imposto ao endereço do contribuinte configura notificação de **lançamento**.

No que diz respeito à legalidade e anterioridade, o IPTU está submetido à regra geral quanto aos dois princípios, razão pela qual o imposto somente pode ser criado ou aumentado por meio de lei (legalidade), e cobrado no ano seguinte ao da publicação da lei que o houver instituído ou majorado, respeitado o intervalo mínimo de noventa dias (anterioridade).

> STF: "DIREITO TRIBUTÁRIO. AGRAVO INTERNO EM RECURSO EXTRAORDINÁRIO COM AGRAVO. IPTU. MAJORAÇÃO DA BASE DE CÁLCULO. NECESSIDADE DE LEI EM SENTIDO FORMAL. ENTENDIMENTO FIXADO NO ÂMBITO DA REPERCUSSÃO GERAL. 1. O Plenário do Supremo Tribunal Federal, no julgamento do RE 648.245-RG, rel. Min. Gilmar Mendes, admitido sob a sistemática da repercussão geral, decidiu que é **inconstitucional a majoração do IPTU sem edição de lei em sentido formal.** 2. Agravo interno a que se nega provimento, com aplicação da multa prevista no art. 1.021, § 4º, do CPC/2015" (AG. Reg. ARE 1.125.205/ Pr – Paraná, rel. Min. Roberto Barroso, 1ª T., j. 7-6-2016).

Porém, em razão da norma contida no art. 150, § 1º, da Constituição Federal, **a fixação da base de cálculo do IPTU sujeita-se somente à anterioridade anual,** mas não à nonagesimal. O constituinte fez menção, nesse dispositivo, à planta genérica de valores, que consiste no instrumento normativo municipal utilizado para definir o preço do metro quadrado dos imóveis em cada região. Multiplicando o preço estabelecido na planta genérica pela metragem do imóvel, e acrescentando a área construída, chega-se ao valor venal do imóvel, que constitui a base de cálculo do IPTU.

> STF: "DIREITO TRIBUTÁRIO. AGRAVO REGIMENTAL EM RECURSO EXTRAORDINÁRIO COM AGRAVO. IPTU. NULIDADE DE CDA. COBRANÇA DE IPTU MEDIANTE A PRETENSA AUSÊNCIA DE PUBLICAÇÃO DAS PLANTAS GENÉRICAS DE VALORES. REVOLVIMENTO DO CONJUNTO FÁTICO-PROBATÓRIO DOS AUTOS. SÚMULA 279/STF. PRECEDENTES. 1. Nos termos da jurisprudência da Corte, não há repercussão constitucional imediata da controvérsia sobre pretensa nulidade de CDA relativa à cobrança de IPTU quando se tratar de discussão sobre pretensa ausência de publicação das plantas genéricas de valores. 2. Agravo regimental a que se nega provimento" (ARE 789.902/PR – Paraná, rel. Min. Roberto Barroso, 1ª T., j. 7-6-2016).

Portanto, havendo aumento no valor do imóvel decorrente de reajuste na planta genérica de valores, a majoração pode ser exigida somente a partir do exercício posterior (1º de janeiro do ano seguinte), sem necessidade de observar o intervalo mínimo de noventa dias.

9.14.2 Fato gerador

O fato gerador do IPTU é a propriedade, o domínio útil ou a posse de bem imóvel por natureza ou por acessão física localizado na zona urbana do Município (art. 32 do CTN).

Porém, o titular de domínio útil e o possuidor somente podem ser eleitos pela lei municipal como contribuintes do imposto se a sua relação com o imóvel se assemelhar à de um proprietário (exige-se *animus domini*). A detenção e a posse simples (como nos casos do arrendatário, usuário, superficiário, comodatário, inquilino ou mero possuidor) não são fato gerador do IPTU.

De acordo com o § 1º do art. 32 do CTN, considera-se zona urbana aquela definida em lei municipal, desde que **beneficiada por melhorias públicas** mencionadas em **pelo menos dois** dos incisos abaixo transcritos:

I – meio-fio ou calçamento, com canalização de águas pluviais;

II – abastecimento de água;

III – sistema de esgotos sanitários;

IV – rede de iluminação pública, com ou sem posteamento para distribuição domiciliar;

V – escola primária ou posto de saúde a uma distância máxima de 3 (três) quilômetros do imóvel considerado.

Pode ainda a lei municipal considerar urbanas as **áreas urbanizáveis, ou de expansão urbana,** constantes de loteamentos aprovados pelos órgãos competentes, destinados à habitação, à indústria ou ao comércio (art. 32, § 2º, do CTN).

9.14.2.1 Pode haver Município sem IPTU?

O art. 145, *caput*, da Constituição Federal de 1988 claramente definiu o exercício da competência tributária como facultativa, ao afirmar que União, Estados, Distrito Federal e Municípios "podem" instituir os seguintes tributos.

Desse modo, teoricamente nada impede que um município opte por não cobrar o IPTU em seu território, transformando todos os proprietários de imóveis em contribuintes do ITR. Seria um município 100% rural. Basta, para isso, que inexista a lei municipal definindo a área urbana, mencionada pelo art. 32 do CTN.

Sabe-se da existência de dezenas de municípios brasileiros que não cobram nenhum tributo, vivendo exclusivamente de repasses estaduais e federais.

Embora tal prática seja punida pela Lei de Responsabilidade Fiscal (art. 11 da Lei Complementar n. 101/2000), o texto constitucional não obriga a entidade federativa a criar e arrecadar seus tributos.

9.14.2.2 Pode haver Município 100% urbano?

A polêmica sobre Municípios 100% urbanos esbarra na dificuldade imposta pelo art. 32 do Código Tributário Nacional. Para que todos os imóveis localizados no território de determinado município estejam sujeitos ao recolhimento do IPTU seria necessário, nos termos do art. 32, § 1º, do CTN, que toda a população fosse favorecida por pelo menos duas melhorias públicas, ou, então, os imóveis estivessem em área de expansão urbana (art. 32, § 2º, do CTN).

Embora haja notícia de que muitas câmaras municipais recentemente tenham aprovado leis estendendo o IPTU para toda a população, os rigorosos requisitos do art. 32 do Código Tributário são praticamente impossíveis de serem preenchidos em todo o território de um município.

Ao que consta, o único caso em todo o Brasil de município 100% urbano é o de São Caetano do Sul/SP, que, devido às suas reduzidíssimas dimensões, e por integrar a região metropolitana de São Paulo, reúne peculiaridades que, para fins de tributação, excluíram de seu território a existência de qualquer zona rural.

9.14.3 Contribuinte

Contribuinte do IPTU é o proprietário do imóvel. Sendo inviável cobrar o tributo do proprietário, então o titular do domínio útil ou o possuidor a qualquer título responde pela dívida tributária. É que o art. 34 do CTN menciona como contribuintes, sucessivamente, o dono do imóvel, o titular do domínio útil e o possuidor, estabelecendo verdadeiro benefício de ordem em favor destes últimos, que somente poderão ser acionados para quitação da dívida na hipótese de restarem frustradas as tentativas, por parte do Fisco, de cobrança junto ao proprietário[STJ].

STJ: "TRIBUTÁRIO. IPTU. COBRANÇA. PROPRIETÁRIO. INCIDÊNCIA SOBRE IMÓVEL. OCUPAÇÃO POR TERCEIROS. PERDA DO DOMÍNIO E DOS DIREITOS INERENTES À PROPRIEDADE. IMPOSSIBILIDADE DA SUBSISTÊNCIA DA EXAÇÃO TRIBUTÁRIA. 1. O acórdão recorrido consignou: 'Pela prova documental trazida aos autos, verifica-se que o imóvel tributado está totalmente ocupado por terceiros, sem possibilidade de recuperação, diante da implementação do Loteamento João de Barro. Ante o previsto no art. 32 do Código Tributário Nacional, não é a titularidade do imóvel que faz incidir o tributo, mas a posse ou o domínio útil, ambos direitos que o apelante não mais detém o que afasta sua responsabilidade pelo pagamento do IPTU. (...) Portanto, a decisão recorrida deve ser mantida, pois realmente comprovada a ilegitimidade passiva do apelado' (fls. 420-422, e-STJ). 2. **O Tribunal *a quo* está em consonância com a jurisprudência do STJ segundo a qual é inexigível a cobrança de tributos de proprietário que não detém a posse do imóvel, devendo o Município, no caso, lançar o débito tributário em nome dos ocupantes da área invadida.** 3. Recurso Especial não conhecido". (REsp 1.760.214/SP, rel. Min. Herman Benjamin, j. 2-10-2018, 2ª T., *DJe* 27-11-2018).

STJ: Tema 112 Repetitivo – "1- Tanto o promitente-comprador (possuidor a qualquer título) do imóvel quanto seu proprietário/promitente vendedor (aquele que tem a propriedade registrada no Registro de Imóveis) são contribuintes responsáveis pelo pagamento do IPTU."

9.14.4 Base de cálculo

A base de cálculo do IPTU é o valor venal do imóvel, assim considerado o produto da multiplicação de sua metragem pelo preço do metro quadrado definido na planta genérica de valores (propriedade territorial), somado com o *quantum* da área construída (propriedade predial).

Com a Emenda Constitucional n. 132/2023 – Reforma Tributária, passou a haver expressa autorização constitucional para que a base de cálculo do IPTU seja atualizada por ato do Poder Executivo. O tema está tratado no item 4.5.6.7 deste Curso.

9.14.4.1 IPTU é devido sobre imóvel situado em Área de Preservação Permanente (APP)

No julgamento do REsp 1.492.184, a 2ª Turma do STJ entendeu que o IPTU continua devido por imóvel situado em Área de Preservação Permanente (APP) sujeita a limitação do direito de construir (área *non edificandi*). Segundo o Tribunal, **mesmo com todas as restrições o fato gerador do tributo permanece íntegro, de modo que o tributo incide normalmente**[15].

9.14.5 Regimes de alíquotas do IPTU

Atualmente, o IPTU sujeita-se a **três sistemas diferenciados de alíquotas:**

a) alíquotas progressivas no tempo em razão do uso inadequado do solo urbano (art. 182, § 4º, II, da CF);

b) alíquotas progressivas em função do valor do imóvel (art. 156, § 1º, I, da CF);

c) alíquotas diferenciadas de acordo com o binômio localização/uso do imóvel (art. 156, § 1º, II, da CF).

Importantíssimo salientar que até a promulgação da Emenda Constitucional n. 29, no ano de 2000, o Texto Maior somente continha previsão expressa de progressividade do IPTU para a hipótese de uso inadequado do solo urbano (art. 182, § 4º, II, da CF), razão pela qual a jurisprudência do Supremo Tribunal Federal pacificou o entendimento de que, antes do ano de promulgação da referida Emenda, não se admitia a cobrança do imposto com alíquotas progressivas em razão do valor ou do uso/localização do imóvel.

Nesse sentido, a Súmula 668 do STF: "É inconstitucional a lei municipal que tenha estabelecido, antes da Emenda Constitucional n. 29/2000, alíquotas progressivas para o IPTU, salvo se destinada a assegurar o cumprimento da função social da propriedade urbana".

Interessante destacar que, **declarada a inconstitucionalidade do sistema de progressividade, o tributo permanece devido à alíquota mínima.**

---

15 *Informativo* n. 558.

Declarada inconstitucional a progressividade de alíquota tributária do Imposto Predial Territorial Urbano no que se refere a fato gerador ocorrido em período anterior ao advento da EC n. 29/2000, é devido o tributo calculado pela alíquota mínima correspondente, de acordo com a destinação do imóvel e a legislação municipal de instituição do tributo em vigor à época (STF, RE 602.347).

A progressividade do IPTU no tempo (art. 182, § 4º, II, da CF) consiste em instrumento para o Município desestimular a manutenção de imóveis urbanos não edificados, subutilizados ou não utilizados, podendo a alíquota atingir patamar máximo de 15% sobre o valor venal do imóvel (art. 7º, § 1º, do Estatuto da Cidade – Lei federal n. 10.257/2001).

A progressividade em função do valor do imóvel (art. 156, § 1º, I, da CF) é instituída com finalidade puramente arrecadatória (progressividade fiscal), realizando a exigência de tributação graduada conforme a capacidade econômica do contribuinte (art. 145, § 1º, da CF).

Cabe ressaltar que, no julgamento do RE 666.156, o Plenário do STF fixou a seguinte tese (tema 523): "São constitucionais as leis municipais anteriores à Emenda Constitucional n. 29/2000, que instituíram alíquotas diferenciadas de IPTU para imóveis edificados e não edificados, residenciais e não residenciais". Isso porque, em diversos outros processos, a Corte decidiu pela constitucionalidade da fixação de alíquotas diferenciadas em razão do imóvel estar ou não edificado e serem residenciais ou não residenciais em período anterior à Emenda Constitucional n. 29/2000, uma vez que essa variação não se confunde com a progressividade do IPTU, que antes da citada emenda era autorizada apenas para forçar o cumprimento da função social da propriedade.

Por fim, o art. 156, § 1º, II, da CF prevê a cobrança de IPTU com alíquotas variáveis de acordo com o uso e a localização do imóvel. Note-se que a norma constitucional impõe ao legislador o dever de combinar uso e localização para determinar a diferenciação nas alíquotas.

Assim, por exemplo, descumpriria o referido dispositivo da Constituição a lei municipal que estabelecesse alíquotas de 3% para imóveis comerciais, e de 2% para imóveis residenciais, pois nessa hipótese o tipo de uso foi empregado separadamente do quesito localização. Seria preciso, para tornar válida a exigência, delimitar certa região do Município dentro da qual os imóveis comerciais estariam sujeitos a alíquotas superiores às aplicadas a imóveis residenciais, não dissociando assim o binômio uso/localização referido pelo texto constitucional.

9.14.6 Comparação entre ITR e IPTU

As mais importantes semelhanças e diferenças entre o ITR e o IPTU estão resumidas na tabela comparativa abaixo.

	ITR	IPTU
Previsão	Art. 153, VI, da CF	Art. 156, I, da CF
Competência	União	Municípios e DF
Função	Extrafiscal	Fiscal
Lançamento	Por homologação	De ofício
Repartição de receitas	50% aos Municípios (ou 100%, se houver convênio)	Sem repartição
Hipótese de incidência	Propriedade territorial (somente propriedade nua, ou seja, terra)	Propriedades predial e territorial (construções + terrenos)
Alíquotas	Admite progressividade	Idem
Repartição de receitas	50% em favor dos Municípios (ou 100%, se houver convênio)	Não tem

9.14.7 Direito sumular

9.14.7.1 Súmulas do STF em matéria de IPTU

Súmula 539

É constitucional a lei do município que reduz o imposto predial urbano sobre imóvel ocupado pela residência do proprietário, que não possua outro.

Súmula 589

É inconstitucional a fixação de adicional progressivo do imposto predial e territorial urbano em função do número de imóveis do contribuinte.

Súmula 668

É inconstitucional a lei municipal que tenha estabelecido, antes da Emenda Constitucional n. 29/2000, alíquotas progressivas para o IPTU, salvo se destinada a assegurar o cumprimento da função social da propriedade urbana.

9.14.7.2 Súmulas do STJ em matéria de IPTU

Súmula 160

É defeso ao Município atualizar o IPTU, mediante decreto, em percentual superior ao índice oficial de correção monetária.

Súmula 397

O contribuinte do IPTU é notificado do lançamento pelo envio do carnê ao seu endereço.

Súmula 399

Cabe à legislação municipal estabelecer o sujeito passivo do IPTU.

9.15 IMPOSTO SOBRE A TRANSMISSÃO *INTER VIVOS* DE BENS IMÓVEIS (ITBI OU ITIV)

9.15.1 Regime geral

Previsto no art. 156, II, da CF, o Imposto sobre a Transmissão de Bens Imóveis (ITBI) é de **competência municipal e distrital**.

O ITBI tem **função exclusivamente fiscal** na medida em que é cobrado com a finalidade única de obter recursos para custear as despesas municipais.

Quanto ao tipo de lançamento, o ITBI é **lançado por declaração**.

Nos termos do art. 156, § 2º, I, da CF, o ITBI **não incide** sobre a transmissão de bens ou direitos incorporados ao patrimônio de pessoa jurídica **em realização de capital**, nem sobre a transmissão de bens ou direitos decorrente de fusão, incorporação, cisão ou extinção de pessoa jurídica, salvo se, nesses casos, a atividade preponderante do adquirente for a compra e venda desses bens ou direitos, locação de bens imóveis ou arrendamento mercantil (imunidade).

O imposto é **devido no Município da situação do bem** (art. 156, § 2º, II, da CF).

Em relação aos regimes de legalidade e anterioridade, o ITBI submete-se à regra geral quanto aos dois princípios.

9.15.2 Fato gerador

O fato gerador do imposto é a "transmissão *inter vivos*, a qualquer título, por ato oneroso, de bens imóveis, por natureza ou acessão física, e de direitos reais sobre imóveis, exceto os de garantia, bem como cessão de direitos a sua aquisição" (art. 156, II, da CF).

O STJ trouxe a temática ao julgar o AREsp 1.492.971/SP que, em suma, diz: "A aquisição de imóvel para a composição do patrimônio do Fundo de Investimento Imobiliário, efetivada diretamente pela administradora do fundo e paga por meio de emissão de novas quotas do fundo aos alienantes, configura transferência a título oneroso de propriedade de imóvel para fins de incidência do ITBI, na forma do art. 35 do Código Tributário Nacional e 156, II, da Constituição Federal, ocorrendo o fato gerador no momento da averbação da propriedade fiduciária em nome da administradora no cartório de registro imobiliário" (STJ, Rel. Min. Gurgel de Faria, 1ª T., j. 28-2-2023, *DJe* 31-3-2023).

9.15.3 Não ocorrência do fato gerador

O ITBI não incide sobre registros em cartório de:

a) hipoteca;

b) compromisso de compra e venda simples (já que tal contrato não opera transferência da propriedade imobiliária);

c) usucapião e desapropriação.

Importante destacar também que, de acordo com o art. 156, II, § 2º, da CF, não incidirá ITBI sobre a transmissão de bens ou direitos incorporados ao patrimônio de pessoa jurídica em realização de capital, nem fusão, incorporação, cisão ou extinção da pessoa jurídica. Trata-se de uma hipótese de imunidade de ITBI.

No exemplo anterior, o ITBI somente incidirá se a incorporação de bens ao patrimônio de uma pessoa jurídica constituir a atividade preponderante dessa empresa. Como exemplo, podemos citar uma empresa que compra e vende apartamentos, faz locação ou arrendamento de imóveis. Nesse caso não há tal imunidade.

O art. 37, § 1º, do CTN dispõe que considerar-se-á como atividade preponderante de pessoa jurídica quando mais de 50% (cinquenta por cento) da receita operacional dessa empresa nos dois últimos anos anteriores e nos dois anos subsequentes à aquisição do imóvel decorrer da incorporação e revenda imobiliária.

O STF também entendeu que, quando a cota parte de um sócio for, por exemplo, de cem mil reais e ele integraliza um bem que vale duzentos mil reais, a imunidade do ITBI alcança somente o valor da cota parte. Tudo o que ultrapasse o valor do capital social integralizado deverá sofrer incidência do ITBI.

> STF: "EMENTA. CONSTITUCIONAL E TRIBUTÁRIO. IMPOSTO DE TRANSMISSÃO DE BENS IMÓVEIS – ITBI. IMUNIDADE PREVISTA NO ART. 156, § 2º, I, DA CONSTITUIÇÃO. APLICABILIDADE ATÉ O LIMITE DO CAPITAL SOCIAL A SER INTEGRALIZADO. RECURSO EXTRAORDINÁRIO IMPROVIDO. 1. A Constituição de 1988 imunizou a integralização do capital por meio de bens imóveis, não incidindo o ITBI sobre o valor do bem dado em pagamento do capital subscrito pelo sócio ou acionista da pessoa jurídica (art. 156, § 2º). 2. A norma não imuniza qualquer incorporação de bens ou direitos ao patrimônio da pessoa jurídica, mas exclusivamente o pagamento, em bens ou direitos, que o sócio faz para integralização do capital social subscrito. Portanto, sobre a diferença do valor dos bens imóveis que superar o capital subscrito a ser integralizado, incidirá a tributação pelo ITBI. 3. Recurso Extraordinário a que se nega provimento. Tema 796, fixada a seguinte tese de repercussão geral: "A imunidade em relação ao ITBI, prevista no inciso I do § 2º do art. 156 da Constituição Federal, não alcança o valor dos bens que exceder o limite do capital social a ser integralizado". (STF – RE 796.376 SC, rel. Min. Marco Aurélio, j. 5-8-2020, Tribunal Pleno, *DJe* 25-8-2020).

9.15.4 Contribuinte

Cabe à legislação municipal determinar o contribuinte do imposto, podendo ser o comprador ou vendedor. Na maioria dos municípios brasileiros, a lei atribui ao adquirente o dever de pagar o ITBI.

9.15.5 Base de cálculo

A base de cálculo do ITBI é o valor venal dos bens ou direitos transmitidos (art. 38 do CTN) ou, nas palavras do STJ, **o valor real da venda ou de mercado**.

STJ: "PROCESSO CIVIL E TRIBUTÁRIO. AGRAVO INTERNO NO AGRAVO EM RECURSO ESPECIAL. ENUNCIADO ADMINISTRATIVO N. 3/STJ. TRIBUTÁRIO. ITBI. BASE DE CÁLCULO. VALOR VENAL DO IMÓVEL. APURAÇÃO DISSOCIADA DO VALOR APURADO PELA MUNICIPALIDADE PARA COBRAN-ÇA DE IPTU. POSSIBILIDADE. AGRAVO NÃO PROVIDO. 1. A jurisprudência desta Corte firmou-se no sentido de que **a base de cálculo do ITBI é o valor real da venda do imóvel ou de merca-do, o qual não se identifica necessariamente com a base de cálculo do IPTU.** 2. Agravo inter-no não provido" (Agint no AREsp 1.191.604 / SP, rel. Min. Mauro Campbell Marques, 17-5-2018, 2ª T., *DJe* 24-5-2018).

9.15.6 Alíquota

A alíquota do ITBI será fixada pela legislação municipal, **vedada aplicação de alíquotas progressivas** (Súmula 656 do STF).

9.15.7 A questão da incidência sobre compromisso irretratável de compra e venda

O registro de compromisso de compra e venda não constitui fato gerador do ITBI na medida em que inexiste transferência de propriedade. Entretanto, no caso de **compromisso irretratável de compra e venda do imóvel**, havendo compro-vação de pagamento e com o registro do contrato, trata-se de **verdadeira compra e venda simulada**, já que são produzidos todos os efeitos práticos de uma trans-missão da propriedade, razão pela qual tem predominado o entendimento segun-do o qual **incide o ITBI**.

STF: "A cobrança de ITBI [Imposto de Transmissão *Inter Vivos* de Bens Imóveis] é devida no momento do registro da compra e venda na matrícula do imóvel" (ARE 759.964 AgR, rel. Min. Edson Fachin, j. 15-9-2015, 1ª T, *DJe* 29-9-2015).

9.15.8 Doação onerosa paga ITBI ou ITCMD?

Como regra, doações constituem fato gerador do ITCMD. Porém, se a doação estiver submetida a ônus ou encargo, o caráter sinalagmático desnatura a gratui-dade do contrato, aproximando a situação de uma transmissão onerosa.

Por essa razão, **sobre doação onerosa incide ITBI** e não ITCMD.

9.15.9 Direito sumular

9.15.9.1 Súmulas do STF em matéria de ITBI

Súmula 75

Sendo vendedora uma autarquia, a sua imunidade fiscal não compreende o imposto de transmissão *inter vivos*, que é encargo do comprador.

Súmula 108

É legítima a incidência do imposto de transmissão *inter vivos* sobre o valor do imóvel ao tempo da alienação e não da promessa, na conformidade da legis-lação local.

Súmula 110

O imposto de transmissão *inter vivos* não incide sobre a construção, ou parte dela, realizada pelo adquirente, mas sobre o que tiver sido construído ao tempo da alienação do terreno.

Súmula 111

É legítima a incidência do imposto de transmissão *inter vivos* sobre a restituição, ao antigo proprietário, de imóvel que deixou de servir à finalidade da sua desapropriação.

Súmula 326

É legítima a incidência do imposto de transmissão *inter vivos* sobre a transferência do domínio útil.

Súmula 328

É legítima a incidência do imposto de transmissão *inter vivos* sobre a doação de imóvel.

Súmula 329

O imposto de transmissão *inter vivos* não incide sobre a transferência de ações de sociedade imobiliária.

Súmula 470

O imposto de transmissão *inter vivos* não incide sobre a construção, ou parte dela, realizada, inequivocamente, pelo promitente comprador, mas sobre o valor do que tiver sido construído antes da promessa de venda.

Súmula 656

É inconstitucional a lei que estabelece alíquotas progressivas para o imposto de transmissão *inter vivos* de bens imóveis – ITBI com base no valor venal do imóvel.

9.16 IMPOSTO SOBRE SERVIÇOS DE QUALQUER NATUREZA (ISS OU ISSQN)

9.16.1 Regime geral

Nos termos do art. 156, III, da CF, **compete aos Municípios e ao Distrito Federal** instituir o Imposto sobre Serviços de Qualquer Natureza (ISS ou ISSQN), nos termos de lei complementar federal.

O ISS é imposto cobrado com finalidade essencialmente arrecadatória, daí a doutrina considerá-lo um **tributo de função fiscal** instituído somente para obtenção de receitas aos cofres públicos municipais e distritais.

A respeito da modalidade de lançamento, o ISS, como ocorre com a maioria absoluta dos tributos brasileiros, é **lançado por homologação**.

Quanto à legalidade e anterioridade, o ISS sujeita-se à regra geral dos dois princípios, de modo que o imposto somente pode ser instituído ou majorado por meio de lei (legalidade), e cobrado no ano seguinte ao da publicação da lei que o houver criado ou aumentado, respeitando o intervalo mínimo de noventa dias (anterioridade).

9.16.1.1 *Reforma Tributária e a extinção do ISS*

A Emenda Constitucional n. 132/2023 – Reforma Tributária determinou a criação do Imposto sobre Bens e Serviços que, quando definitivamente instituído, substituirá o ICMS e o ISS.

Assim como em relação ao ICMS, **está prevista a extinção do ISS a partir de 2033**, sendo que, até tal data, suas alíquotas serão reduzidas na seguinte proporção (art. 128 do ADCT):

I – 9/10 (nove décimos), em 2029;

II – 8/10 (oito décimos), em 2030;

III – 7/10 (sete décimos), em 2031;

IV – 6/10 (seis décimos), em 2032.

9.16.2 O papel da lei complementar federal em matéria de ISS

Com a finalidade de **conferir uniformidade** à disciplina normativa do imposto e **evitar a guerra fiscal,** o art. 156, § 3º, da Constituição Federal de 1988 atribuiu à lei complementar federal, em matéria de ISS:

I – fixar suas alíquotas máximas e mínimas;

II – excluir da sua incidência exportações de serviços para o exterior (isenção heterônoma);

III – regular a forma e as condições como isenções, incentivos e benefícios fiscais serão concedidos e revogados.

Atualmente, tais temas são disciplinados pela Lei Complementar n. 116/2003.

9.16.3 Fato gerador

Como a noção de serviço é muito ampla, o texto constitucional delegou ao legislador complementar da União a tarefa de definir quais serviços devem recolher ISS.

Nesse sentido, o art. 156, III, da CF determina que compete aos municípios instituir impostos sobre: III – serviços de qualquer natureza **"definidos em lei complementar"**[STJ].

> STJ: "DIREITO TRIBUTÁRIO. ISS. INDUSTRIALIZAÇÃO POR ENCOMENDA. A industrialização por encomenda está sujeita à incidência de ISS, e não de ICMS. A prestação de serviço personalizado feita em conformidade com o interesse exclusivo do cliente, distinto dos serviços destinados ao público em geral, caracteriza espécie de prestação de serviço que está elencada na lista de serviços da Lei Complementar n. 116/2003" (AgRg no AREsp 207.589-RS, rel. Min. Humberto Martins, 2ª T., j. 6-11-2012, *DJe* 14-11-2012).

Sobre o tema, o STF decidiu que "no tocante às farmácias de manipulação, incide o ISS sobre as operações envolvendo o preparo e o fornecimento de medicamentos encomendados para posterior entrega aos fregueses, em caráter pessoal, para consumo; incide ICMS sobre os medicamentos de prateleira por elas produzidos, ofertados ao público consumidor" (RE 505.552, Tema 379 RG, rel. Min. Dias Toffoli, 5-8-2020).

Vale lembrar da nova Súmula 654, publicada pelo STJ, quando se trata da tabela de preços máximos ao consumidor para base de cálculo do ICMS: "A tabela de preços máximos ao consumidor (PMC) publicada pela ABCFarma, adotada pelo Fisco para a fixação da base de cálculo do ICMS na sistemática da substituição tributária, não se aplica aos medicamentos destinados exclusivamente para uso de hospitais e clínicas".

Se o serviço prestado constar da LC n. 116/2003, ainda que haja a entrega de um produto, incidirá o ISS. É o caso da composição gráfica personalizada, em que há a contratação desse serviço com a entrega final de um produto como banner, adesivo, cartaz. Nesse caso, como tal serviço consta da lei complementar, incidirá ISS. É o entendimento firmado pelo STJ em sua Súmula 156: "A prestação de serviço de composição gráfica, personalizada e sob encomenda, ainda que envolva fornecimento de mercadorias, está sujeita, apenas, ao ISS".

> STF: "TRIBUTÁRIO. ICMS E ISS. SERVIÇOS DE COMPOSIÇÃO GRÁFICA. SÚMULA 156 DO STJ. ADEQUAÇÃO AO ENTENDIMENTO DO SUPREMO TRIBUNAL FEDERAL. ADI 4389-MC. 1. A Primeira Seção do STJ, em 11-3-2009, no julgamento do REsp 1.092.206/SP, de relatoria do Min. Teori Albino Zavascki, submetido ao rito dos recursos repetitivos nos termos do art. 543-C do CPC e da Resolução 8/2008 do STJ, consolidou entendimento segundo o qual "as operações de composição gráfica, como no caso de impressos personalizados e sob encomenda, são de natureza mista, sendo que os serviços a elas agregados estão incluídos na Lista Anexa ao Decreto-Lei n. 406/68 (item 77) e à LC n. 116/2003 (item 13.05). Consequentemente, tais operações estão sujeitas à incidência de ISSQN (e não de ICMS). Confirma-se o entendimento da Súmula 156/STJ: "A prestação de serviço de composição gráfica, personalizada e sob encomenda, ainda que envolva fornecimento de mercadorias, está sujeita, apenas, ao ISS". 2. Contudo, em 13-4-2011 o Pleno do Supremo Tribunal Federal no julgamento da Medida Cautelar na ADI 4.389, rel. Min. Joaquim Barbosa, reconheceu que não incide ISS sobre operações de industrialização por encomenda de embalagens, destinadas à integração ou utilização direta em processo subsequente de industrialização ou de circulação de mercadoria. 3. Ante a possibilidade de julgamento imediato dos feitos que versem sobre a mesma controvérsia decidida pelo Plenário do STF em juízo precário, é necessária a readequação do entendimento desta Corte ao que ficou consolidado pelo STF no julgamento da ADI 4.389-MC. 4. Hipótese em que o Tribunal de origem manifestou-se no mesmo sentido do entendimento exarado pelo STF, não merecendo reforma o acórdão estadual. Agravo regimental provido" (AgRg no REsp 1.310.728/SP, rel. Min. Humberto Martins, 2ª T., j. 2-6-2016, *DJe* 13-6-2016).

Assim, atualmente o fato gerador do ISS é a prestação dos serviços enumerados na lista anexa à Lei Complementar n. 116/2003, lista que foi considerada taxativa pelo STF (tema 179 de Repercussão Geral fixado em 26-6-2020).

Convém destacar que **o imposto é devido, em regra, ao Município onde se localiza o estabelecimento prestador** (art. 3º da Lei Complementar n. 116/2003) ou, na falta do estabelecimento, no local do domicílio do prestador, com exceção de alguns casos – como os serviços de **construção civil e edificações em geral** – em que o ISS é pago no **local da prestação**[STJ].

STJ: "O Município competente para a cobrança de ISS sobre operações de arrendamento mercantil, na vigência do Dec.-lei n. 406/68, é o do local onde sediado o estabelecimento prestador (art. 12), e, a partir da Lei Complementar n. 116/2003, é aquele onde o serviço é efetivamente prestado (art. 3º). A Lei Complementar n. 116/2003 adotou um sistema misto, considerando o imposto devido no local do estabelecimento prestador, ou, na sua falta, no local do domicílio do prestador e, para outras hipóteses definidas, o local da prestação do serviço, do estabelecimento do tomador ou do intermediário (art. 3º). Vê-se, assim, que nem mesmo a Lei Complementar n. 116/2003, que sucedeu o Dec.-lei n. 406/68, prestigiou em sua integralidade o entendimento externado pelo STJ, de modo que não se considera como competente para a arrecadação do tributo, em todos os casos, o Município em que efetivamente prestado o serviço" (REsp 1.060.210-SC, rel. Min. Napoleão Nunes Maia Filho, 1ª Seção, j. 28-11-2012, *DJe* 5-3-2013).

9.16.4 Contribuinte

O contribuinte do ISS é o prestador do serviço (art. 5º da Lei Complementar n. 116/2003).

De acordo com o art. 3º da Lei Complementar n. 116/2003: "O serviço considera-se prestado, e o imposto, devido, no local do estabelecimento prestador ou, na falta do estabelecimento, no local do domicílio do prestador, exceto nas hipóteses previstas nos incisos I a XXV, quando o imposto será devido no local: (...)". Dessa maneira, em regra, o município competente para tributar o ISS será o local do estabelecimento prestador dos serviços, considerando-se como tal o local em que há unidade econômica ou profissional, ou seja, onde a atividade é desenvolvida, seja qual for a sua denominação.

9.16.5 Não ocorrência do fato gerador

O ISS não incide sobre:

a) serviços não arrolados na listagem anexa à Lei Complementar n. 116/2003;

b) a remuneração do próprio trabalho, quando se tratar da prestação de serviços sob a forma de trabalho pessoal do próprio contribuinte (art. 9º, § 1º, do Decreto-lei n. 406/68);

c) serviços de transporte interestadual, transporte intermunicipal e de comunicação (art. 155, II, da CF);

d) locação (Súmula Vinculante 31).

Temática interessante sobre o ISS repousa em sua incidência ou não em operações de *leasing*. No *leasing* operacional, em que há como se fosse uma locação de um bem, não incidirá ISS.

No *leasing* financeiro e no *leasing* de retorno (*leasing-back*), há a preponderância do serviço. Portanto, incidirá o ISS, conforme já decidido pelo STF.

> STF: "RECURSO EXTRAORDINÁRIO. DIREITO TRIBUTÁRIO. ISS. ARRENDAMENTO MERCANTIL. OPERAÇÃO DE *LEASING* FINANCEIRO. ART. 156, III, DA CONSTITUIÇÃO DO BRASIL. O arrendamento mercantil compreende três modalidades, [i] o *leasing* operacional, [ii] o *leasing* financeiro e [iii] o chamado *lease-back*. No primeiro caso há locação, nos outros dois, serviço. A lei complementar não define o que é serviço, apenas o declara, para os fins do inciso III do artigo 156 da Constituição. Não o inventa, simplesmente descobre o que é serviço para os efeitos do inciso III do artigo 156 da Constituição. No arrendamento mercantil (*leasing* financeiro), contrato autônomo que não é misto, o núcleo é o financiamento, não uma prestação de dar. E financiamento é serviço, sobre o qual o ISS pode incidir, resultando irrelevante a existência de uma compra nas hipóteses do *leasing* financeiro e do *lease-back*. Recurso extraordinário a que se dá provimento" (STF – RE 547.245 SC, rel. Min. Eros Grau, j. 2-12-2009, Tribunal Pleno, *DJe*-040, divulg. 4-3-2010 public. 5-3-2010 ement. v. 02392-04, p. 00857).

9.16.5.1 O caso do serviço de locação de bens móveis

Embora a locação conste como fato gerador do ISS no item 3.04 da Lista Anexa à Lei Complementar n. 116/2003, está pacificado o entendimento, tanto no STJ quanto no STF, no sentido de que **locação não é fato gerador do ISS porque o contrato de locação não tem por objeto a prestação de serviços.**

Na verdade, segundo o Direito Civil, o contrato de locação não é uma espécie de obrigação de fazer, sendo, isto sim, típica prestação de dar.

Por tal razão, consolidando a jurisprudência na matéria, o Supremo Tribunal Federal editou a Súmula Vinculante 31, *in verbis*:

> É inconstitucional a incidência do Imposto sobre Serviços de Qualquer Natureza – ISS sobre operações de locação de bens móveis.

9.16.6 Base de cálculo

A base de cálculo do ISS varia de acordo com o tipo de contribuinte[16]:

1) no caso de prestação de serviços na forma de **trabalho pessoal, o valor do imposto é fixo** (art. 9º, § 1º, do Decreto-lei n. 406/68)[STJ];

> STJ: "Não se aplica à prestação de serviços de registros públicos cartorários e notariais a sistemática de recolhimento de ISS prevista no § 1º do art. 9º do Dec.-lei n. 406/68. O referido preceito legal impõe, como condição para o enquadramento no regime especial de recolhimento de ISS,

---

16 Hugo de Brito Machado, *Curso de Direito Tributário*, p. 415.

a 'prestação de serviços sob a forma de trabalho pessoal do próprio contribuinte'. No entanto, a prestação dos serviços cartoriais não importa em necessária intervenção pessoal do notário ou do oficial de registro, tendo em vista que o art. 236 da CF e a legislação que o regulamenta permitem a formação de uma estrutura economicamente organizada para a prestação do serviço de registro público, assemelhando-se ao próprio conceito de empresa. Nesse sentido, o art. 236 da CF determina a natureza jurídica da prestação do serviço como privada, sem determinar, contudo, a unipessoalidade da prestação de serviço cartorário, e o art. 20 da Lei n. 8.935/94 autoriza, de forma expressa, o notário ou oficial de registro a contratar, para o desempenho de suas funções, escreventes, dentre eles escolhendo os substitutos, e auxiliares como empregados. Além do mais, a realidade comprova que, em regra, a atividade cartorária não é prestada de modo direto apenas pelo tabelião, mas também por atendentes, principalmente nos grandes centros urbanos" (REsp 1.328.384-RS, rel. originário Min. Napoleão Nunes Maia Filho, rel. p/ acórdão Min. Mauro Campbell Marques, 1ª Seção, j. 4-2-2013, *DJe* 29-5-2013).

2) no caso de **prestação de serviços por empresas,** a base de cálculo é o preço do serviço[STJ] (art. 7º da Lei Complementar n. 116/2003);

STJ: "É possível a dedução da base de cálculo do ISS dos valores das subempreitadas e dos materiais utilizados em construção civil. O STF, ao julgar o RE 603.497-MG, no rito do art. 543-B do CPC, entendeu ser possível, mesmo na vigência da Lei Complementar n. 116/2003, a dedução da base de cálculo do ISS do material empregado na construção civil. No mesmo sentido, no RE 599.497-RJ, concluiu-se que a orientação adotada no recurso acima é aplicável aos valores das subempreitadas, pois o art. 9º do Dec.-lei n. 406/68 foi recepcionado pela CF" (REsp 1.327.755-RJ, rel. Min. Herman Benjamin, 2ª T., j. 18-10-2012, *DJe* 5-11-2012, *Informativo* 508).

3) no caso da prestação de serviços por **sociedades profissionais,** o valor é calculado multiplicando o montante fixo do tributo pelo número de profissionais que a integrem (art. 9º, § 3º, do Decreto-lei n. 406/68).

9.16.7 Alíquotas

Compete a cada município definir a alíquota do ISS aplicável em seu território. No entanto, o legislador municipal deve respeitar as alíquotas **mínima de 2%** e **máxima de 5%** (arts. 88 do ADCT e 8º da Lei Complementar n. 116/2003).

9.16.7.1 Inovações da Lei Complementar n. 175/2020

Em 24 de setembro de 2020 entrou em vigor a Lei Complementar n. 175 trazendo uma nova sistemática de arrecadação do Imposto sobre Serviços de Qualquer Natureza – ISSQN, especificamente sobre alguns serviços da lista anexa à Lei Complementar n. 116/2003, a saber:

a) planos de medicina de grupo ou individual e convênios para prestação de assistência médica, hospitalar, odontológica e congêneres (item 4.22);

b) outros planos de saúde que se cumpram através de serviços de terceiros contratados, credenciados, cooperados ou apenas pagos pelo operador do plano mediante indicação do beneficiário (item 4.23);

c) planos de atendimento e assistência médico-veterinária (item 5.09);

d) administração de fundos quaisquer, de consórcio, de cartão de crédito ou débito e congêneres, de carteira de clientes, de cheques pré-datados e congêneres (item 15.01);

e) arrendamento mercantil (leasing) de quaisquer bens, inclusive cessão de direitos e obrigações, substituição de garantia, alteração, cancelamento e registro de contrato, e demais serviços relacionados ao arrendamento mercantil (leasing) (item 15.09);

Duas são as mudanças dignas de referência.

Em primeiro lugar, instituiu-se um padrão nacional de obrigação acessória para o ISS, por meio do qual o recolhimento se dá mediante apuração do tributo pelo contribuinte e declaração do montante devido utilizando-se sistema eletrônico (art. 1º).

Além disso, a nova lei define regras para a gradual partilha do produto da arrecadação do ISS, quanto aos serviços acima mencionados, entre o município do local do estabelecimento e o município do tomador de serviços (art. 15).

Não se deve perder de vista que as inovações da Lei Complementar n. 175/2020 aplicam-se somente aos serviços acima listados.

9.16.8 Constitucionalidade da incidência de ISS sobre a atividade de exploração de jogos e apostas e a validade da base de cálculo adotada

No julgamento do Recurso Extraordinário 634.764, o STF decidiu ser constitucional a tributação mediante ISS das atividades de jogos e apostas como a venda de produtos de loteria, sorteios e prêmios, fixando a base de cálculo como valor a ser pago pelo serviço.

> STF: "O Plenário finalizou julgamento virtual e, por maioria, apreciando o tema 700 da repercussão geral, fixou a seguinte tese: 'É constitucional a incidência de ISS sobre serviços de distribuição e venda de bilhetes e demais produtos de loteria, bingos, cartões, pules ou cupons de apostas, sorteios e prêmios (item 19 da Lista de Serviços Anexa à Lei Complementar n. 116/2003). Nesta situação, a base de cálculo do ISS é o valor a ser remunerado pela prestação do serviço, independentemente da cobrança de ingresso, não podendo corresponder ao valor total da aposta'" (RE 634.764, Tema 700 RG, rel. Min. Gilmar Mendes, j. 8-6-2020).

Agora, com a publicação da Lei n. 14.790, em 29 de dezembro de 2023, foi regulamentada a modalidade lotérica denominada apostas de quota fixa.

O art. 2º da nova lei trouxe claramente a definição de nomenclaturas importantes para se entender a norma. São elas:

I – aposta: ato por meio do qual se coloca determinado valor em risco na expectativa de obtenção de um prêmio;

II – quota fixa: fator de multiplicação do valor apostado que define o montante a ser recebido pelo apostador, em caso de premiação, para cada unidade de moeda nacional apostada;

III – apostador: pessoa natural que realiza aposta;

IV – canal eletrônico: plataforma, que pode ser sítio eletrônico, aplicação de internet, ou ambas, de propriedade ou sob administração do agente operador de apostas, que viabiliza a realização de aposta por meio exclusivamente virtual;

V – aposta virtual: aquela realizada diretamente pelo apostador em canal eletrônico, antes ou durante a ocorrência do evento objeto da aposta;

VI – aposta física: aquela realizada presencialmente mediante a aquisição de bilhete em forma impressa, antes ou durante a ocorrência do evento objeto da aposta;

VII – evento real de temática esportiva: evento, competição ou ato que inclui competições desportivas, torneios, jogos ou provas, individuais ou coletivos, excluídos aqueles que envolvem exclusivamente a participação de menores de 18 (dezoito) anos de idade, cujo resultado é desconhecido no momento da aposta e que são promovidos ou organizados:

a) de acordo com as regras estabelecidas pela organização nacional de administração do esporte, na forma prevista na Lei n. 14.597, de 14 de junho de 2023 (Lei Geral do Esporte), ou por suas organizações afiliadas; ou

b) por organizações de administração do esporte sediadas fora do País;

VIII – jogo *on-line*: canal eletrônico que viabiliza a aposta virtual em jogo no qual o resultado é determinado pelo desfecho de evento futuro aleatório, a partir de um gerador randômico de números, de símbolos, de figuras ou de objetos definido no sistema de regras;

IX – evento virtual de jogo *on-line*: evento, competição ou ato de jogo *on-line* cujo resultado é desconhecido no momento da aposta;

X – agente operador de apostas: pessoa jurídica que recebe autorização do Ministério da Fazenda para explorar apostas de quota fixa; e

XI – aplicações de internet: o conjunto de funcionalidades que podem ser acessadas por meio de um terminal conectado à internet.

Com essa regulação por meio da lei, é necessária autorização para a exploração dessa atividade e deve ser expedida pelo Ministério da Fazenda (art. 4º). Além disso, essa autorização tem natureza de ato administrativo discricionário (art. 5º).

O Capítulo VIII da lei traz maiores informações acerca do pagamento dos prêmios e sua tributação. De acordo com o art. 31, recaem sobre prêmios líquidos o IRPF com alíquota de 15%. Vale pontuar também que a tributação afetará prêmios líquidos a partir de valores que excederem a primeira faixa da tabela progressiva anual do IRPF (art. 31, § 2º).

9.16.9 ISS sobre contrato de franquia

No julgamento do Recurso Extraordinário 603.136, o STF decidiu ser constitucional a tributação de ISS sobre os contratos de franquia. Assim firmou a seguinte tese para o Tema 300 da Repercussão geral: "É constitucional a incidência de Imposto sobre Serviços de Qualquer Natureza (ISS) sobre contratos de franquia (*franchising*) (itens 10.04 e 17.08 da lista de serviços prevista no Anexo da Lei Complementar n. 116/2003)".

9.16.10 Direito sumular

Em matéria de ISS, merecem destaque as súmulas abaixo transcritas.

9.16.10.1 Súmula Vinculante 31

É inconstitucional a incidência do imposto sobre serviços de qualquer natureza – ISS sobre operações de locação de bens móveis.

> STF: "A Súmula Vinculante 31, que assenta a inconstitucionalidade da incidência do Imposto sobre Serviços de Qualquer Natureza (ISSQN) nas operações de locação de bens móveis, somente pode ser aplicada em relações contratuais complexas se a locação de bens móveis estiver claramente segmentada da prestação de serviços, seja no que diz com o seu objeto, seja no que concerne ao valor específico da contrapartida financeira. Hipótese em que contratada a locação de maquinário e equipamentos conjuntamente com a disponibilização de mão de obra especializada para operá-los, sem haver, contudo, previsão de remuneração específica da mão de obra disponibilizada à contratante. Baralhadas as atividades de locação de bens e de prestação de serviços, não há como acolher a presente reclamação constitucional" (Rcl 14.290 AgR, rel. Min. Rosa Weber, j. 22-5-2014, P, *DJe* 20-6-2014).

9.16.10.2 Súmula do STF em matéria de ISS

Súmula 588

O imposto sobre serviços não incide sobre os depósitos, as comissões e taxas de desconto, cobrados pelos estabelecimentos bancários.

9.16.10.3 Súmulas do STJ em matéria de ISS

Súmula 138

O ISS incide na operação de arrendamento mercantil de coisas móveis.

Súmula 156

A prestação de serviço de composição gráfica, personalizada e sob encomenda, ainda que envolva fornecimento de mercadorias, está sujeita, apenas, ao ISS.

Súmula 167

O fornecimento de concreto, por empreitada, para construção civil, preparado no trajeto até a obra em betoneiras acopladas a caminhões, e prestação de serviço, sujeitando-se apenas à incidência do ISS.

Súmula 274

O ISS incide sobre o valor dos serviços de assistência médica, incluindo-se neles as refeições, os medicamentos e as diárias hospitalares.

> STF: "As operadoras de planos de saúde realizam prestação de serviço sujeita ao Imposto Sobre Serviços de Qualquer Natureza – ISSQN, previsto no art. 156, III, da CRFB/88" (RE 651.703-ED--segundos, rel. Min. Luiz Fux, j. 28-2-2019, P, *DJe* 7-5-2019, Tema 581).

Súmula 424

É legítima a incidência de ISS sobre os serviços bancários congêneres da lista anexa ao DL n. 406/68 e à LC n. 56/87.

Súmula 524

No tocante à base de cálculo, o ISSQN incide apenas sobre a taxa de agenciamento quando o serviço prestado por sociedade empresária de trabalho temporário for de intermediação, devendo, entretanto, englobar também os valores dos salários e encargos sociais dos trabalhadores por ela contratados nas hipóteses de fornecimento de mão de obra.

9.17 CONTRIBUIÇÃO PARA FINANCIAMENTO DA SEGURIDADE SOCIAL (COFINS)

9.17.1 Regime geral

A Contribuição para Financiamento da Seguridade Social – Cofins foi criada pela Lei Complementar n. 70/91, com natureza jurídica de contribuição social (art. 195, I, *b*, da CF), sendo **devida pelas pessoas jurídicas, inclusive as a elas equiparadas pela legislação do Imposto de Renda**, e destinada exclusivamente às despesas com atividades-fim das áreas de saúde, previdência e assistência social (art. 1º da Lei Complementar n. 70/91).

Tem como **base de cálculo o faturamento mensal**, assim considerada a receita bruta[STJ]:

> STJ: "TRIBUTÁRIO. AGRAVO INTERNO NOS EMBARGOS DE DECLARAÇÃO NO RECURSO ESPECIAL. RESTITUIÇÃO DE INDÉBITO. LEVANTAMENTO DE DEPÓSITOS JUDICIAIS. EXCLUSÃO DA BASE DE CÁLCULO DO PIS/COFINS. IMPOSSIBILIDADE. ACÓRDÃO RECORRIDO EM SINTONIA COM O POSICIONAMENTO DO STJ. RECURSO NÃO PROVIDO.
> 1. O Tribunal de origem, ao dirimir a controvérsia, assim se manifestou: 'As **bases de cálculo** do PIS e COFINS, bem como as deduções admitidas, estão definidas nas Leis n. 10.637/2002 e 10.833/2003. Para ambas, a **base de cálculo** é 'o total das receitas auferidas no mês pela pessoa jurídica, independentemente de sua denominação ou classificação contábil'. Portanto, a **base de cálculo** do PIS e da COFINS, apesar de continuar sendo o '**faturamento mensal**', equivale à 'receita bruta', foi ampliado de modo a abranger, outrossim, 'todas as demais receitas

auferidas pela pessoa jurídica.' As deduções admitidas estão arroladas no 3º do artigo 1º da Lei n. 10.637/2002 e nos mesmos dispositivos da Lei n. 10.833/2003. Naquele rol não estão incluídos os valores em questão. Dessa maneira, submetida a parte impetrante ao regime não cumulativo previsto nas Leis 10.637/02 e 10.833/03, a partir da vigência dos referidos diplomas legais, a correção monetária pela SELIC integra a **base de cálculo** do PIS e da COFINS' (fl. 142, e-STJ).

2. Ao assim decidir, o acórdão recorrido se alinhou à orientação jurisprudencial do STJ segundo a qual 'os valores referentes à incidência da taxa Selic (correção e juros) na repetição do indébito devem incluir a **base de cálculo** da contribuição ao PIS e da COFINS' (AgInt no REsp 1.906.715/RS, Rel. Min. Og Fernandes, 2ª T., *DJe* 14-6-2021). Na mesma linha: AgInt no REsp 1.938.511/RS, Rel. Min. Francisco Falcão, 2ª T., *DJe* 14-10-2021; AgInt nos EDcl no REsp 1.848.930/SC, Rel. Min. Benedito Gonçalves, 1ª T., *DJe* 11-2-2021; AgRg no REsp 1.271.056/PR, Rel. Min. Mauro Campbell Marques, 2ª T., *DJe* 11-9-2013.

3. Consoante o entendimento do STJ, não se deve confundir os conceitos de renda e receita. 'Renda precisa ser riqueza nova, receita não: o conceito de receita comporta quaisquer ressarcimentos e indenizações. O relevo está em que renda é a **base de cálculo** do Imposto de Renda e receita é a **base de cálculo** das contribuições ao PIS/PASEP e COFINS, ora em debate. Ressarcimento é receita, muito embora possa não ser renda. Nessa toada, não é possível invocar o precedente que trata do IRPJ e da CSLL que afasta determinada verba do conceito de renda para afastar a incidência das contribuições ao PIS/PASEP e COFINS que se dá sobre a receita – conceito mais largo que o de renda' (AgInt no REsp 1.940.279/RS, Rel. Min. Mauro Campbell Marques, 2ª T., *DJe* 17-2-2022).

4. Ademais, cabe ressaltar que, na forma da jurisprudência do STJ, 'os juros moratórios não escapam à tributação pelo PIS e Cofins, já que compõem a esfera de disponibilidade patrimonial do contribuinte, que, no caso dos depósitos efetuados na forma da Lei 9.703/1998, ocorre no momento da devolução ao depositante da quantia depositada, acrescida de juros calculados na forma estabelecida pelo § 4º do art. 39 da Lei 9.250/1995 (taxa Selic)' (AgInt no REsp 1.920.229/SC, Rel. Min. Herman Benjamin, 2ª T., *DJe* 31-8-2021).

5. Agravo Interno não provido (STJ, AgInt nos EDcl no REsp 1.949.800/SC, Rel. Min. Herman Benjamin, 2ª T., j. 11-4-2022, *DJe* 25-4-2022).

das vendas de mercadorias, de mercadorias e serviços e de serviço de qualquer natureza (art. 2º da Lei Complementar n. 70/91).

A **alíquota** é fixa no percentual de 2%[STF].

STF: "PIS E COFINS – LEI N. 9.718/98 – ENQUADRAMENTO NO INCISO I DO Art. 195 DA CONSTITUIÇÃO FEDERAL, NA REDAÇÃO PRIMITIVA. Enquadrado o tributo no inciso I do art. 195 da Constituição Federal, é dispensável a disciplina mediante lei complementar. Em sessão realizada em 9 de novembro de 2005, o Plenário, julgando os Recursos Extraordinários n. 357.950/RS, 390.840/MG, 358.273/RS e 346.084/PR, observou o que já assentado no Tribunal – Ação Declaratória de Constitucionalidade n. 1–1/DF –, no sentido da desnecessidade de lei complementar para a majoração de contribuição cuja instituição se dê com base no art. 195, inciso I, da Carta da República. Descabe cogitar de instrumento próprio, o da lei complementar, para majoração da alíquota da COFINS, sendo possível a compensação de valores, consideradas COFINS e CSLL, em harmonia com precedente do Supremo" (REsp 336.134/RS, RE 445.256/SP, rel. Min. Marco Aurélio, j. 11-9-2012, 1ª T.).

Atualmente, a Cofins é disciplinada também pela Lei n. 10.833/2003STJ.

> STJ: "DIREITO TRIBUTÁRIO. INCIDÊNCIA DO PIS E DA COFINS SOBRE A CORREÇÃO MONETÁRIA E OS JUROS REFERENTES À VENDA DE IMÓVEL. Se a correção monetária e os juros (receitas financeiras) decorrem diretamente das operações de venda de imóveis realizadas pelas empresas – operações essas que constituem os seus objetos sociais –, esses rendimentos devem ser considerados como um produto da venda de bens ou serviços, ou seja, constituem faturamento, base de cálculo das contribuições ao PIS e da COFINS, pois são receitas inerentes e acessórias aos referidos contratos e devem seguir a sorte do principal" (2ª T., REsp 1.432.952-PR, rel. Min. Mauro Campbell Marques, 2ª T., j. 25-2-2014, DJe 11-3-2014).

9.17.2 Sanções sob o regime da Cofins

De acordo com o art. 71 da Lei n. 10.833/2003, "o despachante aduaneiro, o transportador, o agente de carga, o depositário e os demais intervenientes em operação de comércio exterior ficam obrigados a manter em boa guarda e ordem, e a apresentar à fiscalização aduaneira, quando exigidos, os documentos e registros relativos às transações em que intervierem, ou outros definidos em ato normativo da Secretaria da Receita Federal, na forma e nos prazos por ela estabelecidos". Logo, caso não haja documentação das mercadorias, esses poderão incorrer em multa de 10% sobre o valor aduaneiro da mercadoria (art. 72, I) ou 5% sobre o preço normal (art. 72, II). Há também a possibilidade de perdimento das mercadorias.

Quando se tratar de transportador de passageiros ou carga, a multa é de R$ 15.000,00 e sujeita ao perdimento (art. 75). Além disso, de acordo com o § 1º do mesmo artigo, com redação dada pela Lei n. 14.651/2023, em caso de transporte rodoviário, o veículo será retido até o recolhimento da multa ou deferimento da impugnação ou recurso. Segundo a mesma lei, a impugnação deve ser apresentada no prazo de 20 dias (§ 3º) e a interposição de recurso também em 20 dias (§ 3º-D).

9.17.3 Diferentes regimes da Cofins

A complexa legislação aplicável à Cofins estabelece **três regimes diferenciados de incidência** do tributo:

1) incidência multifásica cumulativa: previsto nos arts. 8º a 10 da Lei n. 10.833/2003, é o sistema aplicável a grande parte das pessoas jurídicas brasileiras, tais como:

a) empresas que recolhem IR com base no lucro presumido;

b) pessoas jurídicas sujeitas ao Simples;

c) pessoas jurídicas imunes a impostos;

d) órgãos públicos, autarquias e fundações públicas;

e) cooperativas, com exceção das agropecuárias.

Nesse regime, a Cofins incide em várias etapas sucessivas, não havendo aplicação da regra de compensação do valor devido com os montantes pagos em operações anteriores;

2) **incidência multifásica não cumulativa**: o regime multifásico não cumulativo teve sua instituição autorizada pelo art. 195, § 12, da CF, acrescentado pela EC n. 42/2003. Essa modalidade de incidência da Cofins está disciplinada, principalmente, pela Lei n. 10.865/2004, que regula a exigência do tributo sobre a importação, com previsão de mecanismo de creditamento assemelhado ao modelo não cumulativo do ICMS;

3) **incidência monofásica**: a Cofins de incidência única (monofásica) pode ser exigida com base art. 149, § 4º, da CF, com redação dada pela EC n. 33/2001, tendo como exemplo o recolhimento do tributo sobre produtos da indústria farmacêutica (Lei n. 10.147/2000).

9.17.4 Direito sumular

Súmula 659 do STF

É legítima a cobrança da Cofins, do PIS e do Finsocial sobre as operações relativas a energia elétrica, serviços de telecomunicações, derivados de petróleo, combustíveis e minerais do país.

Súmula 688 do STF

É legítima a incidência da contribuição previdenciária sobre o 13º salário.

Súmula 423 do STJ

A Contribuição para Financiamento da Seguridade Social – Cofins incide sobre as receitas provenientes das operações de locação de bens móveis.

9.18 PIS/PASEP

A contribuição para financiamento do Programa de Integração Social (PIS) e de Formação do Patrimônio do Servidor Público (Pasep) foi instituída pelas Leis Complementares n. 7/70 (PIS) e n. 8/70 (Pasep) e originariamente o valor arrecadado compunha um fundo distribuído anualmente a empregados e servidores sob a forma de cotas[STF].

> STF: "1. A contribuição social para o PIS sujeita-se à regra do § 6º do art. 195 da Constituição da República. 2. Aplicação da anterioridade nonagesimal à majoração de alíquota feita na conversão de medida provisória em lei." (RE 568.503/RS, rel. Min. Cármen Lúcia, Tribunal Pleno, j. 12-2-2014, *DJe* 14-3-2014).

Com a promulgação da Constituição de 1988, o fundo composto pelos valores arrecadados com o PIS/Pasep pode ser sacado na superveniência das seguintes eventualidades por parte do empregado ou servidor[17]:

a) aposentadoria;

b) invalidez permanente ou reforma militar;

---

17 Fonte: <http://www.caixa.gov.br/beneficios/pis>.

c) idade igual ou superior a 70 anos;

d) transferência de militar para a reserva remunerada;

e) titular ou dependente portador do vírus HIV;

f) titular ou dependente portador de neoplasia maligna (câncer);

g) morte do participante;

h) benefício assistencial à pessoa portadora de deficiência e ao idoso.

A contribuição tem como **fato gerador o faturamento mensal**, com a incidência não cumulativa, e incide sobre o total das receitas auferidas no mês pela pessoa jurídica, independentemente de sua denominação ou classificação contábil[STJ] (art. 1º da Lei n. 10.637/2002).

> STJ: "DIREITO TRIBUTÁRIO. PIS E COFINS. ATOS NÃO COOPERATIVOS. INCIDÊNCIA. A contribuição ao PIS e à Cofins incide sobre os atos praticados por cooperativa com terceiros. As receitas resultantes da prática de atos cooperativos – que são aqueles que a cooperativa realiza com os seus cooperados ou com outras cooperativas (art. 79 da Lei n. 5.764/71) – estão isentas do pagamento de tributos, inclusive de contribuições de natureza previdenciária. Por outro lado, estão submetidas à tributação aquelas decorrentes da prática de atos da cooperativa com não associados. O fato de o art. 146, III, *c*, da CF prever o adequado tratamento tributário do ato cooperativo não significa isenção ou imunidade tributária ampla e irrestrita às cooperativas, com a desoneração do recolhimento de contribuições previdenciárias. Até porque, segundo os princípios da universalidade e da solidariedade social, em que se fundamentam os arts. 194 e 195 da CF, a expansão e manutenção do sistema de seguridade social serão financiadas por toda a sociedade, direta ou indiretamente" (AgRg no AREsp 170.608-MG, rel. Min. Arnaldo Esteves Lima, 1ª T., j. 9-10-2012, *DJe* 16-10-2012).

Contribuinte do tributo é toda pessoa jurídica de direito privado que auferir as receitas descritas no art. 1º da Lei n. 10.637/2002[STJ].

> STJ: "DIREITO TRIBUTÁRIO. BASE DE CÁLCULO DA CONTRIBUIÇÃO PARA O PIS. A base de cálculo da contribuição para o PIS incidente sobre os ganhos em operações de *swap* com finalidade de *hedge* atreladas à variação cambial deve ser apurada pelo regime de competência – e não pelo regime de caixa – se o contribuinte tiver feito a opção pela apuração segundo aquele regime" (1ª T., REsp 1.235.220-PR, rel. Min. Benedito Gonçalves, j. 22-4-2014, *Informativo* 539).

A **base de cálculo é a totalidade das receitas** auferidas pela pessoa jurídica contribuinte[STJ].

Sobre a base de cálculo, o art. 3º, § 8º, da Lei n. 9.718/1998, teve sua redação alterada pela Lei 14.430, de 3 de agosto de 2022, e trata sobre a dedução de despesas de captação de recursos incorridas por pessoas jurídicas que tenham objetivo de securitização de créditos.

Ainda sobre a base de cálculo, com a publicação da Lei n. 14.592/2023, além dos incisos já elencados na Lei n. 10.637/2002, agora também não integram a base de cálculo, conforme art. 1º, § 3º, XII, XIII e XIV, o seguinte:

"XII – relativas ao valor do imposto que deixar de ser pago em virtude das isenções e reduções de que tratam as alíneas *a*, *b*, *c* e *e* do § 1º do art. 19 do Decreto-Lei n. 1.598, de 26 de dezembro de 1977;

XIII – relativas ao prêmio na emissão de debêntures; e

XIV – relativas ao valor do ICMS que tenha incidido sobre a operação".

STJ: "DIREITO TRIBUTÁRIO. PIS E COFINS. BASE DE CÁLCULO. INCLUSÃO DO ICMS. O ICMS está incluído na base de cálculo do PIS e da Cofins. A jurisprudência do STJ cristalizou o entendimento de que o ICMS está incluído no cálculo do PIS e da Cofins nas Súm. ns. 68 e 94, respectivamente" (AgRg no AREsp 186.811-SC, rel. Min. Arnaldo Esteves Lima, j. 4-10-2012, *Informativo* 506).

STJ: "RECURSO REPETITIVO. PIS/COFINS SOBRE JCP. Antes da EC n. 20/98, a definição constitucional de faturamento envolvia somente a venda de mercadorias, de serviços ou de mercadorias e serviços, não abrangendo a totalidade das receitas auferidas pela pessoa jurídica, tal como o legislador ordinário pretendeu. Somente após a edição da referida emenda constitucional, possibilitou-se a inclusão da totalidade das receitas – incluindo o JCP – como base de cálculo do PIS, circunstância materializada com a edição das Leis n. 10.637/2002 e 10.833/2003" (REsp 1.104.184-RS, rel. Min. Napoleão Nunes Maia Filho, j. 29-2-2012, *Informativo* 492).

A alíquota varia de 0,65%, 1% ou 1,65%, dependendo da forma de recolhimento e da operação.

9.18.1 A questão da base de cálculo do PIS/Cofins e o ICMS

No RE 574.706, o STF passou anos analisando a questão sobre a inclusão ou não do ICMS na base de cálculo do PIS/Cofins. Conforme veremos, a base de cálculo da Cofins é o faturamento mensal de pessoa jurídica e a base do PIS é a totalidade de receitas auferidas.

No entanto, com relação ao ICMS, a discussão pairava sobre considerar ou não o montante arrecadado pelas empresas com relação ao ICMS como sendo ou não receita delas. O entendimento no sentido de não ser considerado como receita baseava-se no fato de que o ICMS, por ser um imposto estadual, não era de titularidade das empresas. Elas apenas embutiam seu valor no preço final dos produtos e, com a venda deles, o montante final arrecadado de ICMS apenas transitava pelo caixa da pessoa jurídica, sendo depois remetido ao seu real titular, que são os Estados e Distrito Federal.

Em março de 2017 o STF havia fixado a seguinte tese para esse tema (Tema 69 da Repercussão Geral): "O ICMS não compõe a base de cálculo para a incidência do PIS e da Cofins". Entretanto, não havia se manifestado sobre a modulação dos efeitos dessa decisão.

Em maio de 2021, o Tribunal decidiu, por maioria, acolher em parte os embargos de declaração opostos e modulou os efeitos da decisão para produção apenas após 15 de maio de 2017, data em que foi julgado o respectivo Recurso Extraordinário e fixada a tese de repercussão geral acima descrita. Entretanto, ressalvaram-se as ações judiciais e administrativas protocoladas até a data da sessão em que houve o julgamento dos embargos.

A partir desse entendimento do STF acerca do ICMS fora da base de cálculo do PIS/Cofins, outras "teses filhas" originaram-se e foram levadas ao debate judicial. Dentre elas, podem ser destacadas as seguintes:

a) ICMS na base de cálculo da Contribuição Previdenciária sobre a Receita Bruta (CPRB): RE 1.187.264;

b) PIS/Cofins fora da base do PIS/Cofins: RE 1.233.096;

c) ISS fora da base do PIS/Cofins: RE 592.616;

d) ICMS na base de cálculo do IRPJ: REsp 1.767.631, 1.772.634 e 1.772.470 (Tema 1.008 dos Recursos Repetitivos);

e) ISS na base de cálculo da CPRB: RE 1.285.845. Tese fixada, Tema 1.135 da Repercussão Geral: "É constitucional a inclusão do Imposto Sobre Serviços de Qualquer Natureza – ISS na base de cálculo da Contribuição Previdenciária sobre a Receita Bruta – CPRB".

9.18.2 Direito sumular

Súmula 659 do STF

É legítima a cobrança da Cofins, do PIS e do Finsocial sobre as operações relativas a energia elétrica, serviços de telecomunicações, derivados de petróleo, combustíveis e minerais do país.

9.19 CONTRIBUIÇÃO SOBRE BENS E SERVIÇOS (CBS)

A Emenda Constitucional n. 132/2023 – Reforma Tributária previu a criação, além do IBS e do Imposto Seletivo, a Contribuição sobre Bens e Serviços (CBS).

Sua instituição está prevista no art. 195, V, da Constituição Federal, sendo **tributo federal que irá substituir o PIS, a Cofins e a contribuição do importador.**

A arrecadação da CBS começa em 2027, porém, sua implementação definitiva ocorrerá somente em 2033.

A CBS forma juntamente com o IBS o Imposto sobre Valor Agregado (IVA) dual instituído pela Reforma.

Como dito no estudo do IBS, o IVA é tributo existente em diversos países vocacionados para serem um imposto único (monotributo) incidindo toda vez que um novo item ou valor é incorporado ao produto durante sua fabricação, comércio ou serviços.

O regime jurídico da CBS é um espelhamento das normas aplicáveis ao IBS, devendo ambos serem criados pela mesma lei.

É de estranhar-se, aliás, que a CBS tenha a mesma estrutura, base de cálculo, fato gerador e regime jurídico do IBS, mas seja uma contribuição. Seria mais preciso considerá-la um imposto com nome de contribuição.

A criação da CBS exige **lei complementar** federal (a mesma do IBS), mas a **alíquota pode ser fixada por lei ordinária federal**.

As demais regras aplicáveis à CBS são as mesmas válidas para o IBS, em especial:

a) não integrará sua própria base de cálculo nem a do Imposto Seletivo e do IBS;

b) tem como fato gerador as operações com bens materiais ou imateriais, inclusive direitos, ou com serviços;

c) a não cumulatividade, ou seja, será cobrada "por fora" como o IBS, de modo que sua base de cálculo não contém o valor do próprio tributo nas operações anteriores;

d) nas operações do comércio exterior, o CBS segue a regra geral da tributação brasileira, ou seja, incide sobre importação, mas não sobre a exportação; e

e) o lançamento será por homologação.

Por fim, como já abordado nos comentários do IBS, tanto na CBS quanto no IBS, o art. 156-A, § 5º, VII, da Constituição Federal determina que a legislação específica deve prever as hipóteses de devolução do tributo (*cashback*) a pessoas físicas, inclusive os limites e os beneficiários, **com o objetivo de reduzir as desigualdades de renda**. São requisitos para fazer jus ao *cashback*: **I – possuir renda familiar mensal *per capita* de até meio salário-mínimo nacional; II – ser residente no território nacional; e III – possuir inscrição em situação regular no CPF.**

Acesse
o material
suplementar

https://uqr.to/1xebw

Acesse o QR Code e confira o quadro sinótico e as questões deste capítulo.

10

HIPÓTESE DE INCIDÊNCIA E FATO GERADOR

10.1 PARA QUE SERVE ESTUDAR HIPÓTESE DE INCIDÊNCIA E FATO GERADOR?

O estudo da hipótese de incidência tributária e do fato gerador tem direta relação com o tema do devido processo legal para a cobrança de tributos.

Nos termos do art. 5º, LIV, da CF: "ninguém será privado da liberdade ou de seus bens sem o devido processo legal".

O referido dispositivo enuncia o princípio constitucional do devido processo legal, cujo alcance se projeta sobre diversos ramos do Direito.

No campo específico do Direito Tributário, o devido processo legal incide na medida em que existe um rito determinado por meio do qual o Fisco cobra o contribuinte inadimplente.

Entre diversas garantias asseguradas ao contribuinte no bojo do princípio do devido processo legal, e de cumprimento obrigatório por parte do Fisco, merecem destaque as seguintes:

1) é **vedado ao Fisco utilizar meios indiretos ou sanções políticas** para coagir o contribuinte ao pagamento do tributo, como, por exemplo, recusar expedir certidões, negar inscrição no CNPJ ou interditar estabelecimentos[STF];

STF: "CONSTITUCIONAL. TRIBUTÁRIO. SANÇÃO POLÍTICA. NÃO PAGAMENTO DE TRIBUTO. INDÚSTRIA DO CIGARRO. REGISTRO ESPECIAL DE FUNCIONAMENTO. CASSAÇÃO. DECRETO-LEI N. 1.593/77, ART. 2º, II. (...) A orientação firmada pelo Supremo Tribunal Federal rechaça a aplicação de sanção política em matéria tributária. Contudo, para se caracterizar como sanção política, a norma extraída da interpretação do art. 2º, II, do Decreto-lei n. 1.593/77 deve atentar contra os seguintes parâmetros: (1) relevância do valor dos créditos tributários em aberto, cujo não pagamento implica a restrição ao funcionamento da empresa; (2) manutenção proporcional e razoável do devido processo legal de controle do ato de aplicação da penalidade; e (3) manutenção proporcional e razoável do devido processo legal de controle da validade dos créditos tributários cujo não pagamento implica a cassação do registro especial. 4. Circunstâncias que não foram demonstradas no caso em exame" (RE 550.769, rel. Min. Joaquim Barbosa, Tribunal Pleno, j. 22-5-2013).

2) somente a lei pode determinar o procedimento para cobrança de tributos, sendo que atualmente o rito está previsto no Código Tributário Nacional e na Lei de Execuções Fiscais (Lei n. 6.830/80).

Desse modo, o contribuinte tem direito à observância do rito legal para cobrança do tributo (devido processo legal), sob pena de nulidade do processo.

E o passo a passo do rito atualmente em vigor é o seguinte:

1º passo: definição da **hipótese de incidência** tributária;

2º passo: ocorrência do **fato gerador**;

3º passo: nascimento da **obrigação tributária**;

4º passo: **lançamento tributário**;

5º passo: constituição do **crédito tributário**;

6º passo: inscrição em **dívida ativa**;

7º passo: expedição da **certidão da dívida ativa (CDA)**;

8º passo: propositura da **execução fiscal**.

Assim, o estudo da hipótese de incidência e do fato gerador tem a finalidade de auxiliar na compreensão dos primeiros passos do devido processo legal[STF] para cobrança de tributos no Brasil.

> STF: "A exigência, pela Fazenda Pública, de prestação de fiança, garantia real ou fidejussória para a impressão de notas fiscais de contribuintes em débito com o Fisco viola as garantias do livre exercício do trabalho, ofício ou profissão (CF, art. 5º, XIII), da atividade econômica (CF, art. 170, parágrafo único) e do devido processo legal (CF, art. 5º, LIV). O aludido dispositivo legal vincularia a continuidade da atividade econômica do contribuinte em mora ao oferecimento de garantias ou ao pagamento prévio do valor devido a título de tributo. Ante a impossibilidade de impressão de talonário de notas fiscais, salvo garantia prevista com base em débitos ainda não existentes, o contribuinte encontrar-se-ia coagido a quitar a pendência sem poder questionar o passivo, o que poderia levar ao encerramento de suas atividades. Aludiu que se trataria de providência restritiva de direito, complicadora ou mesmo impeditiva da atividade empresarial do contribuinte para forçá-lo ao adimplemento dos débitos. Esse tipo de medida, denominada pelo Direito Tributário, sanção política, desafiaria as liberdades fundamentais consagradas na Constituição, ao afastar a ação de execução fiscal, meio legítimo estabelecido pela ordem jurídica de cobrança de tributos pelo Estado. O Tribunal ressaltou o teor dos Enunciados 70 ('É inadmissível a interdição de estabelecimento como meio coercitivo para cobrança de tributo'), 323 ('É inadmissível a apreensão de mercadorias como meio coercitivo para pagamento de tributos') e 547 ('Não é lícito à autoridade proibir que o contribuinte em débito adquira estampilhas, despache mercadorias nas alfândegas e exerça suas atividades profissionais')" (RE 565.048/RS, rel. Min. Marco Aurélio, j. 29-5-2014).

10.2 HIPÓTESE DE INCIDÊNCIA OU REGRA-MATRIZ DE INCIDÊNCIA?

Na doutrina, os termos "hipótese de incidência" e "regra-matriz de incidência" são equivalentes. O primeiro é mais tradicional e foi difundido pela obra de Geraldo Ataliba. O segundo, mais moderno, é de Paulo de Barros Carvalho.

Para provas e concursos, devido à sua maior abrangência, recomenda-se sempre a utilização da nomenclatura "hipótese de incidência tributária".

10.3 CONCEITO DE HIPÓTESE DE INCIDÊNCIA E A DUALIDADE HIPÓTESE DE INCIDÊNCIA-FATO GERADOR

Hipótese de incidência é a **descrição legislativa de uma situação** que, ocorrendo na prática, produz a quem lhe deu causa o dever de pagar tributo.

Trata-se de uma técnica utilizada em todos os países ocidentais modernos para dar nascimento à obrigação tributária. Primeiro, o legislador descreve uma certa conduta (hipótese de incidência). Então, quando determinado sujeito realiza no mundo concreto (fato gerador) a conduta descrita na hipótese de incidência, passa a ter o dever de pagar o tributo.

Assim, por exemplo, a hipótese de incidência do IPVA, nos termos do art. 155, III, da CF, é "ser proprietário de veículo automotor".

10.4 UTILIDADE DA HIPÓTESE DE INCIDÊNCIA

O instituto da hipótese de incidência tem dupla finalidade:

a) no plano do ordenamento: serve como instrumento para delimitar a competência tributária definindo o âmbito dentro do qual o tributo pode ser validamente instituído pela entidade federativa;

b) no plano doutrinário: atua como ferramenta facilitadora para compreensão didática dos cinco aspectos que envolvem a relação jurídico-tributária (temporal, territorial, material, pessoal e quantitativo).

10.5 DIFERENÇA ENTRE HIPÓTESE DE INCIDÊNCIA E FATO GERADOR

A **hipótese de incidência** é a descrição normativa da situação, integrando o **mundo normativo**. Exemplo: "ser proprietário de veículo automotor" (hipótese de incidência do IPVA).

Já o **fato gerador** é a **ocorrência concreta** da situação descrita na hipótese de incidência, pertencente ao **mundo concreto**. Exemplo: Fulano é proprietário de veículo automotor.

10.6 ASPECTOS OU CRITÉRIOS DA HIPÓTESE DE INCIDÊNCIA

Com o objetivo de facilitar o estudo do tema, a doutrina tem dividido a hipótese de incidência em cinco aspectos, partes ou critérios:

a) aspecto temporal;

b) aspecto territorial ou espacial;

c) aspecto material;

d) aspecto pessoal;

e) aspecto quantitativo;

f) aspecto operacional.

Convém analisar separadamente o significado de cada um deles.

10.6.1 Aspecto temporal

O aspecto temporal é a parte da hipótese de incidência responsável por definir **quando** se considera ocorrido o fato gerador, ou seja, trata-se da fixação do **momento de sua ocorrência.**

Sendo instantâneo o fato gerador, no momento de sua ocorrência surge imediatamente a obrigação tributária.

Na hipótese de fato gerador complessivo, complexivo ou complexo, como o que existe é uma situação estendida no tempo, cabe ao legislador fixar qual a data em que juridicamente se tem como nascida a obrigação de pagar o tributo.

> STF: "AGRAVO REGIMENTAL EM RECURSO EXTRAORDINÁRIO. DIREITO TRIBUTÁRIO. CONTRIBUI-ÇÃO PARA O FUNRURAL. CONSTITUCIONALIDADE. HIPÓTESE DE INCIDÊNCIA. EMPREGADOR RURAL. COOPERATIVA. 1. A discussão referente ao aspecto temporal da hipótese de incidência e a técnica de arrecadação tributária da contribuição para o FUNRURAL cinge-se ao âmbito infraconstitucional. Precedentes. 2. Agravo regimental a que se nega provimento, com previsão de aplicação de multa, nos termos do art. 1.021, § 4º, do CPC, e majoração de honorários advocatícios, nos termos do art. 85, § 11, do CPC" (AgRg no RE 1.026.510/RS, rel. Min. Edson Fachin, j. 13-4-2018, 2ª T.).

10.6.2 Aspecto territorial ou espacial

No aspecto territorial ou espacial, a lei determina **onde** ocorre o fato gerador do tributo, isto é, trata-se da **delimitação geográfica de sua ocorrência.**

Normalmente, a análise do aspecto espacial não envolve muitas controvérsias, pois, via de regra, a hipótese de incidência opera seus efeitos em todo o território nacional (tributos federais) ou apenas nos limites do Estado (tributos estaduais) ou do Município (tributos municipais) titulares da competência para criação do tributo.

Digna de referência é a questão que envolve a delimitação dos conceitos de zona urbana e de zona rural, discussão cujo deslinde permite saber se determinado imóvel será tributado pelo Município (via IPTU) ou pela União (por meio de ITR).

Para fins exclusivamente tributários, incide na hipótese a norma do art. 32, § 1º, do CTN, pela qual zona urbana é aquela definida em lei municipal, observado o requisito mínimo da existência de pelo menos duas melhorias públicas na região, tais como meio-fio, calçamento, canalização de águas pluviais, abastecimento de águas, sistema de esgotos, iluminação pública, escola primária ou posto de saúde a uma distância máxima de três quilômetros do imóvel.

Essa regra, repita-se, só pode ser utilizada para o Direito Tributário, já que, por exemplo, no campo do Direito Administrativo o critério diferenciador de imóveis rurais e urbanos, para fins de precisar qual modalidade expropriatória será cabível (para reforma agrária ou para política urbana), é a destinação do bem independentemente da sua localização ou das benfeitorias públicas existentes.

Entretanto, deve-se registrar entendimento do **STJ** em sentido contrário ao exposto: "*IPTU. ITR. LOCALIZAÇÃO. IMÓVEL. A localização do imóvel não é suficiente para que se decida entre a incidência de IPTU ou ITR. Há que se observar sua destinação econômica*". AgRg no Ag 498.512-RS, rel. Min. Peçanha Martins, j. 22-3-2005.

10.6.3 Aspecto material

O aspecto material determina **qual o fato gerador**, isto é, o evento ou situação que, ocorrendo, produz o dever de pagar tributo.

> STF: "AGRAVO REGIMENTAL EM RECURSO EXTRAORDINÁRIO COM AGRAVO. DIREITO TRIBUTÁRIO. CIDE. LEI COMPLEMENTAR. 1. A jurisprudência do STF é firme no sentido de que a instituição de Contribuição de Intervenção de Domínio Econômico prescinde da forma de lei complementar. 2. **A aferição em concreto do aspecto material da hipótese de incidência tributária cinge-se ao âmbito infraconstitucional**. Súmula 279 do STF. 3. Agravo regimental a que se nega provimento" (ARE 934.095 Agr/RJ, rel. Min. Edson Fachin, j. 31-5-2016, 1ª T.).

10.6.4 Aspecto pessoal

O aspecto pessoal define **quem são** os dois polos da obrigação tributária, isto é, o **credor e o devedor do tributo**.

O polo ativo é ocupado pelo credor tributário, também denominado "Fisco". Em regra, será uma entre as entidades federativas (União, Estados, Distrito Federal ou Municípios), ao menos que o caso seja de parafiscalidade, hipótese em que o credor será outra pessoa, física ou jurídica, definida em lei.

No polo passivo podemos ter duas figuras distintas: o contribuinte ou o responsável tributário.

Conforme será visto nos capítulos seguintes deste *Curso*, **contribuinte** é o sujeito passivo que **tem relação direta e pessoal com o fato gerador do tributo** (art. 121, parágrafo único, I, do CTN).

Já o **responsável tributário** é o sujeito passivo que, **não revestindo a condição de contribuinte**, tenha obrigação de recolher tributos decorrente de expressa disposição legal (art. 121, parágrafo único, II, do CTN).

10.6.5 Aspecto quantitativo

O aspecto quantitativo indica *quanto* o contribuinte deve ao Fisco.

A apuração do valor devido pelo sujeito passivo dá-se pela ação conjunta de dois elementos distintos: a **base de cálculo** e a **alíquota**.

10.6.5.1 Base de cálculo e base calculada

Base de cálculo é a grandeza econômica sobre a qual incide o tributo. Ex.: a base de cálculo do IPTU é o valor venal do imóvel (art. 33 do CTN).

Base calculada é o **valor apurado da base de cálculo**. Assim, por exemplo, se João mora em imóvel urbano cujo valor venal é de R$ 50.000,00 (cinquenta mil reais), a base de cálculo é o elemento econômico tributável (valor venal) e a base calculada é a quantificação concreta desse elemento (R$ 50.000,00). Desse modo, a base de cálculo do IPTU é a mesma em todo o Brasil (art. 33 do CTN); a base calculada varia de imóvel para imóvel.

Cabe lembrar que o legislador não está inteiramente livre para eleger uma base de cálculo, isso porque a fixação da grandeza econômica a ser tributada deverá observar uma relação de pertinência lógica com o aspecto material da hipótese de incidência.

Assim, por exemplo, sendo certo que o IPTU tributa a propriedade imobiliária urbana, sua base de cálculo não pode ser outra senão o valor do bem. Seria inconstitucional, portanto, o IPTU cobrado em função da quantidade de automóveis na casa, já que isso não seria tributar a propriedade imobiliária, mas outra grandeza econômica (propriedade de veículos automotores).

Do mesmo modo, se uma taxa de polícia fosse criada para remunerar a atividade exercida pela guarda costeira de fiscalizar embarcações em busca de tripulantes clandestinos e o legislador escolhesse o valor das mercadorias embarcadas como base de cálculo, o tributo seria inconstitucional, porque a grandeza econômica utilizada para apurar o *quantum* devido não observa relação lógica alguma com a hipótese de incidência.

Em síntese, a **base de cálculo** deve ser fixada de modo a **confirmar a materialidade da hipótese de incidência**.

10.6.5.2 Alíquota

Para determinar o *quantum* devido pelo contribuinte, não basta a existência da base de cálculo, na medida em que, sendo vedada a utilização de tributo para confiscar bens privados, o Estado não poderia retirar dos particulares o valor de toda a base de cálculo, sendo necessário estabelecer qual fração dela deverá ser entregue ao Fisco.

A essa fração da base de cálculo, normalmente expressa por meio de um **percentual**, dá-se o nome de *alíquota*.

Importante demonstrar que a alíquota poderá ser específica ou *ad valorem*. A alíquota específica é a indicação de um valor monetário que se associa à base de cálculo, sendo, portanto, um valor fixo aplicado por unidade de medida da mercadoria. Como exemplo tem-se a tributação do IPI sobre o vinho, em que a incidência de alíquota é um valor fixo em reais conforme a quantidade de mililitros (Decreto n. 7.212/2010). Já as alíquotas serão *ad valorem* quando representarem uma porcentagem sobre a base de cálculo.

10.6.6 Aspecto operacional

O aspecto operacional traduz as diretrizes da Administração Tributária para o recolhimento do tributo pelo contribuinte. Dentre tais diretrizes encontram-se: local de pagamento (art. 159 do CTN); vencimento da obrigação e concessão eventual de descontos para pagamento antecipado (art. 160 do CTN); modo de quitação (art. 162 do CTN); juros de mora e demais disposições legais diante do descumprimento da obrigação (art. 161 do CTN).

10.7 FATO GERADOR

Fato gerador ou fato imponível é a **ocorrência concreta** da situação descrita na hipótese de incidência.

Nos termos do art. 114 do CTN, "fato gerador da obrigação principal é a **situação definida em lei como necessária e suficiente à sua ocorrência**".

Já de acordo com o art. 115 do CTN "fato gerador da obrigação acessória é qualquer situação que, na forma da legislação aplicável, impõe a prática ou a abstenção de ato que não configure obrigação principal".

Se a hipótese de incidência descreve um evento específico, como circular mercadorias ou prestar serviço de limpeza, diz-se que o fato gerador é instantâneo.

Por outro lado, caso a descrição legislativa preveja que o tributo incide sobre situação que se prolonga no tempo, fala-se em fato gerador complexo ou fato gerador complessivo.

Importante ressaltar que de acordo com o art. 118 do CTN, a ocorrência do fato gerador não levará em consideração a natureza do objeto dos atos praticados e os efeitos desses atos (princípio do *non olet*). Por isso, entende-se que atividades ilícitas poderão ser tributadas, tais como o ato de auferir rendas por meio do tráfico de drogas. Prevalece, portanto, a interpretação objetiva do fato gerador.

10.7.1 Art. 4º do CTN

É importante lembrar que, nos termos do art. 4º do CTN, **é o fato gerador que define a natureza específica do tributo**, sendo irrelevantes a denominação, demais características formais adotadas pela lei e a destinação legal do produto da sua arrecadação.

Assim, para saber se determinado tributo é um imposto, taxa ou contribuição de melhoria, o único critério cientificamente apropriado consiste na análise do fato gerador da respectiva obrigação.

10.7.2 Momento da ocorrência do fato gerador. Negócios condicionais

De acordo com o art. 116 do CTN, salvo disposição de lei em contrário, **considera-se ocorrido o fato gerador e existentes os seus efeitos:**

I – tratando-se de situação de fato, desde o momento em que se verifiquem as circunstâncias materiais necessárias a que produza os efeitos que normalmente lhe são próprios. Situação de fato é aquela que ainda não foi disciplinada por nenhum ramo jurídico. Exemplo: o conceito de "exportação";

II – tratando-se de situação jurídica, desde o momento em que esteja definitivamente constituída, nos termos de direito aplicável. Entende-se por situação jurídica aquela já disciplinada por algum ramo jurídico. Exemplos: prestação de serviço, transmissão de imóvel etc.

Já no caso de **atos e negócios jurídicos condicionais**, consideram-se perfeitos e acabados (art. 117):

I – sendo suspensiva a condição, desde o momento de seu implemento;

II – sendo resolutória a condição, desde o momento da prática do ato ou da celebração do negócio.

10.7.3 Autossuficiência do fato gerador

A simples ocorrência da situação descrita na hipótese de incidência é suficiente para dar nascimento à obrigação tributária, **devendo sua definição legal ser interpretada abstraindo-se** de elementos pertencentes a outros ramos jurídicos, tais como (art. 118 do CTN):

1) **da validade jurídica dos atos efetivamente praticados** pelos contribuintes, responsáveis ou terceiros, bem como da natureza do seu objeto ou de seus efeitos (independência do fato gerador perante o Direito Penal ou "princípio do *non olet*"). É por isso que, por exemplo, havendo venda de um animal da fauna silvestre, é devido o ICMS sobre a operação, mesmo sabendo que o Direito Ambiental brasileiro tipifica como crime tal conduta. Isso ocorre porque o fato gerador "circulação de mercadoria" ocorre abstraindo-se do tipo penal cometido a prática da conduta;

2) **dos efeitos dos fatos efetivamente ocorridos** (independência do fato gerador perante os Direitos Civil e Empresarial). Exemplo: quem constar no registro estadual como proprietário do veículo automotivo em 1º de janeiro será o contribuinte do IPVA correspondente àquele exercício inteiro, pouco importando se já nos dias seguintes o veículo for vendido ou furtado.

10.7.4 Emenda Constitucional n. 3/93 e fato gerador presumido: análise crítica

A EC n. 3/93 acrescentou o § 7º ao art. 150 da Constituição Federal, com o seguinte teor: "A lei poderá atribuir a sujeito passivo de obrigação tributária a condição de responsável pelo pagamento de imposto ou contribuição, cujo fato gerador deva ocorrer posteriormente, assegurada a imediata e preferencial restituição da quantia paga, caso não se realize o fato gerador presumido".

A validade jurídica do chamado fato gerador presumido é bastante discutível, porque subverte a sequência lógica dos eventos que antecedem o momento do pagamento do tributo. De fato, não faz sentido exigir do contribuinte o desembolso de certa quantia em dinheiro antes que a situação legal desencadeadora da obrigação de pagar o tributo tenha ocorrido, e antes também da própria constituição do crédito.

A Emenda n. 3/93 é altamente prejudicial à segurança jurídica, fragilizando a estabilidade social e produzindo um ambiente de incerteza para os contribuintes. Além do princípio da segurança jurídica, noção essencial que está na base de todo o sistema tributário nacional, o instituto do fato gerador presumido fere o princípio da não surpresa e o direito do contribuinte de somente ser tributado segundo as normas previstas na ordem jurídica, inexistindo como sustentar-se a legitimidade da exigência de um tributo antes que tenha ocorrido o fato que provoca a obrigação de pagá-lo.

Assim, na esteira da melhor doutrina, deve-se considerar inconstitucional a Emenda Constitucional n. 3/93, no que diz respeito à instituição da figura do fato gerador presumido, diante da inarredável constatação de que a referida Emenda foi promulgada em desatenção aos limites materiais impostos ao constituinte reformador, especialmente tendo em vista o teor do art. 60, § 4º, IV, da Constituição Federal, que afirma: "Não será objeto de deliberação a proposta de emenda tendente a abolir: IV – os direitos e garantias individuais".

Convém registrar, contudo, que o STF, instado a manifestar-se, declarou constitucional a EC n. 3/93 (ADIn 1.851).

10.8 QUADRO COMPARATIVO ENTRE HIPÓTESE DE INCIDÊNCIA E FATO GERADOR

Por fim, sintetizando o que foi dito nos itens anteriores, podemos resumir as diferenças entre hipótese de incidência e fato gerador conforme apontado no quadro abaixo:

Hipótese de incidência	Fato gerador
É a descrição normativa da conduta	É a ocorrência concreta da situação descrita na hipótese de incidência
Também chamada de "regra-matriz de incidência"	Também conhecido como "fato imponível"
Integra o mundo normativo	Pertence ao mundo concreto
Ex.: "ser proprietário de veículo automotor"	Ex.: Fulano é proprietário de veículo automotor

Acesse
o material
suplementar

https://uqr.to/1xebw

Acesse o QR Code e confira o quadro sinótico e as questões deste capítulo.

11

CÓDIGO TRIBUTÁRIO NACIONAL E LEGISLAÇÃO TRIBUTÁRIA

11.1 NORMAS GERAIS DE DIREITO TRIBUTÁRIO NO CÓDIGO TRIBUTÁRIO NACIONAL

O Código Tributário Nacional, promulgado por meio da Lei n. 5.172/66, é dividido em dois grandes Livros.

O Livro Primeiro denomina-se "Sistema Tributário Nacional" (arts. 1º a 95) e disciplina basicamente o regime dos tributos em espécie, contendo grande quantidade de normas que repetem regras do texto constitucional de 1988.

Já o Livro Segundo, de grande relevância para provas e concursos públicos, é intitulado "Normas Gerais de Direito Tributário" (arts. 96 a 218), dividindo-se em cinco partes:

Título I – Legislação Tributária (arts. 96 a 112);

Título II – Obrigação Tributária (arts. 113 a 138);

Título III – Crédito Tributário (arts. 139 a 193);

Título IV – Administração Tributária (arts. 194 a 208);

Disposições Finais e Transitórias (arts. 209 a 218).

Sob o título de "Legislação Tributária", os arts. 96 a 111 do CTN tratam de normas gerais a respeito dos seguintes temas:

a) conceito de "legislação tributária";

b) leis, tratados, convenções internacionais e decretos;

c) normas complementares;

d) vigência da lei tributária;

e) aplicação da lei tributária;

f) interpretação e integração da legislação tributária.

O objetivo do presente capítulo é analisar especificamente o conceito de "legislação tributária", bem como todos os elementos que o integram.

11.2 CONCEITO DE "LEGISLAÇÃO TRIBUTÁRIA"

Visando delimitar o alcance de suas disposições normativas, o CTN, em seu art. 96, definiu o significado da locução "legislação tributária" nos seguintes termos:

> A expressão "legislação tributária" compreende as **leis**, os **tratados** e as **convenções internacionais**, os **decretos** e as **normas complementares** que versem, no todo ou em parte, sobre tributos e relações jurídicas a eles atinentes.

É possível notar, desse modo, que a expressão "legislação tributária", nos termos do CTN, **é muito mais abrangente do que a simples noção de lei em sentido estrito**, na medida em que inclui atos normativos de diversas naturezas e variedades como tratados (vínculos regidos pelo direito internacional), decretos (atos administrativos) etc.

Convém destacar que a diferença conceitual entre "legislação tributária" e "lei tributária" é de grande utilidade prática para compreensão de outros temas dentro do próprio CTN.

Ao distinguir a obrigação tributária principal e a obrigação tributária acessória, o Código Tributário afirma que a **obrigação tributária principal tem como fato gerador a situação "prevista em lei"** (art. 114 do CTN), enquanto a **obrigação tributária acessória "decorre da legislação tributária"** (art. 113, § 2º, do CTN).

11.2.1 Quadro esquemático do conceito de legislação tributária

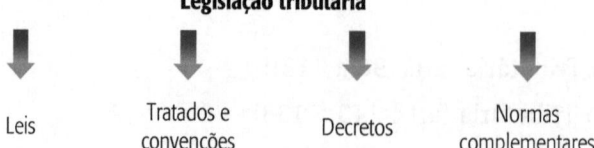

Legislação tributária

| Leis | Tratados e convenções | Decretos | Normas complementares |

11.2.2 Quadro comparativo entre os conceitos de "legislação tributária" e "lei tributária" no CTN

Legislação tributária	Lei tributária
Conceito abrangente	Conceito restrito
Inclui leis, tratados, convenções internacionais, decretos e normas complementares (atos normativos, decisões do Fisco, convênios e costumes)	Somente leis em sentido formal emanadas do Parlamento (ordinárias, complementares, emendas constitucionais)
Fonte da obrigação tributária acessória	Fonte da obrigação tributária principal

11.3 LEIS, TRATADOS, CONVENÇÕES INTERNACIONAIS E DECRETOS

Os arts. 97 a 99 do Código Tributário Nacional disciplinam as principais fontes normativas do Direito Tributário: leis, tratados, convenções internacionais e decretos.

Detalhando o conteúdo do princípio da legalidade, o art. 97 do CTN afirma que somente a *lei* pode estabelecer:

a) a instituição de tributos ou a sua extinção;

b) a majoração de tributos ou a sua redução;

c) a definição do fato gerador da obrigação principal e do seu sujeito passivo;

d) a fixação da alíquota do tributo e da sua base de cálculo;

e) a cominação de penalidades para as ações ou omissões contrárias aos dispositivos legais;

f) as hipóteses de exclusão, suspensão e extinção de créditos tributários, ou de dispensa ou redução de penalidades.

Equipara-se à majoração de tributos a ampliação de sua base de cálculo (art. 97, § 1º). Ao contrário, não constitui majoração de tributo a atualização do valor monetário da respectiva base de cálculo (§ 2º).

Acerca dos **tratados e convenções internacionais**, o CTN limita-se a afirmar que têm o **poder de revogar ou modificar a legislação tributária interna**. Além disso, sujeita-se também ao atendimento do disposto nos tratados e nas convenções internacionais a legislação que lhes sobrevenha (art. 98 do CTN). Denunciado o tratado, a lei interna volta a viger.

Já o art. 99 do CTN enuncia que o **conteúdo e o alcance dos decretos ou regulamentos restringem-se aos das leis em função das quais sejam expedidos.**

A referida regra reafirma o caráter infralegal dos decretos e regulamentos na ordem jurídica brasileira. Isso porque **no Direito Tributário Brasileiro não existem os chamados decretos e regulamentos autônomos ou independentes**, que, em outros países, podem inovar originariamente no âmbito do direito, criando, por si, deveres e obrigações aos particulares independentemente de lei.

A Constituição Federal de 1988 enfatiza em diversas oportunidades a subordinação irrestrita dos decretos à lei. É o que, por exemplo, estabelece o art. 84, IV, da CF, com força no qual cabe ao Presidente da República *expedir decretos e regulamentos para dar fiel execução à lei*. No art. 5º, II, por outro ângulo, o Texto Maior afirma que *ninguém será obrigado a fazer ou deixar de fazer algo senão em virtude de lei*, o que impede visivelmente a fixação de deveres e proibições a particulares por meio de decretos – meros atos administrativos.

Em conclusão, o papel reservado pelo ordenamento jurídico pátrio aos decretos e regulamentos é o de simples viabilizadores da aplicação de dispositivos legais, razão pela qual faz todo o sentido a afirmação do CTN: "o conteúdo e o alcance dos decretos restringem-se aos das leis em função das quais sejam expedidos".

11.4 NORMAS COMPLEMENTARES

Ao lado das fontes normativas mais importantes, o art. 100 do CTN menciona outras fontes, chamadas de "normas complementares", tais como:

a) atos normativos expedidos pelas autoridades administrativas;

b) decisões normativas de órgãos singulares ou colegiados da esfera administrativa;

c) práticas reiteradas observadas pelas autoridades administrativas (costumes);

d) convênios entre Estados, Distrito Federal e Municípios.

Com o objetivo de evitar confusão frequente, é importante notar que as tais "normas complementares" mencionadas no art. 100 do CTN **não têm nenhuma relação com as leis complementares.** Trata-se somente de uma infeliz coincidência terminológica.

11.5 VIGÊNCIA DA LEI TRIBUTÁRIA

A disciplina da vigência das leis tributárias está contida nos arts. 101 a 104 do CTN, cujo teor passamos a analisar.

O art. 101 determina que **a vigência no tempo e no espaço da legislação tributária rege-se pelas disposições legais aplicáveis às normas jurídicas em geral,** ou seja, a eventual lacuna do CTN deverá ser suprida com auxílio dos arts. 1º a 6º da Lei de Introdução às Normas do Direito Brasileiro (Decreto-lei n. 4.657/42).

Reconhece-se, entretanto, a possibilidade de **extraterritorialidade da legislação tributária dos Estados-membros, do Distrito Federal e dos Municípios se assim dispuser convênio** de que participem, ou ainda nos termos do CTN e das normas gerais expedidas pela União (art. 102).

11.6 VIGÊNCIA DAS NORMAS COMPLEMENTARES

Conforme visto nos itens anteriores, o art. 100 do CTN define como normas complementares à legislação tributária: 1) atos normativos expedidos pelas autoridades administrativas; 2) decisões normativas de órgãos singulares ou colegiados da esfera administrativa; 3) práticas reiteradas observadas pelas autoridades administrativas (costumes); 4) convênios entre Estados, Distrito Federal e Municípios.

Sobre a entrada em vigor das normas tributárias complementares, o art. 103 estabelece os seguintes prazos:

a) atos normativos expedidos por autoridades administrativas, **na data da sua publicação;**

b) decisões normativas de órgãos singulares ou coletivos da esfera administrativa, **trinta dias após a data da sua publicação;**

c) convênios, **na data neles prevista.**

Importante registrar que o art. 103 não faz qualquer menção à entrada em vigor dos costumes (práticas reiteradas da autoridade) simplesmente porque sua vigência está condicionada a variantes sociais, especialmente ao momento em que o costume for considerado de cumprimento obrigatório pela coletividade.

Para facilitar o entendimento, analise a tabela abaixo:

Normas complementares: atos normativos expedidos pelas autoridades administrativas	Salvo disposição em contrário, entram em vigor na data de sua publicação.
Normas complementares: decisões dos órgãos singulares ou coletivos de jurisdição administrativa, a que a lei atribua eficácia normativa	Salvo disposição em contrário, entram em vigor, quanto a seus efeitos normativos, 30 (trinta) dias após a data da sua publicação
Normas complementares: convênios que entre si celebrem a União, os Estados, o Distrito Federal e os Municípios	Salvo disposição em contrário, entram em vigor na data neles prevista.

11.6.1 A controvérsia em torno do art. 104 do CTN

Na tentativa de evitar conflito entre os prazos legais para início da vigência da legislação tributária e o conteúdo do princípio da anterioridade, o art. 104 do CTN afirma que entram em vigor no primeiro dia do ano seguinte àquele em que ocorra a publicação os dispositivos de lei que:

a) instituem ou majoram tributos;

b) definem novas hipóteses de incidência;

c) extinguem ou reduzem isenções.

Porém, conforme explicamos no Capítulo referente aos princípios tributários (*vide* item 4.5.6 deste *Curso*), o art. 104 confunde os institutos da vigência e da anterioridade tributária.

Segue transcrição do trecho onde a questão foi esclarecida.

Embora o dispositivo acima mencionado seja bastante claro ao sujeitar a revogação de isenções ao princípio da anterioridade anual, essa não é a corrente majoritária. Atualmente, predomina o entendimento de que a revogação de isenção NÃO SE SUJEITA À ANTERIORIDADE, especialmente com base em dois argumentos:

1) o art. 104 do CTN não seria uma regra específica de anterioridade, mas de vigência, porque fala em "entrada em vigor", e **o princípio da anterioridade não tem qualquer relação com o fenômeno da entrada em vigor da lei**;

2) o art. 104 do CTN não teria sido recepcionado pela Constituição de 1988, pois inexiste no Texto Maior qualquer referência a tal aplicação do princípio da anterioridade.

Esse sempre foi o entendimento tradicional do Supremo Tribunal Federal, segundo o qual, "na isenção, o tributo já existe. Por isso, revogado o favor legal, força é concluir que um novo tributo não foi criado, senão que houve apenas a restauração do direito de cobrar o tributo, o que não implica a obrigatoriedade de ser observado o princípio da anterioridade" (RE 204.026).

Todavia, o **Supremo Tribunal Federal** voltou a aplicar o princípio da anterioridade no caso de revogação de benefícios fiscais. Cabe ressaltar que, nos termos do afirmado pelo legislador, a anterioridade do art. 104, III, do CTN aplica-se somente à redução e extinção de isenções relativas a impostos sobre patrimônio ou renda.

Por fim, é importante destacar que, quando se tratar de ISENÇÃO ONEROSA e TEMPORÁRIA, deve-se garantir o direito adquirido do contribuinte que preencher os requisitos necessários para sua concessão, como será visto nos capítulos seguintes deste *Curso* (art. 178 do CTN e Súmula 544 do STF: "Isenções tributárias concedidas, sob condição onerosa, não podem ser livremente suprimidas").

STJ: "TRIBUTÁRIO E PROCESSUAL CIVIL. AGRAVO REGIMENTAL NO AGRAVO REGIMENTAL NO AGRAVO EM RECURSO ESPECIAL. IMPOSTO DE RENDA. CONTRADIÇÃO OU OBSCURIDADE. AUSÊNCIA. ISENÇÃO ONEROSA POR PRAZO INDETERMINADO. DECRETO-LEI N. 1.510/76. REVOGAÇÃO PELA LEI N. 7.713/88. AUSÊNCIA DE PREQUESTIONAMENTO. SÚMULA 211/STJ. 1. Não se reveste de omissão, obscuridade ou contradição o julgado que se manifesta a respeito de todas as questões levadas a juízo pela parte. Desse modo, descabido falar em violação do art. 535, I e II, do CPC. 2. É isento do imposto de renda o ganho de capital decorrente da alienação de participações societárias adquiridas sob a égide do DL n. 1.510/76 e negociadas após cinco anos da data da aquisição, ainda que a transação tenha ocorrido já na vigência da Lei n. 7.713/88 (REsp 1.148.820/RS, rel. Min. Castro Meira, 2ª T, j. 17-8-2010, *DJe* 26-8-2010). 3. Contudo, consoante ressaltou o Ministério Público Federal, no caso em análise as instâncias ordinárias consignaram a inexistência de direito adquirido à isenção com relação às ações por qualquer meio havidas em 28-12-1987, pela impossibilidade de implementação do lapso temporal de 5 (cinco) anos sem alienação até a revogação da isenção por meio da Lei n. 7.713, de 22 de dezembro de 1988. 4. Para fazerem jus à imunidade seria necessário que os próprios agravantes tivessem implementado o lapso temporal de 5 (cinco) anos sem a alienação das participações societárias antes da revogação da isenção ocorrida com a publicação da Lei n. 7.713, de 22 de dezembro de 1988, o que não ocorreu. 5. Os arts. 1.711 do CC/16 e 347 do CC/2002, que são utilizados como fundamento para o direito dos agravantes se sub-rogarem no direito à isenção do IR, sequer foram objetos de análise pelo Tribunal de origem. Desse modo, carece o tema do indispensável prequestionamento viabilizador do recurso especial, razão pela qual não merece ser apreciado, a teor do que preceituam as Súmulas 211 desta Corte. 6. Agravo regimental a que se nega provimento" (Agrg no Agrg no AREsp 732.773/RS, rel. Min. Diva Malerbi, j. 3-12-2015, 2ª T., *DJe* 17-12-2015).

11.7 APLICAÇÃO DA LEI TRIBUTÁRIA

A legislação tributária, em regra, não produz efeitos retroativos, aplicando-se somente aos fatos geradores futuros e aos pendentes (art. 105 do CTN).

De acordo com o art. 144 do CTN, esse entendimento também é assim previsto para as regras do lançamento tributário. Logo, o lançamento tributário reporta-se à data da ocorrência do fato gerador da obrigação e rege-se pela lei então vigente, ainda que posteriormente modificada.

No caso específico do lançamento tributário, de acordo com o art. 144, § 1º, do CTN, permite-se a retroatividade das chamadas normas tributárias adjetivas. De acordo com tal dispositivo, ainda que a legislação venha após o lançamento, ela será aplicada ao fato gerador já ocorrido desde que tenha instituído novos critérios de apuração ou processos de fiscalização, ou ampliado os poderes de investigação das autoridades administrativas, ou ainda outorgado ao crédito maiores garantias ou privilégios.

Entretanto, o art. 106 do Código Tributário Nacional estabelece exceções a tal regra, afirmando que a lei tributária é aplicável a fatos pretéritos:

I – em qualquer caso, quando seja expressamente interpretativa;

II – tratando-se de fato não definitivamente julgado:

a) quando deixe de defini-lo como infração;

b) quando deixe de tratá-lo como contrário a qualquer exigência de ação ou omissão, desde que não tenha sido fraudulento e não tenha implicado falta de pagamento de tributo;

c) quando lhe comine penalidade menos severa que a prevista na lei vigente ao tempo de sua prática.

Em síntese, a **lei tributária incide retroativamente** apenas se for **expressamente interpretativa** ou **mais benéfica ao contribuinte em matéria de infração.**

11.8 INTERPRETAÇÃO E INTEGRAÇÃO DA LEGISLAÇÃO TRIBUTÁRIA

Os arts. 108 a 112 do CTN estabelecem regras para determinação do **sentido e do alcance** das normas tributárias (*interpretação* da legislação tributária), bem como enumeram os meios jurídicos idôneos para **preencher lacunas**, ou seja, solucionar casos não expressamente disciplinados pela lei (*integração* da legislação tributária).

Convém analisar separadamente os dois temas.

11.9 PRINCÍPIOS HERMENÊUTICOS DO DIREITO TRIBUTÁRIO

Na condição de ramo autônomo, o Direito Tributário dispõe de técnicas próprias de **hermenêutica jurídica**, isto é, instrumentos teóricos utilizados para interpretar o **conteúdo e o alcance de normas** sobre tributação. Desse modo, a legislação tributária deve ser interpretada conforme disposto no CTN (art. 107).

Há essencialmente dois princípios hermenêuticos gerais previstos no CTN como vetores para a interpretação de leis tributárias:

1) interpretam-se literalmente as normas que eliminam ou reduzem deveres tributários;

2) disposições definidoras de infrações ou que cominem penalidades devem ser interpretadas da maneira mais favorável ao acusado.

Enquadram-se na primeira hipótese, devendo ser interpretadas literalmente, as regras tributárias que disponham sobre (art. 111 do CTN):

a) suspensão e exclusão do crédito tributário;

b) outorga de isenções[STJ];

> STJ: "Não é possível ao Poder Judiciário estender benefício de isenção fiscal a categoria não abrangida por regra isentiva na hipótese de alegação de existência de situação discriminatória e ofensa ao princípio da isonomia. A concessão de isenção fiscal é ato discricionário, fundado em juízo de conveniência e oportunidade do Poder Público, não sendo possível ao Poder Judiciário, sob o pretexto de tornar efetivo o princípio da isonomia, reconhecer situação discriminatória de categorias não abrangidas pela regra isentiva e estender, por via transversa, benefício fiscal sem que haja previsão legal específica" (AgRg no AREsp 248.264-RS, rel. Min. Mauro Campbell Marques, j. 27-11-2012, DJe 5-12-2012, *Informativo* 514).

c) dispensa do cumprimento de obrigações acessórias.

Em sentido contrário, **devem ser interpretadas da maneira mais favorável ao acusado** as normas tributárias **definidoras de infrações**, em caso de dúvida, quanto (art. 112):

a) à capitulação legal do fato;

b) à natureza ou às circunstâncias materiais do fato, ou à natureza ou extensão dos seus efeitos;

c) à autoria, imputabilidade ou punibilidade;

d) à natureza da penalidade aplicável, ou à sua graduação.

Assim, pode-se afirmar que vigora no Direito Tributário o **princípio do *in dubio pro contribuinte***, no que diz respeito às normas definidoras de infrações e de penalidades.

11.10 REGRAS PARA A INTEGRAÇÃO DE LEIS TRIBUTÁRIAS

Integração é o processo pelo qual o operador do direito, utilizando instrumentos oferecidos pelo próprio sistema jurídico, supre a ausência de norma específica para a regulação de determinado caso, **preenchendo as chamadas lacunas da lei**.

Nos termos do art. 108 do CTN:

> Na **ausência de disposição expressa**, a autoridade competente para aplicar a legislação tributária utilizará sucessivamente, na ordem indicada:
>
> I – a analogia;
>
> II – os princípios gerais de direito tributário;
>
> III – os princípios gerais de direito público;
>
> IV – a equidade.

Analogia consiste em aplicar a situação não prevista especialmente em lei, disposição relativa a caso semelhante[1].

Trata-se, assim, do primeiro recurso a ser utilizado pelo intérprete como meio para superar a falta de norma específica para o caso.

A utilização da analogia, no entanto, não poderá conduzir à exigência de tributo não previsto em lei (art. 108, § 1º, do CTN).

Se o uso da analogia não for suficiente para preencher o vazio legislativo, o segundo instrumento técnico idôneo são os *princípios gerais de Direito Tributário*.

O intérprete deverá recorrer então ao conteúdo valorativo das noções elementares deste ramo jurídico, tais como: princípio da legalidade, princípio da anterioridade, princípio da vedação do confisco, princípio da não limitação de pessoas e bens, princípio da não cumulatividade etc., conforme enunciados nos arts. 150 e 151 da Constituição Federal.

Em terceiro lugar devem ser empregados os *princípios gerais do Direito Público,* como: princípio republicano, princípio federativo, princípio da supremacia do interesse público sobre o privado, princípio da indisponibilidade do interesse público, princípio da razoabilidade, princípio da finalidade.

Por fim, falhando os mecanismos integrativos supramencionados, o Código Tributário Nacional remete a autoridade administrativa ao uso dos juízos de equidade, aplicações concretas da **noção maior de justiça** e **bom senso** com o objetivo de preencher vácuos axiológicos[2].

Note-se que, por força de expressa disposição do CTN, o recurso à equidade não poderá redundar na dispensa do pagamento de tributo devido (art. 108, § 2º).

11.11 PRINCÍPIOS GERAIS, INSTITUTOS E CONCEITOS DO DIREITO PRIVADO

Os arts. 109 e 110 versam sobre os limites da utilização, no campo tributário, de princípios, institutos e conceitos do Direito Privado.

Costuma-se dizer que o Direito Tributário é um "ramo de sobreposição" na medida em que as normas sobre criação, arrecadação e fiscalização de tributos incidem sobre realidades previamente normatizadas pelos Direitos Civil e Comercial, invocando noções e conceitos definidos pela legislação privada.

Em outras palavras, **o Direito Tributário não cria suas próprias realidades,** mas aproveita conceitos já instituídos em outros ramos.

A fim de prevenir excessos nesse processo de importação conceitual, tanto do legislador tributário quanto de intérpretes da lei, o CTN determina que "os princípios gerais de direito privado utilizam-se para pesquisa da definição, do

---

1   W. de Barros Monteiro. *Curso de Direito Civil,* v. 1, p. 39.
2   Luciano Amaro, *Direito Tributário Brasileiro,* p. 215.

conteúdo e do alcance de seus institutos, conceitos e formas, mas não para definição dos respectivos efeitos tributários" (art. 109).

Na mesma linha de preocupação, o art. 110 reza: "a lei tributária não pode alterar a definição, o conteúdo e o alcance de institutos, conceitos e formas de direito privado, utilizados, expressa ou implicitamente, pela Constituição Federal, pelas Constituições dos Estados, ou pelas Leis Orgânicas do Distrito Federal ou dos Municípios, para definir ou limitar competências tributárias".

Assim, por exemplo, quando o art. 156, III, da Constituição Federal afirma que compete aos municípios instituir imposto sobre "serviços" de qualquer natureza, o conceito de "serviços" é originário do Direito Civil e deve ser importado pelo Direito Tributário sem alteração de seu conteúdo no ramo de origem.

Vamos trabalhar com um caso verídico.

No Direito Civil, o conceito de "serviço" tem seu significado vinculado a uma obrigação de fazer. Se o legislador tributário ampliar a noção de serviço para incluir também a locação (locação no Direito Civil é obrigação de entregar, e não de fazer), exigindo o ISS sobre contratos de locação de bens móveis, haverá uma violação do art. 110 do CTN, na medida em que a legislação tributária estará desrespeitando, no processo de importação conceitual, o significado original que a noção de "serviço" tem no **Direito Privado**.

Essa é a razão de existir da Súmula Vinculante 31 do STF: "É inconstitucional a incidência do Imposto sobre Serviços de Qualquer Natureza – ISS sobre operações de locação de bens móveis.

Nesse contexto é que o art. 110 do CTN determina que a lei tributária não pode alterar a definição, o conteúdo e o alcance de institutos, conceitos e formas de direito privado.

Acesse
o material
suplementar

https://uqr.to/1xebw

Acesse o QR Code e confira o quadro sinótico e as questões deste capítulo.

12

OBRIGAÇÃO TRIBUTÁRIA

12.1 NASCIMENTO DA OBRIGAÇÃO TRIBUTÁRIA. IRRELEVÂNCIA DA VONTADE DO SUJEITO PASSIVO

Vimos nos capítulos anteriores que o devido processo legal para cobrança de tributos tem diversas fases, sendo as três primeiras: 1) hipótese de incidência; 2) ocorrência do fato gerador; 3) surgimento da obrigação tributária.

Quando ocorre no mundo fenomênico a situação descrita na hipótese de incidência, tem-se o fato gerador do tributo. Com a ocorrência do fato gerador nasce, instantânea e infalivelmente, a obrigação tributária, não importando a vontade do sujeito **passivo**.

A obrigação tributária é uma relação jurídica que vincula de um lado o devedor e, de outro, o Fisco.

As regras sobre nascimento da obrigação tributária estão disciplinadas nos arts. 113 a 118 do CTN.

12.2 ACEPÇÕES, CONCEITO DE OBRIGAÇÃO TRIBUTÁRIA

No Direito das Obrigações o vocábulo "obrigação" é empregado em várias acepções diferentes: a) no sentido do *dever* que incumbe ao polo passivo da relação jurídica, contraposto ao *direito* a que faz jus o credor; b) como o *comportamento* – objeto da relação – que o credor pode exigir do devedor; c) enquanto sinônimo da própria *relação jurídica* que une credor e devedor.

É especialmente nesta terceira acepção que o termo tem sido utilizado na seara do Direito Tributário: *obrigação tributária é a relação jurídica entre o credor (Fisco) e o devedor (contribuinte ou responsável), instituída por lei e submetida aos princípios e normas do Direito Tributário, tendo como objeto prestações de dar, de fazer ou de não fazer.*

12.2.1 Ativos virtuais

Com o avanço da tecnologia, surgiram os ativos virtuais, como as criptomoedas ou arquivos digitais mais conhecidos como NFTs (tokens não fungíveis).

Esses ativos, assim como qualquer outra moeda, devem ser passíveis de regulação. A Lei n. 14.478, de 21 de dezembro de 2022, veio para iniciar essa regulação, não só dos ativos virtuais, como também da prestação desse tipo de serviço. São considerados ativos virtuais, conforme o art. 3º da Lei: "a representação digital de valor que pode ser negociada ou transferida por meios eletrônicos e utilizada para realização de pagamentos ou com propósito de investimento". Nesse segmento não se incluem moeda nacional ou estrangeira, moeda eletrônica, instrumentos para acesso a serviços e representações de ativos como valores mobiliários e ativos financeiros (art. 3º, I a IV).

A prestação de serviços direcionados aos ativos virtuais deve seguir parâmetros os quais serão estabelecidos pela Administração Pública Federal. Entretanto, já existem diretrizes (art. 4º) a serem seguidas; são elas:

I – livre iniciativa e livre concorrência;

II – boas práticas de governança, transparência nas operações e abordagem baseada em riscos;

III – segurança da informação e proteção de dados pessoais;

IV – proteção e defesa de consumidores e usuários;

V – proteção à poupança popular;

VI – solidez e eficiência das operações; e

VII – prevenção à lavagem de dinheiro e ao financiamento do terrorismo e da proliferação de armas de destruição em massa, em alinhamento com os padrões internacionais.

Ainda, a Lei elencou a competência do órgão ou entidade que regulará essa atividade (art. 7º):

I – autorizar funcionamento, transferência de controle, fusão, cisão e incorporação da prestadora de serviços de ativos virtuais;

II – estabelecer condições para o exercício de cargos em órgãos estatutários e contratuais em prestadora de serviços de ativos virtuais e autorizar a posse e o exercício de pessoas para cargos de administração;

III – supervisionar a prestadora de serviços de ativos virtuais e aplicar as disposições da Lei n. 13.506, de 13 de novembro de 2017, em caso de descumprimento desta Lei ou de sua regulamentação;

IV – cancelar, de ofício ou a pedido, as autorizações de que tratam os incisos I e II deste *caput*; e

V – dispor sobre as hipóteses em que as atividades ou operações de que trata o art. 5º desta Lei serão incluídas no mercado de câmbio ou em que deverão submeter-se à regulamentação de capitais brasileiros no exterior e capitais estrangeiros no País.

Por fim, a Lei em seu art. 10 incluiu o art. 171-A ao Código Penal, imputando crime a quem: "Organizar, gerir, ofertar ou distribuir carteiras ou intermediar operações que envolvam ativos virtuais, valores mobiliários ou quaisquer ativos financeiros com o fim de obter vantagem ilícita, em prejuízo alheio, induzindo ou mantendo alguém em erro, mediante artifício, ardil ou qualquer outro meio fraudulento. Pena - reclusão, de 4 (quatro) a 8 (oito) anos, e multa."

12.3 OBRIGAÇÃO TRIBUTÁRIA PRINCIPAL E OBRIGAÇÃO TRIBUTÁRIA ACESSÓRIA

As obrigações tributárias, conforme determina o art. 113 do CTN, são de dois tipos: a) obrigações principais; b) obrigações acessórias.

Obrigação tributária principal é aquela que surge com a ocorrência do fato gerador previsto em lei, tendo por objeto o **pagamento do tributo ou da penalidade pecuniária**, e que se extingue juntamente com os créditos dela decorrentes (art. 113, § 1º, do CTN). Como o objeto da obrigação principal envolve sempre o dever de pagar, no Direito Tributário a multa é obrigação principal.

Já a **obrigação acessória**, também conhecida como "dever tributário instrumental", ao contrário, tem por objeto prestações positivas ou negativas, ou seja, **obrigações de fazer ou não fazer**, previstas na **legislação tributária**, instituídas no **interesse da arrecadação e da fiscalização** tributárias (art. 113, § 2º, do CTN).

Exemplos de obrigações acessórias: emitir nota, elaborar declaração do Imposto de Renda, manter livros fiscais.

Nos termos do art. 96 do CTN, a expressão "legislação tributária" compreende as leis, os tratados e as convenções internacionais, os decretos e as normas complementares que versem, no todo ou em parte, sobre tributos e relações jurídicas a eles pertinentes.

Desse modo, nada impede que obrigação tributária acessória tenha previsão em atos administrativos (decretos), tratados internacionais e até normas complementares (atos normativos, decisões de órgãos do Fisco, convênios e práticas reiteradas da autoridade ou costumes).

Interessante registrar que a obrigação acessória, se descumprida, converte-se em principal para fins de cobrança da penalidade pecuniária (art. 113, § 3º, do CTN).

Assim, por exemplo, se o contribuinte deixa de emitir nota fiscal, vindo a ser descoberto, o descumprimento dessa obrigação acessória (de fazer) transforma-se no dever de pagar uma multa.

Tal circunstância, que nada mais é do que a aplicação de uma penalidade pecuniária pelo inadimplemento de um dever instrumental, o CTN explicou afirmando que "a obrigação acessória converteu-se em principal".

STJ: "TRIBUTÁRIO. RECURSO ESPECIAL REPETITIVO (ART. 543-C DO CPC/73 E ART. 1.036 DO CPC/2015). AFIXAÇÃO DE SELOS DE CONTROLE EM PRODUTOS SUJEITOS À INCIDÊNCIA DE IPI: OBRIGAÇÃO TRIBUTÁRIA ACESSÓRIA. PAGAMENTO PELO FORNECIMENTO DOS SELOS ESPE-CIAIS: OBRIGAÇÃO TRIBUTÁRIA PRINCIPAL, DA ESPÉCIE TAXA DE POLÍCIA. PRECEDENTES: REsp 1.448.096/PR, REL. MIN. NAPOLEÃO NUNES MAIA FILHO, *DJe* 14-10-2015; REsp 1.556.350/RS, REL. MIN. HUMBERTO MARTINS, *DJe* 1º-12-2015; E RE 662.113/PR, REL. MIN. MARCO AURÉLIO MELLO, *DJe* 12-2-2014. PREVISÃO VEICULADA EM NORMA INFRALEGAL. DL N. 1.437/75. OFEN-SA À REGRA DA ESTRITA LEGALIDADE TRIBUTÁRIA. ART. 97, IV, DO CTN. RECONHECIMENTO DO INDÉBITO. PRESCRIÇÃO QUINQUENAL DA PRETENSÃO REPETITÓRIA DE TRIBUTOS SUJEITOS A LANÇAMENTO DE OFÍCIO. JULGAMENTO SUJEITO AO ART. 543-C DO CÓDIGO BUZAID E ART. 1.036 DO CÓDIGO FUX. RECURSO ESPECIAL DOS PARTICULARES CONHECIDO E PARCIALMENTE PROVIDO, PARA RECONHECER O DIREITO À REPETIÇÃO TRIBUTÁRIA, MAS ALCANÇANDO APE-NAS O QUINQUÊNIO ANTERIOR À PROPOSITURA DA AÇÃO CORRESPONDENTE. 1. **A obrigação tributária acessória tem por escopo facilitar a fiscalização e permitir a cobrança do tributo, sem que represente a própria prestação pecuniária devida ao Ente Público.** 2. Ao impor a de-terminados sujeitos passivos o dever de afixar selos especiais em seus produtos, o Ente Tributante atua nos moldes do art. 113, § 2º do CTN, pois se trata de obrigação de fazer, no interesse exclu-sivo do Fisco. 3. Por outro lado, não pode ser considerada acessória a obrigação de pagar pelo fornecimento dos selos especiais utilizados para tal controle, haja vista a tipificação dessa cobrança como taxa, a teor do art. 77, *caput* do CTN. 4. De fato, a diferença fundamental entre obrigação tributária principal e obrigação tributária acessória é a natureza da prestação devida ao Estado. Enquanto aquela (principal) consubstancia entrega de dinheiro, esta (acessória) tem natureza prestacional (fazer, não fazer ou tolerar). 5. Embora ao Fisco seja dado impor ao sujeito passivo certas obrigações acessórias por meio da legislação tributária – expressão que compreende não só as leis, mas, também, os tratados e as convenções internacionais, os decretos e as normas complementares que versem, no todo ou em parte, sobre tributos e relações jurídicas a eles pertinentes –, o mesmo não ocorre no âmbito das taxas, que devem obediência à regra da estri-ta legalidade tributária, nos termos do art. 97, IV do CTN. 6. O art. 3º do Decreto n. 1.437/95, ao impor verdadeira taxa relativa à aquisição de selos de controle do IPI, incide em vício formal; a exação continua sendo tributo, a despeito de ser intitulada de ressarcimento prévio. 7. Conclui-se que, no entorno dos selos especiais de controle do IPI, o dever de afixá-los tem natureza de obri-gação acessória, enquanto o dever de adquiri-los tem natureza de obrigação principal. 8. A partir de um prisma didático, convém classificar como Taxas do Poder de Polícia aquelas que têm ori-gem, ensejo e justificativa no vigiar e punir, ou seja, na fiscalização, que é interesse eminentemen-te estatal, reservando a categoria das taxas de serviço para aquelas que se desenvolvem em função do interesse do usuário, ante a compreensão de que esse interesse é relevante para defi-nir a atividade como serviço. 9. Na espécie, os valores exigidos à guisa de ressarcimento originam--se do exercício de poderes fiscalizatórios por parte da Administração Tributária, que impõe a aquisição dos selos como mecanismo para se assegurar do recolhimento do IPI, configurando-se a cobrança como tributo da espécie Taxa de Poder de Polícia. 10. Pontua-se que a questão ora discutida somente se refere à inexigibilidade do ressarcimento do custo do selo de controle do IPI enquanto perdurou a previsão em norma infralegal (art. 3º do DL n. 1.437/95), não alcançan-do, todavia, os fatos geradores ocorridos após a vigência da Lei n. 12.995/2014, instituindo taxa pela utilização de selo de controle previsto no art. 46 da Lei n. 4.502/64. 11. Em tempo, esclareça--se que, por se tratar de tributo sujeito a lançamento de ofício, é quinquenal a pretensão de reaver os valores pagos indevidamente, tendo como termo inicial a data de extinção do crédito tributário pelo pagamento, consoante se extrai da leitura combinada dos arts. 165, I e 168 I do CTN. 12. Recurso Especial de Vinhos Salton S.A. Indústria e Comércio e outro, conhecido e parcialmente provido. Na espécie, não se reconhece o direito à repetição de indébito tributário, senão somente no que se refere ao quinquênio anterior à propositura da ação. 13. Acórdão submetido ao regime do art. 543-C do CPC/73 (art. 1.036 do Código Fux, CPC/2015), fixando-se a tese da inexigibilidade do ressarcimento de custos e demais encargos pelo fornecimento de selos de controle de IPI instituído pelo DL n. 1.437/75, que, embora denominado ressarcimento prévio, é tributo da espécie Taxa de Poder de Polícia, de modo que há vício de forma na instituição desse tributo por norma infralegal, excluídos os fatos geradores ocorridos após a vigência da Lei n. 12.995/2014. Aqui se trata de observância à estrita legalidade tributária" (REsp 1.405.244/SP, rel. Min. Napoleão Nunes Maia Filho, j. 8-8-2018, 1ª S., *DJe* 13-11-2018).

12.3.1 A independência da obrigação acessória

Se no Direito Civil vigora a lógica segundo a qual "o acessório segue o principal", o mesmo raciocínio é inaplicável às obrigações tributárias. Isso porque a **existência da obrigação tributária acessória independe da principal.**

A título de exemplo, temos o caso das imunidades e isenções tributárias. Contribuintes imunes ou isentos permanecem obrigados a cumprir obrigações acessórias, na medida em que estas servem como meio de comprovação do direito de fruição do benefício (*vide* item 5.7 deste *Curso*). É o que ocorre na venda de livros, pois, embora a operação seja imune ao recolhimento de ICMS, a livraria está obrigada a emitir nota fiscal (obrigação acessória).

Portanto, **no Direito Tributário o acessório não segue necessariamente o principal**[STF].

STF: "Só há como fruir da norma imunizante após tal demonstração, o que é realizado justamente pelo cumprimento desses deveres instrumentais. Contraria a lógica, portanto, sustentar que, na hipótese, a inexistência de obrigação principal torna inexigível a obrigação acessória, já que só com cumprimento da obrigação acessória é que se pode afirmar a inexistência de obrigação principal... Em suma, os deveres instrumentais (como a escrituração de livros e a confecção de documentos fiscais) ostentam caráter autônomo em relação à regra matriz de incidência do tributo, porquanto dotados de finalidades próprias e independentes da apuração de certa e determinada exação devida pelo próprio sujeito passivo da obrigação acessória" (RE 250.844-SP, 1ª T., trecho extraído do voto-vista Min. Luiz Fux, j. 29-5-2012).

12.3.2 Quadro comparativo entre obrigação principal e acessória

As diferenças, acima indicadas, entre obrigação tributária principal e acessória podem ser sintetizadas no quadro abaixo:

Obrigação principal	Obrigação acessória
Art. 113, § 1º, do CTN	Art. 113, § 2º, do CTN
Fato gerador previsto na lei	Fato gerador previsto na legislação
De pagar (conteúdo pecuniário)	De fazer ou não fazer
Inclui o tributo e a penalidade pecuniária	Sendo descumprida, converte-se em principal
Natureza contributiva (tributo) ou punitiva (multa)	Natureza colaborativa
Exs.: imposto, multa	Exs.: emitir nota, manter livros fiscais

12.4 TÉCNICA DE NASCIMENTO DA OBRIGAÇÃO TRIBUTÁRIA

O dever de pagar tributos decorre diretamente da lei.

Como visto há pouco, a técnica modernamente utilizada para fazer nascer a obrigação tributária é sempre a mesma: o legislador descreve normativamente um fato ou uma situação. Quando, no mundo concreto, alguém pratica aquele fato ou se enquadra na referida situação, surge para ele o dever da pagar tributo.

A descrição legislativa do fato ou situação (plano abstrato) chama-se hipótese de incidência. A sua ocorrência (plano fático) é denominada fato gerador.

12.5 ASPECTO PESSOAL DA HIPÓTESE DE INCIDÊNCIA

A hipótese de incidência é dividida didaticamente nos aspectos temporal, territorial, material, quantitativo e pessoal.

O aspecto pessoal estabelece quem são os dois polos da obrigação tributária, isto é, o credor e o devedor do tributo.

O polo ativo é ocupado pelo credor tributário, denominado também "Fisco". Em regra, será uma entre as entidades federativas (União, Estados, Distrito Federal ou Municípios), ao menos que o caso seja de parafiscalidade, hipótese em que o credor será outra pessoa, física ou jurídica, definida em lei (art. 7º do CTN).

Conforme art. 119 do CTN: "Sujeito ativo da obrigação é a pessoa jurídica de direito público, titular da competência para exigir o seu cumprimento".

O sujeito passivo da obrigação tributária, conforme art. 122 do CTN, "é a pessoa obrigada às prestações que constituam o seu objeto".

O polo passivo da obrigação tributária pode ser ocupado por duas figuras distintas (art. 121 do CTN): a) contribuinte; ou b) responsável tributário.

12.6 CONTRIBUINTES DE FATO E DE DIREITO

Contribuinte é o devedor que tem relação direta e pessoal com a situação que constitui o fato gerador do tributo (art. 121, parágrafo único, I, do CTN).

Alguns autores diferenciam contribuinte de fato e contribuinte de direito.

Contribuinte de direito ou direto é **quem recolhe o tributo**, ou seja, a pessoa que está legalmente obrigada, perante o Fisco, a efetuar o pagamento. Exemplo: o lojista, no caso do ICMS incidente sobre mercadoria vendida em seu estabelecimento.

Já o **contribuinte de fato** ou indireto **sofre a diminuição patrimonial** decorrente do pagamento. Exemplo: o consumidor final, que sofreu o repasse do ICMS, pago pelo lojista (contribuinte de direito), embutido no valor da mercadoria.

A distinção entre contribuintes de direito e de fato é mais econômica do que tributária. E não se torna visível em todos os tributos. Na maioria dos casos, aliás, a mesma pessoa que paga o tributo para o Fisco é quem sofre as consequências econômicas do pagamento.

É o que ocorre nos chamados **tributos diretos**, nos quais existe uma **coincidência entre contribuinte de direito e de fato**. Exemplo: IPVA.

Por outro lado, **tributos indiretos** são aqueles **pagos por uma pessoa** (contribuinte de direito) mas **suportados economicamente por outra** (contribuinte de fato), devido ao repasse do encargo financeiro no custo do produto, mercadoria ou serviço. Exemplos: ICMS, ISS, IPI e Cofins.

12.6.1 Princípio da repercussão

A distinção entre os dois tipos de contribuinte ganha relevância na hipótese de tributo recolhido indevidamente, já que, pelo art. 166 do CTN, "a restituição de tributos que comportem, por sua natureza, transferência do respectivo encargo financeiro somente será feita a quem prove haver assumido o referido encargo, ou, no caso de tê-lo transferido a terceiro, estar por este expressamente autorizado a recebê-la".

O referido dispositivo enuncia o **princípio da repercussão**, segundo o qual a restituição de tributos indiretos só pode ser feita pelo contribuinte de direito se houver comprovação de que não repassou para o contribuinte de fato o valor do encargo financeiro.

Em termos práticos, o art. 166 do CTN inviabiliza qualquer possibilidade de restituição de tributos indiretos pagos a maior ou indevidamente, ao exigir condições irrealizáveis para sua efetivação[STJ].

> STJ: "ICMS. DEPÓSITO ADMINISTRATIVO. LEVANTAMENTO. LEGITIMAÇÃO SUBJETIVA ATIVA. Cuida-se, na espécie, do levantamento de valores depositados administrativamente relativos à cobrança de ICMS sobre serviços de instalação de linhas telefônicas. Afastou-se o levantamento do depósito administrativo pela empresa de telefonia, por se entender que somente o contribuinte de fato (o que suporta efetivamente o ônus financeiro do tributo) é que está legitimado para o pedido de repetição de valores indevidamente pagos ao Fisco. *In casu*, o valor depositado foi repassado para o consumidor final, ou seja, o usuário do serviço de telefonia. Assim, apenas o usuário do serviço tem legitimidade subjetiva ativa para requerer o levantamento do depósito em função de haver suportado o ônus indevido (art. 166 do CTN e Súm. 546-STF). Ademais, consignou-se que o depósito realizado pela empresa de telefonia não diminuiu seu patrimônio, tendo em vista que essa quantia foi repassada ao contribuinte, sendo que o levantamento pleiteado acabaria por beneficiar indevidamente pessoa que não sofreu o encargo, caracterizando enriquecimento ilícito. Outrossim, anotou-se que o recurso especial do estado-membro agravante será oportunamente julgado" (AgRg no Ag 1.365.535-MG, rel. Min. Napoleão Nunes Maia Filho, j. 7-2-2012, *DJe* 21-6-2012).

Sobre o tema, enuncia a Súmula 546 do STF: "Cabe a restituição do tributo pago indevidamente, quando reconhecido por decisão, que o contribuinte 'de jure' não recuperou do contribuinte 'de facto' o 'quantum' respectivo".

Entretanto, convém lembrar que, de acordo com entendimento firmado pela 1ª Turma do STJ no julgamento do AREsp 105.387, a compensação de ICMS cobrado sobre mercadorias dadas em bonificação não exige comprovação de inexistência de repasse econômico, e dessa forma não há violação ao **art. 166** do Código Tributário Nacional.

12.7 SOLIDARIEDADE NO DIREITO TRIBUTÁRIO

No Direito Tributário brasileiro **não existe solidariedade ativa, entre credores**. Assim, o tributo só pode ser devido a uma entidade credora, ou seja, o polo ativo da obrigação tributária não admite pluralidade subjetiva.

Em qualquer caso de tributo exigido simultaneamente por mais de uma entidade haverá irregularidade na cobrança, caracterizando bitributação.

Já a **solidariedade tributária passiva é admitida** somente nos casos expressamente previstos em lei, já que solidariedade não se presume, nem pode decorrer de contrato, acordo ou outro instrumento jurídico diverso da lei em sentido formal.

O tema da solidariedade de devedores é disciplinado nos arts. 124 e 125 do CTN, aplicando-se as seguintes regras:

1) solidariedade tributária é sempre passiva, nunca ativa;

2) solidariedade não se presume, dependendo em todos os casos de **expressa previsão legal**;

3) são solidárias as pessoas que **tenham interesse comum na situação** que constitua o fato gerador da obrigação principal;

4) solidariedade tributária **nunca comporta benefício de ordem**, razão pela qual o Fisco pode escolher livremente qual, entre os devedores solidários, será acionado para o pagamento.

Constituem **efeitos da solidariedade tributária** (art. 125 do CTN):

1) o pagamento efetuado por um dos obrigados aproveita aos demais;

2) a isenção ou remissão de crédito exonera todos os obrigados, salvo se outorgada pessoalmente a um deles, subsistindo, nesse caso, a solidariedade quanto aos demais pelo saldo;

3) a interrupção da prescrição, em favor ou contra um dos obrigados, favorece ou prejudica aos demais.

12.8 RESPONSÁVEL TRIBUTÁRIO

Responsável ou sujeito passivo indireto é o nome dado à pessoa que, não revestindo a condição de contribuinte, tenha obrigação de recolher tributos decorrente de expressa disposição legal (art. 121, parágrafo único, II, do CTN). Exemplo: o empregador é responsável tributário pela retenção na fonte do Imposto de Renda devido pelo empregado[STJ].

STJ: "DIREITO TRIBUTÁRIO. RESPONSABILIDADE PELO PAGAMENTO DA MULTA APLICADA EM DECORRÊNCIA DO NÃO RECOLHIMENTO DE IMPOSTO DE RENDA. Na hipótese em que a fonte pagadora deixa de efetuar a retenção do imposto de renda, expedindo comprovante de rendimentos o qual os classifica como isentos e não tributáveis, de modo a induzir o empregado/contribuinte a preencher equivocadamente sua declaração de imposto de renda, não é este – mas sim o empregador – o responsável pelo pagamento da multa prevista no art. 44, I, da Lei n. 9.430/96" (2ª T., REsp 1.218.222-RS, rel. Min. Mauro Campbell Marques, j. 4-9-2014, *DJe* 10-9-2014).

O tema da responsabilidade tributária é objeto do capítulo seguinte deste *Curso*.

12.9 O ESTADO NO POLO PASSIVO DA OBRIGAÇÃO TRIBUTÁRIA. EXECUÇÃO FISCAL CONTRA O FISCO

A União, os Estados, o Distrito Federal e os Municípios, assim como quaisquer entidades da Administração Pública Indireta, também devem tributos uns aos outros, com exceção dos impostos alcançados pela imunidade do art. 150, VI, *a*, da CF, razão pela qual **o Estado pode perfeitamente figurar no polo passivo de obrigações tributárias**.

Nesses casos, a obrigação tributária tem seus dois polos ocupados por entidades governamentais, e, na hipótese de inadimplemento, será proposta execução fiscal pelo ente credor contra a pessoa jurídica estatal que não recolheu o tributo.

12.10 DOMICÍLIO TRIBUTÁRIO. NATUREZA QUESÍVEL OU *QUÉRABLE* DA OBRIGAÇÃO TRIBUTÁRIA

O Código Tributário Nacional estabelece, em seu art. 127, normas para determinação do domicílio de contribuintes e responsáveis tributários.

A exata compreensão das normas sobre fixação do domicílio tributário ganha importância diante da **natureza quesível da obrigação tributária**. Isso porque, salvo quando a legislação dispuser em contrário, o pagamento do tributo deverá ser efetuado na repartição competente do domicílio do sujeito passivo (art. 159 do CTN).

Obrigação ou dívida quesível (*quérable*) é aquela que deve ser paga no domicílio do devedor.

No entanto, como o art. 159 contém a ressalva "quando a legislação tributária não dispuser a respeito", pode o legislador definir hipóteses em que a obrigação deverá ser cumprida em local diverso daquele onde se encontra domiciliado o contribuinte. Assim, em casos excepcionais **admite-se obrigação tributária com natureza portável (portable)**.

> STJ: "PROCESSUAL CIVIL. TRIBUTÁRIO. IPVA. ALEGAÇÃO DE DUPLO DOMICÍLIO E VIOLAÇÃO DO ART. 127 DO CTN. MATÉRIA COM REPERCUSSÃO GERAL RECONHECIDA NO STF. RE 1.016.605 – TEMA 708. NECESSIDADE DE DEVOLUÇÃO DOS AUTOS AO TRIBUNAL DE ORIGEM. I – A matéria deduzida no recurso, qual seja a possibilidade de recolhimento do Imposto sobre a Propriedade de Veículos Automotores (IPVA) em estado diverso daquele em que o contribuinte mantém sua sede ou domicílio tributário, teve a repercussão geral admitida no RE 1.016.605/SP, sob o regime de repercussão geral" (AREsp 1.211.536/SP, rel. Min. Francisco Falcão, j. 11-9-2018, 2ª T., *DJe* 17-9-2018).

12.11 ELEIÇÃO E RECUSA DO DOMICÍLIO TRIBUTÁRIO

O Código Tributário Nacional **admite que o devedor eleja seu domicílio tributário**. Tal possibilidade vem reconhecida na primeira parte da norma contida no art. 127, *caput*, do CTN, segundo o qual: "Na falta de eleição, pelo contribuinte ou responsável, de domicílio tributário, na forma da legislação aplicável, considera-se como tal (...)".

Dessa forma, é lícito que o sujeito passivo da obrigação tributária escolha onde será considerado domiciliado para fins de recolhimento do tributo.

No entanto, se a eleição dificultar ou impossibilitar a arrecadação ou fiscalização, o art. 127, § 2º, autoriza o **Fisco a discricionariamente recusar o domicílio eleito**, *in verbis*:

> A autoridade administrativa pode recusar o domicílio eleito, quando impossibilite ou dificulte a arrecadação ou a fiscalização do tributo, aplicando-se então a regra do parágrafo anterior.

Havendo a recusa, aplicam-se as regras de fixação de domicílio previstas nos incisos I, II e III do art. 127 do CTN, que serão estudadas nos itens seguintes.

12.12 DOMICÍLIO DAS PESSOAS FÍSICAS

A pessoa física ou pessoa natural considera-se domiciliada no local de sua **residência habitual**. Sendo este desconhecido ou incerto, tem-se como domiciliada no **centro habitual** de suas atividades (art. 127, I, do CTN).

12.13 DOMICÍLIO DAS PESSOAS JURÍDICAS DE DIREITO PRIVADO

As pessoas jurídicas de direito privado ou firmas individuais têm domicílio tributário no **local de sua sede**. Em relação aos atos ou fatos que deram origem à obrigação, vale o **local de cada estabelecimento** (art. 127, II, do CTN).

12.14 DOMICÍLIO DAS PESSOAS JURÍDICAS DE DIREITO PÚBLICO

A União, os Estados, o Distrito Federal, os Municípios, assim como autarquias e fundações públicas, sendo pessoas jurídicas de Direito Público, têm domicílio tributário em **qualquer de suas repartições** no território da entidade tributante.

12.15 ELISÃO, EVASÃO E ELUSÃO FISCAL

Elisão ou **planejamento tributário** é nome dado à utilização de **práticas lícitas** realizadas pelo sujeito passivo, normalmente **antes da ocorrência do fato gerador**, com o objetivo de economizar no pagamento do tributo. Exemplo: mudar a sede da empresa para município onde o ISS tem alíquota menor.

Embora as práticas elisivas impliquem redução no valor arrecadado pelo contribuinte e, por isso, encontrem sempre resistência por parte dos órgãos integrantes da estrutura fazendária, como a elisão é realizada dentro dos limites autorizados pelo ordenamento, não há como impedir ou proibir o contribuinte de buscar formas válidas de pagar menos tributo.

Já a **evasão, fraude fiscal** ou **sonegação fiscal** consiste na **prática de uma conduta ilícita** pelo sujeito passivo, normalmente **após a ocorrência do fato gerador**, visando frustrar **intencionalmente** o recolhimento do tributo. Exemplo: circular mercadoria sem emitir nota fiscal.

Quanto à **elusão fiscal** ou **elisão ineficaz**, trata-se de um **ato jurídico simulado** visando não recolher ou recolher tributo a menor. Desse modo, a elusão materializa-se como um abuso de forma. Exemplo: venda de mercadoria formalizada como "prestação de serviço" tendo em vista que a alíquota do ISS é menor que a do ISS na operação.

12.15.1 Crime de sonegação

Os crimes de sonegação fiscal estão tipificados no art. 1º da Lei n. 8.137/90, segundo o qual:

> Art. 1º Constitui crime contra a ordem tributária suprimir ou reduzir tributo, ou contribuição social e qualquer acessório, mediante as seguintes condutas:
>
> I – omitir informação, ou prestar declaração falsa às autoridades fazendárias;
>
> II – fraudar a fiscalização tributária, inserindo elementos inexatos, ou omitindo operação de qualquer natureza, em documento ou livro exigido pela lei fiscal;
>
> III – falsificar ou alterar nota fiscal, fatura, duplicata, nota de venda, ou qualquer outro documento relativo à operação tributável;
>
> IV – elaborar, distribuir, fornecer, emitir ou utilizar documento que saiba ou deva saber falso ou inexato;
>
> V – negar ou deixar de fornecer, quando obrigatório, nota fiscal ou documento equivalente, relativa a venda de mercadoria ou prestação de serviço, efetivamente realizada, ou fornecê-la em desacordo com a legislação.
>
> Pena – reclusão de 2 (dois) a 5 (cinco) anos, e multa.

Nesse sentido, o Supremo Tribunal Federal editou a Súmula Vinculante 24: "Não se tipifica crime material contra a ordem tributária, previsto no art. 1º, incisos I a IV, da Lei n. 8.137/90, antes do lançamento definitivo do tributo".

O art. 2º da referida Lei também tipifica crimes de sonegação, *in verbis*:

> Art. 2º Constitui crime da mesma natureza:
>
> I – fazer declaração falsa ou omitir declaração sobre rendas, bens ou fatos, ou empregar outra fraude, para eximir-se, total ou parcialmente, de pagamento de tributo;
>
> II – deixar de recolher, no prazo legal, valor de tributo ou de contribuição social, descontado ou cobrado, na qualidade de sujeito passivo de obrigação e que deveria recolher aos cofres públicos;
>
> III – exigir, pagar ou receber, para si ou para o contribuinte beneficiário, qualquer percentagem sobre a parcela dedutível ou deduzida de imposto ou de contribuição como incentivo fiscal;
>
> IV – deixar de aplicar, ou aplicar em desacordo com o estatuído, incentivo fiscal ou parcelas de imposto liberadas por órgão ou entidade de desenvolvimento;
>
> V – utilizar ou divulgar programa de processamento de dados que permita ao sujeito passivo da obrigação tributária possuir informação contábil diversa daquela que é, por lei, fornecida à Fazenda Pública.
>
> Pena – detenção, de 6 (seis) meses a 2 (dois) anos, e multa.

Importante destacar que os **crimes de sonegação exigem dolo**, não admitindo modalidade culposa, razão pela qual **a simples falta de pagamento do tributo sem a intenção específica de fraudar o Fisco não constitui crime.**

Desse modo, o contribuinte que, por falta de condições financeiras de suportar a carga tributária, deixa de recolher o valor devido não comete crime de sonegação diante da falta do elemento subjetivo da conduta (dolo).

Cumpre frisar que o **pagamento integral, a qualquer tempo, do tributo e acessórios extingue a punibilidade** (art. 9º da Lei n. 10.684/2003).

Já na hipótese de **parcelamento** dos valores sonegados ocorre **suspensão da pretensão punitiva do Estado,** desde que o pedido de parcelamento tenha sido formalizado **antes do recebimento da denúncia criminal** (art. 6º da Lei n. 12.382/2011, que trata da alteração do art. 83 da Lei n. 9.430/1993).

12.16 NORMA ANTIELISIVA NO DIREITO TRIBUTÁRIO BRASILEIRO

O art. 116, parágrafo único, do Código Tributário Nacional é conhecido como "a norma antielisiva" do ordenamento jurídico brasileiro. Vale transcrever o seu teor:

> A autoridade administrativa poderá **desconsiderar** atos ou negócios jurídicos praticados com a finalidade de dissimular a ocorrência do fato gerador do tributo ou a natureza dos elementos constitutivos da obrigação tributária, observados os procedimentos a serem estabelecidos em lei ordinária.

Inicialmente, verifica-se um **equívoco terminológico** na expressão "norma antielisiva" na medida em que o art. 116, parágrafo único, é **na verdade uma norma antievasiva ou antielusiva,** dependendo do caso.

Sendo a elisão uma operação lícita, não poderia ser proibida pelo Código Tributário. O referido dispositivo reforça práticas de sonegação fiscal dotando a Fazenda Pública da **prerrogativa de recusar negócios jurídicos fraudulentos** praticados pelo sujeito passivo.

ATENÇÃO: Assim como ocorre com a regra do art. 127, § 2º, do CTN (recusa de domicílio eleito), a prerrogativa que a norma antielisiva confere ao Fisco é a de **DESCONSIDERAR** negócios jurídicos fraudulentos, **mas nunca DESCONSTITUIR tais negócios.** Ou seja, o Fisco pode ignorar o ato praticado pelo sujeito passivo, aplicando, em substituição, outra regra estabelecida em lei. Assim, por exemplo, se o contribuinte realiza uma transferência fictícia de sede para outro Município visando recolher menos ISS, o Fisco pode ignorar (desconsiderar) a alteração e continuar tributando no Município da sede anterior. Entretanto, em nome do princípio da autonomia da vontade **o Fisco não tem poder para desfazer (desconstituir) o negócio privado.** Assim, no exemplo dado, é impossível para o Fisco anular a transferência fictícia de sede, porque seria uma invasão na esfera privada de **interesses.**

12.17 TEORIA DA INTERPRETAÇÃO ECONÔMICA DO DIREITO TRIBUTÁRIO

Inspirada no Direito alemão, a primeira tentativa empreendida pela doutrina brasileira no sentido de oferecer recursos teóricos para combater a fraude à legislação tributária foi a teoria da interpretação econômica do Direito Tributário.

Autores como Rubens Gomes de Souza, Amílcar Falcão e Ruy Barbosa Nogueira, entre 1950 e 1960, sempre defenderam **que atos, fatos, contratos e negócios jurídicos realizados pelo contribuinte devem ser interpretados de acordo com os seus efeitos econômicos,** e não se levando em conta a forma jurídica que lhes for atribuída[1].

Desse modo, busca-se evitar que o contribuinte manipule as formas jurídicas de direito privado, utilizados na descrição das hipóteses de incidência, para fraudar o valor do tributo devido.

Se o Fisco interpretar o fato gerador com base na relação econômica subjacente, descobrirá a verdadeira intenção do contribuinte ao realizar o negócio jurídico, ignorando a forma utilizada, minimizando o abuso das formas.

Entretanto, como o desenvolvimento da moderna ciência do Direito Tributário e o avanço das correntes formalistas, a **teoria da interpretação econômica está totalmente superada.**

---

1   Godoi, Marciano Seabra de. *O Direito Tributário Interpretado pelo STJ*. Artigo disponível em: <http://www.publicadireito.com.br>.

12.18 TEORIA DO ABUSO DAS FORMAS

Com o objetivo geral de **combater fraudes à legislação tributária** e, em especial, **evitar manobras de elusão fiscal**, foi desenvolvida a teoria do abuso das formas, segundo a qual, ficando evidenciado que o contribuinte **utilizou uma "forma jurídica"** (instituto) **distorcendo a finalidade** que o ordenamento lhe confere (simulação), o intérprete/operador está liberado para qualificar a operação segundo a **realidade econômica**, ou seja, **desconsiderando sua aparência jurídica**[2].

Assim, por exemplo, se ficar comprovada a intenção do contribuinte de fraudar a lei simulando uma doação, quando na verdade a transferência da propriedade ocorreu por meio de compra e venda, a teoria permitiria ao Fisco ignorar a "forma jurídica" doação e tributar o fato de acordo com a realidade econômica da operação: exigindo ITBI (transmissão onerosa).

O certo é que a teoria do abuso das formas **sempre pressupõe a prova da intenção do contribuinte de fraudar a legislação tributária** e enfrenta a grande dificuldade concreta de exigir o recolhimento de um tributo sem a ocorrência formal do fato gerador.

Além disso, haverá um conflito (bitributação) entre a entidade competente para cobrar o tributo formalmente devido e aquela do que incide desconsiderando a forma jurídica utilizada.

Sendo uma teoria desenvolvida exclusivamente para defesa dos interesses do Fisco, ainda é **minoritária na doutrina e jurisprudência pátrias**.

Acesse
o material
suplementar
https://uqr.to/1xebw

Acesse o QR Code e confira o quadro sinótico e as questões deste capítulo.

---

2   Godoi, Marciano Seabra de. *O Direito Tributário Interpretado pelo STJ*. Artigo disponível em: <http://www.publicadireito.com.br>.

13

RESPONSABILIDADE TRIBUTÁRIA

13.1 CONCEITO DE RESPONSÁVEL TRIBUTÁRIO

Nas hipóteses da denominada responsabilidade tributária, a legislação **redireciona o dever de recolhimento do tributo**, transferindo-o do contribuinte, que realizou o fato gerador, para terceira pessoa.

Estabelece o art. 128 do CTN: "Sem prejuízo do disposto neste Capítulo, a lei pode atribuir de modo expresso a responsabilidade pelo crédito tributário a terceira pessoa, vinculada ao fato gerador da respectiva obrigação, excluindo a responsabilidade do contribuinte ou atribuindo-a a este em caráter supletivo do cumprimento total ou parcial da referida obrigação".

Assim, no Capítulo V do CTN (arts. 128 a 138) estão enumeradas normas que disciplinam os diversos casos de responsabilidade tributária, isto é, de extensão do dever de pagar tributos a devedores não enquadrados como contribuintes.

O art. 121, parágrafo único, II, do CTN define responsável tributário como sendo aquele devedor que, "sem revestir a condição de contribuinte, sua obrigação decorra de disposição expressa de lei".

De forma mais analítica, pode-se conceituar responsável tributário como **"sujeito passivo da obrigação tributária, vinculado ao fato gerador, que, sem enquadrar-se na condição de contribuinte, tenha sua obrigação decorrente de expressa disposição legal".**

Para melhor compreensão, o conceito apresentado pode ser assim dividido:

1) responsável tributário é o sujeito passivo que não se enquadra na condição de contribuinte;

2) obrigatoriamente vinculado ao fato gerador;

3) tem sua obrigação decorrente de expressa disposição legal.

> STJ: "TRIBUTÁRIO. ARROLAMENTO DE BENS. SUJEITO PASSIVO. CONCEITO. RESPONSÁVEL TRIBU-
> TÁRIO. POSSIBILIDADE. 1. O arrolamento de bens encontra-se previsto no art. 64 da Lei n. 9.532/97,
> nos seguintes termos: "A autoridade fiscal competente procederá ao arrolamento de bens e direitos
> do sujeito passivo sempre que o valor dos créditos tributários de sua responsabilidade for superior
> a trinta por cento do seu patrimônio conhecido". 2. Consoante a jurisprudência do STJ, o arrolamen-
> to de bens, instituído pela Lei n. 9.532/97, consiste em mecanismo pelo qual o Fisco promove
> apenas um cadastro destinado a viabilizar o acompanhamento da evolução patrimonial do sujeito
> passivo da obrigação tributária (AgRg no REsp 1.313.364/SC, rel. Min. Humberto Martins, 2ª T, *DJe*
> 11-5-2015; AgRg no AREsp 289.805/SC, rel. Min. Herman Benjamin, 2ª T, *DJe* 12-9-2013). 3. **O
> conceito de sujeito passivo da obrigação tributária abrange o de responsável tributário, nos
> termos do art. 121 do CTN, in verbis: "Art. 121. Sujeito passivo da obrigação principal é a pes-
> soa obrigada ao pagamento de tributo ou penalidade pecuniária. Parágrafo único. O sujeito
> passivo da obrigação principal diz-se: I – contribuinte, quando tenha relação pessoal e direta
> com a situação que constitua o respectivo fato gerador; II – responsável, quando, sem revestir
> a condição de contribuinte, sua obrigação decorra de disposição expressa de lei".** 4. Com a
> incidência da norma de responsabilidade, o responsável tributário passa a ser sujeito passivo da
> relação jurídico-tributária, adequando-se, portanto, ao preceito do art. 64 da Lei n. 9.532/97. 5. A
> propósito, o STJ já decidiu pela possibilidade do arrolamento de bens do responsável, desde que
> motivado em uma das hipóteses legais de responsabilidade tributária, e não em mero inadimple-
> mento do contribuinte (AgRg no REsp 1.420.023/RS, rel. Min. Benedito Gonçalves, 1ª T, *DJe* 27-10-
> 2015). 6. No caso concreto, o acórdão recorrido vedou, em absoluto, o arrolamento de bens do
> responsável, de modo que não fora apreciada a possível incidência da norma de responsabilidade.
> Por conseguinte, o Recurso Especial fazendário foi parcialmente acolhido para que o Tribunal *a quo*,
> afastada a tese pela vedação em abstrato, verifique se estão configuradas as hipóteses que justifica-
> riam tal medida contra o sócio. 7. Agravo Regimental não provido" (AgRg no REsp 1.572.557/SC,
> rel. Min. Herman Benjamin, j. 19-5-2016, 2ª T., *DJe* 1º-6-2016 – Grifado).

13.1.1 Responsável tributário é o sujeito passivo que não se enquadra na condição de contribuinte

O Código Tributário Nacional optou pela utilização do **critério residual** para conceituar responsável tributário. Nesse sentido, o art. 121, parágrafo único, II, do CTN afirma que responsável tributário é o "sujeito passivo da obrigação principal que, **sem revestir a condição de contribuinte**, sua obrigação decorra de disposição expressa de lei".

Assim, para o CTN, **todo devedor que não seja contribuinte** deve ser considerado responsável tributário.

13.1.2 Responsável tributário deve ser alguém obrigatoriamente vinculado ao fato gerador

Ao disciplinar o regime geral da responsabilidade tributária, o art. 128 do CTN determina que o responsável deve ser uma "terceira pessoa", ou seja, alguém diverso do contribuinte, mas **"vinculado ao fato gerador"**.

A necessária vinculação ao fato gerador constitui uma importante **limitação à liberdade do legislador na definição das hipóteses de reponsabilidade tributária.** Isso porque a lei só pode eleger como responsável uma pessoa que, embora não realize o fato gerador, participe da relação jurídica no contexto da qual o fato gerador ocorre.

Se o legislador escolher como responsável alguém que não participa da relação jurídica ensejadora do dever de pagar tributo, haverá ilegitimidade na definição do caso de responsabilidade ante o descumprimento da exigência prevista no art. 128 do CTN.

Seria o caso, por exemplo, de uma lei que atribuísse a um condômino a responsabilidade pelo pagamento de IPTU na hipótese de inadimplemento referente à unidade autônoma pertencente a outro morador. Embora ambos residam no mesmo prédio, inexiste qualquer vinculação entre o responsável eleito pelo legislador e a propriedade alheia.

Portanto, pode-se concluir afirmando que, enquanto o contribuinte tem relação pessoal e direta com o fato gerador (porque realiza a conduta descrita na hipótese de incidência), **o responsável tributário deve ter relação pessoal e INDIRETA com o fato gerador** (está vinculado ao fato gerador sem realizá-lo).

13.1.3 Responsável tributário tem sua obrigação decorrente de expressa disposição legal

O último elemento integrante do conceito de responsável tributário aponta para a **lei como a única fonte habilitada pelo ordenamento para definir hipóteses de responsabilidade tributária.**

A regra deriva do fato de que todos os aspectos da hipótese de incidência tributária dependem de previsão legislativa, e os casos de responsabilidade, em última análise, envolvem a definição do aspecto pessoal (devedor) da hipótese de incidência.

Inadmissível, desse modo, a utilização de outros veículos normativos como contratos, atos administrativos unilaterais, sentenças, acordos etc., para definir ou modificar regras de responsabilidade.

É nesse sentido que deve ser compreendido o teor do art. 123 do Código Tributário Nacional, *in verbis*: "Salvo disposições de lei em contrário, as convenções particulares, relativas à responsabilidade pelo pagamento de tributos, não podem ser opostas à Fazenda Pública, para modificar a definição legal do sujeito passivo das obrigações tributárias correspondentes".

Portanto, somente a lei pode deslocar, do contribuinte para o responsável, o dever de recolhimento de tributos.

13.2 QUADRO SINÓTICO COMPARATIVO ENTRE CONTRIBUINTE E RESPONSÁVEL TRIBUTÁRIO

Resumindo tudo o que foi dito nos itens anteriores sobre responsabilidade tributária, podemos comparar as figuras do contribuinte e do responsável tributário nos termos do quadro abaixo:

Contribuinte	Responsável tributário
Art. 121, parágrafo único, I, do CTN	Art. 121, parágrafo único, II, do CTN
Realiza o fato gerador	Não realiza, mas é vinculado ao fato gerador
Relação pessoal e direta com o fato gerador	Sem revestir a condição de contribuinte, sua obrigação decorra de disposição expressa de lei (relação pessoal e indireta com o fato gerador)
Definido em lei	Definido em lei
O mesmo que sujeito passivo direto	O mesmo que sujeito passivo indireto

13.3 POR QUE A LEGISLAÇÃO ESTABELECE CASOS DE RESPONSABILIDADE TRIBUTÁRIA?

A responsabilidade tributária promove um deslocamento do dever de recolher o tributo, transferindo-o do contribuinte que realizou o fato gerador para terceira pessoa: o responsável.

Em termos gerais, são **conveniências arrecadatórias e fiscalizatórias** (defesa do interesse público secundário) que justificam a definição legal das hipóteses de responsabilidade tributária.

Desse modo, pode-se dizer que as conveniências arrecadatórias e fiscalizatórias são o fundamento geral do instituto da responsabilidade.

Porém, é possível identificar também **finalidades específicas** que levam o legislador a estabelecer cada hipótese determinada de responsabilidade tributária, dentre as quais podem ser mencionadas:

a) maior facilidade para arrecadar o tributo junto ao responsável;

b) desaparecimento do contribuinte;

c) praticidade na forma de cobrança;

d) redução do risco de sonegação;

e) inadimplemento do contribuinte.

Portanto, todos os casos de responsabilidade tributária são estabelecidos para defesa dos interesses do Fisco, e nunca do sujeito passivo.

13.4 O RESPONSÁVEL TRIBUTÁRIO COMO UM COLETOR DE IMPOSTOS

A doutrina europeia costuma referir-se à figura do responsável tributário como um "coletor de impostos", na medida em que, muitas vezes, o responsável termina exercendo a tarefa, que caberia ao Fisco, de recolher o tributo junto ao contribuinte. Exemplo: empregador é responsável tributário por fazer a retenção, na fonte, do imposto de renda devido pelo empregado.

13.5 RESPONSÁVEL OU SUJEITO PASSIVO INDIRETO

"Sujeito passivo indireto" é outro nome utilizado pela doutrina e pela jurisprudência para referir-se à figura do responsável tributário.

Assim, **sujeito passivo indireto é sinônimo de responsável tributário**.

Por oposição, o contribuinte pode ser denominado "sujeito passivo direto".

Já a expressão "sujeição passiva indireta" designa o instituto da responsabilidade tributária ou a condição do responsável tributário. Ao passo que "sujeição passiva direta" significa a condição do contribuinte.

13.6 TIPOS DE RESPONSABILIDADE TRIBUTÁRIA

A responsabilidade tributária ou sujeição passiva indireta pode ser de **dois** tipos: a) por **substituição**; b) por **transferência**.

Já o CTN, sem preocupação científica, divide as hipóteses de responsabilidade em: a) dos sucessores; b) de terceiros; c) por infrações.

Analisemos, de início, as diferenças entre responsabilidade por substituição e por transferência.

13.6.1 Sujeição passiva indireta originária ou por substituição. Substituição tributária

Ocorre a sujeição passiva indireta originária por substituição quando, por expressa determinação legal, o dever de pagar tributo **nasce** para o substituto **desde a ocorrência do fato gerador**, assumindo tanto a obrigação principal quanto a acessória. Ex.: Imposto de Renda recolhido na fonte pelo empregador em nome do empregado.

13.6.1.1 Substituição tributária progressiva ("para a frente") e regressiva (diferimento)

Se o legislador atribui ao responsável o dever de pagar o tributo **quanto a fatos geradores futuros** mediante a presunção de que estes irão ocorrer, tem-se **substituição tributária progressiva ou "para a frente"**, autorizada pelo art. 150, § 7º, da CF, bem como pelo art. 6º da Lei Complementar n. 87/96. É o caso da montadora de veículos que recolhe o ICMS devido por toda a cadeia circulatória com base em fatos geradores futuros.

Ressalte-se, porém, que, se o fato gerador presumido não ocorrer, ou ocorrer em valor inferior ao presumido, assegura-se a imediata e preferencial restituição do montante pago a maior (art. 150, § 7º, da CF). A mesma garantia à restituição existe se, embora o fato gerador tenha ocorrido, a base de cálculo seja inferior ao *quantum* presumido (STF, RE 593.849). Foi fixada para efeitos de repercussão geral a seguinte tese: "É devida a restituição da diferença do Imposto sobre Circulação de Mercadorias e Serviços (ICMS) pago a mais no regime de substituição tributária para a frente se a base de cálculo efetiva da operação for inferior à presumida". Cabe destacar que o direito à restituição pertence ao contribuinte substituído (art. 10 da LC n. 87/96).

STF: "RECURSO EXTRAORDINÁRIO. REPERCUSSÃO GERAL. DIREITO TRIBUTÁRIO. IMPOSTO SOBRE CIRCULAÇÃO DE MERCADORIAS E SERVIÇOS – ICMS. SUBSTITUIÇÃO TRIBUTÁRIA PROGRESSIVA OU PARA FRENTE. CLÁUSULA DE RESTITUIÇÃO DO EXCESSO. BASE DE CÁLCULO PRESUMIDA. BASE DE CÁLCULO REAL. RESTITUIÇÃO DA DIFERENÇA. ART. 150, § 7º, DA CONSTITUIÇÃO DA REPÚBLICA. REVOGAÇÃO PARCIAL DE PRECEDENTE. ADI 1.851. 1. Fixação de tese jurídica ao Tema 201 da sistemática da repercussão geral: **"É devida a restituição da diferença do Imposto sobre Circulação de Mercadorias e Serviços – ICMS pago a mais no regime de substituição tributária para frente se a base de cálculo efetiva da operação for inferior à presumida"**. 2. A garantia do direito à restituição do excesso não inviabiliza a substituição tributária progressiva, à luz da manutenção das vantagens pragmáticas hauridas do sistema de cobrança de impostos e contribuições. 3. O princípio da praticidade tributária não prepondera na hipótese de violação de direitos e garantias dos contribuintes, notadamente os princípios da igualdade, capacidade contributiva e vedação ao confisco, bem como a arquitetura de neutralidade fiscal do ICMS. 4. O modo de raciocinar "tipificante" na seara tributária não deve ser alheio à narrativa extraída da realidade do processo econômico, de maneira a transformar uma ficção jurídica em uma presunção absoluta. 5. De acordo com o art. 150, § 7º, *in fine*, da Constituição da República, a cláusula de restituição do excesso e respectivo direito à restituição se aplicam a todos os casos em que o fato gerador presumido não se concretize empiricamente da forma como antecipadamente tributado. 6. Altera-se parcialmente o precedente firmado na ADI 1.851, de relatoria do Ministro Ilmar Galvão, de modo que os efeitos jurídicos desse novo entendimento orientam apenas os litígios judiciais futuros e os pendentes submetidos à sistemática da repercussão geral. 7. Declaração incidental de inconstitucionalidade dos arts. 22, § 10, da Lei n. 6.763/75, e 21 do Decreto n. 43.080/2002, ambos do Estado de Minas Gerais, e fixação de interpretação conforme à Constituição em relação aos arts. 22, § 11, do referido diploma legal, e 22 do decreto indigitado. 8. Recurso extraordinário a que se dá provimento" (RE 593.849/MG, rel. Min. Edson Fachin, j. 19-10-2016, *DJe* 5-4-2017 Plenário, Tema 201).

Se a lei opta por adotar o caminho contrário, deslocando na cadeia circulatória ou produtiva a um sujeito passivo a responsabilidade pelo pagamento de tributo em relação **aos fatos geradores anteriores na cadeia**, é o caso de **substituição tributária regressiva ou diferimento.**

Nesses dois casos, a substituição tributária garante ao Fisco a possibilidade de exigir do devedor economicamente mais forte o valor de todo o tributo devido da cadeia.

13.6.2 Sujeição passiva indireta derivada ou por transferência

A sujeição passiva indireta derivada ou por transferência **surge** na hipótese de o dever de pagar o tributo nascer vinculado à pessoa do contribuinte e **deslocar-se para o responsável após a ocorrência de um fato novo.**

Pode dar-se de **três modos**[1]:

a) por **solidariedade**: quando por força de lei duas ou mais pessoas são co-obrigadas a pagar o mesmo tributo. Ex.: IPTU de condomínio *pro indiviso*;

b) por **sucessão**: quando o primitivo devedor desaparece deixando quem lhe faça as vezes. Por exemplo: falecimento de contribuinte com dívidas, caso em que os herdeiros, após o evento morte, respondem pelo pagamento do tributo, até o limite da herança;

c) por **responsabilidade legal**: quando a pessoa que tinha o dever legal de fiscalizar o recolhimento não o fez, o que produz, em determinadas situações, a obrigação de o responsável legal pagar. Ex.: tabelião que não fiscaliza o recolhimento do ITBI no registro da escritura.

13.6.3 Responsabilidade dos sucessores

O primeiro conjunto de hipóteses de responsabilidade tributária no CTN refere-se aos casos de sucessores (arts. 129 a 133 do CTN), tanto em se tratando de pessoas físicas quanto de pessoas jurídicas[STF].

> STF: "A responsabilidade tributária dos sucessores protege o erário de um tipo de inadimplência bastante específico: o desaparecimento jurídico do contribuinte, conjugado com a transferência integral ou parcial do patrimônio a outra pessoa de direitos. Ora, a desconstituição da pessoa jurídica faz com que o crédito tributário não possa mais ser exigido contra o contribuinte original (que deixou de existir juridicamente). Ocorre que o patrimônio transferido, material ou imaterial, deveria garantir o crédito tributário. Portanto, a solução legal prevista no CTN, compatível com a Constituição, é fazer com que o sucessor, ainda que ente federado, arque com a dívida" (RE 599.176/PR, rel. Min. Joaquim Barbosa, j. 5-6-2014, *DJe* 30-10-2014).

---

1   Os conceitos e exemplos deste tópico são do prof. Roque Antonio Carrazza, anotados em sala de aula durante o curso de graduação na PUC-SP, ano de 1997.

STF: "PROCESSUAL CIVIL E TRIBUTÁRIO. EXECUÇÃO FISCAL. SUCESSÃO EMPRESARIAL. **RES-PONSABILIDADE**. INCIDENTE DE DESCONSIDERAÇÃO DA PERSONALIDADE JURÍDICA. DES-NECESSIDADE.

1. O incidente de desconsideração é cabível em todas as fases do processo de conhecimento, no cumprimento de sentença e na execução fundada em título executivo extrajudicial, sendo dispensada a sua instauração se a desconsideração da personalidade for requerida na petição inicial, hipótese em que será citado o sócio ou a pessoa jurídica (art. 134, § 2º, do CPC/2015).

2. Nos processos executivos fiscais, não se aplica o incidente de desconsideração da personalidade jurídica nos casos em que a Fazenda exequente pretende alcançar pessoa jurídica distinta daquela contra a qual originalmente foi ajuizada a execução, mas cujo nome consta na Certidão de Dívida Ativa, após regular procedimento administrativo, ou, mesmo (o nome) não constando (no título executivo), o fisco demonstre a existência de causa autônoma de **responsabilidade tributária** direta dessa pessoa, nos termos da Lei.

3. O responsável tributário por imposição legal ou por sucessão pode ser acionado nas execuções fiscais independentemente de qualquer outra diligência do credor. Inteligência do art. 4º, V e VI, da Lei n. 6.830/1980.

4. Hipótese em que, buscando-se a **responsabilidade** em execução fiscal **dos sucessores** empresariais do devedor originário com incorporação do patrimônio da sucedida, por expressa previsão legal, é desnecessária a instauração do incidente de desconsideração da personalidade jurídica.

5. Agravo conhecido para negar provimento ao recurso especial" (AREsp 1.700.670/GO, Rel. Min. Gurgel de Faria, 1ª T., j. 9-3-2021, DJe 8-4-2021).

Sub-rogam-se na pessoa do adquirente os créditos tributários relacionados com o imóvel adquirido, se o respectivo fato gerador consistir na propriedade, no domínio útil ou na posse, assim também quanto a taxas pela prestação de serviços e contribuições de melhoria vinculadas ao imóvel, salvo quando conste do título prova de sua quitação. Por alguma razão, o art. 130 do CTN excluiu as taxas de polícia da sub-rogação na pessoa do adquirente.

Dessa forma, os créditos tributários acompanham o imóvel, pois este serve de garantia de satisfação daqueles, mesmo após a transferência para terceiros sem relação com a dívida.

São pessoalmente responsáveis o adquirente ou remitente, pelos tributos relativos aos bens adquiridos ou remidos.

Havendo **arrematação em hasta pública**, a sub-rogação **ocorre sobre o respectivo preço** e não sobre a pessoa do arrematante, ao contrário do que ocorre com o adquirente de bens (sub-rogação na pessoa).

Em caso de **falecimento do contribuinte**, respondem por tributos devidos pelo *de cujus* o **sucessor a qualquer título e o cônjuge meeiro**, até a data da partilha ou adjudicação, limitada a responsabilidade ao montante do quinhão, do legado ou da meação (art. 131, II).

Também responde o espólio pelos tributos devidos pelo contribuinte falecido, até a data da abertura da sucessão (art. 131, III, do CTN).

No caso de pessoas jurídicas, a responsabilidade por sucessão obedece a regras mais detalhadas.

A **pessoa jurídica resultante** de fusão, transformação ou incorporação de outra ou em outra **é responsável pelos tributos devidos até a data do ato** pelas pessoas jurídicas fusionadas, transformadas ou incorporadas (art. 132 do CTN).

A mesma regra vale nos casos de extinção de pessoas jurídicas de direito privado, quando a exploração da respectiva atividade seja continuada por qualquer sócio remanescente, ou seu espólio, sob a mesma ou outra razão social, ou sob firma individual (art. 132, parágrafo único).

Trata-se de uma forma de evitar mecanismo fácil de sonegação fiscal, impedindo que uma simples transformação empresarial seja capaz de eliminar a dívida tributária.

Portanto, nos casos de **transformação empresarial**, a **pessoa jurídica resultante da operação é responsável** pelas dívidas tributárias das empresas transformadas.

13.6.4 Responsabilidade no trespasse

Trespasse é a alienação do estabelecimento comercial ou fundo de comércio.

O art. 133 do CTN disciplina a questão dos tributos devidos na hipótese de trespasse, tanto do ponto de vista de quem está adquirindo o estabelecimento quanto em relação ao alienante, nos seguintes termos:

> A pessoa natural ou jurídica de direito privado que adquirir de outra, por qualquer título, fundo de comércio ou estabelecimento comercial, industrial ou profissional, e continuar a respectiva exploração, sob a mesma ou outra razão social ou sob firma ou nome individual, responde pelos tributos, relativos ao fundo ou estabelecimento adquirido, devidos até à data do ato:
>
> I – integralmente, se o alienante cessar a exploração do comércio, indústria ou atividade;
>
> II – subsidiariamente com o alienante, se este prosseguir na exploração ou iniciar dentro de seis meses a contar da data da alienação, nova atividade no mesmo ou em outro ramo de comércio, indústria ou profissão.

Em linhas gerais, o dispositivo deixa claro que no Direito Brasileiro **quem adquire um estabelecimento comercial assume também todo o passivo tributário da empresa.** Nesse contexto, importante ressaltar os dizeres da Súmula 554 do STJ: "Na hipótese de sucessão empresarial, a responsabilidade da sucessora abrange não apenas os tributos devidos pela sucedida, mas também as multas moratórias ou punitivas referentes a fatos geradores ocorridos até a data da sucessão".

No entanto, o art. 133 do CTN distingue casos em que o adquirente assume o passivo tributário sozinho (integralmente) de outros nos quais a responsabilidade é dividida com o alienante (subsidiariamente).

Como o objetivo evidente da regra é proteger os interesses do Fisco, garantindo a satisfação do crédito, mesmo vendendo a empresa, o alienante só deixa de responder por dívidas do estabelecimento transferido se permanecer pelo menos seis meses sem exercer qualquer atividade comercial após a alienação.

Em síntese, a responsabilidade pelo recolhimento dos tributos na hipótese de trespasse será:

1) **integral do adquirente**: se o alienante cessar a exploração do comércio, indústria ou atividade empresarial;

2) **subsidiária do adquirente e alienante**: se o alienante prosseguir na exploração ou iniciar dentro de seis meses, a contar da data da alienação, nova atividade no mesmo ou em outro ramo de comércio, indústria ou profissão.

13.6.5 Trespasse sem assunção do passivo tributário

Com o claro objetivo de tornar atrativa a aquisição de estabelecimentos em crise por grupos econômicos mais saudáveis, o art. 133, § 1º, do CTN determina que a **aquisição da empresa não inclui as dívidas tributárias quando ocorrer**:

I – **em processo de falência**;

II – no caso de filial ou unidade produtiva isolada, **em processo de recuperação judicial**.

Porém, essas duas hipóteses excepcionalíssimas de trespasse sem assunção do passivo tributário deixam de ser admitidas pela legislação quando o adquirente for (art. 133, § 2º):

I – sócio da sociedade falida ou em recuperação judicial, ou sociedade controlada pelo devedor falido ou em recuperação judicial;

II – parente, em linha reta ou colateral até o 4º (quarto) grau, consanguíneo ou afim, do devedor falido ou em recuperação judicial ou de qualquer de seus sócios;

III – identificado como agente do falido ou do devedor em recuperação judicial com o objetivo de fraudar a sucessão tributária.

"Em processo da falência, o produto da alienação judicial de empresa, filial ou unidade produtiva isolada permanecerá em conta de depósito à disposição do juízo de falência pelo prazo de 1 (um) ano, contado da data de alienação, somente podendo ser utilizado para o pagamento de créditos extraconcursais ou de créditos que preferem ao tributário" (art. 133, § 3º, do CTN).

STJ: "AGRAVO INTERNO NO RECURSO ESPECIAL. CIVIL E PROCESSUAL CIVIL. OMISSÃO. NÃO OCORRÊNCIA. TRESPASSE DO ESTABELECIMENTO EMPRESARIAL. DÍVIDAS ANTERIORES. RESPONSABILIDADE. SÚMULAS 5 E 7 DO STJ. 1. Não se viabiliza o recurso especial pela violação do dever de prestação jurisdicional, porque, embora rejeitados os embargos de declaração, a matéria em exame foi devidamente enfrentada pelo Tribunal de origem, que emitiu pronunciamento de forma fundamentada, ainda que em sentido contrário à pretensão da parte recorrente. 2. **A Corte de origem, soberana na análise dos fatos e das provas, consignou que a simples alienação do estabelecimento não desobriga o alienante da quitação do seu passivo, sendo certo que, no caso dos autos, não houve comprovação da existência de assunção de dívida ou de sucessão empresarial.** Derruir a conclusão a que chegou o Tribunal *a quo* demandaria, necessariamente, interpretação de cláusulas contratuais, bem como novo exame do conjunto fático-probatório acostado aos autos, o que é vedado pelas Súmulas 5 e 7 do STJ. 3. O suporte fático normativo previsto no art. 1.146 do Código Civil, impõe outros requisitos além da mera transferência do estabelecimento comercial para a cristalização da solidariedade entre alienante e adquirente, notadamente a exigência de regular contabilização dos débitos anteriores à alienação, circunstância que não foi sequer alvo de argumentação da parte em sede recursal. 4. Agravo interno não provido" (Agint no REsp 1.457.672/DF, rel. Min. Luis Felipe Salomão, j. 20-9-2018, 4ª T., *DJe* 25-9-2018.).

STJ: "PROCESSUAL CIVIL. AGRAVO INTERNO NO RECURSO ESPECIAL. EXECUÇÃO FISCAL. ART. 535 DO CPC/1973. INEXISTÊNCIA DE VÍCIOS. GRUPO ECONÔMICO. ABUSO DE PODER. CONFUSÃO PATRIMONIAL. TRESPASSE. SUCESSÃO EMPRESARIAL. RESPONSABILIDADE TRIBUTÁRIA. RESPONSABILIDADE SUBSIDIÁRIA. JUÍZO FIRMADO COM LASTRO NOS FATOS E PROVAS E À LUZ DAS CLÁUSULAS CONTRATUAIS. SÚMULAS 7 E 5 DO STJ. RAZÕES RECURSAIS DEFICIENTES. SÚMULA 284/STF. AUSÊNCIA DE IMPUGNAÇÃO A FUNDAMENTOS DO ACÓRDÃO RECORRIDO. SÚMULA 283/STF. DISSÍDIO JURISPRUDENCIAL PREJUDICADO. 1. Quanto ao art. 535 do CPC/73, o acórdão recorrido manifestou-se de maneira clara e fundamentada a respeito das questões relevantes para a solução da controvérsia, não se verificando incongruências ou defeitos de lógica entre os fundamentos adotados e a conclusão alcançada. Na espécie, tutela jurisdicional foi prestada de forma eficaz, apenas com resultado não favorável à pretensão da parte, não havendo com isso razão para a anulação do acórdão proferido em sede de embargos de declaração. 2. A Corte de origem, analisando o acervo fático-probatório e as cláusulas dos contratos sociais, em minuciosa fundamentação, concluiu: (i) caracterizada a formação de grupo econômico e demonstrada a confusão patrimonial, com o esvaziamento patrimonial das controladas, cujo vínculo com a controladora alcançaria as sucessoras; e (ii) configurada a responsabilidade tributária da recorrente, de forma subsidiária, diante da comprovação da sucessão empresarial e da presença de ajustes no contrato de trespasse que revelam sua ciência a respeito do passivo da empresa adquirida. 3. Inviável de revisão, no âmbito do recurso especial, das conclusões firmadas com lastro no acervo fático-probatório e na interpretação dos ajustes contratuais, diante do óbice das Súmulas 5 e 7 do STJ. 4. A apresentação de razões recursais deficientes bem como a falta de enfrentamento dos fundamentos adotados no acórdão para resolver a lide, por si sós suficientes para manter o resultado do julgado, não permitem o conhecimento do recurso. Incidência das Súmulas 284 e 283 do STF. 5. Prejudicada a análise de dissídio jurisprudencial de questão a respeito da qual não se conheceu do recurso pela alínea a do permissivo constitucional, por força de óbice sumular aplicado. 6. Agravo interno não provido" (STJ – AgInt no REsp 1.706.265 RJ 2017/0276815-5, rel. Min. Benedito Gonçalves, j. 2-3-2021, 1ª T., *DJe* 5-3-2021).

13.7 RESPONSABILIDADE DE TERCEIROS

Nos termos do art. 134 do CTN, na impossibilidade de exigência do cumprimento **da obrigação principal** pelo contribuinte, são **solidariamente responsáveis**:

a) os pais, pelos tributos devidos por seus filhos menores;

b) os tutores e curadores, pelos tributos devidos por seus tutelados ou curatelados;

c) os administradores de bens de terceiros, pelos tributos devidos por estes;

d) o inventariante, pelos tributos devidos pelo espólio;

e) o síndico e o comissário, pelos tributos devidos pela massa falida ou pelo concordatário;

f) os tabeliães, escrivães e demais serventuários de ofício, pelos tributos devidos sobre os atos praticados por eles, ou perante eles, em razão do seu ofício;

g) os sócios, no caso de liquidação de sociedade de pessoas.

Observe-se, porém, que a responsabilidade tributária nas hipóteses referidas acima somente ocorre se **o terceiro tiver participado diretamente da situação concreta que configura o fato gerador do tributo**, assistindo o contribuinte ou em seu nome atuando. Ou, então, se tinha o dever jurídico de assistir o contribuinte, mas deixou de fazê-lo, caso em que a responsabilidade tributária surge como decorrência de sua omissão.

Se o art. 134 estabelece um benefício de ordem, exigindo que primeiro o Fisco esgote as tentativas de cobrança junto ao contribuinte para depois acionar o responsável, então na verdade **não se trata de responsabilidade solidária, mas subsidiária.**

13.8 DESCONSIDERAÇÃO DA PERSONALIDADE JURÍDICA DO CTN

O art. 135 do CTN consagra o caráter excepcional da responsabilidade de diretores, sócios, gerentes ou representantes por dívidas da empresa. Isso porque vigora o **princípio da autonomia patrimonial**, isolando os bens da pessoa jurídica em relação ao patrimônio de seus dirigentes.

Vale destacar que conforme Súmula 430 do STJ: "O inadimplemento da obrigação tributária pela sociedade não gera, por si só, a responsabilidade solidária do sócio-gerente".

Nessa esteira, o Código Tributário Nacional afirma que somente os **atos praticados com excesso de poder** ou **infração** de lei, contrato social ou estatutos têm o poder de afastar a autonomia patrimonial, autorizando o Fisco a redirecionar a cobrança contra os dirigentes da empresa.

Excesso de poder ou infração constituem sempre **comportamentos dolosos**, que exigem **má-fé** para sua caracterização, sendo inadmissível sua configuração na modalidade meramente culposa.

Trata-se das regras para **desconsideração da personalidade jurídica** em Direito Tributário.

Na prática é cada vez mais comum a simples inclusão, sem critério e fora das hipóteses legais, dos dirigentes no polo passivo de execuções fiscais movidas contra a pessoa jurídica (redirecionamento da execução), manobra processual escusa e maliciosa com o objetivo de ampliar as chances de satisfação do crédito fiscal.

Não se deve deixar de enfatizar que **cabe ao Fisco o ônus de provar** a ocorrência dos motivos circunstanciais que autorizam a responsabilização dos administradores. Assim, se o Fisco não puder demonstrar que ocorreram atos concretos de excesso de poder, infração à lei, ao contrato social ou aos estatutos, descabe a inclusão de diretores, sócios e gerentes na execução fiscal. Ocorrendo a ampliação ilegal do polo passivo da execução, a matéria deverá ser suscitada em sede de embargos ou exceção de pré-executividade.

Comprovado o excesso de poder ou a infração, caracterizando comportamento doloso ensejador da responsabilidade pessoal do dirigente, como regra a **pessoa jurídica deixa de ser a devedora principal do tributo**, passando o dirigente a ocupar tal papel.

Segundo o STJ, **o simples inadimplemento da obrigação tributária não autoriza o redirecionamento** da Execução Fiscal[STJ]. Veja-se, como exemplo, o seguinte julgado:

> STJ: "EXECUÇÃO FISCAL. REDIRECIONAMENTO. SÓCIO NÃO GERENTE. QUALIFICAÇÃO JURÍDICA DOS FATOS. A Turma reiterou o entendimento do STJ sobre a hipótese de redirecionamento da execução fiscal contra sócio-gerente, que depende de comprovação de conduta com excesso de mandato ou infringência da lei, contrato social ou estatuto, não bastando a simples inadimplência no recolhimento de tributos. Ademais, para haver o redirecionamento na hipótese de dissolução irregular da sociedade, exige-se a permanência do sócio na administração no momento da irregularidade (...)" (2ª T., AgRg no REsp 1.279.422-SP, rel. Min. Humberto Martins, j. 13-3-2012, *DJe* 19-3-2012).

No **caso específico de sócios**, segundo entendimento do STJ, se o **nome estiver indicado na CDA**, diante da presunção de liquidez e certeza da certidão, **inverte-se o ônus da prova**, cabendo ao sócio demonstrar que não houve excesso de poder ou infração.

STJ: "TRIBUTÁRIO. EXECUÇÃO FISCAL. EXCEÇÃO DE PRÉ-EXECUTIVIDADE. NECESSIDADE DE DILA-
ÇÃO PROBATÓRIA. INADMISSÃO. INADIMPLEMENTO DA OBRIGAÇÃO DE PAGAR TRIBUTOS. RES-
PONSABILIDADE DOS SÓCIOS INDICADOS NA CERTIDÃO DE DÍVIDA ATIVA. PRESUNÇÃO DE LEGI-
TIMIDADE. 1. Admite-se a objeção de pré-executividade para acolher exceções materiais, extintivas
ou modificativas do direito do exequente, desde que comprovadas de plano e desnecessária a
produção de outras provas além daquelas constantes dos autos ou trazidas com a própria exceção.
2. O mero inadimplemento da obrigação de pagar tributos não constitui infração legal capaz de
ensejar a responsabilidade prevista no art. 135, III, do Código Tributário Nacional. **3. Não se pode,
diante da presunção de certeza e liquidez da Certidão de Dívida Ativa, inverter o ônus proba-
tório para a exclusão dos sócios da execução fiscal.** 4. Por possuir a CDA presunção *juris tantum*
de liquidez e certeza, seria gravame incabível a exigência de que o Fisco fizesse prova das hipóteses
previstas no art. 135 do CTN. 5. Recurso especial improvido" (**REsp 896.493/SP, 2006/0232048-7**).

Também sobre o art. 135, III, do CTN, o STJ trouxe o tema 981 que firmou a
seguinte tese: "O redirecionamento da execução fiscal, quando fundado na dissolução irregular da pessoa jurídica executada ou na presunção de sua ocorrência,
pode ser autorizado contra o sócio ou o terceiro não sócio, com poderes de administração na data em que configurada ou presumida a dissolução irregular,
ainda que não tenha exercido poderes de gerência quando ocorrido o fato gerador do tributo não adimplido, conforme art. 135, III, do CTN".

Ainda a respeito da desconsideração da personalidade jurídica **em relação
aos sócios**, entende-se que será **sempre cabível** nas hipóteses de:

1) **confusão patrimonial** deles em relação à empresa;

2) **dissolução irregular** da sociedade.

É que nesses dois casos a circunstância fática evidencia o elemento subjetivo
(dolo) caracterizador da infração à lei.

STJ: "RECURSO ESPECIAL 1.546.912 – RS (2015/0192619-7) (...). No campo do direito tributário, a responsabilização dos diretores, sócios-gerentes ou representantes pelas dívidas tributárias
de empresas está disciplinada pelo art. 135, III, do CTN da seguinte forma: 'Art. 135 – São pessoalmente responsáveis pelos créditos correspondentes a obrigações tributárias resultantes de
atos praticados com excesso de poderes ou infração de lei, contrato social ou estatutos: (...) III
– os diretores, gerentes ou representantes de pessoas jurídicas de direito privado.' Tendo em
conta a literalidade do art. 135, inc. III, do CTN, desde logo se verifica que a responsabilidade
tributária pode ser atribuída àqueles que, como primeiro requisito, possuem a condição jurídica
e/ou fática de gestores da empresa. Excluem-se de plano os que são simplesmente sócios da
pessoa jurídica de direito privado, pois o que interessa é a condução dos negócios da empresa.
Da mesma forma, outra anotação a ser feita é que não se pode pretender responsabilizar o di-
retor, gerente ou representante por atos ou omissões relacionadas a período anterior ou posterior à sua gestão. Na sequência de análise, também da literalidade do dispositivo em foco (art.

135, inc. III, do CTN), deve ser ressaltado que a atribuição de responsabilidade aos gestores tem como causa a prática de atos 'com excesso de poderes ou infração de lei, contrato social ou estatutos'. Durante longo período, em tempo não muito distante, especialmente no âmbito jurisprudencial, prevaleceu o entendimento de que o simples inadimplemento da obrigação tributária configurava a infração à lei a que se refere o art. 135, inc. III, do CTN para fins de caracterização da responsabilidade tributária pessoal do gestor, desde que comprovado que exercia tais poderes na empresa no respectivo período. Assim, geralmente, a satisfação da obrigação tributária, no caso de inadimplemento pela pessoa jurídica, era buscada de seu gestor, configurando, na prática, espécie de responsabilidade objetiva. Atualmente, esse entendimento encontra-se superado, não bastando o mero inadimplemento por parte da empresa para viabilizar a responsabilização pessoal de administradores, gerentes ou representantes, pois esse fato de não cumprir com a obrigação tributária, por si só, não pode ser qualificado como a 'infração à lei' prevista no art. 135, inc. III, do CTN. Nas sociedades com limitação de responsabilidade limitada a responsabilidade tributária dos gestores é regida pelas disposições do art. 135, inc. III, do CTN, que condiciona a responsabilização tributária dos gestores de empresas à demonstração de fatos de que tenham agido com excesso de poderes, infração à lei ou ao contrato social, assim entendido não apenas o inadimplemento da obrigação tributária. Desse modo, a princípio, justificam a responsabilização dos gestores (1) a prática de fato caracterizado como ilícito penal, (2) a ocorrência de hipótese prevista em texto expresso de lei – aqui incluído o caso de inadimplemento de tributos por parte de microempresas e empresas de pequeno porte extintas – e, como caso mais comum, (3) a dissolução irregular da empresa. (...)" (STJ – REsp 1.546.912 – RS, 2015/0192619-7, rel. Min. Gurgel de Faria, *DJ* 22-9-2020).

13.8.1 Incidente de desconsideração da personalidade jurídica

Os arts. 133 a 137 do Código de Processo Civil disciplinam o incidente de desconsideração da personalidade jurídica:

"Art. 133. O incidente de desconsideração da personalidade jurídica será instaurado a pedido da parte ou do Ministério Público, quando lhe couber intervir no processo.

§ 1º O pedido de desconsideração da personalidade jurídica observará os pressupostos previstos em lei.

§ 2º Aplica-se o disposto neste Capítulo à hipótese de desconsideração inversa da personalidade jurídica.

Art. 134. O incidente de desconsideração é cabível em todas as fases do processo de conhecimento, no cumprimento de sentença e na execução fundada em título executivo extrajudicial.

§ 1º A instauração do incidente será imediatamente comunicada ao distribuidor para as anotações devidas.

§ 2º Dispensa-se a instauração do incidente se a desconsideração da personalidade jurídica for requerida na petição inicial, hipótese em que será citado o sócio ou a pessoa jurídica.

§ 3º A instauração do incidente suspenderá o processo, salvo na hipótese do § 2º.

§ 4º O requerimento deve demonstrar o preenchimento dos pressupostos legais específicos para desconsideração da personalidade jurídica.

Art. 135. Instaurado o incidente, o sócio ou a pessoa jurídica será citado para manifestar-se e requerer as provas cabíveis no prazo de 15 (quinze) dias.

Art. 136. Concluída a instrução, se necessária, o incidente será resolvido por decisão interlocutória.

Parágrafo único. Se a decisão for proferida pelo relator, cabe agravo interno.

Art. 137. Acolhido o pedido de desconsideração, a alienação ou a oneração de bens, havida em fraude de execução, será ineficaz em relação ao requerente".

Existe controvérsia jurisprudencial a respeito da aplicabilidade do incidente de desconsideração ao âmbito da execução fiscal.

Julgando caso de sucessão de empresas integrantes de grupo econômico de fato, a 1ª Turma do STJ entendeu possível a instauração do incidente: "O redirecionamento de execução fiscal a pessoa jurídica que integra o mesmo grupo econômico da sociedade empresária originalmente executada, mas que não foi identificada no ato de lançamento (nome na CDA) ou que não se enquadra nas hipóteses dos arts. 134 e 135 do CTN, depende da comprovação do abuso de personalidade, caracterizado pelo desvio de finalidade ou confusão patrimonial, tal como consta do art. 50 do Código Civil, daí porque, nesse caso, é necessária a instauração do incidente de desconsideração da personalidade da pessoa jurídica devedora" (RE 1.775.269-PR, rel. Min. Gurgel de Faria, 1ª T., j. 21-2-2019, *DJe* 1º-3-2019).

Já a 2ª Turma do STJ, em sentido contrário, julgou que: "A previsão constante no art. 134, *caput*, do CPC/2015, sobre o cabimento do incidente de desconsideração da personalidade jurídica, na execução fundada em título executivo extrajudicial, não implica a incidência do incidente na execução fiscal regida pela Lei n. 6.830/1980, verificando-se verdadeira incompatibilidade entre o regime geral do Código de Processo Civil e a Lei de Execuções, que diversamente da Lei geral, não comporta a apresentação de defesa sem prévia garantia do juízo, nem a automática suspensão do processo, conforme a previsão do art. 134, § 3º, do CPC/2015. Na execução fiscal 'a aplicação do CPC é subsidiária, ou seja, fica reservada para as situações em que as referidas leis são silentes e no que com elas compatível'" (REsp n. 1.431.155/PB, rel. Ministro Mauro Campbell Marques, 2ª T., j. 27-5-2014, *DJe* 2-6-2014).

A questão ainda está em aberto na doutrina e na jurisprudência.

Do deslinde dessa controvérsia preliminar depende a solução de outro ponto, a saber, se é possível aplicar a "teoria da desconsideração inversa da personalidade jurídica" no rito da execução fiscal (arts. 133, § 2º e 792, § 3º, do CPC, e 50 do Código Civil).

A desconsideração inversa é uma defesa da empresa contra o sócio que se valeu da pessoa jurídica para ocultar ou desviar bens pessoais, com prejuízo a terceiros (enunciados 284 e 285 da Jornada de Direito Civil).

Fala-se ainda em "desconsideração expansiva da personalidade jurídica", utilizada para quando empresários utilizavam da criação de novas pessoas jurídicas para se esquivarem de dívidas e penalidades impostas às pessoas jurídicas das quais eram sócios anteriormente[2].

As teorias inversa e expansiva da desconsideração da personalidade jurídica constituem novidades, em princípio, incompatíveis com o rito da execução fiscal, por falta de previsão legal específica na legislação tributária brasileira. Encontram óbice, portanto, nos princípios do devido processo legal e da legalidade (arts. 5º, LIV, e 37, *caput*, da CF/88, respectivamente).

13.9 RESPONSABILIDADE POR INFRAÇÕES

Em Direito Tributário, a responsabilidade por infrações da legislação tributária, salvo disposição de lei em contrário, **independe da intenção do agente**, não importando tampouco se o ato infracional chegou a produzir todos os efeitos. Assim, são irrelevantes, nos casos de infração:

a) a intenção do agente; e

b) o resultado da conduta por ele praticado.

Desse modo, analogicamente ao Direito Penal, a **responsabilidade** por infrações tributárias classifica-se como "**culposa**" e "**de mera conduta**".

13.10 DENÚNCIA ESPONTÂNEA

Denúncia espontânea é a **autodelação premiada no Direito Tributário**. O próprio infrator confessa ao Fisco a prática de um comportamento irregular **antes do início de qualquer procedimento administrativo ou medida de fiscalização relacionada com a infração**, acompanhado do pagamento do tributo devido e dos juros de mora, ou do pedido para que o Fisco arbitre o valor devido.

Como prêmio, o art. 138 do CTN determina a **exclusão da responsabilidade** afastando a aplicação de qualquer penalidade, sejam multas punitivas ou moratórias.

Entretanto, de acordo com a jurisprudência consolidada do STJ, o benefício da denúncia espontânea **não se aplica**:

a) no caso de inadimplemento de **obrigações tributárias acessórias autônomas** sem qualquer vínculo direto com a existência do fato gerador do tributo.

---

2 ALMEIDA, Túlio Ponte de. O que é desconsideração expansiva da personalidade jurídica?. *Revista Jus Navigandi*, ISSN 1518-4862, Teresina, ano 21, n. 4852, 13 out. 2016. Disponível em: <https://jus.com.br/artigos/48417>. Acesso em: 21 set. 2020.

Ex.: atraso na entrega da declaração de rendimentos do Imposto de Renda (REsp 1.129.202);

b) quanto aos **tributos sujeitos a lançamento por homologação**, declarados pelo contribuinte, mas recolhidos fora do prazo de vencimento (Súmula 360 do STJ);

c) se houver confissão do débito **acompanhada de pedido de parcelamento**, na medida em que parcelamento não pode ser confundido com pagamento (REsp 378.795).

STJ: "PROCESSUAL CIVIL E TRIBUTÁRIO. DENÚNCIA ESPONTÂNEA. TRIBUTO DECLARADO PELO CONTRIBUINTE E PAGO A DESTEMPO. DIVERGÊNCIA JURISPRUDENCIAL. EXAME PREJUDICADO. 1. Nos termos da Súmula 360/STJ: **"O benefício da denúncia espontânea não se aplica aos tributos sujeitos a lançamento por homologação regularmente declarados, mas pagos a destempo".** 2. É que a apresentação de Declaração de Débitos e Créditos Tributários Federais – DCTF, de Guia de Informação e Apuração do ICMS – GIA, ou de outra declaração dessa natureza, prevista em lei, é modo de constituição do crédito tributário, dispensando-se, para isso, qualquer outra providência por parte do Fisco. Se o crédito foi assim previamente declarado e constituído pelo contribuinte, não configura denúncia espontânea (art. 138 do CTN) o seu posterior recolhimento fora do prazo estabelecido. 3. A 1ª Seção do STJ, no julgamento dos recursos repetitivos REsp 962.379 e REsp 886.462, reafirmou o entendimento já assentado de que não existe denúncia espontânea quando o pagamento se refere a tributos noticiados pelo contribuinte, por meio de Declaração de Débitos e Créditos Tributários Federais (DCTF), de Guia de Informação e Apuração do (ICMS) GIA, ou de outra declaração dessa natureza prevista em lei, e pagos a destempo. 4. Fica prejudicada análise da divergência jurisprudencial quando a tese sustentada já foi afastada no exame do Recurso Especial pela alínea *a* do permissivo constitucional. 5. Recurso Especial parcialmente conhecido e, nessa extensão, não provido" (REsp 1.764.249/SP, rel. Min. Herman Benjamin, j. 4-10-2018, 4ª T., *DJe* 28-11-2018).

STJ: "RECURSO ESPECIAL 1.583.546 – SP (2016/0035403-0) DECISÃO: Trata-se de recurso especial interposto por Fertimport S.A., com fundamento no art. 105, inciso III, alíneas *a* e *c*, da CF/88, contra acórdão do TRF da 3ª Região assim ementado (e-STJ fls. 230/231): AGRAVO LEGAL. TRIBUTÁRIO. MULTA. OBRIGAÇÃO ACESSÓRIA. INFORMAÇÕES PARA FINS DE REGISTRO NO SISCOMEX-CARGA. AGENTE MARÍTIMO. RESPONSABILIDADE. DENÚNCIA ESPONTÂNEA. IMPOSSIBILIDADE. 1. Trata-se na espécie, em síntese, de pedido de anulação de multa aplicada por infração ao art. 107, IV, e, do DL 37/66. A obrigação do agente marítimo exsurge do próprio teor dos indigitados dispositivos legais, afastando- se as alegações de ausência de responsabilidade pela infração imputada. 2. A multa cobrada por falta na entrega ou atraso das declarações, como aconteceu no caso em espécie, de correção extemporânea de conhecimento marítimo, tem como fundamento legal o art. 113, §§ 2º e 3º, do CTN. 3 (...). 4. Pacífica a jurisprudência do C. STJ, no sentido do descabimento da denúncia espontânea para o afastamento de multa decorrente de obrigação acessória autônoma, conforme os precedentes: AEAREsp 209.663, 2ª T., rel. Min. Herman Benjamin, j. 4-4-2013, *DJ* 10-5-2013; AGREsp 884.939, 1ª T., rel. Min. Luiz Fux, j. 5-2-2009, *DJ* 19-2-2009; REsp 1129202, 2ª T., rel. Min. Castro Meira, j. 17-6-2010, *DJ* 29-6-2010.

5 (...). No primeiro grau de jurisdição, os pedidos formulados na inicial foram julgados procedentes, em razão do acolhimento do instituto da denúncia espontânea (e-STJ fls. 149/155 (...) Destarte, não há que se falar em aplicação do instituto da denúncia espontânea diante de descumprimento de obrigação acessória, uma vez que tal situação somente estimularia a ocorrência de mais casos de descumprimento, na medida em que o contribuinte visualizaria a oportunidade de desrespeitar os prazos impostos pela legislação tributária. Neste sentido, cito os seguintes precedentes: (...) Assim também, pacífica a jurisprudência do C. STJ, no sentido do descabimento da denúncia espontânea para o afastamento de multa decorrente de obrigação acessória autônoma, conforme os precedentes. (...) Ante o exposto, com base no art. 255, § 4º, III, do RISTJ, DOU PROVIMENTO ao recurso especial para julgar procedente a ação e anular o processo administrativo fiscal n. 11128.003245/2009-15. Ficam invertidos os ônus sucumbenciais. Publique-se. Intimem-se. Brasília, 15 de junho de 2021. Ministro GURGEL DE FARIA Relator" (STJ – REsp 1.583.546, SP 2016/0035403-0, rel. Min. Gurgel de Faria, *DJ* 24-6-2021).

Acesse o QR Code e confira o quadro sinótico e as questões deste capítulo.

14

LANÇAMENTO TRIBUTÁRIO

14.1 NOÇÃO GERAL

Com a ocorrência do fato gerador nasce a obrigação tributária principal. Cabe lembrar que o fato gerador da obrigação principal é "a situação definida em lei como necessária e suficiente à sua ocorrência" (art. 114 do CTN).

O surgimento da obrigação tributária, entretanto, não é suficiente para que a dívida do contribuinte perante o Fisco possa ser paga. Isso porque, com a simples ocorrência do fato gerador, ainda não se sabe quem deve pagar o tributo, qual o valor, onde, como e qual a data final para o pagamento.

A definição de todos esses elementos necessários para a quitação da dívida tributária é feita por meio do lançamento.

O fato gerador dá nascimento à obrigação tributária, ao passo que o crédito tributário (direito de o Fisco cobrar) surge com o lançamento.

Segundo esclareceu o Min. Relator Dias Toffoli em seu voto no julgamento do RE 598.677, a obrigação, o lançamento e o crédito tributários estão em um caminho sequencial em busca da satisfação da obrigação tributária.

> STF: "(...) o caminho comum para a satisfação da obrigação tributária é este: com a ocorrência do fato gerador, surge a obrigação tributária principal, de forma automática e infalível (como leciona Paulo de Barros Carvalho), a qual tem por objeto o pagamento da exação (ou a penalidade pecuniária), nos termos do art. 113 do CTN. Nasce para o contribuinte o dever de pagar o tributo; para o Fisco, o crédito adquire exigibilidade após o regular lançamento. Nessa ordem de ideias, antes da ocorrência do fato gerador, não há obrigação tributária nem crédito constituído, ao menos nos moldes gerais fixados pelo CTN e estabelecidos na remansosa doutrina (...)" (STF – RE 598.677 RS, rel. Min. Dias Toffoli, j. 29-3-2021, Tribunal Pleno, 5-5-2021).

Nesse sentido, o art. 139 do CTN afirma que "o crédito tributário decorre da obrigação principal e tem a mesma natureza desta". Mas o art. 140 do mesmo diploma normativo, ressalva: As circunstâncias que modificam o crédito tributário, sua extensão ou seus efeitos, ou as garantias ou os privilégios a ele atribuídos, ou que excluem sua exigibilidade não afetam a obrigação tributária que lhe deu origem".

14.2 NATUREZA JURÍDICA DO LANÇAMENTO TRIBUTÁRIO

Bastante controvertido na doutrina é o tema da natureza jurídica do lançamento tributário.

Nos termos do art. 142 do CTN, lançamento é o "procedimento administrativo tendente a verificar a ocorrência do fato gerador da obrigação correspondente, determinar a matéria tributável, calcular o montante do tributo devido, identificar o sujeito passivo e, sendo caso, propor a aplicação da penalidade cabível".

Portanto, a lei indiscutivelmente **trata do lançamento como procedimento administrativo**, isto é, como uma sequência ordenada de atos administrativos voltados à obtenção de finalidade específica.

A maioria da doutrina, entretanto, tem outra visão, recusando a natureza de procedimento. O **lançamento**, para os tributaristas mais modernos, seria na verdade um **ato administrativo unilateral** privativo do Fisco.

Portanto, a natureza jurídica ou taxonomia do lançamento é a ato administrativo.

14.3 CONCEITO DE LANÇAMENTO TRIBUTÁRIO

Pode-se conceituar o instituto da seguinte forma: é o ato administrativo unilateral, privativo do Fisco, plenamente **vinculado**, **declaratório** da ocorrência do fato gerador e **constitutivo do crédito tributário**.

O conceito apresentado é composto pelas seguintes partes:

a) **ato administrativo unilateral**: conforme visto no item anterior, predomina na doutrina o entendimento segundo o qual o lançamento tributário tem taxonomia de ato administrativo unilateral, e não de procedimento, embora sua prática deva ser precedida de um rito previsto na legislação tributária;

b) **plenamente vinculado**: constatada a ocorrência o fato gerador, a autoridade administrativa competente é obrigada a realizar o lançamento, não tendo qualquer margem de liberdade para decidir se deve realizá-lo ou não. Trata-se, assim, de típico ato administrativo vinculado (praticado sem margem de liberdade), e não um ato discricionário (com margem de liberdade). Não cabe ao agente competente avaliar o mérito do ato administrativo de lançamento (motivo e objeto do ato), ou seja, julgar a conveniência e oportunidade de sua **realização**.

A natureza vinculada do lançamento tributário é confirmada pelo disposto no art. 3º do CTN, segundo o qual "o tributo é cobrado mediante atividade administrativa plenamente vinculada". A mesma regra é enfatizada pelo art. 142, parágrafo único, do CTN: "a atividade administrativa de lançamento é **vinculada e obrigatória, sob pena de responsabilidade funcional**".

Importante mencionar que, segundo a Súmula 21 do CARF, é nula por vício formal a notificação de lançamento que não contenha a identificação da autoridade que o expediu;

c) **privativo do Fisco:** assim como ocorre com todo ato administrativo, o lançamento tributário é **manifestação do *ius imperii* do Estado**, da supremacia do interesse público sobre o privado, razão pela qual somente pode ser praticado pela autoridade administrativa (Fisco), e nunca pelo contribuinte;

d) **declaratório do fato gerador:** existe importante polêmica sobre o caráter declaratório ou constitutivo do lançamento tributário. Para provas e concursos públicos, é consensual a adoção da **teoria da natureza dúplice do lançamento,** pois, se analisado do ponto de vista da sua relação com o fato gerador, o lançamento é ato declaratório, ao passo que, em face do crédito tributário, trata-se de ato constitutivo. Por tais razões, a conclusão é no sentido de que o lançamento consiste em ato **declaratório da ocorrência do fato gerador e constitutivo do crédito tributário**[1]. Reforçando a tese do caráter declaratório do lançamento em face do fato gerador da obrigação tributária, o art. 144 do Código Tributário Nacional prescreve que: "O lançamento reporta-se à data da ocorrência do fato gerador da obrigação e rege-se pela lei então vigente, ainda que posteriormente modificada ou revogada". Cristalina a conclusão, destarte, de que, para o CTN, o lançamento retroage à data do fato gerador, tendo eficácia *ex tunc*. Se à época do fato gerador estava em vigor a lei "X", mas na data do lançamento vigia a lei "Y", aplica-se a lei "X";

No entanto, a regra é atenuada com a previsão do § 1º do art. 144 do CTN. Tal dispositivo permite que haja a retroação das normas tributárias adjetivas. Assim, se uma determinada norma está apta a identificar a ocorrência de fatos geradores que, por algum motivo, deixaram de ser informados e apurados, poderá haver retroação normativa.

e) **constitutivo do crédito tributário:** o direito de o Fisco cobrar o contribuinte (crédito tributário) surge com o lançamento (art. 142 do CTN). Embora a obrigação tributária e o crédito integrem a mesma relação jurídica, a obrigação de pagar nasce com o fato gerador, mas, nesse momento, o Fisco ainda não tem direito de cobrar. Somente com o lançamento a **dívida ganha liquidez** e surge o direito de exigir o devedor (crédito).

14.4 FINALIDADES DO LANÇAMENTO

Com base no que dispõe o art. 142 do CTN, podem ser identificadas seis **finalidades** do lançamento tributário:

1) **constituir o crédito tributário;**

---

1   A natureza dúplice do lançamento sempre foi brilhantemente defendida por Hugo de Brito Machado, cujo entendimento foi ganhando adeptos até tornar-se atualmente majoritário também na doutrina. *Curso de Direito Tributário*, p. 175.

2) verificar a ocorrência do fato gerador;

3) determinar a matéria tributável;

4) calcular o montante do tributo devido;

5) identificar o sujeito passivo;

6) propor a aplicação da penalidade cabível.

Com relação à identificação do sujeito passivo, o Conselho de Administração de Recursos Fiscais fixou tese no sentido de que é nulo, por erro na identificação do sujeito passivo, o lançamento formalizado contra pessoa jurídica extinta por liquidação voluntária ocorrida e comunicada ao Fisco Federal antes da lavratura do auto de infração (Súmula Vinculante 112).

Veja que o lançamento tem também a finalidade de realizar o câmbio no caso em que o valor tributário estiver expresso em moeda estrangeira, como dispõe o art. 143 do CTN.

14.5 MODALIDADES DE LANÇAMENTO

O Código Tributário Nacional (arts. 147 a 150) reconhece três modalidades de lançamento:

a) lançamento misto ou por declaração;

b) lançamento direto ou de ofício;

c) autolançamento ou lançamento por homologação.

14.6 LANÇAMENTO MISTO OU POR DECLARAÇÃO

Lançamento misto ou por declaração, nos termos do art. 147 do CTN, é aquele em que o sujeito passivo ou o terceiro **presta informações à autoridade administrativa** sobre matéria de fato, indispensáveis à sua efetivação, cabendo ao Fisco calcular o valor devido. Exemplos de tributos lançados por declaração: Imposto de Exportação, ITCMD e ITBI.

Cada vez mais raro na prática, o lançamento misto tende a ser abolido do ordenamento pátrio por não ser nem tão infalível quanto o lançamento de ofício, nem tão cômodo para o Fisco quanto como o por homologação.

"A retificação da declaração por iniciativa do próprio declarante, quando vise a reduzir ou a excluir tributo, só é admissível mediante comprovação do erro em que se funde, e antes de notificado o lançamento" (art. 147, § 1º, do CTN).

"Os erros contidos na declaração e apuráveis pelo seu exame serão retificados de ofício pela autoridade administrativa a que competir a revisão daquela" (art. 147, § 2º, do CTN).

14.7 LANÇAMENTO DIRETO OU DE OFÍCIO

Denomina-se lançamento direto ou de ofício aquele efetuado e revisto **pela autoridade administrativa, sem participação do contribuinte** (art. 149 do CTN), cabendo também ao Fisco calcular o valor devido. Exemplos: IPTU, IPVA, contribuição de melhoria e taxas.

> STJ: "PROCESSUAL CIVIL E TRIBUTÁRIO. AGRAVO INTERNO NOS EMBARGOS DE DECLARAÇÃO NO RECURSO ESPECIAL. ENUNCIADO ADMINISTRATIVO N. 3/STJ. VIOLAÇÃO AO ART. 1.022 DO CPC/2015. FUNDAMENTAÇÃO DEFICIENTE. ÓBICE DA SÚMULA 284/STF. IPTU. LANÇAMENTO. NOTIFICAÇÃO MEDIANTE ENTREGA DO CARNÊ. ÔNUS PROBATÓRIO DO CONTRIBUINTE. PRECEDENTES. AGRAVO NÃO PROVIDO. 1. Esta Corte Superior, ao apreciar o REsp n. 1.111.124/PR (recurso submetido à sistemática prevista no art. 543-C do CPC), pacificou o entendimento no sentido de que o envio do carnê do IPTU ao endereço do contribuinte configura notificação presumida do lançamento do tributo. 2. Para que seja afastada a presunção do lançamento tributário, cabe ao contribuinte comprovar que não recebeu, mediante serviço postal, o carnê da cobrança. Precedentes. 3. Agravo interno não provido" (Agint nos Edcl no REsp 1.738.512/MG, rel. Min. Mauro Campbell Marques, j. 2-10-2018, 2ª T., *DJe* 22-10-2018).

Súmula 397 STJ

O contribuinte do IPTU é notificado do lançamento pelo envio do carnê ao seu endereço.

14.8 HIPÓTESES DE REVISÃO DO LANÇAMENTO DE OFÍCIO

O lançamento de ofício **pode ser revisto pela autoridade** administrativa **somente nas hipóteses taxativamente** enumeradas no art. 149 do CTN, a saber:

I – quando a lei assim o determine;

II – quando a declaração não seja prestada, por quem de direito, no prazo e na forma da legislação tributária;

III – quando a pessoa legalmente obrigada, embora tenha prestado declaração nos termos do inciso anterior, deixe de atender, no prazo e na forma da legislação tributária, a pedido de esclarecimento formulado pela autoridade administrativa, recuse-se a prestá-lo ou não o preste satisfatoriamente, a juízo daquela autoridade;

IV – quando se comprove falsidade, erro ou omissão quanto a qualquer elemento definido na legislação tributária como sendo de declaração obrigatória;

V – quando se comprove omissão ou inexatidão, por parte da pessoa legalmente obrigada, no exercício da atividade a que se refere o artigo seguinte;

VI – quando se comprove ação ou omissão do sujeito passivo, ou de terceiro legalmente obrigado, que dê lugar à aplicação de penalidade pecuniária;

VII – quando se comprove que o sujeito passivo, ou terceiro em benefício daquele, agiu com dolo, fraude ou simulação;

VIII – quando deva ser apreciado fato não conhecido ou não provado por ocasião do lançamento anterior;

IX – quando se comprove que, no lançamento anterior, ocorreu fraude ou falta funcional da autoridade que o efetuou, ou omissão, pela mesma autoridade, de ato ou formalidade essencial.

A grande quantidade de hipóteses previstas no art. 149 do CTN justifica-se devido ao chamado **caráter substitutivo do lançamento de ofício**, ou seja, se os lançamentos misto ou por homologação falharem devido a erros do contribuinte, o Fisco descobrindo realiza o lançamento de ofício. É o que ocorre, por exemplo, se a fiscalização estadual constata que determinado estabelecimento não recolheu ICMS. Somente nesse caso, será lavrado Auto de Infração, que equivale ao lançamento de ofício.

STJ: "PROCESSUAL CIVIL. AGRAVO INTERNO NO RECURSO ESPECIAL. ENUNCIADO ADMINIS-TRATIVO N. 3/STJ. TRIBUTÁRIO. PRESCRIÇÃO. LANÇAMENTO DE OFÍCIO. TERMO INICIAL. CONSTITUIÇÃO DO CRÉDITO TRIBUTÁRIO. DATA DA NOTIFICAÇÃO DO CONTRIBUINTE. AGRAVO INTERNO NÃO PROVIDO. 1. 'É entendimento assente nesta Corte que, **uma vez constituído o crédito tributário pela notificação do auto de infração, não há falar em decadência, mas em prescrição, cujo termo inicial é a data da constituição definitiva do crédito.** Não havendo impugnação pela via administrativa, como no caso dos autos, o curso do prazo prescricional inicia-se com a notificação do lançamento tributário'. 2. Agravo interno não provido" (Agint no REsp 1.695.663/RJ, rel. Min. Mauro Campbell Marques, j. 12-6-2018, 2ª T., *DJe* 20-6-2018).

Importante destacar também que a revisão de ofício somente poderá ser levada a termo pelo Fisco em casos excepcionais. Isso porque o legislador condiciona a realização de correções em lançamento anterior à ocorrência de uma das hipóteses indicadas no rol do art. 149 do CTN, as quais, invariavelmente, envolvem erro, culpa ou dolo do sujeito passivo. Se o erro no lançamento for imputável exclusivamente ao Fisco é incabível a revisão.

A jurisprudência do STJ **admite revisão de lançamento na hipótese de erro de fato, mas não por erro de direito**[STJ].

STJ: O lançamento do tributo pelo Fisco com base em legislação revogada, equivocadamente indicada em declaração do contribuinte, não pode ser posteriormente revisto – *Informativo* 506. "Hipótese em que se discute se a indicação, pelo contribuinte, de legislação errônea na Declaração de Importação devidamente recebida pela autoridade alfandegária consiste em erro de fato e, portanto, pode dar ensejo à posterior revisão, pela Fazenda, do tributo devido; ou se trata-se de mudança de critério jurídico, cuja revisão é vedada pelo CTN. 2. A jurisprudência desta Corte é pacífica no sentido de que o erro de direito (o qual não admite revisão) é aquele que decorre da aplicação incorreta da norma. Precedentes. Por outro lado, o erro de fato é aquele consubstanciado na inexatidão de dados fáticos, atos ou negócios que dão origem à obrigação tributária 3. Da análise dos autos, verifica-se que ocorreu a indicação de legislação equivocada no momento da internalização da mercadoria, o que culminou com o pagamento da alíquota em valor reduzido, de sorte que não houve engano a respeito da ocorrência ou não de determinada situação de fato, mas sim em relação à norma incidente na situação. Assim, não há falar em possibilidade de revisão do lançamento no caso dos autos, mormente porque, ao desembaraçar o bem importado, o Fisco tem, ao menos em tese, a oportunidade de conferir as informações prestadas pelo contribuinte em sua declaração" (AgRg no Ag 1422444-AL 2011/0133501-8, rel. Min. Benedito Gonçalves, j. 4-10-2012, 1ª T., *DJe* 11-10-2012).

Por fim, nos termos do parágrafo único do art. 149 do CTN, a revisão do lançamento somente poderá ser iniciada **enquanto não extinto o direito da Fazenda Pública**.

14.9 AUTOLANÇAMENTO OU LANÇAMENTO POR HOMOLOGAÇÃO

O tributo é lançado por homologação, também conhecido como autolançamento, quando, conforme disposto no art. 150 do CTN, a legislação atribua ao sujeito passivo o dever de **antecipar o pagamento** sem prévio exame da autoridade administrativa.

São exemplos de tributos lançados por homologação: ICMS, ISS, IPI e Cofins.

O pagamento antecipado extingue o crédito sob condição resolutória da posterior aprovação do **Fisco** (§ 1º do art. 150 do CTN).

A grande praticidade para o Fisco em atribuir ao contribuinte todo o trabalho de calcular o valor devido, antecipar o pagamento e comunicar a autoridade transformou o lançamento por homologação **na modalidade atualmente mais adotada pelo legislador brasileiro**. Pode-se dizer que o autolançamento tornou--se a regra geral em nosso ordenamento, pois não exige esforço algum por parte da autoridade administrativa para ser realizado, favorecendo as concepções tão em moda que exaltam um Estado mínimo.

Súmula 436 STJ

A entrega de declaração pelo contribuinte reconhecendo débito fiscal constitui o crédito tributário, dispensada qualquer outra providência por parte do Fisco.

Súmula 446 STJ

Declarado e não pago o débito tributário pelo contribuinte, é legítima a recusa de expedição de certidão negativa ou positiva com efeito de negativa.

O prazo para homologação do pagamento será, salvo nos casos previstos de maneira diversa na lei, de 5 anos contados da ocorrência do fato gerador. Expirado o prazo sem que a Fazenda Pública tenha se pronunciado, considera-se homologado o lançamento e definitivamente extinto o crédito, salvo se comprovada a ocorrência de dolo, fraude ou simulação (art. 150, § 4º, do CTN).

> STJ: "PROCESSUAL CIVIL E TRIBUTÁRIO. AGRAVO INTERNO NO AGRAVO EM RECURSO ESPECIAL. ENUNCIADO ADMINISTRATIVO N. 3/STJ. OFENSA AO COMANDO DO ART. 535 DO CPC/73. PRIMEIRA OBSCURIDADE APONTADA. NÃO CARACTERIZAÇÃO. ICMS. TRIBUTO SUJEITO A LANÇAMENTO POR HOMOLOGAÇÃO. INEXISTÊNCIA DE PAGAMENTO. APLICAÇÃO DO ART. 173, I, DO CTN. PRECEDENTES. SEGUNDA OBSCURIDADE APONTADA. NATUREZA DAS RUBRICAS INDICADAS NO AUTO DE INFRAÇÃO. NECESSIDADE DE ESCLARECIMENTO PELO ACÓRDÃO RECORRIDO. FORÇOSO O RETORNO DOS AUTOS AO TRIBUNAL DE ORIGEM PARA ABORDAR A MATÉRIA OBSCURA. AGRAVO INTERNO PROVIDO. 3. Tendo em vista a jurisprudência desta Corte no sentido de que **o ICMS somente incide sobre o serviço de telecomunicação propriamente dito, e não sobre as atividades-meio e serviços suplementares**, faz-se necessário o esclarecimento pelo Tribunal de origem quanto à natureza das rubricas que compõem as infrações 02 e 03 do auto de infração, a fim de que seja possível aplicar o direito à espécie. 4. Agravo interno provido para conhecer do recurso especial e dar-lhe parcial provimento, a fim de anular o acórdão dos embargos de declaração e determinar o retorno dos autos ao Tribunal de origem para que profira novo julgamento e aborde a matéria obscura" (Agint no AREsp 891.313/BA, rel. Min. Mauro Campbell Marques, j. 6-11-2018, 2ª T., *DJe* 19-12-2018).

14.10 REVISÃO DO LANÇAMENTO

De acordo com o art. 145 do CTN, há circunstâncias que permitem que o lançamento seja revisto. Assim, "o lançamento regularmente notificado ao sujeito passivo só pode ser alterado em virtude de: I – impugnação do sujeito passivo; II – recurso de ofício; III – iniciativa de ofício da autoridade administrativa, nos casos previstos no art. 149".

Ao ser notificado do lançamento, o contribuinte poderá realizar a impugnação, o que inaugurará a fase contenciosa do lançamento. Vale destacar que a impugnação ao lançamento é causa de suspensão da exigibilidade do crédito tributário, conforme art. 151, III, do CTN. Sobre impugnação ao lançamento, o CARF lançou a seguinte súmula:

Súmula 162: O direito ao contraditório e à ampla defesa somente se instaura com a apresentação de impugnação ao lançamento.

Se a impugnação restar totalmente frutífera, gerará a extinção do crédito tributário nos moldes do art. 156, IX, do CTN. Se for apenas parcialmente provida para reduzir o valor do tributo, o lançamento deverá ser alterado.

14.11 ALTERAÇÃO DOS CRITÉRIOS DE AFERIÇÃO DO LANÇAMENTO

No caso de haver mudanças nos critérios jurídicos de aferição do lançamento, as novidades somente serão aplicadas para o futuro. É o que nos ensina o art. 146 do CTN, ao dispor que: "A modificação introduzida, de ofício ou em consequência de decisão administrativa ou judicial, nos critérios jurídicos adotados pela autoridade administrativa no exercício do lançamento somente pode ser efetivada, em relação a um mesmo sujeito passivo, quanto a fato gerador ocorrido posteriormente à sua introdução".

14.12 ARBITRAMENTO NO LANÇAMENTO

O arbitramento acontece quando, apesar de a autoridade administrativa conseguir verificar que o fato gerador realmente ocorreu, não há elementos suficientes para que se apure a base de cálculo com exatidão. Isso decorre de vários fatores, dentre eles ausência ou inidoneidade da documentação respectiva.

Nesse caso a autoridade deverá proceder ao lançamento por arbitramento, mediante indícios ou presunções legais. É o que dispõe o art. 148 do CTN.

Acesse o material suplementar
https://uqr.to/1xebw

Acesse o QR Code e confira o quadro sinótico e as questões deste capítulo.

15

CRÉDITO TRIBUTÁRIO

15.1 CONCEITO, CONSTITUIÇÃO E REGIME GERAL

Observando a relação jurídica do ponto de vista do Fisco, o crédito tributário é o objeto da obrigação tributária. Para o devedor (contribuinte ou responsável), o conteúdo da obrigação consiste numa ordem de pagar, fazer ou não fazer; para o credor (Fisco), trata-se do direito de exigir o cumprimento daquilo que é devido.

Desse modo, **crédito tributário é o direito que o Fisco tem de exigir do devedor o cumprimento da obrigação tributária.**

Conforme visto no capítulo anterior, embora a obrigação tributária surja com a ocorrência do fato gerador, **somente com o lançamento é que ocorre a constituição definitiva do crédito tributário** (art. 142 do CTN).

O regime geral do crédito tributário é definido pelo CTN nos arts. 139 a 141, podendo ser resumido nas **seguintes diretrizes:**

1) o crédito tributário decorre da obrigação principal;

2) o crédito e a obrigação têm a mesma natureza, na medida em que integram uma única relação jurídica;

3) circunstâncias que modificam o crédito tributário, sua extensão ou seus efeitos, ou as garantias ou os privilégios a ele atribuídos, ou que excluem sua exigibilidade, não afetam a obrigação tributária que lhe deu origem;

4) somente lei complementar federal pode prever ou modificar o regime das causas de suspensão, extinção ou exclusão do crédito tributário;

5) qualquer hipótese de suspensão, exclusão ou extinção do crédito instituída de ofício pela autoridade administrativa enseja responsabilidade funcional.

Passemos agora ao estudo das causas de suspensão, extinção e exclusão do crédito.

15.2 SUSPENSÃO, EXTINÇÃO E EXCLUSÃO DO CRÉDITO

Os arts. 151 a 182 do CTN disciplinam detalhadamente **circunstâncias que interferem no regular exercício do direito que o Fisco tem de cobrar o devedor.**

São institutos que o legislador distribuiu em três categorias distintas:

a) **causas de SUSPENSÃO** do crédito (arts. 151 a 155-A): **interrompem temporariamente** o direito de cobrar o devedor. Exemplos: moratória, medida liminar, tutela antecipada;

b) **causas de EXTINÇÃO** do crédito (arts. 156 a 174): **eliminam definitivamente** o direito de cobrar o devedor, **após a constituição do crédito**. Assim, como regra, ocorrem **após o lançamento** (exceto a decadência). Exemplos: pagamento, compensação, dação em pagamento, prescrição, decadência, conversão do depósito em renda;

c) **causas de EXCLUSÃO** do crédito (arts. 175 a 182): são circunstâncias que **evitam a constituição do crédito**, ocorrendo, desse modo, **antes do lançamento**. Exemplos: anistia e isenção.

15.2.1 Necessidade de reserva legal

As causas de suspensão, extinção e exclusão do crédito tributário **somente podem ser definidas e disciplinadas em lei**. Qualquer hipótese de benefício criado por ato administrativo enseja responsabilidade funcional (art. 141 do CTN) e constitui improbidade administrativa (art. 10 da Lei n. 8.429/92).

Como a disciplina do crédito tributário está sob reserva de lei complementar (art. 146, III, *b*, da CF), as alterações na matéria exigem **lei complementar federal**.

15.2.2 Favor geral e favor individual (diferenças)

Muitas das circunstâncias que suspendem, extinguem ou excluem o crédito tributário são denominadas pela doutrina "favores legais", isto é, benefícios que a lei confere em prol do devedor. São favores legais a moratória, o parcelamento, a transação, a remissão, a anistia e a isenção.

O CTN prevê dois sistemas distintos para a concessão de favores legais, dependendo de o benefício ser de natureza geral ou de natureza individual.

O favor de natureza geral produz efeitos com a simples entrada em vigor da lei concessiva, dispensando despacho da autoridade fiscal para suspender a exigibilidade do crédito.

Já o favor de natureza individual é aquele que exige o preenchimento de requisitos pelo favorecido, de modo que a produção de efeitos só ocorre com o despacho da autoridade administrativa.

Nos termos estritos do CTN, a autoridade pode "revogar" (o certo seria "cassar") o favor se o beneficiário deixa de preencher os requisitos indispensáveis à fruição da vantagem.

15.2.3 Quadro comparativo

É possível sintetizar as informações relevantes sobre a comparação entre as causas de suspensão, extinção e exclusão do crédito tributário utilizando o quadro abaixo:

	Causas de SUSPENSÃO do crédito	Causas de EXTINÇÃO do crédito	Causas de EXCLUSÃO do crédito
Previsão	Arts. 151 a 155-A do CTN	Arts. 156 a 174 do CTN	Arts. 175 a 182 do CTN
Rol	Taxativo, sob reserva de lei complementar federal	Taxativo, sob reserva de lei complementar federal	Taxativo, sob reserva de lei complementar federal
Características	Interrompem temporariamente o crédito	Eliminam definitivamente o crédito, após sua constituição (exceto decadência)	Evitam a constituição do crédito, ocorrendo antes do lançamento
Lista	a) moratória; b) depósito do montante integral; c) reclamações e recursos administrativos; d) medida liminar; e) tutela antecipada; f) parcelamento	a) pagamento; b) compensação; c) transação; d) remissão; e) prescrição; f) decadência; g) conversão do depósito em renda; h) pagamento antecipado e homologação; i) consignação em pagamento; j) decisão administrativa irreformável; k) decisão judicial transitada em julgado; l) dação em pagamento	a) anistia; b) isenção
Dica de memorização	Memorize os nomes das causas de suspensão utilizando a palavra "**MODERETULIPA**", formada pelas iniciais dos nomes dos respectivos institutos (**Mo**ratória, **De**pósito integral, **Re**cursos, **Tu**tela antecipada, **Li**minar e **Pa**rcelamento)	Como a lista das causas de extinção é muito longa, a melhor estratégia consiste em utilizar uma **regra residual**. Todas as causas que estiverem fora das listas de suspensão (fora do "MODERETULIPA") e de exclusão (fora do "AI") serão causas de extinção do crédito	Memorize utilizando a palavra "**AI**" (**A**nistia e **I**senção)

15.3 CAUSAS DE SUSPENSÃO DO CRÉDITO TRIBUTÁRIO

O art. 151 do Código Tributário Nacional prevê seis causas de suspensão da exigibilidade do crédito tributário:

1) moratória;

2) depósito integral;

3) reclamações e recursos administrativos;

4) medida liminar em mandado de segurança;

5) medida liminar ou tutela antecipada nas demais ações;

6) parcelamento.

15.3.1 Moratória

Moratória é a **ampliação do prazo legal** para regular pagamento do tributo. Trata-se de importante instrumento de política tributária utilizado para amenizar o impacto de graves crises econômicas, calamidades públicas ou catástrofes da natureza, casos em que o legislador poderá aumentar o prazo para recolhimento de tributos. Ao contrário da isenção e da remissão, que liberam o pagamento do tributo, na moratória há pagamento, mas posteriormente.

A moratória sempre **depende de lei específica** e, como regra, deve ser concedida pela pessoa política competente para criar o tributo.

Porém, o art. 152, I, *b*, do CTN autoriza a União a conceder moratória, em caráter geral, para tributos estaduais e municipais, quando simultaneamente concedida quanto aos tributos de competência federal e às obrigações de direito privado.

A referida norma é visivelmente inconstitucional, na medida em que viola a autonomia das entidades federativas (art. 1º da Constituição Federal), implicando benefício fiscal concedido pela União em relação a tributo alheio.

STF: "2. Ao remeter a disciplina do parcelamento às regras atinentes à moratória, a lei complementar exigiu que a legislação definidora do instituto promovesse a especificação mínima das condições e dos requisitos para sua outorga em favor do contribuinte. 3. Em matéria de delegação legislativa, a jurisprudência da Corte tem acompanhado um movimento de maior flexibilização do Princípio da Legalidade, desde que o legislador estabeleça um desenho mínimo que evite o arbítrio. 4. O grau de indeterminação com que operou a Lei estadual n. 11.453/2000, ao meramente autorizar o Poder Executivo a conceder o parcelamento, provocou a degradação da reserva legal, consagrada pelo art. 150, I, da Constituição Federal. Isso porque a remessa ao ato infralegal não pode resultar em desapoderamento do legislador no trato de elementos essenciais da obrigação tributária. Para o respeito do princípio da legalidade, seria essencial que a lei (em sentido estrito), além de prescrever o tributo a que se aplica (IPVA) e a categoria de contribuintes afetados pela medida legislativa (inadimplentes), também definisse o prazo de duração da medida, com indicação do número de prestações, com seus vencimentos, e as garantias que o contribuinte deva oferecer, conforme determina o art. 153 do Código Tributário Nacional" (ADI 2.304, rel. Min. Dias Toffoli, j. 12-4-2018, Plenário, *DJe* 3-5-2018).

15.3.1.1 Moratória geral

Moratória geral é aquela outorgada por lei a **todos os devedores descritos na hipótese concessiva**, dispensando-se a necessidade de um ato administrativo que defira concretamente o favor a cada beneficiário. É caso, por exemplo, de uma lei municipal que prorrogue por mais 30 dias o prazo para pagamento do IPTU a todos os contribuintes.

Desse modo, na moratória geral a **simples publicação da lei já suspende a exigibilidade do crédito**.

Nos termos do art. 152, parágrafo único, do CTN, a lei concessiva da moratória pode circunscrever expressamente a sua aplicabilidade a determinada região do território da pessoa jurídica de direito público que a expedir, ou a determinada classe ou categoria de sujeitos passivos.

15.3.1.2 Requisitos para moratória individual

Moratória individual é aquela cuja concessão exige, nos termos da lei específica, um despacho da autoridade administrativa deferindo o benefício a cada devedor.

Assim, para que a moratória específica produza o efeito de suspender a exigibilidade do crédito tributário, é necessária a ocorrência simultânea de **dois requisitos**:

1) **lei específica autorizando;**

2) **despacho da autoridade administrativa**: trata-se de um ato administrativo vinculado da autoridade fiscal que, confirmando o preenchimento dos requisitos exigidos pela lei, defere no caso concreto a concessão do benefício ao devedor. **Somente após o despacho é que ocorre a suspensão do crédito.**

15.3.1.3 Requisitos da lei que concede a moratória

De acordo com o que dispõe o art. 153 do CTN:

A lei que concede moratória em caráter geral ou autorize sua concessão em caráter individual especificará, sem prejuízo de outros requisitos:

I – o prazo de duração do favor;

II – as condições da concessão do favor em caráter individual;

III – sendo caso:

a) os tributos a que se aplica;

b) o número de prestações e seus vencimentos, dentro do prazo a que se refere o inciso I, podendo atribuir a fixação de uns e de outros à autoridade administrativa, para cada caso de concessão em caráter individual;

c) as garantias que devem ser fornecidas pelo beneficiado no caso de concessão em caráter individual.

15.3.1.4 Abrangência da moratória

Salvo disposição de lei em contrário, a moratória abrange **somente os créditos definitivamente constituídos à data da lei ou do despacho** que a conceder, ou cujo lançamento já tenha sido iniciado àquela data por ato regularmente notificado ao sujeito passivo (art. 154 do CTN).

15.3.1.5 "Revogação" do benefício

Embora o art. 155 do CTN afirme que o benefício da moratória poderá ser "revogado" de ofício se o devedor deixar de satisfazer as condições para concessão do favor, trata-se na verdade de **hipótese de cassação**, e não propriamente de revogação. Como a concessão da moratória individual é ato vinculado, cuja outorga não envolve qualquer juízo de discricionariedade (conveniência e oportunidade) por parte da autoridade, impossível falar em revogação.

Corrigida a impropriedade legal, cabe transcrever o art. 155 do CTN:

> A concessão da moratória em caráter individual não gera direito adquirido e será revogado de ofício, sempre que se apure que o beneficiado não satisfazia ou deixou de satisfazer as condições ou não cumprira ou deixou de cumprir os requisitos para a concessão do favor, cobrando-se o crédito acrescido de juros de mora:
>
> I – com imposição da penalidade cabível, nos casos de dolo ou simulação do beneficiado, ou de terceiro em benefício daquele;
>
> II – sem imposição de penalidade, nos demais casos.
>
> Parágrafo único. No caso do inciso I deste artigo, o tempo decorrido entre a concessão da moratória e sua revogação não se computa para efeito da prescrição do direito à cobrança do crédito; no caso do inciso II deste artigo, a revogação só pode ocorrer antes de prescrito o referido direito.

15.3.2 Depósito do montante integral

O Código Tributário Nacional, em seu art. 151, II, faculta ao contribuinte suspender a exigibilidade do crédito tributário por meio do depósito integral do montante devido **em dinheiro**.

De acordo com a Súmula 112 do STJ: "O depósito somente suspende a exigibilidade do crédito tributário se for integral e em dinheiro".

Registre-se que, conforme entendimento da doutrina e dos tribunais pátrios, a lei não pode condicionar a propositura de ação judicial ou a interposição e recurso à efetivação de depósito, exigência que colide com a garantia do livre acesso ao Judiciário (art. 5º, XXXV, da CF) e também com o teor do princípio da igualdade tributária (art. 150, II, da CF).

Por essas razões, o art. 38 da Lei n. 6.830/80, ao condicionar a ação anulatória à realização de depósito prévio, é inconstitucional, por desatender aos arts. 5º, XXXV, e 150, II, da Constituição Federal.

É o que declara, por exemplo, a Súmula 373 do STJ: "É ilegítima a exigência de depósito prévio para admissibilidade de recurso administrativo".

No mesmo sentido, foi editada a Súmula Vinculante 21 do STF: "É inconstitucional a exigência de depósito ou arrolamento prévios de dinheiro ou bens para admissibilidade de recurso administrativo".

Assim, a realização de depósito integral é **sempre uma faculdade em favor do contribuinte**, nunca podendo constituir uma condição para recorrer ou acionar o Judiciário.

> STJ: "TRIBUTÁRIO. SUSPENSÃO DA EXIGIBILIDADE DO TRIBUTO. SEGURO-GARANTIA. IMPOSSIBI-
> LIDADE DE EQUIPARAÇÃO A DINHEIRO PARA ESSE EFEITO. APLICAÇÃO DA SÚMULA 112/STJ.
> 1. Trata-se, na origem, de Ação de Anulação de Débito Fiscal em que o Tribunal regional enten-
> deu que o seguro-garantia não tem finalidade de suspender a exigibilidade do débito fiscal e
> que só o depósito em dinheiro do montante integral do débito possui esta função. 2. É patente
> que a compreensão esposada pelo Tribunal local está de acordo com a pacífica orientação do
> STJ, que entende **ser inviável a equiparação do seguro-garantia ou da fiança bancária ao
> depósito judicial em dinheiro e pelo montante integral para efeito de suspensão da exigi-
> bilidade do crédito tributário, sob pena de afronta ao art. 151 do CTN**. 3. A configuração da
> "probabilidade de provimento do recurso" encontra óbice no entendimento, já fartamente ex-
> posto, de que apenas o depósito judicial realizado em dinheiro e pelo montante integral é causa
> de suspensão da exigibilidade do crédito tributário, conforme sedimentado no enunciado da
> Súmula 112/STJ: 'O depósito somente suspende a exigibilidade do crédito tributário se for inte-
> gral e em dinheiro'. 4. Recurso Especial não provido" (REsp 1.759.792/MG, rel. Min. Herman
> Benjamin, j. 25-9-2018, 2ª T., *DJe* 21-11-2018).

15.3.3 Reclamações e recursos administrativos. Instâncias recursais administrativas

A impugnação administrativa de exigências tributárias, seja por meio de reclamações, seja pela interposição de recursos, suspende a exigibilidade do crédito tributário, nos termos da legislação reguladora do processo administrativo tributário (arts. 151, III, do CTN e 33 do Decreto n. 70.235/72).

Em âmbito federal, o sistema administrativo de impugnação das exigências fiscais é regulado pelo Decreto n. 7.574/2011.

Qualquer exigência tributária federal pode ser objeto de impugnação pelo devedor, no prazo de 30 dias, dirigida à Secretaria da Receita Federal com juris-dição sobre o domicílio tributário do sujeito passivo (art. 75 do Decreto n. 7.574/2011).

Sendo derrotado, o contribuinte pode interpor recurso voluntário com efeito suspensivo ao Conselho Administrativo e Recursos Fiscais – CARF (art. 79 do Decreto n. 7.574/2011).

Caberá, por fim, recurso especial à Câmara Superior de Recursos Fiscais, no prazo de quinze dias da ciência do acórdão ao interessado, de decisão que der à lei tributária interpretação divergente da que lhe tenha dado outra câmara, turma de câmara, turma especial ou a própria Câmara Superior de Recursos Fiscais (art. 79).

Com o recurso especial é atingido o limite máximo de três instâncias na esfera administrativa (art. 57 da Lei n. 9.784/99). Se a decisão final for favorável ao devedor, torna-se imutável para o Fisco. Porém, derrotado o sujeito passivo, ainda poderá este recorrer ao Poder Judiciário.

> STJ: "PROCESSUAL CIVIL E TRIBUTÁRIO. EXECUÇÃO FISCAL. RECURSO ADMINISTRATIVO. EXIGI-
> BILIDADE DO CRÉDITO TRIBUTÁRIO. SUSPENSÃO. INSCRIÇÃO EM DÍVIDA ATIVA. IMPOSSIBILI-
> DADE. 1. Não há violação do art. 535 do CPC/73 quando o órgão julgador, de forma clara e
> coerente, externa fundamentação adequada e suficiente à conclusão do acórdão embargado.
> 2. Por força do inciso III do art. 151 do CTN, os recursos administrativos, enquanto não definiti-
> vamente julgados, suspendem a exigibilidade do crédito tributário, impedindo a inscrição em
> dívida ativa e o ajuizamento da execução fiscal. 3. Somente a partir da notificação do resultado
> do recurso tem início a contagem do prazo prescricional para a propositura da execução fiscal,
> sendo irrelevante eventual intempestividade, caso a administração não a tenha aferido no mo-
> mento oportuno. 4. Hipótese em que se verifica a sintonia do acórdão recorrido com a orienta-
> ção jurisprudencial do STJ, uma vez que, considerado o contexto fático probatório delineado
> pelo órgão judicial *a quo*, à época da emissão da certidão de dívida ativa, o processo adminis-
> trativo estava pendente de decisão final. 5. Agravo interno não provido" (Agint nos Edcl no Agint
> nos Edcl no REsp 1.344.857/RJ, rel. Min. Gurgel de Faria, j. 10-10-2017, 1ª T., *DJe* 13-12-2017).

15.3.4 Medida liminar em mandado de segurança

Por força do art. 151, IV, do CTN, a decisão judicial concessiva de liminar em sede de mandado de segurança também suspende o crédito tributário.

Entretanto, de acordo com jurisprudência consolidada no STJ, a **concessão de liminar ou tutela antecipada** suspende a cobrança mas **não impede o Fisco de realizar o lançamento** visando prevenir a decadência, hipótese em que a Fazenda Pública deve aguardar o desfecho da ação para fazer a cobrança (STJ, REsp 575.991).

> STJ: "TRIBUTÁRIO E PROCESSUAL CIVIL. AGRAVO INTERNO NO AGRAVO EM RECURSO ESPECIAL.
> EXCEÇÃO DE PRÉ-EXECUTIVIDADE. EXECUÇÃO FISCAL. ALEGADA OFENSA AO ART. 535 DO
> CPC/73. INEXISTÊNCIA. DEFERIMENTO DE LIMINAR, EM MANDADO DE SEGURANÇA. SUSPENSÃO
> DA EXIGIBILIDADE DO CRÉDITO TRIBUTÁRIO. ART. 151, IV, DO CTN. POSTERIOR DENEGAÇÃO DA
> ORDEM, PELO TRIBUNAL DE ORIGEM. PRAZO PRESCRICIONAL. TERMO *A QUO*. INTERPOSIÇÃO
> DE RECURSO ESPECIAL E RECURSO EXTRAORDINÁRIO. AUSÊNCIA DE EFICÁCIA SUSPENSIVA, EM
> REGRA. DESNECESSIDADE DE AGUARDAR O TRÂNSITO EM JULGADO DO ACÓRDÃO QUE
> REVOGA A LIMINAR OU A ANTECIPAÇÃO DOS EFEITOS DA TUTELA, PARA A FLUÊNCIA DO PRAZO
> PRESCRICIONAL. ENTENDIMENTO FIRMADO PELA 1ª SEÇÃO DO STJ. AGRAVO INTERNO
> IMPROVIDO. IV. A 1ª Seção do Superior Tribunal de Justiça dirimiu a controvérsia então existente
> entre as Turmas que a compõem e firmou compreensão segundo a qual, **constituído o crédito
> tributário, mas suspensa a exigibilidade por decisão que concede medida liminar ou
> antecipação dos efeitos da tutela, posteriormente mantida, na sentença, o prazo pres-
> cricional tem início da publicação do acórdão do Tribunal que revogar a tutela provisória,
> considerando o efeito meramente devolutivo, em regra, dos recursos especial e extraordi-

nário, sendo desnecessário, assim, aguardar o trânsito em julgado do acórdão que revogar a liminar ou antecipação dos efeitos da tutela (STJ, EAREsp 407.940/RS, rel. Min. Og Fernandes, 1ª Seção, *DJe* 29-5-2017). V. Segundo entendimento consolidado em julgamento realizado em sede de Recurso Especial representativo de controvérsia repetitiva, **iniciado o prazo prescricional com a constituição do crédito tributário, o termo ad quem dá-se com a propositura da Execução Fiscal. Ademais, a interrupção da prescrição pela citação válida, na redação original do art. 174, I, do CTN, ou pelo despacho que a ordena, conforme a modificação introduzida pela Lei Complementar n. 118/2005, retroage à data do ajuizamento**, em razão do que determina o art. 219, § 1º, do CPC/73 (STJ, REsp 1.120.295/SP, rel. Min. Luiz Fux, 1ª Seção, j 12-5-2010, *DJe* 21-5-2010)" (Agint no AREsp 1.126.019/SP, rel. Min. Assusete Magalhães, j. 15-5-2018, 2ª T., *DJe* 21-5-2018).

15.3.5 Medida liminar ou tutela antecipada nas demais ações

Além da liminar em mandado de segurança, suspendem a exigibilidade do crédito tributário as liminares concedidas em ações cautelares, bem como as decisões em antecipação de tutela nas demais ações tributárias e nos recursos cíveis.

STJ: "TRIBUTÁRIO. EMBARGOS DE DIVERGÊNCIA EM AGRAVO EM RECURSO ESPECIAL. SUSPENSÃO DA EXIGIBILIDADE DO CRÉDITO. LIMINAR EM MANDADO DE SEGURANÇA. DENEGAÇÃO DA ORDEM. RETOMADA DO PRAZO PRESCRICIONAL. DESNECESSIDADE DE AGUARDAR O TRÂNSITO EM JULGADO. 1. A divergência traçada nestes autos envolve a identificação do início da prescrição tributária para o Fisco após a revogação de liminar que anteriormente suspendeu a exigibilidade do crédito tributário, mesmo havendo a parte sucumbente interposto recurso especial e extraordinário desprovidos de eficácia suspensiva. 2. Para o acórdão embargado, "constituído o crédito tributário, mas suspensa a exigibilidade da exação por decisão liminar, não há falar em curso do prazo de prescrição, uma vez que o efeito desse provimento é justamente o de inibir a adoção de qualquer medida de cobrança por parte da Fazenda, de sorte que somente com o trânsito em julgado da decisão contrária ao contribuinte é que se retoma o curso do lapso prescricional". Os acórdãos paradigmáticos, por sua vez, firmaram compreensão de que, "revogada a liminar pela Corte de apelação e considerando o efeito meramente devolutivo dos recursos especial e extraordinário, nada impede que a Fazenda promova, desde a revogação da liminar, as medidas necessárias tendentes à cobrança dos créditos tributários cuja exigibilidade não mais se encontra suspensa, se não verificada outra causa de suspensão prevista no art. 151 do CTN" (AgRg no REsp 1.375.895/RN, rel. Min. Mauro Campbell Marques, 2ª T., *DJe* 20-8-2013). (...) 4. A concessão de liminar em mandado de segurança é causa de suspensão da exigibilidade do crédito tributário (art. 151, IV, do CTN). Conforme destacado em um dos acórdãos paradigmas, "diversamente do recurso administrativo que suspende a exigibilidade do crédito tributário enquanto persiste o contencioso administrativo (inciso III do art. 151 do CTN), não é a mera existência de discussão judicial sobre o crédito tributário que suspende a sua exigibilidade, mas a existência de medida liminar, durante o tempo de sua duração, ou a concessão da ordem, a inibir a adoção de qualquer medida visando à satisfação do crédito por parte da Fazenda Nacional" (EREsp 449.679/RS, rel. Min. Hamilton Carvalhido, Primeira Seção, *DJe* 1º-2-2011). (...)" (EAREsp 407.940/RS, rel. Min. Og Fernandes, 1ª S., j. 10-5-2017, *DJe* 29-5-2017).

15.3.6 Parcelamento

Acrescentado pela Lei Complementar n. 104/2001 no rol do art. 151 do CTN, o parcelamento agora constitui uma causa autônoma de suspensão da exigibilidade do crédito tributário. Antes da inovação, a doutrina tratava do instituto como uma espécie de transação, ou seja, modalidade de extinção do crédito. Atualmente, porém, o próprio CTN declara que se **aplicam subsidiariamente ao parcelamento as regras relativas à moratória** (art. 155-A, § 2º, do CTN).

A concessão de parcelamento **depende de lei específica da pessoa política competente para criar o tributo**, lei esta que deverá estabelecer as condições de adesão, os prazos e o número máximo de parcelas em que a dívida pode ser dividida[STJ].

STJ: "É pacífico o entendimento desta Corte Superior no sentido de que a ação de consignação em pagamento é via inadequada para forçar a concessão de parcelamento e discutir a exigibilidade e a extensão do crédito tributário" (AgRg no REsp 1.270.034-RS, rel. Min. Mauro Campbell Marques, j. 23-10-2012, 2ª T., *DJe* 6-11-2012).

Salvo disposição de lei em contrário, o parcelamento do crédito tributário **não exclui a incidência de juros e multas**[STJ].

STJ: "PROCESSUAL CIVIL. TRIBUTÁRIO. REFIS. PARCELAMENTO. PESSOA JURÍDICA OPTANTE PELO SIMPLES. RECOLHIMENTO COM BASE EM 0,3% DA RECEITA BRUTA. POSSIBILIDADE DE EXCLUSÃO DO PROGRAMA DE PARCELAMENTO SE RESTAR DEMONSTRADA A SUA INEFICÁCIA COMO FORMA DE QUITAÇÃO DO DÉBITO. ART. 2º, § 4º, II, E ART. 5º, II, DA LEI N. 9.964/2000. 1. É possível a exclusão do Programa de Recuperação Fiscal – REFIS, com fulcro no art. 5º, II, da Lei n. 9.964/2000 (inadimplência), se restar demonstrada a ineficácia do parcelamento como forma de quitação do débito, considerando-se o valor do débito e o valor das prestações efetivamente pagas. Situação em que a impossibilidade de adimplência há que ser equiparada à inadimplência para efeitos de exclusão do dito programa de parcelamento" (REsp 1.447.131-RS, rel. Min. Mauro Campbell Marques, 2ª T., j. 20-5-2014, *DJe* 26-5-2014).

Lei específica disporá sobre as condições de parcelamento dos créditos tributários do devedor em recuperação judicial. Na ausência da referida lei, aplicam-se as normas gerais de parcelamento do ente da Federação ao devedor em recuperação judicial, não podendo, neste caso, ser o prazo de parcelamento inferior ao concedido pela lei[STJ] federal específica (art. 155-A, §§ 3º e 4º, do CTN).

STJ: "PROCESSUAL CIVIL E TRIBUTÁRIO. RECURSO ESPECIAL REPRESENTATIVO DA CONTROVÉRSIA. IPTU. PRESCRIÇÃO. TERMO INICIAL. DIA SEGUINTE AO VENCIMENTO DA EXAÇÃO. PARCELAMENTO DE OFÍCIO DA DÍVIDA TRIBUTÁRIA. NÃO CONFIGURAÇÃO DE CAUSA SUSPENSIVA DA CONTAGEM DA PRESCRIÇÃO. MORATÓRIA OU PARCELAMENTO APTO A SUSPENDER A EXIGIBILIDADE DO CRÉDITO TRIBUTÁRIO. NECESSÁRIA MANIFESTAÇÃO DE VONTADE DO CONTRIBUINTE.

PARCELAMENTO DE OFÍCIO. MERO FAVOR FISCAL. APLICAÇÃO DO RITO DO ART. 1.036 E S. DO CPC/2015. ART. 256-I DO RISTJ. RECURSO ESPECIAL DO MUNICÍPIO DE BELÉM/PA A QUE SE NEGA PROVIMENTO. 1. Tratando-se de lançamento de ofício, o prazo prescricional de cinco anos para que a Fazenda Pública realize a cobrança judicial de seu crédito tributário (art. 174, *caput* do CTN) referente ao IPTU, começa a fluir somente após o transcurso do prazo estabelecido pela lei local para o vencimento da exação (pagamento voluntário pelo contribuinte), não dispondo o Fisco, até o vencimento estipulado, de pretensão executória legítima para ajuizar execução fiscal objetivando a cobrança judicial, embora já constituído o crédito desde o momento no qual houve o envio do carnê para o endereço do contribuinte (Súmula 397/ STJ). Hipótese similar ao julgamento por este STJ do REsp. 1.320.825/RJ (rel. Min. Gurgel de Faria, *DJe* 17-8-2016), submetido ao rito dos recursos repetitivos (Tema 903), no qual restou fixada a tese de que a notificação do contribuinte para o recolhimento do IPVA perfectibiliza a constituição definitiva do crédito tributário, iniciando-se o prazo prescricional para a execução fiscal no dia seguinte à data estipulada para o vencimento da exação. 2. O parcelamento de ofício da dívida tributária não configura causa interruptiva da contagem da prescrição, uma vez que o contribuinte não anuiu. 3. A liberalidade do Fisco em conceder ao contribuinte a opção de pagamento à vista (cota única) ou parcelado (10 cotas), independente de sua anuência prévia, não configura as hipóteses de suspensão da exigibilidade do crédito tributário previstas no art. 151, I e VI, do CTN (moratória ou parcelamento), tampouco causa de interrupção da prescrição, a qual exige o reconhecimento da dívida por parte do contribuinte (art. 174, parágrafo único, IV, do CTN). 4. O contribuinte não pode ser despido da autonomia de sua vontade, em decorrência de uma opção unilateral do Estado, que resolve lhe conceder a possibilidade de efetuar o pagamento em cotas parceladas. Se a Fazenda Pública Municipal entende que é mais conveniente oferecer opções parceladas para pagamento do IPTU, o faz dentro de sua política fiscal, por mera liberalidade, o que não induz a conclusão de que houve moratória ou parcelamento do crédito tributário, nos termos do art. 151, I e VI, do CTN, apto a suspender o prazo prescricional para a cobrança de referido crédito. Necessária manifestação de vontade do contribuinte a fim de configurar moratória ou parcelamento apto a suspender a exigibilidade do crédito tributário. (...)" (REsp 1.658.517/PA, rel. Min. Napoleão Nunes Maia Filho, 1ª S., j. 14-11-2018, *DJe* 21-11-2018).

Ainda sobre o parcelamento, o Tema 1.187 do STJ deixa clara a posição a respeito da quitação antecipada, parcial ou total, dos débitos fiscais: "Nos casos de quitação antecipada, parcial ou total, dos débitos fiscais objeto de parcelamento, conforme previsão do art. 1º da Lei n. 11.941/2009, o momento de aplicação da redução dos juros moratórios deve ocorrer após a consolidação da dívida, sobre o próprio montante devido originalmente a esse título, não existindo amparo legal para que a exclusão de 100% da multa de mora e de ofício implique exclusão proporcional dos juros de mora, sem que a lei assim o tenha definido de modo expresso" (REsp 2.006.663/RS, Rel. Min. Herman Benjamin, 1ª Seção, j. 25-10-2023).

15.4 CAUSAS DE EXTINÇÃO DO CRÉDITO TRIBUTÁRIO

Após disciplinar as hipóteses de suspensão do crédito tributário, o Código Tributário Nacional passa a tratar das causas que extinguem a exigibilidade do crédito (arts. 156 a 174). De acordo com o art. 156, extinguem o crédito:

1) pagamento;

2) compensação;

3) transação;

4) remissão;

5) prescrição;

6) decadência;

7) conversão de depósito em renda;

8) pagamento antecipado e a homologação do lançamento;

9) consignação em pagamento;

10) decisão administrativa irreformável, assim entendida a definitiva na órbita administrativa, que não mais possa ser objeto de ação anulatória;

11) a decisão judicial passada em julgado;

12) a dação em pagamento de bens imóveis.

Passemos ao estudo de cada uma das causas de extinção do crédito.

15.4.1 Pagamento: lugar, tempo, juros e meios

O Código Tributário Nacional dispensa tratamento bastante detalhado ao pagamento, forma natural de extinção do crédito tributário. A disciplina do tema se inicia pela regra segundo a qual a **imposição de penalidade não elide (afasta) o pagamento integral do crédito tributário** (art. 157), isso porque eventual sanção imposta ao contribuinte não possui caráter substitutivo do valor principal, passando a existir simultaneamente os deveres decorrentes da penalidade e o crédito tributário principal.

Além disso, nos termos do art. 158, o pagamento de um crédito não importa na extinção:

a) quando parcial, das prestações em que se decomponha;

b) quando total, de outros créditos referentes ao mesmo ou a outros tributos.

Quanto ao **lugar** do pagamento, não dispondo a legislação tributária em sentido contrário, o pagamento deve ser efetuado na repartição competente do **domicílio do sujeito passivo** (art. 159 do CTN). Assim, pode-se concluir que, em princípio, as obrigações tributárias são de **natureza quesível**, e não portável, na medida em que seu cumprimento se realiza no domicílio do devedor.

STJ: "TRIBUTÁRIO. DÍVIDA ATIVA. PAGAMENTO DO DÉBITO FISCAL. RECONHECIMENTO DE RE-COLHIMENTO APENAS DA PRIMEIRA PARCELA. ALEGAÇÃO DE VIOLAÇÃO AO ART. 156, I, DO CTN. REEXAME FÁTICO-PROBATÓRIO. INCIDÊNCIA DO ENUNCIADO N. 7/STJ. ALEGAÇÃO DE

QUE A ADESÃO DO PARCELAMENTO E O PAGAMENTO DA PARCELA INICIAL SUSPENDE O CRÉ-DITO TRIBUTÁRIO. CONFRONTO COM O ENTENDIMENTO DESTA CORTE. III – **A alegação do recorrente de que bastaria a adesão ao parcelamento e o pagamento da parcela inicial para se ter a exigibilidade do crédito tributário suspenso, verifica-se que a jurisprudência do Superior Tribunal de Justiça encontra-se em confronto com a referida tese, uma vez que a suspensão da exigibilidade somente perdura enquanto encontrar-se em dia o parcelamento,** assim, vencidas as parcelas subsequentes o contribuinte retorna ao *status quo ante* de inadimplente, voltando a ser exigível o crédito exequendo. (...). IV – Agravo interno improvido" (Agint no AREsp 1.166.299/CE, rel. Min. Francisco Falcão, j. 17-5-2018, 2ª T., *DJe* 28-5-2018).

Sobre o **tempo** do pagamento, o vencimento do crédito ocorre **30 dias depois da data de notificação do lançamento,** permitida a concessão de descontos pelo pagamento antecipado (art. 160 do CTN). O pagamento deve ser feito dentro do prazo estabelecido pela legislação tributária e, em caso de falta de expressa previsão, aplica-se o prazo de 30 (trinta) dias previsto pelo art. 160 do CTN contado da notificação do lançamento ou da ocorrência do fato gerador (quando se tratar de tributo lançado por homologação). Vale lembrar que o referido art. 160 menciona "legislação tributária". Logo, poderá um decreto fixar o prazo para pagamento de tributo como uma exceção ao princípio da legalidade.

Além de ser exceção ao princípio da legalidade, a fixação de prazo para pagamento também não se sujeita ao princípio da anterioridade. É o que enuncia a Súmula Vinculante 50, a qual dispõe que "norma legal que altera o prazo de recolhimento de obrigação tributária não se sujeita ao princípio da anterioridade".

O crédito tributário não pago pelo devedor será acrescido de juros de mora, salvo disposição em contrário, de 1% ao mês, cominação que não se aplica na pendência de *consulta* formulada pelo devedor dentro do prazo legal (art. 161, §§ 1º e 2º, do CTN).

A respeito dos **meios** de pagamento, o art. 62 do CTN admite que seja realizado em:

a) moeda corrente;

b) cheque;

c) vale postal;

d) estampilha, nos casos previstos em lei;

e) papel selado, nos casos previstos em lei;

f) por processo mecânico, nos casos previstos em lei.

Os cinco parágrafos do art. 62 do CTN estabelecem ainda as seguintes regras especiais sobre as formas de pagamento:

1) A legislação tributária pode determinar as garantias exigidas para o pagamento por cheque ou vale postal, desde que não o torne impossível ou mais oneroso que o pagamento em moeda corrente.

2) O crédito pago por cheque somente se considera extinto com o resgate deste pelo sacado.

3) O crédito pagável em estampilha considera-se extinto com a inutilização regular daquela.

4) A perda ou destruição da estampilha, ou o erro no pagamento por esta modalidade, não dão direito a restituição, salvo nos casos expressamente previstos na legislação tributária, ou naquelas em que o erro seja imputável à autoridade administrativa.

5) O pagamento em papel selado ou por processo mecânico equipara-se ao pagamento em estampilha.

Importante mencionar que, conforme art. 158 do CTN, o pagamento parcial de um crédito não presume o pagamento do montante total devido; e também o pagamento total não presume o pagamento de outros créditos referentes a ele ou a outros tributos.

15.4.1.1 Imputação do pagamento

Se o contribuinte tem **mais de uma dívida** tributária e faz um **pagamento parcial** sem deixar claro qual delas pretende quitar, cabe ao legislador definir uma **ordem automática de quitação**. São as regras denominadas de imputação do pagamento, previstas no art. 163 do CTN.

Nesse sentido, o art. 163 estabelece que: "existindo simultaneamente dois ou mais débitos vencidos do mesmo sujeito passivo para com a mesma pessoa jurídica de direito público, relativos ao mesmo ou a diferentes tributos ou provenientes de penalidade pecuniária ou juros de mora, a autoridade administrativa competente para receber o pagamento determinará a respectiva imputação".

Assim, para que a imputação possa ser realizada pela autoridade, o dispositivo exige as seguintes condições:

a) pluralidade de débitos;

b) único devedor;

c) perante o mesmo Fisco;

d) todos os débitos precisam estar vencidos;

e) natureza tributária de todas as dívidas.

E, por fim, os incisos do art. 163 estabelecem as **quatro regras de imputação** que devem ser utilizadas pela autoridade administrativa **exatamente na ordem abaixo**:

I – em primeiro lugar, aos débitos por obrigação própria, e em segundo lugar aos decorrentes de responsabilidade tributária;

II – primeiramente, às contribuições de melhoria, depois às taxas e pôr fim aos impostos;

III – na ordem crescente dos prazos de prescrição;

IV – na ordem decrescente dos montantes.

15.4.1.2 Pagamento indevido

Havendo pagamento a maior ou realizado indevidamente, como nos casos de erro na identificação do sujeito passivo ou de falha na determinação da alíquota aplicável, o devedor tem direito à restituição integral dos valores pagos[STJ], desde que o faça dentro do prazo de cinco anos (arts. 165 e 168 do CTN).

> STJ: "A declaração de inconstitucionalidade de lei que instituiu contribuição previdenciária é suficiente para justificar a repetição dos valores indevidamente recolhidos. O único pressuposto para a repetição do indébito é a cobrança indevida de tributo, conforme dispõe o art. 165 do CTN" (AgRg no AREsp 242.466-MG, rel. Min. Castro Meira, 2ª T., j. 27-11-2012, *DJe* 6-12-2012, *Informativo* 512).

Sobre o valor da restituição incidem juros não capitalizáveis, devidos a partir do trânsito em julgado da decisão que a determinar[STJ] (art. 167, parágrafo único).

> STJ: "REPETIÇÃO DE INDÉBITO. CONTRIBUIÇÃO PARA CUSTEIO DE SAÚDE. Cuida-se de repetição de indébito fundada na declaração de inconstitucionalidade da cobrança de contribuição para custeio de serviços de saúde criada por lei estadual a qual determinava a adesão compulsória dos servidores do estado ao Fundo de Assistência à Saúde – FAS. A Turma determinou a restituição de todas as contribuições indevidamente recolhidas, considerando irrelevante a afirmação de que a autora da ação teve ao seu dispor o serviço de saúde, bem como o de eventual utilização deste, pois o que define a possibilidade de repetição do indébito é a cobrança indevida do tributo (art. 165 do CTN)" (REsp 1.294.775-RS, rel. Min. Castro Meira, 2ª T., j. 16-2-2012, *DJe* 5-3-2012).

Conforme visto no item 12.6.1 deste Curso, em relação aos chamados tributos indiretos (aqueles com impacto financeiro repassado a terceiros, ex.: ICMS), o art. 166 do CTN prescreve: "A restituição de tributos que comportem, por sua natureza, transferência do respectivo encargo financeiro somente será feita a quem prove haver assumido o referido encargo, ou, no caso de tê-lo transferido a terceiro, estar por este expressamente autorizado a recebê-la".

No mesmo sentido, o teor da Súmula 546 do STF: "Cabe a restituição do tributo pago indevidamente, quando reconhecido por decisão, que o contribuinte *de jure* não recuperou do contribuinte *de facto* o *quantum* respectivo".

Em termos práticos, o art. 166 inviabiliza a restituição de tributos indiretos pagos a maior ou indevidamente, na medida em que estabelece condições irrealizáveis para a repetição de tributos indiretos.

15.4.1.3 Meios para obter restituição

Havendo pagamento a maior ou indevido, existem os seguintes caminhos para o contribuinte recompor o prejuízo:

1) pedido administrativo de restituição;

2) ação de repetição de indébito[STJ];

3) requerimento administrativo de compensação;

4) ação ordinária com pedido de compensação.

STJ: "Repetição de indébito tributário. Título executivo judicial. Direito à restituição das parcelas cujo recolhimento indevido tenha sido comprovado. Parcelas posteriormente reconhecidas pela administração pública no cumprimento de sentença. Direito à restituição. Ofensa à coisa julgada. Inexistência.

'Não ofende a coisa julgada o reconhecimento do direito a repetição do indébito de parcelas cujos adimplementos não foram comprovados pelo contribuinte na ação de conhecimento, mas cujo pagamento foi noticiado pelo ente público por meio de documento apresentado junto a impugnação ao cumprimento de sentença'" (REsp 1.808.482/RS, Rel. Min. Paulo Sérgio Domingues, 1ª T., j. 8-10-2024, *DJe* 14-10-2024).

15.4.1.4 Contagem do prazo para restituição

De acordo com o art. 168 do CTN, o **prazo para pleitear restituição** pelo pagamento indevido extingue-se em **5 anos**, contados:

I – da data da extinção do crédito tributário, nas hipóteses de pagamento indevido, a maior ou erro no pagamento;

II – da data em que se tornar definitiva a decisão administrativa ou passar em julgado a decisão judicial que tenha reformado, anulado, revogado ou rescindido a decisão condenatória.

Se o contribuinte optar pelo **pedido administrativo** de repetição o prazo tem **natureza decadencial**. Preferindo a via **judicial**, o prazo será de **prescrição**.

Prescreve em dois anos a ação anulatória da decisão administrativa que denegar a restituição. Tal prazo de prescrição é interrompido pelo início da ação judicial, recomeçando o seu curso, por metade, a partir da data da intimação validamente feita ao representante judicial da Fazenda Pública interessada (art. 169 do CTN).

15.4.1.4.1 Vantagens da via administrativa. Desnecessidade de esgotamento da via administrativa. Renúncia ou desistência do recurso administrativo

Pouco utilizado no Brasil, o processo administrativo fiscal é uma opção aberta ao contribuinte que oferece importantes vantagens sobre a ação judicial:

a) dispensa a presença de advogado;

b) interrompe/suspende o prazo de prescrição para a demanda judicial;

c) se o contribuinte for derrotado no processo administrativo, ainda assim pode recorrer ao Judiciário (nesse caso, a decisão administrativa não é imutável);

d) se o Fisco for administrativamente derrotado, a decisão faz coisa julgada material, impedindo a Fazenda de impugnar o resultado perante o Judiciário;

Sobre essa questão, compete-nos discorrer sobre um debate judicial interessante sobre o tema. Em abril de 2020 foi publicada a Lei n. 13.988, a qual estabeleceu o fim do voto de qualidade em empate nos julgamentos administrativos fiscais do Conselho Administrativo de Recursos Fiscais (Carf).

O Carf integra o Ministério da Economia e é o órgão responsável pelo julgamento administrativo de segunda instância do contencioso administrativo fiscal em âmbito federal. As Turmas de julgamento do Carf são compostas paritariamente por representantes dos contribuintes e do Fisco, reservada ao representante da Fazenda Pública a função de presidente, ao qual era conferido o voto de qualidade em caso de empate.

O dispositivo inserido pela Lei n. 13.988/2020 determina que na hipótese de empate o resultado deve ser favorável ao contribuinte. Entretanto, tal dispositivo legal é atualmente objeto de três ADIs junto ao STF: 6.399, 6.403 e 6.415.

No voto, o Ministro Luis Roberto Barroso afirma que o fato de a lei substituir o voto de qualidade pelo critério de resolução em favor do contribuinte abre a possibilidade de que a União possa discutir tal decisão na Justiça. E isso não era o que ocorria anteriormente, pois como já mencionado acima, a regra era a de que se o Fisco fosse administrativamente derrotado, a decisão faria coisa julgada material impedindo a Fazenda de impugnar judicialmente o resultado.

> Voto-vista do Ministro Luis Roberto Barroso, o qual propôs a seguinte tese: "É constitucional a extinção do voto de qualidade do Presidente das turmas julgadoras do Conselho Administrativo de Recursos Fiscais (Carf), significando o empate decisão favorável ao contribuinte. Nessa hipótese, todavia, poderá a Fazenda Pública ajuizar ação visando a restabelecer o lançamento tributário" (ADI 6.399).

e) a condenação administrativa do Fisco não se sujeita à fila dos precatórios[1].

Cabe sempre lembrar, no entanto, que, apesar da desnecessidade de esgotamento da via administrativa para recorrer ao Judiciário (art. 5º, XXXV, da CF), a propositura da ação pelo contribuinte importa em renúncia ao poder de recorrer na esfera administrativa e em desistência do recurso acaso interposto (art. 38, parágrafo único, da Lei n. 6.830/80).

---

1 Sobre o sistema de precatório e pagamento de obrigações de pequeno valor (OPV) em matéria tributária, *vide* item 17.4.6.2 deste *Curso*.

15.4.2 Compensação

Compensação é um abatimento da menor dívida em relação à maior na hipótese de duas pessoas possuírem créditos recíprocos.

Por exemplo. Se eu devo R$ 100,00 (cem reais) a João, que por sua vez me deve R$ 30,00 (trinta reais), a compensação promove o desconto do menor valor (R$ 30,00), extinguindo a obrigação inferior, e mantendo somente minha dívida de R$ 70,00, abatido o menor valor.

No Direito Tributário a situação mais frequente ocorre quando o contribuinte paga tributo a maior, ou indevidamente, para determinada pessoa federativa. O crédito que o contribuinte passa a ter frente ao Fisco poderia ser subtraído, nos termos da lei, de outros montantes devidos[STJ].

STJ: "APLICABILIDADE DE LIMITES À COMPENSAÇÃO TRIBUTÁRIA RELACIONADOS A TRIBUTO DECLARADO INCONSTITUCIONAL. Os limites estabelecidos pelas Leis n. 9.032/95 e 9.129/95 são aplicáveis à compensação de indébito tributário, ainda que este decorra da declaração de inconstitucionalidade da contribuição social pelo STF. Isso porque a 1ª Seção do STJ consolidou o entendimento de que, 'enquanto não declaradas inconstitucionais as Leis n. 9.032/95 e 9.129/95, em sede de controle difuso ou concentrado, sua observância é inafastável pelo Poder Judiciário, uma vez que a norma jurídica, enquanto não regularmente expurgada do ordenamento, nele permanece válida, razão pela qual a compensação do indébito tributário, ainda que decorrente da declaração de inconstitucionalidade da exação, submete-se às limitações erigidas pelos diplomas legais que regem a compensação tributária'" (1ª Seção, EREsp 872.559-SP, rel. Min. Ari Pargendler, j. 9-4-2014, *DJe* 25-4-2014, *Informativo* 543).

Sobre o pagamento a maior, temos o julgado EDcl na AR 3157/MG:

"TRIBUTÁRIO E PROCESSUAL CIVIL. EMBARGOS DE DECLARAÇÃO. SUBSTITUIÇÃO TRIBUTÁRIA PROGRESSIVA. ICMS PAGO A MAIOR. OCORRÊNCIA DO FATO GERADOR. DESCONFORMIDADE COM ORIENTAÇÃO FIRMADA PELO STF EM REPERCUSSÃO GERAL NO RE N. 593.849/MG. ADEQUAÇÃO. POSSIBILIDADE.

1. O Superior Tribunal de Justiça, de maneira excepcional, admite o manejo dos aclaratórios para adequação da decisão à orientação firmada em recursos julgados pelo rito dos repetitivos. Precedente: EDcl no AgRg nos EREsp n. 924.992/PR, Rel. Min. Humberto Martins, Corte Especial, *DJe* de 29-5-2013.

2. Entendia o STJ, na linha do que o STF fixou na ADIn n. 1.851-4, que, havendo **pagamento a maior** de tributo na sistemática de substituição tributária progressiva ou para frente (CF, art. 150, § 7º), a restituição do excesso somente seria possível se não ocorresse o fato gerador da obrigação tributária. Esse entendimento foi superado quando, sob o regime de repercussão geral, o Supremo Tribunal Federal, em sessão plenária realizada em 19-10-2016, no julgamento do Recurso Extraordinário n. 593.849/MG (*DJe* 4-4-2017), pacificou a tese de que 'é devida a restituição da diferença do Imposto sobre Circulação de Mercadorias e Serviços – ICMS pago a mais no regime de substituição tributária para frente se a base de cálculo efetiva da operação for inferior à presumida'.

3. Embargos de declaração acolhidos, com efeitos infringentes, para julgar improcedente a ação rescisória" (EDcl na AR 3157/MG, Rel. Min. Og Fernandes, 1ª Seção, j. 23-3-2022, *DJe* 1º-7-2022).

A previsão genérica da compensação tributária consta do 170 do CTN:

> A lei pode, nas condições e sob as garantias que estipular, ou cuja estipulação em cada caso atribuir à autoridade administrativa, autorizar a compensação de créditos tributários com créditos líquidos e certos, vencidos ou vincendos, do sujeito passivo contra a Fazenda Pública.
>
> Parágrafo único. Sendo vincendo o crédito do sujeito passivo, a lei determinará, para os efeitos deste artigo, a apuração do seu montante, não podendo, porém, cominar redução maior que a correspondente ao juro de 1% (um por cento) ao mês pelo tempo a decorrer entre a data da compensação e a do vencimento.

Nos termos do art. 170-A do CTN: "É vedada a compensação mediante o aproveitamento de tributo, objeto de contestação judicial pelo sujeito passivo, antes do trânsito em julgado da respectiva decisão judicial".

Desse modo, constata-se que o Código Tributário estabelece as **três condições gerais** para a compensação de tributos no Brasil:

a) lei específica autorizando;

b) liquidez e certeza dos créditos;

c) identidade de partes (os dois créditos devem ser de tributos de competência da mesma Pessoa Política).

O grande problema é que, na prática, a compensação implica a redução do montante efetivamente pago pelo contribuinte, o que, quase sempre, reduz o interesse do Fisco em facilitar sua efetivação.

Em razão disso, tem sido virtualmente impossível exercer o direito à compensação de créditos tributários em face dos incontáveis óbices impostos pela Fazenda Pública a cada tentativa do contribuinte de pôr em prática o referido instituto.

Cabe lembrar que a compensação tributária por intermédio do Poder Judiciário, que anteriormente **não era permitida em sede liminar ou tutela antecipada**, dependia sempre de sentença (art. 7º, §§ 2º e 5º, da Lei n. 12.016/2009). Com a declaração de inconstitucionalidade de dispositivos da Lei do Mandado de Segurança pela ADI 4.296, entre eles o art. 7º, § 2º, foi invalidada essa proibição de concessão de liminar para a compensação de créditos tributários.

Por fim, ainda sobre a compensação de crédito, a Lei n. 9.430/96 teve seu art. 74-A alterado pela Lei n. 14.873/2024, após a MP n. 1.202/2023 ser convertida em lei. Esse artigo limita a compensação decorrente de decisão transitada em julgado. Essa limitação é mensal e estabelecida por ato do Ministro de Estado e da Fazenda. O § 1º do mesmo artigo esclarece quanto as limitações: "§ 1º O limite mensal a que se refere o *caput* deste artigo: I – será graduado em função do valor total do crédito decorrente de decisão judicial transitada em julgado; II – não poderá ser inferior a 1/60 (um sessenta avos) do valor total do crédito decorrente de decisão judicial transitada em julgado, demonstrado e atualizado na data da entrega da primeira declaração de compensação; e III – não poderá ser estabelecido para crédito decorrente de decisão judicial transitada em julgado cujo valor total seja inferior a R$ 10.000.000,00 (dez milhões de reais)". Para fecharmos o tema, a primeira declaração de compensação tem prazo. Ela deve ocorrer em até cinco anos da data do trânsito em julgado da decisão ou homologação da desistência da execução do título judicial (§ 2º).

15.4.3 Transação

Dá-se o nome de transação para a forma de extinção das obrigações ocorrida quando credor e devedor aceitam **abrir mão de vantagens recíprocas**. Trata-se de hipótese rara no Direito Tributário, prevista no art. 171 do CTN:

> A lei pode facultar, nas condições que estabeleça, aos sujeitos ativo e passivo da obrigação tributária celebrar transação que, mediante concessões mútuas, importe em terminação de litígio e consequente extinção de crédito tributário.
>
> Parágrafo único. A lei indicará a autoridade competente para autorizar a transação em cada caso.

Antes da promulgação da Lei Complementar n. 104/2001, a doutrina apresentava o parcelamento como exemplo de transação. Atualmente, o parcelamento consta, por força da citada lei, do rol de causas suspensivas do crédito.

Cada um dos entes políticos necessitará criar uma lei para disciplinar a transação tributária relativamente a seus próprios créditos tributários.

15.4.3.1 Disciplina da transação em âmbito federal (Lei n. 13.988/2020)

Em 14 de abril de 2020, foi promulgada a Lei n. 13.988, que dispõe sobre as condições para que a União, suas autarquias e fundações realizem transações com seus devedores a fim de extinguir créditos tributários e não tributários.

As novas regras são aplicáveis (art. 1º, § 4º):

> I – aos créditos tributários sob a administração da Secretaria Especial da Receita Federal do Brasil do Ministério da Economia;
>
> II – à dívida ativa e aos tributos da União, cujas inscrição, cobrança e representação incumbam à Procuradoria-Geral da Fazenda Nacional, nos termos do art. 12 da Lei Complementar n. 73, de 10 de fevereiro de 1993; e
>
> III – no que couber, à dívida ativa das autarquias e das fundações públicas federais cujas inscrição, cobrança e representação incumbam à Procuradoria-Geral Federal ou à Procuradoria-Geral do Banco Central e aos créditos cuja cobrança seja competência da Procuradoria-Geral da União, nos termos de ato do Advogado-Geral da União e sem prejuízo do disposto na Lei n. 9.469, de 10 de julho de 1997.

São três as modalidades de transação que poderão ser realizadas (art. 2º):

a) por proposta individual ou por adesão, na cobrança de créditos inscritos na dívida ativa da União, de suas autarquias e fundações públicas, ou na cobrança de créditos que seja competência da Procuradoria-Geral da União, ou em contencioso administrativo fiscal;

b) por adesão, nos demais casos de contencioso judicial ou administrativo tributário; e

c) por adesão, no contencioso tributário de pequeno valor.

Ainda, essa Lei trouxe a possibilidade de a cobrança ser proposta pela Procuradoria-Geral da Fazenda Nacional, pela Procuradoria-Geral Federal e pela Procuradoria-Geral do Banco Central, de forma individual ou por adesão, ou por iniciativa do devedor, ou pela Procuradoria-Geral da União, em relação aos créditos sob sua responsabilidade (art. 10).

15.4.4 Remissão

Prevista no art. 172 do CTN, a remissão é o **perdão, total ou parcial, da dívida tributária**. Trata-se de um raríssimo benefício fiscal que depende sempre de **lei específica** da entidade competente para instituir o tributo.

A outorga da remissão em favor de cada beneficiário pode ser delegada por lei à autoridade administrativa visando atender:

a) à situação econômica do sujeito passivo;

b) ao erro ou ignorância escusáveis do sujeito passivo, quanto à matéria de fato;

c) à diminuta importância do crédito tributário;

d) a considerações de equidade, em relação com as características pessoais ou materiais do caso;

e) a condições peculiares a determinada região do território da entidade tributante.

15.4.5 Decadência ou caducidade

A prescrição e a decadência são institutos que **decorrem do princípio da segurança jurídica**, atuando como mecanismos de estabilização de conflitos e consecução da paz social.

Decadência tributária é a **perda do direito de constituir o crédito tributário** que ocorre se o Fisco não o exercer dentro do prazo legal.

Como regra, a constituição do crédito se dá pela realização do lançamento tributário. Mas, se o lançamento falhar, pode o crédito ser constituído também por meio da lavratura do auto de infração e imposição de multa (AIIM). Desse modo, **a decadência extingue o direito de o Fisco realizar o lançamento ou lavrar o auto de infração.**

Trata-se, portanto, de uma **causa de extinção do crédito antes do lança-mento**, ao contrário da prescrição, que o extingue após o lançamento[2]. É possível notar, nesse passo, a imprecisão do legislador ao incluir a decadência entre as causas de "extinção" do crédito, pois **na verdade ainda não existe o crédito**. Então, como poderia ele ser "extinto" pela decadência? Mais adequado seria falar em causa impeditiva do surgimento do crédito.

ATENÇÃO: Como o CTN trata da decadência e da prescrição, ambas como "causas de extinção do crédito tributário", se o contribuinte realiza um pagamento de tributo decaído ou prescrito, **nos dois casos terá direito à repetição de indébito**, na medida em que pagou dívida que não existia mais. Inaceitável o argumento de que na prescrição ocorre extinção do direito de recorrer ao Judiciário embora subsista a obrigação natural de pagar. Tal raciocínio é incompatível com o art. 156, V, do CTN, que afirma textualmente serem a prescrição e a decadência causas de extinção "do crédito" tributário.

Em linhas gerais, o prazo decadencial é de **5 anos** e conta a partir do primeiro dia do exercício seguinte àquele em que o lançamento poderia ter sido realizado.

É nesse sentido que o art. 173 do CTN enuncia:

> O direito de a Fazenda Pública constituir o crédito tributário extingue-se após cinco anos, contados:
>
> I – do primeiro dia do exercício seguinte àquele em que o lançamento poderia ter sido efetuado;
>
> II – da data em que se tornar definitiva a decisão que houver anulado, por vício formal, o lançamento anteriormente efetuado.

STJ: "PROCESSUAL CIVIL E TRIBUTÁRIO. RECURSO ESPECIAL. IMPOSTO TERRITORIAL RURAL – ITR. DEFICIÊNCIA NA ALEGAÇÃO DE CONTRARIEDADE AO ART. 1.022 DO CPC/2015. INCIDÊNCIA DA SÚMULA 284/STF. DECADÊNCIA TRIBUTÁRIA. TRIBUTO SUJEITO A LANÇAMENTO POR HOMOLOGAÇÃO. TERMOS INICIAIS. NECESSIDADE DE ANÁLISE DO CONTEXTO FÁTICO-PROBATÓRIO. INCIDÊNCIA DA SÚMULA 7/STJ. INSTAURAÇÃO DE PROCESSO ADMINISTRATIVO FISCAL DE APURAÇÃO DE DÉBITO. PRAZO DECADÊNCIA. AUSÊNCIA DE INTERRUPÇÃO. 2. **A orientação jurisprudencial desta Corte a respeito da contagem da decadência tributária para os tributos sujeitos a lançamento por homologação – hipótese à dos autos – firmou-se no sentido de que o termo a quo se refere ao primeiro dia do exercício seguinte àquele em que ocorrido o fato gerador, nos termos do art. 173, I, do CTN, mas desde que não subsistente qualquer pagamento parcial por parte do contribuinte.** Precedentes. 3. O Tribunal de origem afirmou que entre a ocorrência do fato gerador (débitos referentes a 2004) e o primeiro dia do

---

2   Hugo de Brito Machado, *Curso de Direito Tributário*, p. 220.

exercício seguinte (débitos referentes a 2003) até o lançamento dos respectivos créditos tributários (5-1-2009) transcorreram mais de 5 anos. Para afastar o entendimento a que chegou a Corte *a quo*, de modo a albergar as peculiaridades do caso e verificar que as citadas datas não condizem com a realidade ou que não teria ocorrido pagamento antecipado a atrair o termo *a quo* da decadência para a data do fato gerador, é necessário o revolvimento do acervo fático-probatório dos autos, o que se mostra inviável em recurso especial por óbice da Súmula 7/STJ: 'A pretensão de simples reexame de prova não enseja recurso especial'. 4. Com relação à alegativa de que a instauração do processo administrativo teria interrompido o prazo decadência, tem-se que tal fundamento não ampara a pretensão fazendária, tendo em vista que, na espécie, referido processo não foi instaurado a partir de impugnação a lançamento realizado, mas para fins de apuração de débitos tributários. 5. Recurso especial conhecido em parte e, nessa extensão, não provido" (REsp 1.647.754/PE, rel. Min. Og Fernandes, j. 3-5-2018, 2ª T., *DJe* 9-5-2018).

Não há causas de suspensão ou interrupção da fluência do prazo decadencial.

A norma contida no inciso I do art. 173 do CTN cria a regra geral para contagem do **termo inicial** do prazo de decadência tributária: o prazo começa a correr em 1º de janeiro do ano seguinte à data em que ocorreu o fato gerador. Isso porque somente após a data do fato gerador é que "o lançamento poderia ter sido realizado".

Existem, porém, alguns **casos especiais** de contagem:

1) quanto aos **tributos lançados por homologação**, como o ICMS, **o prazo decadencial flui da data da ocorrência do fato gerador**, a partir de quando o Fisco tem cinco anos para lavrar o Auto de Infração e Imposição de Multa (art. 150, § 4º, do CTN). **Havendo dolo, fraude ou simulação**, o prazo para constituição do crédito nos tributos lançados por homologação sujeita-se à **regra geral** e inicia a contagem a partir de 1º de janeiro do ano seguinte à data do fato gerador (art. 173, I, do CTN), funcionando tal prazo majorado como uma espécie de punição pelo comportamento antijurídico do devedor;

2) nos tributos lançados por homologação, **se não houver qualquer pagamento**, a hipótese equipara-se às situações de dolo, fraude ou simulação, e o prazo sujeita-se à **regra geral**, iniciando a contagem a partir de 1º de janeiro do ano seguinte à data do fato gerador (art. 173, I, do CTN);

3) havendo qualquer **medida preparatória indispensável ao lançamento que importe antecipação dos atos de constituição do crédito**, a contagem do prazo quinquenal passa a correr da data em que o **devedor for notificado** de qualquer ato fiscalizatório ocorrido após ao fato gerador (art. 173, parágrafo único, do CTN). É o caso, por exemplo, da lavratura de **Auto de Infração** antes de 1º de janeiro do ano seguinte à data do fato gerador. Nesse caso, o prazo decadencial inicia a partir da lavratura do AIIM;

4) se houver **anulação de lançamento por vício formal**, o prazo decadencial começa a contar da **data em que se tornou definitiva a decisão que o houver anulado** (art. 173, II, do CTN).

Vale destacar o teor da Súmula 555 do STJ: "Quando não houver declaração do débito, o prazo decadencial quinquenal para o Fisco constituir o crédito tributário conta-se exclusivamente na forma do art. 173, I, do CTN, nos casos em que a legislação atribui ao sujeito passivo o dever de antecipar o pagamento sem prévio exame da autoridade administrativa".

15.4.5.1 O fim da regra dos "cinco mais cinco"

Aplicando interpretação absurda ao art. 150, § 4º, do CTN, o STJ entendeu durante vários anos que, no caso de tributos lançados por homologação, o Fisco teria os **cinco anos** para pronunciar-se sobre as contas do devedor (art. 150, § 4º), **somados aos outros cinco anos** para constituição do crédito, **totalizando inaceitáveis dez anos** para realizar o lançamento ou a atuação nos tributos sujeitos a homologação.

A manobra hermenêutica do STJ, obviamente aplaudida pela Fazenda Pública, ficou conhecida como regra dos "cinco mais cinco" e dominou a jurisprudência do "Tribunal da Cidadania" de 1995 até meados de 2009.

Atualmente, porém, a **regra dos "cinco mais cinco" está superada no STJ**, que voltou a entender **aplicável o prazo quinquenal** para constituição do crédito também no caso dos tributos lançados por homologação (REsp 973.733/SC, *DJe* 18-9-2009).

15.4.6 Prescrição

Prescrição é a causa de extinção do crédito tributário que ocorre quando a **Fazenda Pública deixa escoar o prazo para propositura da ação de execução fiscal.**

Sobre o tema, estabelece o art. 174 do CTN:

> A ação para cobrança do crédito tributário prescreve em 5 (cinco) anos, contados da data da sua constituição definitiva.

Assim, o **prazo prescricional** para propositura da ação de cobrança é de 5 anos.

Como o art. 156, V, do CTN trata da prescrição como causa de extinção do próprio crédito tributário, e não de uma simples perda da faculdade processual de acionar o Judiciário para exercer o direito de cobrança, se o **contribuinte realiza pagamento de dívida prescrita ou decaída terá direito à repetição do indébito.**

15.4.6.1 Termo inicial do prazo

O prazo quinquenal para propositura da ação de execução, nos termos do art. 174 do CTN, começa a contar "da data da constituição definitiva do crédito", ou seja, o prazo corre desde quando se tornou **administrativamente imodificá-vel a constituição do crédito tributário.**

Por isso, a referida data pode variar de acordo com a postura adotada pelo devedor após ser notificado pelo Fisco para realizar o pagamento:

1) se, após a notificação, o devedor realiza pagamento integral: nesse caso o crédito tributário é extinto e **não haverá execução fiscal;**

2) se, após a notificação, o devedor realiza pagamento parcial: ocorrendo pagamento parcial sem impugnação no valor restante, o prazo prescricional corre **da data do pagamento.** Porém, havendo impugnação quanto ao valor remanescente, o prazo prescricional inicia da data em que se tornar irrecorrível a última decisão administrativa sobre a matéria (data do "trânsito em julgado" na esfera administrativa);

3) se, após a notificação, o devedor não paga e não recorre contra a co-brança: nessa hipótese, será preciso aguardar o escoamento do prazo de 30 dias que o CTN (art. 160) concede ao devedor para que, sendo notificado, realize o pagamento ou recorra contra a cobrança. Antes de esgotados os 30 dias não há mora. Portanto, na falta de pagamento o prazo prescricional conta a partir do 31º **dia após a notificação do devedor.** Vale lembrar que, se o lançamento falhar por culpa do devedor, será substituído pelo Auto de Infração, caso em que o prazo para realização do pagamento corre a partir da lavratura do AIIM;

4) se, após a notificação, o devedor recorre contra o valor da cobrança: nesse caso o prazo prescricional começa a fluir da data em que ocorrer a **imutabilidade da decisão administrativa,** isto é, se o contribuinte perder os recursos, o prazo conta do "trânsito em julgado" administrativo da decisão que manteve o valor da cobrança;

5) no caso específico de tributo lançado por homologação, o Superior Tribunal de Justiça (Súmula 436) considera que a entrega da DCTF (Declaração de Débito e Crédito de Tributos Federais) pelo sujeito passivo constitui o crédito tributário, razão pela qual, se o contribuinte envia a DCTF mas não realiza o pagamento, o prazo prescricional conta a partir da data do vencimento do tributo declarado.

15.4.6.2 *Termo final da prescrição*

O termo final do prazo prescricional se dá com o **despacho do juiz que ordenar a citação do devedor em execução fiscal** (art. 174, I, do CTN), e tal marco interruptivo da prescrição **retroage à data do ajuizamento da ação** (STJ, REsp 1.120.295-SP)[3]. Com isso, em termos práticos, **basta que a Fazenda Pública proponha a execução dentro do prazo quinquenal,** sendo irrelevante se o devedor foi efetivamente citado ou não[STJ].

---

3 Ricardo Alexandre, *Direito Tributário Esquematizado*, p. 457.

Destaque-se aqui a publicação da Súmula 653 do STJ que esclarece a respeito da interrupção do prazo prescricional em caso de pedido de parcelamento fiscal: "O pedido de parcelamento fiscal, ainda que indeferido, interrompe o prazo prescricional, pois caracteriza confissão extrajudicial do débito".

> STJ: "DIREITO TRIBUTÁRIO E PROCESSUAL CIVIL. EXECUÇÃO FISCAL DE CONTRIBUIÇÕES DEVI-DAS AOS CONSELHOS PROFISSIONAIS. O art. 8º da Lei n. 12.514/2011, segundo o qual 'Os Conselhos não executarão judicialmente dívidas referentes a anuidades inferiores a 4 (quatro) vezes o valor cobrado anualmente da pessoa física ou jurídica inadimplente', é inaplicável às execuções fiscais propostas antes da vigência do referido diploma legal. De fato, a norma de natureza processual tem aplicação imediata aos processos em curso, conforme dispõe o art. 1.211 do CPC. Contudo, a 'Teoria dos Atos Processuais Isolados' preceitua que cada ato processual deve ser considerado separadamente dos demais para o fim de se determinar qual a lei que o rege. Assim, a lei que disciplina o ato processual é aquela em vigor no momento em que ele é praticado, ou seja, a publicação e a entrada em vigor de nova lei só atingem os atos ainda por serem praticados. Portanto, a regra em análise somente faz referência às execuções que serão propostas pelos conselhos profissionais, não estabelecendo critérios acerca das execuções já em curso no momento de sua entrada em vigor" (REsp 1.404.796-SP, rel. Min. Mauro Campbell Marques, j. 26-3-2014, *Informativo* 538).

15.4.6.3 Causas de interrupção da prescrição

A legislação tributária prevê um **rol taxativo** de hipóteses em que cessa a **fluência do prazo**, desconsiderando-se então o período já transcorrido. Assim, se o prazo voltar a correr, **a contagem retoma de seu início**. São as denominadas causas de interrupção da prescrição.

O parágrafo único do art. 174 do CTN afirma que interrompem o prazo prescricional:

a) a citação em execução fiscal;

b) o protesto judicial ou extrajudicial (redação dada pela Lei Complementar n. 208/2024);

c) ato judicial que constitua em mora o devedor;

d) ato inequívoco, ainda que extrajudicial, que importe em reconhecimento do débito pelo devedor. Exemplo: pedido de parcelamento.

15.4.6.4 Causas de suspensão da prescrição

Nas causas de suspensão da prescrição, a **fluência do prazo fica temporariamente paralisada**, voltando a correr pelo tempo remanescente se desaparecer a circunstância que causou a suspensão.

1) A primeira causa de suspensão da prescrição é a **inscrição na dívida ativa** e está prevista no art. 2º, § 3º, da Lei n. 6.830/80 (Lei de Execuções Fiscais ou LEF):

A inscrição, que se constitui no ato de controle administrativo da legalidade, será feita pelo órgão competente para apurar a liquidez e certeza do crédito e **suspenderá a prescrição, para todos os efeitos de direito, por 180 dias,** ou até a distribuição da execução fiscal, se esta ocorrer antes de findo aquele prazo.

Sendo a LEF uma lei ordinária, e a prescrição tema reservado à lei complementar (art. 146, III, da CF), o STJ vem entendendo que o referido **dispositivo é inconstitucional** (REsp 249.262).

2) A segunda causa de suspensão da prescrição consta do art. 40 da LEF, a saber, **se no curso da execução fiscal o juiz suspender o processo enquanto não for localizado o devedor ou encontrados bens sobre os quais possa recair a penhora.** Nessa hipótese, o prazo prescricional fica suspenso enquanto perdurar a suspensão da execução.

3) A terceira causa de suspensão da prescrição se dá nos casos de **moratória, parcelamento**[STJ],

STJ: "DIREITO TRIBUTÁRIO. EFEITOS DA SUSPENSÃO DA NORMA AUTORIZADORA DE PARCELAMENTO DO CRÉDITO TRIBUTÁRIO. Ocorre a prescrição da pretensão executória do crédito tributário objeto de pedido de parcelamento após cinco anos de inércia da Fazenda Pública em examinar esse requerimento, ainda que a norma autorizadora do parcelamento tenha tido sua eficácia suspensa por medida cautelar em ação direta de inconstitucionalidade" (REsp 1.389.795-DF, 1ª T., rel. Min. Ari Pargendler, j. 5-12-2013, *Informativo* 534).

isenção, remissão ou anistia concedidas em caráter individual de maneira fraudulenta, pois, de acordo com o art. 155, parágrafo único, do CTN, o tempo decorrido entre a concessão da vantagem e sua revogação não se computa para fins de prescrição[4].

15.4.6.5 Prescrição intercorrente

Prescrição intercorrente é a extinção do crédito tributário **sempre que os autos da execução fiscal**[STJ] **ficarem arquivados**, na hipótese do art. 40, §§ 2º e 4º, da LEF, **por prazo superior a cinco anos.**

STJ: "A reunião de execuções fiscais contra o mesmo devedor constitui faculdade do Juiz". Súmula 515.

---

4   Ricardo Alexandre, *Direito Tributário Esquematizado*, p. 462.

O juiz pode **decretar de ofício** a prescrição intercorrente, desde que **ouvida previamente a Fazenda Pública** (art. 40, § 4º, da LEF), sendo esta dispensada no caso de cobranças judiciais cujo valor seja inferior ao mínimo fixado por ato do Ministro de Estado da Fazenda (art. 40, § 5º).

Convém, por fim, transcrever o teor integral do art. 40 e seus parágrafos da Lei de Execução Fiscal, que disciplinam o regime jurídico da prescrição intercorrente:

> Art. 40. O Juiz suspenderá o curso da execução, enquanto não for localizado o devedor ou encontrados bens sobre os quais possa recair a penhora, e, nesses casos, não correrá o prazo de prescrição.
>
> § 1º Suspenso o curso da execução, será aberta vista dos autos ao representante judicial da Fazenda Pública.
>
> § 2º Decorrido o prazo máximo de 1 (um) ano, sem que seja localizado o devedor ou encontrados bens penhoráveis, o Juiz ordenará o arquivamento dos autos.
>
> § 3º Encontrados que sejam, a qualquer tempo, o devedor ou os bens, serão desarquivados os autos para prosseguimento da execução.
>
> § 4º Se da decisão que ordenar o arquivamento tiver decorrido o prazo prescricional, o juiz, depois de ouvida a Fazenda Pública, poderá, de ofício, reconhecer a prescrição intercorrente e decretá-la de imediato.
>
> § 5º A manifestação prévia da Fazenda Pública prevista no § 4º deste artigo será dispensada no caso de cobranças judiciais cujo valor seja inferior ao mínimo fixado por ato do Ministro de Estado da Fazenda.

STJ: "Em execução fiscal, não localizados bens penhoráveis, suspende-se o processo por um ano, findo o qual inicia-se o prazo da prescrição quinquenal intercorrente". Súmula 314.

Em 12-9-2018, no julgamento do REsp 1.340.533, o STJ fixou a tese da chamada "prescrição intercorrente automática", segundo a qual o prazo de 1 ano de suspensão do processo e do respectivo prazo prescricional previsto no art. 40, §§ 1º e 2º, da Lei n. 6.830/80 – LEF tem início automaticamente na data da **ciência da Fazenda Pública a respeito da não localização do devedor ou da inexistência de bens penhoráveis no endereço fornecido,** havendo, sem prejuízo dessa contagem automática, o dever de o magistrado declarar ter ocorrido a suspensão da execução.

As demais teses definidas pelo STJ nesse julgamento estão transcritas no item 17.6.14.2 deste *Curso*.

15.4.6.5.1 Teses de repetitivo do STJ sobre prescrição intercorrente

Em 16 de outubro de 2018, o STJ firmou cinco teses de repetitivo sobre prescrição intercorrente:

Tema 566: O prazo de 1 (um) ano de suspensão do processo e do respectivo prazo prescricional previsto no art. 40, §§ 1º e 2º da Lei n. 6.830/80 – LEF tem início automaticamente na data da ciência da Fazenda Pública a respeito da não localização do devedor ou da inexistência de bens penhoráveis no endereço fornecido, havendo, sem prejuízo dessa contagem automática, o dever de o magistrado declarar ter ocorrido a suspensão da execução.

Tema 567: Havendo ou não petição da Fazenda Pública e havendo ou não pronunciamento judicial nesse sentido, findo o prazo de 1 (um) ano de suspensão inicia-se automaticamente o prazo prescricional aplicável.

Tema 568: A efetiva constrição patrimonial e a efetiva citação (ainda que por edital) são aptas a interromper o curso da prescrição intercorrente, não bastando para tal o mero peticionamento em juízo, requerendo, v.g., a feitura da penhora sobre ativos financeiros ou sobre outros bens.

Tema 569: Havendo ou não petição da Fazenda Pública e havendo ou não pronunciamento judicial nesse sentido, findo o prazo de 1 (um) ano de suspensão inicia-se automaticamente o prazo prescricional aplicável.

Tema 570: A Fazenda Pública, em sua primeira oportunidade de falar nos autos (art. 245 do CPC/73, correspondente ao art. 278 do CPC/2015), ao alegar nulidade pela falta de qualquer intimação dentro do procedimento do art. 40 da LEF, deverá demonstrar o prejuízo que sofreu (exceto a falta da intimação que constitui o termo inicial – 4.1., onde o prejuízo é presumido), por exemplo, deverá demonstrar a ocorrência de qualquer causa interruptiva ou suspensiva da prescrição.

Tema 1229: À luz do princípio da causalidade, não cabe fixação de honorários advocatícios quando a exceção de pré-executividade é acolhida para extinguir a execução fiscal em razão do reconhecimento da prescrição intercorrente, prevista no art. 40 da Lei n. 6.830/1980.

15.4.7 Conversão do depósito em renda

Em processos judiciais ou administrativos nos quais o contribuinte opta por realizar depósito prévio para suspensão do crédito tributário, se a controvérsia for decidida favoravelmente à Fazenda Pública, o montante depositado reverte-se para o Fisco, convertendo-se em renda, o que resulta na extinção do crédito tributário.

15.4.8 Pagamento antecipado e homologação do lançamento

Nos tributos sujeitos a lançamento por homologação, o pagamento antecipado feito pelo contribuinte, sendo aprovado pela autoridade administrativa, produz os mesmos efeitos do pagamento regular, tendo o efeito, por força do disposto no art. 156, VII, do CTN, de extinguir o crédito.

15.4.9 Consignação em pagamento

A consignação em pagamento, como forma de extinção do crédito tributário, constitui mecanismo processual em favor do contribuinte quando este encontre obstáculos impostos pelo Fisco que impeçam o regular pagamento do tributo.

É disciplinada pelo art. 164 do CTN, que faculta ao contribuinte realizar a consignação nos casos de:

a) recusa de recebimento, ou subordinação deste ao pagamento de outro tributo ou de penalidade, ou ao cumprimento de obrigação acessória;

b) subordinação do recebimento ao cumprimento de exigências administrativas sem fundamento legal;

c) exigência, por mais de uma pessoa jurídica de direito público, de tributo idêntico sobre o mesmo fato gerador.

Vale frisar que a terceira hipótese legal ensejadora da consignação – exigência, por mais de uma pessoa jurídica de direito público, de tributo idêntico sobre o mesmo fato gerador – tem causado dificuldades práticas decorrentes da inadequada linguagem utilizada pelo legislador do CTN.

Trata-se da **consignação no caso de bitributação**, a circunstância mais importante de cabimento dessa causa de extinção do crédito. Convém não confundir bitributação com *bis in idem*.

Conforme já explicado no item 3.5.9 deste *Curso*, enquanto na bitributação duas ou mais entidades exigem tributos sobre um único fato gerador ou a mesma base de cálculo, no *bis in idem* as exigências tributárias simultâneas sobre a mesma base de cálculo ou fato gerador emanam de uma única entidade tributante.

A **hipótese de consignação** descrita no art. 164, III, do CTN é de **bitributação**, cabendo lembrar que a existência de grande quantidade de pretensos credores (multitributação) realizando exigências simultâneas não descaracteriza a bitributação. Exemplo: 35 municípios exigindo simultaneamente, do mesmo contribuinte (concessionário), o ISS integral sobre o serviço de manutenção de uma rodovia intermunicipal.

Já no caso de *bis in idem* **não cabe consignação**, porque inexiste dúvida sobre quem é o legítimo credor do tributo. Para defender o contribuinte **contra** *bis in idem* utilizando uma única ação **cabe, em regra, mandado de segurança**.

Outro esclarecimento se faz necessário.

É preciso interpretar extensivamente o teor do art. 164, III, do CTN, já que, na verdade, a referência a "exigência de tributo idêntico" parece reduzir o alcance da norma somente aos casos de dupla exigência de um mesmo tributo sobre fato gerador único. Porém, se dois tributos distintos recaírem indevidamente sobre o mesmo fato gerador, inegável a conclusão no sentido de que o contribuinte poderá valer-se da consignação em pagamento, transferindo ao Judiciário o encargo de definir qual o legítimo credor do tributo. Mencione-se, a título de exemplo, a hipótese de Estado cobrar ICMS e Município exigir simultaneamente

ISS sobre o mesmo serviço. Nessa situação não parece razoável, apenas porque são tributos diferentes, impedir o contribuinte de consignar o montante devido para que o juiz determine qual dos dois entes faz jus ao pagamento.

Portanto, conclui-se que, apesar da literalidade do art. 164, III, do CTN, a consignação em pagamento é cabível, tanto no caso de tributos idênticos exigidos simultaneamente sobre o mesmo fato gerador quanto na hipótese de um único fato gerador atrair a incidência de dois tributos cobrados por entidades federativas distintas.

15.4.10 Decisão administrativa irreformável

A decisão da autoridade administrativa contra a qual não caiba mais recurso, se favorável ao sujeito passivo, também é causa de extinção do crédito (art. 156, IX, do CTN).

15.4.11 Decisão judicial passada em julgado

Conforme o art. 156, X, do CTN, a decisão judicial transitada em julgado, sendo favorável ao contribuinte, extingue o crédito tributário.

15.4.12 Dação em pagamento

A dação em pagamento, nos termos do art. 156, XI, do CTN, é o oferecimento de bem para extinção da dívida tributária.

É admitida a dação no Direito Tributário desde que atendidas as **seguintes condições:**

a) **existência de lei específica autorizando:** é necessária a aprovação de uma lei ordinária, no âmbito da pessoa federativa tributante, admitindo a dação de bens móveis como forma extintiva do crédito tributário;

b) **o bem ofertado deve ser imóvel:** para não violar o dever constitucional de realizar licitações;

c) **o Poder Público manifestar interesse no bem:** quer dizer que a aceitação do bem oferecido pelo contribuinte em dação é **ato administrativo discricionário** (e não vinculado), na medida em que a autoridade administrativa deve analisar a conveniência e oportunidade na incorporação daquele bem ao domínio público. Desse modo, o devedor não tem direito adquirido à aceitação do bem oferecido, mas simples expectativa de direito.

15.4.12.1 Novos requisitos para a dação em pagamento no âmbito federal

Conforme já mencionado no item 2.3.2.2 deste Curso, com o advento da Lei n. 13.259/2016, a dação em pagamento de tributos federais passou a ter dois requisitos adicionais (art. 4º):

a) deve ser precedida de **avaliação do bem** ou dos bens ofertados, que devem estar livres e desembaraçados de quaisquer ônus, nos termos de ato do Ministério da Fazenda; e

b) deve **abranger a totalidade do crédito** ou créditos que se pretende liquidar com atualização, juros, multa e encargos legais, sem desconto de qualquer natureza, assegurando-se ao devedor a possibilidade de complementação em dinheiro de eventual diferença entre os valores da totalidade da dívida e o valor do bem ou dos bens ofertados em dação.

Desse modo, ao menos em âmbito federal, a dação agora exige cinco requisitos:

1) lei específica autorizando (já existe);

2) aceitação discricionária do credor;

3) natureza imóvel do bem;

4) avaliação prévia;

5) abranger a totalidade do crédito com atualização, juros, multa e encargos legais.

15.4.13 Criação de outros meios de extinção do crédito

No julgamento da ADIn 2.405, o STF passou a entender que Estados e Distrito Federal podem estabelecer por lei outros meios não previstos expressamente no CTN de extinção de seus créditos tributários, pois, como tais entidades podem conceder remissão, "quem pode mais pode menos".

15.5 CAUSAS DE EXCLUSÃO DO CRÉDITO TRIBUTÁRIO

Após enumerar as causas de suspensão (art. 151) e de extinção do crédito (art. 156), o Código Tributário Nacional, no art. 175, trata da **isenção** e da **anistia** como excludentes da exigibilidade do crédito tributário. Ademais, o art. 150, § 6º, da CF também traz a previsão da possibilidade de existência de isenção e anistia.

> STF: "(...) É constitucional a isenção fiscal relativa a pagamento de custas judiciais, concedida por Estado soberano que, mediante política pública formulada pelo respectivo governo, buscou garantir a realização, em seu território, de eventos da maior expressão, quer nacional, quer internacional. Legitimidade dos estímulos destinados a atrair o principal e indispensável parceiro envolvido, qual seja, a Fifa [Federação Internacional de Futebol], de modo a alcançar os benefícios econômicos e sociais pretendidos (...)" (ADI 4.976, rel. min. Ricardo Lewandowski, j. 7-5-2014, P, *DJe* 30-10-2014).

São denominadas causas de "exclusão"[STJ] porque ocorrem antes do lançamento, atuando como **fatores impeditivos da constituição do crédito.**

> STJ: "TRIBUTÁRIO. EMBARGOS DE DIVERGÊNCIA. REGIME ESPECIAL DE IMPORTAÇÃO. *DRAWBACK*-SUSPENSÃO. CAUSA DE EXCLUSÃO DE CRÉDITO TRIBUTÁRIO. MULTA MORATÓRIA. INCIDÊNCIA A PARTIR DO TRIGÉSIMO PRIMEIRO DIA DO INADIMPLEMENTO DO COMPROMISSO DE EXPORTAR.

1. O *drawback* é uma espécie de regime aduaneiro especial, consistente em um incentivo à exportação, visto que as operações por ele contempladas são aquelas em que se importam insumos, para emprego na fabricação ou no aperfeiçoamento de produtos a serem depois exportados.

2. O fato gerador dos tributos aduaneiros, no *drawback* suspensão, ocorre na data do registro da declaração de importação na repartição aduaneira; o pagamento das respectivas exações é que fica, em princípio, postergado para o prazo de um ano após esse momento, e apenas se não houver o implemento de sua condição resolutiva, que se consuma com o ato mesmo da exportação. Assim, escorreita a compreensão de que, inadimplida a condição estabelecida para a fruição do incentivo (ausência da exportação), os consectários ligados ao tributo, a saber, juros e correção monetária, devem fluir a contar do fato gerador dos tributos suspensos, ou seja, a partir do respectivo registro da declaração de importação na repartição aduaneira.

3. Diferente, no entanto, desponta o viés temporal ligado à aplicação da questionada multa moratória. Tal penalidade, tendo como pressuposto o descumprimento da obrigação de exportar, só poderá atuar após escoado o prazo de 30 dias, cujos alicerces vinham descritos nos arts. 340 e 342 do revogado Decreto 4.543/2002 (hoje sucedido pelo Decreto 6.759/2009).

4. Caso concreto em que a parte contribuinte recolheu os tributos e consectários legais dentro do prazo de trinta dias.

5. Embargos de divergência providos para reconhecer a não incidência da multa moratória" (EREsp 1.580.304/RS, Rel. Min. Sérgio Kukina, 1ª Seção, j. 16-9-2021, *DJe* 16-9-2021).

15.5.1 Isenção

Do ponto de vista prático, isenção e imunidade são institutos bastante parecidos, já que nos dois casos o contribuinte não paga o tributo. Porém, ao contrário da imunidade, que limita constitucionalmente o exercício da competência tributária, a isenção é o **favor legal que dispensa o contribuinte de realizar o pagamento do tributo.**

A isenção **sempre decorre da lei** (art. 176 do CTN), nunca da Constituição Federal. Por isso, em que pesem os arts. 177, § 4º, e 184, § 5º, do Texto de 1988 iniciarem com as palavras "são isentos", as hipóteses neles referidas são de imunidade, já que **não existem isenções outorgadas por norma constitucional.**

Trata-se de uma causa de exclusão do crédito, porque produz seus efeitos antes da ocorrência do lançamento, atuando como fator impeditivo da constituição do crédito tributário.

O art. 176, parágrafo único, do CTN afirma que "a isenção pode ser restrita a determinada região do território da entidade tributante, em função de condições a ela peculiares". O referido dispositivo, no entanto, deve ser interpretado em conjunto com o princípio da uniformidade geográfica, que veda tratamento diferenciado a partes do território da Pessoa Federativa, a não ser que tenha o objetivo de **incentivar o desenvolvimento social e econômico da região** (art. 151, I, da CF).

15.5.1.1 Anterioridade e isenção

Por força do art. 104, III, do CTN, as leis que extinguem ou reduzem isenções somente produzirão efeitos após o primeiro dia do ano seguinte àquele em que foi publicada a lei. É que a revogação total ou parcial da lei isentiva equipara-se na prática à criação ou ao aumento de tributo, razão pela qual o princípio da anterioridade deve ser aplicado.

Conforme explicado no item 4.6.6 deste *Curso*, embora o dispositivo acima transcrito seja bastante claro ao sujeitar a revogação de isenções ao princípio da anterioridade anual, **essa não é a corrente majoritária**. Atualmente, **predomina o entendimento de que a revogação de isenção NÃO SE SUJEITA À ANTERIO-RIDADE**, especialmente com base em dois argumentos:

1) o art. 104 do CTN não seria uma regra específica de anterioridade, mas de vigência, porque fala em "entrada em vigor", e, como visto nos itens pretéritos, o princípio da anterioridade não tem qualquer relação com o fenômeno da entrada em vigor da lei;

2) o art. 104 do CTN não teria sido recepcionado pela Constituição de 1988, pois inexiste no Texto Maior qualquer referência a tal aplicação do princípio da anterioridade.

Esse era o entendimento do Supremo Tribunal Federal, segundo o qual, "na isenção, o tributo já existe. Por isso, revogado o favor legal, força é concluir que um novo tributo não foi criado, senão que houve apenas a restauração do direito de cobrar o tributo, o que não implica a obrigatoriedade de ser observado o princípio da anterioridade" (RE 204.026). Porém, tal visão foi alterada pelo STF, que voltou a aplicar a anterioridade na revogação de benefícios fiscais em 2014 (RE 564.225, rel. Min. Marco Aurélio, 2-9-2014, *vide* item 11.6.1 deste *Curso*).

Entretanto, em 2020, o STF voltou atrás e trouxe entendimento atualizado quanto ao caso, indicando em sua ementa que "O princípio da anterioridade busca assegurar a previsibilidade da relação fiscal ao não permitir que o sujeito passivo seja surpreendido com um aumento súbito do encargo, o que inviabilizaria qualquer tipo de planejamento financeiro. O prévio conhecimento da carga tributária tem como fundamento a segurança jurídica, conforme já reconhecido por esta Corte, ao reconhecer a necessidade de respeito à anterioridade anual e a noventena, diante do aumento indireto de tributo, como a revogação de benefício fiscal que tenha reduzido a base de cálculo de determinada exação" (STF, Emb. Decl. no Ag.Reg. nos Emb.Div. no Ag.Reg. no Recurso Extraordinário 564.225/RS, j. 2-10-2020 a 9-10-2020).

Por fim, é importante destacar que, **quando se tratar de ISENÇÃO ONEROSA e TEMPORÁRIA**, deve-se garantir o direito adquirido do contribuinte que preencher os requisitos necessários para sua concessão, como será visto nos capítulos seguintes deste *Curso* (art. 178 do CTN e Súmula 544 do STF: "Isenções tributárias concedidas, sob condição onerosa, não podem ser livremente suprimidas").

15.5.1.2 Isenção autonômica e isenção heterônoma

Em regra, a isenção somente pode ser concedida pela Pessoa Federativa competente para criar o tributo. Assim, por exemplo, quando lei federal isenta determinadas pessoas do pagamento de imposto da União tem-se a isenção comum ou autonômica.

O art. 151, III, da Constituição Federal proíbe a União de instituir isenção de tributos da competência dos Estados, do Distrito Federal e dos Municípios.

Porém, a Constituição Federal prevê casos raríssimos em que **a União, por lei complementar, pode conceder isenção de tributos estaduais ou municipais,** como do ICMS (art. 155, § 2º, XII, *e*, da CF) e do ISS (art. 156, § 3º, II, da CF). Trata-se de **isenções impróprias ou heterônomas.** Além desses dois casos, o art. 156-A, § 6º, III, *a*, acrescentado pela Emenda Constitucional n. 132/2023 – Reforma Tributária, prevê uma terceira isenção heterônoma: lei complementar federal definirá hipóteses em que o IBS não incidirá sobre as operações realizadas entre a sociedade cooperativa e seus associados, entre estes e àquela e pelas sociedades cooperativas entre si quando associadas para a consecução dos objetivos sociais.

Nesse sentido, o art. 151, III, da CF deve ser interpretado como uma proibição constitucional à criação de novas isenções heterônomas.

Entretanto, segundo o Supremo Tribunal Federal, nada impede que a União celebre tratado internacional concedendo isenção de tributos estaduais e municipais (RE 229.096/RS). Assim, a vedação prevista no art. 151, III, da CF **não se aplica à União quando atua como sujeito de direito internacional**[STF].

STF: "DIREITO TRIBUTÁRIO. RECEPÇÃO PELA CONSTITUIÇÃO DA REPÚBLICA DE 1988 DO ACORDO GERAL DE TARIFAS E COMÉRCIO. ISENÇÃO DE TRIBUTO ESTADUAL PREVISTA EM TRATADO INTERNACIONAL FIRMADO PELA REPÚBLICA FEDERATIVA DO BRASIL. Art. 151, INCISO III, DA CONSTITUIÇÃO DA REPÚBLICA. Art. 98 DO CÓDIGO TRIBUTÁRIO NACIONAL. NÃO CARACTERIZAÇÃO DE ISENÇÃO HETERÔNOMA. 1. A isenção de tributos estaduais prevista no Acordo Geral de Tarifas e Comércio para as mercadorias importadas dos países signatários quando o similar nacional tiver o mesmo benefício foi recepcionada pela Constituição da República de 1988. 2. O art. 98 do Código Tributário Nacional "possui caráter nacional, com eficácia para a União, os Estados e os Municípios" (voto do eminente Min. Ilmar Galvão). 3. No direito internacional apenas a República Federativa do Brasil tem competência para firmar tratados (art. 52, § 2º, da Constituição da República), dela não dispondo a União, os Estados-membros ou os Municípios. O Presidente da República não subscreve tratados como chefe de Governo, mas como chefe de Estado, o que descaracteriza a existência de uma isenção heterônoma, vedada pelo art. 151, inciso III, da Constituição. 4. Recurso extraordinário conhecido e provido" (RE 229.096-RS, rel. Min. Ilmar Galvão, j. 16-8-2007, Tribunal Pleno, *DJe* 11-4-2008).

15.5.1.3 Art. 178 do CTN

O art. 178 do CTN prescreve: "A isenção, salvo se concedida por prazo certo e em função de determinadas condições, pode ser revogada ou modificada por lei, a qualquer tempo, observado o disposto no inciso III do art. 104".

A ressalva criada pela fala "salvo se concedida por prazo certo e em função de determinadas condições" estabelece **hipótese de ultra-atividade da lei tributária**, na medida em que, se a isenção for condicionada e dada por tempo determinado, o contribuinte que cumprir a condição tem direito adquirido ao benefício fiscal pelo prazo prometido, ainda que a lei seja revogada.

15.5.1.4 Alcance material da isenção

O benefício isentivo pode atingir **qualquer espécie tributária,** mas seu alcance fica restrito ao tributo expressamente excluído pela lei que instituir a isenção.

É nesse sentido que deve ser interpretado o teor do art. 177 do CTN:

> Salvo disposição de lei em contrário, a isenção não é extensiva:
>
> I – às taxas e às contribuições de melhoria;
>
> II – aos tributos instituídos posteriormente à sua concessão.

Cabe lembrar ainda que, assim como ocorre com a imunidade, a **isenção afasta somente a obrigação tributária principal** (de pagar), não excluindo obrigações tributárias acessórias (de fazer ou não fazer).

15.5.1.5 Outorga da isenção no caso concreto

Da mesma forma como fez quanto à concessão da moratória, o legislador disciplinou detalhadamente a outorga da isenção não geral no art. 179 do CTN. Isso porque, se a isenção for legalmente concedida indistintamente a toda uma categoria de contribuintes (isenção geral), torna-se desnecessária a realização de qualquer procedimento para outorga da vantagem.

Desse modo, se a isenção for não geral, deve ser efetivada, em cada caso, (1) por **despacho da autoridade administrativa,** em (2) **requerimento do interessado** no qual (3) **faça prova** do preenchimento das condições e dos requisitos (4) **previstos em lei ou no contrato** para sua concessão.

No caso de tributo lançado por prazo determinado, o despacho da autoridade será renovado antes da expiração de cada período, cessando automaticamente os seus efeitos a partir do primeiro dia do período para o qual o interessado deixar de promover a continuidade do reconhecimento da isenção (art. 179, § 1º, do CTN).

15.5.2 Anistia

Ao contrário da remissão, que extingue a integralidade do crédito, a **anistia é um favor legal que exclui somente as infrações tributárias (penalidades, multas)**, mantendo intacto o montante principal do tributo (arts. 180 do CTN).

A lei que concede anistia **não se aplica:**

1) aos atos qualificados como crimes ou contravenções que sejam praticados com dolo, fraude ou simulação pelo sujeito passivo ou por terceiro em benefício daquele;

2) salvo disposição de lei em contrário, às infrações resultantes de conluio entre duas ou mais pessoas naturais ou jurídicas;

3) a infrações cometidas posteriormente à publicação da lei que a instituiu.

Nos termos do art. 181 do CTN, a anistia pode ser concedida:

I – em caráter geral;

II – limitadamente:

a) às infrações da legislação relativa a determinado tributo;

b) às infrações punidas com penalidades pecuniárias até determinado montante, conjugadas ou não com penalidades de outra natureza;

c) a determinada região do território da entidade tributante, em função de condições a ela peculiares;

d) sob condição do pagamento de tributo no prazo fixado pela lei que a conceder, ou cuja fixação seja atribuída pela mesma lei à autoridade administrativa.

Assim como ocorre nos casos de moratória e isenção, se a anistia não for concedida em caráter geral, deve ser efetivada, em cada caso, por despacho da autoridade administrativa, em requerimento do interessado no qual faça prova do preenchimento das condições e dos requisitos previstos para sua concessão (art. 182 do CTN).

A concessão de moratória, isenção ou anistia em caráter individual não gera direito adquirido e pode ser "revogada" (cassada) de ofício pela autoridade administrativa, sempre que se apure que o beneficiário não satisfazia ou deixou de satisfazer condição para a concessão do benefício (arts. 155, 179, § 2º, e 182, parágrafo único, do CTN).

15.6 GARANTIAS E PRIVILÉGIOS DO CRÉDITO TRIBUTÁRIO

A legislação fiscal estabelece garantias e privilégios do crédito tributário com a finalidade de assegurar o cumprimento da obrigação tributária. Trata-se de um rol exemplificativo.

De acordo com o art. 184 do CTN, **respondem pelo pagamento do crédito tributário todos os bens e as rendas do sujeito passivo,** seu espólio ou massa falida, inclusive os gravados por ônus real ou cláusula de inalienabilidade ou impenhorabilidade, **exceto os bens e rendas que a lei declare absolutamente impenhoráveis.**

O referido dispositivo consagra a regra geral de que a integralidade do patrimônio do devedor é a maior garantia que o Fisco tem para satisfazer os créditos de natureza tributária, razão pela qual existe uma **presunção relativa de fraude** na alienação ou oneração de bens do devedor **após a inscrição do crédito em dívida ativa** se não tiver sido reservado patrimônio suficiente para saldar os valores devidos (art. 185 do CTN).

Importantíssimo lembrar que, **diante de qualquer ato** do sujeito passivo, posterior à inscrição na dívida ativa, **tendente a frustrar a satisfação do crédito,** pode o Fisco propor judicialmente **medida cautelar fiscal visando** produzir de imediato **a indisponibilidade dos bens do requerido,** até o limite da obrigação (art. 4º da Lei n. 8.397/92).

Em termos mais genéricos, a Lei Complementar n. 118/2005 acrescentou o art. 185-A ao CTN, autorizando o juiz a decretar indisponibilidade de bens do devedor em qualquer ação judicial proposta contra o contribuinte:

> Art. 185-A. Na hipótese de o devedor tributário, devidamente citado, não pagar nem apresentar bens à penhora no prazo legal e não forem encontrados bens penhoráveis, o juiz determinará a indisponibilidade de seus bens e direitos, comunicando a decisão, preferencialmente por meio eletrônico, aos órgãos e entidades que promovem registros de transferência de bens, especialmente ao registro público de imóveis e às autoridades supervisoras do mercado bancário e do mercado de capitais, a fim de que, no âmbito de suas atribuições, façam cumprir a ordem judicial.
>
> § 1º A indisponibilidade de que trata o *caput* deste artigo limitar-se-á ao valor total exigível, devendo o juiz determinar o imediato levantamento da indisponibilidade dos bens ou valores que excederem esse limite.
>
> § 2º Os órgãos e entidades aos quais se fizer a comunicação de que trata o *caput* deste artigo enviarão imediatamente ao juízo a relação discriminada dos bens e direitos cuja indisponibilidade houverem promovido.

A necessidade de **comprovação da quitação de débitos tributários** como requisito da efetivação de procedimentos administrativos e judiciais também constitui importante meio indireto de forçar o pagamento do tributo.

Merecem destaque quatro contextos em que tal comprovação é exigida:

1) A **extinção das obrigações do falido** requer prova de quitação de todos os tributos (art. 191 do CTN).

2) A **concessão de recuperação judicial** depende da apresentação da prova de quitação de todos os tributos (art. 191-A do CTN).

3) Nenhuma **sentença de julgamento de partilha ou adjudicação** será proferida sem prova da quitação de todos os tributos relativos aos bens do espólio, ou às suas rendas (art. 192 do CTN).

4) Salvo quando expressamente autorizado por lei, **nenhum departamento da administração pública** da União, dos Estados, do Distrito Federal ou dos Municípios, ou sua autarquia, **celebrará contrato ou aceitará proposta em concorrência pública** sem que o contratante ou proponente faça prova da quitação de todos os tributos devidos à Fazenda Pública interessada, relativos à atividade em cujo exercício contrata ou concorre (art. 193 do CTN).

15.6.1 Preferências do crédito tributário

Na hipótese de um devedor tornar-se insolvente e de seu patrimônio ser menor do que a totalidade das dívidas, a legislação precisa estabelecer quais credores têm prioridade para receber em relação aos demais. Trata-se do estudo da ordem de preferência dos créditos.

O crédito tributário tem preferência sobre todos os demais, seja qual for sua natureza ou o tempo de sua constituição, **exceto os créditos trabalhistas e os decorrentes de acidentes de trabalho** (art. 186 do CTN).

Além disso, no caso específico de procedimento falimentar (art. 186, parágrafo único, do CTN):

I – o crédito tributário não prefere aos **créditos extraconcursais ou às importâncias passíveis de restituição**, nos termos da lei falimentar, **nem aos créditos com garantia real**, no limite do valor do bem gravado;

II – a lei poderá estabelecer limites e condições para a preferência dos créditos decorrentes da legislação do trabalho; e

III – a multa tributária prefere apenas aos créditos subordinados.

São extraconcursais os créditos tributários decorrentes de fatos geradores ocorridos no curso do processo de falência (art. 188 do CTN).

Outra regra importante é aquela segundo a qual **a cobrança judicial do crédito tributário não é sujeita a concurso de credores** ou habilitação em falência, concordata, inventário ou arrolamento (art. 187 do CTN).

15.6.2 Concurso entre Fiscos

Na hipótese de o sujeito passivo possuir débitos tributários junto a diferentes entidades federativas, o parágrafo único do art. 187 do CTN estabelece a seguinte **ordem de preferência:**

1º – União;

2º – Estados, Distrito Federal e Territórios, conjuntamente e *pro rata*;

3º – Municípios, conjuntamente e *pro rata*.

A análise detalhada da legislação brasileira, no entanto, obriga a acrescentar, ao lado das Pessoas Federativas, as respectivas autarquias, resultando na seguinte ordem (art. 29 da Lei n. 6.830/80):

1º – União;

2º – autarquias federais;

3º – Estados, Distrito Federal e Territórios, bem como as respectivas autarquias, conjuntamente e *pro rata*;

4º – Municípios e autarquias municipais, conjuntamente e *pro rata*.

A expressão "conjuntamente e *pro rata*" significa que, pagos os créditos da União e das autarquias federais (INSS), e não havendo patrimônio suficiente para saldar a totalidade das dívidas estaduais, distritais, territoriais e das respectivas autarquias, o montante patrimonial remanescente será repartido entre Estados, Distrito Federal, Territórios e suas autarquias, *em quinhões proporcionais aos respectivos créditos*. O mesmo procedimento aplica-se em relação aos Municípios e às autarquias municipais, pois, restando bens após a satisfação dos créditos de todas as entidades antecedentes, as dívidas referentes a tributos municipais e de autarquias desse nível federativo serão pagas na proporção dos respectivos créditos.

Acesse o QR Code e confira o quadro sinótico e as questões deste capítulo.

16

ADMINISTRAÇÃO TRIBUTÁRIA

16.1 CONCEITO DE "ADMINISTRAÇÃO TRIBUTÁRIA"

O Título IV do Código Tributário Nacional é denominado "Administração Tributária", compreendendo os arts. 194 a 208.

Em sua **acepção orgânica ou subjetiva**, o vocábulo "Administração Tributária" (com iniciais maiúsculas) designa o **conjunto de órgãos e entidades estatais** encarregados de realizar as atividades de **cobrança e fiscalização do pagamento de tributos**, ou seja, trata-se de um sinônimo para designar o "Fisco" ou a "Fazenda Pública".

Já se o termo "administração tributária" (com iniciais minúsculas) for utilizado em seu **sentido material ou objetivo**, significa **as próprias atividades administrativas de cobrança e fiscalização do pagamento de tributos**.

De acordo com o art. 37, XVIII e XXII, da CF, as administrações tributárias da União, dos Estados, do Distrito Federal e dos Municípios são reconhecidas como "atividades essenciais ao funcionamento do Estado, exercidas por servidores de carreiras específicas", com "precedência sobre os demais setores administrativos", contando com "recursos prioritários para a realização de suas atividades e atuarão de forma integrada, inclusive com o compartilhamento de cadastros e de informações fiscais, na forma da lei ou convênio".

Desse modo, é possível constatar que a locução "administração tributária" foi utilizada pelo legislador, no Título IV do CTN, em sua acepção material ou objetiva, na medida em que os arts. 194 a 208 disciplinam o exercício das atividades administrativas exercidas pelo Fisco, e não propriamente o regime de sua estruturação orgânica.

16.2 NORMAS DE FISCALIZAÇÃO TRIBUTÁRIA

O poder de fiscalização das autoridades administrativas relacionado à cobrança de tributos aplica-se às **pessoas físicas (naturais) ou jurídicas, públicas** ou privadas, **contribuintes ou não**, inclusive às que gozem de imunidade tributária ou de isenção de caráter pessoal (art. 194, parágrafo único, do CTN).

Embora possam produzir efeitos em outros ramos jurídicos, para o Direito Tributário não têm aplicação quaisquer disposições legais excludentes ou limitativas do direito de examinar mercadorias, livros, arquivos, documentos, papéis e efeitos comerciais ou fiscais, dos comerciantes industriais ou produtores, ou da obrigação destes de exibi-los (art. 195 do CTN).

Os livros obrigatórios de escrituração comercial e fiscal e os comprovantes dos lançamentos neles efetuados **serão conservados pelo contribuinte até que ocorra a prescrição** dos créditos tributários decorrentes das operações a que se refiram (art. 195, parágrafo único, do CTN).

Nos termos do art. 197 do CTN, são obrigados a prestar à autoridade administrativa, mediante intimação escrita, todas as informações de que disponham com relação aos bens, negócios ou atividades de terceiros:

I – os tabeliães, escrivães e demais serventuários de ofício;

II – os bancos, casas bancárias, Caixas Econômicas e demais instituições financeiras (o sigilo bancário é regulado pela Lei Complementar n. 105/2001);

III – as empresas de administração de bens;

IV – os corretores, leiloeiros e despachantes oficiais;

V – os inventariantes;

VI – os síndicos, comissários e liquidatários;

VII – quaisquer outras entidades ou pessoas que a lei designe, em razão de seu cargo, ofício, função, ministério, atividade ou profissão.

A referida obrigação **não inclui a prestação de informações** quanto a fatos **sobre os quais o informante esteja legalmente obrigado a observar segredo** em razão de cargo, ofício, função, ministério, atividade ou profissão.

Quanto à Fazenda Pública e seus servidores, estão **proibidos de divulgar** informações obtidas em razão do ofício sobre a situação econômica ou financeira do sujeito passivo ou de terceiros e sobre a natureza e o estado de seus negócios ou atividades **exceto nos casos de:**

I – requisição de autoridade judiciária no interesse da justiça;

II – solicitações de autoridade administrativa no interesse da Administração Pública, desde que seja comprovada a instauração regular de processo administrativo, no órgão ou na entidade respectiva, com o objetivo de investigar o sujeito passivo a que se refere a informação, por prática de infração administrativa (art. 198 do CTN).

Importante destacar que, nos termos do art. 198, § 2º, do CTN, "o intercâmbio de informação sigilosa, no âmbito da Administração Pública, será realizado mediante processo regularmente instaurado, e a entrega será feita pessoalmente à autoridade solicitante, mediante recibo, que formalize a transferência e assegure a preservação do sigilo".

Tema 990 da Repercussão Geral (STF): "Possibilidade de compartilhamento com o Ministério Público, para fins penais, dos dados bancários e fiscais do contribuinte, obtidos pela Receita Federal no legítimo exercício de seu dever de fiscalizar, sem autorização prévia do Poder Judiciário".

Por terem natureza pública, **não é vedada a divulgação de informações** relativas a:

a) representações fiscais para fins penais;

b) inscrições na Dívida Ativa da Fazenda Pública;

c) parcelamento ou moratória (art. 198, § 3º, do CTN).

Destacamos aqui a entrada em vigor de dois novos parágrafos do art. 198, trazidos pela Lei Complementar n. 208/2024. Por meio dela, o § 4º deixa clara a possibilidade de requisição, pela administração pública, de "informações cadastrais e patrimoniais de sujeito passivo de crédito tributário a órgãos ou entidades, públicos ou privados, que, inclusive por obrigação legal, operem cadastros e registros ou controlem operações de bens e direitos". Já o § 5º complementa que independentemente da requisição do § 4º, "os órgãos e as entidades da administração pública direta e indireta de qualquer dos Poderes colaborarão com a administração tributária visando ao compartilhamento de bases de dados de natureza cadastral e patrimonial de seus administrados e supervisionados". Inovação evidente já que o art. 197 fala em intimação escrita para prestação de informações relacionadas a bens, negócios ou atividades de terceiros.

Perceba que, de acordo com o art. 144, § 1º, do CTN, a ampliação dos poderes de investigação da Administração Tributária tem efeito imediato.

16.2.1 Cooperação fiscalizatória entre as Fazendas

Por fim, o art. 199 do Código Tributário estabelece diretrizes para a **atuação conjunta e permuta de informações entre as Fazendas** federal, estadual, distrital e municipal para a **fiscalização dos tributos respectivos** de acordo com a forma prevista nas leis e nos convênios.

Além disso, a **Fazenda Pública da União**, na forma estabelecida em tratados, acordos ou convênios, **poderá permutar informações com Estados estrangeiros** no interesse da arrecadação e da fiscalização de tributos (art. 199, parágrafo único, do CTN).

16.2.2 Auxílio de força pública

Nos termos do art. 200 do CTN, as **autoridades administrativas federais poderão requisitar o auxílio da força pública** federal, estadual ou municipal, e reciprocamente, **quando vítimas de embaraço ou desacato** no exercício de suas funções, ou quando necessário à efetivação dê medida prevista na legislação tributária, ainda que não se configure fato definido em lei como crime ou contravenção.

Vale ressaltar que a previsão do CTN para o auxílio de força policial ao Fisco deve também respeitar os ditames constitucionais. Assim, conforme art. 5º, XI, da CF, só a determinação judicial autoriza, durante o dia, a entrada de alguém no domicílio de outrem sem o consentimento do morador – excetuando-se os casos de flagrante delito, desastre ou para prestar socorro.

Ademais, o uso da força policial deve ser feito com razoabilidade e proporcionalidade para que tal medida não se enquadre como crime de excesso de exação (art. 316, § 1º, do CP) ou de violência arbitrária (art. 322 do CP).

16.2.3 Princípio da intranscendência e pendência no CAUC

A 2ª Turma do STJ, no julgamento do REsp 1.463.921, entendeu que, se entidade federativa com pendência no Serviço Auxiliar de Informações para Transferências Voluntárias (CAUC) integrar consórcio público que celebrou convênio com a União, o consórcio não pode ser penalizado com o impedimento de receber os valores prometidos. Isso porque, segundo o princípio da intranscendência, as punições impostas ao ente consorciado não podem superar a dimensão pessoal do infrator, atingindo o consórcio, que detém personalidade jurídica autônoma.

16.3 DÍVIDA ATIVA E CDA

Após a constituição definitiva do crédito tributário (lançamento), e não tendo o devedor realizado o pagamento, a inscrição do débito na dívida ativa é o passo seguinte no devido processo legal para cobrança do tributo (*vide* item 10.1 deste *Curso*).

Trata-se, assim, de um requisito indispensável e preparatório para o ingresso com a ação de execução fiscal.

Em termos práticos, inscrever o débito em dívida ativa significa inserir o nome do contribuinte na lista dos inadimplentes perante o Fisco, transformando o sujeito passivo da obrigação tributária em uma pessoa oficialmente em débito não negociado. Com isso, o patrimônio do inscrito passa a sujeitar-se a diversas limitações em razão da dívida.

De acordo com o art. 201 do CTN, considera-se dívida ativa tributária "a proveniente de crédito dessa natureza, regularmente inscrita na repartição administrativa competente, depois de esgotado o prazo fixado, para pagamento, pela lei ou por decisão final proferida em processo regular".

O art. 2º da Lei de Execução Fiscal (Lei n. 6.830/80) prevê que "constitui Dívida Ativa da Fazenda Pública aquela definida como tributária ou não tributária na Lei n. 4.320, de 17 de março de 1964 (...)". O § 1º do referido artigo ainda dispõe que "qualquer valor, cuja cobrança seja atribuída por lei às entidades de que trata o art. 1º, será considerado Dívida Ativa da Fazenda Pública".

Após inscrever na dívida ativa, o Fisco deve expedir a **Certidão da Dívida Ativa (CDA)**, um ato administrativo enunciativo, praticado com o objetivo de viabilizar o controle de legalidade sobre o procedimento de inscrição.

A expedição da CDA goza de presunção de legitimidade e de veracidade, nos termos do art. 204 do CTN.

O termo de inscrição (CDA) conterá obrigatoriamente (art. 202 do CTN):

a) o nome do devedor[STJ]

STJ: "(...) 1) em razão da dissolução irregular, é viável o redirecionamento da execução fiscal em face do sócio, sendo que se presume "dissolvida irregularmente a empresa que deixar de funcionar no seu domicílio fiscal, sem comunicação aos órgãos competentes, legitimando o redirecionamento da execução fiscal para o sócio-gerente" (Súmula 435/STJ); 2) se a execução foi ajuizada apenas contra a pessoa jurídica, mas o nome do sócio consta da CDA, a ele incumbe, na via própria, o ônus da prova de que não ficou caracterizada nenhuma das circunstâncias previstas no art. 135 do CTN, ou seja, não houve a prática de atos 'com excesso de poderes ou infração de lei, contrato social ou estatutos' (REsp 1.104.900/ES, 1ª S., rel. Min. Denise Arruda, *DJe* 1º-4-2009 – acórdão submetido ao regime dos recursos repetitivos), sendo que "a presunção de legitimidade assegurada à CDA impõe ao executado que figura no título executivo o ônus de demonstrar a inexistência de sua responsabilidade tributária, demonstração essa que, por demandar prova, deve ser promovida no âmbito dos embargos à execução" (REsp 1.110.925/SP, 1ª S., rel. Min. Teori Albino Zavascki, *DJe* 4-5-2009 – acórdão submetido ao regime dos recursos repetitivos)" (AgInt no AREsp 941.516/MT, rel. Min. Mauro Campbell Marques, 2ª T., j. 20-10-2016, *DJe* 27-10-2016).

---

e, sendo o caso, o dos corresponsáveis bem como, sempre que possível, o domicílio ou a residência de um ou de outro;

Súmula 558 STJ

Em ações de execução fiscal, a petição inicial não pode ser indeferida sob o argumento da falta de indicação do CPF e/ou RG ou CNPJ da parte executada.

b) a quantia devida e a maneira de calcular os juros de mora acrescidos;

Súmula 559 STJ

Em ações de execução fiscal, é desnecessária a instrução da petição inicial com o demonstrativo de cálculo do débito, por tratar-se de requisito não previsto no art. 6º da Lei n. 6.830/80.

c) a origem e a natureza do crédito, mencionada especificamente a disposição da lei em que seja fundado;

d) a data em que foi inscrita;

e) o número do processo administrativo de que se originar o crédito.

STJ: "(...)A pena de nulidade da inscrição e da respectiva CDA, prevista no art. 203 do CTN, deve ser interpretada *cum grano salis*. Isto porque o insignificante defeito formal que não compromete a essência do título executivo não deve reclamar por parte do exequente um novo processo com base em um novo lançamento tributário para apuração do tributo devido, posto conspirar contra o princípio da efetividade aplicável ao processo executivo extrajudicial. Destarte, a nulidade da CDA não deve ser declarada por eventuais falhas que não geram prejuízos para o executado promover a sua a defesa. Estando o título formalmente perfeito, com a discriminação precisa do fundamento legal sobre que repousam a obrigação tributária, os juros de mora, a multa e a correção monetária, revela-se descabida a sua invalidação, não se configurando qualquer óbice ao prosseguimento da execução" (REsp 1.725.310/SP, rel. Min. Herman Benjamin, 2ª T., j. 10-4-2018, *DJe* 25-5-2018).

A dívida regularmente inscrita goza de **presunção de certeza e liquidez**, caracterizando-se como prova pré-constituída contra o devedor. Trata-se, porém, de presunção **relativa** (*juris tantum*), pois será afastada se o contribuinte demonstrar administrativa ou judicialmente a existência de vício na inscrição[STJ] (art. 204 do CTN).

STJ: "Em sede de embargos à execução contra a Fazenda Pública cujo objeto é a repetição de imposto de renda, não se pode tratar como documento particular os demonstrativos de cálculo (planilhas) elaborados pela Procuradoria-Geral da Fazenda Nacional – PGFN e adotados em suas petições com base em dados obtidos junto à Secretaria da Receita Federal do Brasil – SRF (órgão público que detém todas as informações a respeito das declarações do imposto de renda dos contribuintes) por se tratar de verdadeiros atos administrativos enunciativos que, por isso, gozam do atributo de presunção de legitimidade. Desse modo, os dados informados em tais planilhas constituem prova idônea, dotada de presunção de veracidade e legitimidade, na forma do art. 333, I e 334, IV, do CPC, havendo o contribuinte que demonstrar fato impeditivo, modificativo ou extintivo do direito da Fazenda Nacional, a fim de ilidir a presunção relativa, consoante o art. 333, II, do CPC" (REsp 1.298.407, rel. Min. Mauro Campbell Marques, j. 23-5-2012, 1ª Seção, *DJe* 29-5-2012, *Informativo* 498).

STJ: "PROCESSUAL CIVIL E TRIBUTÁRIO. AGRAVO INTERNO NO RECURSO ESPECIAL. EXECUÇÃO FISCAL. SÓCIO-GERENTE CUJO NOME CONSTA DA CERTIDÃO DE DÍVIDA ATIVA – CDA. PRESUNÇÃO DE RESPONSABILIDADE. ILEGITIMIDADE PASSIVA ARGUIDA EM EXCEÇÃO DE PRÉ-EXECUTIVIDADE. ACÓRDÃO RECORRIDO PELA INVIABILIDADE. VIOLAÇÃO DOS ARTS. 489 E 1.022 DO CPC/2015. NÃO OCORRÊNCIA. CONFORMIDADE COM A JURISPRUDÊNCIA DO SUPERIOR TRIBUNAL DE JUSTIÇA. REVISÃO. EXAME DE PROVA. INADMISSIBILIDADE.
1. Tendo o recurso sido interposto contra decisão publicada na vigência do Código de Processo Civil de 2015, devem ser exigidos os requisitos de admissibilidade na forma nele previsto, conforme Enunciado Administrativo n. 3/2016/STJ.
2. Não há violação dos arts. 489 e 1.022 do CPC/2015 quando o órgão julgador, de forma clara e coerente, externa fundamentação adequada e suficiente à conclusão do acórdão embargado.

3. A respeito da exceção de pré-executividade, este Tribunal Superior definiu tese pelo seu não cabimento, na hipótese em que o nome do corresponsável tributário está inserido na Certidão de Dívida Ativa; isso porque essa espécie de título executivo goza de presunção relativa liquidez e certeza, situação que atribui o ônus de comprovar a inexistência de responsabilidade tributária à parte executada, o que só pode ser feito por meio dos embargos à execução fiscal (Temas 103, 104 e 108). Precedentes.

4. No caso dos autos, o conhecimento do recurso encontra óbice nas Súmulas 7 e 83 do STJ, pois o órgão julgador a quo decidiu pelo não cabimento da exceção de pré-executividade em razão do nome do corresponsável estar inserido na CDA e destacou que prova apresentada não foi apta ao afastamento da **presunção de certeza e liquidez** do título executivo.

5. Agravo interno não provido" (AgInt no REsp 2.137.614/TO, Rel. Min. Benedito Gonçalves, 1ª T., j. 12-8-2024, *DJe* 19-8-2024).

16.3.1 Natureza jurídica do crédito, da dívida ativa e da receita

Com o lançamento válido surge o crédito tributário.

Se o contribuinte, sendo notificado, não pagar, o crédito transforma-se em dívida ativa.

Crédito tributário e dívida ativa são **bens públicos dominicais desafetados**, cuja titularidade pertence à pessoa estatal tributante. Essa é sua natureza jurídica.

Como acontece com qualquer bem público, o crédito e a dívida ativa revestem-se dos atributos da inalienabilidade, impenhorabilidade e insuscetibilidade de usucapião (arts. 99 a 103 do Código Civil).

Uma vez que o devedor pague, o crédito tributário é extinto e a dívida, cancelada.

De acordo com o Direito Financeiro, o valor pago a título de tributo ingressa nos cofres públicos como "**receita**".

A receita decorrente do tributo também é bem público dominical desafetado (art. 99, III, do Código Civil), até que a lei orçamentária realize sua afetação a determinada despesa, momento a partir do qual a receita passa a ter natureza jurídica de bem público de uso especial (art. 99, II, do Código Civil).

16.3.2 Efeitos da inscrição na dívida ativa

O ato de inscrição do débito em dívida ativa produz os seguintes efeitos principais:

1) **inibe a expedição de certidão tributária negativa** (art. 205 do CTN);

2) **suspende por 180 dias o prazo prescricional** para propositura da execução fiscal (art. 2º, § 3º, da Lei n. 6.830/80);

3) autoriza a Fazenda a adotar providências cautelares para garantir a satisfação do crédito, como propor **medida cautelar fiscal** (art. 2º da Lei n. 8.397/92) ou obter a **indisponibilidade de bens do devedor** (art. 185-A do CTN);

4) sujeita o patrimônio do devedor a **diversas limitações** impostas pelo ordenamento como forma de garantir o crédito do Fisco;

5) **presume-se fraudulenta a alienação** de bens do devedor se não houver reserva de patrimônio suficiente para quitação do débito;

> STJ: "TRIBUTÁRIO. FRAUDE À EXECUÇÃO. ALIENAÇÃO DE BENS POSTERIORMENTE AO DEFERI-MENTO DO PEDIDO DE REDIRECIONAMENTO DA EXECUÇÃO AO SÓCIO-GERENTE. 1. Hipótese em que o Tribunal de origem entendeu estar caraterizada a fraude à execução, sob o fundamen-to de que, 'para a caracterização da fraude à execução, na hipótese de a alienação dos bens se dar após a entrada em vigor da LC n. 118/2005, a notificação da pessoa jurídica acerca da ins-crição do crédito em dívida ativa estende seus efeitos ao sócio redirecionado. Significa dizer, na segunda hipótese, que, **notificada a empresa acerca da inscrição em dívida ativa, presume--se cientificado o sócio redirecionado**' (fl. 475, *e-STJ*). 2. O Superior Tribunal de Justiça firmou entendimento de que não se considera fraude à execução, à luz do art. 185 do CTN, a alienação feita por sócio-gerente antes do redirecionamento da execução, pois inconcebível considerá-lo devedor até aquele momento. Precedente: EDcl no AREsp 733.261/SP, rel. Min. Humberto Mar-tins, 2ª T, j. 15-9-2015, *DJe* 23-9-2015. 4. *In casu*, colhe-se dos autos que o redirecionamento aos sócios gerentes ocorreu em 19-11-2012, e a alienação do bem em 14-4-2008; não há, portanto, falar presunção de fraude à execução prevista no art. 185 do CTN. 5. Recurso Especial provido" (REsp 1.692.251/RS, rel. Min. Herman Benjamin, j. 12-12-2017, 2ª T., *DJe* 7-2-2018).

6) permite a expedição da **CDA**.

16.3.3 Substituição da CDA

Na fase administrativa do processo tributário se admite que a certidão da dívida ativa seja emendada ou substituída **até a decisão de primeira instância** (art. 2º, § 8º, da Lei n. 6.830/80).

Todavia, a jurisprudência do STJ pacificou o entendimento pela possibilidade de emendar ou substituir a CDA por erro material ou formal do título, até a pro-lação da sentença de embargos, desde que não implique modificação do sujeito passivo da execução, nos termos da Súmula 392 do STJ.

Note que a Súmula 392 do STJ se aplica aos casos de substituição integral da CDA com a finalidade de corrigir erro material ou formal que não implique modificação do sujeito passivo. Em contrapartida, tal súmula não se direcionada às situações de emenda, as quais serão possíveis apenas até a decisão de primei-ra instância, nos termos do art. 203 do CTN.

16.3.4 Duplo papel desempenhado pela CDA

A certidão da dívida ativa cumpre um duplo papel na medida em que, simul-taneamente, exerce as funções de **título executivo** e **petição inicial** da ação de execução fiscal (art. 6º, § 2º, da Lei n. 6.830/80).

Nesse sentido, estabelece a Súmula 392 do STJ: "A Fazenda Pública pode substituir a certidão de dívida ativa (CDA) até a prolação da sentença de embar-gos, quando se tratar de correção de erro material ou formal, vedada a modifica-ção do sujeito passivo da execução".

16.3.5 Regras sobre inscrição da dívida ativa e CDA na Lei de Execuções Fiscais (Lei n. 6.830/80)

Além das regras contidas no CTN, merecem destaque as seguintes normas sobre inscrição na dívida ativa e CDA presentes na Lei de Execuções Fiscais:

1) Constitui Dívida Ativa da Fazenda Pública aquela definida como tributária ou não **tributária** na Lei n. 4.320/64 (art. 2º).

2) Qualquer valor, cuja cobrança seja atribuída às pessoas jurídicas de direito público, será considerado Dívida Ativa da Fazenda Pública (art. 2º, § 1º).

3) O Termo de inscrição deverá conter (art. 2º, § 5º):

a) o nome do devedor, dos corresponsáveis e, sempre que conhecido, o domicílio ou residência de um e de outros;

b) o valor originário da dívida, bem como o termo inicial e a forma de calcular os juros de mora e demais encargos previstos em lei ou contrato;

c) a origem, a natureza e o fundamento legal ou contratual da dívida;

d) a indicação, se for o caso, de estar a dívida sujeita à atualização monetária, bem como o respectivo fundamento legal e o termo inicial para o cálculo;

e) a data e o número da inscrição, no Registro de Dívida Ativa; e

f) o número do processo administrativo ou do auto de infração, se neles estiver apurado o valor da dívida.

4) A Dívida Ativa regularmente inscrita goza da presunção de certeza e liquidez. A presunção é relativa e pode ser ilidida por prova inequívoca, a cargo do executado ou de terceiro, a quem aproveite (art. 3º).

16.3.6 Protesto da CDA

Doutrina e jurisprudência sempre divergiram sobre a possibilidade, ou não, de levar a protesto em cartório certidão da dívida ativa.

O objetivo prático de levar a protesto a CDA é permitir a inclusão do nome do contribuinte nos cadastros privados de inadimplentes, como SPC e Serasa. O envio de notificação com tal ameaça muitas vezes coage o devedor a realizar o pagamento.

A falta de expressa previsão legal, representando violação ao princípio da legalidade, parecia obstáculo intransponível à efetivação dessa forma alternativa de constranger o devedor inadimplente a pagar o tributo.

O Superior Tribunal de Justiça vem se posicionando favoravelmente ao protesto de CDAs (AgRg no Ag 1172684/PR).

Porém, foi promulgada a Lei n. 12.767/2012, que alterou a Lei do Protesto, para fins de **incluir expressamente a CDA entre os títulos sujeitos a protesto**.

Agora, com a inclusão do parágrafo único ao art. 1º da Lei do Protesto (9.492/97), ficou estabelecido que: "Protesto é o ato formal e solene pelo qual se prova a inadimplência e o descumprimento de obrigação originada em títulos e outros documentos de dívida. Parágrafo único. Incluem-se entre os títulos sujeitos a protesto as certidões de dívida ativa da União, dos Estados, do Distrito Federal, dos Municípios e das respectivas autarquias e fundações públicas".

Nessa esteira, a Portaria n. 17/2013 da Procuradoria-Geral Federal disciplinou o protesto extrajudicial por falta de pagamento das CDAs de débitos pertencentes a autarquias e fundações públicas federais. No mesmo sentido, o CNJ recomendou aos TJs a edição de atos normativos viabilizando o protesto de CDAs nas respectivas esferas federativas.

A questão, todavia, não está pacificada com simples alteração na Lei do Protesto. Isso porque o rito para cobrança de tributos é um **procedimento público** e a lei em questão é de direito privado, faltando-lhe legitimidade sistêmica para modificar o devido processo legal para cobrança de tributos no Brasil.

O protesto de CDA segue sendo uma flagrante violação ao princípio constitucional do devido processo legal (art. 5º, LIV, da CF).

STJ: "PROCESSUAL CIVIL E ADMINISTRATIVO. PROTESTO DE CDA. LEI N. 9.492/97. INTERPRETAÇÃO CONTEXTUAL COM A DINÂMICA MODERNA DAS RELAÇÕES SOCIAIS E O 'II PACTO REPUBLICANO DE ESTADO POR UM SISTEMA DE JUSTIÇA MAIS ACESSÍVEL, ÁGIL E EFETIVO'. RECURSO ESPECIAL PROVIDO. 1. Trata-se de Recurso Especial que discute, à luz do art. 1º da Lei n. 9.492/97, a possibilidade de protesto da Certidão de Dívida Ativa (CDA), título executivo extrajudicial (art. 586, VIII, do CPC) que aparelha a Execução. 2. Merece destaque a publicação da Lei n. 12.767/2012, que promoveu a inclusão do parágrafo único no art. 1º da Lei n. 9.492/97, para expressamente consignar que estão incluídas 'entre os títulos sujeitos a protesto as certidões dedívida ativa da União, dos Estados, do Distrito Federal, dos Municípios e das respectivas autarquias e fundações públicas'. 3. **No regime instituído pelo art. 1º da Lei n. 9.492/97, o protesto, instituto bifronte que representa, de um lado, instrumento para constituir o devedor em mora e provar a inadimplência, e, de outro, modalidade alternativa para cobrança de dívida, foi ampliado, desvinculando-se dos títulos estritamente cambiariformes para abranger todos e quaisquer 'títulos ou documentos de dívida'.** Ao contrário do afirmado pelo Tribunal de origem, portanto, o atual regime jurídico do protesto não é vinculado exclusivamente aos títulos cambiais. 4. A Lei n. 9.492/97 deve ser interpretada em conjunto com o contexto histórico e social. De acordo com o 'II Pacto Republicano de Estado por um sistema de Justiça mais acessível, ágil e efetivo', definiu-se como meta específica para dar agilidade e efetividade à prestação jurisdicional a 'revisão da legislação referente à cobrança da dívida ativa da Fazenda Pública, com vistas à racionalização dos procedimentos em âmbito judicial e administrativo'. 5. Nesse sentido, o CNJ considerou que estão conformes com o princípio da legalidade normas expedidas pelas Corregedorias de Justiça dos Estados do Rio de Janeiro e de Goiás que, respectivamente, orientam seus órgãos a providenciar e admitir o protesto de CDA e de sentenças condenatórias transitadas em julgado, relacionadas às obrigações alimentares. 6. A interpretação contextualizada da Lei n. 9.492/97 representa medida que corrobora a tendência moderna de intersecção dos regimes jurídicos próprios do Direito Público e Privado. A todo instante vem crescendo a publicização do Direito Privado (iniciada, exemplificativamente, com a limitação do direito de propriedade, outrora valor absoluto, ao cumprimento de sua função social) e, por outro lado, a privatização do Direito Público (por exemplo, com a incorporação – naturalmente adaptada às peculiaridades existentes – de conceitos e institutos jurídicos e extrajurídicos aplicados outrora apenas aos sujeitos de Direito Privado, como, e.g., a utilização de sistemas de gerenciamento e controle de eficiência na prestação de serviços). 7. Recurso Especial provido" (REsp 1.689.798/SP, rel. Min. Herman Benjamim, j. 19-10-2017, 2ª T., *DJe* 19-12-2017).

16.4 CERTIDÕES TRIBUTÁRIAS

A legislação brasileira obriga o Fisco a emitir, à vista de requerimento do interessado, certidões comprobatórias da quitação de tributos, contendo todas as informações necessárias à identificação do contribuinte, do domicílio fiscal e do ramo de negócio ou atividade e a indicar o período a que se refere o pedido (art. 205 do CTN).

Quanto à existência de pendências tributárias, as certidões fiscais podem ser de três tipos:

a) certidão negativa de débito;

b) certidão positiva de débito;

c) certidão positiva com efeitos de negativa.

16.4.1 Certidão negativa

Não havendo dívidas tributárias no período indicado no requerimento, a certidão diz-se negativa. Nos termos do art. 205, parágrafo único, do CTN, "a certidão negativa será sempre expedida nos termos em que tenha sido requerida e será fornecida dentro de 10 (dez) dias da data da entrada do requerimento na repartição".

Sem prejuízo das consequências criminais e administrativas, a certidão negativa expedida com fraude ou dolo, e que contenha erro contra a Fazenda Pública, responsabiliza o funcionário que a expedir, pelo crédito tributário e juros de mora acrescidos (art. 208 do CTN).

Cabe lembrar o teor da Súmula 446 do STJ: "Declarado e não pago o débito tributário pelo contribuinte, é legítima a recusa de expedição de certidão negativa ou positiva com efeito de negativa".

Sendo a certidão um ato administrativo vinculado, o Fisco é obrigado a expedi-la a todo contribuinte que preencher os requisitos legais. Assim, o contribuinte terá direito subjetivo à expedição da certidão tributária se preencher os requisitos legais. Cabe ao Judiciário, em liminar ou tutela antecipada, determinar que o Fisco cumpra o dever legal de emanar o ato, sob pena de que o próprio juiz, avaliando o preenchimento dos requisitos legais, emita a **certidão**.

16.4.1.1 Certidão negativa no caso de grupo econômico

No julgamento do AgInt no AREsp 1.286.122, a 1ª Turma do STJ alterou entendimento e fixou a tese de que **certidões fiscais só podem ser expedidas se matriz e filiais estiverem regulares**.

Segundo entendimento do Relator para o acórdão, Ministro Gurgel de Faria, "a pessoa jurídica como um todo é quem possui personalidade. É ela quem é sujeito de direitos e obrigações, assumindo com todo o seu patrimônio a correspondente responsabilidade. As filiais são estabelecimentos secundários da mesma pessoa jurídica, desprovidas de personalidade jurídica e patrimônio próprio, apesar de poderem possuir domicílios em lugares diferentes (art. 75, § 1º, do CC) e inscrições distintas no CNPJ". E arrematou concluindo que o fato de as filiais possuírem CNPJ próprio confere a elas somente autonomia administrativa e operacional para fins fiscalizatórios, a fim de facilitar a atuação da administração fazendária no controle de determinados tributos, como ocorre com o ICMS e IPI. *Não se abarca a autonomia jurídica, já que, como dito alhures, existe a relação de dependência entre o CNPJ das filiais e da matriz.*

16.4.2 Certidão positiva

Chama-se certidão positiva aquela que acuse a existência de dívida tributária.

16.4.3 Certidão positiva com efeitos de negativa

De acordo com o disposto no art. 206 do CTN, tem os mesmos efeitos da certidão negativa aquela de que conste a existência de créditos não vencidos, em curso de cobrança executiva em que tenha sido efetivada a penhora, ou garantido o juízo por outra forma, ou, ainda, cuja **exigibilidade esteja suspensa**.

Trata-se da chamada certidão positiva com efeitos de negativa.

Estando a dívida garantida ou a exigibilidade do crédito suspensa, o contribuinte tem direito a obter esse tipo de certidão, que lhe permite praticar determinados atos da vida civil vedados a quem não está quite com o Fisco, como participar de licitações públicas e celebrar contratos administrativos. Nesse sentido, estabelece o art. 193 do CTN: "salvo quando expressamente autorizado por lei, nenhum departamento da administração pública da União, dos Estados, do Distrito Federal ou dos Municípios, ou suas autarquias, celebrará contrato ou aceitará proposta em concorrência pública sem que o contratante ou proponente faça prova da quitação de todos os tributos devidos à Fazenda Pública interessada, relativos à atividade em cujo exercício contrata ou concorre".

Assim, diante de alguma das hipóteses previstas no art. 151 do CTN – moratória, depósito integral, recurso administrativo, medida liminar, tutela antecipada e parcelamento – ou havendo penhora de bens, o Fisco não pode se recusar a expedir certidão positiva com efeitos de negativa.

Enuncia a Súmula 446 do STJ: "Declarado e não pago o débito tributário pelo contribuinte, é legítima a recusa de expedição de certidão negativa ou positiva com efeito de negativa".

16.4.4 Rejeição do pedido de certidão

Em que pese a clareza dos arts. 205 e 206 do CTN, ocorre de o Fisco negar-se a expedir a certidão cabível. Os casos mais comuns envolvem contribuintes com dívidas parceladas ou garantidas por penhora, a quem, por desconhecimento ou má-fé, a Fazenda Pública rejeita a emissão de certidão positiva com efeitos de negativa[STJ].

> STJ: "O art. 127, I, do Código Tributário Nacional consagra o princípio da autonomia de cada estabelecimento da empresa que tenha o respectivo CNPJ, o que justifica o direito à certidão positiva com efeito de negativa em nome de filial de grupo econômico, ainda que fiquem pendências tributárias da matriz ou de outras filiais. Precedentes. 3. Agravo regimental não provido" (AgRg no AREsp 192.658-AM, rel. Min. Castro Meira, j. 23-10-2012, 2ª T., *DJe* 6-11-2012).

Ocorrendo tal situação, cabe ao contribuinte prejudicado impetrar mandado de segurança repressivo, pleiteando liminarmente seja ordenada à autoridade administrativa a imediata emissão da certidão adequada ao caso concreto.

> STJ: "PROCESSUAL CIVIL. TRIBUTÁRIO. AÇÃO DE TUTELA CAUTELAR ANTECEDENTE. AUTO DE INFRAÇÃO E MULTA. RECOLHIMENTO DE ICMS. DESPROVIMENTO DO AGRAVO INTERNO. MANUTENÇÃO DA DECISÃO RECORRIDA.
> I – Na origem, trata-se de ação de tutela cautelar antecedente objetivando o oferecimento de garantia, consistente em fiança bancária, para que os débitos tributários não sejam óbice à emissão da **Certidão Positiva de Débitos com Efeitos de Negativa**, bem como não seja objeto de inscrição no CADIN, Serasa e demais órgãos de proteção ao crédito. Na sentença o pedidos foram julgados parcialmente procedentes. No Tribunal *a quo*, a sentença foi parcialmente reformada para restabelecer a autuação e para limitar os juros de mora à taxa SELIC e para excluir a incidência de juros de mora sobre a multa antes do termo inicial estabelecido no art. 96, II, *a*, da Lei Estadual n. 6.374/89.
> II – De fato, o embargado às fl. 2.256-2.274 requereu a desistência do recurso, com renúncia ao direito em que se funda a demanda, em razão de adesão a programa de parcelamento, e a decisão de fls. 2.287 não tratou dos honorários advocatícios.
> III – Agravo interno improvido" (AgInt nos EDcl na DESIS no AREsp 2.511.370/SP, Rel. Min. Francisco Falcão, 2ª T. j. 9-9-2024, *DJe* 11-9-2024).

16.5 DISPOSIÇÕES FINAIS E TRANSITÓRIAS DO CTN

O Código Tributário Nacional encerra com 10 artigos (de 209 a 218) que contemplam as "Disposições Finais e Transitórias". Merecem destaque as duas regras abaixo transcritas:

Art. 209. A expressão Fazenda Pública, quando empregada nesta Lei sem qualificação, abrange a Fazenda Pública da União, dos Estados, do Distrito Federal e dos Municípios.

Art. 210. Os prazos fixados nesta Lei ou legislação tributária serão contínuos, excluindo-se na sua contagem o dia de início e incluindo-se o de vencimento.

Parágrafo único. Os prazos só se iniciam ou vencem em dia de expediente normal na repartição em que corra o processo ou deva ser praticado o ato.

Acesse o material suplementar
https://uqr.to/1xebw

Acesse o QR Code e confira o quadro sinótico e as questões deste capítulo.

17

PROCESSO TRIBUTÁRIO

17.1 CONCEITO

Por força da exigência imposta pelo princípio do devido processo legal (art. 5º, LIV, da CF), as atividades de instituir e arrecadar tributos somente podem ser realizadas pelo Estado de modo legítimo se observarem estritamente o procedimento formal previsto na legislação tributária.

Desse modo, **em sentido amplo**, processo tributário pode ser conceituado como **quaisquer atividades estatais**, no âmbito dos Poderes Legislativo, Executivo ou Judiciário, **desenvolvidas visando instituir e arrecadar tributos**.

A excessiva abrangência do citado conceito tem favorecido a preferência, na doutrina e nos concursos, pelo **sentido estrito** da locução "processo tributário", assim entendido o conjunto ordenado de **atos administrativos ou jurisdicionais** praticados **para solucionar conflitos entre o Fisco e o sujeito passivo** da obrigação tributária.

17.2 ÂMBITOS DA PRÁTICA TRIBUTÁRIA

Em termos práticos, os operadores do Direito atuam em três frentes distintas relacionadas ao processo tributário:

a) **consultivo tributário**: desenvolvimento de atividades, tanto por servidores públicos quanto por profissionais da iniciativa privada, geralmente com natureza preventiva e pré-processual, tendo caráter de orientação e resposta a consultas formuladas por autoridades públicas ou consulentes particulares, podendo materializar-se com a elaboração de parecer conclusivo sobre a dúvida suscitada;

b) **processo administrativo fiscal**: contribuintes e responsáveis têm a opção de **impugnar exigências tributárias** indevidas interpondo recurso **perante o próprio Fisco**, sem prejuízo da possibilidade de recorrerem a qualquer momento ao Judiciário (art. 5º, XXXV, da CF);

c) **processo judicial tributário**: o caminho preferido, e em geral mais eficiente, para questionar exações fiscais indevidas tem sido a **propositura de ações judiciais em favor do contribuinte**. No entanto, a rigor o processo judicial tributário inclui tanto demandas propostas pelo sujeito passivo (contribuinte ou responsável tributário) quanto aquelas intentadas pelo Fisco, como é o caso da execução fiscal e da cautelar fiscal.

Vamos analisar, nos itens a seguir, os detalhes mais relevantes sobre os processos administrativo e judicial tributários.

17.3 PROCESSO ADMINISTRATIVO FISCAL

O processo administrativo tributário, ou "fiscal", de acordo com a denominação utilizada pela legislação federal, consiste no procedimento estabelecido no **âmbito no próprio Fisco para determinação, exigência, consulta e impugnação de créditos tributários.**

Na esfera federal, o processo administrativo fiscal é regulado pelo Decreto n. 70.235, de 6 de março de 1972, cujo art. 1º prescreve: "Este Decreto rege o processo administrativo de determinação e exigência dos créditos tributários da União e o de consulta sobre a aplicação da legislação tributária federal". Estados, Distrito Federal e Municípios adotam procedimentos similares ao federal regidos por leis próprias.

A disciplina normativa do processo administrativo fiscal federal também é estabelecida pelo Decreto n. 7.574/2011.

Vale destacar que, conforme nova Súmula 169 do Carf, o art. 24 do Dec.-lei n. 4.657/42 (LINDB), não se aplica ao processo administrativo fiscal: "Art. 24. A revisão, nas esferas administrativa, controladora ou judicial, quanto à validade de ato, contrato, ajuste, processo ou norma administrativa cuja produção já se houver completado levará em conta as orientações gerais da época, sendo vedado que, com base em mudança posterior de orientação geral, se declarem inválidas situações plenamente constituídas."

Nos termos do art. 7º do Decreto n. 70.235/72, o procedimento fiscal tem início com:

> I – o primeiro ato de ofício, escrito, praticado por servidor competente, cientificado o sujeito passivo da obrigação tributária ou seu preposto;
>
> II – a apreensão de mercadorias, documentos ou livros;
>
> III – o começo de despacho aduaneiro de mercadoria importada.

Uma vez realizado o lançamento ou lavrado o Auto de Infração e Imposição de Multa (AIIM), e notificado o devedor, **poderá ser interposto recurso contra a exigência indevida,** chamado pelo decreto de "impugnação", instaurando a fase litigiosa do procedimento (art. 14).

A impugnação administrativa tem o efeito de suspender a exigibilidade do crédito tributário, conforme art. 151, III, do CTN.

Segundo a Súmula 6 do CARF: "É legítima a lavratura de auto de infração no local em que foi constatada a infração, ainda que fora do estabelecimento do contribuinte".

A impugnação, formalizada por escrito e instruída com os documentos em que se fundamentar, será apresentada ao órgão preparador no prazo de trinta dias, contados da data em que for feita a intimação da exigência (art. 15).

Nos termos do art. 25 do Decreto:

O julgamento do processo de exigência de tributos ou contribuições administrados pela Secretaria da Receita Federal compete:

I – em primeira instância, às Delegacias da Receita Federal de Julgamento, órgãos de deliberação interna e natureza colegiada da Secretaria da Receita Federal;

a) aos Delegados da Receita Federal, titulares de Delegacias especializadas nas atividades concernentes a julgamento de processos, quanto aos tributos e contribuições administrados pela Secretaria da Receita Federal.

b) às autoridades mencionadas na legislação de cada um dos demais tributos ou, na falta dessa indicação, aos chefes da projeção regional ou local da entidade que administra o tributo, conforme for por ela estabelecido.

II – em segunda instância, ao Conselho Administrativo de Recursos Fiscais, órgão colegiado, paritário, integrante da estrutura do Ministério da Fazenda, com atribuição de julgar recursos de ofício e voluntários de decisão de primeira instância, bem como recursos de natureza especial.

Cabe sempre destacar que a qualquer momento o devedor pode, antes ou durante o processo administrativo fiscal, impugnar a exigência na esfera judicial. Isso porque **no Brasil não existe obrigatoriedade de esgotamento da via administrativa como requisito para recorrer ao Judiciário** (adotamos o modelo inglês da unidade de jurisdição, conforme o art. 5º, XXXV, da CF). Assim, **a utilização da via administrativa, como meio de recorrer contra exações fiscais indevidas, é meramente opcional e não faz coisa julgada material.**

Embora algumas instâncias recursais do Fisco sejam compostas por órgãos paritários integrados também por representantes dos contribuintes (art. 25 do Decreto n. 70.235/72), os **processos administrativos nunca são decididos por autoridades totalmente imparciais.** Ao contrário do Poder Judiciário, a Administração Pública participa dos processos administrativos simultaneamente como juíza e parte da relação jurídica material litigiosa. É um julgador interessado. Por isso, o ordenamento jurídico transforma a via administrativa em caminho opcional e recusa definitividade (coisa julgada material) às decisões finais do Fisco nessa instância. Pelo princípio da sindicabilidade, sempre caberá recurso ao Judiciário contra decisões prolatadas na esfera administrativa. Tanto que a Lei n. 14.689/2023 incluiu o art. 25-A ao Decreto n. 70.235/72 para trazer confirmação efetiva ao julgamento. Ele aduz: "Na hipótese de julgamento de processo administrativo fiscal resolvido definitivamente a favor da Fazenda Pública pelo voto de qualidade previsto no § 9º do art. 25 deste Decreto, e desde que haja a efetiva manifestação do contribuinte para pagamento no prazo de 90 (noventa) dias, serão excluídos, até a data do acordo para pagamento, os juros de mora de que trata o art. 13 da Lei n. 9.065, de 20 de junho de 1995".

> Voto-vista do Ministro Luis Roberto Barroso, que propôs a seguinte tese: "É constitucional a extinção do voto de qualidade do Presidente das turmas julgadoras do Conselho Administrativo de Recursos Fiscais (Carf), significando o empate decisão favorável ao contribuinte. Nessa hipótese, todavia, poderá a Fazenda Pública ajuizar ação visando a restabelecer o lançamento tributário" (ADI 6.399).

Vale lembrar ainda a norma contida no art. 62 do Decreto n. 70.235/72: "Durante a vigência de medida judicial que determinar a suspensão da cobrança, do tributo não será instaurado procedimento fiscal contra o sujeito passivo favorecido pela decisão, relativamente, à matéria sobre que versar a ordem de suspensão. Parágrafo único. Se a medida referir-se a matéria objeto de processo fiscal, o curso deste não será suspenso, exceto quanto aos atos executórios".

De acordo com o art. 24 da Lei n. 11.457/2007, o prazo para conclusão de processo administrativo tributário será de 360 (trezentos e sessenta) dias, a contar do protocolo de petições, defesas ou recursos administrativos do contribuinte.

Dessa forma, já decidiu o Superior Tribunal de Justiça que não se aplica por analogia o art. 40 da Lei n. 6.830/80 ao processo administrativo tributário.

> STJ: "PROCESSUAL CIVIL E TRIBUTÁRIO. INSTAURAÇÃO DE PROCESSO ADMINISTRATIVO *EX OFFICIO*. SUSPENSÃO DO PRAZO PRESCRICIONAL. INTELIGÊNCIA DOS ARTS. 151, III, E 174 DO CTN. (...) 2. A Primeira Seção do Superior Tribunal de Justiça, no julgamento do Recurso Especial 1.113.959/RJ, submetido ao rito do art. 543-C do CPC, firmou o entendimento de que "o recurso administrativo suspende a exigibilidade do crédito tributário, enquanto perdurar o contencioso administrativo, nos termos do art. 151, III do CTN, desde o lançamento (efetuado concomitantemente com auto de infração), momento em que não se cogita do prazo decadencial, até seu julgamento ou a revisão *ex officio*, sendo certo que somente a partir da notificação do resultado do recurso ou da sua revisão, tem início a contagem do prazo prescricional, afastando-se a incidência da prescrição intercorrente em sede de processo administrativo fiscal, pela ausência de previsão normativa específica" (REsp 1.113.959/RJ, rel. Min. Luiz Fux, 1ª T., *DJe* 11-3-2010). 3. O acórdão recorrido não está em dissonância com a jurisprudência do STJ. 4. Recurso Especial provido" (REsp 1.769.896/MG, rel. Min. Herman Benjamin, 2ª T., j. 13-11-2018, *DJe* 17-12-2018).

Convém, por fim, resumir as três instâncias recursais do processo administrativo fiscal no âmbito da União.

Primeiramente, qualquer exigência tributária federal pode ser objeto de impugnação pelo devedor, no prazo de 30 dias, dirigida à Secretaria da Receita Federal do Brasil com jurisdição sobre o domicílio tributário do sujeito passivo (art. 56 do Decreto n. 7.574/2011).

Sendo derrotado, o contribuinte pode interpor recurso voluntário com efeito suspensivo ao Conselho Administrativo de Recursos Fiscais – CARF (art. 75).

Caberá, além disso, recurso especial à Câmara Superior de Recursos Fiscais, no prazo de quinze dias da ciência do acórdão ao interessado, de decisão que der à lei tributária interpretação divergente da que lhe tenha dado outra câmara, turma de câmara, turma especial ou a própria Câmara Superior de Recursos Fiscais (art. 79).

Com o recurso especial é atingido o limite máximo de três instâncias na esfera administrativa (art. 57 da Lei n. 9.784/99). Se a decisão final for favorável ao devedor, torna-se imutável para o Fisco. Porém, derrotado o sujeito passivo, ainda poderá este recorrer ao Poder Judiciário.

17.4 PROCESSO JUDICIAL TRIBUTÁRIO

O caminho natural para o contribuinte impugnar cobranças tributárias ilegítimas é o **recurso às medidas propostas no Poder Judiciário.**

Vamos estudar detalhadamente as mais relevantes medidas judiciais em defesa do contribuinte. Em seguida, veremos as ações em prol da Fazenda Pública.

17.4.1 Ação declaratória de inexistência de relação jurídico-tributária

A ação declaratória de inexistência de relação jurídico-tributária tem sua propositura fundamentada no art. 19, I, do Código de Processo Civil, segundo o qual: "O interesse do autor pode limitar-se à declaração: I – da existência, da inexistência ou do modo de ser de uma relação jurídica."

É cabível antes de qualquer ato concreto do Fisco tendente a exigir o tributo, ou seja, tende a ser ajuizada pelo potencial contribuinte **antes do lançamento ou da lavratura do Auto de Infração** e Imposição de Multa (AIIM).

> STJ: "PROCESSUAL CIVIL. EXECUÇÃO FISCAL E AÇÃO DECLARATÓRIA. CONEXÃO. VARA ESPECIALIZADA. COMPETÊNCIA ABSOLUTA. IMPOSSIBILIDADE DE REUNIÃO. AÇÃO DE CONHECIMENTO JÁ JULGADA. SÚMULA 235/STJ. 3. **O STJ entende pela impossibilidade de serem reunidas Execução Fiscal e Ação Anulatória de Débito precedentemente ajuizada, quando o juízo em que tramita esta última não é Vara Especializada em Execução Fiscal**, nos termos consignados nas normas de organização judiciária. Precedentes: CC 105.358/SP, rel. Min. Mauro Campbell Marques, 1ª Seção, *DJe* 22-10-2010; CC 106.041/SP, rel. Min. Castro Meira, 1ª Seção, *DJe* 9-11-2009, e AgRg no REsp 1.463.148/SE, rel. Min. Mauro Campbell Marques, 2ª T, *DJe* 8-9-2014. 6. Recurso Especial não provido" (REsp 1.655.400/SP, rel. Min. Herman Benjamin, j. 20-2-2018, 2ª T., *DJe* 14-11-2018).

Na verdade, a ação declaratória, comumente articulada com pedido de antecipação de tutela, **veicula pretensão inibitória visando afastar exigência futura** objetivamente delimitada.

Vale destacar o teor da Súmula 614 do STJ: "O locatário não possui legitimidade ativa para discutir a relação jurídico-tributária de IPTU e de taxas referentes ao imóvel alugado nem para repetir indébito desses tributos" – 1ª Seção, j. 9-5-2018, *DJe* 14-5-2018.

Por tal razão, inexiste prazo para sua propositura.

17.4.2 Ação anulatória de débito fiscal

A ação anulatória de débito fiscal está prevista no art. 38 da Lei n. 6.830/80: "A discussão judicial da Dívida Ativa da Fazenda Pública só é admissível em execução, na forma desta Lei, salvo as hipóteses de mandado de segurança, ação de repetição do indébito ou *ação anulatória do ato declarativo da dívida, esta precedida do depósito preparatório do valor do débito*, monetariamente corrigido e acrescido dos juros e multa de mora e demais encargos" (original sem grifos).

Seu objetivo é promover judicialmente a extinção do lançamento tributário ou da autuação fiscal se tais atos administrativos estiverem eivados de ilegalidade. Daí o nome de "ação anulatória", que revela a **pretensão do autor de anular o ato administrativo que fundamenta a cobrança do tributo**: lançamento ou auto de infração[STJ].

> STJ: "A ação anulatória de crédito fiscal proposta pela Fazenda Municipal prescinde de depósito e garantia" (REsp 1.115.458/BA, rel. Min. Luiz Fux, j. 24-11-2009, 1ª T., *DJe* 17-12-2009).

Assim, a propositura da ação anulatória pressupõe o lançamento ou a lavratura do AIIM. **O prazo prescricional** da ação anulatória é **de 5 anos** (art. 1º do Decreto n. 20.910/32). Mas, quando a ação anulatória for **precedida de decisão administrativa que denegar a restituição do indébito**, o prazo será de 2 anos (art. 169 do CTN).

A ação anulatória pode ser proposta mesmo após iniciada a execução fiscal[STJ].

> STJ: "O ajuizamento da ação anulatória de lançamento fiscal é direito do devedor (direito de ação) insuscetível, portanto, de restrição, podendo ser exercido antes ou depois da propositura da ação exacional (Execução Fiscal), não obstante o rito previsto nesses casos ser o da ação de embargos do devedor como instrumento hábil à desconstituição da obrigação tributária, cuja exigência já é exercida judicialmente pela Fazenda. A diferença entre a ação anulatória e a de embargos à execução é a possibilidade de suspensão dos atos executivos até seu julgamento. Assim, na ação anulatória, para que haja suspensão do executivo fiscal, assumindo a mesma natureza dos embargos à execução, é necessário o depósito do valor integral do débito exequendo (art. 151 do CTN). Nesse caso, ostenta o crédito tributário o privilégio da presunção de sua legitimidade (art. 204 do CTN)" (REsp 1.136.282-SP, rel. Min. Luiz Fux, j. 3-12-2009, *Informativo* 418).

STJ: "PROCESSUAL CIVIL. TRIBUTÁRIO. AÇÃO ANULATÓRIA. LANÇAMENTO FISCAL. COMPENSA-ÇÃO. PIS. DESPROVIMENTO DO AGRAVO INTERNO. AUSÊNCIA DE INFORMAÇÃO ACERCA DA COMPENSAÇÃO REALIZADA. FUNDAMENTO NÃO REBATIDO. SÚMULA N. 283/STF. TRIBUTO SUJEITO A LANÇAMENTO POR HOMOLOGAÇÃO. DESNECESSIDADE DE PROCEDIMENTO ADMINISTRATIVO PRÉVIO PARA INSCRIÇÃO EM DÍVIDA ATIVA. DESPROVIMENTO DO AGRAVO INTERNO.

I – Na origem trata-se de **ação anulatória de lançamento fiscal** ajuizada pela contribuinte, tendo por objetivo a declaração de nulidade do lançamento fiscal por meio do processo administrativo n. 10580242092/97-05, ante a inexistência de recolhimento a menor do PIS e pela compensação com débitos relativos ao próprio PIS, por meio das DCTF's. Na sentença, o pedido foi julgado procedente. No Tribunal *a quo*, a sentença foi parcialmente reformada, para declarar a regularidade do processo administrativo, excluída a competência de dezembro de 1993.

II – Na decisão ora hostilizada apontou-se que o acórdão proferido pela Corte local consignou que o contribuinte não informou, adequadamente, a administração fazendária acerca de eventual compensação.

III – Ao revés do quanto arguido pela parte agravante na peça recursal, no sentido de que 'a ora Agravante relatou, em diversos momentos processuais, que informou à Administração Fazendária a sua compensação mediante o preenchimento de tal informação na sua DCTF' (fl. 756), entendo que o referido fundamento, suficiente para manutenção do julgado, não foi devidamente rebatido, atraindo o óbice da Súmula n. 283/STF.

IV – Ademais, quanto à matéria de fundo, a jurisprudência do Superior Tribunal de Justiça orienta-se no sentido de que, em se tratando de tributo sujeito a lançamento por homologação, caso não haja pagamento no prazo ou haja pagamento a menor, a Fazenda Pública deve efetuar o lançamento do tributo de ofício, sendo certo que o valor declarado pode ser imediatamente inscrito em dívida ativa, tornando-se exigível, independentemente de procedimento administrativo ou de notificação do contribuinte. Nesse sentido: AgInt no REsp n. 1.904.876/AL, Rel. Min. Mauro Campbell Marques, 2ª T., j. 4-10-2021, *DJe* 7-10-2021, AgInt no REsp n. 1.551.418/SC, Rel. Min. Napoleão Nunes Maia Filho, 1ª T., j. 14-10-2019, *DJe* 21-10-2019 e AgInt nos EDcl no REsp n. 1.769.490/TO, Rel. Min. Herman Benjamin, 2ª T., j. 27-8-2019, *DJe* 18-10-2019.

V – Agravo interno improvido" (AgInt no REsp 1.728.995/DF, Rel. Min. Francisco Falcão, 2ª T., j. 15-5-2023, *DJe* 17-5-2023).

Importante destacar que o art. 38 da Lei n. 6.830/80 enuncia que a propositura da ação anulatória deve ser "precedida do depósito preparatório do valor do débito, monetariamente corrigido e acrescido dos juros e multa de mora e demais encargos". Embora o dispositivo sugira que o depósito constitua requisito indispensável para a admissibilidade da ação, a jurisprudência pacificou o entendimento de que a **realização do depósito prévio na ação anulatória é mera faculdade do contribuinte**.

Proposta a anulatória, sem depósito, pode o Fisco intentar a execução. Mas, realizado o depósito em sede de anulatória, ocorre a suspensão da exigibilidade do crédito, desautorizando a instauração da execução fiscal[STF].

STF: "AÇÃO ANULATÓRIA DE DÉBITO FISCAL. DEPOSITO PRÉVIO. ART. 38 DA LEI DE EXECU-
ÇÕES FISCAIS (LEI N. 6.830/80). PRESSUPOSTO DA AÇÃO ANULATÓRIA DE ATO DECLARATÓ-
RIO DA DÍVIDA ATIVA E O LANÇAMENTO DO CRÉDITO TRIBUTÁRIO, NÃO HAVENDO SENTIDO
EM PROTRAÍ-LO AO ATO DE INSCRIÇÃO DA DÍVIDA. O deposito preparatório do valor do débito não é condição de procedibilidade da ação anulatória, apenas, na circunstância, não e
impeditiva da execução fiscal, que com aquela não produz litispendência, embora haja cone-
xidade. Entretanto, a satisfação do ônus do depósito prévio da ação anulatória, por ter efeito
de suspender a exigibilidade do crédito (art. 151, II, do CTN), desautoriza a instauração da
execução fiscal. Recurso Extraordinário não conhecido" (RE 103.400-SP, rel. Rafael Mayer, j.
10-12-1984).

17.4.2.1 O Fisco devedor, automática suspensão da exigibilidade e certidão tributária

No julgamento do REsp 1.180.697/MG, a 2ª Turma do STJ entendeu que, nas
ações anulatórias e de embargos propostas pela Fazenda Pública, sendo seus bens
impenhoráveis, não há necessidade de depósito prévio ou garantia do juízo,
ficando automaticamente suspensa a exigibilidade do crédito[STJ] com a simples
propositura da demanda. Assim, a Fazenda, nesse caso, tem direito de obter certidão positiva com efeitos de negativa (STJ, REsp 1.180.697/MG 2010/0022086-
0, rel. Min. Castro Meira, j. 17-8-2010, 2ª T.).

STJ: "TRIBUTÁRIO. RECURSO ESPECIAL. CRÉDITO CONSTITUÍDO CONTRA A FAZENDA PÚBLICA
MUNICIPAL. AÇÃO ANULATÓRIA. SUSPENSÃO DA EXIGIBILIDADE DO CRÉDITO TRIBUTÁRIO.
RITO DO ART. 730 DO CPC. CERTIDÃO POSITIVA COM EFEITO DE NEGATIVA. EXPEDIÇÃO. AD-
MISSIBILIDADE. MATÉRIA EXAMINADA SOB O RITO DO ART. 543-C DO CPC E DA RESOLUÇÃO
STJ N. 08/2008. 1. A execução dirigida contra a Fazenda Pública sujeita-se ao rito previsto no
art. 730 do CPC, o qual não compreende a penhora de bens, considerando o princípio da
impenhorabilidade dos bens públicos. 2. A Fazenda Pública pode propor ação anulatória sem
o prévio depósito do valor do débito discutido e, no caso de ser executada, interpor embargos
sem a necessidade de garantia do juízo. Ajuizados os embargos ou a anulatória, está o crédito
tributário com a sua exigibilidade suspensa. 3. Suspensa a exigibilidade do crédito tributário,
assiste ao Município o direito de obter a certidão positiva com efeito de negativa de que trata
o art. 206 do CTN. 4. A Fazenda Pública, quer em ação anulatória, quer em execução embargada, faz jus à expedição da certidão positiva de débito com efeitos negativos, independentemente de penhora, posto inexpropriáveis os seus bens" (REsp 1.123.306/SP, rel. Min. Luiz Fux,
1ª Seção, j. 1º-2-2010, submetido ao regime do art. 543-C do CPC e da Resolução STJ n.
08/2008). 5. Recurso especial não provido" (STJ, REsp 1.180.697/MG, rel. Min. Castro Meira,
j. 17-8-2010, 2ª T., DJe 26-8-2010).

17.4.2.2 Direito sumular sobre ação anulatória

17.4.2.2.1 Súmula do TRF sobre ação anulatória

Súmula 247

Não constitui pressuposto da ação anulatória do débito fiscal o depósito de que cuida o art. 38 da Lei n. 6.830/80.

17.4.3 Mandado de segurança individual

Conforme estabelece o art. 5º, LXIX, da Constituição Federal: "Conceder-se-á mandado de segurança para proteger direito líquido e certo, não amparado por *habeas corpus* ou *habeas data*, quando o responsável pela ilegalidade ou abuso de poder for autoridade pública ou agente de pessoa jurídica no exercício de atribuições do Poder Público"[STJ].

> STJ: "O entendimento jurisprudencial desta Casa Julgadora firmou-se na linha de que a impetração do mandado de segurança interrompe/suspende o fluxo do prazo prescricional, de forma que o prazo para ajuizamento da ação de cobrança das parcelas pretéritas ao seu ajuizamento somente se reinicia após o trânsito em julgado do *mandamus*" (AgRg no REsp 1.294.191/GO, rel. Min. Diva Malerbi, Desembargadora Convocada TRF 3ª Região, j. 13-11-2012, 2ª T., *DJe* 23-11-2012).

Com o mesmo sentido, prescreve o art. 1º da Lei n. 12.016/2009: "Conceder-se-á mandado de segurança para proteger direito líquido e certo, não amparado por *habeas corpus* ou *habeas data*, sempre que, ilegalmente ou com abuso de poder, qualquer pessoa física ou jurídica sofrer violação ou houver justo receio de sofrê-la por parte de autoridade, seja de que categoria for e sejam quais forem as funções que exerça".

No Direito Tributário o mandado de segurança individual é utilizado como meio de impugnação judicial de amplo cabimento contra atos do Fisco. Pode ser usado para atacar tanto **exigências fiscais anteriores** quanto **posteriores ao lançamento tributário** ou à lavratura do auto de infração.

Considera-se **individual** o mandado de segurança impetrado em nome próprio **na defesa de interesse próprio** (legitimação ordinária). Exemplo: partido político impetra.

Quando **impetrado preventivamente**, ou seja, antes da ocorrência do ato coator (que em geral é o lançamento ou auto de infração), o mandado de segurança é uma **alternativa à ação declaratória** de inexistência de relação jurídico-tributária, e **não tem prazo** para impetração.

Já na hipótese de **mandado de segurança repressivo**, vale dizer, impetrado após a ocorrência do ato coator, trata-se de **sucedâneo processual da ação anulatória de débito fiscal**, sujeitando-se ao **prazo decadencial de 120 dias** contados da ciência, pelo impugnado, do ato coator (art. 23 da Lei n. 12.016/2009).

Importante destacar que o mandado de segurança, ao contrário das demais ações judiciais do processo tributário, não é impetrado em face de uma pessoa federativa. O polo passivo é ocupado pela autoridade pública que praticou o ato impugnado (art. 6º, § 3º), agora em litisconsórcio passivo com a pessoa jurídica interessada (art. 7º, II, da Lei do MS).

Incabível a impetração de mandado de segurança nas hipóteses de (art. 5º):

I – ato do qual caiba recurso administrativo com efeito suspensivo, independentemente de caução;

II – decisão judicial da qual caiba recurso com efeito suspensivo;

III – decisão judicial transitada em julgado.

O art. 7º, § 2º, da Lei do MS proibia a concessão de medida liminar que tivesse por objeto:

I – a compensação de créditos tributários[STJ];

STJ: "RECURSO REPETITIVO. FINSOCIAL. COMPENSAÇÃO. MS. No recurso representativo de controvérsia (art. 543-C do CPC e Res. n. 8/2008-STJ), a Seção reiterou que o mandado de segurança é a via adequada à declaração do direito de compensação de tributos indevidamente pagos (Súm. 213-STJ). Ao revés, não cabe ao Judiciário, na via estreita do *mandamus*, convalidar a compensação tributária, de iniciativa exclusiva do contribuinte, pois é necessária a dilação probatória. Outrossim, cabe à Administração Pública fiscalizar a existência de créditos a ser compensados, o procedimento, os valores a compensar e a conformidade do procedimento adotado com a legislação pertinente, descabendo o provimento jurisdicional substitutivo da homologação da autoridade administrativa que atribua eficácia extintiva, desde logo, à compensação efetuada" (REsp 1.124.537-SP, rel. Min. Luiz Fux, j. 25-11-2009, 1ª S., *DJe* 18-12-2009, *Informativo* 417).

STJ: "TRIBUTÁRIO E PROCESSUAL CIVIL. AGRAVO INTERNO NO RECURSO ESPECIAL. MANDADO DE SEGURANÇA. **COMPENSAÇÃO DE CRÉDITOS TRIBUTÁRIOS** COM DÉBITOS RELATIVOS AO RECOLHIMENTO MENSAL POR ESTIMATIVA DO IMPOSTO SOBRE A RENDA DAS PESSOAS JURÍDICAS – IRPJ E DA CONTRIBUIÇÃO SOCIAL SOBRE O LUCRO LÍQUIDO – CSLL. IMPOSSIBILIDADE, A PARTIR DO INÍCIO DA VIGÊNCIA DA LEI 13.670/2018. ACÓRDÃO RECORRIDO QUE CONTRARIOU O ART. 74, § 3º, IX, DA LEI 9.430/96, DEIXANDO DE OBSERVAR, OUTROSSIM, A JURISPRUDÊNCIA DO STJ. RECURSO ESPECIAL PROVIDO. AGRAVO INTERNO IMPROVIDO.

I. Agravo interno aviado contra decisão que julgara Recurso Especial interposto contra acórdão publicado na vigência do CPC/2015.

II. Na origem, trata-se de Mandado de Segurança, ajuizado em 21-12-2018, visando assegurar o alegado 'direito líquido e certo de realizar o pagamento do IRPJ/estimativa e CSLL/estimativa apurados em 2018 mediante compensação com créditos decorrentes dos exercícios anteriores, até o final do presente exercício fiscal, nos termos da legislação anterior à Lei 13.670/18. Afastando a vedação contida no artigo 74, § 3º, inciso IX, da Lei 9.430/1996, para o ano-calendário de 2018, em virtude dos princípios da segurança jurídica, da não surpresa que se coaduna com o da anterioridade da lei, do ato jurídico perfeito e o da isonomia, todos consagrados na Carta Magna em seus arts. 5º, *caput* e inciso XXXVI e art. 150, III, 'b'. O Juízo de 1º Grau denegou a ordem. Interposta Apelação, pela impetrante, o Tribunal de origem deu provimento ao recurso, para conceder a segurança. Opostos Embargos Declaratórios, pelo ente público, foram eles rejeitados. Interposto Recurso Especial, nele o ente público apontou contrariedade aos arts. 489, II, § 1º, IV, e 1.022, II, do CPC/2015, e 74, § 3º, IX, da Lei 9.430/96, sustentando a nulidade do acórdão dos Embargos Declaratórios, e além disso, a legitimidade da vedação à compensação dos débitos relativos ao recolhimento mensal por estimativa do IRPJ e da CSLL, quanto ao ano-calendário de 2018. Nesta Corte o Recurso Especial foi provido, de modo a denegar a segurança, ensejando a interposição de Agravo interno.

III. O Plenário do Supremo Tribunal Federal, ao julgar o RE 1.356.271 RG/PR, fixou a seguinte tese: 'É infraconstitucional, a ela se aplicando os efeitos da ausência de repercussão geral, a controvérsia relativa à impossibilidade de **compensação de créditos tributários** com débitos relativos ao recolhimento mensal por estimativa do Imposto sobre a Renda das Pessoas Jurídicas – IRPJ e da Contribuição Social sobre o Lucro Líquido – CSLL' (STF, RE 1.356.271 RG/PR, Rel. Min. Luiz Fux, Tribunal Pleno, *DJe* 23-3-2022). Nesse contexto, embora conste do acórdão recorrido que 'o Pleno deste Tribunal Regional Federal, na Arguição de Inconstitucionalidade Processo 0807943-52.2018.4.05.8302 – Apelação Cível, da lavra do Des. Cid Marconi, julgada em 14-5-2020, reconheceu a inconstitucionalidade do art. 11, II, da Lei n. 13.670/2018, que previu a entrada imediata em vigor da nova redação conferida ao inciso IX, do § 3º, do art. 74, da Lei n. 9.430/96, devendo a vedação entrar em vigor apenas a partir do exercício seguinte ao da sua publicação', bem como que 'a vedação ao aproveitamento de créditos de exercícios anteriores não foi imposta às Pessoas Jurídicas que recolhem pelo regime do Lucro Real Trimestral, o que revela violação, também, ao princípio da igualdade tributária, tutelado pelo art. 150, II, da Constituição Federal', forçoso reconhecer que a falta de interposição de Recurso Extraordinário não impede o conhecimento do Recurso Especial interposto nestes autos, visto que o Supremo Tribunal Federal já se manifestou acerca da natureza infraconstitucional da controvérsia, sendo incabível, por conseguinte, a interposição de Recurso Extraordinário. Nesse sentido: STJ, AgInt nos EDcl no REsp 1.514.561/RS, Rel. Min. Napoleão Nunes Maia Filho, 1ª T., *DJe* 3-3-2020.

IV. Na hipótese dos autos, o acórdão recorrido contrariou o art. 74, § 3º, IX, da Lei 9.430/96, deixando de observar, outrossim, que 'a Primeira Seção do Superior Tribunal de Justiça, no julgamento do Recurso Especial 1.164.452/MG, sob a sistemática dos recursos repetitivos, firmou o entendimento de que a lei a regular a compensação tributária é aquela vigente à data do encontro de contas. Desse modo, a partir da vigência da Lei 13.670/2018, nos termos do art. 74, § 3º, IX, da Lei 9.430/1996, não podem ser objeto de compensação 'os débitos relativos ao recolhimento mensal por estimativa do Imposto sobre a Renda das Pessoas Jurídicas (IRPJ) e da Contribuição Social sobre o Lucro Líquido (CSLL)" (STJ, AgInt no REsp 1.927.254/RS, Rel. Min. Herman Benjamin, 2ª T., *DJe* 31-8-2021). Em igual sentido: STJ, AgInt no REsp 1.929.158/PR, Rel. Min. Benedito Gonçalves, 1ª T., *DJe* 21-10-2021; AgInt no REsp 1.899.227/RJ, Rel. Min. Francisco Falcão, 2ª T., *DJe* 16-2-2022; AgInt no AREsp 2.006.730/SP, Rel. Min. Mauro Campbell Marques, 2ª T., *DJe* 15-9-2022; AgInt no REsp 1.966.205/SP, Rel. Min. Herman Benjamin, 2ª T., *DJe* 24-6-2022. Portanto, deve ser mantida a decisão que deu provimento ao Recurso Especial. V. Agravo interno improvido" (AgInt no REsp 2.040.763/PE, Rel. Min. Assusete Magalhães, 2ª T., j. 8-5-2023, *DJe* 17-5-2023).

II – a entrega de mercadorias e bens provenientes do exterior;

III – a reclassificação ou equiparação de servidores públicos e a concessão de aumento ou a extensão de vantagens ou pagamento de qualquer natureza.

Entretanto, com o julgamento da ADIn 4.296, esse artigo foi considerado inconstitucional pelo STF.

As mesmas vedações foram estendidas à concessão de tutela antecipada (art. 7º, § 5º), mas para esse caso, o artigo permanece em vigência.

17.4.3.1 "Sintonia fina" entre o mandado de segurança e as ações de rito ordinário

Embora, como regra geral, exista uma liberdade na escolha entre o mandado de segurança e a respectiva ação ordinária (declaratória ou anulatória) como meio de defesa do contribuinte, existem situações excepcionais em que a prática forense recomenda e/ou determina a adoção de somente um desses caminhos.

Nunca se deve **impetrar mandado de segurança**, e sim propor ação declaratória ou anulatória, **quando:**

a) tiver escoado o prazo de 120 dias da ciência do ato coator;

b) houver necessidade de produzir prova diversa dos documentos disponíveis no momento da impetração (no mandado de segurança não se admite dilação probatória).

Por outro lado, **sempre** é recomendável **impetrar mandado de segurança quando:**

a) a situação concreta não envolver diretamente discussão sobre a existência da relação jurídico-tributária, mas problemas documentais diversos. Exemplos: negativa de inscrição no CNPJ, liberação de mercadoria ou recusa de certidão;

b) for necessária a adoção da medida judicial "mais célere" e/ou "menos onerosa". O mandado de segurança sujeita-se a um procedimento especial bastante curto, se comparado ao rito ordinário aplicável às ações declaratória e anulatória. Daí falar-se no mandado de segurança como medida mais célere. Além disso, como o mandado de segurança, na hipótese de derrota, não gera condenação em honorários advocatícios, trata-se de ação menos onerosa do que aquelas que tramitam pelo rito ordinário.

17.4.3.2 Direito sumular sobre mandado de segurança

17.4.3.2.1 Súmulas do STF sobre mandado de segurança

Súmula 239

Decisão que declara indevida a cobrança do imposto em determinado exercício não faz coisa julgada em relação aos posteriores.

Súmula 262

Não cabe medida possessória liminar para liberação alfandegária de automóvel.

Súmula 266

Não cabe mandado de segurança contra lei em tese.

Súmula 267

Não cabe mandado de segurança contra ato judicial passível de recurso ou correição.

Súmula 269

O mandado de segurança não é substitutivo de ação de cobrança.

Súmula 271

Concessão de mandado de segurança não produz efeitos patrimoniais em relação a período pretérito, os quais devem ser reclamados administrativamente ou pela via judicial própria.

Súmula 304

Decisão denegatória de mandado de segurança, não fazendo coisa julgada contra o impetrante, não impede o uso da ação própria.

Súmula 405

Denegado o mandado de segurança pela sentença, ou no julgamento do agravo, dela interposto, fica sem efeito a liminar concedida, retroagindo os efeitos da decisão contrária.

Súmula 510

Praticado o ato por autoridade, no exercício de competência delegada, contra ela cabe o mandado de segurança ou a medida judicial.

Súmula 512

Não cabe condenação em honorários de advogado na ação de mandado de segurança.

Súmula 625

Controvérsia sobre matéria de direito não impede concessão de mandado de segurança.

17.4.3.2.2 Súmulas do STJ sobre mandado de segurança

Súmula 105

Na ação de mandado de segurança não se admite condenação em honorários advocatícios.

Súmula 169

São inadmissíveis embargos infringentes no processo de mandado de segurança.

Súmula 213

O mandado de segurança constitui ação adequada para a declaração do direito à compensação tributária.

Súmula 460

É incabível o mandado de segurança para convalidar a compensação tributária realizada pelo contribuinte.

17.4.3.2.3 Súmulas do TFR sobre mandado de segurança

Súmula 59

A autoridade fiscal de primeiro grau que expede a notificação para pagamento do tributo está legitimada passivamente para a ação de segurança, ainda que sobre a controvérsia haja decisão, em grau de recurso, de conselho de contribuintes.

Súmula 145

Extingue-se o processo de mandado de segurança, se o autor não promover, no prazo assinado, a citação do litisconsorte necessário.

17.4.4 Mandado de segurança coletivo

O mandado de segurança coletivo, nos termos do art. 5º, LXX, da CF, pode ser impetrado por:

a) partido político com representação no Congresso Nacional;

b) organização sindical, entidade de classe ou associação legalmente constituída e em funcionamento há pelo menos um ano, em defesa dos interesses de seus membros ou associados.

A principal diferença em relação ao mandado de segurança individual é que, enquanto neste a ação é proposta na defesa de interesse próprio (legitimação ordinária), o mandado de segurança coletivo é impetrado em nome próprio na defesa de interesse alheio (legitimação extraordinária). Exemplo: partido político impetra mandado de segurança coletivo para que seus filiados não recolham determinada taxa exigida pela justiça eleitoral.

Quanto ao rito, o mandado de segurança coletivo submete-se às mesmas regras aplicáveis à modalidade individual[STJ] (Lei n. 12.016/2009).

> STJ: "Trata-se de mandado de segurança coletivo impetrado contra o secretário da fazenda estadual que apontou inferior hierárquico como o responsável pelo ato de aplicação da lei ao caso particular (expedição de norma individual e concreta). Dessarte, é inaplicável ao caso a teoria da encampação porque, embora o secretário tenha defendido o mérito do ato, sua indicação como autoridade coatora implica alteração na competência jurisdicional, ao passo que compete originariamente ao TJ o julgamento de MS contra secretário de Estado, prerrogativa de foro não extensível ao servidor responsável pelo lançamento tributário ou pela expedição da certidão de regularidade fiscal. Para que a teoria da encampação seja aplicável ao MS, é mister o preenchimento dos seguintes requisitos: existência de vínculo hierárquico entre a autoridade que prestou informações e a que ordenou a prática do ato impugnado, ausência de modificação de competência estabelecida na CF/88 e manifestação a respeito do mérito nas informações prestadas" (RMS 21.775-RJ, rel. Min. Luiz Fux, j. 16-11-2010. *Informativo* STJ 456).

17.4.5 Tutela provisória

As tutelas provisórias, anteriormente conhecidas por ações cautelares, previstas nos arts. 294 e seguintes do CPC, são importantes instrumentos judiciais de defesa do contribuinte contra exigências tributárias indevidas, principalmente porque **admitem formulação de pedido liminar** (no CPC, art. 297).

Cautelar pode ser proposta antes ou no curso do processo principal, e deste é sempre dependente.

O cabimento é semelhante ao do mandado de segurança, ou seja, podem ser utilizadas **antes ou depois do lançamento tributário.**

Nada impede também sua utilização quando o processo já estiver em **fase de recurso**, a medida cautelar será **requerida diretamente ao tribunal** (art. 299, parágrafo único).

17.4.6 Ação de repetição de indébito

A ação de repetição de indébito é cabível para **obter a restituição de tributos pagos indevidamente ou a maior**[STJ].

> STJ: "REPETIÇÃO. INDÉBITO. LEGITIMIDADE. BACEN. Trata-se de REsp em que se discute a legitimidade do Bacen para figurar no polo passivo de processo em que se pleiteia a repetição de indébito relativo a imposto de exportação. A Turma deu provimento ao recurso ao entendimento de que o ente que detém a competência tributária, na forma do art. 23 do CTN, possui também a qualidade de sujeito ativo do imposto de exportação. Assim, cabe à União o dever de restituir o tributo indevidamente pago. Ressalte-se que os valores arrecadados com o imposto de exportação somavam-se a outras receitas que compunham a denominada 'reserva monetária' e o Bacen era apenas depositário dessas quantias, o que não induz sua legitimidade para a repetição do indébito." (REsp 742.481-MG, rel. Min. Herman Benjamin, j. 4-8-2009, 2ª T., *DJe* 27-8-2009, *Informativo* 401).

> STJ: " PROCESSUAL CIVIL E TRIBUTÁRIO. RECURSO ESPECIAL. VIOLAÇÃO DOS ARTS 489 E 1.022 DO CPC. NÃO OCORRÊNCIA. IMPUGNAÇÃO AO CUMPRIMENTO DE SENTENÇA. TÍTULO JUDICIAL QUE RECONHECE O DIREITO À RESTITUIÇÃO DAS PARCELAS CUJO RECOLHIMENTO INDEVIDO TENHA SIDO COMPROVADO NOS AUTOS. RESTITUIÇÃO DE PARCELAS NÃO COMPROVADAS, MAS RECONHECIDAS PELA ADMINISTRAÇÃO TRIBUTÁRIA COMO PAGAS. ATO ADMINISTRATIVO REVESTIDO DE FÉ PÚBLICA. PRESUNÇÃO DE LEGALIDADE, LEGITIMIDADE E VERACIDADE. VEDAÇÃO AO ENRIQUECIMENTO ILÍCITO. HONORÁRIOS ADVOCATÍCIOS. JULGAMENTO DE PARCIAL PROCEDÊNCIA DA IMPUGNAÇÃO. CABIMENTO. PROVIMENTO NEGADO.
> 1. Inexiste a alegada violação dos arts. 489 e 1.022 do Código de Processo Civil (CPC), pois a prestação jurisdicional foi dada na medida da pretensão deduzida, consoante se depreende da análise do acórdão recorrido. O Tribunal de origem apreciou fundamentadamente a controvérsia, não padecendo o julgado de nenhum erro material, omissão, contradição ou obscuridade. Destaca-se que julgamento diverso do pretendido, como neste caso, não implica ofensa aos dispositivos de lei invocados.
> 2. Tem-se como fato incontroverso, expressamente reconhecido no acórdão recorrido, que a condenação do ente público na ação de conhecimento é restrita à **restituição do indébito** correspondente às parcelas do IPTU (Imposto sobre a Propriedade Predial e Territorial Urbana)

comprovadamente adimplidas. Contudo, embora a parte contribuinte não tenha se desincumbi-do de sua obrigação de apresentar as guias comprobatórias do recolhimento do tributo, o ente público executado apresentou impugnação ao cumprimento de sentença, colacionando documento emitido por agente administrativo do qual consta informação acerca dos pagamentos realizados pela parte contribuinte.

3. Os atos administrativos são revestidos de fé pública e gozam de presunção de legalidade, legitimidade e veracidade, de modo que somente em situações excepcionais, e desde que haja prova robusta e cabal, pode-se autorizar a desconsideração das informações prestadas por agente administrativo, o que não se verifica no caso concreto, mormente quando o ente público recorrente não invoca dúvidas quanto à veracidade do documento que noticia o efetivo pagamento das parcelas postuladas pela parte recorrida e cujo direito à restituição já foi reconhecido judicialmente por sentença transitada em julgado.

4. Segundo preconizam os arts. 371, 374, 389 e 493 do CPC, o magistrado tem o poder-dever de julgar a lide com base nos elementos suficientes para nortear e instruir seu entendimento, especialmente quando os fatos estão demonstrados de forma incontroversa, e por meio de prova documental sobre a qual milita presunção legal de veracidade, qual seja, o documento emitido pelo agente público reconhecendo expressamente o pagamento da parcela do tributo indevido, instrumento que se equipara à confissão de dívida. Não há, portanto, necessidade de se exigir da parte contribuinte a juntada de comprovantes de pagamento para cumprimento da sentença que declarou o direito à **repetição do indébito** tributário.

5. O ordenamento jurídico pátrio veda o enriquecimento sem causa, sendo ele caracterizado, inclusive, quando há recebimento de quantia paga indevidamente, razão pela qual não há censura a se fazer ao acórdão recorrido no ponto em que reconheceu o direito da parte contribuinte à restituição das parcelas cuja quitação indevida é inconteste.

6. São cabíveis os honorários advocatícios em favor da parte credora pela rejeição total ou parcial da impugnação ofertada pela Fazenda Pública, excetuada da base de cálculo apenas eventual parcela devida do crédito. Precedente: AgInt no REsp n. 2.008.452/SP, Rel. Min. Paulo Sérgio Domingues, 1ª T., j. 10-9-2024, *DJe* 13-9-2024.

7. Recurso especial a que se nega provimento" (REsp 1.808.482/RS, Rel. Min. Paulo Sérgio Domingues, 1ª T., j. 8-10-2024, *DJe* 14-10-2024).

É o que estabelece o art. 165 do Código Tributário Nacional: "O sujeito passivo tem direito, independentemente de prévio protesto, à restituição total ou parcial do tributo, seja qual for a modalidade do seu pagamento, ressalvado o disposto no § 4º do art. 162, nos seguintes casos: I – cobrança ou pagamento espontâneo de tributo indevido ou maior que o devido em face da legislação tributária aplicável, ou da natureza ou circunstâncias materiais do fato gerador efetivamente ocorrido; II – erro na edificação do sujeito passivo, na determinação da alíquota aplicável, no cálculo do montante do débito ou na elaboração ou conferência de qualquer documento relativo ao pagamento; III – reforma, anulação, revogação ou rescisão de decisão condenatória".

Conforme visto no item 15.4.1.3 deste *Curso*, havendo pagamento a maior ou indevido, existem os seguintes caminhos para o contribuinte recompor o prejuízo:

1) pedido administrativo de restituição[STJ];

> STJ: "REPETIÇÃO DE INDÉBITO. CONTRIBUIÇÃO PARA CUSTEIO DE SAÚDE. Cuida-se de repetição de indébito fundada na declaração de inconstitucionalidade da cobrança de contribuição para custeio de serviços de saúde criada por lei estadual a qual determinava a adesão compulsória dos servidores do estado ao Fundo de Assistência à Saúde – FAS. A Turma determinou a restituição de todas as contribuições indevidamente recolhidas, considerando irrelevante a afirmação de que a autora da ação teve ao seu dispor o serviço de saúde, bem como o de eventual utilização deste, pois o que define a possibilidade de repetição do indébito é a cobrança indevida do tributo (art. 165 do CTN)" (REsp 1.294.775-RS, rel. Min. Castro Meira, j. 16-2-2012, 2ª T., *DJe* 16-2-2012, *Informativo* 491).

2) ação de repetição de indébito;

3) requerimento administrativo de compensação;

4) ação ordinária com pedido de compensação.

O **prazo** para propor ação repetitória é de **5 anos** (art. 168 do CTN), contados:

I – da data da extinção do crédito tributário, nas hipóteses de pagamento indevido, a maior ou erro no pagamento;

II – da data em que se tornar definitiva a decisão administrativa ou passar em julgado a decisão judicial que tenha reformado, anulado, revogado ou rescindido a decisão condenatória.

Se o tributo for indireto, a restituição somente será autorizada havendo comprovação de que o contribuinte de direito não repassou o valor ao contribuinte de fato ou se estiver por este autorizado a restituir[STJ] (art. 166 do CTN: "A restituição de tributos que comportem, por sua natureza, transferência do respectivo encargo financeiro somente será feita a quem prove haver assumido o referido encargo, ou, no caso de tê-lo transferido a terceiro, estar por este expressamente autorizado a recebê-la").

A propositura da ação de repetição implica renúncia ao direito de recorrer na esfera administrativa para discutir o mesmo **indébito**.

Vale destacar o teor da Súmula 614 do STJ: "O locatário não possui legitimidade ativa para discutir a relação jurídico-tributária de IPTU e de taxas referentes ao imóvel alugado nem para repetir indébito desses tributos" – 1ª Seção, j. 9-5-2018, *DJe* 14-5-2018.

17.4.6.1 Direito sumular sobre ação de repetição de indébito

17.4.6.1.1 Súmulas do STJ sobre ação de repetição de indébito

Súmula 162

Na repetição de indébito tributário, a correção monetária incide a partir do pagamento indevido.

Súmula 188

Os juros moratórios, na repetição do indébito tributário, são devidos a partir do trânsito em julgado da sentença.

Súmula 461

O contribuinte pode optar por receber, por meio de precatório ou por compensação, o indébito tributário certificado por sentença declaratória transitada em julgado.

17.4.6.1.2 Súmula do STF sobre ação de repetição de indébito

Súmula 546

Cabe a restituição do tributo pago indevidamente, quando reconhecido por decisão, que o contribuinte "de jure" não recuperou do contribuinte "de facto" o "quantum" respectivo.

17.4.6.2 Procedência da ação repetitória, precatório e OPV

Julgada procedente (e transitando em julgado), a ação de repetição de indébito impõe à Fazenda Pública uma obrigação de pagar. Por força do art. 100 da CF/88, decisões judiciais que condenam o Poder Público a pagar geram um precatório a ser quitado com observância da ordem cronológica. Segundo o citado dispositivo: "Art. 100. Os pagamentos devidos pelas Fazendas Públicas Federal, Estaduais, Distrital e Municipais, em virtude de sentença judiciária, far-se-ão exclusivamente na ordem cronológica de apresentação dos precatórios e à conta dos créditos respectivos, proibida a designação de casos ou de pessoas nas dotações orçamentárias e nos créditos adicionais abertos para este fim".

A sujeição à sempre demorada fila dos precatórios consiste na mais significativa desvantagem da ação judicial de repetição de indébito. O pedido administrativo de restituição, ao contrário, uma vez julgado procedente, será pago imediatamente, não se submetendo à fila dos precatórios.

É importante destacar que, se a condenação judicial da Fazenda for de pequeno valor, nos termos de lei específica da entidade tributante, não haverá precatório. Nesse sentido prescreve o § 3º do art. 100 da Constituição Federal: "O disposto no *caput* deste artigo relativamente à expedição de precatórios não se aplica aos pagamentos de obrigações definidas em leis como de pequeno valor que as Fazendas referidas devam fazer em virtude de sentença judicial transitada em julgado".

Em âmbito federal, considera-se obrigação de pequeno valor (OPV) a condenação de até 60 salários mínimos (cerca de R$ 84.720,00). Se o valor da OPV não for pago dentro de 60 dias (na esfera federal), o Presidente do Tribunal competente deverá determinar o **sequestro de recursos financeiros** da entidade executada, suficientes à satisfação da prestação (arts. 78, § 4º, do ADCT, 3º e 17 da Lei n. 10.259/2001).

No caso dos Estados, Distrito Federal e Municípios, o procedimento será o mesmo, mas é necessária a aprovação de lei específica definindo o valor da OPV e o prazo para pagamento (art. 100, § 4º, da CF).

17.4.7 Ação declaratória cumulada com repetição de indébito

Havendo necessidade de inibir exigência tributária futura e, simultaneamente, obter restituição de valor pago de forma indevida, a prática forense vem reconhecendo a possibilidade de **atender em uma única demanda às pretensões declaratória e repetitória** por meio da utilização da ação declaratória de inexistência de relação jurídico-tributária cumulada com pedido de repetição de indébito.

17.4.8 Ação de consignação em pagamento

A ação de consignação de pagamento é cabível sempre que o **devedor quer realizar o pagamento corretamente, mas não consegue.**

Nesse sentido, prescreve o art. 164 do Código Tributário Nacional:

> A importância de crédito tributário pode ser consignada judicialmente pelo sujeito passivo, nos casos:
>
> I – de recusa de recebimento, ou subordinação deste ao pagamento de outro tributo ou de penalidade, ou ao cumprimento de obrigação acessória;
>
> II – de subordinação do recebimento ao cumprimento de exigências administrativas sem fundamento legal;
>
> III – de exigência, por mais de uma pessoa jurídica de direito público, de tributo idêntico sobre um mesmo fato gerador (bitributação).

Nota-se que a consignação, na hipótese de bitributação (inciso III), **evita que o contribuinte pague mal,** pois, se assim o fizer, deverá pagar novamente. Desse modo, o devedor consigna em juízo o valor da maior das exigências e transfere ao juiz a responsabilidade pela definição sobre a quem pertence o montante depositado, liberando o contribuinte.

A ação de consignação somente pode versar sobre o crédito que o consignante se propõe a pagar (art. 164, § 1º).

Julgada procedente a demanda, o pagamento reputa-se efetuado e a importância consignada é convertida em **renda**; julgada improcedente a consignação no todo ou em parte, cobra-se o crédito acrescido de juros de mora, sem prejuízo das penalidades cabíveis.

A consignação só pode versar sobre o crédito que o consignante se propõe a pagar (art. 164, § 2º).

17.5 AÇÕES DE DEFESA DA FAZENDA PÚBLICA EM JUÍZO

Por fim, merecem menção algumas ações judiciais de defesa da Fazenda Pública em juízo. Pela maior relevância, para fins de provas e concursos, daremos destaque à medida cautelar fiscal e à execução fiscal.

17.5.1 Arrolamento administrativo ou arrolamento fiscal e Instrução Normativa RFB n. 2.091/2022

Arrolamento fiscal, ou arrolamento administrativo, é o procedimento administrativo que se dá dentro da estrutura interna do Fisco em que a autoridade tributária monitora a evolução patrimonial dos contribuintes considerados grandes devedores, com a finalidade de garantir o pagamento da dívida tributária.

O tema é disciplinado na esfera federal pela Lei n. 9.532/97, regulamentada pela Instrução Normativa da Receita Federal RFB n. 2.091, de 23 de junho de 2022.

A existência de arrolamento não impede o proprietário de usar o bem ou até vendê-lo, mas obriga o contribuinte a comunicar o Fisco sempre que houver transferência ou oneração do bem arrolado.

Embora a autoridade tributária afirme que o arrolamento não afeta o patrimônio do contribuinte, a existência de arrolamento costuma causar desvalorização do bem porque a medida é averbada nos órgãos de registro de imóveis e veículos, que anotarão essa condição no cadastro do bem.

Ao saber do arrolamento, os eventuais compradores, quando não desistem do negócio, dificilmente aceitam adquirir um bem nessa condição pelo preço de mercado porque entendem (equivocadamente) que o imóvel ou veículo está "enrolado" com dívida tributária.

Pela mesma razão, torna-se mais difícil contrair empréstimos, por exemplo, junto à Caixa Econômica Federal, utilizando o bem arrolado como garantia.

O arrolamento é bastante comum em tributos administrados pela Receita Federal, como imposto de renda e contribuições sociais. Nada impede, porém, que os Estados, Distrito Federal e Municípios utilizem também essa medida, desde que tenham leis locais autorizando o seu uso.

Estados como Ceará, Minas Gerais, Bahia e Pernambuco já possuem legislação local autorizando o uso do arrolamento para cobrança de seus tributos.

O arrolamento pode recair sobre os bens tanto de pessoas físicas como de pessoas jurídicas.

Qualquer contribuinte pode ter seus bens arrolados? Não. O arrolamento só pode recair sobre o patrimônio de contribuintes considerados grandes devedores. Para tributos federais, considera-se grande devedor o contribuinte cuja soma dos débitos seja superior, simultaneamente, a:

I – 30% (trinta por cento) do seu patrimônio conhecido; e

II – R$ 2.000.000,00 (dois milhões de reais).

No caso de Estados e Municípios, tais valores de referência costumam ser menores.

Resumidamente, o rito do arrolamento é o seguinte:

a) lavratura do termo de arrolamento, onde são listados os bens do contribuinte arrolados e seus valores;

b) o contribuinte é notificado para manifestar-se;

c) a autoridade tributária comunica os órgãos de registro para averbar o arrolamento na matrícula do bem;

d) passa a haver uma gestão do arrolamento, podendo o contribuinte requerer a substituição de bens arrolados;

e) se o tributo ainda assim não for pago, o Fisco pode ir à Justiça propor uma ação cautelar fiscal que irá tornar indisponíveis os bens do devedor;

f) por fim, é proposta a ação de execução fiscal com penhora dos bens do devedor e posterior venda, se o tributo não tiver ainda sido pago.

De acordo com o art. 4º da Instrução Normativa n. 2.091/2022, a avaliação dos bens utilizará os seguintes critérios:

Se o bem for imóvel:

a) pelo valor de aquisição constante do respectivo título, ainda que pendente de registro no cartório de imóveis, no caso de escritura pública formalizada no tabelionato de notas;

b) pelo valor que serve de base de cálculo para o Imposto sobre a Propriedade Predial e Territorial Urbana (IPTU);

c) pelo Valor da Terra Nua (VTN) utilizado para a apuração do Imposto sobre a Propriedade Territorial Rural (ITR), no caso de imóvel rural;

d) pelo valor que serve de base de cálculo para o Imposto sobre Transmissão de Bens Imóveis (ITBI);

e) pelo valor constante do registro público, em decorrência de avaliação realizada de acordo com o § 2º do art. 64-A da Lei n. 9.532, de 10 de dezembro de 1997;

f) pelo valor constante do contrato de hipoteca ou de alienação fiduciária a favor de instituição financeira, registrado na matrícula do imóvel no cartório de registro de imóveis, no caso de financiamento total do valor do imóvel, ou por aquele somado ao valor pago à vista, no caso de financiamento parcial;

g) pelo valor constante de apólice de seguro vigente, adquirida de instituição seguradora autorizada pela Superintendência de Seguros Privados (Susep); ou

h) pelo valor informado em avaliação judicial, desde que averbada na matrícula do imóvel.

Já no caso de bem móvel:

a) pelo valor de aquisição constante da nota fiscal de compra ou de documento equivalente;

b) pelo valor que serve de base de cálculo para o Imposto sobre a Propriedade de Veículos Automotores (IPVA), no caso de veículo;

c) pelo valor de mercado, conforme parâmetros informados em veículo de divulgação especializado, publicação ou laudo de órgão oficial, inclusive no caso de títulos e valores mobiliários com base no valor de fechamento do dia útil anterior ao da avaliação;

d) no caso de aeronaves, pela certidão emitida pela Agência Nacional de Aviação Civil (Anac), se dela constar o valor da compra ou da importação;

e) no caso de aeronaves e embarcações importadas, pelo valor constante da declaração de importação ou pelo valor apurado com base em parâmetros informados em veículo de divulgação especializado, publicação ou laudo de órgão oficial;

f) pelo valor decorrente de avaliação realizada de acordo com o § 2º do art. 64-A da Lei n. 9.532, de 1997;

g) pelo valor constante do contrato de alienação fiduciária ou reserva de domínio em favor de instituição financeira ou revendedora de veículos, embarcações, aeronaves ou máquinas, registrado em cartório de registro de títulos e documentos, no caso de financiamento total do valor do bem, ou por aquele somado ao valor pago à vista, no caso de financiamento parcial; ou

h) pelo valor constante de apólice de seguro vigente, adquirida de instituição seguradora autorizada pela Susep.

Boa parte da gestão do arrolamento, feita por advogado especialista, consiste em questionar os valores apresentados pela autoridade tributária, quase sempre muito inferiores ao que efetivamente valem no mercado, o que acaba aumentando a quantidade de bens arrolados.

Quantos bens do contribuinte serão arrolados? Depende, segundo a legislação, somente podem ser arrolados bens em quantidade igual ao valor da dívida. É proibido incluir no arrolamento bens acima do necessário para cobrir o pagamento dos tributos devidos. Ocorre que, de forma ilegal, o Fisco costuma incluir bens em quantidade superior ao montante para quitação da dívida, alegando que o valor deve cobrir eventuais juros e custos de arrecadação.

A autoridade tributária poderá, a requerimento do sujeito passivo ou de ofício, substituir bem ou direito arrolado por outro de valor igual ou superior. Em caso de recusa por parte do Fisco, é possível judicializar a questão para forçar a substituição dos bens arrolados, de acordo com o que for mais conveniente ao cliente.

Pode haver cancelamento do arrolamento? Sim, o arrolamento deve ser cancelado imediatamente após o pagamento integral da dívida, cabendo à autoridade fiscal notificar os órgãos registrais para que cancelem as averbações.

O arrolamento é uma medida severa e potencialmente agressiva ao patrimônio do contribuinte, podendo, ao final, transformar-se em uma ação judicial com decretação de indisponibilidade de bens e até penhora e venda forçada.

Existem diversos questionamentos que, em defesa do contribuinte, podem ser feitos sobre validade da Instrução Normativa RFB n. 2.091/2022, merecendo destaque:

a) violação do devido processo legal;

b) inobservância de contraditório e ampla defesa;

c) desrespeito ao direito de propriedade;

d) exposição da intimidade do contribuinte, na medida em que o arrolamento é averbado nós órgãos de registro de imóveis e veículos, além de sua existência constar em certidões tributárias.

17.5.2 Cautelar fiscal

A cautelar fiscal é a ação judicial cabível sempre que, **após a constituição do crédito**, contra o devedor que **pratica ou pretende praticar atos tendentes a fraudar o pagamento do tributo.**

Nesse sentido, prescreve o art. 1º da Lei n. 8.397/92: "O procedimento cautelar fiscal poderá ser instaurado após a constituição do crédito, inclusive no curso da execução judicial da Dívida Ativa da União, dos Estados, do Distrito Federal, dos Municípios e respectivas autarquias".

A regra geral, assim, é que a propositura exige prévia constituição do crédito. No entanto, em **duas hipóteses** a medida cautelar fiscal pode ser intentada **independentemente de prévia constituição do crédito tributário**, a saber, quando o devedor (art. 1º, parágrafo único, da Lei n. 8.397/92):

> STJ: "TRIBUTÁRIO E PROCESSUAL CIVIL. MEDIDA CAUTELAR FISCAL. CRÉDITO TRIBUTÁRIO AINDA NÃO CONSTITUÍDO DEFINITIVAMENTE. IMPOSSIBILIDADE. MULTA. CABIMENTO. 1. **É pacífico nesta Corte superior o entendimento de que, enquanto suspensa a exigibilidade do crédito tributário, não se pode decretar a indisponibilidade dos bens do devedor ao fundamento exclusivo de que os débitos somados ultrapassam trinta por cento de seu patrimônio conhecido** (art. 2º, VI, da Lei n. 8.397/92). Precedentes. 2. A hipótese não é uma daquelas em relação às quais o art. 1º, parágrafo único, da Lei n. 8.397/92 autoriza a instauração de medida cautelar fiscal antes da constituição definitiva do crédito tributário, circunstância reservada às situações dos incisos V, *b*, e VII do art. 2º daquele diploma legal. 3. Os precedentes trazidos pela agravante não guardam similitude fática com a hipótese dos autos, pois tratam de situações de dilapidação ou tentativa de ocultação de patrimônio, em relação às quais a lei autoriza expressamente a medida cautelar prévia à constituição do débito. 4. O recurso manifestamente improcedente atrai a multa prevista no art. 1.021, § 4º, do CPC/2015, na razão de 1% a 5% do valor atualizado da causa. 5. Agravo interno desprovido, com aplicação de multa" (Agint no Agint no AREsp 939.120/PE, rel. Min. Gurgel de Faria, j. 10-10-2017, 1ª T., *DJe* 27-11-2017).

a) notificado pela Fazenda Pública para que proceda ao recolhimento do crédito fiscal, **põe ou tenta pôr seus bens em nome de terceiros;**

b) **aliena bens ou direitos sem proceder à devida comunicação** ao órgão da Fazenda Pública competente, quando exigível em virtude de lei.

Como a Lei n. 8.397/92 tem natureza jurídica de **lei nacional**, a medida cautelar fiscal **pode ser requerida por todas as entidades federativas.**

O art. 2º enumera as hipóteses de cabimento da cautelar fiscal, ou seja, quando o devedor:

I – sem domicílio certo, intenta ausentar-se ou alienar bens que possui ou deixa de pagar a obrigação no prazo fixado;

II – tendo domicílio certo, ausenta-se ou tenta se ausentar, visando a elidir o adimplemento da obrigação;

III – caindo em insolvência, aliena ou tenta alienar bens;

IV – contrai ou tenta contrair dívidas que comprometam a liquidez do seu patrimônio;

V – notificado pela Fazenda Pública para que proceda ao recolhimento do crédito fiscal:

a) deixa de pagá-lo no prazo legal, salvo se suspensa sua exigibilidade;

b) põe ou tenta pôr seus bens em nome de terceiros;

VI – possui débitos, inscritos ou não em Dívida Ativa, que somados ultrapassem trinta por cento do seu patrimônio conhecido;

VII – aliena bens ou direitos sem proceder à devida comunicação ao órgão da Fazenda Pública competente, quando exigível em virtude de lei;

VIII – tem sua inscrição no cadastro de contribuintes declarada inapta, pelo órgão fazendário;

IX – pratica outros atos que dificultem ou impeçam a satisfação do crédito.

Para a concessão da medida cautelar fiscal é essencial: I – prova literal da constituição do crédito fiscal; II – prova documental de algum dos casos mencionados no artigo antecedente (art. 3º).

Decretada a medida cautelar fiscal, será comunicada imediatamente ao registro público de imóveis, ao Banco Central do Brasil, à Comissão de Valores Mobiliários e às demais repartições que processem registros de transferência de bens, a fim de que, no âmbito de suas atribuições, façam cumprir a constrição judicial (art. 4º, § 3º).

O requerido será citado para contestar o feito (art. 8º).

Os autos do procedimento cautelar fiscal serão apensados aos do processo de execução judicial da Dívida Ativa da Fazenda Pública[STJ] (art. 14).

STJ: "CAUTELAR FISCAL. FORO. AJUIZAMENTO. Não se nega a incidência do princípio da autonomia dos estabelecimentos tributários para fins fiscais. Porém, cabe ao Fisco escolher dentre os domicílios tributários do devedor o foro no qual vai ajuizar a ação cautelar fiscal. Para essa escolha, há balizas postas na legislação (art. 578, parágrafo único, do CPC; art. 5º da Lei n. 8.397/92 e art. 5º da LEF)" (REsp 1.128.139-MS, rel. Min. Eliana Calmon, j. 1º-10-2009. *Informativo* 409).

Da sentença caberá apelação sem efeito suspensivo (art. 17).

STJ: "TRIBUTÁRIO E PROCESSUAL CIVIL. AGRAVO INTERNO NOS EMBARGOS DE DECLARAÇÃO NO PEDIDO DE TUTELA PROVISÓRIA. PERDA DE OBJETO DO PEDIDO DE TUTELA PROVISÓRIA, QUANTO À PRETENDIDA ATRIBUIÇÃO DE EFEITO SUSPENSIVO AO AGRAVO EM RECURSO ESPECIAL INTERPOSTO, PELA CONTRIBUINTE, NOS AUTOS DA AÇÃO **CAUTELAR FISCAL**, EM RAZÃO DA SUPERVENIENTE DECISÃO QUE CONHECEU DO AGRAVO EM RECURSO ESPECIAL, PARA DAR PROVIMENTO AO RECURSO ESPECIAL, A FIM DE EXTINGUIR O PROCESSO **CAUTELAR FISCAL**, SEM RESOLUÇÃO DE MÉRITO, NOS TERMOS DO ART. 485, VI, DO CPC/2015. PRETENSÃO, OUTROSSIM, DE PAGAMENTO À VISTA DA DÍVIDA FISCAL, COM AS REDUÇÕES PREVISTAS NA LEI 13.496/2017, A TÍTULO DE MULTA, JUROS E ENCARGO LEGAL, MEDIANTE UTILIZAÇÃO DO CRÉDITO DA CONTRIBUINTE, INDISPONIBILIZADO NA AÇÃO **CAUTELAR FISCAL**. PRETENSÃO QUE REFOGE AOS LIMITES DO PROCESSO **CAUTELAR FISCAL**. AGRAVO INTERNO IMPROVIDO.

I. Agravo interno aviado contra decisão monocrática publicada em 8-8-2018, integrada por decisão publicada em 11-9-2018, que julgou prejudicado o presente Pedido de Tutela Provisória (TP) 1.139/ES, por perda de objeto.

II. No caso, o Pedido de Tutela Provisória foi ajuizado, no STJ, em 27-11-2017, em caráter incidental à Ação Cautelar Fiscal 0009239-14.2013.4.02.5001/ES, na qual, por sua vez, fora interposto o Agravo em Recurso Especial, que, nesta Corte, veio a ser autuado, em 13-7-2018, como AREsp 1.322.410/ES. Em 1º-8-2018, o mencionado Agravo em Recurso Especial foi conhecido, para dar provimento ao Recurso Especial, a fim de extinguir o processo **cautelar fiscal**, sem resolução de mérito, nos termos do art. 485, VI, do CPC/2015.

Sobreveio, em 3-3-2020, colegiadamente, a negativa de provimento ao Agravo interno interposto pela Fazenda Nacional, no citado AREsp 1.322.410/ES, a que se vincula esta TP 1.139/ES. Assim, como reconhecido pela própria contribuinte, ora agravante, houve a perda de objeto da presente TP 1.139/ES, quanto à pretendida atribuição de efeito suspensivo ao aludido AREsp 1.322.410/ES.

III. Na forma da jurisprudência do STJ, a medida cautelar ou o pedido de tutela provisória que visem antecipar os efeitos da tutela recursal não podem ter conteúdo maior ou diferente do que resultaria do julgamento do Recurso Especial interposto. Não se pode adiantar, provisoriamente, mais do que seria possível conceder, de modo definitivo. Os efeitos decorrentes de uma eventual antecipação da tutela recursal não podem ser mais amplos ou diversos daqueles que decorreriam do próprio provimento do Recurso Especial. Nesse sentido: STJ, AgRg na MC 12.675/RJ, Rel. p/ ac. Min. Teori Albino Zavascki, 1ª T., *DJe* 16-6-2008; AgRg na MC 21.337/DF, Rel. Min. Rogerio Schietti Cruz, 6ª T., *DJe* 27-5-2014.

IV. A pretensão de pagamento à vista da dívida fiscal, com as reduções previstas na Lei 13.496/2017, mediante utilização do crédito reconhecido no processo administrativo de ressarcimento 15578.000164/2010-50, refoge aos limites da Ação Cautelar Fiscal 0009239-14.2013.4.02.5001 e do Recurso Especial interposto no referido processo **cautelar fiscal**. A ação

cautelar fiscal tem por objeto e finalidade a preservação do patrimônio do devedor, tornando-o indisponível em situações que possam por em risco a garantia de pagamento de obrigações tributárias. Portanto, no âmbito da ação **cautelar fiscal** não se determina a satisfação de créditos tributários, pela utilização dos bens objeto de indisponibilidade.

V. Agravo interno improvido" (AgInt nos EDcl no TP 1139/ES, Rel. Min. Assusete Magalhães, 2ª T., j. 18-5-2020, *DJe* 26-5-2020).

17.6 LEI DE EXECUÇÃO FISCAL

O procedimento de execução fiscal é disciplinado pela Lei n. 6.830, de 22 de setembro de 1980, conhecida como Lei de Execuções Fiscais ou simplesmente "LEF".

Passemos ao estudo mais detalhado de seus aspectos fundamentais.

17.6.1 Natureza jurídica

A Lei n. 6.830/80 tem natureza jurídica (taxonomia) de **lei nacional**, na medida em que disciplina simultaneamente os processos de execução fiscal em âmbitos federal, estadual, distrital e municipal.

É o que dispõe o seu art. 1º: "A execução judicial para cobrança da Dívida Ativa da União, dos Estados, do Distrito Federal, dos Municípios e respectivas autarquias será regida por esta Lei e, **subsidiariamente, pelo Código de Processo Civil**".

17.6.2 Objeto da execução fiscal

A Lei n. 6.830/80 estabelece o devido processo legal para exigência judicial de **quaisquer créditos estatais definidos como dívida ativa da Fazenda Pública**, de natureza tributária ou não tributária, incluindo atualização monetária, juros e multa de mora e demais encargos previstos em lei ou contrato (art. 2º, § 2º, da LEF).

Nos termos do art. 2º, *caput*, da LEF, constitui Dívida Ativa da Fazenda Pública aquela definida como tributária ou não tributária na Lei n. 4.320, de 17 de março de 1964.

Assim, importante verificar que, embora o nome "execução fiscal" sugira uma vinculação a receitas tributárias, o procedimento previsto na Lei n. 6.830/80 aplica-se também para exigir créditos titularizados pelo Estado provenientes de **multas ambientais, sanções administrativas, imputações de pagamento determinadas por Tribunais de Contas, penalidades disciplinares** etc.

17.6.3 Polo ativo

A ação de execução fiscal tem no polo ativo, como regra, a pessoa federativa competente para instituição do tributo exigido, a saber, **União, Estado, Distrito Federal ou Município**.

Nos casos de parafiscalidade (art. 7º do CTN), o polo ativo da demanda será ocupado pela pessoa jurídica encarregada de arrecadar o tributo, isto é, **autarquia, conselho de classe ou pessoa equivalente**.

17.6.4 Polo passivo

Já o polo passivo da execução fiscal, nos termos do art. 4º da LEF, pode ser ocupado por seis figuras distintas:

I – o devedor;

II – o fiador;

III – o espólio;

IV – a massa;

V – o responsável, nos termos da lei, por dívidas, tributárias ou não, de pessoas físicas ou pessoas jurídicas de direito privado; e

VI – os sucessores a qualquer **título**.

> STJ: "PROCESSUAL CIVIL. EXECUÇÃO FISCAL PROPOSTA CONTRA DEVEDOR JÁ FALECIDO. CARÊNCIA DE AÇÃO. ALTERAÇÃO DO POLO PASSIVO DA EXECUÇÃO PARA CONSTAR O ESPÓLIO. IMPOSSIBILIDADE. PRECEDENTES. 1. O redirecionamento da execução contra o espólio só é admitido quando o falecimento do contribuinte ocorrer depois de ele ter sido devidamente citado nos autos da execução fiscal. Assim, se ajuizada execução fiscal contra devedor já falecido, mostra-se ausente uma das condições da ação, qual seja, a legitimidade passiva. Precedentes do STJ. 2. Recurso Especial não provido" (REsp 1.655.422/PR, rel. Min. Herman Benjamin, j. 27-4-2017, 2ª T., *DJe* 8-5-2017).

Em princípio, porém, a demanda deve ser intentada contra aqueles que constam como devedores na certidão da dívida ativa. O posterior redirecionamento do feito é admissível somente em hipóteses excepcionalmente previstas em lei ou reconhecidas pela jurisprudência.

Nada impede também que o Estado figure no polo passivo da execução fiscal, conforme visto no item 12.9 deste *Curso*. Isso ocorre porque as imunidades tributárias normalmente impedem somente a incidência de impostos, fazendo com que taxas, empréstimos compulsórios e contribuições sejam devidos por entidades governamentais. Nesse caso, inexistindo pagamento espontâneo, a execução fiscal terá no polo ativo a entidade pública credora e, no passivo, a pessoa estatal inadimplente.

17.6.5 Título executivo

O título executivo da execução fiscal é a **certidão da dívida ativa (CDA)**, cujo Termo deverá conter (art. 2º, § 5º, da LEF):

I – o nome do devedor, dos corresponsáveis e, sempre que conhecido, o domicílio ou residência de um e de outros;

II – o valor originário da dívida, bem como o termo inicial e a forma de calcular os juros de mora e demais encargos previstos em lei ou contrato;

III – a origem, a natureza e o fundamento legal ou contratual da dívida;

IV – a indicação, se for o caso, de estar a dívida sujeita à atualização monetária, bem como o respectivo fundamento legal e o termo inicial para o cálculo;

V – a data e o número da inscrição, no Registro de Dívida Ativa; e

VI – o número do processo administrativo ou do auto de infração, se neles estiver apurado o valor da dívida.

A CDA tem taxonomia de ato **administrativo enunciativo** e, se regularmente inscrita, goza de **presunção relativa de liquidez e certeza** (art. 3º da LEF).

17.6.6 Competência

A execução fiscal deve ser julgada no **domicílio do devedor**. A competência para processar e julgar a execução da Dívida Ativa da Fazenda Pública exclui a de qualquer outro Juízo, inclusive o da falência, da concordata, da liquidação, da insolvência ou do inventário (art. 5º da LEF).

17.6.7 Petição inicial

Há casos em que a dívida ativa será processada na Justiça do Trabalho, como no caso do art. 114, VII, da CF ou até mesmo na Justiça Eleitoral, como no caso do art. 367, IV, do Código Eleitoral (Lei n. 4.737/65).

Súmula 374 do STJ

Compete à Justiça Eleitoral processar e julgar a ação para anular débito decorrente de multa eleitoral.

Súmula 349 do STJ

Compete à Justiça Federal ou aos juízes com competência delegada o julgamento das execuções fiscais de contribuições devidas pelo empregador ao FGTS.

Após a análise da Justiça competente para a execução fiscal, cabe entender onde será o foro competente para tanto. De acordo com o art. 46, § 5º, do CPC, a execução fiscal poderá ser proposta no foro de domicílio do réu, no de sua residência, bem como no local em que for encontrado.

Súmula 58 do STJ

Proposta a execução fiscal, a posterior mudança de domicílio do executado não desloca a competência já fixada.

O art. 6º, § 2º, da LEF, visando garantir celeridade ao procedimento, permite que a **certidão da dívida ativa** cumpra **simultaneamente** as funções de **petição inicial** e **título executivo** da execução fiscal.

Mas o uso da CDA como petição inicial é meramente facultativo.

Nesse sentido, a Procuradoria da Fazenda tem liberdade para elaborar petição inicial distinta da CDA, que indicará apenas (art. 6º da LEF):

I – o Juiz a quem é dirigida;

II – o pedido; e

III – o requerimento para a citação.

A petição inicial será instruída com a Certidão da Dívida Ativa, que dela fará parte integrante, como se estivesse transcrita (art. 6º, § 1º).

A produção de provas pela Fazenda Pública independe de requerimento na petição inicial (art. 6º, § 3º).

O valor da causa será o da dívida constante da certidão, com os encargos legais (art. 6º, § 4º).

Nos termos da Súmula 559 do STJ: Em ações de execução fiscal, é desnecessária a instrução da petição inicial com o demonstrativo de cálculo do débito, por tratar-se de requisito não previsto no art. 6º da Lei n. 6.830/80.

Vale mencionar ainda o disposto na Súmula 558 do STJ: Em ações de execução fiscal, a petição inicial não pode ser indeferida sob o argumento da falta de indicação do CPF e/ou RG ou CNPJ da parte executada.

Súmula 435 do STJ

Presume-se dissolvida irregularmente a empresa que deixar de funcionar no seu domicílio sem comunicação aos órgãos competentes, legitimando o redirecionamento da execução fiscal para o sócio-gerente.

STJ: "PROCESSUAL CIVIL. EXECUÇÃO FISCAL. CDA. REQUISITOS DE VALIDADE. AUSÊNCIA DE PREJUÍZO À DEFESA. REVISÃO FÁTICO-PROBATÓRIA. SÚMULA 7 DO STJ. 1. O Plenário do STJ decidiu que 'aos recursos interpostos com fundamento no CPC/73 (relativos a decisões publicadas até 17-3-2016) devem ser exigidos os requisitos de admissibilidade na forma nele prevista, com as interpretações dadas até então pela jurisprudência do Superior Tribunal de Justiça' (Enunciado Administrativo n. 2). 2. De acordo com a jurisprudência desta Corte, não deve ser declarada a nulidade da certidão de dívida ativa quando a existência de meras irregularidades formais não acarretar prejuízo à defesa do executado, à luz do princípio da instrumentalidade das formas, que rege o sistema processual brasileiro. 3. Na espécie, o acórdão recorrido entendeu que, muito embora a CDA que aparelha a execução fiscal não tenha preenchido um dos requisitos, a sua falta não foi capaz de macular o título executivo, pois não causou prejuízo à defesa da executada, sendo que a revisão daquela conclusão implica inevitável revolver de aspectos fático-probatórios, providência inviável em sede de recurso especial, nos termos da Súmula 7 do STJ. 4. Agravo interno desprovido" (Agint no AREsp 653.076/SP, rel. Min. Gurgel de Faria, j. 15-8-2017, 1ª T., *DJe* 19-9-2017).

17.6.8 Garantia do juízo

No momento em que é proposta a execução, **pesa contra o devedor** uma **dupla presunção de veracidade em favor do Fisco**. Isso porque dois atos administrativos distintos abonam o entendimento, que ainda pode ser revertido, no sentido de que a dívida é legítima e o valor, devido. Tanto o lançamento tributário quanto a certidão da dívida ativa são atos administrativos revestidos da presunção de legitimidade em desfavor do executado.

É por tal razão que a LEF estabelece rigorosa exigência para que o devedor consiga suspender o curso da execução por meio da oposição de embargos: a garantia do juízo.

Assim, a oposição dos embargos à execução fiscal exige garantia do juízo[STJ].

STJ: "EXECUÇÃO FISCAL – PENHORA DE PRECATÓRIO – PESSOA JURÍDICA DISTINTA DA EXEQUENTE – POSSIBILIDADE. 1. É pacífico nesta Corte o entendimento acerca da possibilidade de nomeação à penhora de precatório, uma vez que a gradação estabelecida no art. 11 da Lei n. 6.830/80 e no art. 656 do Código de Processo Civil tem caráter relativo, por força das circunstâncias e do interesse das partes em cada caso concreto. 2. Execução que se deve operar pelo meio menos gravoso ao devedor. Penhora de precatório correspondente à penhora de crédito. Assim, nenhum impedimento para que a penhora recaia sobre precatório expedido por pessoa jurídica distinta da exequente" (Eresp 834.956/RS, rel. Min. Humberto Martins, j. 11-4-2007, 1ª Seção, *DJe* 7-5-2007).

STJ: "TRIBUTÁRIO. AGRAVO INTERNO NO AGRAVO EM RECURSO ESPECIAL. EMBARGOS À **EXECUÇÃO FISCAL**. AUSÊNCIA DE GARANTIA INTEGRAL. EXTINÇÃO DO FEITO. POSSIBILIDADE DE MITIGAÇÃO. DIFICULDADE FINANCEIRA NÃO EVIDENCIADA. REVISÃO DAS CONCLUSÕES ADOTADAS NA ORIGEM. REEXAME DO CONJUNTO FÁTICO-PROBATÓRIO DOS AUTOS. IMPOSSIBILIDADE. SÚMULA 7/STJ. FUNDAMENTO AUTÔNOMO NÃO ATACADO. SÚMULA 283/STF. DIVERGÊNCIA PREJUDICADA.

1. Consoante o entendimento do Superior Tribunal de Justiça, na sistemática de Recursos Repetitivos (REsp 1.127.815/SP), a exigência da **garantia do juízo** para a **oposição** de Embargos do Devedor pode ser afastada, desde que comprovado inequivocamente que a parte não possui patrimônio para tanto.

2. Na hipótese dos autos, o Tribunal de origem, soberano na análise das circunstâncias fáticas e probatórias da causa, concluiu que a parte agravante, 'não obstante o diferimento do recolhimento das custas deferido pelo juízo a quo às fls. 260/261' (fl. 353), não comprovou a insuficiência de Recursos a permitir a **oposição** de Embargos à Execução sem a garantia integral do juízo.

3. Nesse panorama, rever o entendimento consignado pela decisão combatida quanto à não comprovação da insuficiência de Recursos requer revolvimento do conjunto fático-probatório, inadmissível na via especial, ante o óbice da Súmula 7/STJ.

4. Constata-se que a recorrente, nas razões do Recurso Especial, não impugnou fundamento suficiente adotado pelo acórdão recorrido – de que a necessidade de garantia integral do juízo, como requisito de admissibilidade dos Embargos à **Execução Fiscal**, constituía matéria acobertada pela preclusão, porque já decidida desfavoravelmente à parte executada em prévio Agravo de Instrumento, inclusive com trânsito em julgado (fl. 353) – que é apto, por si só, a manter o decisum combatido. Portanto, aplica-se à espécie, por analogia, o disposto na Súmula 283/STF: 'É inadmissível o Recurso Extraordinário, quando a decisão recorrida assenta em mais de um fundamento suficiente e o recurso não abrange todos eles'.

5. A análise da divergência jurisprudencial fica prejudicada quando a tese sustentada já foi afastada no exame do apelo nobre pela alínea *a* do permissivo constitucional.
Confira-se: AgInt no REsp 1.728.526/AM, Rel. Min. Assusete Magalhães, 2ª T., *DJe* 28-9-2023.
6. Agravo Interno não provido" (AgInt no AREsp 2.164.962/SP, Rel. Min. Herman Benjamin, 2ª T., j. 6-8-2024, *DJe* 23-8-2024).

Nos termos do art. 7º da LEF: "O despacho do Juiz que deferir a inicial importa em ordem para: I – citação, pelas sucessivas modalidades previstas no art. 8º; II – penhora, se não for paga a dívida, nem garantida a execução, por meio de depósito ou fiança; III – arresto, se o executado não tiver domicílio ou dele se ocultar; IV – registro da penhora ou do arresto, independentemente do pagamento de custas ou outras despesas, observado o disposto no art. 14; e V – avaliação dos bens penhorados ou arrestados".

O prazo para garantir o juízo é de **5 dias**.

A partir da garantia, o prazo para opor embargos é de **30 dias**.

De acordo com o art. 8º, o executado será citado para, no prazo de 5 (cinco) dias, pagar a dívida com os juros e multa de mora e encargos indicados na Certidão de Dívida Ativa, ou garantir a execução, observadas as seguintes normas:

"I – a citação será feita pelo correio, com aviso de recepção, se a Fazenda Pública não a requerer por outra forma;

II – a citação pelo correio considera-se feita na data da entrega da carta no endereço do executado, ou, se a data for omitida, no aviso de recepção, 10 (dez) dias após a entrega da carta à agência postal;

III – se o aviso de recepção não retornar no prazo de 15 (quinze) dias da entrega da carta à agência postal, a citação será feita por Oficial de Justiça ou por edital;

IV – o edital de citação será afixado na sede do Juízo, publicado uma só vez no órgão oficial, gratuitamente, como expediente judiciário, com o prazo de 30 (trinta) dias, e conterá, apenas, a indicação da exequente, o nome do devedor e dos corresponsáveis, o nome do devedor e dos corresponsáveis, a quantia devida, a natureza da dívida, a data e o número da inscrição no Registro da Dívida Ativa, o prazo e o endereço da sede do Juízo".

O executado ausente do País será citado por edital, dentro do prazo de 60 dias (art. 8º, § 1º).

A prescrição será interrompida pelo despacho do juiz que ordenar a citação (art. 8º, § 2º). Entretanto, a fim de não prejudicar o credor que agiu com diligência, a interrupção da prescrição retroage à data da propositura da ação, conforme prevê o art. 240, § 1º, do CPC.

Para garantir a execução o devedor poderá, nos termos do art. 9º da LEF:

I – efetuar depósito em dinheiro, à ordem do Juízo em estabelecimento oficial de crédito, que assegure atualização monetária;

II – oferecer fiança bancária ou **seguro-garantia**;

Aqui um adendo muito importante quanto à possibilidade de fiança bancária ou seguro-garantia. Conforme julgado de 2023 a respeito do tema, esse tipo de garantia não pode ser feita simplesmente por conveniência do devedor, logo, a Fazenda Pública pode ser recusar a aceitar (STJ, o AgInt no AREsp 1.840.734-GO, Rel. Min. Paulo Sérgio Domingues, 1ª T., j. 5-6-2023, *DJe* 22-6-2023).

III – nomear bens à penhora[STJ]; ou

STJ: "PROCESSUAL CIVIL. TRIBUTÁRIO. EXECUÇÃO FISCAL. EXISTÊNCIA DE PENHORAS SOBRE O MESMO BEM. DIREITO DE PREFERÊNCIA. CRÉDITO TRIBUTÁRIO ESTADUAL E CRÉDITO DE AUTARQUIA FEDERAL. 1. O crédito tributário de autarquia federal goza do direito de preferência em relação àquele de que seja titular a Fazenda Estadual, desde que coexistentes execuções e penhoras. (...) 2. A instauração do concurso de credores pressupõe pluralidade de penhoras sobre o mesmo bem, por isso que apenas se discute a preferência quando há execução fiscal e recaia a penhora sobre o bem excutido em outra demanda executiva. (...) O concurso de preferência somente se verifica entre pessoas jurídicas de direito público, na seguinte ordem: I – União; II – Estados, Distrito Federal e Territórios, conjuntamente e *pro rata*; III – Municípios, conjuntamente e *pro rata*" (REsp 957.836/SP, rel. Min. Luiz Fux, j. 13-10-2010, 1ª Seção, *DJe* 26-10-2010).

IV – indicar à penhora bens oferecidos por terceiros e aceitos pela Fazenda Pública.

O **Superior Tribunal de Justiça** vem admitindo que o devedor garanta o juízo por meio do **oferecimento de precatório**, embora considere que precatório não se equipara a dinheiro.

STJ: "PROCESSUAL CIVIL. TRIBUTÁRIO. AGRAVO REGIMENTAL. RECURSO ESPECIAL. EXECUÇÃO FISCAL. OFERECIMENTO DE PRECATÓRIO COMO GARANTIA DO JUÍZO. RECUSA POR PARTE DO EXEQUENTE DE FORMA FUNDAMENTADA. ART. 656 DO CPC. LEGALIDADE. DECISÃO MANTIDA POR SEUS PRÓPRIOS FUNDAMENTOS. 1. O precatório não é considerado dinheiro e não se equipara a ele, mas se amolda à hipótese dos arts. 655, XI, do Código de Processo Civil, e 11, VIII, da Lei n. 6.830/80, e o exequente pode recusá-lo, justificando-se com base nas causas previstas no art. 656 do CPC" (AgRg no REsp 1.129.342-RS 2009/0142131-3, rel. Min. Benedito Gonçalves, 17-12-2009, *DJe* 2-2-2010).

Na hipótese de não ocorrer pagamento ou garantia, a penhora poderá recair em qualquer bem do executado, exceto os que a lei declare absolutamente impenhoráveis (art. 10 da LEF).

17.6.8.1 Embargos admitidos com garantia parcial. Justiça gratuita e garantia do juízo

No julgamento do REsp 1.127.815/SP, o STJ admitiu o ajuizamento de embargos à execução com garantia parcial, sendo possível sua posterior **complementação** por meio de reforço da penhora:

> "TRIBUTÁRIO. PROCESSUAL CIVIL. RECURSO ESPECIAL REPRESENTATIVO DE CONTROVÉRSIA. ART. 543-C, DO CPC. EMBARGOS À EXECUÇÃO FISCAL. DETERMINAÇÃO DE REFORÇO DE PENHORA PELO JUIZ *EX OFFICIO*. IMPOSSIBILIDADE. EXISTÊNCIA DE REQUERIMENTO PELA FAZENDA EXEQUENTE, *IN CASU*. INSUFICIÊNCIA DA PENHORA. ADMISSIBILIDADE DOS EMBARGOS. VIOLAÇÃO DO ART. 535 DO CPC NÃO CONFIGURADA" (STJ, REsp 1.127.815/SP 2009/0045359-2, rel. Min. Luiz Fux, j. 24-11-2010, 1ª Seção, *DJe* 14-12-2010).

Outro ponto relevante. A 1ª Turma do STJ entendeu que a concessão, ao executado, do **benefício da justiça gratuita afasta o dever de garantir o juízo** (REsp 1.437.078). Segundo o Ministro Relator Gurgel de Faria: "no caso, a controvérsia deve ser resolvida não sob esse ângulo (do executado ser beneficiário, ou não, da justiça gratuita), mas, sim, pelo lado da sua hipossuficiência, pois, **adotando-se tese contrária, tal implicaria em garantir o direito de defesa ao 'rico', que dispõe de patrimônio suficiente para segurar o Juízo, e negar o direito de defesa ao 'pobre'".

17.6.9 Penhora. Penhora *on-line*

Nos termos do que prescreve o art. 11 da LEF, a penhora ou arresto na execução fiscal seguirá a ordem abaixo:

I – dinheiro;

II – título da dívida pública, bem como título de crédito, que tenham cotação em bolsa;

III – pedras e metais preciosos;

IV – imóveis;

V – navios e aeronaves;

VI – veículos;

VII – móveis ou semoventes; e

VIII – direitos e ações.

Além desses bens, pode a constrição judicial recair excepcionalmente sobre estabelecimento comercial, industrial ou agrícola, bem como em plantações ou edifícios em construção (art. 11, § 1º).

A qualquer momento no processo, o juiz poderá conceder:

I – ao executado, a substituição da penhora por depósito em dinheiro ou fiança bancária; e

II – à Fazenda Pública, a substituição dos bens penhorados por outros, independentemente da ordem enumerada no art. 11, bem como o reforço da penhora insuficiente.

Embora o tema seja controvertido na doutrina e na jurisprudência, importantes **precedentes do STJ** admitem o uso de **penhora** *on-line* em execução fiscal.

O primeiro fundamento normativo da penhora *on-line* foi o art. 185-A do Código Tributário Nacional[STJ]:

> STJ: "TRIBUTÁRIO. AGRAVO INTERNO NO RECURSO ESPECIAL. EXECUÇÃO FISCAL. PENHORA *ONLINE* DE ATIVOS FINANCEIROS DO DEPOSITÁRIO INFIEL. BACEN JUD. IMPOSSIBILIDADE. PRECEDENTES. 1. A jurisprudência desta Corte é no sentido de que **não pode o depositário ser responsabilizado na própria ação de Execução Fiscal, sendo incabível a penhora eletrônica dos seus ativos financeiros, via BACEN JUD**. Precedentes: REsp 1.581.272/SP, Rel. Min. Herman Benjamin, 2ª T, *DJe* 25-5-2016. 2. Agravo interno não provido" (Agint no REsp 1.615.370/ SP, rel. Min. Benedito Gonçalves, j. 28-9-2017, 1ª T., *DJe* 16-10-2017).

Na hipótese de o devedor tributário, devidamente citado, não pagar nem apresentar bens à penhora no prazo legal e não forem encontrados bens penhoráveis, o juiz determinará a indisponibilidade de seus bens e direitos, comunicando a decisão, preferencialmente por meio eletrônico, aos órgãos e entidades que promovem registros de transferência de bens, especialmente ao registro público de imóveis e às autoridades supervisoras do mercado bancário e do mercado de capitais, a fim de que, no âmbito de suas atribuições, façam cumprir a ordem judicial.

§ 1º A indisponibilidade de que trata o *caput* deste artigo limitar-se-á ao valor total exigível, devendo o juiz determinar o imediato levantamento da indisponibilidade dos bens ou valores que excederem esse limite.

§ 2º Os órgãos e entidades aos quais se fizer a comunicação de que trata o *caput* deste artigo enviarão imediatamente ao juízo a relação discriminada dos bens e direitos cuja indisponibilidade houverem promovido.

O CPC/2015 indica a possibilidade de penhora por meio do art. 854, com a seguinte redação:

Art. 854. Para possibilitar a penhora de dinheiro em depósito ou em aplicação financeira, o juiz, a requerimento do exequente, sem dar ciência prévia do ato ao executado, determinará às instituições financeiras, por meio de sistema eletrônico gerido pela autoridade supervisora do sistema financeiro nacional, que torne indisponíveis ativos financeiros existentes em nome do executado, limitando-se a indisponibilidade ao valor indicado na execução.

Assim, a jurisprudência do **Superior Tribunal de Justiça**, após a promulgação da Lei n. 11.382/2006, passou a admitir **penhora** *on-line* como **medida constritiva inicial** em execução fiscal.

17.6.9.1 *Suspensão da CNH e do passaporte do executado*

O Superior Tribunal de Justiça vem admitindo, em demandas entre particulares, que o juiz **suspenda a Carteira Nacional de Habilitação (CNH) e o passaporte do devedor, desde que esgotados os meios típicos de cobrança do crédito e mediante decisão fundamentada (REsp 1.854.289, julgado em 26 de fevereiro de 2020).**

No âmbito da execução fiscal, porém, a 1ª turma do STJ decidiu ser **incabível e desproporcional suspender a CNH e o passaporte do contribuinte.** Segundo voto do rel. Min. Napoleão Maia Filho: "Para se ter uma ideia do que o poder público já possui de privilégios ex ante, a execução só é embargável mediante a plena garantia do juízo (art. 16, § 1º, da Lei de Execução Fiscal), o que não encontra correspondente na execução que se pode dizer comum. Como se percebe, o crédito fiscal é altamente blindado dos riscos de inadimplemento, por sua própria conformação jusprocedimental" (HC 453.870, j. 15-8-2019).

17.6.10 Embargos à execução

Os embargos constituem o **meio natural de defesa** do devedor na execução fiscal, tendo **natureza jurídica de ação autônoma.**

A taxonomia de ação de autonomia dos embargos, e não de mera contestação, gera algumas consequências importantes:

1) necessidade de o embargante demonstrar preenchimento de pressupostos processuais e condições da ação;

2) existência de valor da causa autônomo frente ao da execução;

3) distribuição por dependência ao feito executivo;

4) a decisão judicial que rejeita liminarmente ou julga improcedentes os embargos é uma sentença, recorrível por apelação.

Nos termos do art. 16 da LEF, o executado opõe embargos no **prazo de 30 dias contados da garantia do juízo,** ou seja:

I – do depósito;

II – da juntada da prova da fiança bancária;

III – da intimação da penhora.

Isso porque não são admissíveis embargos antes de garantida a execução (art. 16, § 1º). Sua oposição **antes da garantia** resulta na **extemporaneidade dos embargos.** Não se deve confundir extemporaneidade com intempestividade. Oposição intempestiva é a realizada após o encerramento do prazo legal.

Os embargos **poderão versar sobre toda matéria útil à defesa,** cabendo ao embargante requerer provas e juntar aos autos os documentos e rol de testemunhas, até três, ou, a critério do juiz, até o dobro desse limite (art. 16, § 2º).

17.6.10.1 *Efeito suspensivo automático nos embargos*

A sistemática adotada tradicionalmente pela Lei n. 6.830/80 sempre favoreceu o entendimento de que o recebimento dos embargos produz **suspensão automática da execução fiscal.**

No entanto, a partir de maio de 2013 a 1ª Seção do Superior Tribunal de Justiça deu nova interpretação ao art. **739-A do antigo CPC** (com correspondente no art. 919 do CPC de 2015), estendendo o regime privado do Código de Processo Civil aos feitos tributários de modo a **vedar o efeito suspensivo automático nos embargos à execução fiscal.**

Estabelece o referido dispositivo do CPC/2015:

> Art. 919. Os embargos à execução não terão efeito suspensivo.
>
> § 1º O juiz poderá, a requerimento do embargante, atribuir efeito suspensivo aos embargos quando verificados os requisitos para a concessão da tutela provisória e desde que a execução já esteja garantida por penhora, depósito ou caução suficientes.

Assim, cabe ao embargante requerer ao juiz a atribuição de efeito suspensivo aos embargos desde que comprove que o prosseguimento da execução possa causar grave dano de difícil ou incerta reparação.

A Ordem dos Advogados do Brasil propôs **ADIn no STF** contra o art. 739-A do antigo CPC (art. 919 do CPC de 2015) sob o argumento de que a **referida regra não deve ser aplicada às execuções fiscais** por violar princípios constitucionais como razoabilidade, proporcionalidade, direito ao contraditório, ampla defesa e devido processo legal. Isso porque, na prática, os bens oferecidos em garantia na execução fiscal são expropriados antes do julgamento dos embargos, isto é, sem o contraditório efetivar-se no processo.

Como se sabe, normas gerais e anteriores (Código de Processo Civil), em caso de antinomia, não derrogam regras especiais posteriores (Lei de Execuções Fiscais). Trata-se de um inacreditável equívoco cometido pelo Superior Tribunal de Justiça.

Em rigor, o art. 919 do CPC de 2015 não seria inaplicável ao rito especial da execução fiscal.

Mas na prática tem prevalecido a orientação do STJ:

STJ: "RECURSO ESPECIAL. EXECUÇÃO FISCAL. EFEITO SUSPENSIVO AOS EMBARGOS. NÃO CABIMENTO. AUSÊNCIA DOS REQUISITOS AUTORIZADORES. HIGIDEZ DA MARCHA PROCESSUAL. PRIMAZIA DO CRÉDITO PÚBLICO. PROVIMENTO. 1. **A concessão de efeito suspensivo aos embargos à execução fiscal não é automática, dependendo de provimento judicial fundamentado a requerimento da parte embargante. 2. Ou seja, não basta que a execução esteja garantida. Devem estar presentes ainda os juízos de relevância da argumentação** *(fumus boni juris)* **e perigo de dano irreparável ou de difícil reparação** *(periculum in mora)*, **ambos ausentes na espécie.** 3. É que, de um lado, o próprio Tribunal de origem afirma que a argumentação trazida pela parte não se revela, de plano, capaz de debelar os títulos executivos; de outro, a simples possibilidade de penhora dos bens garantidos, sequência ordinária da marcha processual, não se mostra suficiente para paralisar a execução do crédito público, que ostenta primazia sobre o privado. 4. Entendimento que persiste após a entrada em vigor do art. 919 do CPC/2015. 5. Recurso especial provido para restabelecer a decisão do primeiro grau de jurisdição que indeferiu o recebimento dos embargos no efeito suspensivo" (REsp 1.732.340/RN, rel. Min. Og Fernandes, j. 8-5-2018, 2ª T., *DJe* 14-5-2018).

STJ: "TRIBUTÁRIO. PROCESSUAL CIVIL. EMBARGOS À EXECUÇÃO FISCAL. PEDIDO DE EFEITO SUSPENSIVO DEFERIDO. POSTERIOR JULGAMENTO DO MÉRITO DOS EMBARGOS. RECURSO ESPECIAL CONTRA ACÓRDÃO EM AGRAVO DE INSTRUMENTO. PERDA DE OBJETO. 1. O exame do recurso especial, interposto contra acórdão em agravo de instrumento, em que se decidiu pela concessão de efeito suspensivo aos embargos à execução fiscal, estará prejudicado, por perda de objeto, quando for prolatada sentença de mérito nos embargos, ante seu caráter exauriente. Nesse sentido, julgados de ambas as Turmas da 1ª Seção do STJ: AgRg no REsp 1.241.400/RS, rel. Min. Benedito Gonçalves, 1ª T, *DJe* 21-11-2013; REsp 1.666.941/RS, Rel. Min. Herman Benjamin, 2ª T, *DJe* 13-9-2017. 2. Agravo interno não provido" (AgInt no AREsp 635.512/SP, rel. Min. Sérgio Kukina, j. 25-9-2018, 1ª T., *DJe* 9-10-2018).

Importante mencionar que, além da garantia do juízo, a suspensão da execução fiscal também fica condicionada à deliberação judicial com a análise da comprovação de existência do perigo da demora e da probabilidade do direito, nos termos do art. 919 do CPC.

STJ: "PROCESSUAL CIVIL E TRIBUTÁRIO. AGRAVO INTERNO NO AGRAVO EM RECURSO ESPECIAL. EMBARGOS À EXECUÇÃO FISCAL. EFEITO SUSPENSIVO. APLICABILIDADE DO ART. 739-A DO CPC/73. RESP 1.272.827/PE, REL. MIN. MAURO CAMPBELL MARQUES, *DJe* 31-5-2013, SUBMETIDO AO RITO DO ART. 543-C DO CPC/73. REQUISITOS DA SUSPENSÃO. REEXAME DE PROVA. IMPOSSIBILIDADE DE ANÁLISE NESTA VIA EXCEPCIONAL. PRESCRIÇÃO PARA O REDIRECIONAMENTO. NÃO OCORRÊNCIA NA ESPÉCIE. AGRAVO INTERNO DO PARTICULAR A QUE SE NEGA PROVIMENTO. 1. Quanto à atribuição do efeito suspensivo, o STJ, no julgamento do REsp 1.272.827/PE, de relatoria do eminente Ministro Mauro Campbell Marques, *DJe* 31-5-2013, submetido ao rito do art. 543-C do CPC/73, firmou o entendimento de que o art. 739-A do CPC/73 se aplica às Execuções Fiscais, desde que presentes os seguintes requisitos: requerimento do embargante; garantia do juízo; verificação, pelo Juiz, da relevância da fundamentação (*fumus boni juris*) e do perigo de dano irreparável ou de difícil reparação (*periculum in mora*). (...) 4. Agravo Interno do Particular a que se nega provimento" (AgInt no AREsp 948.107/AL, rel. Min. Napoleão Nunes Maia Filho, 1ª T, j. 28-9-2020, *DJe* 1º-10-2020).

17.6.11 Exceção de pré-executividade

A necessidade de garantir o juízo para embargar a execução fiscal muitas vezes impede o devedor de exercer seu direito constitucional ao contraditório e à ampla defesa. Diante disso, a **doutrina e a jurisprudência** vêm reconhecendo a possibilidade de o executado defender-se, sem necessidade de **garantir o juízo**, utilizando objeção de pré-executividade ou, nome que se tornou mais conhecido, **exceção de pré-executividade.**

Embora não haja previsão expressa na Lei de Execuções Fiscais, a possibilidade de sua utilização encontra fundamento nos princípios constitucionais do devido processo legal (art. 5º, LIV), contraditório e ampla defesa (art. 5º, LV), além do próprio direito de petição (art. 5º, XXXIV, *a*).

Trata-se de um **incidente processual**, ou seja, ao contrário dos embargos a exceção **não tem natureza jurídica de ação autônoma.**

Desse modo, a decisão judicial que rejeita a exceção de pré-executividade ou a "julga improcedente" é **decisão interlocutória** recorrível por agravo de instrumento, e não por apelação. Entretanto, se o juiz "acatar" a exceção ou a "julgar procedente", tal decisão produzirá o efeito de extinguir a execução, isto é, efeito de sentença, cabendo apelação.

Não existe prazo para oferecimento da exceção de pré-executividade.

São reconhecidas pela doutrina e pela jurisprudência as seguintes **hipóteses de cabimento da exceção de pré-executividade** substituindo os embargos à execução[1]:

1) executado não tem patrimônio suficiente para garantir o juízo;

2) nulidade da CDA passível de reconhecimento de plano (STJ, REsp 915.503/PR);

3) matérias de ordem pública conhecíveis de ofício pelo juiz, que não demandem dilação probatória (STJ, Súmula 393);

4) alegação de pagamento[STJ] (STJ, AGREsp 2007/01588350);

5) ilegitimidade da parte com redirecionamento da execução contra sócio cujo nome não consta da CDA[STJ] (STJ, AGREsp 2007/01588350).

> STJ: "TRIBUTÁRIO – EXECUÇÃO FISCAL – POSSIBILIDADE DE APRECIAÇÃO DA MATÉRIA ALEGADA EM EXCEÇÃO DE PRÉ-EXECUTIVIDADE – REDIRECIONAMENTO – CDA NÃO CONSTA NOME DO SÓCIO – ÔNUS DA PROVA – FAZENDA PÚBLICA. (...) 1) se a execução fiscal foi promovida apenas contra a pessoa jurídica e, posteriormente, foi redirecionada contra sócio-gerente cujo nome não consta da Certidão de Dívida Ativa, cabe ao Fisco comprovar que o sócio agiu com excesso de poderes ou infração de lei, contrato social ou estatuto, nos termos do art. 135 do CTN" (AgRg no REsp 968.047-RN 2007/0158835-0, rel. Min. Humberto Martins, 2ª T., j. 3-4-2008, *DJe* 14-4-2008).

---

1   O levantamento das hipóteses de cabimento da exceção de pré-executividade foi aqui realizado com base no excelente artigo "Exceção de pré-executividade no redirecionamento da execução fiscal", de Nelson Berriel, publicado no *site* <http://www.jusnavigandi.com.br>, a quem cabe todo o mérito das referências jurisprudenciais indicadas neste tópico. Remeto o leitor interessado em aprofundar-se no tema ao mencionado trabalho. *Jus Navigandi*, Teresina, ano 19, n. 4.131, 23 out. 2014. Disponível em: http://jus.com.br/artigos/30447. Acesso em: 13 nov. 2014.

Cabe lembrar que, para o STJ, se o nome do sócio consta da CDA, mesmo na hipótese de dívida tributária originariamente da empresa, a presunção de liquidez e certeza do título inverte o ônus da prova, incumbindo ao sócio provar que não houve infração ou excesso de poder nos termos do art. 135 do CTN[STJ];

> STJ: "TRIBUTÁRIO. EXECUÇÃO FISCAL SÓCIO-GERENTE CUJO NOME CONSTA DA CDA. PRESUN-ÇÃO DE RESPONSABILIDADE. ILEGITIMIDADE PASSIVA ARGUIDA EM EXCEÇÃO DE PRÉ-EXECUTI-VIDADE. INVIABILIDADE. PRECEDENTES. (...) 2. Não cabe exceção de pré-executividade em execução fiscal promovida contra sócio que figura como responsável na Certidão de Dívida Ativa – CDA. É que a presunção de legitimidade assegurada à CDA impõe ao executado que figura no título executivo o ônus de demonstrar a inexistência de sua responsabilidade tributária, demonstração essa que, por demandar prova, deve ser promovida no âmbito dos embargos à execução" (REsp 1.110.925/SP, rel. Min. Teori Albino Zavascki, 1ª Seção, j. 22-4-2009, *DJe* 4-5-2009).

6) inconstitucionalidade do tributo reconhecida pelo STF (STJ, REsp 1.051. 860/PE);

7) prescrição e decadência, desde não seja necessária dilação probatória (STJ, EREsp 200902124124, REsp 200301294136, REsp 200700416516).

Cabe lembrar, por fim, que todas as hipóteses listadas acima, reconhecidas pela doutrina e jurisprudência, de cabimento da exceção exigem prova pré--constituída.

Trata-se de um requisito absoluto: **exceção de pré-executividade é sempre incompatível com dilação probatória.**

17.6.12 Impugnação aos embargos

Após o recebimento dos embargos, ou da exceção, o juiz mandará intimar a Fazenda Pública para apresentar **impugnação no prazo de 30 dias**, designando, em seguida, audiência de instrução e julgamento (art. 17 da LEF).

Se não forem oferecidos os embargos, a Fazenda Pública manifestar-se-á sobre a garantia da execução (art. 18).

Após o trânsito em julgado da decisão nos embargos, o depósito, monetariamente atualizado, será devolvido ao depositante ou entregue à Fazenda Pública, mediante ordem do Juízo competente (art. 32, § 2º, da LEF).

17.6.13 Prescrição intercorrente

Nos termos do art. 40 da LEF, o juiz suspenderá o curso da execução, enquanto não for localizado o devedor ou encontrados bens sobre os quais possa recair a penhora, e, nesses casos, não correrá o prazo de prescrição.

Decorrido o prazo máximo de 1 ano sem que seja localizado o devedor ou encontrados bens penhoráveis, o Juiz ordenará o arquivamento dos autos (art. 40, § 2º).

Porém, se da decisão que ordenar o arquivamento tiver decorrido o prazo prescricional, o juiz, ouvida a Fazenda Pública, **poderá, de ofício, reconhecer a prescrição intercorrente** e decretá-la de imediato (art. 40, § 4º).

17.6.13.1 Prescrição intercorrente automática

No julgamento do REsp 1.340.533, em 12-9-2018, o STJ fixou cinco teses sobre a interpretação do art. 40 da Lei n. 6.830/80, incluindo a polêmica figura da "prescrição intercorrente automática" (tese 1 abaixo).

Segue transcrição do inteiro teor das novas teses acerca da prescrição intercorrente:

1) O prazo de 1 (um) ano de suspensão do processo e do respectivo prazo prescricional previsto no art. 40, §§ 1º e 2º da Lei n. 6.830/80 – LEF tem início automaticamente na data da ciência da Fazenda Pública a respeito da não localização do devedor ou da inexistência de bens penhoráveis no endereço fornecido, havendo, sem prejuízo dessa contagem automática, o dever de o magistrado declarar ter ocorrido a suspensão da execução;

1.1) Sem prejuízo do disposto no item 1, nos casos de execução fiscal para cobrança de dívida ativa de natureza tributária (cujo despacho ordenador da citação tenha sido proferido antes da vigência da LC n. 118/2005), depois da citação válida, ainda que editalícia, logo após a primeira tentativa infrutífera de localização de bens penhoráveis, o Juiz declarará suspensa a execução.

1.2) Sem prejuízo do disposto no item 1, em se tratando de execução fiscal para cobrança de dívida ativa de natureza tributária (cujo despacho ordenador da citação tenha sido proferido na vigência da LC n. 118/2005) e de qualquer dívida ativa de natureza não tributária, logo após a primeira tentativa frustrada de citação do devedor ou de localização de bens penhoráveis, o Juiz declarará suspensa a execução.

2) Havendo ou não petição da Fazenda Pública e havendo ou não pronunciamento judicial nesse sentido, findo o prazo de 1 (um) ano de suspensão inicia-se automaticamente o prazo prescricional aplicável (de acordo com a natureza do crédito exequendo) durante o qual o processo deveria estar arquivado sem baixa na distribuição, na forma do art. 40, §§ 2º, 3º e 4º da Lei n. 6.830/80 – LEF, findo o qual o Juiz, depois de ouvida a Fazenda Pública, poderá, de ofício, reconhecer a prescrição intercorrente e decretá-la de imediato;

3) A efetiva constrição patrimonial e a efetiva citação (ainda que por edital) são aptas a interromper o curso da prescrição intercorrente, não bastando para tal o mero peticionamento em juízo, requerendo, v.g., a feitura da penhora sobre ativos financeiros ou sobre outros bens. Os requerimentos feitos pelo exequente, dentro da soma do prazo máximo de 1 (um) ano de suspensão mais o prazo de prescrição aplicável (de acordo com a natureza do crédito exequendo) deverão ser processados, ainda que para além da soma desses dois prazos, pois, citados (ainda que por edital) os devedores e penhorados os bens, a qualquer tempo – mesmo depois de escoados os referidos prazos –, considera-se inter-

rompida a prescrição intercorrente, retroativamente, na data do protocolo da petição que requereu a providência frutífera.

4) A Fazenda Pública, em sua primeira oportunidade de falar nos autos (art. 245 do CPC/73, correspondente ao art. 278 do CPC/2015), ao alegar nulidade pela falta de qualquer intimação dentro do procedimento do art. 40 da LEF, deverá demonstrar o prejuízo que sofreu (exceto a falta da intimação que constitui o termo inicial – 1., onde o prejuízo é presumido), por exemplo, deverá demonstrar a ocorrência de qualquer causa interruptiva ou suspensiva da prescrição.

5) O magistrado, ao reconhecer a prescrição intercorrente, deverá fundamentar o ato judicial por meio da delimitação dos marcos legais que foram aplicados na contagem do respectivo prazo, inclusive quanto ao período em que a execução ficou suspensa.

17.6.14 Direito sumular sobre execução fiscal

17.6.14.1 Súmulas do STF sobre execução fiscal

Súmula 277

São cabíveis embargos, em favor da Fazenda Pública, em ação executiva fiscal, não sendo unânime a decisão.

Súmula 278

São cabíveis embargos em ação executiva fiscal contra decisão reformatória da de primeira instância, ainda que unânime.

Súmula 383

A prescrição em favor da Fazenda Pública recomeça a correr, por dois anos e meio, a partir do ato interruptivo, mas não fica reduzida aquém de cinco anos, embora o titular do direito a interrompa durante a primeira metade do prazo.

17.6.14.2 Súmulas do STJ sobre execução fiscal

Súmula 58

Proposta a execução fiscal, a posterior mudança de domicílio do executado não desloca a competência já fixada.

Súmula 66

Compete à Justiça Federal processar e julgar execução fiscal promovida por Conselho de fiscalização profissional.

Súmula 106

Proposta a ação no prazo fixado para o seu exercício, a demora na citação, por motivos inerentes ao mecanismo da Justiça, não justifica o acolhimento da arguição de prescrição ou decadência.

Súmula 121

Na execução fiscal o devedor deverá ser intimado, pessoalmente, do dia e hora da realização do leilão.

Súmula 128

Na execução fiscal haverá segundo leilão, se no primeiro não houver lanço superior à avaliação.

Súmula 139

Cabe à Procuradoria da Fazenda Nacional propor execução fiscal para cobrança de crédito relativo ao ITR.

Súmula 153

A desistência da execução fiscal, após o oferecimento dos embargos, não exime o exequente dos encargos da sucumbência.

Súmula 189

É desnecessária a intervenção do Ministério Público nas execuções fiscais.

Súmula 190

Na execução fiscal, processada perante a Justiça Estadual, cumpre à Fazenda Pública antecipar o numerário destinado ao custeio das despesas com o transporte dos oficiais de justiça.

Súmula 251

A meação só responde pelo ato ilícito quando o credor, na execução fiscal, provar que o enriquecimento dele resultante aproveitou ao casal.

Súmula 314

Em execução fiscal, não localizados bens penhoráveis, suspende-se o processo por um ano, findo o qual se inicia o prazo da prescrição quinquenal intercorrente.

Súmula 375

O reconhecimento da fraude à execução depende do registro da penhora do bem alienado ou da prova de má-fé do terceiro adquirente.

Súmula 392

A Fazenda Pública pode substituir a certidão de dívida ativa (CDA) até a prolação da sentença de embargos, quando se tratar de correção de erro material ou formal, vedada a modificação do sujeito passivo da execução.

Súmula 393

A exceção de pré-executividade é admissível na execução fiscal relativamente às matérias conhecíveis de ofício que não demandem dilação probatória.

Súmula 394

É admissível, em embargos à execução, compensar os valores de imposto de renda retidos indevidamente na fonte com os valores restituídos apurados na declaração anual.

Súmula 400

O encargo de 20% previsto no DL n. 1.025/69 é exigível na execução fiscal proposta contra a massa falida

Súmula 406

A Fazenda Pública pode recusar a substituição do bem penhorado por precatório.

Súmula 414

A citação por edital na execução fiscal é cabível quando frustradas as demais modalidades.

Súmula 430

O inadimplemento da obrigação tributária pela sociedade não gera, por si só, a responsabilidade solidária do sócio-gerente.

Súmula 435

Presume-se dissolvida irregularmente a empresa que deixar de funcionar no seu domicílio fiscal, sem comunicação aos órgãos competentes, legitimando o redirecionamento da execução fiscal para o sócio-gerente.

Súmula 451

É legítima a penhora da sede do estabelecimento comercial.

Súmula 515

A reunião de execuções fiscais contra o mesmo devedor constitui faculdade do juiz.

Súmula 558

Em ações de execução fiscal, a petição inicial não pode ser indeferida sob o argumento da falta de indicação do CPF e/ou RG ou CNPJ da parte executada.

Súmula 559

Em ações de execução fiscal, é desnecessária a instrução da petição inicial com o demonstrativo de cálculo do débito, por tratar-se de requisito não previsto no art. 6º da Lei n. 6.830/80.

17.6.14.3 Súmulas do TFR sobre execução fiscal

Súmula 44

Ajuizada a execução fiscal anteriormente à falência, com penhora realizada antes desta, não ficam os bens penhorados sujeitos a arrecadação no Juízo falimentar; proposta a execução fiscal contra a massa falida, a penhora far-se-á no rosto dos autos do processo da quebra, citando-se o síndico.

Súmula 99

A Fazenda Pública, nas execuções fiscais, não está sujeita a prévio depósito para custear despesas do avaliador.

Súmula 112

Em execução fiscal, a responsabilidade pessoal do sócio gerente de sociedade por quotas, decorrente de violação da Lei ou excesso de mandato, não atinge a meação de sua mulher.

Súmula 184

Em execução movida contra sociedade por quotas, o sócio-gerente, citado em nome próprio, não tem legitimidade para opor embargos de terceiro, visando a livrar da constrição judicial seus bens particulares.

Súmula 189

Proposta a execução fiscal, a posterior mudança de domicílio do executado não desloca a competência já fixada.

Súmula 190

A intimação pessoal da penhora ao executado torna dispensável a publicação de que trata o art. 12 da Lei das Execuções Fiscais.

Súmula 209

Nas execuções fiscais da fazenda nacional, é legítima a cobrança cumulativa de juros de mora e multa moratória.

Súmula 210

Na execução fiscal, não sendo encontrado o devedor, nem bens arrestáveis, é cabível a citação editalícia.

Súmula 224

O fato de não serem adjudicados bens que, levados a leilão, deixaram de ser arrematados, não acarreta a extinção do processo de execução.

17.6.14.4 Súmulas gerais do STJ sobre processo tributário

Súmula 232

A Fazenda Pública, quando parte no processo, fica sujeita à exigência do depósito prévio dos honorários do perito.

Súmula 452

A extinção das ações de pequeno valor é faculdade da Administração Federal, vedada a atuação judicial de ofício.

Súmula 515

A reunião de execuções fiscais contra o mesmo devedor constitui faculdade do juiz.

Acesse o material suplementar
https://uqr.to/1xebw

Acesse o QR Code e confira o quadro sinótico e as questões deste capítulo.

18

TEMAS DE REPERCUSSÃO GERAL DO STF SOBRE DIREITO TRIBUTÁRIO

Tema 001:
É inconstitucional a parte do art. 7º, I, da Lei n. 10.865/2004 que acresce à base de cálculo da denominada PIS/COFINS-Importação o valor do ICMS incidente no desembaraço aduaneiro e o valor das próprias contribuições. (RE 559.937)

Tema 002:
I – Normas relativas à prescrição e decadência em matéria tributária são reservadas à lei complementar;
II – São inconstitucionais o parágrafo único do art. 5º do Decreto-lei n. 1.569/77 e os arts. 45 e 46 da Lei n. 8.212/91. (RE 560.626)

Tema 003:
São inconstitucionais o parágrafo único do art. 5º do Decreto-lei n. 1.569/77 e os arts. 45 e 46 da Lei n. 8.212/91, que tratam de prescrição e decadência de crédito tributário. (RE 559.943)

Tema 008:
A Contribuição Social sobre o Lucro Líquido – CSLL incide sobre o lucro decorrente das exportações. A imunidade prevista no art. 149, § 2º, inciso I, da Constituição Federal, com a redação dada pela Emenda Constitucional n. 33/2001, não o alcança. (RE 564.413)

Tema 0016:
A segurança pública, presentes a prevenção e o combate a incêndios, faz-se, no campo da atividade precípua, pela unidade da Federação, e, porque serviço essencial, tem como a viabilizá-la a arrecadação de impostos, não cabendo ao Município a criação de taxa para tal fim. (RE 643.247)

Tema 0021:
É constitucional a fixação de alíquota progressiva para o Imposto sobre Transmissão *Causa Mortis* e Doação – ITCD. (RE 562.045)

Tema 0031:
É inconstitucional o uso de meio indireto coercitivo para pagamento de tributo – "sanção política" –, tal qual ocorre com a exigência, pela Administração Tributária, de fiança, garantia real ou fidejussória como condição para impressão de notas fiscais de contribuintes com débitos tributários. (RE 565.048)

Tema 0032:
A lei complementar é forma exigível para a definição do modo beneficente de atuação das entidades de assistência social contempladas pelo art. 195, § 7º, da CF, especialmente no que se refere à instituição de contrapartidas a serem por elas observadas (RE 566.622)

Tema 0040:

A cobrança de taxa de matrícula nas universidades públicas viola o disposto no art. 206, IV, da Constituição Federal. (RE 500.171)

Tema 0042:

A retenção da parcela do ICMS constitucionalmente devida aos Municípios, a pretexto de concessão de incentivos fiscais, configura indevida interferência do Estado no sistema constitucional de repartição de receitas tributárias. (RE 572.762)

Tema 0044:

O serviço de iluminação pública não pode ser remunerado mediante taxa. (RE 573.675)

Tema 0049:

O direito do contribuinte de utilizar-se de crédito relativo a valores pagos a título de Imposto sobre Produtos Industrializados – IPI, oriundo da aquisição de matéria-prima a ser empregada em produto final beneficiado pela isenção ou tributado à alíquota zero, somente surgiu com a Lei n. 9.779/99, não se mostrando possível a aplicação retroativa da norma. (RE 562.980)

Tema 0052:

A imunidade tributária prevista no art. 149, § 2º, I, da Constituição Federal é restrita às contribuições sociais e de intervenção no domínio econômico incidentes sobre as receitas decorrentes de exportação. Não contempla, assim, a CPMF, cuja hipótese de incidência – movimentações financeiras – não se confunde com receitas. (RE 566.259)

Tema 0053:

É compatível com a Constituição Federal a norma infraconstitucional que atribui a órgão integrante do Poder Executivo da União a faculdade de alterar as alíquotas do Imposto de Exportação. (RE 570.680)

Tema 0055:

I – Os Estados-membros possuem competência apenas para a instituição de contribuição voltada ao custeio do regime de previdência de seus servidores. Falece-lhes, portanto, competência para a criação de contribuição ou qualquer outra espécie tributária destinada ao custeio de serviços médicos, hospitalares, farmacêuticos e odontológicos prestados aos seus servidores;

II – Não há óbice constitucional à prestação, pelos Estados, de serviços de saúde a seus servidores, desde que a adesão a esses "planos" seja facultativa. (RE 573.540)

Tema 0063:

O crédito-prêmio de IPI, incentivo fiscal de natureza setorial instituído pelo art. 1º do Decreto-Lei n. 491/69, deixou de vigorar em 5-10-1990 ante a ausência de sua confirmação por lei no prazo de dois anos após a publicação da Constituição de 1988, conforme definido no § 1º do art. 41 do Ato das Disposições Constitucionais Transitórias – ADCT. (RE 561.485)

Tema 0064:

Não ofende o art. 173, § 1º, II, da Constituição Federal, a escolha legislativa de reputar não equivalentes a situação das empresas privadas com relação a das sociedades de economia mista, das empresas públicas e respectivas subsidiárias que exploram atividade econômica, para fins de submissão ao regime tributário das contribuições para o PIS e para o PASEP, à luz dos princípios da igualdade tributária e da seletividade no financiamento da Seguridade Social. (RE 577.494)

Tema 0069:

O ICMS não compõe a base de cálculo para a incidência do PIS e da COFINS. (RE 574.706)

Tema 0071:

É legítima a revogação da isenção estabelecida no art. 6º, II, da Lei Complementar 70/91 pelo art. 56 da Lei n. 9.430/96, dado que a LC n. 70/91 é apenas formalmente complementar, mas materialmente ordinária com relação aos dispositivos concernentes à contribuição social por ela instituída. (RE 377.457)

Tema 0075:

É constitucional a proibição de deduzir-se o valor da Contribuição Social sobre o Lucro Líquido – CSLL do montante apurado como lucro real, que constitui a base de cálculo do Imposto de Renda de Pessoa Jurídica – IRPJ. (RE 582.525)

Tema 0080:

Surge constitucional, sob o ângulo do caráter seletivo, em função da essencialidade do produto e do tratamento isonômico, o art. 2º da Lei n. 8.393/91, a revelar alíquota máxima de Imposto sobre Produtos Industrializados – IPI de 18%, assegurada isenção, quanto aos contribuintes situados na área de atuação da Superintendência de Desenvolvimento do Nordeste – Sudene e da Superintendência de Desenvolvimento da Amazônia – Sudam, e autorização para redução de até 50% da alíquota, presentes contribuintes situados nos Estados do Espírito Santo e do Rio de Janeiro. (RE 592.145)

Tema 0084:

É formalmente inconstitucional, por ofensa ao art. 146, inciso III, alínea *a*, da Constituição Federal, o § 2º do art. 14 da Lei n. 4.502/64, com a redação dada pelo art. 15 da Lei n. 7.798/89, no ponto em que prevê a inclusão de descontos incondicionais na base de cálculo do Imposto sobre Produtos Industrializados – IPI, em descompasso com a disciplina da matéria no art. 47, inciso II, alínea *a*, do Código Tributário Nacional. (RE 567.935)

Tema 0087:

As vendas inadimplidas não podem ser excluídas da base de cálculo da contribuição ao PIS e da COFINS, visto que integram a receita da pessoa jurídica. (RE 586.482)

Tema 0091:

O prazo nonagesimal previsto no art. 150, III, c, da Constituição Federal somente deve ser utilizado nos casos de criação ou majoração de tributos, não nas situações, como a prevista na Lei paulista 11.813/2004, de simples prorrogação de alíquota já aplicada anteriormente. (RE 584.100)

Tema 0092:

Não viola o art. 167, IV, da Constituição Federal lei estadual que, ao prever o aumento da alíquota do Imposto sobre Circulação de Mercadorias e Serviços – ICMS, impõe ao chefe do Executivo a divulgação da aplicação dos recursos provenientes desse aumento. (RE 585.535)

Tema 0094:

É constitucional a Emenda Constitucional n. 29, de 2000, no que estabeleceu a possibilidade de previsão legal de alíquotas progressivas para o IPTU de acordo com o valor do imóvel. (RE 586.693)

Tema 0095:

É constitucional a majoração da alíquota da Cofins de 2% para 3%, instituída no art. 8º da Lei n. 9.718/98. (RE 527.602)

Tema 0101:

Ofende a garantia constitucional do ato jurídico perfeito a decisão que, sem ponderar as circunstâncias do caso concreto, desconsidera a validade e a eficácia de acordo constante de termo de adesão instituído pela Lei complementar n. 110/2001. (RE 591.068)

Tema 0102:

É constitucional o art. 1º, IV, da Lei n. 8.033/90, uma vez que a incidência de IOF sobre o negócio jurídico de transmissão de títulos e valores mobiliários, tais como ações de companhias abertas e respectivas bonificações, encontra respaldo no art. 153, V, da Constituição Federal, sem ofender os princípios tributários da anterioridade e da irretroatividade, nem demandar a reserva de lei complementar. (RE 583.712)

Tema 0107:

A Emenda Constitucional n. 10/96, especialmente quanto ao inciso III do art. 72 do ADCT, é um novo texto e veicula nova norma, não sendo mera prorrogação da Emenda Constitucional de Revisão n. 1/94, devendo, portanto, observância ao princípio da anterioridade nonagesimal, porquanto majorou a alíquota da CSLL para as pessoas jurídicas referidas no § 1º do art. 22 da Lei n. 8.212/91. (RE 587.008)

Tema 0109:

Lei estadual autorizadora da não inscrição em dívida ativa e do não ajuizamento de débitos de pequeno valor é insuscetível de aplicação a Município e, consequentemente, não serve de fundamento para a extinção das execuções fiscais que promova, sob pena de violação à sua competência tributária. (RE 591.033)

Tema 0110:

É inconstitucional a ampliação da base de cálculo da contribuição ao PIS e da COFINS prevista no art. 3º, § 1º, da Lei n. 9.718/98. (RE 585.235)

Tema 0117:

É constitucional a limitação do direito de compensação de prejuízos fiscais do IRPJ e da base de cálculo negativa da CSLL. (RE 591.340)

Tema 0125:

É constitucional a incidência do Imposto sobre Serviços de Qualquer Natureza – ISS sobre as operações de arrendamento mercantil (*leasing* financeiro). (RE 592.905)

Tema 0146:

I – A taxa cobrada exclusivamente em razão dos serviços públicos de coleta, remoção e tratamento ou destinação de lixo ou resíduos provenientes de imóveis não viola o art. 145, II, da Constituição Federal;

II – A taxa cobrada em razão dos serviços de conservação e limpeza de logradouros e bens públicos ofende o art. 145, II, da Constituição Federal;

III – É constitucional a adoção, no cálculo do valor de taxa, de um ou mais elementos da base de cálculo própria de determinado imposto, desde que não haja integral identidade entre uma base e outra. (RE 576.321)

Tema 0149:

Compete à Justiça comum o julgamento de conflito de interesses a envolver a incidência de contribuição previdenciária, considerada a complementação de proventos. (RE 594.435)

Tema 0155:

É inconstitucional a lei municipal que tenha estabelecido, antes da Emenda Constitucional n. 29/2000, alíquotas progressivas para o IPTU, salvo se destinada a assegurar o cumprimento da função social da propriedade urbana. (RE 601.234)

Tema 0163:

Não incide contribuição previdenciária sobre verba não incorporável aos proventos de aposentadoria do servidor público, tais como terço de férias, serviços extraordinários, adicional noturno e adicional de insalubridade. (RE 593.068)

Tema 0168:

É inconstitucional a aplicação retroativa de lei que majora a alíquota incidente sobre o lucro proveniente de operações incentivadas ocorridas no passado, ainda que no mesmo ano-base, tendo em vista que o fato gerador se consolida no momento em que ocorre cada operação de exportação, à luz da extrafiscalidade da tributação na espécie. (RE 592.396)

Tema 0171:

Após a Emenda Constitucional n. 33/2001, é constitucional a incidência de ICMS sobre operações de importação efetuadas por pessoa, física ou jurídica, que não se dedica habitualmente ao comércio ou à prestação de serviços. (RE 439.796)

Tema 0176:

A demanda de potência elétrica não é passível, por si só, de tributação via ICMS, porquanto somente integram a base de cálculo desse imposto os valores referentes àquelas operações em que haja efetivo consumo de energia elétrica pelo consumidor. (RE 593.824)

Tema 0177:

São legítimas as alterações introduzidas pela Medida Provisória n. 1.858/99, no que revogou a isenção da COFINS e da contribuição para o PIS concedidas às sociedades cooperativas. (RE 598.085)

Tema 0179:

Em relação às contribuições ao PIS/COFINS, não viola o princípio da não cumulatividade a impossibilidade de creditamento de despesas ocorridas no sistema cumulativo, pois os créditos são presumidos e o direito ao desconto somente surge com as despesas incorridas em momento posterior ao início da vigência do regime não cumulativo. (RE 587.108)

Tema 0201:

É devida a restituição da diferença do Imposto sobre Circulação de Mercadorias e Serviços (ICMS) pago a mais no regime de substituição tributária para a frente se a base de cálculo efetiva da operação for inferior à presumida. (RE 593.849)

Tema 0202:

É inconstitucional a contribuição, a ser recolhida pelo empregador rural pessoa física, incidente sobre a receita bruta proveniente da comercialização de sua produção, prevista no art. 25 da Lei n. 8.212/91, com a redação dada pelo art. 1º da Lei n. 8.540/92. (RE 596.177)

Tema 0204:

É constitucional a previsão legal de diferenciação de alíquotas em relação às contribuições previdenciárias incidentes sobre a folha de salários de instituições financeiras ou de entidades a elas legalmente equiparáveis, após a edição da Emenda Constitucional n. 20/98. (RE 598.572)

Tema 0209:

A contribuição para o Finsocial, incidente sobre o faturamento das empresas, não está abrangida pela imunidade objetiva prevista no art. 150, VI, *d*, da Constituição Federal de 1988, anterior art. 19. III, *d*, da Carta de 1967/69. (RE 628.122)

Tema 0211:

A majoração do valor venal dos imóveis para efeito da cobrança de IPTU não prescinde da edição de lei em sentido formal, exigência que somente se pode afastar quando a atualização não excede os índices inflacionários anuais de correção monetária. (RE 648.245)

Tema 0212:

É inconstitucional a incidência do Imposto sobre Serviços de Qualquer Natureza – ISS sobre operações de locação de bens móveis, dissociada da prestação de serviços. (RE 626.706)

Tema 0214:

I – É constitucional a inclusão do valor do Imposto sobre Circulação de Mercadorias e Serviços – ICMS na sua própria base de cálculo;

II – É legítima a utilização, por lei, da taxa SELIC como índice de atualização de débitos tributários;

III – Não é confiscatória a multa moratória no patamar de 20%. (RE 582.461)

Tema 0216:

O ICMS não incide sobre alienação de salvados de sinistro pelas seguradoras. (RE 588.149)

Tema 0217:

É constitucional taxa de renovação de funcionamento e localização municipal, desde que efetivo o exercício do poder de polícia, demonstrado pela existência de órgão e estrutura competentes para o respectivo exercício. (RE 588.322)

Tema 0224:

A imunidade tributária recíproca não exonera o sucessor das obrigações tributárias relativas aos fatos jurídicos tributários ocorridos antes da sucessão. (RE 599.176)

Tema 0225:

I – O art. 6º da Lei Complementar n. 105/2001 não ofende o direito ao sigilo bancário, pois realiza a igualdade em relação aos cidadãos, por meio do princípio da capacidade contributiva, bem como estabelece requisitos objetivos e o translado do dever de sigilo da esfera bancária para a fiscal;

II – A Lei n. 10.174/2001 não atrai a aplicação do princípio da irretroatividade das leis tributárias, tendo em vista o caráter instrumental da norma, nos termos do art. 144, § 1º, do CTN. (RE 601.314)

Tema 0226:

Declarada inconstitucional a progressividade de alíquota tributária, é devido o tributo calculado pela alíquota mínima correspondente, de acordo com a destinação do imóvel. (RE 602.347)

Tema 0227:

A contribuição destinada ao Serviço Brasileiro de Apoio às Micro e Pequenas Empresas – Sebrae possui natureza de contribuição de intervenção no domínio econômico e não necessita de edição de lei complementar para ser instituída. (RE 635.682)

Tema 0228:

É devida a restituição da diferença das contribuições para o Programa de Integração Social – PIS e para o Financiamento da Seguridade Social – Cofins recolhidas a mais, no regime de substituição tributária, se a base de cálculo efetiva das operações for inferior à presumida. (RE 596.832)

Tema 0235:

Os serviços prestados pela Empresa Brasileira de Correios e Telégrafos – ECT, inclusive aqueles em que a empresa não age em regime de monopólio, estão abrangidos pela imunidade tributária recíproca (CF, art. 150, VI, *a*, e §§ 2º e 3º). (RE 601.392)

Tema 0244:

Surge inconstitucional, por ofensa aos princípios da não cumulatividade e da isonomia, o artigo 31, cabeça, da Lei n. 10.865/2004, no que vedou o creditamento da contribuição para o PIS e da COFINS, relativamente ao ativo imobilizado adquirido até 30 de abril de 2004. (RE 599.316)

Tema 0259:
A imunidade da alínea *d* do inciso VI do art. 150 da Constituição Federal alcança componentes eletrônicos destinados, exclusivamente, a integrar unidade didática com fascículos. (RE 595.676)

Tema 0261:
É inconstitucional a cobrança de taxa, espécie tributária, pelo uso de espaços públicos dos Municípios por concessionárias prestadoras do serviço público de fornecimento de energia elétrica. (RE 581.947)

Tema 0277:
I – A eventual inconstitucionalidade de desvinculação de receita de contribuições sociais não acarreta a devolução ao contribuinte do montante correspondente ao percentual desvinculado, pois a tributação não seria inconstitucional ou ilegal, única hipótese autorizadora da repetição do indébito tributário;
II – Não é inconstitucional a desvinculação, ainda que parcial, do produto da arrecadação das contribuições sociais instituídas pelo art. 76 do ADCT, seja em sua redação original, seja naquela resultante das Emendas Constitucionais n. 27/2000, 42/2003, 56/2007, 59/2009 e 68/2011. (RE 566.007)

Tema 0278:
I – A contribuição para o PIS está sujeita ao princípio da anterioridade nonagesimal previsto no art. 195, § 6º, da Constituição Federal;
II – Nos casos em que a majoração de alíquota tenha sido estabelecida somente na conversão de medida provisória em lei, a contribuição apenas poderá ser exigida após noventa dias da publicação da lei de conversão. (RE 568.503)

Tema 0283:
É inconstitucional a incidência da contribuição ao PIS e da COFINS não cumulativas sobre os valores recebidos por empresa exportadora em razão da transferência a terceiros de créditos de ICMS. (RE 606.107)

Tema 0296:
É taxativa a lista de serviços sujeitos ao ISS a que se refere o art. 156, III, da Constituição Federal, admitindo-se, contudo, a incidência do tributo sobre as atividades inerentes aos serviços elencados em lei em razão da interpretação extensiva. (RE 784.439)

Tema 0297:
Não incide o ICMS na operação de arrendamento mercantil internacional, salvo na hipótese de antecipação da opção de compra, quando configurada a transferência da titularidade do bem. (RE 540.829)

Tema 0299:
A redução da base de cálculo de ICMS equivale à isenção parcial, o que acarreta a anulação proporcional de crédito relativo às operações anteriores, salvo disposição em lei estadual em sentido contrário. (RE 635.688)

Tema 0302:
É constitucional a substituição tributária prevista no art. 31 da Lei n. 8.212/91, com redação dada pela Lei n. 9.711/98, que determinou a retenção de 11% do valor bruto da nota fiscal ou fatura de prestação de serviço. (RE 603.191)

Tema 0314:
É inconstitucional a exigência de depósito prévio como requisito de admissibilidade de recurso administrativo. (RE 601.235)

Tema 0322:
Há direito ao creditamento de IPI na entrada de insumos, matéria-prima e material de embalagem adquiridos junto à Zona Franca de Manaus sob o regime de isenção, considerada a previsão de incentivos regionais constante do art. 43, § 2º, III, da Constituição Federal, combinada com o comando do art. 40 do ADCT. (RE 592.891 – 25-4-2019)

Tema 0323:

A receita auferida pelas cooperativas de trabalho decorrentes dos atos (negócios jurídicos) firmados com terceiros se insere na materialidade da contribuição ao PIS/PASEP. (RE 599.362)

Tema 0324:

É constitucional o art. 3º da Lei n. 7.798/1989, que estabelece valores pré-fixados para o IPI. (RE 602.917)

Tema 0326:

O ICMS não incide sobre o fornecimento de água tratada por concessionária de serviço público, dado que esse serviço não caracteriza uma operação de circulação de mercadoria. (RE 607.056)

Tema 0329:

É inconstitucional a incidência da contribuição ao PIS e da COFINS sobre a receita decorrente da variação cambial positiva obtida nas operações de exportação de produtos. (RE 627.815)

Tema 0337:

Não obstante as Leis n. 10.637/2002 e 10.833/2003 estejam em processo de inconstitucionalização, é ainda constitucional o modelo legal de coexistência dos regimes cumulativo e não cumulativo, na apuração do PIS/Cofins das empresas prestadoras de serviços. (RE 607.642)

Tema 0342:

A imunidade tributária subjetiva aplica-se a seus beneficiários na posição de contribuinte de direito, mas não na de simples contribuinte de fato, sendo irrelevante para a verificação da existência do beneplácito constitucional a repercussão econômica do tributo envolvido. (RE 608.872)

Tema 0368:

O Imposto de Renda incidente sobre verbas recebidas acumuladamente deve observar o regime de competência, aplicável a alíquota correspondente ao valor recebido mês a mês, e não a relativa ao total satisfeito de uma única vez. (RE 614.406)

Tema 0379:

No tocante às farmácias de manipulação, incide o ISS sobre as operações envolvendo o preparo e o fornecimento de medicamentos encomendados para posterior entrega aos fregueses, em caráter pessoal, para consumo; incide o ICMS sobre os medicamentos de prateleira por elas produzidos, ofertados ao público consumidor. (RE 505.552)

Tema 0385:

A imunidade recíproca, prevista no art. 150, VI, *a*, da Constituição não se estende a empresa privada arrendatária de imóvel público, quando seja ela exploradora de atividade econômica com fins lucrativos. Nessa hipótese é constitucional a cobrança do IPTU pelo Município. (RE 594.015)

Tema 0390:

É constitucional o art. 40 da Lei n. 6.830/1980 (Lei de Execuções Fiscais - LEF), tendo natureza processual o prazo de 1 (um) ano de suspensão da execução fiscal. Após o decurso desse prazo, inicia-se automaticamente a contagem do prazo prescricional tributário de 5 (cinco) anos (RE 636.562).

Tema 0402:

Não incide o ICMS sobre o serviço de transporte de encomendas realizado pela Empresa Brasileira de Correios e Telégrafos – ECT, tendo em vista a imunidade recíproca prevista no art. 150, VI, *a*, da Constituição Federal. (RE 627.051)

Tema 0408:

É compatível com a Constituição o art. 34 da Lei n. 6.830/80, que afirma incabível apelação em casos de execução fiscal cujo valor seja inferior a 50 ORTN. (ARE 637.975)

Tema 0412:

A Empresa Brasileira de Infraestrutura Aeroportuária – Infraero, empresa pública prestadora de serviço público, faz jus à imunidade recíproca prevista no art. 150, VI, *a*, da Constituição Federal. (ARE 638.315)

Tema 0432:

A imunidade tributária prevista no art. 195, § 7º, da Constituição Federal abrange a contribuição para o PIS. (RE 636.941)

Tema 0437:

Incide o IPTU, considerado imóvel de pessoa jurídica de direito público cedido a pessoa jurídica de direito privado, devedora do tributo. (RE 601.720)

Tema 0475:

A imunidade a que se refere o art. 155, § 2º, X, a, da CF não alcança operações ou prestações anteriores à operação de exportação. (RE 754.917)

Tema 0508:

Sociedade de economia mista, cuja participação acionária é negociada em Bolsas de Valores, e que, inequivocamente, está voltada à remuneração do capital de seus controladores ou acionistas, não está abrangida pela regra de imunidade tributária prevista no art. 150, VI, *a*, da Constituição, unicamente em razão das atividades desempenhadas. (RE 600.867)

Tema 0515:

É constitucional a majoração diferenciada de alíquotas em relação às contribuições sociais incidentes sobre o faturamento ou a receita de instituições financeiras ou de entidades a elas legalmente equiparáveis. (RE 656.089)

Tema 0518:

Nos termos da Súmula 732 do STF, é constitucional a cobrança da contribuição do salário-educação. (RE 660.933)

Tema 0523:

São constitucionais as leis municipais anteriores à Emenda Constitucional n. 29/2000, que instituíram alíquotas diferenciadas de IPTU para imóveis edificados e não edificados, residenciais e não residenciais. (RE 666.156)

Tema 0572:

Compete à Justiça Comum Estadual processar e julgar causas alusivas à parcela do imposto de renda retido na fonte pertencente ao Estado-membro, porque ausente o interesse da União. (RE 684.169)

Tema 0573:

Não viola o princípio da isonomia e o livre acesso à jurisdição a restrição de ingresso no parcelamento de dívida relativa à Contribuição para Financiamento da Seguridade Social – COFINS, instituída pela Portaria n. 655/93, dos contribuintes que questionaram o tributo em juízo com depósito judicial dos débitos tributários. (RE 640.905)

Tema 0581:

As operadoras de planos de saúde realizam prestação de serviço sujeita ao Imposto sobre Serviços de Qualquer Natureza – ISSQN, previsto no art. 156, III, da CRFB/88. (RE 651.703)

Tema 0593:

A imunidade tributária constante do art. 150, VI, *d*, da CF/88 aplica-se ao livro eletrônico (*e-book*), inclusive aos suportes exclusivamente utilizados para fixá-lo. (RE 330.817)

Tema 0615:

É inconstitucional a cobrança de ICMS pelo Estado de destino, com fundamento no Protocolo ICMS 21/2011 do Confaz, nas operações interestaduais de venda de mercadoria ou bem realizadas de forma não presencial a consumidor final não contribuinte do imposto. (RE 680.089)

Tema 0633:

Direito ao creditamento, após a Emenda Constitucional 42/2003, do ICMS decorrente da aquisição de bens de uso e de consumo empregados na elaboração de produtos destinados à exportação, independentemente de regulamentação infraconstitucional.

Tema 0643:

Incide o imposto de produtos industrializados na importação de veículo automotor por pessoa natural, ainda que não desempenhe atividade empresarial e o faça para uso próprio. (RE 723.651)

Tema 0644:

A imunidade tributária recíproca reconhecida à Empresa Brasileira de Correios e Telégrafos – ECT alcança o IPTU incidente sobre imóveis de sua propriedade e por ela utilizados, não se podendo estabelecer, *a priori*, nenhuma distinção entre os imóveis afetados ao serviço postal e aqueles afetados à atividade econômica. (RE 773.992)

Tema 0645:

O Ministério Público não possui legitimidade ativa *ad causam* para, em ação civil pública, deduzir em juízo pretensão de natureza tributária em defesa dos contribuintes, que vise questionar a constitucionalidade/legalidade de tributo. (ARE 694.294)

Tema 0653:

É constitucional a concessão regular de incentivos, benefícios e isenções fiscais relativos ao Imposto de Renda e Imposto sobre Produtos Industrializados por parte da União em relação ao Fundo de Participação de Municípios e respectivas quotas devidas às Municipalidades. (RE 705.423)

Tema 0665:

São constitucionais a alíquota e a base de cálculo da contribuição ao PIS, previstas no art. 72, V, do ADCT, destinada à composição do Fundo Social de Emergência, nas redações da ECR n. 1/94 e das EC n. 10/96 e 17/97, observados os princípios da anterioridade nonagesimal e da irretroatividade tributária. (RE 578.846 – 6-6-2018)

Tema 0685:

Não incide IPVA sobre o veículo automotor adquirido, mediante alienação fiduciária, por pessoa jurídica de direito público. (RE 727.851)

Tema 0688:

É constitucional a incidência do ISS sobre a prestação de serviços de registros públicos, cartorários e notariais, devidamente previstos em legislação tributária municipal. (RE 756.915)

Tema 0689:

Segundo o art. 155, § 2º, X, *b*, da CF/88, cabe ao Estado de destino, em sua totalidade, o ICMS sobre a operação interestadual de fornecimento de energia elétrica a consumidor final, para emprego em processo de industrialização, não podendo o Estado de origem cobrar o referido imposto. (RE 748.543)

Tema 0691:
Incide contribuição previdenciária sobre os rendimentos pagos aos exercentes de mandato eletivo, decorrentes da prestação de serviços à União, a Estados e ao Distrito Federal ou a Municípios, após o advento da Lei n. 10.887/2004, desde que não vinculados a regime próprio de previdência. (RE 626.837)

Tema 0693:
A imunidade tributária prevista no art. 150, VI, c, da CF/88 aplica-se aos bens imóveis, temporariamente ociosos, de propriedade das instituições de educação e de assistência social sem fins lucrativos que atendam os requisitos legais. (RE 767.332)

Tema 0700:
É constitucional a incidência de ISS sobre serviços de distribuição e venda de bilhetes e demais produtos de loteria, bingos, cartões, pules ou cupons de apostas, sorteios e prêmios. Nesta situação, a base de cálculo do ISS é o valor a ser remunerado pela prestação do serviço, independentemente da cobrança de ingresso, não podendo corresponder ao valor total da aposta. (RE 634.764)

Tema 0707:
Revela-se constitucional o art. 3º, § 3º, I e II, da Lei n. 10.637/2003, no que veda o creditamento da contribuição para o PIS, no regime não cumulativo, em relação às operações com pessoas jurídicas domiciliadas no exterior. (RE 698.531)

Tema 0708:
A Constituição autoriza a cobrança do Imposto sobre a Propriedade de Veículos Automotores (IPVA) somente pelo Estado em que o contribuinte mantém sua sede ou domicílio tributário. (RE 1.016.605)

Tema 0721:
São inconstitucionais a instituição e a cobrança de taxas por emissão ou remessa de carnês/guias de recolhimento de tributos. (RE 789.218)

Tema 0736:
É inconstitucional a multa isolada prevista em lei para incidir diante da mera negativa de homologação de compensação tributária por não consistir em ato ilícito com aptidão para propiciar automática penalidade pecuniária (RE 796.939).

Tema 0827:
O Imposto sobre Circulação de Mercadorias e Serviços (ICMS) incide sobre a tarifa de assinatura básica mensal cobrada pelas prestadoras de serviços de telefonia, independentemente da franquia de minutos concedida ou não ao usuário. (RE 912.888)

Tema 0829:
Não viola a legalidade tributária a lei que, prescrevendo o teto, possibilita o ato normativo infralegal fixar o valor de taxa em proporção razoável com os custos da atuação estatal, valor esse que não pode ser atualizado por ato do próprio conselho de fiscalização em percentual superior aos índices de correção monetária legalmente previstos. (RE 838.284)

Tema 0830:
Somente lei em sentido formal pode instituir o regime de recolhimento do ICMS por estimativa. (RE 632.265)

Tema 0844:
O princípio da não cumulatividade não assegura direito de crédito presumido de IPI para o contribuinte adquirente de insumos não tributados, isentos ou sujeitos à alíquota zero. (RE 398.365)

Tema 0891:

É inconstitucional o art. 1º da Lei n. 9.960/2000, que instituiu a Taxa de Serviços Administrativos – TSA, por não definir de forma específica o fato gerador da exação. (ARE 957.650)

Tema 0894:

A contribuição ao PIS só pode ser exigida, na forma estabelecida pelo art. 2º da EC n. 17/97, após decorridos noventa dias da data da publicação da referida emenda constitucional. (RE 848.353)

Tema 0918:

É inconstitucional lei municipal que estabelece impeditivos à submissão de sociedades profissionais de advogados ao regime de tributação fixa em bases anuais na forma estabelecida por lei nacional. (RE 940.769 – 24-4-2019)

Tema 0948:

A Contribuição Sindical Rural, instituída pelo Decreto-lei n. 1.166/71, foi recepcionada pela ordem constitucional vigente e não configura hipótese de bitributação. (RE 883.542)

Tema 1.012:

É constitucional a incidência do ICMS sobre a operação de venda, realizada por locadora de veículos de automóvel com menos de 12 (doze) meses de aquisição da montadora. (RE 1.025.986)

Tema 1.020:

É incompatível com a Constituição Federal disposição normativa a prever a obrigatoriedade de cadastro, em órgão da Administração municipal, de prestador de serviços não estabelecido no território do Município e imposição ao tomador da retenção do Imposto Sobre Serviços – ISS quando descumprida a obrigação acessória. (RE 1.167.509)

Tema 1.047:

I – É constitucional o adicional de alíquota da Cofins-Importação previsto no § 21 do art. 8º da Lei n. 10.865/2004; II – A vedação ao aproveitamento do crédito oriundo do adicional de alíquota, prevista no art. 15, § 1º-A, da Lei n. 10.865/2004, com a redação dada pela Lei n. 13.137/2015, respeita o princípio constitucional da não cumulatividade. II – A vedação ao aproveitamento do crédito oriundo do adicional de alíquota, prevista no art. 15, § 1º-A, da Lei n. 10.865/2004, com a redação dada pela Lei n. 13.137/2015, respeita o princípio constitucional da não cumulatividade. (RE 1.178.310)

Tema 1.048:

É constitucional a inclusão do Imposto Sobre Circulação de Mercadorias e Serviços – ICMS na base de cálculo da Contribuição Previdenciária sobre a Receita Bruta – CPRB. (RE 1.187.264)

Tema 1.050:

É constitucional a restrição, imposta a empresa optante pelo Simples Nacional, ao benefício fiscal de alíquota zero previsto no parágrafo único do art. 2º da Lei n. 10.147/2000, tendo em conta o regime próprio ao qual submetida. (RE 1.199.021)

Tema 1.052:

Observadas as balizas da Lei Complementar n. 87/96, é constitucional o creditamento de Imposto sobre Operações relativas à Circulação de Mercadorias – ICMS cobrado na entrada, por prestadora de serviço de telefonia móvel, considerado aparelho celular posteriormente cedido, mediante comodato. (RE 1.141.756)

Tema 1.160:

O IR e a CSLL incidem sobre a correção monetária das aplicações financeiras, porquanto estas se caracterizam legal e contabilmente como Receita Bruta, na condição de Receitas Financeiras componentes do Lucro Operacional.

19

TEMAS DE RECURSOS REPEȚITIVOS DO STJ SOBRE DIREITO TRIBUTÁRIO

Tema 61:
Não resta caracterizada a denúncia espontânea, com a consequente exclusão da multa moratória, nos casos de tributos declarados, porém pagos a destempo pelo contribuinte, ainda que o pagamento seja integral. (REsp 886.462/RS, rel. Min. Teori Albino Zavascki, j. 22-10-2008, 1ª Seção.)

Tema 62:
Por força da isenção concedida pelo art. 6º, VII, *b*, da Lei n. 7.713/88, na redação anterior à que lhe foi dada pela Lei n. 9.250/95, é indevida a cobrança de imposto de renda sobre o valor da complementação de aposentadoria e o do resgate de contribuições correspondentes a recolhimentos para entidade de previdência privada ocorridos no período de 1º-1-1989 a 31-12-1995. (REsp 1.012.903/RJ, rel. Min. Teori Albino Zavascki, j. 13-10-2008, 1ª Seção.)
Repercussão geral – Tema 330/STF – Incidência do IRPF sobre os benefícios recebidos de entidade de previdência privada e as importâncias correspondentes ao resgate de contribuições.

Tema 63:
É indevida a incidência de ICMS sobre a parcela correspondente à demanda de potência elétrica contratada mas não utilizada. (REsp 960.476/SC, rel. Min. Teori Albino Zavascki, j. 11-3-2009, 1ª Seção.)
Repercussão geral – Tema 176/STF – Inclusão dos valores pagos a título de "demanda contratada" na base de cálculo do ICMS sobre operações envolvendo energia elétrica.

Tema 79:
O art. 5º da Resolução n. 20/2001 do Comitê Gestor do Programa prevê a notificação da exclusão do Refis por meio de publicação no *Diário Oficial* ou pela Internet, o que torna desarrazoada a pretensão de intimação pessoal para esta finalidade. (REsp 1.046.376/DF, rel. Min. Luiz Fux, j. 11-2-2009, 1ª Seção.)
Repercussão geral – Tema 291/STF – Notificação pessoal de contribuinte para exclusão do Refis.
Repercussão geral – Tema 668/STF – Declaração de inconstitucionalidade de norma prevista em resolução do Comitê Gestor do Programa de Recuperação Fiscal que regulamentou a forma de notificação de contribuinte sobre sua exclusão do Refis após julgamento do Supremo Tribunal Federal que concluiu pela natureza infraconstitucional da controvérsia.

Tema 80:
A retenção de 11% (onze por cento) a título de contribuição previdenciária, na forma do art. 31 da Lei n. 8.212/91, não configura nova modalidade de tributo, mas tão-somente alteração na sua forma de recolhimento, não havendo nenhuma ilegalidade nessa nova sistemática de arrecadação (REsp 1.036.375/SP, rel. Min. Luiz Fux, j. 11-3-2009, 1ª Seção.)
Repercussão geral – Tema 302/STF – Natureza jurídica da retenção de 11% sobre os valores brutos dos contratos de prestação de serviço por empresas tomadoras de serviços.

Tema 81:

É admissível, em embargos à execução, compensar os valores de imposto de renda retidos indevidamente na fonte com os valores restituídos apurados na declaração anual. (REsp 1.001.655/DF, rel. Min. Luiz Fux, j. 11-3-2009, 1ª Seção.)

Tema 83:

A parcela de 0,2% (zero vírgula dois por cento) – destinada ao Incra não foi extinta pela Lei n. 7.787/89 e tampouco pela Lei n. 8.213/91. (REsp 977.058/RS, rel. Min. Luiz Fux, j. 22-10-2008, 1ª Seção.)
Repercussão geral – Tema 495/STF – Referibilidade e natureza jurídica da contribuição para o Incra, em face da Emenda Constitucional n. 33/2001.

Tema 85:

A contribuição sindical rural implementada a destempo sofre a incidência do regime previsto no art. 2º da Lei n. 8.022/90, reiterado pelo art. 59 da Lei n. 8.383/91. (REsp 902.349/PR, rel. Min. Luiz Fux, j. 24-6-2009, 1ª Seção.)
Repercussão geral – Tema 621/STF – Revogação da multa prevista no art. 600 da Consolidação das Leis do Trabalho, bem como sua aplicabilidade em razão do atraso no pagamento da contribuição sindical rural.

Tema 88:

Nos termos do art. 167, parágrafo único, do CTN e da Súmula 188/STJ, "os juros moratórios, na repetição do indébito tributário, são devidos a partir do trânsito em julgado da sentença". Tal regime é aplicável à repetição de indébito de contribuições previdenciárias, que também têm natureza tributária. (REsp 1.086.935/SP, rel. Min. Teori Albino Zavascki, j. 12-11-2008, 1ª Seção.)
Repercussão geral – Tema 243/STF – Termo inicial dos juros moratórios nas ações de repetição de indébito tributário.

Tema 89:

As operações de importação de bacalhau (peixe seco e salgado, espécie do gênero pescado), provenientes de países signatários do GATT – *General Agreement on Tariffs and Trade*, realizadas até 30 de abril de 1999, são isentas de recolhimento do ICMS. (REsp 871.760/BA, rel. Min. Luiz Fux, j. 11-3-2009, 1ª Seção.)

Tema 90:

Por força da isenção concedida pelo art. 6º, VII, *b*, da Lei n. 7.713/88, na redação anterior à que lhe foi dada pela Lei n. 9.250/95, é indevida a cobrança de imposto de renda sobre o valor da complementação de aposentadoria e o do resgate de contribuições correspondentes a recolhimentos para entidade de previdência privada ocorridos no período de 1º-1-1989 a 31-12-1995. A quantia que couber por rateio a cada participante, superior ao valor das respectivas contribuições, constitui acréscimo patrimonial (CTN, art. 43) e, como tal, atrai a incidência de imposto de renda. (REsp 760.246/PR, rel. Min. Teori Albino Zavascki, j. 10-12-2008, 1ª Seção.)
Repercussão geral – Tema 330/STF – Incidência do IRPF sobre os benefícios recebidos de entidade de previdência privada e as importâncias correspondentes ao resgate de contribuições.

Tema 91:

As operações de composição gráfica, como no caso de impressos personalizados e sob encomenda, são de natureza mista, sendo que os serviços a elas agregados estão incluídos na Lista Anexa ao Decreto-lei n. 406/68 (item 77) e à LC n. 116/2003 (item 13.05). Consequentemente, tais operações estão sujeitas à incidência de ISSQN (e não de ICMS). Confirma-se o entendimento da Súmula 156/STJ: "A prestação de serviço de composição gráfica, personalizada e sob encomenda, ainda que envolva fornecimento de mercadorias, está sujeita, apenas, ao ISS". (REsp 1.092.206/SP, rel. Min. Teori Albino Zavascki, j. 11-3-2009, 1ª Seção.)

Tema 96:
A entrega de declaração pelo contribuinte reconhecendo débito fiscal constitui o crédito tributário, dispensada qualquer outra providência por parte do Fisco. (REsp 1.101.728/SP, rel. Min. Teori Albino Zavascki, j. 11-3-2009, 1ª Seção.)

Tema 97:
A simples falta de pagamento do tributo não configura, por si só, nem em tese, circunstância que acarreta a responsabilidade subsidiária do sócio, prevista no art. 135 do CTN. É indispensável, para tanto, que tenha agido com excesso de poderes ou infração à lei, ao contrato social ou ao estatuto da empresa. (REsp 1.101.728/SP, rel. Min. Teori Albino Zavascki, j. 11-3-2009, 1ª Seção.)

Tema 101:
O instituto da denúncia espontânea (art. 138 do CTN) não se aplica nos casos de parcelamento de débito tributário. (REsp 1.102.577/DF, rel. Min. Herman Benjamin, j. 22-4-2009, 1ª Seção.)

Tema 107:
O encargo de 20% previsto no DL n. 1.025/69 é exigível na execução fiscal proposta contra a massa falida. (REsp 1.110.924/SP, rel. Min. Benedito Gonçalves, j. 10-6-2009, 1ª Seção.)

Tema 114:
O art. 166 do CTN tem como cenário natural de aplicação as hipóteses em que o contribuinte de direito demanda a repetição do indébito ou a compensação de tributo cujo valor foi suportado pelo contribuinte de fato. (REsp 1.110.550/SP, rel. Min. Teori Albino Zavascki, j. 22-4-2009, 1ª Seção.)

Tema 116:
A remessa do carnê de pagamento do IPTU ao endereço do contribuinte é ato suficiente para a notificação do lançamento tributário. (REsp 1.111.124/PR, rel. Min. Teori Albino Zavascki, j. 22-4-2009, 1ª Seção.)

Tema 119:
Incide a taxa Selic na repetição de indébito de tributos estaduais a partir da data de vigência da lei estadual que prevê a incidência de tal encargo sobre o pagamento atrasado de seus tributos e, relativamente ao período anterior, incide a taxa de 1% ao mês, nos termos do art. 161, § 1º, do CTN, observado o disposto na Súmula 188/STJ, sendo inaplicável o art. 1º-F da Lei n. 9.494/97. (REsp 1.111.189/SP, rel. Min. Teori Albino Zavascki, j. 13-5-2009, 1ª Seção.)

Tema 121:
São isentas de imposto de renda as indenizações de férias proporcionais e respectivo adicional. (REsp 1.111.223/SP, rel. Min. Castro Meira, j. 22-4-2009, 1ª Seção.)

Tema 122:
1. Tanto o promitente-comprador (possuidor a qualquer título) do imóvel quanto seu proprietário/promitente vendedor (aquele que tem a propriedade registrada no Registro de Imóveis) são contribuintes responsáveis pelo pagamento do IPTU;
2. Cabe à legislação municipal estabelecer o sujeito passivo do IPTU. (REsp 1.111.202/SP, rel. Min. Mauro Campbell Marques, j. 10-6-2009, 1ª Seção.)

Tema 132:
É legítima a incidência de ISS sobre os serviços bancários congêneres da lista anexa ao DL n. 406/68 e à LC n. 56/87. (REsp 1.111.234/PR, rel. Min. Eliana Calmon, j. 23-9-2009, 1ª Seção.)
Repercussão geral – Tema 296/STF – Caráter taxativo da lista de serviços sujeitos ao ISS a que se refere o art. 156, III, da Constituição Federal.

Tema 139:

As verbas concedidas ao empregado por mera liberalidade do empregador, isto é, verba paga na ocasião da rescisão unilateral do contrato de trabalho sem obrigatoriedade expressa em lei, convenção ou acordo coletivo, implicam acréscimo patrimonial por não possuírem caráter indenizatório, sujeitando-se, assim, à incidência do imposto de renda. (REsp 1.102.575/MG, rel. Min. Mauro Campbell Marques, j. 23-9-2009, 1ª Seção.)

Tema 142:

O prazo de prescrição quinquenal para pleitear a repetição tributária, nos tributos sujeitos ao lançamento de ofício, é contado da data em que se considera extinto o crédito tributário, qual seja, a data do efetivo pagamento do tributo. A declaração de inconstitucionalidade da lei instituidora do tributo em controle concentrado, pelo STF, ou a Resolução do Senado (declaração de inconstitucionalidade em controle difuso) é despicienda para fins de contagem do prazo prescricional tanto em relação aos tributos sujeitos ao lançamento por homologação, quanto em relação aos tributos sujeitos ao lançamento de ofício. (REsp 1.110.578/SP, rel. Min. Luiz Fux, j. 12-5-2010, 1ª Seção.)

Tema 144:

Os descontos incondicionais nas operações mercantis não se incluem na base de cálculo do ICMS. (REsp 1.111.156/SP, rel. Min. Humberto Martins, j. 14-10-2009, 1ª Seção.)

Tema 150:

As verbas concedidas ao empregado, por mera liberalidade do empregador, quando da rescisão unilateral de seu contrato de trabalho sujeitam-se à incidência do Imposto de Renda. (REsp 1.112.745/SP, rel. Min. Mauro Campbell Marques, j. 23-9-2009, 1ª Seção.)

Tema 151:

A indenização recebida pela adesão a programa de incentivo à demissão voluntária não está sujeita à incidência do imposto de renda. (REsp 1.112.745/SP, rel. Min. Mauro Campbell Marques, j. 23-9-2009, 1ª Seção.)

Tema 158:

Também com relação ao recebimento antecipado de 10% (dez por cento) da reserva matemática do Fundo de Previdência Privada como incentivo para a migração para novo plano de benefícios, deve-se afastar a incidência do imposto de renda sobre a parcela recebida a partir de janeiro de 1996, na proporção do que já foi anteriormente recolhido pelo contribuinte, a título de imposto de renda, sobre as contribuições vertidas ao fundo durante o período de vigência da Lei n. 7.713/88. (REsp 1.111.177/MG, rel. Min. Benedito Gonçalves, j. 23-9-2009, 1ª Seção.)

Tema 159:

A ficção jurídica prevista no art. 11 da Lei n. 9.779/99, não alcança situação reveladora de isenção do Imposto sobre Produtos Industrializados – IPI que a antecedeu. (REsp 860.369/PE, rel. Min. Luiz Fux, j. 25-11-2009, 1ª Seção.)
Repercussão geral – Tema 49/STF – Creditamento de IPI sobre aquisição de insumos ou produtos intermediários aplicados na fabricação de produtos finais sujeitos à alíquota zero ou isentos, em período anterior à Lei n. 9.779/99.

Tema 160:

O valor do frete (referente ao transporte do veículo entre a montadora/fabricante e a concessionária/revendedora) integra a base de cálculo do ICMS incidente sobre a circulação da mercadoria, para fins da substituição tributária progressiva ("para frente"), à luz do art. 8º, II, *b*, da Lei Complementar n. 87/96. (REsp 931.727/RS, rel. Min. Luiz Fux, j. 26-8-2009, 1ª Seção.)

Tema 161:

Nos casos em que a substituta tributária (a montadora/fabricante de veículos) não efetua o transporte, nem o engendra por sua conta e ordem, o valor do frete não deve ser incluído na base de cálculo do imposto. (REsp 931.727/RS, rel. Min. Luiz Fux, j. 26-8-2009, 1ª Seção.)

Tema 162:

A tributação isolada e autônoma do imposto de renda sobre os rendimentos auferidos pelas pessoas jurídicas em aplicações financeiras de renda fixa, bem como sobre os ganhos líquidos em operações realizadas nas bolsas de valores, de mercadorias, de futuros e assemelhadas, à luz dos arts. 29 e 36, da Lei n. 8.541/92, é legítima e complementar ao conceito de renda delineado no art. 43, do CTN, uma vez que as aludidas entradas financeiras não fazem parte da atividade-fim das empresas. (REsp 939.527/MG, rel. Min. Luiz Fux, j. 24-6-2009, 1ª Seção.)

Tema 163:

O prazo decadencial quinquenal para o Fisco constituir o crédito tributário (lançamento de ofício) conta-se do primeiro dia do exercício seguinte àquele em que o lançamento poderia ter sido efetuado, nos casos em que a lei não prevê o pagamento antecipado da exação ou quando, a despeito da previsão legal, o mesmo inocorre, sem a constatação de dolo, fraude ou simulação do contribuinte, inexistindo declaração prévia do débito. (REsp 973.733/SC, rel. Min. Luiz Fux, j. 12-8-2009, 1ª Seção.)

Tema 164:

É devida a correção monetária sobre o valor referente a créditos de IPI admitidos extemporaneamente pelo Fisco. (REsp 1.035.847/RS, rel. Min. Luiz Fux, j. 24-6-2009, 1ª Seção.)

Tema 165:

É ilícita a exigência de nova certidão negativa de débito no momento do desembaraço aduaneiro da respectiva importação, se a comprovação de quitação de tributos federais já fora apresentada quando da concessão do benefício inerente às operações pelo regime de *drawback*. (REsp 1.041.237/SP, rel. Min. Luiz Fux, j. 28-10-2009, 1ª Seção.)

Tema 167:

Incide imposto de renda sobre a verba intitulada "Indenização por Horas Trabalhadas" – IHT, paga aos funcionários da Petrobras, malgrado fundada em acordo coletivo. (REsp 1.049.748/RN, rel. Min. Luiz Fux, j. 24-6-2009, 1ª Seção.)

Tema 168:

A aquisição de bens integrantes do ativo permanente da empresa não gera direito a creditamento de IPI. (REsp 1.075.508/SC, rel. Min. Luiz Fux, j. 23-9-2009, 1ª Seção.)

Tema 169:

O auxílio condução consubstancia compensação pelo desgaste do patrimônio dos servidores, que utilizam-se de veículos próprios para o exercício da sua atividade profissional, inexistindo acréscimo patrimonial, mas uma mera recomposição ao estado anterior sem o incremento líquido necessário à qualificação de renda. (REsp 1.096.288/RS, rel. Min. Napoleão Nunes Maia Filho, j. 09-12-2009, 1ª Seção.)

Tema 170:

Sob a égide do Convênio ICMS 66/88 (antes, portanto, da entrada em vigor da Lei Complementar n. 87/96) não havia direito do contribuinte ao crédito de ICMS recolhido quando pago em razão de operações de consumo de energia elétrica. (REsp 977.090/ES, rel. Min. Luiz Fux, j. 25-11-2009, 1ª Seção.)

Tema 171:

A retenção da contribuição para a seguridade social pelo tomador do serviço não se aplica às empresas optantes pelo Simples. (REsp 1.112.467/DF, rel. Min. Teori Albino Zavascki, j. 12-8-2009, 1ª Seção.)

Tema 174:

Não incide IPTU, mas ITR, sobre imóvel localizado na área urbana do Município, desde que comprovadamente utilizado em exploração extrativa, vegetal, agrícola, pecuária ou agroindustrial (art. 15 do DL n. 57/66). (REsp 1.112.646/SP, rel. Min. Herman Benjamin, j. 26-8-2009, 1ª Seção.)

Tema 179:

A perda da pretensão executiva tributária pelo decurso de tempo é consequência da inércia do credor, que não se verifica quando a demora na citação do executado decorre unicamente do aparelho judiciário. (REsp 1.102.431/ RJ, rel. Min. Luiz Fux, j. 09-12-2009, 1ª Seção.)

Tema 180:

Inexiste qualquer ilegalidade/inconstitucionalidade na determinação de indedutibilidade da CSSL na apuração do lucro real. (REsp 1.113.159/AM, rel. Min. Luiz Fux, j. 11-11-2009, 1ª Seção.)

Repercussão geral – Tema 75/STF – Dedução da CSLL na apuração da sua própria base de cálculo e da base de cálculo do IRPJ.

Tema 183:

O ICMS incide sobre o preço total da venda quando o acréscimo é cobrado pelo próprio vendedor (venda a prazo). (REsp 1.106.462/SP, rel. Min. Luiz Fux, j. 23-9-2009, 1ª Seção.)

Tema 196:

A Contribuição para Financiamento da Seguridade Social – Cofins incide sobre as receitas provenientes das operações de locação de bens móveis. (REsp 929.521/SP, rel. Min. Luiz Fux, j. 23-9-2009, 1ª Seção.)

Repercussão geral – Tema 684/STF – Incidência do PIS e da Cofins sobre a receita advinda da locação de bens móveis.

Tema 198:

Em se tratando de construção civil, antes ou depois da lei complementar, o imposto é devido no local da construção (art. 12, letra *b*, do DL n. 406/68 e art. 3º da LC n. 116/2003). (REsp 1.117.121/SP, rel. Min. Eliana Calmon, j. 14-10-2009, 1ª Seção.)

Repercussão geral – Tema 1.020/STF – Controvérsia alusiva à constitucionalidade de lei municipal a determinar retenção do Imposto sobre Serviços de Qualquer Natureza – ISS – pelo tomador de serviço.

Tema 199:

A Taxa SELIC é legítima como índice de correção monetária e de juros de mora, na atualização dos débitos tributários pagos em atraso, diante da existência de Lei Estadual que determina a adoção dos mesmos critérios adotados na correção dos débitos fiscais. (REsp 879.844/MG, rel. Min. Luiz Fux, j. 11-11-2009, 1ª Seção.)

Repercussão geral – Tema 214/STF – a) Inclusão do ICMS em sua própria base de cálculo; b) Emprego da taxa SELIC para fins tributários; c) Natureza de multa moratória fixada em 20% do valor do tributo.

Tema 201:

Conforme o disposto no art. 605 da Consolidação da Leis do Trabalho, em respeito ao princípio da publicidade, a publicação, em jornais de grande circulação local, de editais concernentes ao recolhimento da contribuição sindical é condição necessária à eficácia do procedimento do recolhimento deste tributo, matéria que consubstancia pressuposto para o desenvolvimento regular do processo e pode ser apreciada de ofício pelo Juiz. (REsp 1.120.616/PR, rel. Min. Benedito Gonçalves, j. 25-11-2009, 1ª Seção.)

Repercussão geral – Tema 195/STF – Publicação de editais de notificação do lançamento da contribuição sindical rural por órgão da imprensa oficial.

Tema 215:

Sob a égide da Lei n. 8.212/91, é ilegal o cálculo, em separado, da contribuição previdenciária sobre a gratificação natalina em relação ao salário do mês de dezembro. (REsp 1.066.682/SP, rel. Min. Luiz Fux, j. 09-12-2009, 1ª Seção.)

Tema 216:

A Lei n. 8.620/93, em seu art. 7º, § 2º, autorizou expressamente a incidência da contribuição previdenciária sobre o valor bruto do 13º salário, cuja base de cálculo deve ser calculada em separado do salário-de-remuneração do respectivo mês de dezembro. (REsp 1.066.682/SP, rel. Min. Luiz Fux, j. 09-12-2009, 1ª Seção.)

Repercussão geral – Tema 215/STF – Forma de cálculo de contribuição previdenciária incidente sobre o 13º salário.

Tema 217:

Para fins do pagamento dos tributos com as alíquotas reduzidas, a expressão "serviços hospitalares", constante do art. 15, § 1º, inciso III, da Lei n. 9.249/95, deve ser interpretada de forma objetiva (ou seja, sob a perspectiva da atividade realizada pelo contribuinte), devendo ser considerados serviços hospitalares "aqueles que se vinculam às atividades desenvolvidas pelos hospitais, voltados diretamente à promoção da saúde", de sorte que, "em regra, mas não necessariamente, são prestados no interior do estabelecimento hospitalar, excluindo-se as simples consultas médicas, atividade que não se identifica com as prestadas no âmbito hospitalar, mas nos consultórios médicos". (REsp 1.116.399/BA, rel. Min. Benedito Gonçalves, j. 28-10-2009, 1ª Seção.)

Repercussão geral – Tema 353/STF – Enquadramento de pessoas jurídicas da área de saúde na qualidade de prestadoras de serviço hospitalar para fins de obtenção do benefício de recolhimento da Contribuição Social sobre o Lucro líquido (CSLL) e do Imposto de Renda de Pessoa Jurídica (IRPJ) com base de cálculo reduzida.

Tema 226:

O crédito-prêmio do IPI, previsto no art. 1º do DL n. 491/69, não se aplica às vendas para o exterior realizadas após 4-10-1990. (REsp 1.111.148/SP, rel. Min. Mauro Campbell Marques, j. 24-2-2010, 1ª Seção.)

Repercussão geral – Tema 63/STF – Termo final de vigência do crédito-prêmio do IPI instituído pelo Decreto-lei n. 491/69.

Tema 227:

O prazo prescricional das ações que visam ao recebimento do crédito-prêmio do IPI, nos termos do art. 1º do Decreto n. 20.910/32, é de cinco anos. (REsp 1.111.148/SP, rel. Min. Mauro Campbell Marques, j. 24-2-2010, 1ª Seção.)

Tema 229:

A ação de repetição de indébito (...) visa à restituição de crédito tributário pago indevidamente ou a maior, por isso que o termo *a quo* é a data da extinção do crédito tributário, momento em que exsurge o direito de ação contra a Fazenda Pública, sendo certo que, por tratar-se de tributo sujeito ao lançamento de ofício, o prazo prescricional é quinquenal, nos termos do art. 168, I, do CTN. (REsp 947.206/RJ, rel. Min. Luiz Fux, j. 13-10-2010, 1ª Seção.)

Tema 232:

Na repetição do indébito tributário referente a recolhimento de tributo direto, não se impõe a comprovação de que não houve repasse do encargo financeiro decorrente da incidência do imposto ao consumidor final, contribuinte de fato. (REsp 1.125.550/SP, rel. Min. Mauro Campbell Marques, j. 14-4-2010, 1ª Seção.)

Tema 237:

É possível ao contribuinte, após o vencimento da sua obrigação e antes da execução, garantir o juízo de forma antecipada, para o fim de obter certidão positiva com efeito de negativa. (REsp 1.123.669/RS, rel. Min. Luiz Fux, j. 9-12-2009, 1ª Seção.)

Tema 238:

A opção pelo Simples de estabelecimentos dedicados às atividades de creche, pré-escola e ensino fundamental é admitida somente a partir de 24-10-2000, data de vigência da Lei n. 10.034/2000. (REsp 1.021.263/SP, rel. Min. Luiz Fux, j. 25-11-2009, 1ª Seção.)

Tema 240:

O imposto de renda incide sobre o resultado positivo das aplicações financeiras realizadas pelas cooperativas, por não caracterizarem "ato cooperativos típicos". (REsp 58.265/SP, rel. Min. Luiz Fux, j. 9-12-2009, 1ª Seção.)

Tema 242:

As atividades de panificação e de congelamento de produtos perecíveis, "*rotisseria* e restaurante", "açougue e peixaria" e "frios e laticínios" (...) por supermercado não configuram processo de industrialização de alimentos (...) razão pela qual inexiste direito ao creditamento do ICMS pago na entrada da energia elétrica consumida no estabelecimento comercial. (REsp 1.117.139/RJ, rel. Min. Luiz Fux, j. 25-11-2009, 1ª Seção.)

Repercussão geral – Tema 218/STF – Direito de supermercado a crédito do ICMS relativo à energia elétrica utilizada no processo produtivo de alimentos que comercializa.

Tema 245:

A suspensão da exigibilidade do crédito tributário superior a quinhentos mil reais para opção pelo Refis pressupõe a homologação expressa do comitê gestor e a constituição de garantia por meio do arrolamento de bens. (REsp 1.133.710/GO, rel. Min. Luiz Fux, j. 25-11-2009, 1ª Seção.)

Tema 248:

O envio da guia de cobrança (carnê), da taxa de licença para funcionamento, ao endereço do contribuinte, configura a notificação presumida do lançamento do tributo, passível de ser ilidida pelo contribuinte, a quem cabe comprovar seu não recebimento. (REsp 1.114.780/SC, rel. Min. Luiz Fux, j. 12-5-2010, 1ª Seção.)

Tema 250:

O conteúdo normativo do art. 6º, XIV, da Lei n. 7.713/88, com as alterações promovidas pela Lei n. 11.052/2004, é explícito em conceder o benefício fiscal em favor dos aposentados portadores das seguintes moléstias graves: moléstia profissional, tuberculose ativa, alienação mental, esclerose múltipla, neoplasia maligna, cegueira, hanse-níase, paralisia irreversível e incapacitante, cardiopatia grave, doença de Parkinson, espondiloartrose anquilosan-te, nefropatia grave, hepatopatia grave, estados avançados da doença de Paget (osteíte deformante), contamina-ção por radiação, síndrome da imunodeficiência adquirida, com base em conclusão da medicina especializada, mesmo que a doença tenha sido contraída depois da aposentadoria ou reforma. Por conseguinte, o rol contido no referido dispositivo legal é taxativo (*numerus clausus*), vale dizer, restringe a concessão de isenção às situações nele enumeradas. (REsp 1.116.620/BA, rel. Min. Luiz Fux, j. 09-8-2010, 1ª Seção.)

Tema 255:

Os créditos rurais originários de operações financeiras alongadas ou renegociadas (cf. Lei n. 9.138/95), cedidos à União por força da Medida Provisória n. 2.196-3/2001, estão abarcados no conceito de Dívida Ativa da União para efeitos de execução fiscal – não importando a natureza pública ou privada dos créditos em si. (REsp 1.123.539/RS, rel. Min. Luiz Fux, j. 09-12-2009, 1ª Seção.)

Tema 256:

Declarado e não pago o débito tributário pelo contribuinte, é legítima a recusa de expedição de certidão negativa ou positiva com efeito de negativa. (REsp 1.123.557/RS, rel. Min. Luiz Fux, j. 25-11-2009, 1ª Seção.)

Tema 259:

Não constitui fato gerador do ICMS o simples deslocamento de mercadoria de um para outro estabelecimento do mesmo contribuinte. (REsp 1.125.133/SP, rel. Min. Napoleão Nunes Maia Filho, j. 25-8-2010, 1ª Seção.)

Tema 261:

As empresas de construção civil não estão obrigadas a pagar ICMS sobre mercadorias adquiridas como insumos em operações interestaduais. (REsp 1.135.489/AL, rel. Min. Luiz Fux, j. 9-12-2009, 1ª Seção.)

Tema 263:

A contribuição social destinada ao PIS permaneceu exigível no período compreendido entre outubro de 1995 a fevereiro de 1996, por força da Lei Complementar n. 7/70, e entre março de 1996 a outubro de 1998, por força da Medida Provisória n. 1.212/95 e suas reedições. (REsp 1.136.210/PR, rel. Min. Luiz Fux, j. 9-12-2009, 1ª Seção.)

Tema 264:

A mera discussão judicial da dívida, sem garantia idônea ou suspensão da exigibilidade do crédito, nos termos do art. 151 do CTN, não obsta a inclusão do nome do devedor no Cadin. (REsp 1.137.497/CE, rel. Min. Luiz Fux, j. 14-4-2010, 1ª Seção.)

Tema 265:

Em se tratando de compensação tributária, deve ser considerado o regime jurídico vigente à época do ajuizamento da demanda, não podendo ser a causa julgada à luz do direito superveniente, tendo em vista o inarredável requisito do prequestionamento, viabilizador do conhecimento do apelo extremo, ressalvando-se o direito de o contribuinte proceder à compensação dos créditos pela via administrativa, em conformidade com as normas posteriores, desde que atendidos os requisitos próprios. (REsp 1.137.738/SP, rel. Min. Luiz Fux, j. 9-12-2009, 1ª Seção.)

Tema 266:

O prazo prescricional, no que tange às contribuições previdenciárias, foi sucessivamente modificado pela EC n. 8/77, pela Lei n. 6.830/80, pela CF/88 e pela Lei n. 8.212/91, à medida que as mesmas adquiriam ou perdiam sua natureza de tributo. (...) O prazo decadencial, por seu turno, não foi alterado pelos referidos diplomas legais, mantendo-se obediente ao disposto na lei tributária. (REsp 1.138.159/SP, rel. Min. Luiz Fux, j. 25-11-2009, 1ª Seção.)

Tema 267:

O valor do frete configura parcela estranha ao produto rural, por isso que não está inserido na base de cálculo da contribuição para o FUNRURAL, que consiste tão somente no valor comercial do produto rural, correspondente ao preço pelo qual é vendido pelo produtor. (REsp 1.138.159/SP, rel. Min. Luiz Fux, j. 25-11-2009, 1ª Seção.)

Tema 268:

É desnecessária a apresentação do demonstrativo de cálculo, em execução fiscal, uma vez que a Lei n. 6.830/80 dispõe, expressamente, sobre os requisitos essenciais para a instrução da petição inicial e não elenca o demonstrativo de débito entre eles. (REsp 1.138.202/ES, rel. Min. Luiz Fux, j. 9-12-2009, 1ª Seção.)

Tema 269:

Tanto para os requerimentos efetuados anteriormente à vigência da Lei n. 11.457/2007, quanto aos pedidos protocolados após o advento do referido diploma legislativo, o prazo aplicável é de 360 dias a partir do protocolo dos pedidos (art. 24 da Lei n. 11.457/2007). (REsp 1.138.206/RS, rel. Min. Luiz Fux, j. 9-8-2010, 1ª Seção.)

Tema 270:

Tanto para os requerimentos efetuados anteriormente à vigência da Lei n. 11.457/2007, quanto aos pedidos protocolados após o advento do referido diploma legislativo, o prazo aplicável é de 360 dias a partir do protocolo dos pedidos (art. 24 da Lei n. 11.457/2007). (REsp 1.138.206/RS, rel. Min. Luiz Fux, j. 9-8-2010, 1ª Seção.)

Tema 271:

Os efeitos da suspensão da exigibilidade pela realização do depósito integral do crédito exequendo, quer no bojo de ação anulatória, quer no de ação declaratória de inexistência de relação jurídico-tributária, ou mesmo no de mandado de segurança, desde que ajuizados anteriormente à execução fiscal, têm o condão de impedir a lavratura do auto de infração, assim como de coibir o ato de inscrição em dívida ativa e o ajuizamento da execução fiscal, a qual, acaso proposta, deverá ser extinta. (REsp 1.140.956/SP, rel. Min. Luiz Fux, j. 24-11-2010, 1ª Seção.)

Tema 272:

O comerciante de boa-fé que adquire mercadoria, cuja nota fiscal (emitida pela empresa vendedora) posteriormente seja declarada inidônea, pode engendrar o aproveitamento do crédito do ICMS pelo princípio da não cumulatividade, uma vez demonstrada a veracidade da compra e venda efetuada, porquanto o ato declaratório da inidoneidade somente produz efeitos a partir de sua publicação. (REsp 1.148.444/MG, rel. Min. Luiz Fux, j. 14-4-2010, 1ª Seção.)

Tema 273:

A Fazenda Pública, quer em ação anulatória, quer em execução embargada, faz jus à expedição da certidão positiva de débito com efeitos negativos, independentemente de penhora, posto inexpropriáveis os seus bens. (REsp 1.123.306/SP, rel. Min. Luiz Fux, j. 9-12-2009, 1ª Seção.)

Tema 274:

O arrendamento mercantil, contratado pela indústria aeronáutica de grande porte para viabilizar o uso, pelas companhias de navegação aérea, de aeronaves por ela construídas, não constitui operação relativa à circulação de mercadoria sujeita à incidência do ICMS. (REsp 1.131.718/SP, rel. Min. Luiz Fux, j. 24-3-2010, 1ª Seção.)

Repercussão geral – Tema 297/STF – Incidência do ICMS na importação de mercadoria por meio de arrendamento mercantil internacional.

Tema 275:

As leis tributárias procedimentais ou formais, conducentes à constituição do crédito tributário não alcançado pela decadência, são aplicáveis a fatos pretéritos, razão pela qual a Lei n. 8.021/90 e a Lei Complementar n. 105/2001, por envergarem essa natureza, legitimam a atuação fiscalizatória/investigativa da Administração Tributária, ainda que os fatos imponíveis a serem apurados lhes sejam anteriores. (REsp 1.134.665/SP, rel. Min. Luiz Fux, j. 25-11-2009, 1ª Seção.)

Repercussão geral – Tema 225/STF – a) Fornecimento de informações sobre movimentações financeiras ao Fisco sem autorização judicial, nos termos do art. 6º da Lei Complementar n. 105/2001; b) Aplicação retroativa da Lei n. 10.174/2001 para apuração de créditos tributários referentes a exercícios anteriores ao de sua vigência.

Tema 276:

A aquisição de matéria-prima e/ou insumo não tributados ou sujeitos à alíquota zero, utilizados na industrialização de produto tributado pelo IPI, não enseja direito ao creditamento do tributo pago na saída do estabelecimento industrial. (REsp 1.134.903/SP, rel. Min. Luiz Fux, j. 9-6-2010, 1ª Seção.)

Repercussão geral – Tema 136/STF – a) Cabimento de ação rescisória que visa desconstituir julgado com base em nova orientação da Corte; b) Creditamento de IPI pela aquisição de insumos isentos, não tributados ou sujeitos à alíquota zero.

Tema 277:

A aquisição de matéria-prima e/ou insumo não tributados ou sujeitos à alíquota zero, utilizados na industrialização de produto tributado pelo IPI, não enseja direito ao creditamento do tributo pago na saída do estabelecimento industrial. (REsp 1.134.903/SP, rel. Min. Luiz Fux, j. 9-6-2010, 1ª Seção.)

Repercussão geral – Tema 136/STF – a) Cabimento de ação rescisória que visa desconstituir julgado com base em nova orientação da Corte; b) Creditamento de IPI pela aquisição de insumos isentos, não tributados ou sujeitos à alíquota zero.

Tema 278:

O ICMS incide sobre o fornecimento de alimentação e bebidas em bares, restaurantes e estabelecimentos congêneres, cuja base de cálculo compreende o valor total das operações realizadas, inclusive aquelas correspondentes à prestação de serviço. (REsp 1.135.534/PE, rel. Min. Luiz Fux, j. 9-12-2009, 1ª Seção.)

Tema 279:

A base de cálculo do PIS e da COFINS, independentemente do regime normativo aplicável (Leis Complementares n. 7/70 e 70/91 ou Leis ordinárias n. 10.637/2002 e 10.833/2003), abrange os valores recebidos pelas empresas prestadoras de serviços de locação de mão de obra temporária (regidas pela Lei n. 6.019/74 e pelo Decreto n. 73.841/74), a título de pagamento de salários e encargos sociais dos trabalhadores temporários. (REsp 1.141.065/SC, rel. Min. Luiz Fux, j. 9-12-2009, 1ª Seção.)

Tema 293:

O repasse econômico do PIS e da Cofins realizados pelas empresas concessionárias de serviços de telecomunicação é legal e condiz com as regras de economia e de mercado. (REsp 976.836/RS, rel. Min. Luiz Fux, j. 25-8-2010, 1ª Seção.)

Tema 295:

Na restituição do indébito tributário, os juros de mora são devidos, à razão de 1% ao mês, conforme estabelecido no art. 161, § 1º, do CTN, não prevalecendo o disposto no art. 1º-F da Lei n. 9.494/97, acrescentado pela MP n. 2.180-35/2001. (REsp 1.133.815/SP, rel. Min. Castro Meira, j. 9-12-2009, 1ª Seção.)

Tema 313:

i) O art. 3º, § 2º, III, da Lei n. 9718/98 não teve eficácia jurídica, de modo que integram o faturamento e também o conceito maior de receita bruta, base de cálculo das contribuições ao PIS/PASEP e COFINS, os valores que, computados como receita, tenham sido transferidos para outra pessoa jurídica; ii) O valor do ICMS, destacado na nota, devido e recolhido pela empresa compõe seu faturamento, submetendo-se à tributação pelas contribuições ao PIS/PASEP e COFINS, sendo integrante também do conceito maior de receita bruta, base de cálculo das referidas exações. (REsp 1.144.469/PR, rel. Min. Napoleão Nunes Maia Filho, j. 10-8-2016, 1ª Seção.)

Repercussão geral – Tema 69/STF – Inclusão do ICMS na base de cálculo do PIS e da COFINS.

Tema 334:

(...) que trata da responsabilidade dos sócios em face do disposto no art. 13 da Lei n. 8.620/93. Na vigência de tal dispositivo (posteriormente revogado de modo expresso pelo art. 79, VII, da Lei n. 11.941/2009), já havia entendimento desta 1ª Seção segundo o qual, mesmo em se tratando de débitos para com a Seguridade Social, a responsabilidade pessoal dos sócios das sociedades por quotas de responsabilidade limitada, prevista no art. 13 da Lei n. 8.620/93, só existe, quando presentes as condições estabelecidas no art. 135, III do CTN. Há, todavia uma razão superior, mais importante que todas as outras, a justificar a inexistência da responsabilidade do sócio, em casos da espécie: o STF, no julgamento do RE 562.276, ocorrido em 3-11-2010, relatora a Ministra Ellen Gracie, declarou a inconstitucionalidade do art. 13 da Lei n. 8.620/93, tanto por vício formal (violação ao art. 146, III, da Constituição Federal), como por vício material (violação aos arts. 5º, XIII, e 170, parágrafo único, da Constituição Federal). O julgamento do recurso extraordinário se deu sob o regime do art. 543-B do CPC, o que confere especial eficácia vinculativa ao precedente e impõe sua adoção imediata em casos análogos (...). (REsp 1.153.119/MG, rel. Min. Teori Albino Zavascki, j. 24-11-2010, 1ª Seção.)

Repercussão geral – Tema 13/STF – Responsabilidade solidária dos sócios das empresas por quotas de responsabilidade limitada por dívidas junto à Seguridade Social.

Tema 335:

A partir da vigência do art. 31 da Lei n. 8.212/91, com a redação dada pela Lei n. 9.711/98, a empresa contratante é responsável, com exclusividade, pelo recolhimento da contribuição previdenciária por ela retida do valor bruto da nota fiscal ou fatura de prestação de serviços, afastada, em relação ao montante retido, a responsabilidade supletiva da empresa prestadora, cedente de mão de obra. (REsp 1.131.047/MA, rel. Min. Teori Albino Zavascki, j. 24-11-2010, 1ª Seção.)

Tema 336:

A simples declaração de compensação relativa ao crédito-prêmio de IPI não suspende a exigibilidade do crédito tributário – a menos que esteja presente alguma outra causa de suspensão elencada no art. 151 do CTN –, razão por que poderá a Fazenda Nacional recusar-se a emitir a certidão de regularidade fiscal. (REsp 1.157.847/PE, rel. Min. Castro Meira, j. 24-3-2010, 1ª Seção.)

Tema 338:

O auxílio-creche funciona como indenização, não integrando o salário-de-contribuição para a Previdência. Inteligência da Súmula 310/STJ. (REsp 1.146.772/DF, rel. Min. BENEDITO GONÇALVES, j. 24-2-2010, 1ª Seção.)

Tema 340:

Não é possível a cobrança da Contribuição Social sobre o Lucro (CSLL) do contribuinte que tem a seu favor decisão judicial transitada em julgado declarando a inconstitucionalidade formal e material da exação conforme concebida pela Lei n. 7.689/88, assim como a inexistência de relação jurídica material a seu recolhimento. O fato de o Supremo Tribunal Federal posteriormente manifestar-se em sentido oposto à decisão judicial transitada em julgado em nada pode alterar a relação jurídica estabilizada pela coisa julgada, sob pena de negar validade ao próprio controle difuso de constitucionalidade. (REsp 1.118.893/MG, rel. Min. Arnaldo Esteves Lima, j. 23-3-2011, 1ª Seção.)

Repercussão geral – Tema 881/STF – Limites da coisa julgada em matéria tributária, notadamente diante de julgamento, em controle concentrado pelo Supremo Tribunal Federal, que declara a constitucionalidade de tributo anteriormente considerado inconstitucional, na via do controle incidental, por decisão transitada em julgado.

Tema 341:

Em se tratando de ato que impede a permanência da pessoa jurídica no SIMPLES em decorrência da superveniência de situação impeditiva prevista no art. 9º, incisos III a XIV e XVII a XIX, da Lei n. 9.317/96, seus efeitos são produzidos a partir do mês subsequente à data da ocorrência da circunstância excludente, nos exatos termos do art. 15, inciso II, da mesma lei. (REsp 1.124.507/MG, rel. Min. Benedito Gonçalves, j. 28-4-2010, 1ª Seção.)

Tema 342:

Não há ilegalidade no art. 41 do Decreto n. 332/91, consonante com a Lei n. 8.200/91, art. 1º, que, ao cuidar da correção monetária de balanço relativamente ao ano-base de 1990, limitou-se ao IRPJ, não estendendo a previsão legal à CSLL. (REsp 1.127.610/MG, rel. Min. Benedito Gonçalves, j. 23-6-2010, 1ª Seção.)

Tema 345:

Em se tratando de compensação de crédito objeto de controvérsia judicial, é vedada a sua realização "antes do trânsito em julgado da respectiva decisão judicial", conforme prevê o art. 170-A do CTN, vedação que, todavia, não se aplica a ações judiciais propostas em data anterior à vigência desse dispositivo, introduzido pela LC n. 104/2001. (REsp 1.164.452/MG, rel. Min. Teori Albino Zavascki, j. 25-8-2010, 1ª Seção.)

Tema 346:

Nos termos do art. 170-A do CTN, "é vedada a compensação mediante o aproveitamento de tributo, objeto de contestação judicial pelo sujeito passivo, antes do trânsito em julgado da respectiva decisão judicial", vedação que se aplica inclusive às hipóteses de reconhecida inconstitucionalidade do tributo indevidamente recolhido. (REsp 1.167.039/DF, rel. Min. Teori Albino Zavascki, j. 25-8-2010, 1ª Seção.)

Tema 351:

O Imposto de Renda incidente sobre os benefícios previdenciários atrasados pagos acumuladamente deve ser calculado de acordo com as tabelas e alíquotas vigentes à época em que os valores deveriam ter sido adimplidos, observando a renda auferida mês a mês pelo segurado, não sendo legítima a cobrança de IR com parâmetro no montante global pago extemporaneamente. (REsp 1.118.429/SP, rel. Min. Herman Benjamin, j. 24-3-2010, 1ª Seção.)

Repercussão geral – Tema 133/STF – Alíquota do Imposto de Renda de Pessoa Física aplicável aos valores recebidos em atraso e de forma acumulada pelo beneficiário, por culpa exclusiva da autarquia federal.

Repercussão geral – Tema 368/STF – Incidência do imposto de renda de pessoa física sobre rendimentos percebidos acumuladamente.

Tema 354:

Incide ISSQN sobre operações de arrendamento mercantil financeiro. (REsp 1.060.210/SC, rel. Min. Napoleão Nunes Maia Filho, j. 28-11-2012, 1ª Seção.)

Repercussão geral – Tema 125/STF – Incidência do ISS sobre operações de arrendamento mercantil.

Tema 355:

O sujeito ativo da relação tributária, na vigência do DL n. 406/68, é o Município da sede do estabelecimento prestador (art. 12); a partir da LC n. 116/2003, é aquele onde o serviço é efetivamente prestado, onde a relação é perfectibilizada, assim entendido o local onde se comprove haver unidade econômica ou profissional da instituição financeira com poderes decisórios suficientes à concessão e aprovação do financiamento – núcleo da operação de *leasing* financeiro e fato gerador do tributo. (REsp 1.060.210/SC, rel. Min. Napoleão Nunes Maia Filho, j. 28-11-2012, 1ª Seção.)

Tema 356:

O prazo prescricional a ser aplicado às ações de repetição de indébito relativas à contribuição ao Fusex, que consubstancia tributo sujeito ao lançamento de ofício, é o quinquenal, nos termos do art. 168, I, do CTN. (REsp 1.086.382/RS, rel. Min. Luiz Fux, j. 14-4-2010, 1ª Seção.)

Tema 358:

O descumprimento da obrigação acessória de informar, mensalmente, ao INSS, dados relacionados aos fatos geradores da contribuição previdenciária, é condição impeditiva para expedição da prova de inexistência de débito. (REsp 1.042.585/RJ, rel. Min. Luiz Fux, j. 12-5-2010, 1ª Seção.)

Tema 360:

Os valores a serem pagos em razão de decisão judicial trabalhista, que determina a reintegração do ex-empregado, assumem a natureza de verba remuneratória, atraindo a incidência do imposto sobre a renda. Isso porque são percebidos a título de salários vencidos, como se o empregado estivesse no pleno exercício de seu vínculo empregatício. (REsp 1.142.177/RS, rel. Min. Napoleão Nunes Maia Filho, j. 9-8-2010, 1ª Seção.)

Tema 361:

Sendo a reintegração inviável, os valores a serem percebidos pelo empregado amoldam-se à indenização prevista no art. 7º, I, da Carta Maior, em face da natureza eminentemente indenizatória, não dando azo a qualquer acréscimo patrimonial ou geração de renda, posto não ensejar riqueza nova disponível, mas reparações, em pecúnia, por perdas de direitos, afastando a incidência do Imposto sobre a Renda. (REsp 1.142.177/RS, rel. Min. Napoleão Nunes Maia Filho, j. 9-8-2010, 1ª Seção.)

Tema 362:

A contribuição para o salário-educação tem como sujeito passivo as empresas, assim entendidas as firmas individuais ou sociedades que assumam o risco de atividade econômica, urbana ou rural, com fins lucrativos ou não, em consonância com o art. 15 da Lei n. 9.424/96, regulamentado pelo Decreto n. 3.142/99, sucedido pelo Decreto n. 6.003/2006. (REsp 1.162.307/RJ, rel. Min. Luiz Fux, j. 24-11-2010, 1ª Seção.)

Tema 363:

Não incide a contribuição destinada ao PIS/COFINS sobre os atos cooperativos típicos realizados pelas cooperativas. (REsp 1.164.716/MG, rel. Min. Napoleão Nunes Maia Filho, j. 27-4-2016, 1ª Seção.)
Repercussão geral – Tema 323/STF – Incidência do PIS sobre os atos cooperativos próprios.
Repercussão geral – Tema 536/STF – Incidência de COFINS, PIS e CSLL sobre o produto de ato cooperado ou cooperativo.

Tema 364:

A Contribuição para Financiamento da Seguridade Social – COFINS incide sobre o faturamento das sociedades civis de prestação de serviços de profissão legalmente regulamentada, de que trata o art. 1º do Decreto-lei n. 2.397/87, tendo em vista a validade da revogação da isenção prevista no art. 6º, II, da Lei Complementar

n. 70/91 (lei materialmente ordinária), perpetrada pelo art. 56 da Lei n. 9.430/96. (REsp 826.428/MG, rel. Min. Luiz Fux, j. 9-6-2010, 1ª Seção.)

Repercussão geral – Tema 71/STF – a) Exigência de reserva de plenário para as situações de não aplicação do art. 56 da Lei n. 9.430/96, que revogou a isenção da COFINS para as sociedades prestadoras de serviços. b) Necessidade de lei complementar para a revogação da isenção da COFINS para as sociedades prestadoras de serviços.

Tema 365:

A produção do efeito suspensivo da exigibilidade do crédito tributário, advindo do parcelamento, condiciona-se à homologação expressa ou tácita do pedido formulado pelo contribuinte junto ao Fisco. (REsp 957.509/RS, rel. Min. Napoleão Nunes Maia Filho, j. 9-8-2010, 1ª Seção.)

Tema 366:

A complementação da pensão recebida de entidades de previdência privada, em decorrência da morte do participante ou contribuinte do fundo de assistência, quer a título de benefício quer de seguro, não sofre a incidência do Imposto de Renda apenas sob a égide da Lei n. 7.713/88, art. 6º, VII, *a*, que restou revogado pela Lei n. 9.250/95, a qual, retornando ao regime anterior, previu a incidência do imposto de renda no momento da percepção do benefício. (REsp 1.086.492/PR, rel. Min. Napoleão Nunes Maia Filho, j. 13-10-2010, 1ª Seção.)

Tema 367:

Ainda que, em tese, o deslocamento de bens do ativo imobilizado e de material de uso e consumo entre estabelecimentos de uma mesma instituição financeira não configure hipótese de incidência do ICMS, compete ao Fisco Estadual averiguar a veracidade da aludida operação, sobressaindo a razoabilidade e proporcionalidade da norma jurídica que tão somente exige que os bens da pessoa jurídica sejam acompanhados das respectivas notas fiscais. (REsp 1.116.792/PB, rel. Min. Napoleão Nunes Maia Filho, j. 24-11-2010, 1ª Seção.)

Tema 370:

Não incide Imposto de Renda sobre verba percebida a título de dano moral. (REsp 1.152.764/CE, rel. Min. Luiz Fux, j. 23-6-2010, 1ª Seção.)

Tema 372:

Os hospitais podem optar pelo Simples, tendo em vista que eles não são prestadores de serviços médicos e de enfermagem, mas, ao contrário, dedicam-se a atividades que dependem de profissionais que prestem referidos serviços, uma vez que há diferença entre a empresa que presta serviços médicos e aquela que contrata profissionais para a consecução de sua finalidade. (REsp 1.127.564/PR, rel. Min. Luiz Fux, j. 9-8-2010, 1ª Seção.)

Tema 374:

A dedução dos descontos incondicionais é vedada, no entanto, quando a incidência do tributo se dá sobre valor previamente fixado, nos moldes da Lei n. 7.798/89 (regime de preços fixos), salvo se o resultado dessa operação for idêntico ao que se chegaria com a incidência do imposto sobre o valor efetivo da operação, depois de realizadas as deduções pertinentes. (REsp 1.149.424/BA, rel. Min. Eliana Calmon, j. 28-4-2010, 1ª Seção.)

Tema 375:

A confissão da dívida não inibe o questionamento judicial da obrigação tributária, no que se refere aos seus aspectos jurídicos. Quanto aos aspectos fáticos sobre os quais incide a norma tributária, a regra é que não se pode rever judicialmente a confissão de dívida efetuada com o escopo de obter parcelamento de débitos tributários. No entanto, como na situação presente, a matéria de fato constante de confissão de dívida pode ser invalidada quando ocorre defeito causador de nulidade do ato jurídico (v.g. erro, dolo, simulação e fraude). (REsp 1.133.027/SP, rel. Min. Luiz Fux, j. 13-10-2010, 1ª Seção.)

Tema 378:

A fiança bancária não é equiparável ao depósito integral do débito exequendo para fins de suspensão da exigibilidade do crédito tributário, ante a taxatividade do art. 151 do CTN e o teor do Enunciado Sumular n. 112 desta Corte. (REsp 1.156.668/DF, rel. Min. Napoleão Nunes Maia Filho, j. 24-11-2010, 1ª Seção.)

Tema 381:

A regra de imputação de pagamentos estabelecida no art. 354 do Código Civil não se aplica às hipóteses de compensação tributária. (REsp 960.239/SC, rel. Min. Napoleão Nunes Maia Filho, j. 9-6-2010, 1ª Seção.)

Tema 382:

A responsabilidade tributária do sucessor abrange, além dos tributos devidos pelo sucedido, as multas moratórias ou punitivas, que, por representarem dívida de valor, acompanham o passivo do patrimônio adquirido pelo sucessor, desde que seu fato gerador tenha ocorrido até a data da sucessão. (REsp 923.012/MG, rel. Min. Napoleão Nunes Maia Filho, j. 9-6-2010, 1ª Seção.)

Tema 383:

O prazo prescricional quinquenal para o Fisco exercer a pretensão de cobrança judicial do crédito tributário conta-se da data estipulada como vencimento para o pagamento da obrigação tributária declarada (mediante DCTF, GIA, entre outros), nos casos de tributos sujeitos a lançamento por homologação, em que, não obstante cumprido o dever instrumental de declaração da exação devida, não restou adimplida a obrigação principal (pagamento antecipado), nem sobreveio quaisquer das causas suspensivas da exigibilidade do crédito ou interruptivas do prazo prescricional. (REsp 1.120.295/SP, rel. Min. Napoleão Nunes Maia Filho, j. 12-5-2010, 1ª Seção.)

Tema 384:

A recusa, pela Administração Fazendária Federal, do fornecimento de Certidão Positiva com efeitos de Negativa (CPD-EN), no período de 30-12-2004 a 30-12-2005, revela-se ilegítima na hipótese em que configurada pendência superior a 30 (trinta) dias do pedido de revisão administrativa formulado pelo contribuinte, fundado na alegação de pagamento integral do débito fiscal antes de sua inscrição na dívida ativa, *ex vi* do disposto no art. 13 da Lei n. 11.051/2004. (REsp 1.122.959/SP, rel. Min. Luiz Fux, j. 9-8-2010, 1ª Seção.)

Tema 385:

A denúncia espontânea resta configurada na hipótese em que o contribuinte, após efetuar a declaração parcial do débito tributário (sujeito a lançamento por homologação) acompanhado do respectivo pagamento integral, retifica-a (antes de qualquer procedimento da Administração Tributária), noticiando a existência de diferença a maior, cuja quitação se dá concomitantemente. (REsp 1.149.022/SP, rel. Min. Luiz Fux, j. 9-6-2010, 1ª Seção.)

Tema 387:

A retificação de dados cadastrais do imóvel, após a constituição do crédito tributário, autoriza a revisão do lançamento pela autoridade administrativa (desde que não extinto o direito potestativo da Fazenda Pública pelo decurso do prazo decadencial), quando decorrer da apreciação de fato não conhecido por ocasião do lançamento anterior, *ex vi* do disposto no art. 149, inciso VIII, do CTN. (REsp 1.130.545/RJ, rel. Min. Napoleão Nunes Maia Filho, j. 9-8-2010, 1ª Seção.)

Tema 388:

A Contribuição Provisória sobre Movimentação ou Transmissão de Valores de Créditos e Direitos de Natureza Financeira – CPMF, enquanto vigente, incidia sobre a conversão de crédito decorrente de empréstimo em investimento externo direto (contrato de câmbio simbólico), uma vez que a tributação aperfeiçoava-se mesmo diante de operação unicamente escritural. (REsp 1.129.335/SP, rel. Min. Luiz Fux, j. 9-6-2010, 1ª Seção.)

Tema 389:

O agente marítimo, no exercício exclusivo de atribuições próprias, no período anterior à vigência do Decreto-lei n. 2.472/88 (que alterou o art. 32 do Decreto-lei n. 37/66), não ostentava a condição de responsável tributário, nem se equiparava ao transportador, para fins de recolhimento do Imposto sobre Importação, porquanto inexistente previsão legal para tanto. (REsp 1.129.430/SP, rel. Min. Luiz Fux, j. 24-11-2010, 1ª Seção.)

Tema 394:

Os depósitos judiciais utilizados para suspender a exigibilidade do crédito tributário consistem em ingressos tributários, sujeitos à sorte da demanda judicial, e não em receitas tributárias, de modo que não são dedutíveis da base de cálculo do IRPJ até o trânsito em julgado da demanda. (REsp 1.168.038/SP, rel. Min. Eliana Calmon, j. 9-6-2010, 1ª Seção.)

Tema 397:

A indenização decorrente de desapropriação não encerra ganho de capital, porquanto a propriedade é transferida ao poder público por valor justo e determinado pela justiça a título de indenização, não ensejando lucro, mas mera reposição do valor do bem expropriado. (...) Não incidência da exação sobre as verbas auferidas a título de indenização advinda de desapropriação, seja por necessidade ou utilidade pública ou por interesse social, porquanto não representam acréscimo patrimonial. (REsp 1.116.460/SP, rel. Min. Luiz Fux, j. 9-12-2009, 1ª Seção.)

Tema 398:

A pretensão repetitória de valores indevidamente recolhidos a título de ISS incidente sobre a locação de bens móveis (cilindros, máquinas e equipamentos utilizados para acondicionamento dos gases vendidos), hipótese em que o tributo assume natureza indireta, reclama da parte autora a prova da não repercussão, ou, na hipótese de ter a mesma transferido o encargo a terceiro, de estar autorizada por este a recebê-los. (REsp 1.131.476/RS, rel. Min. Luiz Fux, j. 9-12-2009, 1ª Seção.)

Tema 399:

Os serviços postais e telemáticos prestados por empresas franqueadas, sob a égide da LC n. 56/87, não sofrem a incidência do ISS, em observância ao princípio tributário da legalidade. (REsp 1.131.872/SC, rel. Min. Luiz Fux, j. 9-12-2009, 1ª Seção.)

Tema 401:

A exclusão do contribuinte do programa de parcelamento (PAES), em virtude da extemporaneidade do cumprimento do requisito formal da desistência de impugnação administrativa, afigura-se ilegítima na hipótese em que tácito o deferimento da adesão (à luz do art. 11, § 4º, da Lei n. 10.522/2002, c/c o art. 4º, III, da Lei n. 10.684/2003) e adimplidas as prestações mensais estabelecidas por mais de quatro anos e sem qualquer oposição do Fisco. (REsp 1.143.216/RS, rel. Min. Luiz Fux, j. 24-3-2010, 1ª Seção.)

Tema 402:

Revela-se legítima a recusa da autoridade impetrada em expedir certidão negativa de débito (CND) ou de certidão positiva com efeitos de negativa (CPEN) quando a autoridade tributária verifica a ocorrência de pagamento a menor, em virtude da existência de divergências entre os valores declarados na Guia de Recolhimento do FGTS e Informações à Previdência Social (GFIP) e os valores efetivamente recolhidos mediante guia de pagamento (GP). (REsp 1.143.094/SP, rel. Min. Luiz Fux, j. 9-12-2009, 1ª Seção.)

Tema 403:

As empresas de mão de obra temporária podem encartar-se em duas situações, em razão da natureza dos serviços prestados: (i) como intermediária entre o contratante da mão de obra e o terceiro que é colocado no mercado de trabalho; (ii) como prestadora do próprio serviço, utilizando de empregados a ela vinculados mediante contrato de trabalho. A intermediação implica o preço do serviço que é a comissão, base de cálculo do fato gerador consistente nessas "intermediações". O ISS incide, nessa hipótese, apenas sobre a taxa de agenciamento, que é o preço do serviço pago ao agenciador, sua comissão e sua receita, excluídas as importâncias voltadas para o pagamento dos salários e encargos sociais dos trabalhadores. Distinção de valores pertencentes a terceiros (os empregados) e despesas com a prestação. Distinção necessária entre receita e entrada para fins financeiro-tributários. (REsp 1.138.205/PR, rel. Min. Luiz Fux, j. 9-12-2009, 1ª Seção.)

Tema 404:

As empresas de mão de obra temporária podem encartar-se em duas situações, em razão da natureza dos serviços prestados: (i) como intermediária entre o contratante da mão de obra e o terceiro que é colocado no mercado de trabalho; (ii) como prestadora do próprio serviço, utilizando de empregados a ela vinculados mediante contrato de trabalho. (...) Se a atividade de prestação de serviço de mão de obra temporária é prestada através de pessoal contratado pelas empresas de recrutamento, resta afastada a figura da intermediação, considerando-se a mão de obra empregada na prestação do serviço contratado como custo do serviço, despesa não dedutível da base de cálculo do ISS. (REsp 1.138.205/PR, rel. Min. Luiz Fux, j. 9-12-2009, 1ª Seção.)

Tema 412:

A base de cálculo do PIS, até a edição da MP n. 1.212/95, era o faturamento ocorrido no sexto mês anterior ao do fato gerador. (REsp 1.127.713/SP, rel. Min. Herman Benjamin, j. 9-8-2010, 1ª Seção.)

Tema 424:

Sujeitam-se a incidência do Imposto de Renda os rendimentos recebidos a título de abono de permanência a que se referem o § 19 do art. 40 da Constituição Federal, o § 5º do art. 2º e o § 1º do art. 3º da Emenda Constitucional n. 41/203, e o art. 7º da Lei n. 10.887/2004. (REsp 1.192.556/PE, rel. Min. Mauro Campbell Marques, j. 25-8-2010, 1ª Seção.)

Repercussão geral – Tema 677/STF – Incidência do imposto de renda sobre os valores recebidos por servidor público a título de abono de permanência.

Tema 427:

A incidência do ICMS, no que se refere à prestação dos serviços de comunicação, deve ser extraída da Constituição Federal e da LC n. 87/96, incidindo o tributo sobre os serviços de comunicação prestados de forma onerosa, através de qualquer meio, inclusive a geração, a emissão, a recepção, a transmissão, a retransmissão, a repetição e a ampliação de comunicação de qualquer natureza (art. 2º, III, da LC n. 87/96). A prestação de serviços conexos ao de comunicação por meio da telefonia móvel (que são preparatórios, acessórios ou intermediários da comunicação) não se confunde com a prestação da atividade fim processo de transmissão (emissão ou recepção) de informações de qualquer natureza, esta sim, passível de incidência pelo ICMS. Desse modo, a despeito de alguns deles serem essenciais à efetiva prestação do serviço de comunicação e admitirem a cobrança de tarifa pela prestadora do serviço (concessionária de serviço público), por assumirem o caráter de atividade meio, não constituem, efetivamente, serviços de comunicação, razão pela qual não é possível a incidência do ICMS. (REsp 1.176.753/RJ, rel. Min. Napoleão Nunes Maia Filho, j. 28-11-2012, 1ª Seção.)

Tema 428:

É legítimo o repasse às tarifas de energia elétrica do valor correspondente ao pagamento da Contribuição de Integração Social – PIS e da Contribuição para financiamento da Seguridade Social – Cofins incidente sobre o faturamento das empresas concessionárias. (REsp 1.185.070/RS, rel. Min. Teori Albino Zavascki, j. 22-9-2010, 1ª Seção.)

Repercussão geral – Tema 415/STF – Reserva de lei complementar para repasse do PIS e da Cofins ao consumidor.

Tema 432:

O benefício fiscal do ressarcimento do crédito presumido do IPI relativo às exportações incide mesmo quando as matérias-primas ou os insumos sejam adquiridos de pessoa física ou jurídica não contribuinte do PIS/PASEP. (REsp 993.164/MG, rel. Min. Napoleão Nunes Maia Filho, j. 13-12-2010, 1ª Seção.)

Tema 435:

O art. 4º do Decreto-lei n. 2.462/88, ao dispor que o benefício fiscal denominado "depósito para reinvestimento" é de 40% (quarenta por cento) sobre o valor do imposto devido somado a outros 40% (quarenta por cento) de recursos próprios, não modificou a base de cálculo do benefício fiscal, permanecendo íntegra a exigência de que o benefício deve ser calculado com base no imposto de renda incidente sobre o lucro da exploração (art. 19, § 6º, do Decreto-lei n. 1.598/77, incluído pelo Decreto-lei n. 1.730/79). (REsp 1.201.850/PE, rel. Min. Mauro Campbell Marques, j. 24-11-2010, 1ª Seção.)

Tema 454:

Não são dedutíveis da base de cálculo das contribuições ao PIS e Cofins o valor destinado aos acionistas a título de juros sobre o capital próprio, na vigência da Lei n. 10.637/2002 e da Lei n. 10.833/2003. (REsp 1.200.492/RS, rel. Min. Napoleão Nunes Maia Filho, j. 14-10-2015, 1ª Seção.)

Tema 455:

Não incide PIS/Cofins sobre o JCP recebido durante a vigência da Lei n. 9.718/98 até a edição das Leis n. 10.637/2002 (cujo art. 1º entrou em vigor a partir de 1º-12-2002) e 10.833/2003, tal como no caso dos autos, que se refere apenas ao período compreendido entre 1º-3-1999 e 30-9-2002. (REsp 1.104.184/RS, rel. Min. Napoleão Nunes Maia Filho, j. 29-2-2012, 1ª Seção.)

Tema 456:

A Lei n. 11.941/2008 remite os débitos para com a Fazenda Nacional vencidos há cinco anos ou mais cujo valor total consolidado seja igual ou inferior a 10 mil reais. O valor-limite acima referido deve ser considerado por sujeito passivo, e separadamente apenas em relação à natureza dos créditos, nos termos dos incisos I a IV do art. 14. (REsp 1.208.935/AM, rel. Min. Mauro Campbell Marques, j. 13-4-2011, 1ª Seção.)

Tema 457:

A Lei n. 11.941/2008 remite os débitos para com a Fazenda Nacional vencidos há cinco anos ou mais cujo valor total consolidado seja igual ou inferior a 10 mil reais. Não pode o magistrado, de ofício, pronunciar a remissão, analisando isoladamente o valor cobrado em uma Execução Fiscal, sem questionar a Fazenda sobre a existência de outros débitos que somados impediriam o contribuinte de gozar do benefício. (REsp 1.208.935/AM, rel. Min. Mauro Campbell Marques, j. 13-4-2011, 1ª Seção.)

Tema 470:

Não incide Imposto de Renda sobre os juros moratórios legais vinculados a verbas trabalhistas reconhecidas em decisão judicial. (REsp 1.227.133/RS, rel. Min. Teori Albino Zavascki, j. 28-9-2011, 1ª Seção.)
Repercussão geral – Tema 306/STF – Natureza jurídica dos juros, em reclamatória trabalhista, para fins de incidência de Imposto de Renda.
Repercussão geral – Tema 808/STF – Incidência de imposto de renda sobre juros de mora recebidos por pessoa física.

Tema 478:

Não incide contribuição previdenciária sobre os valores pagos a título de aviso prévio indenizado, por não se tratar de verba salarial. (REsp 1.230.957/RS, rel. Min. Mauro Campbell Marques, j. 26-2-2014, 1ª Seção.)
Repercussão geral – Tema 163/STF – Contribuição previdenciária sobre o terço constitucional de férias, a gratificação natalina, os serviços extraordinários, o adicional noturno e o adicional de insalubridade.

Tema 479:

A importância paga a título de terço constitucional de férias possui natureza indenizatória/compensatória, e não constitui ganho habitual do empregado, razão pela qual sobre ela não é possível a incidência de contribuição previdenciária (a cargo da empresa). (REsp 1.230.957/RS, rel. Min. Mauro Campbell Marques, j. 26-2-2014, 1ª Seção.)

Repercussão geral – Tema 163/STF – Contribuição previdenciária sobre o terço constitucional de férias, a gratificação natalina, os serviços extraordinários, o adicional noturno e o adicional de insalubridade.
Repercussão geral – Tema 985/STF – Natureza jurídica do terço constitucional de férias, indenizadas ou gozadas, para fins de incidência da contribuição previdenciária patronal.

Tema 484:
Fora dos casos previstos no art. 151 do CTN, a compensação de ofício é ato vinculado da Fazenda Pública Federal a que deve se submeter o sujeito passivo, inclusive sendo lícitos os procedimentos de concordância tácita e retenção previstos nos §§ 1º e 3º do art. 6º do Decreto n. 2.138/97. (REsp 1.213.082/PR, rel. Min. Mauro Campbell Marques, j. 10-8-2011, 1ª Seção.)

Tema 485:
De acordo com o art. 156, I, do CTN, o pagamento extingue o crédito tributário. Se o pagamento por parte do contribuinte ou a transformação do depósito em pagamento definitivo por ordem judicial (art. 1º, § 3º, II, da Lei n. 9.703/98) somente ocorre depois de encerrada a lide, o crédito tributário tem vida após o trânsito em julgado que o confirma. Se tem vida, pode ser objeto de remissão e/ou anistia neste ínterim (entre o trânsito em julgado e a ordem para transformação em pagamento definitivo, antiga conversão em renda) quando a lei não exclui expressamente tal situação do seu âmbito de incidência. (REsp 1.251.513/PR, rel. Min. Mauro Campbell Marques, j. 10-8-2011, 1ª Seção.)

Tema 486:
A remissão/anistia das rubricas concedida (multa, juros de mora, encargo legal) somente incide se efetivamente existirem tais rubricas (saldos devedores) dentro da composição do crédito tributário cuja exigibilidade se encontra suspensa pelo depósito. (REsp 1.251.513/PR, rel. Min. Mauro Campbell Marques, j. 10-8-2011, 1ª Seção.)

Tema 490:
A remissão de juros de mora insertos dentro da composição do crédito tributário não enseja o resgate de juros remuneratórios incidentes sobre o depósito judicial feito para suspender a exigibilidade desse mesmo crédito tributário. (REsp 1.251.513/PR, rel. Min. Mauro Campbell Marques, j. 10-8-2011, 1ª Seção.)

Tema 496:
As empresas prestadoras de serviços estão sujeitas às contribuições ao Sesc e Senac, salvo se integradas noutro serviço social. (REsp 1.255.433/SE, rel. Min. Mauro Campbell Marques, j. 23-5-2012, 1ª Seção.)

Tema 501:
Ainda que seja possível a incidência de contribuição social sobre quaisquer vantagens pagas ao servidor público federal (art. 4º, § 1º, da Lei n. 10.887/2004), não é possível a sua incidência sobre as parcelas pagas a título de indenização (como é o caso dos juros de mora), pois, conforme expressa previsão legal (art. 49, I e § 1º, da Lei n. 8.112/90), não se incorporam ao vencimento ou provento. (REsp 1.239.203/PR, rel. Min. Mauro Campbell Marques, j. 12-12-2012, 1ª Seção.)

Tema 505:
Em adequação da jurisprudência do STJ ao que foi julgado pelo STF no Tema 962 da Repercussão Geral (RE 1.063.187/SC), modifica-se a tese referente ao Tema 505/STJ para afastar a incidência de IR e CSLL sobre a taxa SELIC quando aplicada à repetição de indébito tributário, preservando-se a tese referente ao Tema 504/STJ e demais teses já aprovadas no Tema 878/STJ, reconhecendo a modulação dos efeitos estabelecidos no EDcl no RE 1.063.187/SC pelo STF.

Tema 535:
São isentos do Imposto de Renda os rendimentos do trabalho recebidos por técnicos a serviço das Nações Unidas, contratados no Brasil para atuar como consultores no âmbito do Programa das Nações Unidas para o Desenvol-

vimento – PNUD. "Peritos" a que se refere o Acordo Básico de Assistência Técnica com a Organização das Nações Unidas, suas Agências Especializadas e a Agência Internacional de Energia Atômica, promulgado pelo Decreto n. 59.308/66, estão ao abrigo da norma isentiva do imposto de renda. O Acordo Básico de Assistência Técnica atribuiu os benefícios fiscais decorrentes da Convenção sobre Privilégios e Imunidades das Nações Unidas, promulgada pelo Decreto n. 27.784/50, não só aos funcionários da ONU em sentido estrito, mas também aos que a ela prestam serviços na condição de "peritos de assistência técnica", no que se refere a essas atividades específicas. (REsp 1.306.393/DF, rel. Min. Mauro Campbell Marques, j. 24-10-2012, 1ª Seção.)

Tema 541:

O ICMS incidente sobre a energia elétrica consumida pelas empresas de telefonia, que promovem processo industrial por equiparação, pode ser creditado para abatimento do imposto devido quando da prestação de serviços. (REsp 1.201.635/MG, rel. Min. Sérgio Kukina, j. 12-6-2013, 1ª Seção.)

Tema 594:

As empresas concessionárias de veículos, em relação aos veículos novos, devem recolher PIS e Cofins na forma dos arts. 2º e 3º da Lei n. 9.718/98, ou seja, sobre a receita bruta/faturamento (compreendendo o valor da venda do veículo ao consumidor) e não sobre a diferença entre o valor de aquisição do veículo junto à fabricante concedente e o valor da venda ao consumidor (margem de lucro). (REsp 1.339.767/SP, rel. Min. Mauro Campbell Marques, j. 26-6-2013, 1ª Seção.)

Tema 595:

Reconhecido o direito à repetição de indébito com base na inconstitucionalidade do art. 3º, § 1º, da Lei n. 9.718/98, deve ser reconhecido o mesmo direito após a vigência das Leis n. 10.637/2002 e 10.833/2003 para as pessoas jurídicas tributadas pelo imposto de renda com base no lucro presumido ou arbitrado, diante da aplicação do art. 8º, II, da Lei n. 10.637/2002 e do art. 10, II, da Lei n. 10.833/2003, que excluem tais pessoas jurídicas da cobrança não cumulativa do PIS e da Cofins. (REsp 1.354.506/SP, rel. Min. Mauro Campbell Marques, j. 14-8-2013, 1ª Seção.)

Tema 604:

A decadência, consoante a letra do art. 156, V, do CTN, é forma de extinção do crédito tributário. Sendo assim, uma vez extinto o direito, não pode ser reavivado por qualquer sistemática de lançamento ou autolançamento, seja ela via documento de confissão de dívida, declaração de débitos, parcelamento ou de outra espécie qualquer (DCTF, GIA, DCOMP, GFIP etc.). (REsp 1.355.947/SP, rel. Min. Mauro Campbell Marques, j. 12-6-2013, 1ª Seção.)

Tema 624:

As receitas auferidas a título de mensalidades dos alunos de instituições de ensino sem fins lucrativos são decorrentes de "atividades próprias da entidade", conforme o exige a isenção estabelecida no art. 14, X, da Medida Provisória n. 1.858/99 (atual MP n. 2.158-35/2001), sendo flagrante a ilicitude do art. 47, § 2º, da IN/SRF n. 247/2002, nessa extensão. (REsp 1.353.111/RS, rel. Min. Mauro Campbell Marques, j. 23-9-2015, 1ª Seção.)

Tema 630:

Em execução fiscal de dívida ativa tributária ou não tributária, dissolvida irregularmente a empresa, está legitimado o redirecionamento ao sócio-gerente. (REsp 1.371.128/RS, rel. Min. Mauro Campbell Marques, j. 10-9-2014, 1ª Seção.)

Tema 634:

O valor suportado pelo beneficiário do serviço, nele incluindo a quantia referente ao ISSQN, compõe o conceito de receita ou faturamento para fins de adequação à hipótese de incidência do PIS e da Cofins. (REsp 1.330.737/SP, rel. Min. Og Fernandes, j. 10-6-2015, 1ª Seção.)

Tema 687:

As horas extras e seu respectivo adicional constituem verbas de natureza remuneratória, razão pela qual se sujeitam à incidência de contribuição previdenciária. (REsp 1.358.281/SP, rel. Min. Herman Benjamin, j. 23-4-2014, 1ª Seção.)

Tema 688:

O adicional noturno constitui verba de natureza remuneratória, razão pela qual se sujeita à incidência de contribuição previdenciária. (REsp 1.358.281/SP, rel. Min. Herman Benjamin, j. 23-4-2014, 1ª Seção.)

Tema 689:

O adicional de periculosidade constitui verba de natureza remuneratória, razão pela qual se sujeita à incidência de contribuição previdenciária. (REsp 1.358.281/SP, rel. Min. Herman Benjamin, j. 23-4-2014, 1ª Seção.)

Tema 714:

A indisponibilidade de bens e direitos autorizada pelo art. 185-A do CTN depende da observância dos seguintes requisitos: (i) citação do devedor tributário; (ii) inexistência de pagamento ou apresentação de bens à penhora no prazo legal; e (iii) a não localização de bens penhoráveis após esgotamento das diligências realizadas pela Fazenda, caracterizado quando houver nos autos (a) pedido de acionamento do Bacen Jud e consequente determinação pelo magistrado e (b) a expedição de ofícios aos registros públicos do domicílio do executado e ao Departamento Nacional ou Estadual de Trânsito – Denatran ou Detran. (REsp 1.377.507/SP, rel. Min. Og Fernandes, j. 26-11-2014, 1ª Seção.)

Tema 728:

As "sociedades corretoras de seguros" estão fora do rol de entidades constantes do art. 22, § 1º, da Lei n. 8.212/91. (REsp 1.400.287/RS, rel. Min. Mauro Campbell Marques, j. 22-4-2015, 1ª Seção.)

Tema 729:

Não cabe confundir as "sociedades corretoras de seguros" com as "sociedades corretoras de valores mobiliários" (regidas pela Resolução Bacen n. 1.655/89) ou com os "agentes autônomos de seguros privados" (representantes das seguradoras por contrato de agência). As "sociedades corretoras de seguros" estão fora do rol de entidades constantes do art. 22, § 1º, da Lei n. 8.212/91. (REsp 1.391.092/SC, rel. Min. Mauro Campbell Marques, j. 22-4-2015, 1ª Seção.)

Tema 737:

No que se refere ao adicional de férias relativo às férias indenizadas, a não incidência de contribuição previdenciária decorre de expressa previsão legal. (REsp 1.230.957/RS, rel. Min. Mauro Campbell Marques, j. 26-2-2014, 1ª Seção.)
Repercussão geral – Tema 163/STF – Contribuição previdenciária sobre o terço constitucional de férias, a gratificação natalina, os serviços extraordinários, o adicional noturno e o adicional de insalubridade.

Tema 738:

Sobre a importância paga pelo empregador ao empregado durante os primeiros quinze dias de afastamento por motivo de doença não incide a contribuição previdenciária, por não se enquadrar na hipótese de incidência da exação, que exige verba de natureza remuneratória. (REsp 1.230.957/RS, rel. Min. Mauro Campbell Marques, j. 26-2-2014, 1ª Seção.)
Repercussão geral – Tema 163/STF – Contribuição previdenciária sobre o terço constitucional de férias, a gratificação natalina, os serviços extraordinários, o adicional noturno e o adicional de insalubridade.

Tema 739:

O salário-maternidade possui natureza salarial e integra, consequentemente, a base de cálculo da contribuição previdenciária. (REsp 1.230.957/RS, rel. Min. Mauro Campbell Marques, j. 26-2-2014, 1ª Seção.)

Repercussão geral – Tema 72/STF – Inclusão do salário-maternidade na base de cálculo da Contribuição Previdenciária incidente sobre a remuneração.

Tema 740:

O salário-paternidade deve ser tributado, por se tratar de licença remunerada prevista constitucionalmente, não se incluindo no rol dos benefícios previdenciários. (REsp 1.230.957/RS, rel. Min. Mauro Campbell Marques, j. 26-2-2014, 1ª Seção.)

Repercussão geral – Tema 163/STF – Contribuição previdenciária sobre o terço constitucional de férias, a gratificação natalina, os serviços extraordinários, o adicional noturno e o adicional de insalubridade.

Tema 761:

Inexigibilidade do ressarcimento de custos e demais encargos pelo fornecimento de selos de controle de IPI instituído pelo DL n. 1.437/75, que, embora denominado ressarcimento prévio, é tributo da espécie Taxa de Poder de Polícia, de modo que há vício de forma na instituição desse tributo por norma infralegal, excluídos os fatos geradores ocorridos após a vigência da Lei n. 12.995/2014. Aqui se trata de observância à estrita legalidade tributária. (REsp 1.405.244/SP, rel. Min. Napoleão Nunes Maia Filho, j. 8-8-2018, 1ª Seção.)

Repercussão geral – Tema 85/STF – Delegação ao Ministro da Fazenda da competência para instituir taxa destinada ao ressarcimento de custos de selo de controle do IPI.

Tema 777:

A Fazenda Pública possui interesse e pode efetivar o protesto da CDA, documento de dívida, na forma do art. 1º, parágrafo único, da Lei n. 9.492/97, com a redação dada pela Lei n. 12.767/2012. (REsp 1.686.659/SP, rel. Min. Herman Benjamin, j. 28-11-2018, 1ª Seção.)

Tema 779:

(a) é ilegal a disciplina de creditamento prevista nas Instruções Normativas da SRF n. 247/2002 e 404/2004, porquanto compromete a eficácia do sistema de não cumulatividade da contribuição ao PIS e da COFINS, tal como definido nas Leis n. 10.637/2002 e 10.833/2003; e (b) o conceito de insumo deve ser aferido à luz dos critérios de essencialidade ou relevância, ou seja, considerando-se a imprescindibilidade ou a importância de determinado item – bem ou serviço – para o desenvolvimento da atividade econômica desempenhada pelo Contribuinte. (REsp 1.221.170/PR, rel. Min. Napoleão Nunes Maia Filho, j. 22-2-2018, 1ª Seção.)

Tema 881:

Incide imposto de renda sobre o adicional de 1/3 (um terço) de férias gozadas. (REsp 1.459.779/MA, rel. Min. Mauro Campbell Marques, j. 22-4-2015, 1ª Seção.)

Tema 894:

Até a data da retenção na fonte, a correção do IR apurado e em valores originais deve ser feita sobre a totalidade da verba acumulada e pelo mesmo fator de atualização monetária dos valores recebidos acumuladamente, sendo que, em ação trabalhista, o critério utilizado para tanto é o FACDT– fator de atualização e conversão dos débitos trabalhistas. (REsp 1.470.720/RS, rel. Min. Mauro Campbell Marques, j. 10-12-2014, 1ª Seção.)

Tema 903:

A notificação do contribuinte para o recolhimento do IPVA perfectibiliza a constituição definitiva do crédito tributário, iniciando-se o prazo prescricional para a execução fiscal no dia seguinte à data estipulada para o vencimento da exação. (REsp 1.320.825/RJ, rel. Min. Gurgel de Faria, j. 10-8-2016, 1ª Seção.)

Tema 912:

Os produtos importados estão sujeitos a uma nova incidência do IPI quando de sua saída do estabelecimento importador na operação de revenda, mesmo que não tenham sofrido industrialização no Brasil. (EREsp 1.403.532/SC, rel. Min. Napoleão Nunes Maia Filho, j. 14-10-2015, 1ª Seção.)

Repercussão geral – Tema 906/STF – Violação ao princípio da isonomia (art. 150, II, da Constituição Federal) ante a incidência de IPI no momento do desembaraço aduaneiro de produto industrializado, assim como na sua saída do estabelecimento importador para comercialização no mercado interno.

Tema 962:
É inconstitucional a incidência do IRPJ e da CSLL sobre os valores atinentes à taxa Selic recebidos em razão de repetição de indébito tributário.

Tema 969:
O encargo do DL n. 1.025/69 tem as mesmas preferências do crédito tributário devendo, por isso, ser classificado, na falência, na ordem estabelecida pelo art. 83, III, da Lei n. 11.101/2005. (REsp 1.521.999/SP e REsp 1.525.388/SP, rel. Min. Sérgio Kukina, j. 28-11-2018 e 12-12-2018 respectivamente, 1ª Seção.)

Tema 980:
(i) O termo inicial do prazo prescricional da cobrança judicial do Imposto Predial e Territorial Urbano – IPTU inicia-se no dia seguinte à data estipulada para o vencimento da exação; (ii) o parcelamento de ofício da dívida tributária não configura causa interruptiva da contagem da prescrição, uma vez que o contribuinte não anuiu. (REsp 1.658.517/PA e REsp 1.641.011/PA, rel. Min. Napoleão Nunes Maia Filho, j. ambos 14-11-2018, 1ª Seção.)

Tema 994:
Os valores de ICMS não integram a base de cálculo da Contribuição Previdenciária sobre a Receita Bruta – CPRB, instituída pela Medida Provisória n. 540/2011, convertida na Lei n. 12.546/2011. (REsp 1.638.772/SC / REsp 1.624.297/RS / REsp 1.629.001/SC, rel. Min. Regina Helena Costa, todos julgados em 10-4-2019, 1ª Seção.)

Tema 1.008:
O ICMS compõe a base de cálculo do Imposto de Renda da Pessoa Jurídica (IRPJ) e da Contribuição Social sobre o Lucro Líquido (CSLL), quando apurados na sistemática do lucro presumido.

Tema 1.014:
Os serviços de capatazia estão incluídos na composição do valor aduaneiro e integram a base de cálculo do imposto de importação.
Os serviços de capatazia integram o conceito de valor aduaneiro, tendo em vista que tais atividades são realizadas dentro do porto ou ponto de fronteira alfandegado na entrada do território aduaneiro. (1ª Seção, Resp. 1.799.306/RS, rel. Min. Gurgel de Faria, Rel. Acd. Min. Francisco Falcão, j. 11-3-2020).

Tema 1.037:
Não se aplica a isenção do imposto de renda prevista no inciso XIV do art. 6º da Lei n. 7.713/88 (seja na redação da Lei n. 11.052/2004 ou nas versões anteriores) aos rendimentos de portador de moléstia grave que se encontre no exercício de atividade laboral.
Trata-se de debate diverso do travado no Tema Repetitivo 250/STJ (REsp 1.116.620/BA), em que se limitou a discussão à natureza do rol de moléstias graves constante do art. 6º, XIV, da Lei n. 7.713/88 – se taxativa ou exemplificativa –, de modo a possibilitar, ou não, a concessão de isenção de imposto de renda a aposentados portadores de outras doenças graves e incuráveis." (acórdão publicado no *DJ*e 3-12-2019).

Tema 1.048:
O Imposto de Transmissão *Causa Mortis* e Doação – ITCDM, referente a doação não oportunamente declarada pelo contribuinte ao fisco estadual, a contagem do prazo decadencial tem início no primeiro dia do exercício seguinte àquele em que o lançamento poderia ter sido efetuado, observado o fato gerador, em conformidade com os arts. 144 e 173, I, ambos do CTN.
Afetação na sessão eletrônica iniciada em 25-3-2020 e finalizada em 31-3-2020 (Primeira Seção).

Tema 1.049:

A execução fiscal pode ser redirecionada em desfavor da empresa sucessora para cobrança de crédito tributário relativo a fato gerador ocorrido posteriormente à incorporação empresarial e ainda lançado em nome da sucedida, sem a necessidade de modificação da Certidão de Dívida Ativa, quando verificado que esse negócio jurídico não foi informado oportunamente ao fisco.

Afetação na sessão eletrônica iniciada em 1º-4-2020 e finalizada em 7-4-2020 (Primeira Seção).

Tema 1.162:

O IR e a CSLL incidem sobre a correção monetária das aplicações financeiras, porquanto estas se caracterizam legal e contabilmente como Receita Bruta, na condição de Receitas Financeiras componentes do Lucro Operacional.

Tema 1.164:

Incide a contribuição previdenciária a cargo do empregador sobre o auxílio-alimentação pago em pecúnia.

Tema 1.184:

(i) A regra da irretratabilidade da opção pela Contribuição Previdenciária sobre Receita Bruta (CPRB) prevista no § 13 do art. 9º da Lei n. 12.546/2011 destina-se apenas ao beneficiário do regime, e não à Administração; e

(ii) A revogação da escolha de tributação da contribuição previdenciária pelo sistema da CPRB, trazida pela Lei n. 13.670/2018, não feriu direitos do contribuinte, tendo em vista que foi respeitada a anterioridade nonagesimal.

20

MAPAS MENTAIS

20.1 CONCEITO DE DIREITO TRIBUTÁRIO

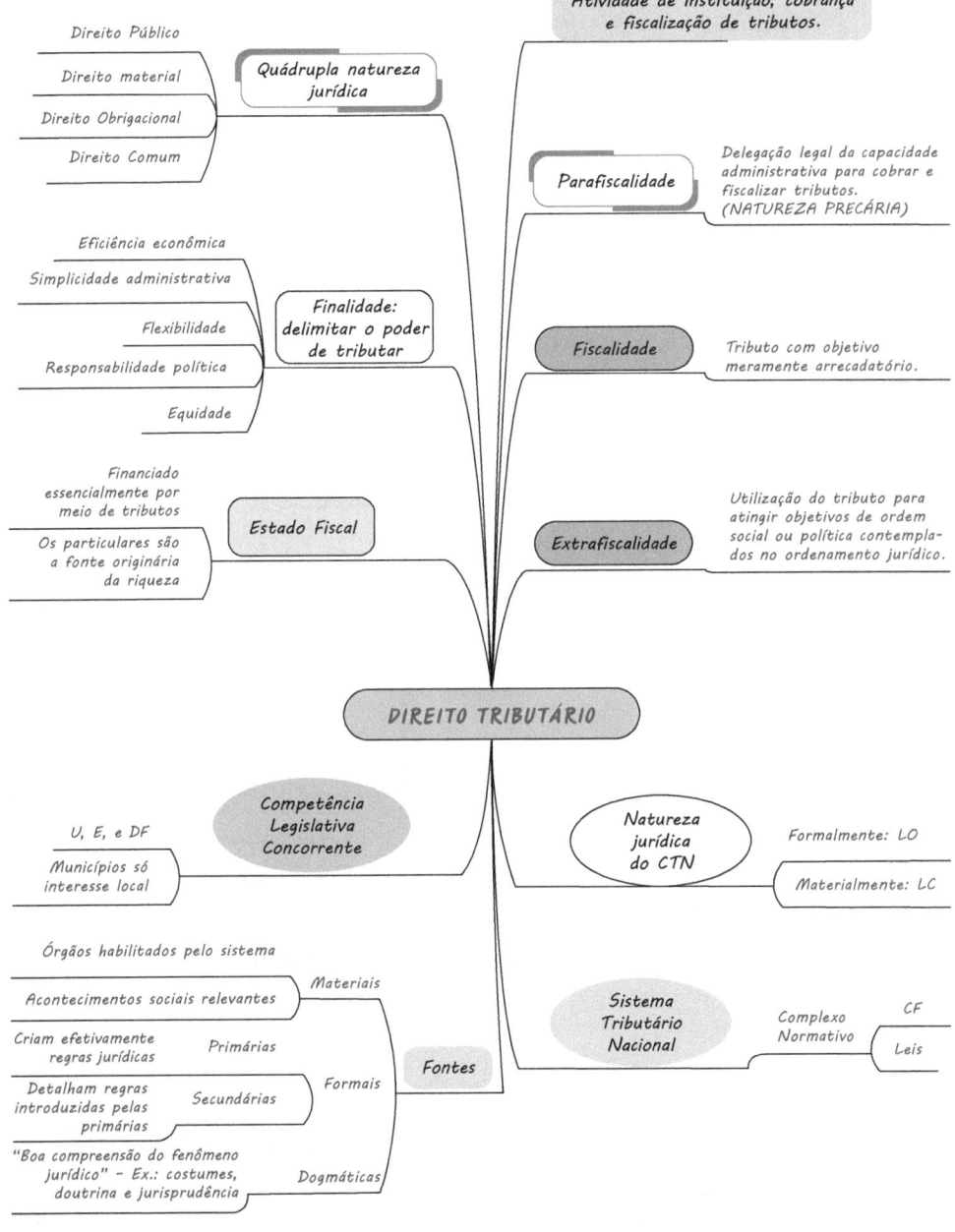

20.2 TRIBUTO

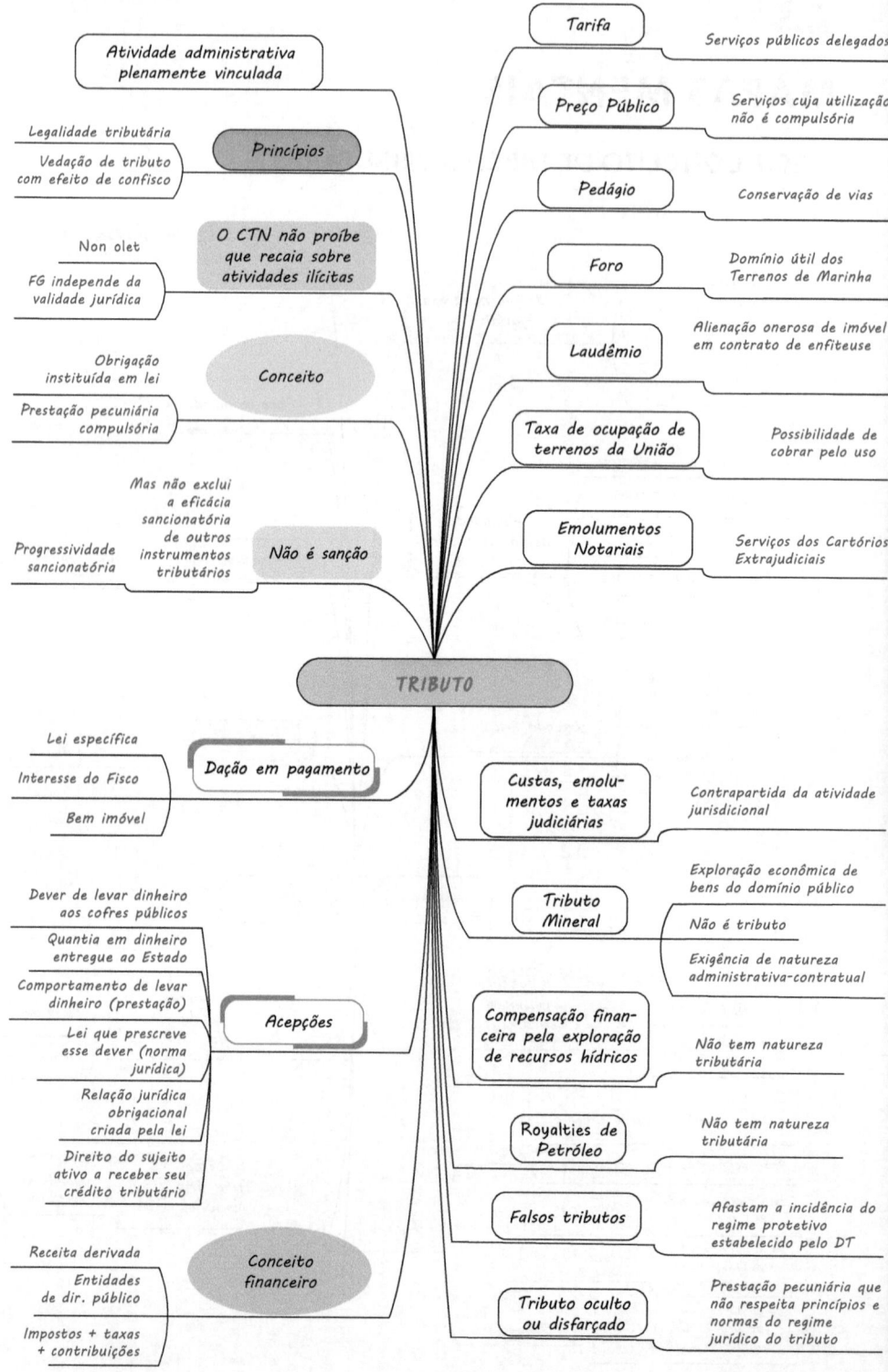

Atividade administrativa plenamente vinculada

Legalidade tributária

Vedação de tributo com efeito de confisco

Princípios

Non olet

FG independe da validade jurídica

O CTN não proíbe que recaia sobre atividades ilícitas

Obrigação instituída em lei

Prestação pecuniária compulsória

Conceito

Mas não exclui a eficácia sancionatória de outros instrumentos tributários

Progressividade sancionatória

Não é sanção

Tarifa — Serviços públicos delegados

Preço Público — Serviços cuja utilização não é compulsória

Pedágio — Conservação de vias

Foro — Domínio útil dos Terrenos de Marinha

Laudêmio — Alienação onerosa de imóvel em contrato de enfiteuse

Taxa de ocupação de terrenos da União — Possibilidade de cobrar pelo uso

Emolumentos Notariais — Serviços dos Cartórios Extrajudiciais

TRIBUTO

Lei específica

Interesse do Fisco

Bem imóvel

Dação em pagamento

Custas, emolumentos e taxas judiciárias — Contrapartida da atividade jurisdicional

Dever de levar dinheiro aos cofres públicos

Quantia em dinheiro entregue ao Estado

Comportamento de levar dinheiro (prestação)

Lei que prescreve esse dever (norma jurídica)

Relação jurídica obrigacional criada pela lei

Direito do sujeito ativo a receber seu crédito tributário

Acepções

Tributo Mineral — Exploração econômica de bens do domínio público / Não é tributo / Exigência de natureza administrativa-contratual

Compensação financeira pela exploração de recursos hídricos — Não tem natureza tributária

Royalties de Petróleo — Não tem natureza tributária

Receita derivada

Entidades de dir. público

Impostos + taxas + contribuições

Conceito financeiro

Falsos tributos — Afastam a incidência do regime protetivo estabelecido pelo DT

Tributo oculto ou disfarçado — Prestação pecuniária que não respeita princípios e normas do regime jurídico do tributo

20.3 ESPÉCIES TRIBUTÁRIAS

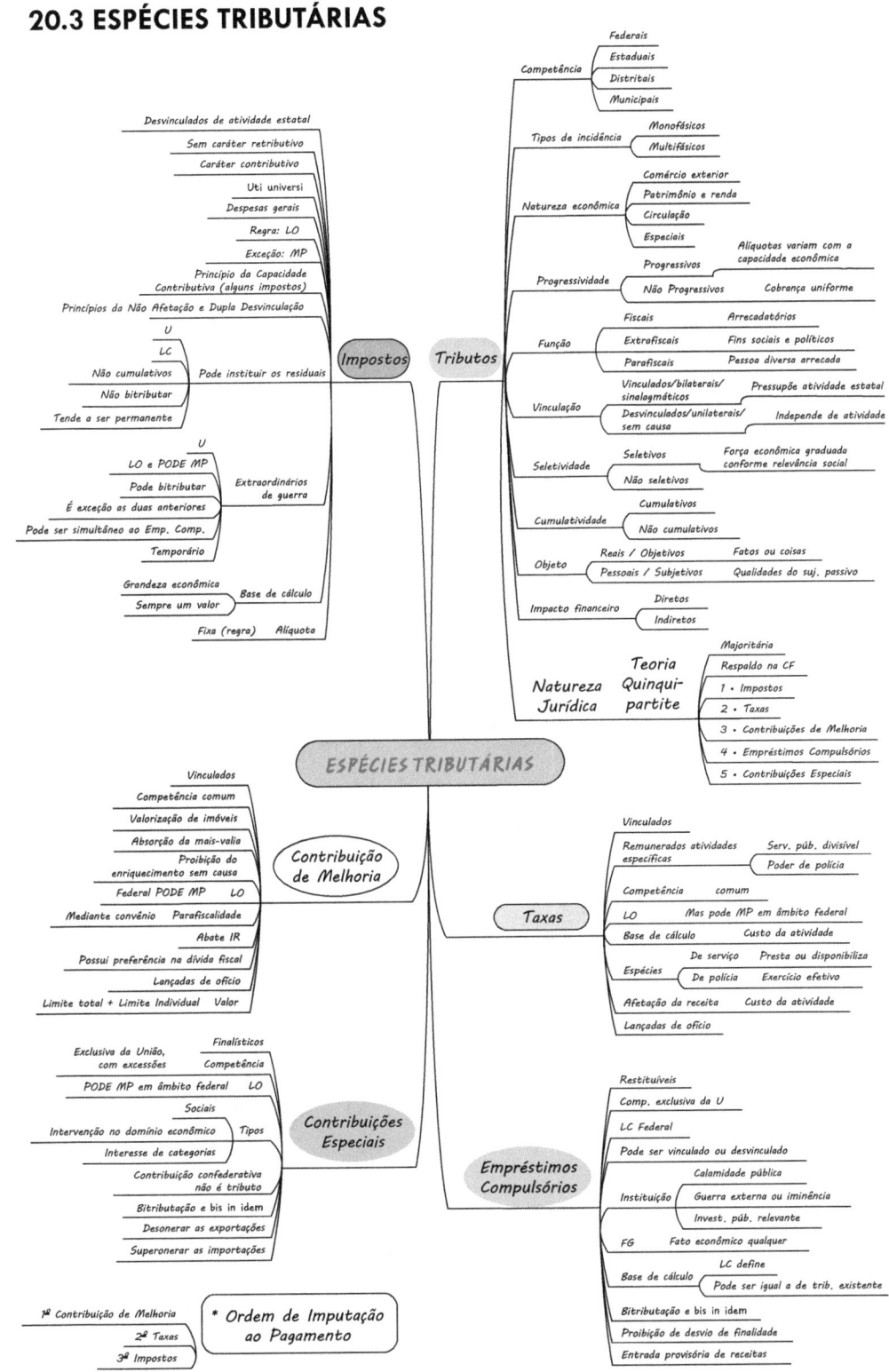

20.4 PRINCÍPIOS

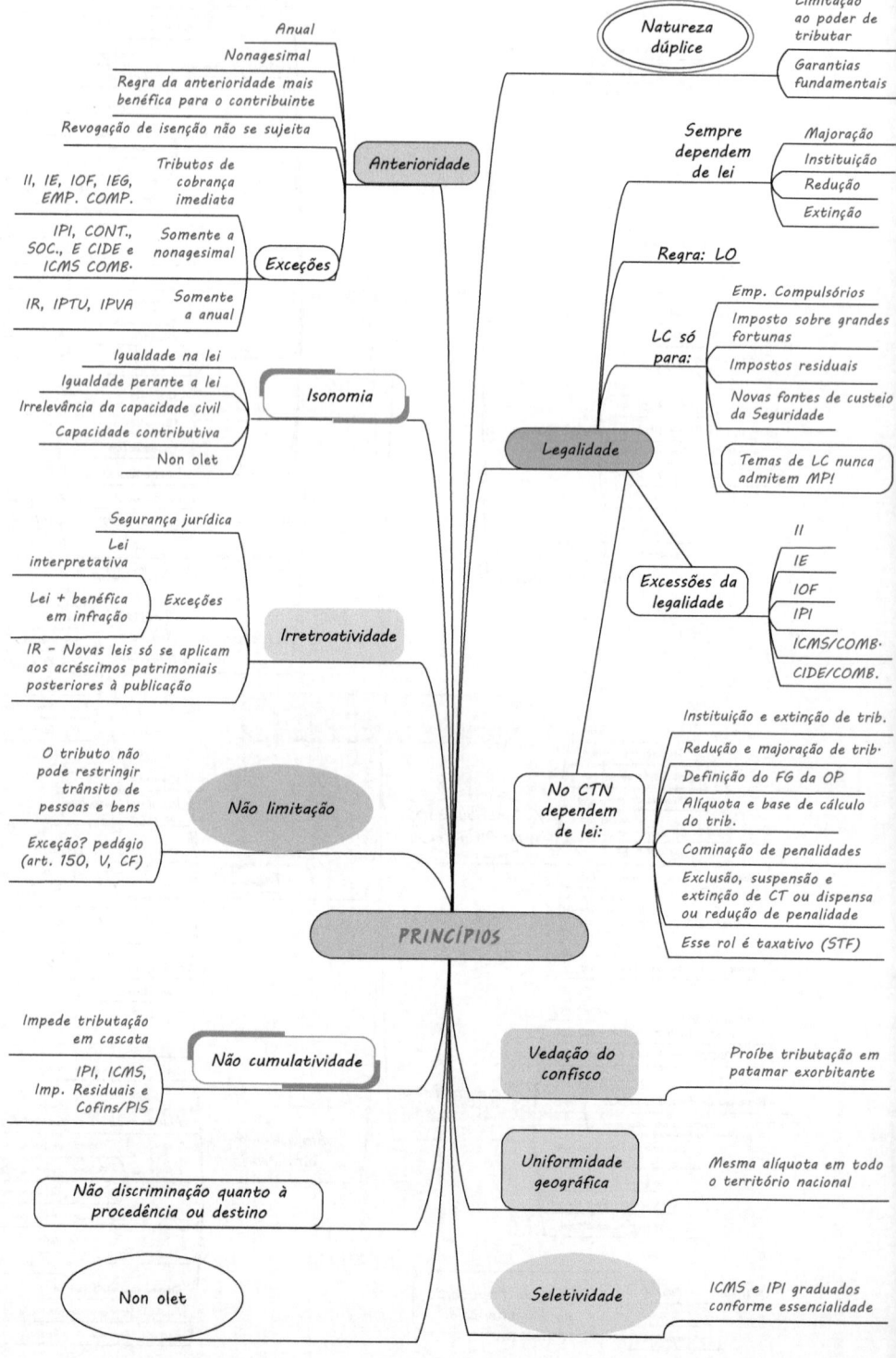

Natureza dúplice
- Limitação ao poder de tributar
- Garantias fundamentais

Anterioridade
- Anual
- Nonagesimal
- Regra da anterioridade mais benéfica para o contribuinte
- Revogação de isenção não se sujeita
- Exceções
  - II, IE, IOF, IEG, EMP. COMP. — Tributos de cobrança imediata
  - IPI, CONT., SOC., E CIDE e ICMS COMB. — Somente a nonagesimal
  - IR, IPTU, IPVA — Somente a anual

Isonomia
- Igualdade na lei
- Igualdade perante a lei
- Irrelevância da capacidade civil
- Capacidade contributiva
- Non olet

Irretroatividade
- Segurança jurídica
- Exceções
  - Lei interpretativa
  - Lei + benéfica em infração
  - IR – Novas leis só se aplicam aos acréscimos patrimoniais posteriores à publicação

Não limitação
- O tributo não pode restringir trânsito de pessoas e bens
- Exceção? pedágio (art. 150, V, CF)

Legalidade
- Sempre dependem de lei
  - Majoração
  - Instituição
  - Redução
  - Extinção
- Regra: LO
- LC só para:
  - Emp. Compulsórios
  - Imposto sobre grandes fortunas
  - Impostos residuais
  - Novas fontes de custeio da Seguridade
  - Temas de LC nunca admitem MP!
- Excessões da legalidade
  - II
  - IE
  - IOF
  - IPI
  - ICMS/COMB.
  - CIDE/COMB.

No CTN dependem de lei:
- Instituição e extinção de trib.
- Redução e majoração de trib.
- Definição do FG da OP
- Alíquota e base de cálculo do trib.
- Cominação de penalidades
- Exclusão, suspensão e extinção de CT ou dispensa ou redução de penalidade
- Esse rol é taxativo (STF)

PRINCÍPIOS

Não cumulatividade
- Impede tributação em cascata
- IPI, ICMS, Imp. Residuais e Cofins/PIS

Não discriminação quanto à procedência ou destino

Non olet

Vedação do confisco
- Proíbe tributação em patamar exorbitante

Uniformidade geográfica
- Mesma alíquota em todo o território nacional

Seletividade
- ICMS e IPI graduados conforme essencialidade

20.5 IMUNIDADES TRIBUTÁRIAS

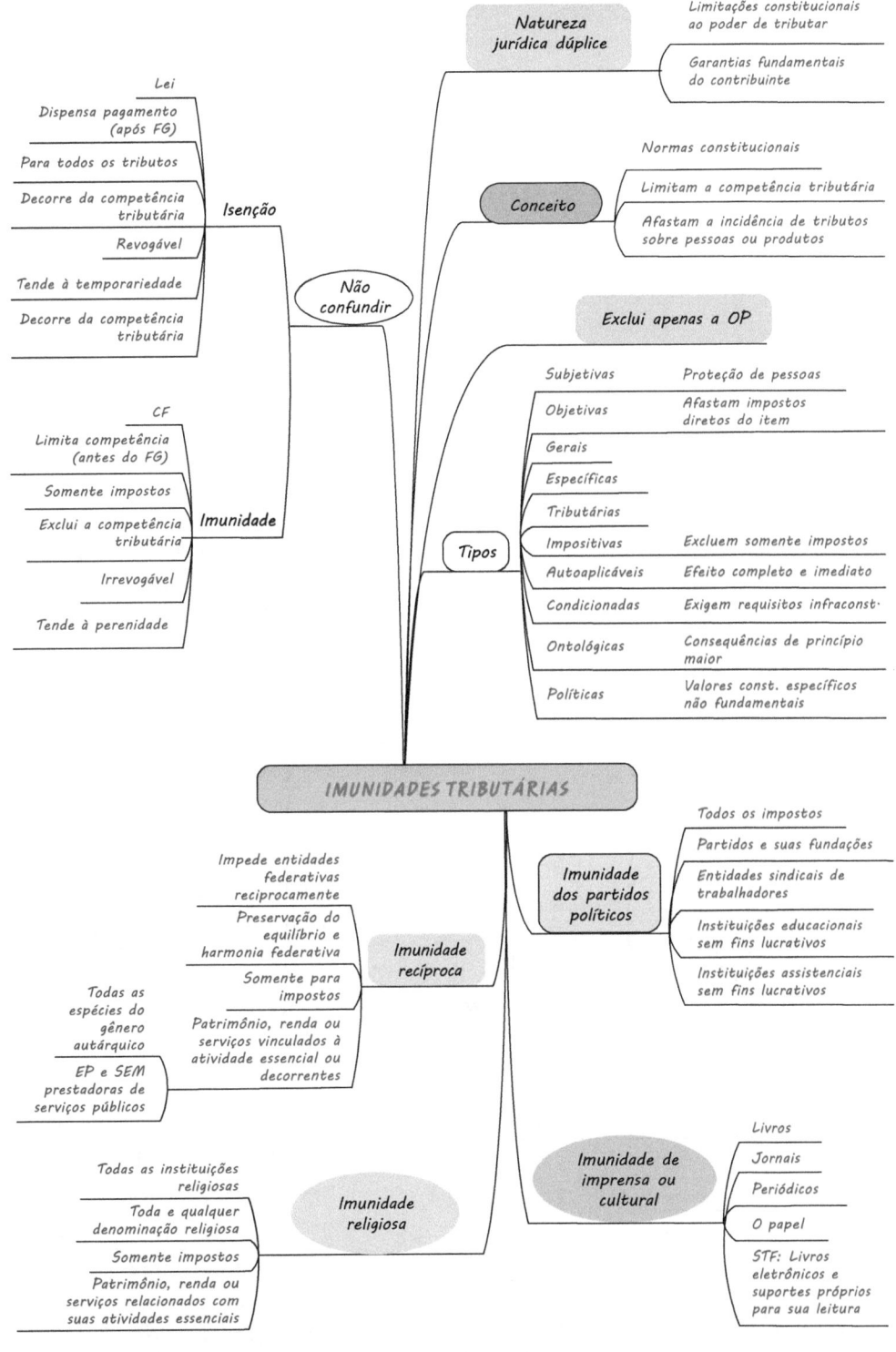

Natureza jurídica dúplice
- Limitações constitucionais ao poder de tributar
- Garantias fundamentais do contribuinte

Conceito
- Normas constitucionais
- Limitam a competência tributária
- Afastam a incidência de tributos sobre pessoas ou produtos

Não confundir

Isenção (Lei)
- Dispensa pagamento (após FG)
- Para todos os tributos
- Decorre da competência tributária
- Revogável
- Tende à temporariedade
- Decorre da competência tributária

Imunidade (CF)
- Limita competência (antes do FG)
- Somente impostos
- Exclui a competência tributária
- Irrevogável
- Tende à perenidade

Exclui apenas a OP

Tipos
- Subjetivas — Proteção de pessoas
- Objetivas — Afastam impostos diretos do item
- Gerais
- Específicas
- Tributárias
- Impositivas — Excluem somente impostos
- Autoaplicáveis — Efeito completo e imediato
- Condicionadas — Exigem requisitos infraconst.
- Ontológicas — Consequências de princípio maior
- Políticas — Valores const. específicos não fundamentais

IMUNIDADES TRIBUTÁRIAS

Imunidade recíproca
- Impede entidades federativas reciprocamente
- Preservação do equilíbrio e harmonia federativa
- Somente para impostos
- Patrimônio, renda ou serviços vinculados à atividade essencial ou decorrentes
- Todas as espécies do gênero autárquico
- EP e SEM prestadoras de serviços públicos

Imunidade dos partidos políticos
- Todos os impostos
- Partidos e suas fundações
- Entidades sindicais de trabalhadores
- Instituições educacionais sem fins lucrativos
- Instituições assistenciais sem fins lucrativos

Imunidade religiosa
- Todas as instituições religiosas
- Toda e qualquer denominação religiosa
- Somente impostos
- Patrimônio, renda ou serviços relacionados com suas atividades essenciais

Imunidade de imprensa ou cultural
- Livros
- Jornais
- Periódicos
- O papel
- STF: Livros eletrônicos e suportes próprios para sua leitura

20.6 COMPETÊNCIA TRIBUTÁRIA

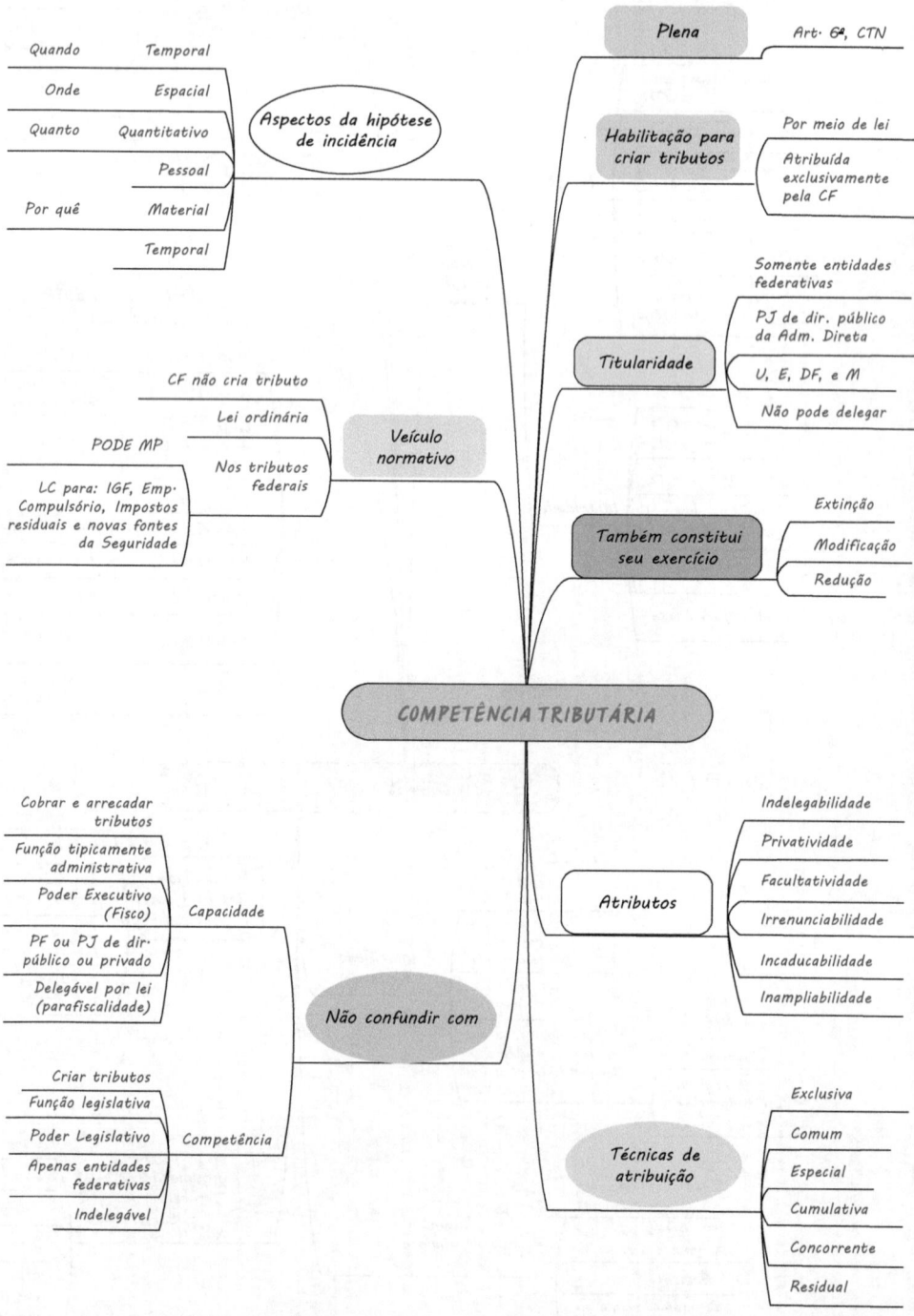

20.7 RESERVA DE LEI COMPLEMENTAR

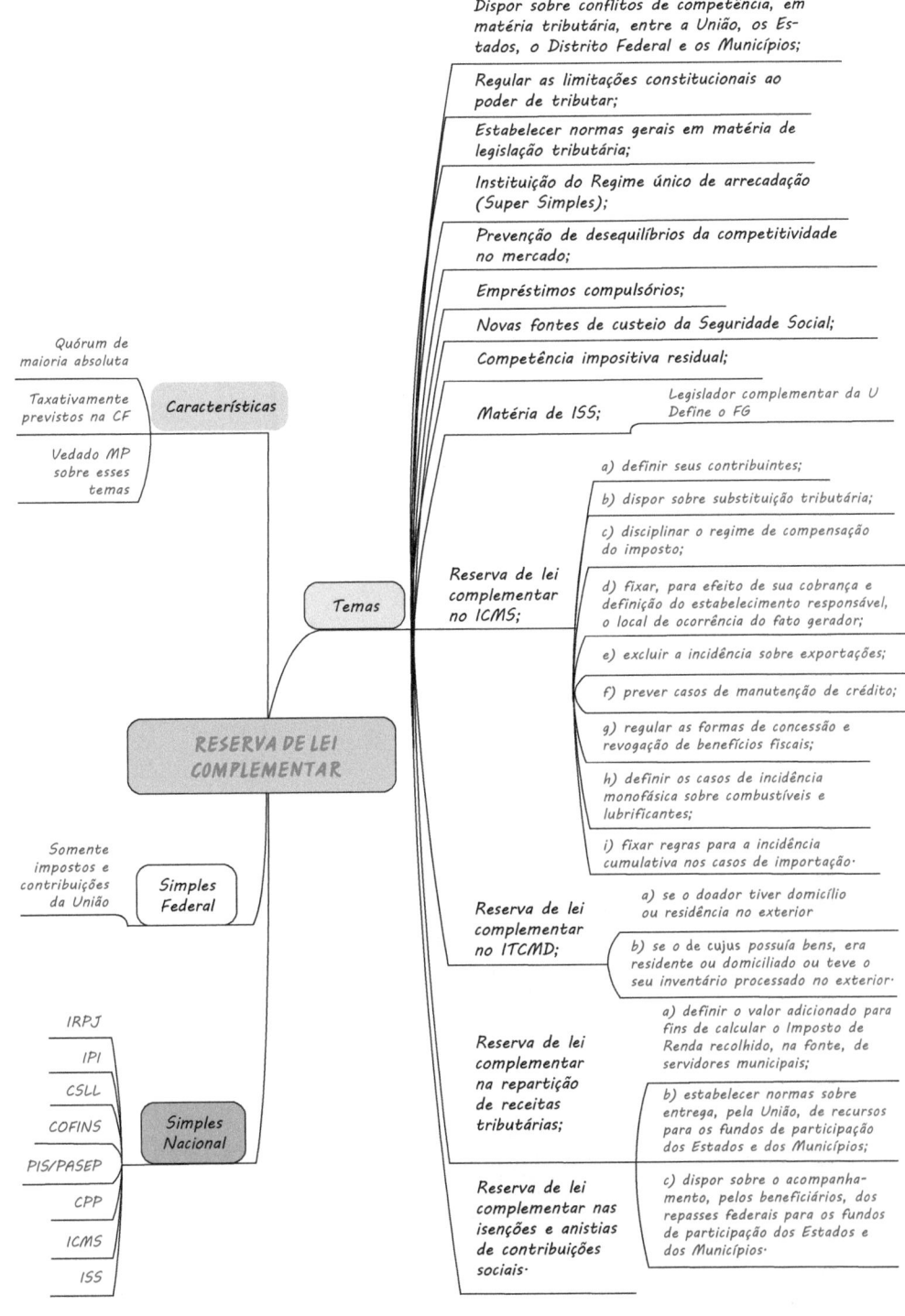

Dispor sobre conflitos de competência, em matéria tributária, entre a União, os Estados, o Distrito Federal e os Municípios;

Regular as limitações constitucionais ao poder de tributar;

Estabelecer normas gerais em matéria de legislação tributária;

Instituição do Regime único de arrecadação (Super Simples);

Prevenção de desequilíbrios da competitividade no mercado;

Empréstimos compulsórios;

Novas fontes de custeio da Seguridade Social;

Competência impositiva residual;

Matéria de ISS;

Legislador complementar da U
Define o FG

Características
- Quórum de maioria absoluta
- Taxativamente previstos na CF
- Vedado MP sobre esses temas

RESERVA DE LEI COMPLEMENTAR

Temas

Reserva de lei complementar no ICMS;
a) definir seus contribuintes;
b) dispor sobre substituição tributária;
c) disciplinar o regime de compensação do imposto;
d) fixar, para efeito de sua cobrança e definição do estabelecimento responsável, o local de ocorrência do fato gerador;
e) excluir a incidência sobre exportações;
f) prever casos de manutenção de crédito;
g) regular as formas de concessão e revogação de benefícios fiscais;
h) definir os casos de incidência monofásica sobre combustíveis e lubrificantes;
i) fixar regras para a incidência cumulativa nos casos de importação.

Reserva de lei complementar no ITCMD;
a) se o doador tiver domicílio ou residência no exterior
b) se o de cujus possuía bens, era residente ou domiciliado ou teve o seu inventário processado no exterior.

Reserva de lei complementar na repartição de receitas tributárias;
a) definir o valor adicionado para fins de calcular o Imposto de Renda recolhido, na fonte, de servidores municipais;
b) estabelecer normas sobre entrega, pela União, de recursos para os fundos de participação dos Estados e dos Municípios;

Reserva de lei complementar nas isenções e anistias de contribuições sociais.
c) dispor sobre o acompanhamento, pelos beneficiários, dos repasses federais para os fundos de participação dos Estados e dos Municípios.

Simples Federal
- Somente impostos e contribuições da União

Simples Nacional
- IRPJ
- IPI
- CSLL
- COFINS
- PIS/PASEP
- CPP
- ICMS
- ISS

20.8 REPARTIÇÃO DE RECEITAS

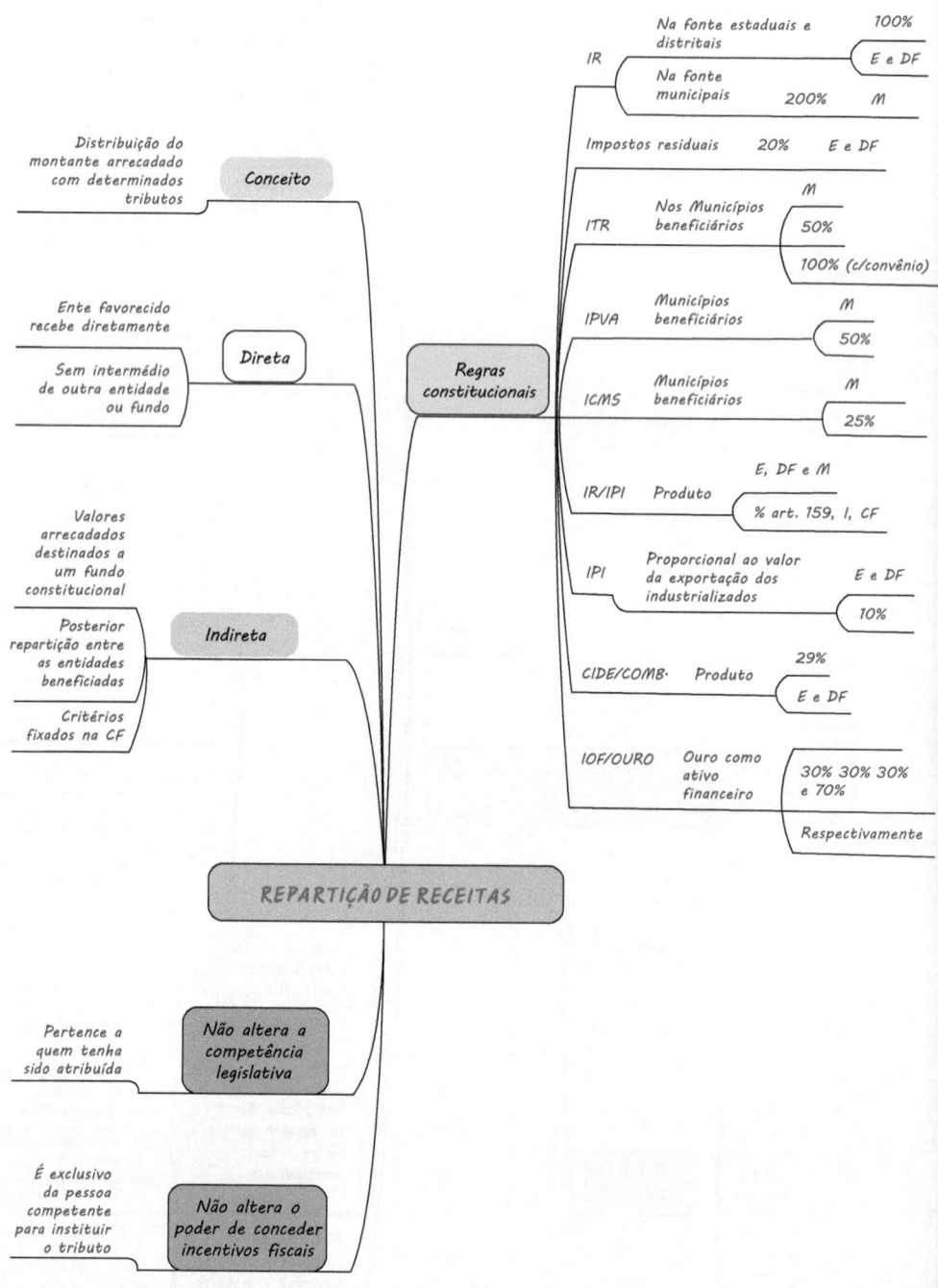

20.9 TRIBUTOS EM ESPÉCIE

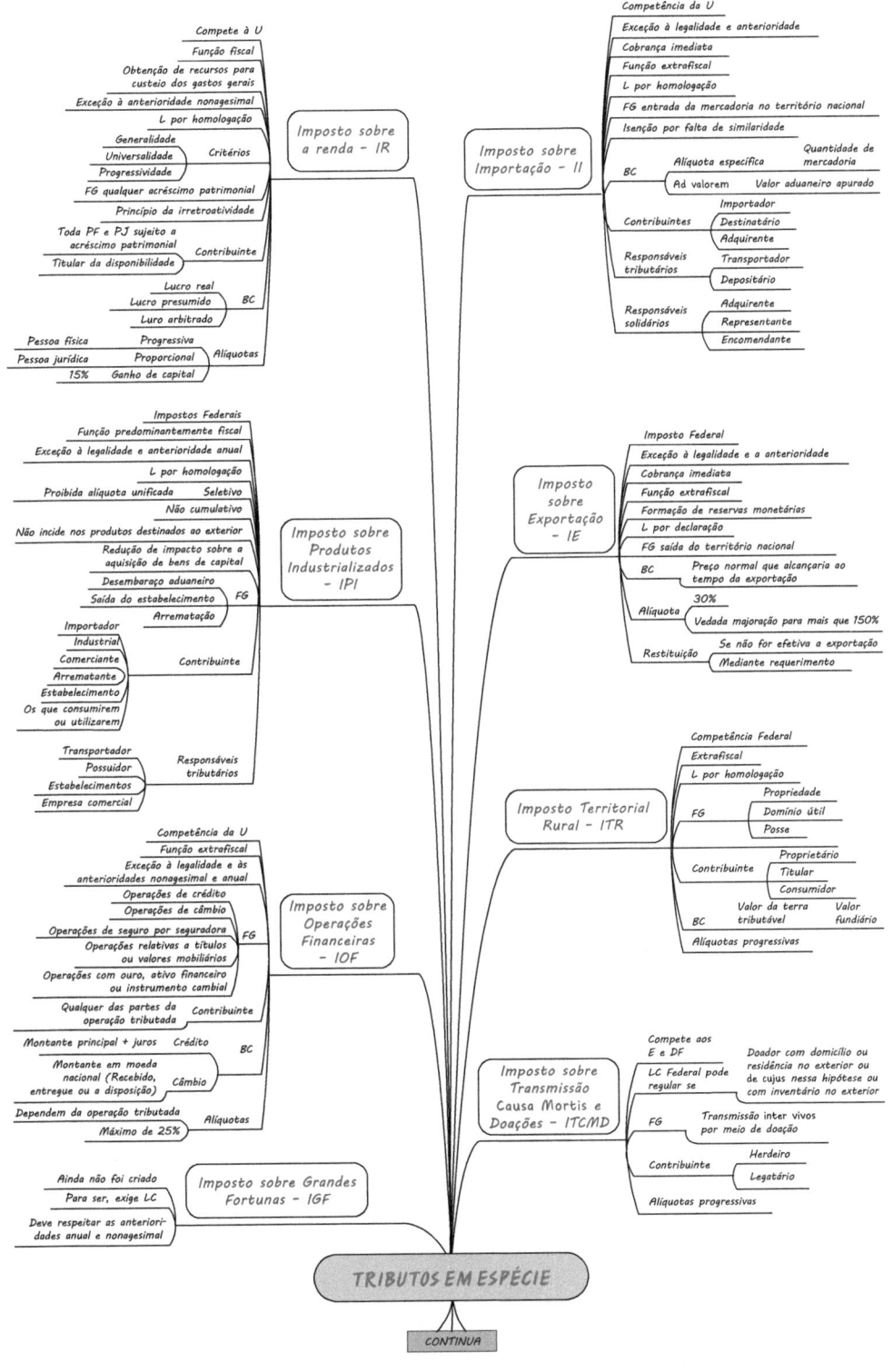

Imposto sobre a renda – IR
- Compete à U
- Função fiscal
- Obtenção de recursos para custeio dos gastos gerais
- Exceção à anterioridade nonagesimal
- L por homologação
- Critérios
  - Generalidade
  - Universalidade
  - Progressividade
- FG qualquer acréscimo patrimonial
- Princípio da irretroatividade
- Contribuinte
  - Toda PF e PJ sujeito a acréscimo patrimonial
  - Titular da disponibilidade
- BC
  - Lucro real
  - Lucro presumido
  - Luro arbitrado
- Alíquotas
  - Pessoa física — Progressiva
  - Pessoa jurídica — Proporcional
  - 15% — Ganho de capital

Imposto sobre Importação – II
- Competência da U
- Exceção à legalidade e anterioridade
- Cobrança imediata
- Função extrafiscal
- L por homologação
- FG entrada da mercadoria no território nacional
- Isenção por falta de similaridade
- BC
  - Alíquota específica — Quantidade de mercadoria
  - Ad valorem — Valor aduaneiro apurado
- Contribuintes
  - Importador
  - Destinatário
  - Adquirente
- Responsáveis tributários
  - Transportador
  - Depositário
- Responsáveis solidários
  - Adquirente
  - Representante
  - Encomendante

Imposto sobre Produtos Industrializados – IPI
- Impostos Federais
- Função predominantemente fiscal
- Exceção à legalidade e anterioridade anual
- L por homologação
- Seletivo — Proibida alíquota unificada
- Não cumulativo
- Não incide nos produtos destinados ao exterior
- Redução de impacto sobre a aquisição de bens de capital
- FG
  - Desembaraço aduaneiro
  - Saída do estabelecimento
  - Arrematação
- Contribuinte
  - Importador
  - Industrial
  - Comerciante
  - Arrematante
  - Estabelecimento
  - Os que consumirem ou utilizarem
- Responsáveis tributários
  - Transportador
  - Possuidor
  - Estabelecimentos
  - Empresa comercial

Imposto sobre Exportação – IE
- Imposto Federal
- Exceção à legalidade e a anterioridade
- Cobrança imediata
- Função extrafiscal
- Formação de reservas monetárias
- L por declaração
- FG saída do território nacional
- BC — Preço normal que alcançaria ao tempo da exportação
- Alíquota
  - 30%
  - Vedada majoração para mais que 150%
- Restituição
  - Se não for efetiva a exportação
  - Mediante requerimento

Imposto sobre Operações Financeiras – IOF
- Competência da U
- Função extrafiscal
- Exceção à legalidade e às anterioridades nonagesimal e anual
- FG
  - Operações de crédito
  - Operações de câmbio
  - Operações de seguro por seguradora
  - Operações relativas a títulos ou valores mobiliários
  - Operações com ouro, ativo financeiro ou instrumento cambial
- Contribuinte — Qualquer das partes da operação tributada
- BC
  - Crédito — Montante principal + juros
  - Câmbio — Montante em moeda nacional (Recebido, entregue ou à disposição)
- Alíquotas
  - Dependem da operação tributada
  - Máximo de 25%

Imposto Territorial Rural – ITR
- Competência Federal
- Extrafiscal
- L por homologação
- FG
  - Propriedade
  - Domínio útil
  - Posse
- Contribuinte
  - Proprietário
  - Titular
  - Consumidor
- BC — Valor da terra tributável / Valor fundiário
- Alíquotas progressivas

Imposto sobre Transmissão Causa Mortis e Doações – ITCMD
- Compete aos E e DF
- LC Federal pode regular se — Doador com domicílio ou residência no exterior ou de cujus nessa hipótese ou com inventário no exterior
- FG — Transmissão inter vivos por meio de doação
- Contribuinte
  - Herdeiro
  - Legatário
- Alíquotas progressivas

Imposto sobre Grandes Fortunas – IGF
- Ainda não foi criado
- Para ser, exige LC
- Deve respeitar as anterioridades anual e nonagesimal

TRIBUTOS EM ESPÉCIE

CONTINUA

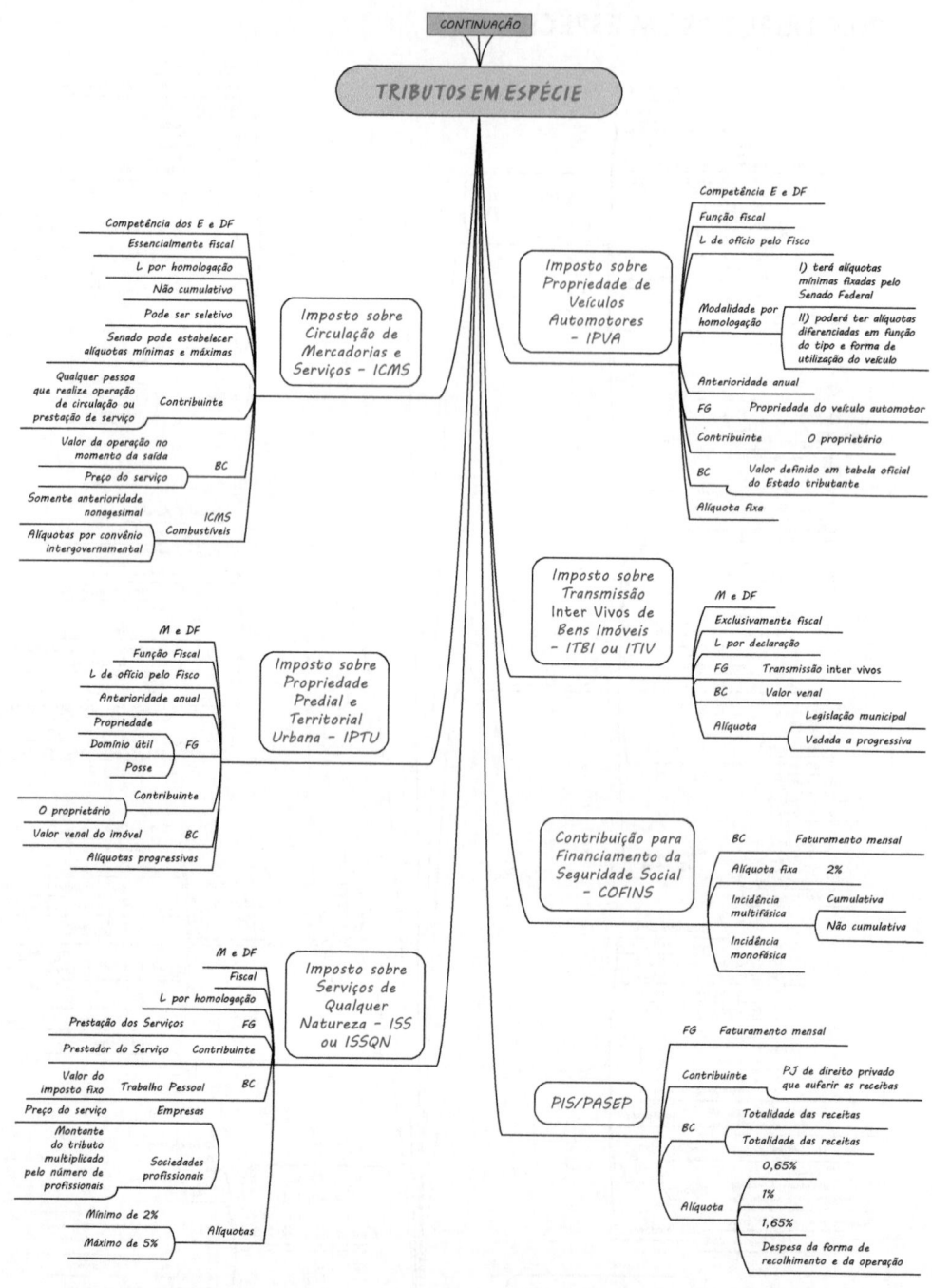

CONTINUAÇÃO

TRIBUTOS EM ESPÉCIE

Imposto sobre Circulação de Mercadorias e Serviços – ICMS
- Competência dos E e DF
- Essencialmente fiscal
- L por homologação
- Não cumulativo
- Pode ser seletivo
- Senado pode estabelecer alíquotas mínimas e máximas
- Contribuinte — Qualquer pessoa que realize operação de circulação ou prestação de serviço
- BC — Valor da operação no momento da saída / Preço do serviço
- ICMS Combustíveis — Somente anterioridade nonagesimal / Alíquotas por convênio intergovernamental

Imposto sobre Propriedade de Veículos Automotores – IPVA
- Competência E e DF
- Função fiscal
- L de ofício pelo Fisco
- Modalidade por homologação
  - I) terá alíquotas mínimas fixadas pelo Senado Federal
  - II) poderá ter alíquotas diferenciadas em função do tipo e forma de utilização do veículo
- Anterioridade anual
- FG — Propriedade do veículo automotor
- Contribuinte — O proprietário
- BC — Valor definido em tabela oficial do Estado tributante
- Alíquota fixa

Imposto sobre Propriedade Predial e Territorial Urbana – IPTU
- M e DF
- Função Fiscal
- L de ofício pelo Fisco
- Anterioridade anual
- FG — Propriedade / Domínio útil / Posse
- Contribuinte — O proprietário
- BC — Valor venal do imóvel
- Alíquotas progressivas

Imposto sobre Transmissão Inter Vivos de Bens Imóveis – ITBI ou ITIV
- M e DF
- Exclusivamente fiscal
- L por declaração
- FG — Transmissão inter vivos
- BC — Valor venal
- Alíquota — Legislação municipal / Vedada a progressiva

Contribuição para Financiamento da Seguridade Social – COFINS
- BC — Faturamento mensal
- Alíquota fixa — 2%
- Incidência multifásica — Cumulativa / Não cumulativa
- Incidência monofásica

Imposto sobre Serviços de Qualquer Natureza – ISS ou ISSQN
- M e DF
- Fiscal
- L por homologação
- FG — Prestação dos Serviços
- Contribuinte — Prestador do Serviço
- BC — Trabalho Pessoal — Valor do imposto fixo / Empresas — Preço do serviço / Sociedades profissionais — Montante do tributo multiplicado pelo número de profissionais
- Alíquotas — Mínimo de 2% / Máximo de 5%

PIS/PASEP
- FG — Faturamento mensal
- Contribuinte — PJ de direito privado que auferir as receitas
- BC — Totalidade das receitas / Totalidade das receitas
- Alíquota — 0,65% / 1% / 1,65% / Despesa da forma de recolhimento e da operação

20.10 HIPÓTESE DE INCIDÊNCIA E FATO GERADOR

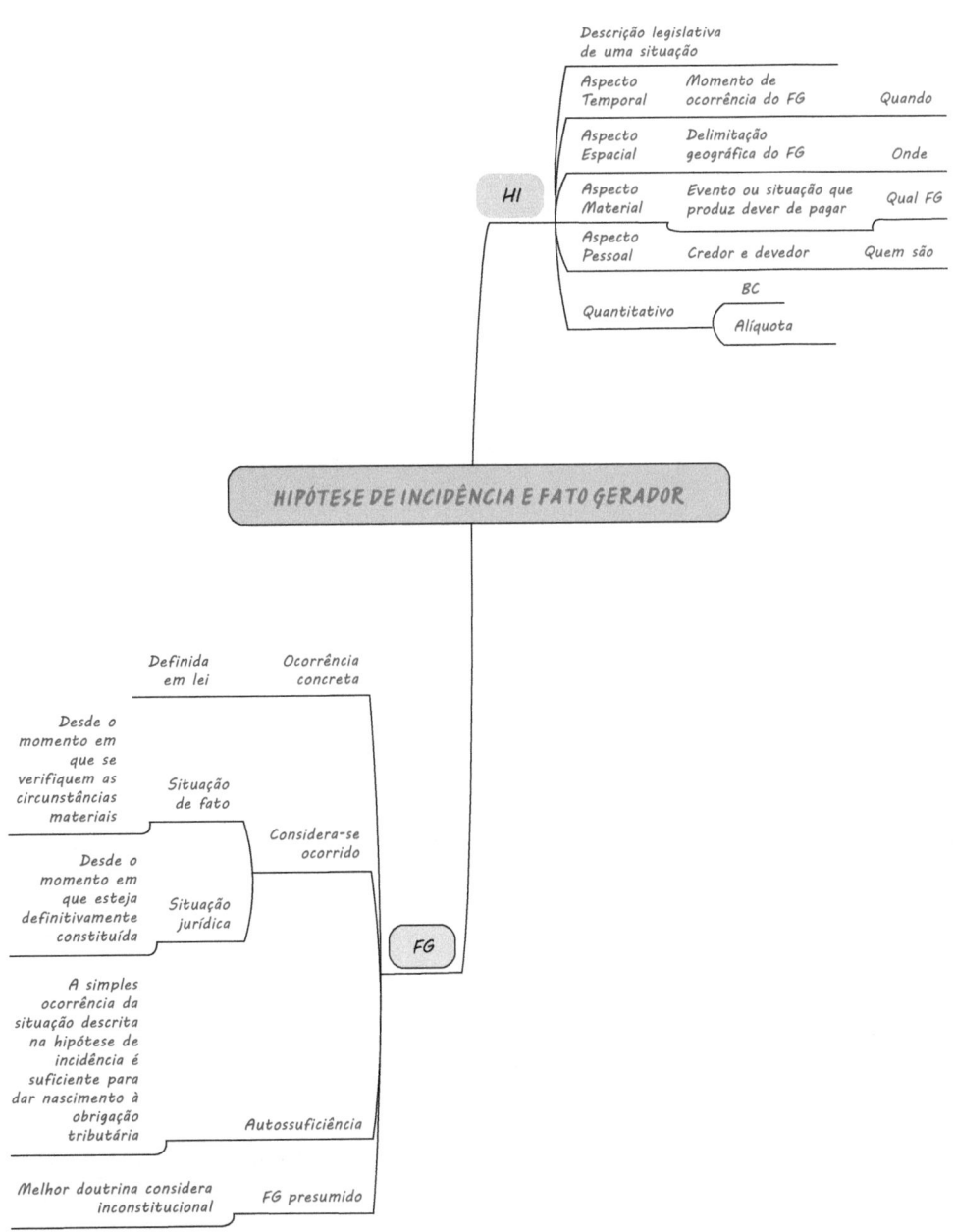

20.11 CÓDIGO TRIBUTÁRIO E LEGISLAÇÃO TRIBUTÁRIA

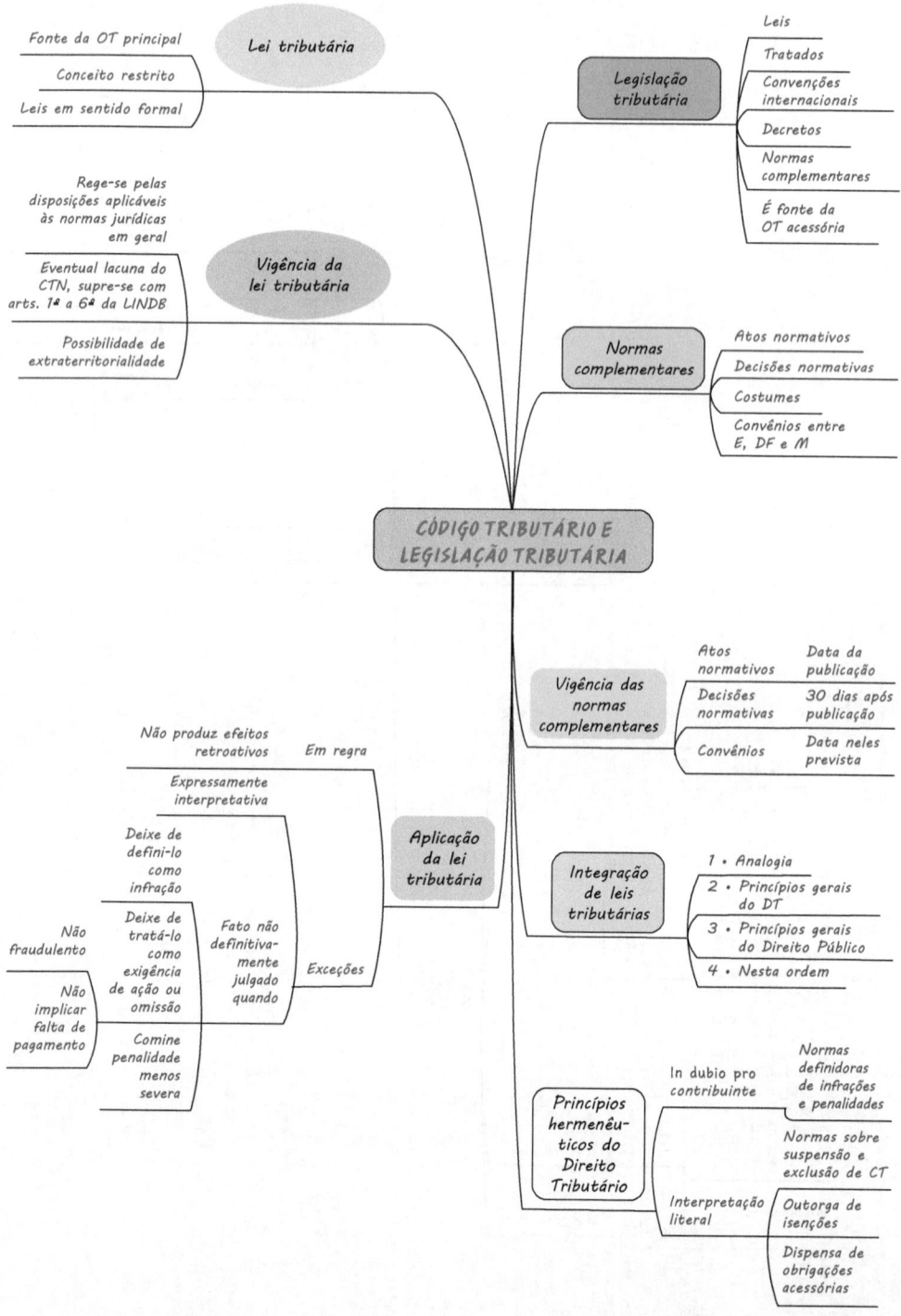

20.12 OBRIGAÇÃO TRIBUTÁRIA

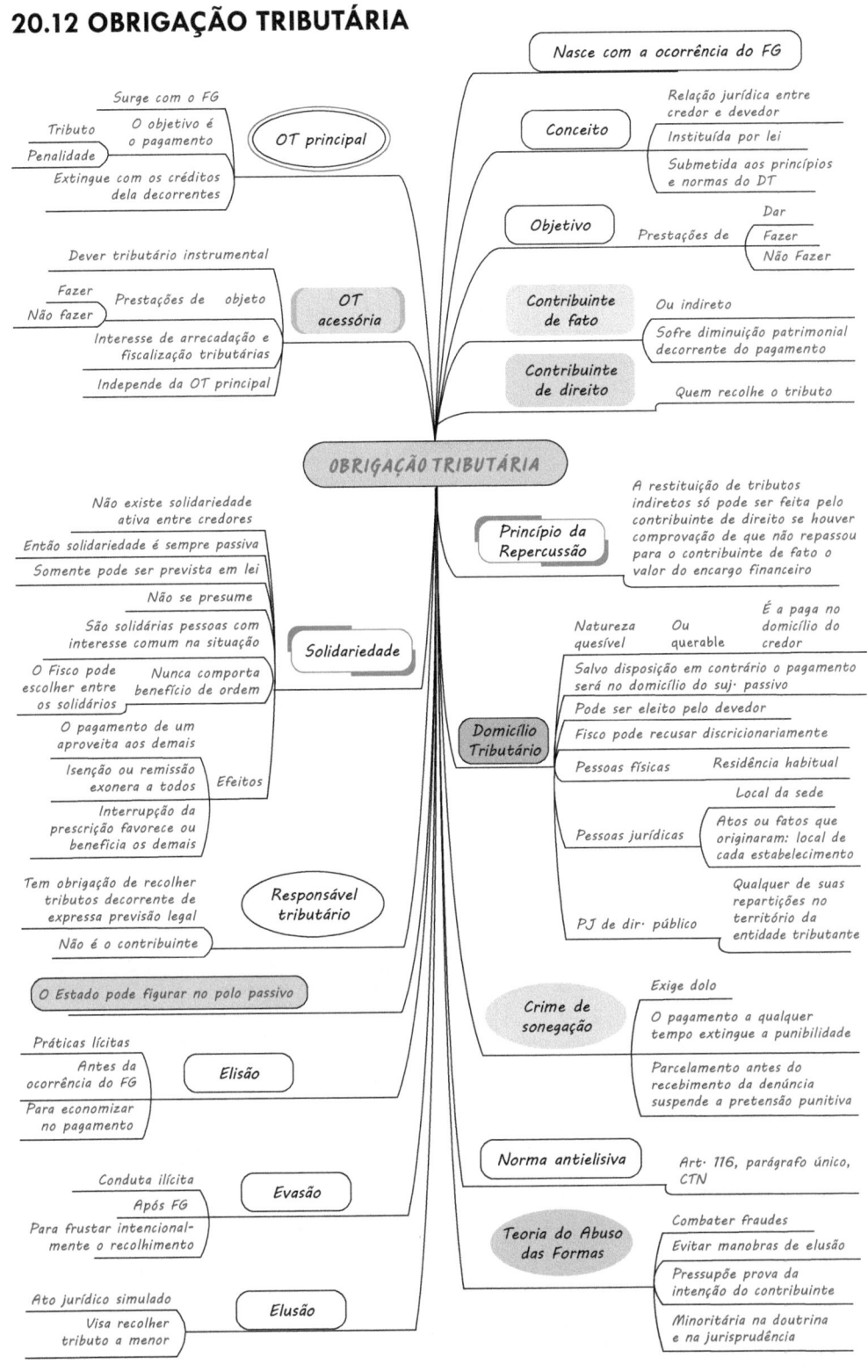

OT principal
- Surge com o FG
- Tributo / O objetivo é o pagamento
- Penalidade
- Extingue com os créditos dela decorrentes

OT acessória
- Dever tributário instrumental
- Fazer / Não fazer — Prestações de objeto
- Interesse de arrecadação e fiscalização tributárias
- Independe da OT principal

Nasce com a ocorrência do FG

Conceito
- Relação jurídica entre credor e devedor
- Instituída por lei
- Submetida aos princípios e normas do DT

Objetivo
- Prestações de: Dar / Fazer / Não Fazer

Contribuinte de fato
- Ou indireto
- Sofre diminuição patrimonial decorrente do pagamento

Contribuinte de direito
- Quem recolhe o tributo

OBRIGAÇÃO TRIBUTÁRIA

Solidariedade
- Não existe solidariedade ativa entre credores
- Então solidariedade é sempre passiva
- Somente pode ser prevista em lei
- Não se presume
- São solidárias pessoas com interesse comum na situação
- O Fisco pode escolher entre os solidários / Nunca comporta benefício de ordem
- Efeitos:
  - O pagamento de um aproveita aos demais
  - Isenção ou remissão exonera a todos
  - Interrupção da prescrição favorece ou beneficia os demais

Responsável tributário
- Tem obrigação de recolher tributos decorrente de expressa previsão legal
- Não é o contribuinte

O Estado pode figurar no polo passivo

Elisão
- Práticas lícitas
- Antes da ocorrência do FG
- Para economizar no pagamento

Evasão
- Conduta ilícita
- Após FG
- Para frustrar intencionalmente o recolhimento

Elusão
- Ato jurídico simulado
- Visa recolher tributo a menor

Princípio da Repercussão
- A restituição de tributos indiretos só pode ser feita pelo contribuinte de direito se houver comprovação de que não repassou para o contribuinte de fato o valor do encargo financeiro

Domicílio Tributário
- Natureza quesível / Ou querable / É a paga no domicílio do credor
- Salvo disposição em contrário o pagamento será no domicílio do suj. passivo
- Pode ser eleito pelo devedor
- Fisco pode recusar discricionariamente
- Pessoas físicas — Residência habitual
- Pessoas jurídicas:
  - Local da sede
  - Atos ou fatos que originaram: local de cada estabelecimento
- PJ de dir. público — Qualquer de suas repartições no território da entidade tributante

Crime de sonegação
- Exige dolo
- O pagamento a qualquer tempo extingue a punibilidade
- Parcelamento antes do recebimento da denúncia suspende a pretensão punitiva

Norma antielisiva
- Art. 116, parágrafo único, CTN

Teoria do Abuso das Formas
- Combater fraudes
- Evitar manobras de elusão
- Pressupõe prova da intenção do contribuinte
- Minoritária na doutrina e na jurisprudência

20.13 RESPONSABILIDADE TRIBUTÁRIA

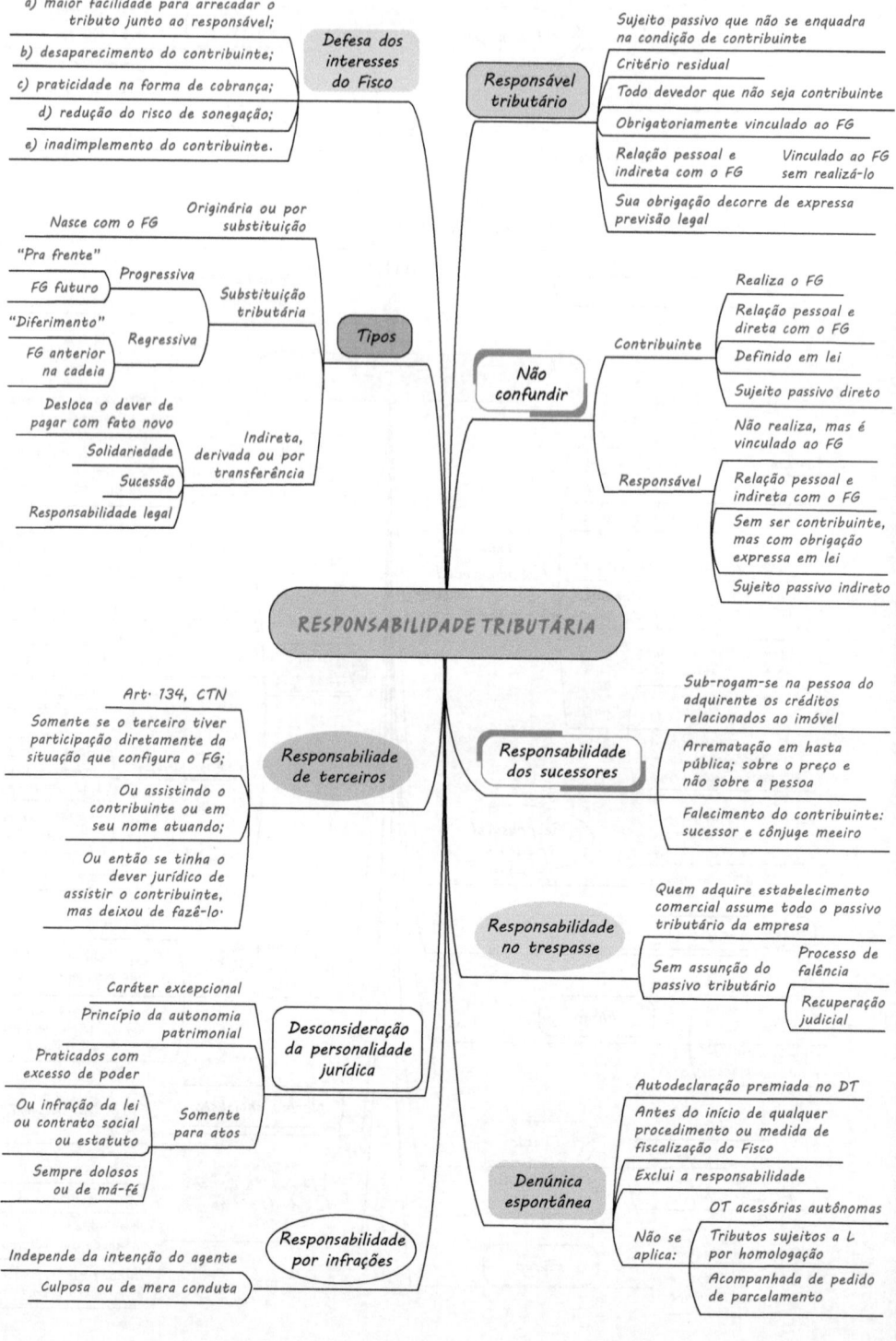

a) maior facilidade para arrecadar o tributo junto ao responsável;
b) desaparecimento do contribuinte;
c) praticidade na forma de cobrança;
d) redução do risco de sonegação;
e) inadimplemento do contribuinte.

Defesa dos interesses do Fisco

Responsável tributário
Sujeito passivo que não se enquadra na condição de contribuinte
Critério residual
Todo devedor que não seja contribuinte
Obrigatoriamente vinculado ao FG
Relação pessoal e indireta com o FG — Vinculado ao FG sem realizá-lo
Sua obrigação decorre de expressa previsão legal

Tipos
Nasce com o FG
Originária ou por substituição
"Pra frente"   Progressiva
FG futuro
"Diferimento"   Regressiva
FG anterior na cadeia
Substituição tributária
Desloca o dever de pagar com fato novo
Solidariedade
Sucessão
Responsabilidade legal
Indireta, derivada ou por transferência

Não confundir
Contribuinte
Realiza o FG
Relação pessoal e direta com o FG
Definido em lei
Sujeito passivo direto
Responsável
Não realiza, mas é vinculado ao FG
Relação pessoal e indireta com o FG
Sem ser contribuinte, mas com obrigação expressa em lei
Sujeito passivo indireto

RESPONSABILIDADE TRIBUTÁRIA

Responsabilidade de terceiros
Art· 134, CTN
Somente se o terceiro tiver participação diretamente da situação que configura o FG;
Ou assistindo o contribuinte ou em seu nome atuando;
Ou então se tinha o dever jurídico de assistir o contribuinte, mas deixou de fazê-lo·

Responsabilidade dos sucessores
Sub-rogam-se na pessoa do adquirente os créditos relacionados ao imóvel
Arrematação em hasta pública; sobre o preço e não sobre a pessoa
Falecimento do contribuinte: sucessor e cônjuge meeiro

Responsabilidade no trespasse
Quem adquire estabelecimento comercial assume todo o passivo tributário da empresa
Sem assunção do passivo tributário
Processo de falência
Recuperação judicial

Desconsideração da personalidade jurídica
Caráter excepcional
Princípio da autonomia patrimonial
Praticados com excesso de poder
Ou infração da lei ou contrato social ou estatuto
Sempre dolosos ou de má-fé
Somente para atos

Responsabilidade por infrações
Independe da intenção do agente
Culposa ou de mera conduta

Denúncia espontânea
Autodeclaração premiada no DT
Antes do início de qualquer procedimento ou medida de fiscalização do Fisco
Exclui a responsabilidade
Não se aplica:
OT acessórias autônomas
Tributos sujeitos a L por homologação
Acompanhada de pedido de parcelamento

20.14 LANÇAMENTO

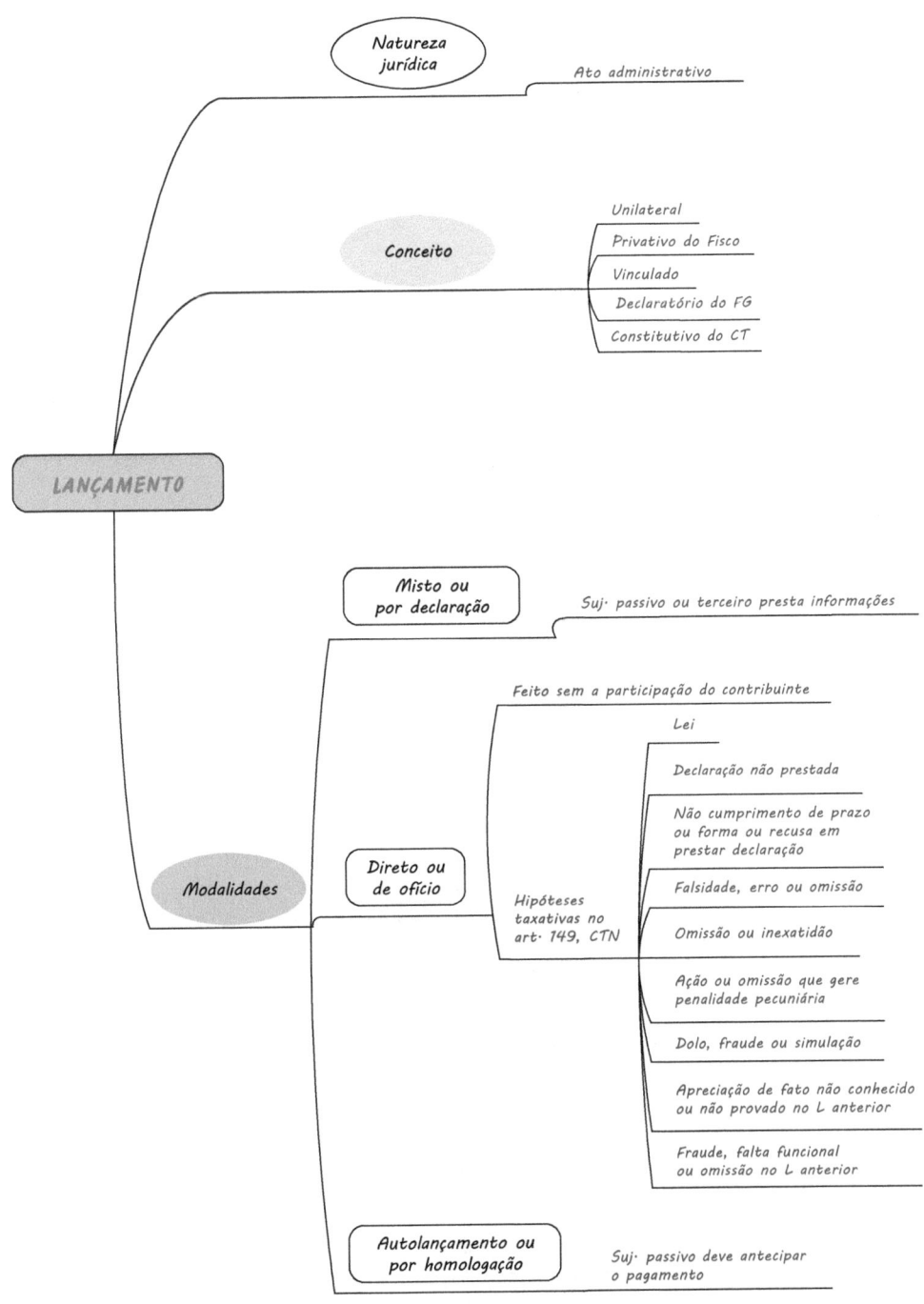

20.15 CRÉDITO TRIBUTÁRIO

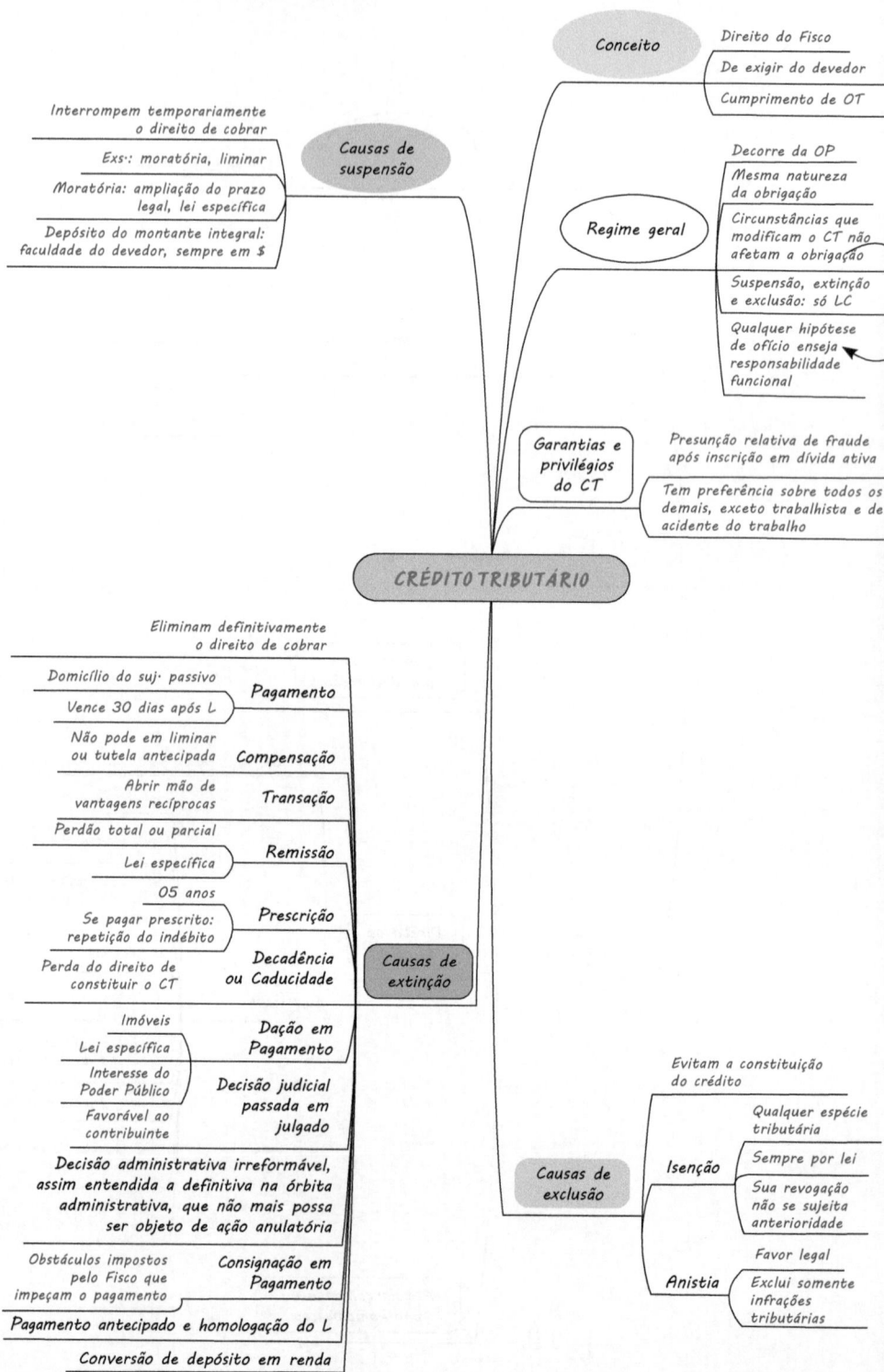

Conceito
- Direito do Fisco
- De exigir do devedor
- Cumprimento de OT

Causas de suspensão
- Interrompem temporariamente o direito de cobrar
- Exs.: moratória, liminar
- Moratória: ampliação do prazo legal, lei específica
- Depósito do montante integral: faculdade do devedor, sempre em $

Regime geral
- Decorre da OP
- Mesma natureza da obrigação
- Circunstâncias que modificam o CT não afetam a obrigação
- Suspensão, extinção e exclusão: só LC
- Qualquer hipótese de ofício enseja responsabilidade funcional

Garantias e privilégios do CT
- Presunção relativa de fraude após inscrição em dívida ativa
- Tem preferência sobre todos os demais, exceto trabalhista e de acidente do trabalho

CRÉDITO TRIBUTÁRIO

Causas de extinção (Eliminam definitivamente o direito de cobrar)
- **Pagamento**
  - Domicílio do suj. passivo
  - Vence 30 dias após L
  - Não pode em liminar ou tutela antecipada
- **Compensação**
- **Transação**
  - Abrir mão de vantagens recíprocas
- **Remissão**
  - Perdão total ou parcial
  - Lei específica
- **Prescrição**
  - 05 anos
  - Se pagar prescrito: repetição do indébito
- **Decadência ou Caducidade**
  - Perda do direito de constituir o CT
- **Dação em Pagamento**
  - Imóveis
  - Lei específica
- **Decisão judicial passada em julgado**
  - Interesse do Poder Público
  - Favorável ao contribuinte
- Decisão administrativa irreformável, assim entendida a definitiva na órbita administrativa, que não mais possa ser objeto de ação anulatória
- **Consignação em Pagamento**
  - Obstáculos impostos pelo Fisco que impeçam o pagamento
- Pagamento antecipado e homologação do L
- Conversão de depósito em renda

Causas de exclusão (Evitam a constituição do crédito)
- **Isenção**
  - Qualquer espécie tributária
  - Sempre por lei
  - Sua revogação não se sujeita anterioridade
- **Anistia**
  - Favor legal
  - Exclui somente infrações tributárias

20.16 ADMINISTRAÇÃO TRIBUTÁRIA

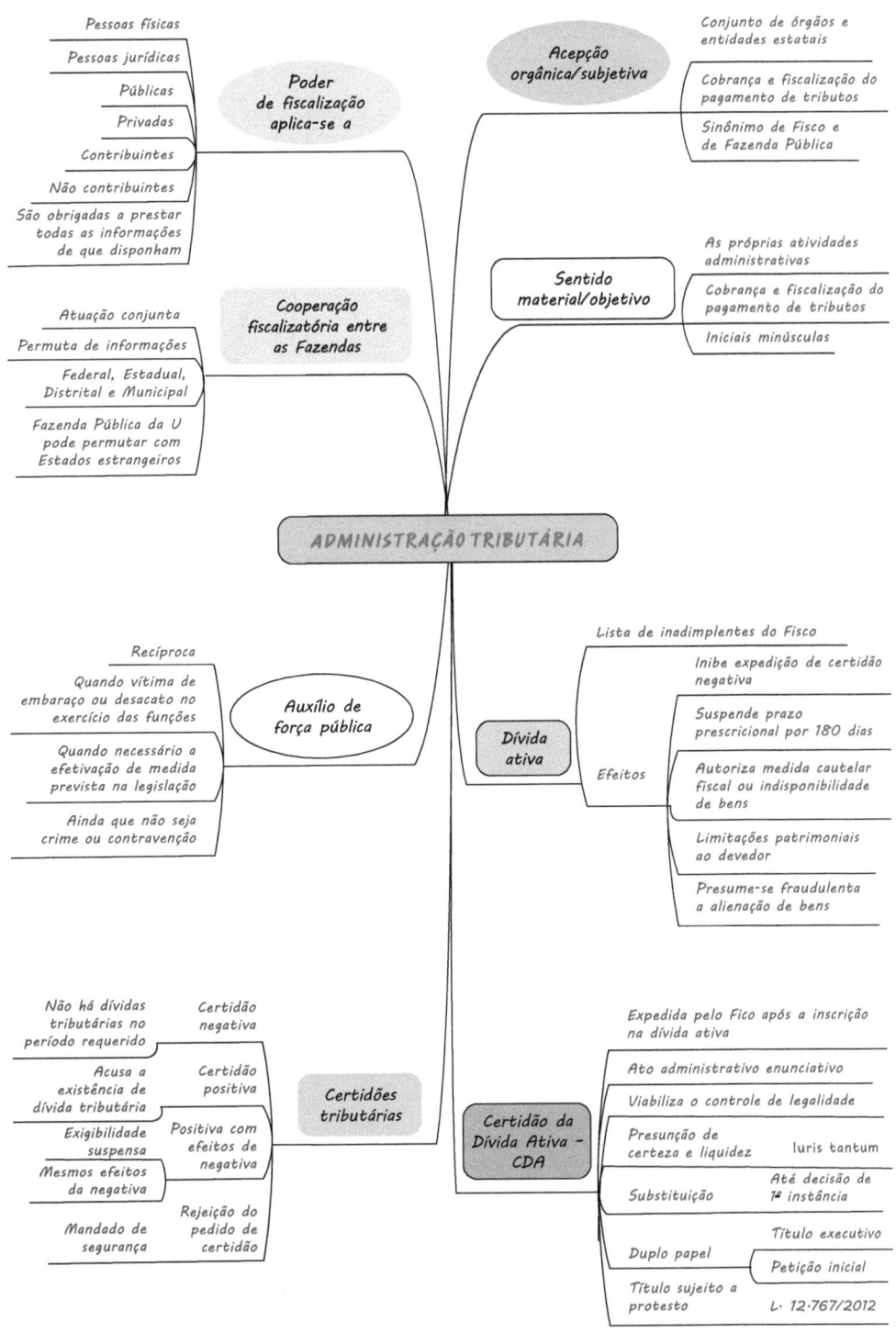

Poder de fiscalização aplica-se a
- Pessoas físicas
- Pessoas jurídicas
- Públicas
- Privadas
- Contribuintes
- Não contribuintes
- São obrigadas a prestar todas as informações de que disponham

Acepção orgânica/subjetiva
- Conjunto de órgãos e entidades estatais
- Cobrança e fiscalização do pagamento de tributos
- Sinônimo de Fisco e de Fazenda Pública

Cooperação fiscalizatória entre as Fazendas
- Atuação conjunta
- Permuta de informações
- Federal, Estadual, Distrital e Municipal
- Fazenda Pública da U pode permutar com Estados estrangeiros

Sentido material/objetivo
- As próprias atividades administrativas
- Cobrança e fiscalização do pagamento de tributos
- Iniciais minúsculas

ADMINISTRAÇÃO TRIBUTÁRIA

Auxílio de força pública
- Recíproca
- Quando vítima de embaraço ou desacato no exercício das funções
- Quando necessário a efetivação de medida prevista na legislação
- Ainda que não seja crime ou contravenção

Dívida ativa
- Lista de inadimplentes do Fisco
- Efeitos
  - Inibe expedição de certidão negativa
  - Suspende prazo prescricional por 180 dias
  - Autoriza medida cautelar fiscal ou indisponibilidade de bens
  - Limitações patrimoniais ao devedor
  - Presume-se fraudulenta a alienação de bens

Certidões tributárias
- Certidão negativa — Não há dívidas tributárias no período requerido
- Certidão positiva — Acusa a existência de dívida tributária
- Positiva com efeitos de negativa
  - Exigibilidade suspensa
  - Mesmos efeitos da negativa
- Rejeição do pedido de certidão — Mandado de segurança

Certidão da Dívida Ativa – CDA
- Expedida pelo Fico após a inscrição na dívida ativa
- Ato administrativo enunciativo
- Viabiliza o controle de legalidade
- Presunção de certeza e liquidez — Iuris tantum
- Substituição — Até decisão de 1ª instância
- Duplo papel
  - Título executivo
  - Petição inicial
- Título sujeito a protesto — L· 12·767/2012

20.17 PROCESSO TRIBUTÁRIO

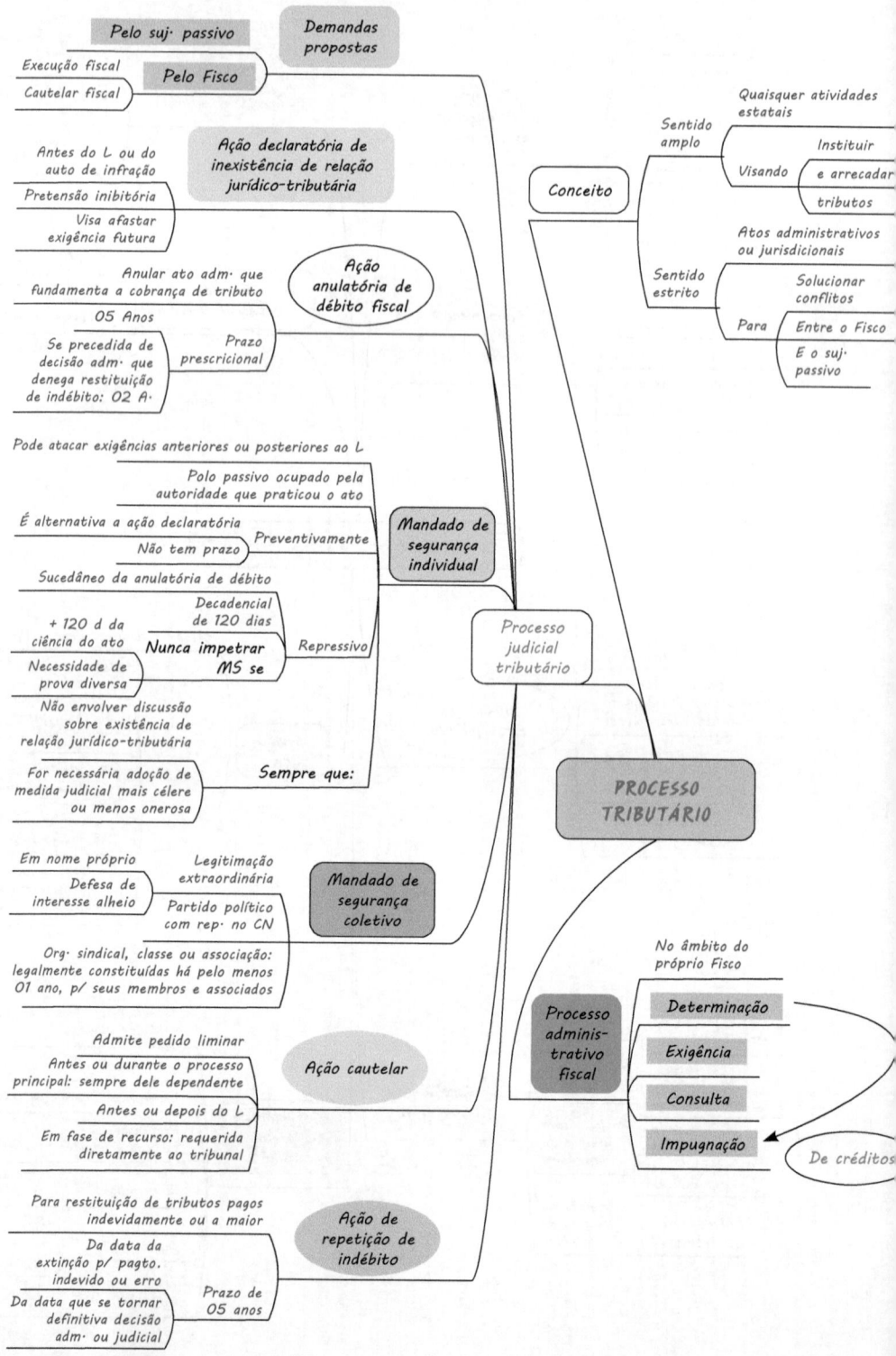

Demandas propostas
- Pelo suj· passivo
- Pelo Fisco
  - Execução fiscal
  - Cautelar fiscal

Ação declaratória de inexistência de relação jurídico-tributária
- Antes do L ou do auto de infração
- Pretensão inibitória
- Visa afastar exigência futura

Ação anulatória de débito fiscal
- Anular ato adm· que fundamenta a cobrança de tributo
- Prazo prescricional
  - 05 Anos
  - Se precedida de decisão adm· que denega restituição de indébito: 02 A·

Mandado de segurança individual
- Pode atacar exigências anteriores ou posteriores ao L
- É alternativa a ação declaratória
- Preventivamente
  - Polo passivo ocupado pela autoridade que praticou o ato
  - Não tem prazo
- Repressivo
  - Sucedâneo da anulatória de débito
  - Decadencial de 120 dias
- Nunca impetrar MS se
  - + 120 d da ciência do ato
  - Necessidade de prova diversa
- Sempre que:
  - Não envolver discussão sobre existência de relação jurídico-tributária
  - For necessária adoção de medida judicial mais célere ou menos onerosa

Mandado de segurança coletivo
- Legitimação extraordinária
  - Em nome próprio
  - Defesa de interesse alheio
- Partido político com rep· no CN
- Org· sindical, classe ou associação: legalmente constituídas há pelo menos 01 ano, p/ seus membros e associados

Ação cautelar
- Admite pedido liminar
- Antes ou durante o processo principal: sempre dele dependente
- Antes ou depois do L
- Em fase de recurso: requerida diretamente ao tribunal

Ação de repetição de indébito
- Para restituição de tributos pagos indevidamente ou a maior
- Prazo de 05 anos
  - Da data da extinção p/ pagto. indevido ou erro
  - Da data que se tornar definitiva decisão adm· ou judicial

Conceito
- Sentido amplo
  - Quaisquer atividades estatais
  - Visando
    - Instituir
    - e arrecadar
    - tributos
- Sentido estrito
  - Atos administrativos ou jurisdicionais
  - Para
    - Solucionar conflitos
    - Entre o Fisco
    - E o suj· passivo

Processo judicial tributário

PROCESSO TRIBUTÁRIO

Processo administrativo fiscal
- No âmbito do próprio Fisco
  - Determinação
  - Exigência
  - Consulta
  - Impugnação
- De créditos

BIBLIOGRAFIA

ALEXANDRE, Ricardo. *Direito Tributário Esquematizado*. 7. ed. São Paulo: Método, 2013.

AMARO, Luciano. *Direito Tributário Brasileiro*. 14. ed. São Paulo: Saraiva, 2008.

ATALIBA, Geraldo. *Hipótese de Incidência Tributária*. 5. ed. São Paulo: Malheiros Editores, 1997.

BALEEIRO, Aliomar. *Direito Tributário Brasileiro*. 11. ed. Rio de Janeiro: GEN, 2010.

BARREIRINHAS, Robinson Sakiyama. *Manual de Direito Tributário*. São Paulo: Método, 2006.

BARRETO, Ayres. Vedação ao Efeito do Confisco. *Revista de Direito Tributário*, v. 64, 1994.

CARRAZZA, Roque Antonio. *Curso de Direito Constitucional Tributário*. 29. ed. São Paulo: Malheiros Editores, 2013.

CARVALHO, Paulo de Barros. *Curso de Direito Tributário*. 23. ed. São Paulo: Saraiva, 2011.

COÊLHO, Sacha Calmon Navarro. *Curso de Direito Tributário Brasileiro*. 11. ed. Rio de Janeiro: Forense, 2011.

COSTA, Regina Helena. *Curso de Direito Tributário*. 2. ed. São Paulo: Saraiva, 2012.

_____. *O Princípio da Capacidade Contributiva*. 4. ed. São Paulo: Malheiros Editores, 2012.

FREITAS, Vladimir Passos de (org.). *Código Tributário Nacional Comentado*. 5. ed. São Paulo: Revista dos Tribunais, 2011.

GODOI, Marciano Seabra de. *Crítica à Jurisprudência Atual do STF em Matéria Tributária*. São Paulo: Dialética, 2011.

_____. *Sistema Tributário Nacional na Jurisprudência do STF*. São Paulo: Dialética, 2002.

GRECO, Marco Aurélio. *Contribuições de Intervenção no Domínio Econômico e Figuras Afins*. São Paulo: Dialética, 2001.

HARADA, Kiyoshi. *Direito Financeiro e Tributário*. 23. ed. São Paulo: Atlas, 2014.

JARDIM, Eduardo Marcial Ferreira. *Manual de Direito Tributário e Financeiro*. 12. ed. São Paulo: Saraiva, 2011.

MACHADO, Hugo de Brito. *Curso de Direito Tributário*. 35. ed. São Paulo: Malheiros Editores, 2014.

_____. *Os Princípios Jurídicos da Tributação na Constituição de 1988*. 5. ed. São Paulo: Dialética, 2004.

MAZZA, Alexandre; PINTO, Tatiana Freire. *Dicionário de Jurisprudência Tributária*. São Paulo: Quartier Latin, 2006.

_____. *Manual de Direito Administrativo*. 10. ed. São Paulo: Saraiva, 2020.

_____. *Noções Elementares de Direito Tributário*. 2. ed. São Paulo: EDJ, 2009.

MELO, José Eduardo Soares de. *Curso de Direito Tributário*. 7. ed. São Paulo: Dialética, 2007.

_____. *ICMS:* teoria e prática. 7. ed. São Paulo: Dialética, 2004.

MORAES, Bernardo Ribeiro de. *Compêndio de Direito Tributário*. São Paulo: Forense, 1987.

OLIVEIRA, J. A. B. Direito Tributário. 2014. (Desenvolvimento de material didático ou instrucional - Apostila).

PAULSEN, Leandro. *Direito Tributário à Luz da Doutrina e da Jurisprudência*. 9. ed. Porto Alegre: Livraria do Advogado, 2007.

ROCHA, João Marcelo. *Direito Tributário*. 5. ed. Rio de Janeiro: Editora Ferreira, 2007.

SABBAG, Eduardo de Moraes. *Manual de Direito Tributário*. São Paulo: Saraiva, 2009.

SCHOUERI, Luís Eduardo. *Direito Tributário*. São Paulo: Saraiva, 2011.

SOUZA, Rubens Gomes de. *Compêndio de Legislação Tributária*. São Paulo: Forense, 1993.

TORRES, Ricardo Lobo. *Curso de Direito Financeiro e Tributário*. 18. ed. Rio de Janeiro: Renovar, 2011.

XAVIER, Alberto. *Manual de Direito Fiscal*. Lisboa: Almedina, 1981.

ÍNDICE REMISSIVO